中国社会科学院
台湾史研究中心丛刊

日据时期
台湾米糖经济史
研究

Rijushiqi
Taiwan Mitang Jingjishi
Yanjiu

王键 著

凤凰出版传媒集团
凤 凰 出 版 社

图书在版编目（CIP）数据

日据时期台湾米糖经济史研究 / 王键著. -- 南京 : 凤凰出版社, 2010.1
（中国社会科学院台湾史研究中心丛刊）
ISBN 978-7-80729-654-6

Ⅰ. ①日… Ⅱ. ①王… Ⅲ. ①农业经济—经济史—研究—台湾省—1895～1945 Ⅳ. ①F329.58

中国版本图书馆CIP数据核字(2010)第017063号

书　　名　日据时期台湾米糖经济史研究
著　　者　王　键
责任编辑　陈晓清
出版发行　凤凰出版传媒集团
　　　　　凤凰出版社(原江苏古籍出版社)
　　　　　南京市中央路165号　邮编 210009
　　　　　发行部电话 025—83223462
集团网址　凤凰出版传媒网　http://www.ppm.cn
照　　排　南京凯建图文制作有限公司
印　　刷　江苏新华印刷厂
　　　　　南京市张王庙88号　邮编:210037
开　　本　718×1005毫米　1/16
印　　张　29.5
字　　数　576千字
版　　次　2010年1月第1版　2010年1月第1次印刷
标准书号　ISBN 978-7-80729-654-6
定　　价　58.00元
（本书凡印装错误可向承印厂调换，电话:025—85521756）

目录

序 言

万 峰

王键博士的大作《日据时期台湾米糖经济史研究》一书，顾名思义，就是研究日本占据时期台湾砂糖、稻米业的演进、发展历程，以及相关问题的经济史专著。众所周知，砂糖与稻米是近代台湾最重要的农产品，亦是台湾近代贸易的主要出口商品，台湾米糖产业的发展轨迹与台湾近代社会的发展演变密切关联。以 1895 年甲午战争日本占据为标志，台湾沦为日本殖民地长达 50 年之久，形成特殊形态下的日据台湾历史阶段。日据台湾历史属于中国近代历史的一部分，同时也与日本近代史的演变密切关联。日据期间，台湾经济运行被强行纳入日本资本主义经济圈，以米糖为代表的台湾农业发展也就具有了不同于大陆农业的发展轨迹。台湾米糖经济演变受生产力和生产关系双重的制约，在台湾总督府与日本资本的双重压制下缓慢发展，并构成近代台湾米糖经济发展史的基本特点。

《日据时期台湾米糖经济史研究》一书以日据时期台湾米糖两大农产品作为研究对象，从时间上看，跨越晚清与民国时期(1895—1945)；从研究对象上看，将稻米与砂糖的生产过程、商品性质及其在台湾殖民地经济史中的地位等作为描述与考察对象。在整个日据时期，米糖经济始终是台湾殖民地经济的中核，占有极其重要的地位。日据前期，在日本对外侵略扩张总政策下，台湾总督府先推行“工业日本、农业台湾”的殖民地经济政策。所谓“农业台湾”，就是大力发展台湾的米糖经济，使台湾成为向日本提供砂糖、稻米等农产品的最重要产地。台湾米糖经济的发展，成为日据时期台湾殖民地经济发展的重要基础，不仅使日本殖民者稳固了对台湾社会的统治，也极大地支持了日本资本主义经济的发展。日据后期，随着日本侵略战争的进一步扩张，台湾总督府改施“工业台湾、农业南洋”的殖民地经济政策，试图把台湾建设为日本的“南进基地”，并大力推行所谓的“工业化”，但以米糖产业为核心的台湾殖民地经济结构并未有大的改观。整个日据时期，米糖经济的发展本身显示出日据时期台湾殖民地经济发展的缩影。对这一课题的深入研究，当然应是日据时期台湾史研究中的极重要内容。

本书首先是一部规范性的学术论著。作者在掌握大量详实原始史料的基础上，从经济史的角度，以独到的观点，对日据时期台湾米糖经济史缓慢演变的曲折过程做了分析。本书为我们描述了一个比较全面的关于日据时期台湾米糖经济史发展演进的历史图景,也为我国的日本史与台湾史学界提供了进一步研究的学术基础和相关资料。本书在研究途径和研究视角上,把对日据时期台湾米糖经济史的历史考察与日本近代经济史的演变过程相结合,这可能是一种更有助于揭示日据时期台湾米糖经济史真实过程的研究途径。本书在学术观点上亦有创新。如作者通过对大量史料的阅读与利用,对台湾总督府米糖殖民地经济政策的制定过程与内在目的进行了考证,以跨学科的研究方法,进行了大量的、细致的统计分析和理论研究,较为客观和正确地把握了日据时期台湾米糖经济发展的真实内涵。

王键同志具有日本史博士学位,精通日本近代历史,又曾兼攻台湾史博士后,以此功力来研究此一课题,可谓实力相当。通过作者对日据时期台湾米糖经济发展历史的实证考察与精辟分析,为我国的日本史与台湾史学界深化研究和把握日据时期台湾史的研究提供了可靠依据,也做出了可贵的贡献。本书不仅具有很高的学术价值和理论意义,而且有很强的现实意义和参考价值。竭诚期待作者能在本书基础上,做进一步深层的学术探讨和理论研究,同时期待着王键同志更多佳作的问世。

万峰(中国日本史学会名誉会长、
中国社会科学院研究员、博士生导师)

绪 论

第一节 本书的研究概念、研究视角及研究概况

一 本书的研究概念

日据时期台湾米糖经济史属台湾近代农业经济史之范畴，就近代农业与社会发展而言，《中国经济通史·清代经济卷》绪论指出：农业是封建社会最重要的物质生产部门，而粮食更是国民经济的基础。粮食生产对于一个封建国家来讲，具有极为重要的意义。粮食总产量代表封建国家的经济实力，粮食单位面积产量反映土地利用的效果，是农业生产力发展水平的重要指标[①]。清代时期，台湾就是我国农业较为发达的省份，日据时期的台湾米糖经济型农业形态也有一定程度的变迁与发展。本书以日据时期台湾米糖经济史为研究对象，从时间上看，跨越晚清与民国时期(1895—1945)；从研究对象上看，将台湾岛内粮食生产的两大品种——稻米与砂糖的生产过程、商品性质及其在台湾殖民地经济史中的地位等作为描述与考察对象。自古以来，稻米与甘蔗就是台湾最重要的两项经济农作物，台湾南部以旱作地作为甘蔗的主要产地，北部则是以种稻为主，因此台湾便有"南糖北米"的说法[②]。日据前期，台湾总督府奉行"工业日本、农业台湾"的殖民地政策。所谓"农业台湾"，就是把台湾的经济控制在所谓米糖经济上。米糖经济为日本节省和赚取了大量外汇，支持了日本资本主义经济的发展，同时也支持了日本军备扩张型经济的发展。所谓"工业台湾"，就是对台湾的工业进行军需化改造，使之服从于日本军国主义的南进政策，服从于它的军事战略。简言之，无论是"农业台湾"，还是"工业台湾"，都不是出于台湾自身的需要，不是出于发展台湾经济的需要，不是基于发展台湾经济的经济规律的

---

① 清代的粮食生产获得了很大的发展，它的发展同任何社会经济的发展一样，都是由时间上的上升运动和空间上的扩散运动交织而成。清代各地的粮食亩产，与前代相比，均有所提高。只是农业比较发达地区提高的幅度小一些，其他发展中地区提高的幅度大一些(参见方行等:《中国经济通史·清代经济卷》(上)，北京:经济日报出版社，2000 年版，第 2 页)。

② "南糖北米"的界线，有人说是以浊水溪为界，也有人说是以大安溪为界，不论何者较为正确，米糖在台湾的经济地位是不容忽视的(参见杨彦骐:《台湾百年糖纪》，台北:猫头鹰出版社，2001 年版，第 71 页)。

需要。日据后期，台湾总督府顺应日本扩张战略的需求，改施“工业台湾、农业南洋”的殖民地政策，但实际上以米糖产业为核心的殖民地经济结构并未有大的改观。整个日据时期，米糖经济的发展本身显示出台湾殖民地经济发展的缩影。本书认为，近代台湾经历了半封建半殖民地和殖民地社会的嬗递，而以1895年日本占据台湾（台湾总督府的设立）作为进入殖民地的标志。经济演变受生产力和生产关系的双重制约，一般可以一定的自然条件下生产力的增长、一定的社会制度下经济运行的效果作为考察的主线。这样看，殖民地时期台湾经济是曲折发展的，米糖经济尤其如此，有进有退，在台湾总督府殖民地经济政策之强力制约下，主要是在服从于日本大战略的需要下，缓慢地发展起来。

纵观世界经济史，任何国家与地区（包括殖民地）的经济发展通常会有阶段性的转变过程，在对其进行考察及论述时也需加以分期。然而，对日据台湾经济史进行分期并非易事，不仅有政治、经济以及社会等多方面的因素，而且多方因素并存并相互影响，很难一一列举、厘清。我们只能取主因作为分期之依据。如以经济发展水平的不同阶段来划分，也可能得出不同的结果。如台湾学者黄富三指出，在晚清即同治八年至十年（1858—1860）台湾开港至光绪二十一年（1895）时期以及日据时期的100多年中，台湾经济有相当长的时间是半殖民地、殖民地式的从属经济，缺乏自主性；但在从属中却又有相当程度的发展[①]。故有学者认为从属与发展并存是近代台湾经济的基本特点[②]。也有学者认为所谓的台湾资本主义化，是殖民地掠夺的必然结果，殖民地性质的畸形物。表面上看，台湾经济不无发展，殊不知为掠夺而“开发”，“开发”本身就是掠夺。日本统治者必须引进先进生产力以榨取更大的剩余价值和相对剩余价值，不得不采用资本主义生产方法，从而导致台湾经济的某些变化发展，而其内容则是侵占之、垄断之、掠夺之，竭泽而渔[③]。日据50年期间，台湾经济运行被强行纳入日本资本主义经济圈。“强加给它的发展模式是主要依赖把初级产品输往日本。在这种殖民地结构内，台湾所达到的增长速度，对处于转变初期的传统经济来说，是使人印象深刻的”[④]。

自16世纪起，西方列强争霸，向海外殖民扩张之势头趋增。台湾岛由于地理位置重要，物产丰富，先后被荷兰、西班牙等国殖民者侵入。19世纪以来，以英国为首的西方列强在本国实行“工业革命”后，开始向世界各地大举进军，拓

---

① 黄富三：《台湾近代经济发展史的分期及其特征》，台湾省文献委员会：《台湾近代史》（经济篇），第一章，南投：1995年印行，第1页。

② 隅谷三喜男、刘进庆、涂照彦：《台湾の经济——典型NIESの光と影》，东京：东京大学出版会，1992年版，第1页。

③ 陈泽尧：《台湾殖民地经济概论》，载《河南师范大学学报》1997年第1期。

④ 何保山：《台湾的经济发展（1860—1970）》，上海：上海译文出版社，1981年版，第28页。

展海外殖民地。1840—1842年中英鸦片战争后，中国被迫开港；1858年中国被迫与英法签订《天津条约》[①]后，台湾也纳入开港的行列，这是近代台湾社会发展的新阶段。日本经过1868年明治维新，亦开始积极向外扩张。“地处东亚一隅的日本，经过19世纪60年代后期发生的这次变革，比较顺利地摆脱了半殖民地危机，形成近代民族，发展资本主义，使日本由封建社会迅速地转变为资本主义社会，建成了亚洲唯一一个独立自主的近代资产阶级民族国家”[②]。成为资本主义国家的日本必然要走上对外扩张的道路，因为“资本主义如果不经常扩大其统治范围，如果不开发新的地方，并把非资本主义的古老国家卷入世界经济漩涡之中，它就不能存在与发展”[③]。由于台湾是长期供应日本砂糖的最重要地区，日本早就对台湾怀有觊觎之心。在19世纪50年代中期，被誉为明治维新先驱的吉田松阴就说过：“为今之计，如能以和好牵制二虏（指美国和俄国），乘隙实行富国强兵，开垦虾夷（北海道），夺取满洲（中国的东北）、朝鲜，吞并南方，然后挫败美国，制服欧洲，就将无往而不胜。”[④]他还强调：“方今急修武备，一旦军舰大炮大体充实，即可开垦虾夷，……乘隙夺取堪察加、鄂霍次克，晓谕琉球，……责成朝鲜纳币进贡……北则割据满洲（中国东北）之地，南则占有（中国）台湾、吕宋诸岛（菲律宾）……”[⑤]这是日本早期对外推行殖民扩张、欲侵占台湾的典型思潮。

随后，日本军国主义开始了对台湾的侵扰过程，1874年以牡丹社事件为由首次出兵台湾，图谋长期占据台湾东部[⑥]；1879年4月，日本强行吞并琉球[⑦]；日本还加紧策划蚕食朝鲜，将侵略的矛头直指朝鲜半岛，这可看做是日本武力吞

---

① 《中英天津条约》签订于1858年6月26日，全文共56款。其中第11款规定：除广州、福州、厦门、宁波、上海五处准予通商外，中国应另开辟台湾及牛庄、登州、潮州和琼州五处新口岸。《中法天津条约》签订于1858年6月27日，全文共42款。其中第6款规定：除《南京条约》已定的五个通商口岸，另开福建的台湾、淡水，山东的登州，广东的潮州和琼州，江南的江宁六处新口岸。

② 万峰：《日本近代史》，北京：中国社会科学出版社，1981年版，第233页。

③ 列宁：《俄国资本主义的发展》，《列宁全集》第3卷，北京：人民出版社，1959年版，第545页。

④ 《岩波讲座：日本历史·Ⅰ》，东京：岩波书店，1962年版，第91—92页。

⑤ 井上清：《日本军国主义》第二册，东京：东京大学出版会，1953年版，第10页。

⑥ 藤井志津枝：《日治时期台湾总督府理番政策》，台北：文英堂，1997年版，第1页。

⑦ 1874年10月31日，清政府与日本签订《中日北京专约》，承认日本出兵台湾是“保证民义举”，并赔偿军费50万两白银。清政府的屈辱退让，进一步刺激日本政府侵略琉球的野心。1875年日本政府强迫琉球王国断绝与中国的一切关系，最后于1879年4月4日废琉球藩，改为冲绳县，完全吞并了琉球（参见吴廷璆主编：《日本史》，天津：南开大学出版社，1994年版，第414页）。

并台湾的前奏曲[①]。1885 年 4 月中日签订《天津条约》，迫使清政府默认日本妄图独霸朝鲜的行径，日本从而攫取了对朝鲜扩张的“合法”权利，也促使日本攫取台湾的野心更为膨胀。至 1894 年，日本经过约 10 年的扩军备战，悍然发动甲午战争。1895 年 4 月 17 日，清政府被迫签订割让台湾、赔偿巨款的《马关条约》。通过该条约，日本实现了明治初年以来就已确定的侵略目标——攫取台湾的砂糖与稻米等资源[②]。由此，日本开始和欧美列强一样，变成了拥有海外殖民地的国家[③]。

台湾遂成为日本的第一块海外殖民地，台湾总督府也欲在台湾实施以米糖产业为核心的殖民地经济开拓，全面施行“工业日本、农业台湾”之殖民地经济政策。但是，当时日本经济、军事实力尚不强大，特别在外交上还明显处于劣势，英、美、法、俄、荷五国在日本还享有不平等的领事裁判权（直到 1899 年即日本占据台湾第四年才全面废除）。就日本的综合国力而言，日本的资本主义并未发展至成熟阶段，其资本实力尚不雄厚，不仅距离金融资本主义极远，即使产业资本主义亦处于发轫阶段，并无足够的“资本”去经营殖民地[④]。以至在日据初期，台湾米糖产业仍处于以土著资本为主体的前近代生产状态。日本学者矢内原忠雄认为，尽管在甲午战争前，“日本已经建立起资本主义经济的结构，逐渐形成发展的阵容”，实际上，仅仅完成了以纺织业为中心的产业革命，“当时日本的经济实力，还未达到垄断资本主义的高度发展阶段”[⑤]。不仅如此，为了维持台湾总督府之军政统治，还需日本政府拨付巨额之财政补贴，一度在日本政界出现“抛售台湾”的论调[⑥]。由此可见，日据初期，面对岛内遍燃的抗日烽火，匆忙成立的台湾总督府一筹莫展，殖民地统治秩序难以建立，台湾米糖产业的开发更是无从谈起。至 1898 年 3 月进入儿玉—后藤时期，台湾总督府最终采取“无方针”之统治策略，在牺牲台湾同胞利益的前提下，以威权推动所谓殖民地基础工程之建设，以“掠夺与榨取”的手段，强力实施土地调查与大租权改革（1898—1903）、林野调查（1910—1914）等，使台湾殖民地经济体系的构建渐次起步。在产业发展方面，总督府以糖业为突破口，颁布《台湾糖业奖励规则》（1901 年）和《制糖

① 1885 年 11 月，日本借“甲申事变”之口实，强迫朝鲜与其签订了不平等的《汉城条约》，逼迫朝鲜向其“谢罪”，赔偿损失等。同时，日本政府又派出伊藤博文为特命大使，西乡从道为副使，到中国进行外交讹诈。1885 年 4 月 18 日，伊藤博文等在天津与李鸿章举行会谈，由于李鸿章的一再退让，签订了日本获益极多的《天津条约》。李鸿章还特意在致伊藤博文的照会中声称：“对在朝的中国兵官之不小心，及官兵伤害日民之事，俟查明依法办理。”（王芸生：《六十年来中国与日本》第一卷，北京：三联书店，1979 年版，第 256 页）

② 当时除了砂糖、稻米以外，日本关注的台湾资源还有樟脑等。

③ 吴廷璆主编：《日本史》，天津：南开大学出版社，1994 年版，第 488 页。

④⑤ 矢内原忠雄：《帝国主义下の台湾》，东京：岩波书店，1988 年版，第 9 页。

⑥ 台湾省文献委员会：《台湾近代史》（经济篇），南投：1995 年印行，第 5 页。

场取缔规则》(1902 年),实施"原料采取区域制度"等,大力推进台湾米糖业的发展;1900 年三井财阀投资的台湾制糖株式会社成立,开启日本资本独占台湾糖业之序幕。总督府还颁布一系列相关配套措施,以推进米糖产业在岛内的深度发展。

总之,在日据台湾的 50 年间,1930 年代前,台湾是日本的米糖等农产品供应地以及日本工业品的外销地,故实行"工业日本、农业台湾";1931 年后,日本军国主义对外战争日趋扩大,台湾在日本资本主义经济圈的地位也发生转变,由边陲之殖民地转为向南洋扩张的"南进基地"。"工业台湾、农业南洋"的政策也随之出笼,以军需产业为核心的工业化发展迅速,米糖经济的比重略有下降。在 50 年之久的日据时期,台湾总督府"推行了一套独特的统治方式与经济发展模式,对近代台湾社会的塑造有重大的影响"①。对任何帝国主义国家而言,其殖民地具有三大任务,也即殖民地的共同特征:第一是提供原料给宗主国;第二是为宗主国销售资本主义生产的工业产品;第三是容纳宗主国过剩的人口与资本②。日本对台湾的殖民策略,自不例外。米糖经济之所以成为总督府经济政策之首选,就在于日本市场对其之迫切需要。所以,台湾总督府米糖经济政策的制定与实施,均以日本的利益为最大前提。

日据时期,台湾总督府为强化对台湾社会与米糖业发展的控制,对社会、经济制度的改革和基本物质建设的推动投下极大的人力、物力,并获得相当的收益。在社会经济制度层面,台湾总督府在日据前期的主要工作是"殖民地基础工程"的建设,具体有土地调查事业与土地改革、兴修水利、统一度量衡与货币制度、建立租税、建筑铁(公)路、港口等,目的在于"创造有利于资本主义制度运作的条件"③。也可视为将台湾米糖经济纳入日本资本主义经济圈的前期工作④。对此阶段台湾总督府米糖经济政策的制定过程、背景及实施效果等作实证研究,对于全面阐明台湾米糖经济的发展过程,确实具有重要的学术价值。经济政策是政府在某一时期,为达成产业发展目标或解决产业发展问题,而对生产资源的分配进行的行政干预。对于总督府而言,无论是加快攫取台湾的米糖等农业资源,还是在岛内确立一套有效的殖民地经济体系,都需要通过一系列殖民地经济政策来实现。经济政策的科学性、有效性直接影响着其对台湾统治目标的实现过程与结果。台湾总督府的政经策略是,尽快在台湾推行资本主义生产方式,不仅可以促进台湾的殖民地经济开发,也可"将台湾迅速纳入与日本仍在演进中的系统体制内,同时,也有助于日本的资本主义化,所以,日本占据台湾后的诸多举措,胥以发展经济为主,各种政策皆系围绕经济的要求进行,

①④　台湾省文献委员会:《台湾近代史》(经济篇),南投:1995 年印行,第 5 页。

②　袁颖生:《光复前后的台湾经济》,台北:联经出版事业公司,1998 年版,第 12 页。

③　矢内原忠雄:《帝国主义下の台湾》,东京:岩波书店,1988 年版,第 16—22 页。

而在台湾实施资本主义生产制度，即为对台之经济政策”[①]。台湾总督府主导下的台湾米糖经济逐渐成为日本资本主义经济的补充部分。

研究日据时期台湾米糖经济史，首先应对日据时期台湾殖民地经济的整体发展水平以及性质等作出较为清晰的判断。学界始终存在着对日据时期台湾资本主义化认识的争论，早在1930年代，日本学者矢内原忠雄就在批判日本对台湾实施殖民统治的同时，也提出在日据时期台湾的“资本主义化”取得重大进展的概念[②]。对此，台湾学者涂照彦提出不同见解，并提出比矢内原忠雄更为全面的概念。涂照彦认为：“矢内原忠雄所说的‘资本主义化’，似乎是指资本家企业发展的结果，即是殖民地社会经济的组织和结构等整体急速地资本主义化。由于矢内原忠雄以这种方式运用‘资本主义化’的概念，而又将它贯穿于该书的基本分析观点，因而该书的分析对象只能局限于糖业所代表的日本资本家企业的发展，而且又将此筛选出来的资本家企业的发展说成是台湾的资本主义化。”“糖业的资本主义经营，从甘蔗的耕种面积看，仅够糖业公司所需原料的两成左右而已。日本资本家企业在台湾的发展及其对台的资本渗透，并没有达到全面变革台湾传统社会经济的程度，因此，以矢内原忠雄的资本主义化概念，不可能充分了解台湾殖民地经济的全貌，这是不足为奇的”、“而台湾殖民经济的基本特征，就在于日本的垄断资本（即资本家企业）和本地资本（即地主制）的并存。由此可见，矢内原忠雄所说的资本主义化，只不过是局限于前者的资本主义化，表面上的资本主义化，并且显然忽略了后者即本地资本（即地主制）。因此，若以矢内原忠雄所说的‘资本主义化’来看殖民地台湾的经济情况，就无法充分了解它的全貌。”[③]

石井宽治认为涂照彦在解析台湾本土资本与日本国内资本的互动关系时，在概念上未能厘清国家与个别资本之区别，而有将日本天皇制国家权力、台湾总督府权力与在台日资“同质”地连接在一起的情形[④]。黄绍恒更直接指出，这种概念上的“混同”造成对研究的干扰[⑤]。从研究结论来看，涂照彦与矢内原忠雄所不同的地方，在于其注意强调“台湾经济本位的视角”以及“土著经济历史

---

① 袁颖生：《光复前后的台湾经济》，台北：联经出版事业公司，1998年版，第12页。

② 矢内原忠雄：《帝国主义下の台湾》，东京：岩波书店，1988年版，第13页。

③ 涂照彦：《日本帝国主义下の台湾》，东京大学出版会，1975年版，序章第5—6页。

④ 石井宽治：《书评の涂照彦“日本帝国主义下の台湾”》，东京大学《经济论集》，第41卷第4号，1976年1月，第89页。

⑤ 黄绍恒认为，这种在概念上的“混同”，结果使得涂照彦对日治时代台湾经济的研究与探讨，只局限于以民族区分资本所属及不同族系资本之相互关系的探讨，却未能注意到同一民族内的阶级关系，无法从生产关系对日治时代台湾经济作更进一步探讨，并找出殖民统治下所具有的性格（黄绍恒：《从对糖业之投资看日俄战争前后台湾人资本的动向》，载《台湾社会研究季刊》，1996年7月，第23期）。

特质"对于日本资本主义移植台湾的影响[①]。但台湾学者林继文指出，不论是矢内原忠雄还是涂照彦的研究，都缺乏对于台湾总督府本身乃至于其和日本中央政府政治关系的分析。例如涂照彦反复强调"国家强权的介入"对于改造殖民地经济的重要影响，但对于强权何时介入，在政治上的目的为何等问题却没有处理。既然不能了解"国家强权"介入经济活动的动机与背景，就很难归纳出台湾总督府在各阶段所采取的经济政策间的关联性，到头来还是必须回到"日本资本主义发展阶段论"的架构上。这也许是涂著虽然可以称得上是研究日据时期台湾经济史最详实的著作，却不容易从中看出变迁的动力(dyn-zmics)和时机(timing)的原因[②]。柯志明也认为涂照彦的论点是不充分的，他指出，涂照彦片面强调土地所有关系的面向，却忽略了本地生产模式以家庭耕作式农业(family farming)——家庭作为生产兼消费基本单位为基本特性的重要现象。涂照彦并未清楚地说明本地家庭耕作农业与外来资本间连结的具体机制，仅只点出经由本地地主中介及以国家强权为后盾的直接租税榨取。涂照彦对"并存"现象的解释明显偏重于政治面向，视之为殖民者与本地地主间政治上的对抗与妥协的结果，而轻忽经济力量运作的面向。相对于矢内原忠雄的理论，涂照彦虽然赋予政治面向"民族对抗"更大的自主性，但并没有在经济理论上提供一个足以取而代之的观点(alternative)。殖民经济内资本再生产的机制，也就是那些即使无须诉诸直接政治强制仍能运作的经济机制，有待说明[③]。仅从1930年代台湾总资本投入的变化情况来看，岛内明显出现资本主义化的倾向[④]。但这种所谓的资本主义化并非一种平衡的发展，笔者认为是一种日资企业优先的"前资本主义化"；在总督府的控制下，土著资本始终处于被歧视地位，是一种极端不平等的殖民地经济体制。依据台湾总督府在台湾殖民地经济发展过程的主导地位，有台湾学者将其定义为"主导型资本主义"[⑤]。此乃日据时期米糖经济发展的最大社会背景。

日据时期台湾米糖产业确实有着一定的发展，但它最大限度满足了"日本帝国的需要"，并未给当时及战后的台湾社会带来实质性利益。这里借用台湾学者吴聪敏的一段描述："日据时期与战后时期台湾发展糖业的比较利益差异，显现帝国主义的殖民统治，对于殖民地本身的经济发展可能产生的弊害。从日

---

① 涂照彦:《日本帝国主义下の台湾》，东京:东京大学出版会，1975年版，第12页。

② 林继文:《日本据台末期(1930—1945)战争动员体系之研究》，台北:稻乡出版社，1996年版，第8页。

③ 柯志明:《米糖相剋——日本殖民主义下台湾的发展与从属》，台北:群学出版有限公司，2003年版，第13—14页。

④ 沟口敏三等:《旧日本殖民地经济统计》，东京:东京经济新报社，1988年版，第40页。

⑤ 黄富三:《日治经验与战后台湾的文化冲突》，《光复后台湾地区发展经验研讨会论文集》，台北:台湾"中央研究院"中山人文社会科学研究所，1990年，第3页。

本帝国的角度来考虑，台湾发展糖业和日本本国的产业正好有相互补足的利益。但是，从一个独立经济个体的角度来看，糖业也许并非台湾的比较利益之所在。日治时期日本企业家所设立的机器设备，短期之内并不容易转成其他用途。因此，日治时期以糖业为主的产业形态，在战后反而可能是经济发展的一个障碍"[①]。虽其论述略欠周到，但却有深刻之经济哲理。也就是说，尽管日据时期台湾糖业有一定发展，但对于光复后台湾经济的发展并不全是利点，台湾农(稻谷)业之状况亦如此。

二　本书的研究视角

本书试图厘清并解释日据时期台湾米糖经济的发展与变迁过程，将集中对日据前期"工业日本、农业台湾"的殖民地政策下之米糖产业发展过程作深入研讨，对台湾总督府大力推进殖民地基础工程以及米糖经济政策等进行客观阐述；同时对日据后期"工业台湾、农业南洋"的新殖民地经济政策作深入研讨，以米糖产业与对外贸易、总督府官营农业移民政策、台湾水利业以及战时体制下工业化与台湾米糖经济等为线索，拟对日据时期台湾米糖经济以及台湾总督府米糖经济政策进行整体的论述。由于台湾属于海岛型特质，气候属于热带兼亚热带，岛内矿产资源并不丰富，但土地肥沃，雨量充沛，故台湾的经济结构适宜发展稻谷、砂糖、茶叶种植等农业以及对外贸易，而不适宜于工矿业。故台湾米糖业较为发达，一向有"米仓"、"糖仓"之称[②]。米糖产业的发达，也促使米糖贸易兴旺起来，台湾社会早在荷据时期(1624—1662)，就已经建立起以商贸为主导型的经济发展模式。荷兰殖民者在台湾，一方面发展以米、糖为主的农业，将部分农产品出口换取金银，另一方面，开办大量商馆进行三角贸易[③]。明郑成功及其后人治理下的22年期间(1661—1683)，台湾更进一步发展农商并重的产业政策。1683年清朝设立台湾府以后，清政府采取严厉的禁商措施，致使台湾的对外贸易日趋衰落。然而，清朝康熙年间，来自大陆的移民大量进入台湾，促使台湾的农业迅速发展，米、糖及樟脑等农产品的产量急增，又促使台湾与大陆的两岸贸易再度兴盛起来，台湾与大陆构成"互补性经济体"[④]。同时，随着岛内米糖经济的兴盛，以米糖为主的贸易活动又开始兴旺，如向大陆、日本等地出口

---

① 台湾省文献委员会：《台湾近代史》(经济篇)，南投：1995年印行，第632页注释29。

② 吕桐生、裴浩林：《台湾香港经济研究》，北京：农村读物出版社，1989年版，第35页。

③ 荷兰殖民者将台湾砂糖运至日本销售，获利后再从日本购买生丝销至欧美，从中攫取巨额利润。至1649年，荷兰在亚洲共开设19处商馆，除9处亏损外，日本、台湾等10处均有盈余，其中台湾商馆获利额仅次于日本商馆而居第二(曹永和：《荷兰与西班牙占据时期的台湾》,《台湾早期历史研究》，台北：联经出版事业公司，1979年版，第36页)。

④ 台湾省文献委员会：《台湾近代史》(经济篇)，南投：1995年印行，引言第2页。

砂糖、稻米等，同时由两地回购所需之生活用品。总之，日本占据台湾之前，台湾岛内米糖产业的生产、对外贸易趋势极为顺畅。由于日本的武力占据，中断了近代台湾米糖经济的正常演进过程。

日据之前，日本适宜植蔗的面积有限，糖产量不足供应，每年需大量进口砂糖，如1894年砂糖消费量为400万担，而生产额仅为80万担，80%需要进口[①]。巨额的砂糖输入，恶化了日本的国际收支[②]。1900年时，日本处于“产业革命”重要时期，需要大量外汇来购买欧美等发达国家的机器设备，由此，减少输入砂糖的外汇开支，是当时日本政府面对的严峻课题。由此，日据之后，总督府大力促进台湾制糖业的发展，不仅可满足日本国内砂糖消费市场的需求，也为日本节省和赚取了一大笔外汇，又可确保精糖的原料[③]，达成产业升级，台湾甚至成为日本剩余资本的理想吸纳地。发展糖业对于总督府而言，也有其迫切需要，“使之输往内地（日本），可节约当时所谓的殖民地经营费而获取财政独立”。故在1896年，总督府就将糖业列为其施政要务之一[④]。

不过，日本最初占据台湾，并非是以它作为其剩余资本和商品的输出地，而是为了弥补本国资源和能源的不足。日本一方面企图在殖民地的经营上直接获取利益，一方面则是以台湾为南进的根据地[⑤]。在社会经济制度方面，日据前期（1895—1931）的主要工作有土地调查事业、土地改革、统一度量衡与货币制度等，目的在于创造有利于资本主义制度运作的条件[⑥]。在农业投资方面，总督府采取米糖并重政策，但糖业尤受重视。因糖业兼具农、工业双重性质，日本国内又需进口大量的糖，乃成为总督府与日本资本家关注的核心产业，因此成长迅速[⑦]。1920年代，为弥补日本国内粮食的不足，台湾全力发展稻米业，尤其是适合日本人口味的蓬莱米的栽培。结果，台湾稻米、蔗糖成长迅速，形成“米糖

---

① 周宪文：《台湾经济史》，台北：开明书店，1980年印行，第547页。

② 伊藤重郎：《台湾制糖株式会社史》，东京：台湾制糖株式会社东京出张所，1939年，第43页。

③ 日本进口台湾砂糖，主要是作为原料之粗糖，运至日本进行精加工，即为精糖。也即台湾糖业史所称的“台湾粗糖、日本精糖”。

④ 整个日据前期，总督府在工业上的努力，几乎只有砂糖一项（参见台湾省文献委员会：《台湾近代史》（经济篇），南投：1995年印行，第224页）。

⑤ 黄静嘉：《春帆楼下晚涛急——日本对台湾的殖民统治及其影响》，北京：商务印书馆，2003年版，第46页。

⑥ 矢内原忠雄：《帝国主义下の台湾》，东京：岩波书店，1988年版，第16—22页。

⑦ 台湾在殖民地时期最重大和最普遍的变化发生在农业方面。的确，殖民地台湾的经济增长主要归因于农业的发展。农业的增长最初为每年2%到2.5%上下，1920年后，每年的增长率为3.8%，大大超过台湾的人口增长率（何保山：《台湾的经济发展（1860—1970）》，上海：上海译文出版社，1981年版，第31—32页）。

单一经营农业”[①]。台湾一方面输出农产品以弥补日本农产品的不足，另一方面亦成为日本工业品的市场，双方形成垂直分工关系[②]。此为殖民地经济的典型且普遍的模式。台湾总督府的“殖民地策略是开发台湾，作为日本的补充；因此，重点放在把这两个地区的经济一体化上面。说得简单些，要把台湾变成日本的农业附庸，帮助日本养活不断增加的工业人口”[③]。

总之，在日据前期，岛内米糖产业有所进步，殖民地经济缓慢提升，台湾米糖等农产品渐次成为供应日本市场的重要基地。台湾米糖业的发展，以日本资本大力投资并独占台湾糖业、以及“蓬莱米”等最具代表性。台湾米糖之生产形态，也和日本之产业发展及日本国内需求有密切关系[④]。台湾总督府以“工业日本、农业台湾”为名，“在将台湾经济充分开发之余，也将台湾的资源与日本本土做完全的结合”[⑤]。日俄战争之后，随着殖民地基础工程的构建，米糖产业发展渐强，台湾砂糖产量逐年增加，1906 年为 76 433 公吨，到 1911 年上升到270 338 公吨，1916 年更增至 321 064 公吨，到 1925 年达到 499 925 公吨[⑥]。随着台湾砂糖产量的大增，输出日本的数量也不断增加。据统计，从 1903 年到 1945 年，台湾砂糖对日本的输出量占其生产量的最低年份为 50%，最高年份为 130.5%，平均每年为 85%；而台湾砂糖对日本输出量占其输出总量最低年份为 71%，最高年份为 100%，平均每年为 92%左右。从 1916 年起，台湾砂糖还开始向祖国大陆及香港地区和印度、加拿大、澳洲，甚至包括瑞士、芬兰、西班牙及土耳其等国家出口。对于日据前期以米糖为代表的殖民地经济发展，台湾学者柯志明借鉴美国学者阿明(Amin)的“边陲资本主义”(Peripheral capitalism)理论架构进行分析认为，1925 年以前台湾殖民地的经济发展，“大致符合边陲资本主义的属性”[⑦]。

---

① 隅谷三喜男、刘进庆、涂照彦:《台湾の经济——典型 NIESの光と影》，东京:东京大学出版会，1992 年版，第 14 页。

② 同上，第 19—20 页。

③ 何保山:《台湾的经济发展(1860—1970)》，上海:上海译文出版社，1981 年版，第 32—33 页。

④ 日本自日俄战争获胜后，农业以外的产业发达，对原料作物需求增加，但是日本国内农业生产有限，粮食供应不足，自然想到如何开发气候条件良好的台湾农业(吴聪贤:《台湾农业史》，台北:黎明文化事业出版股份有限公司，1992 年版，第 176 页)。

⑤ 陈立文:《1885 到 1945 的中国、台湾与日本》，《纪念台湾光复 60 周年暨两岸关系学术研讨会论文集》，北京:台海出版社，2008 年版，第 476 页。

⑥ 周宪文:《台湾经济史》，台北:开明书店，1980 年印行，第 553 页。

⑦ 柯志明指出，在工业日本与农业台湾国际分工下的脱节式经济里，资本主义外销(糖)部门的发展并没有带来扩展效果，其他部门未能均沾。其结果是部门间生产力不平均的发展，与此同时，两部门里农民的生活水准一体被压低拉平，与生产力成长所创造的利益绝缘(柯志明:《米糖相克——日本殖民主义下台湾的发展与从属》，台北:群学出版有限公司，2003 年版，第 226 页)。

但1925年以后台湾殖民地经济发展与此模式有所落差[①]。

如此，日据前期台湾总督府经济政策的主要特征是“工业日本、农业台湾”，呈现出对米糖产业的侧重。而在日据后期，台湾在日本对外军事侵略和经济扩张中的战略重要性进一步提升，由此在日本政府内部出现适时调整台湾经济结构的新论调，即大力发展以军需产业为核心的重工业，使其成为日本进占南洋的南进基地，即“工业台湾、农业南洋”的新殖民战略[②]。台湾总督府秉承日本政府的战略意图，将以往主要以促进米糖产业为特点的经济政策，迅速调整为发展以军需产业等重工业为特点的新经济政策。随着台湾进入工业化及战时统制经济阶段，在台湾产业“工业化”迅猛发展的同时，台湾经济的结构亦趋畸形。台湾经济也随着日本对外侵略战争的扩大而呈现“经济军事化”的特征，优先发展军需产业是此阶段台湾经济发展的主轴，也形成台湾总督府殖民地经济政策的最大特征。进入日据后期，台湾米糖经济更加呈现出从属于日本本土经济的特色。在总督府的威权扶持下，日本资本先后垄断了岛内制糖业、米谷加工业以及外销等。也就是说，日据台湾时期的经济发展并非依照本岛社会发展的所需而演进，而是以日本经济的需要为经济发展的最高目标，尤其是随着日本不断扩大对外侵略战争，台湾经济发展模式的随之调整，米糖经济的发展亦如此。

纵观日据台湾的50年间，为强化对台湾统治与创造产业发展的条件，台湾总督府对社会、经济制度的改革与基本物质建设的推动投下极大的人力、物力，并获致可观的成果。大致上，在1895年至1930年代间，采取“工业日本、农业台湾”政策；1930年代后，提倡工业化政策，而发展出“工业台湾、农业南洋”的新模式。如上所述，日据前期，日本政府基于将朝鲜半岛、中国东北与日本本土三地的资源动员计划联系在一起的战略，在“北进”优先的战略导向下，在朝鲜推行快速工业化，特别是优先发展重化工业的方针。台湾则因被定位为军事后勤基地而采取了缓进的工业化[③]。台湾总督府经济政策多体现为优先发展糖业与农业的米糖产业政策上。在1931年至1945年“工业台湾、农业南洋”的日据后期，为执行日本政府的战略调整，台湾总督府开始推行所谓“工业化”的新经济

---

① 柯志明认为，随着一次世界大战以来日本资本主义经济的提升，工业化与城市化的发展迅速，其对殖民地农产品（尤其是稻米）的需求日增，促成台湾米作生产的扩张。由此，“1925年后台湾生产与出口的扩张，对原先的脱节式经济与生产力不平均的发展，造成纾解的效果”（柯志明：《米糖相剋——日本殖民主义下台湾的发展与从属》，台北：群学出版有限公司，2003年版，第228页）。柯志明进一步认为，台湾米作部门内部在1920年中期以后“平衡而均衡式”的发展可说是相当“成功”挑战了日本殖民主义者所欲强加的“边陲资本主义”。

② 台湾省文献委员会：《台湾近代史》（经济篇），南投：1995年印行，第4页。

③ 大陆学者孙代尧指出：日本对朝鲜、台湾施行的两种发展政策导致了不同的后果。在朝鲜，农工部门的发展严重失衡，区域间发展也出现重大落差。而台湾的缓进工业化政策使农工部门间得以建立有机联系，区域发展也较为均衡（参见孙代尧：《台湾威权体制及其转型研究》，北京：中国社会科学出版社，2003年版，第44页）。

政策，以期实现“工业台湾、农业南洋”的战略目标。该政策欲使台湾成为区域性的经济中心①。台湾总督府的这种新殖民地战略的调整，使台湾殖民地经济进入转型阶段，米糖经济的发展亦随之调整。至1931年，台湾农业发展已达饱和状态，无论耕地面积、水利设施、化学肥料等均已充分利用，难已再有大幅扩张。再者，日本本土之米产已渐可自足，而糖则可以工业品换取价廉之爪哇糖，不需依赖台湾。三者，日本工业已大有进步，资金足，技术进步，产业资本主义已成熟，可进行对台之“工业移民”，创造更大利润②。在台湾总督府经济政策之调整中，充分体现出台湾米糖经济的殖民地性质。

本书提出日据时期殖民地米糖经济发展的“二元化”概念。即，一般认为，日据时期，在对待台湾殖民地经济统治的策略上，台湾总督府秉承日本政府的旨意，完全执行并制定了一系列服从于日本政府意志的经济拓殖政策，在基本肯定以上事实的同时，也应看到，台湾总督府也与日本政府之间存在着不少具体策略上的诸多矛盾，如在台湾米谷输日及台糖输日的关税问题上，在砂糖消费税归属的问题上，台湾总督府就曾与日本政府发生矛盾。但无论如何，他们的矛盾是围绕着是优先保护日本本土的利益还是优先照顾在台日资利益上，并没有本质性的冲突。这点将在下面的论述中进一步阐述。同时也必须意识到台湾总督府在推行其米糖经济政策的过程中，有其特殊的两面性。总督府一方面保持一个绝对权威的政治体制，另一方面又许可岛内土著资本有一定的活动空间，同时还使与总督府的合作成为经济成功的主要途径。美国学者高棣民(Thomas B. Gold)对此指出：台湾总督府的经验表明：“尽管民众被排除在政治之外，但仍可能取得经济上的成功。虽然要赚取巨大财富就必须与强大的国家政权合作。”③台湾总督府推动日本资本垄断了制糖业等重要产业，岛内土著资本的经济活动处于总督府官僚的支配下，但仍有一定的活动空间。但农村地区仍保留了地主经济制度的存在④，日本资本仅独占台湾稻谷之流通过程，这是米糖经济发展基础的一大特征。另外在总督府对岸(南进)政策的扶持下，大量台

---

① 台湾省文献委员会：《台湾近代史》(经济篇)，南投：1995年印行，第6页。

② 张宗汉：《光复前台湾之工业化》，台北联经出版事业公司，1980年版，第34页。

③ 高棣民：《殖民地时期台湾资本主义的根源》，Edwin A. Winckler & Susan Greenhalgh编：《台湾政治经济学诸论辨析》，张苾芜译，台北：人间出版社，1994年版，第159—160页。

④ 笔者以为，虽然总督府允许土著资本地主保持其土地的私有产权，但在日据后期工业化进程中，开始对其进行“触动”。如积极推动日本农业移民来台，只是由于战争形势的骤变，迫使总督府“放弃”了其既定之农村经济改革政策。日本学者高桥龟吉也认为，在农业发展过程中，基于殖民者的立场，由于根深蒂固的传统地主制的存在，长久以来农业剩余(包括因地价昂贵导致的剩余)大多为本地地主所得，自然不为殖民统治者所接受(高桥龟吉：《现代台湾经济论》，东京：千仓书房，1937年版，第41—43页)。

湾籍民还进入中国华南及南洋地区从事商贸活动[①]。

综上所述，本书将不拘泥于某种特定研究方法，而是以基本史实的考察为基础，以确凿的史料为依据，在对日据时期台湾米糖经济进行系统分析时，借鉴社会经济史与计量经济史等研究手段，在综合把握台湾殖民地社会经济整体发展过程的同时，重点对日据时期台湾米糖经济史及总督府米糖经济政策的演进过程、性质、特点和意义等进行诠释。具体讲，对台湾米糖经济史的研究是沿着日本近代经济史及台湾殖民地经济史两条主线并行展开的。充分认识到台湾米糖经济发展过程的前提制约条件问题，它既包括总督府的超经济控制（岛内制约条件），也包括日本资本主义经济发展（包括日本对外发动战争等）的制约条件等。本书在综合分析本课题之同时，拟对日据时期台湾米糖经济发展的史实尽可能作出有说服力的客观分析，以完成本书的志图——解释和搜求台湾米糖经济发展史实以及总督府米糖经济政策的“殖民地性质”。

三　海内外有关台湾米糖经济的研究概况

有关日据时期台湾米糖经济史的研究应纳入整个日据时期台湾殖民地经济发展史的研究范畴，因而首先应查明海峡两岸学界以及国外学界（主要是日本学界）对此课题的研究状况、研究成果和基本分歧，这将有助于本课题的研究。目前看来，台湾及日本学界有关日据时期米糖经济史的研究成果多、影响大，而中国大陆学界对日据时期台湾米糖经济史的研究还处于薄弱阶段。在台湾米糖经济史尤其是日据时期台湾经济史的研究领域，大陆学界的研究水平还远远落后于台湾及日本学界，其中最重要的因素是第一手研究资料的限制和两岸学术交流的缺乏。

日本学界的研究概况　日本对日据台湾时期米糖经济史的研究成果可谓汗牛充栋，因为日本为台湾长达50年之久的殖民宗主国，涉及日据米糖经济史以及台湾总督府米糖产业经济政策的大量原始资料存藏于日本。早在20世纪二三十年代，日本就有不少相关研究专著问世，为日据台湾米糖经济史及总督府米糖产业经济政策史的深入研究奠定了深厚的基础。早期涉及台湾米糖经济史的著述有矢内原忠雄的《帝国主义下の台湾》（日本岩波书店1929年版），

---

① 林满红指出：在日本统治台湾期间，台湾商人的脚步曾随着日本帝国的扩张而有较多人跨出本岛，在“满洲国”、在中国、在东南亚展开诸多跨国经贸合作，也由日商学得一些国际促销手法（参见林满红：《经贸与政治文化认同——日本领台为两岸长程关系投下的变数》，《中国历史上的分与合学术研讨会论文集》，台北：联经出版事业公司，1995年版，第53页，技术转让部分。林满红：《有关日据时期台湾经济史四种误解》，《台湾社会研究季刊》第22期，1996年7月。为确立并稳定殖民地统治秩序，总督府还“有意”将一些有地位的职业，如律师、医师等行业“作为殖民地经营的润滑剂”，也适量对台湾当地人开放（参见孙代尧：《台湾威权体制及其转型研究》，北京：中国社会科学出版社，2003年版，第47页）。

相良舍男的《经济上より见たる台湾の糖业》(1919 年 1 月作者发行),持地六三郎的《台湾殖民政策》(日本富山房 1912 年版),东乡实、佐藤四郎的《台湾殖民发达史》(台湾晃文馆 1916 年版),东乡实的《台湾农业殖民论》(日本富山房 1914 年版),宫川次郎《非常时の台湾糖业》(台湾糖业研究会 1936 年 7 月 24 日),石川悌次郎的《台湾に于ける米谷专卖论》(经济情报社出版部 1936 年版),井出季和太的《台湾治绩志》(台湾日日新报社 1937 年版),高桥龟吉的《现代台湾经济论》(千仓书房 1937 年版),田中重雄的《明日の台湾糖业》(1936 年 10 月作者自刊)。高桥龟吉的《战时经济统制の现阶段と其前途》(千仓书房 1938 年版)。小野文英的《制糖コンツエルン读本》(日本春秋社 1938 年 11 月)等。矢内原忠雄提出的"糖业帝国主义"概念对于日后的台湾糖业研究具有重大影响。40 年代的则有川野重任的《台湾米谷经济论》(日本有斐阁 1941 年版),根岸勉治的《南方农业问题》(日本评论社 1942 年版),东嘉生的《台湾经济史研究》(日本东都书籍株式会社台北支店 1944 年版),楠井隆三的《战时台湾经济论》(南方人文研究所 1944 年版)等。

日本投降后,日本学界继续给予很高的关注,涉及米糖经济的代表性著述有根岸勉治的《热带农企业论》(东京河出书房新社 1962 年版),平井广一的《日本殖民地财政史研究》(日本ミネルヴア书房 1997 年版),藤井志津枝的《日据时期台湾总督府的理番政策》(台湾文英堂 1997 年版)等。还有一些日台学者合作撰写及编辑的论著,也对日据时期台湾米糖经济进行阐述,如黄登忠、朝元照雄的《台湾农业经济论》(东京税务经理协会 2006 年版),隅谷三喜男、刘进庆、涂照彦的《台湾の经济——典型 NIESの光と影》(东京大学出版会 1992 年版[①]),成为研究台湾总督府米糖产业经济政策不可或缺的重要参考数据。相关论文有堀内义隆的《日本植民地期台湾の米谷产业と工业化》(《社会经济史学》67:1,2001 年 5 月)。森久男的《台湾总督府の糖业保护政策の展开》(《台湾近现代史研究》第 1 期,绿荫书房,1978 年 4 月),黑谷了太郎的《台湾糖业界の企业主体の变迁》(《台湾时报》1935 年 1 月号,1935 年),中岛航一的《台湾总督府の政策评价—米のサプラチェーンを中心に—》(《日本台湾学会会报》第 8 号,2006 年 5 月),岩生成一的《三百年前における台湾砂糖と茶の波斯进出》(《南方土俗》2—2,1933 年)等。有关日据时期米糖经济史的资料集,有台湾总督府殖产局编印的《台湾糖业令解说》(1940 年 1 月 15 日),日本农林省米谷局编印的《台湾米关系资料》(1936 年),总督府临时台湾旧惯调查会的《台湾糖业旧惯一斑》(1909 年),楠井隆三的《台湾经济半世纪史概观》(大藏省管理局《日本人

---

① 1993 年台湾人间出版社及 1996 年厦门大学出版社分别出版中文版。两岸分别出版的中文版书名为:《台湾之经济——典型 NIES 之成就与问题》(台北:人间出版社,1993 年版)以及《台湾经济发展的成就与问题》(厦门:厦门大学出版社,1996 年版)。

の海外活动に关する历史的调查》通卷第十二册台湾篇第一分册)。还有台湾制糖株式会社编印的《台湾制糖株式会社事业沿革の概要》(1921年),伊藤重郎编纂的《台湾制糖株式会社史》(1939年),以及沟口敏行、梅村又次的《旧日本殖民地经济统计—推计と分析—》(东洋经济新报社1988年7月版),等等。

台湾学界的研究概况　迄今,台湾学界对本课题的研究成果已有不少,有关日据时期米糖业之专著成果亦数量可观。由于历史缘由以及过多接受日文数据等缘故,台湾学者的研究成果多受日本学者影响。其中光复前较有影响的米糖经济史专著有陈逢源的《台湾经济と农业问题》(台湾万出版社1944年版),刘明电的《台湾米谷政策の检讨》(岩波书店1940年版)等。光复后的米糖经济史专著有张季熙的《台湾糖业复兴史》(台湾糖业公司1958年版),华松年的《台湾粮政史》(台湾商务印书馆1984年版),吴田泉的《台湾农业史》(自立晚报社1993年版),柯志明的《米糖相剋——日本殖民主义下台湾的发展与从属》(群学出版有限公司2003年版),江丙坤的《台湾地租改正の研究》(东京大学出版会1974年版),杨彦骐的《台湾百年糖纪》(猫头鹰出版社2001年版),吴聪贤的《农业史》(台湾黎明文化事业出版股份有限公司1992年版)等。在对台湾殖民地经济史进行整体描述中涉及米糖经济史的著述还有周宪文的《台湾经济史》(台湾开明书店1980年印行),涂照彦的《日本帝国主义下の台湾》(东京大学出版会1975年版),张汉裕的《日据时代台湾经济之演变》(《台湾经济史二集》,台湾银行经济研究室1955年印行),许极燉的《台湾近代发展史》(台湾前卫出版社1996年版),张宗汉的《光复前台湾之工业化》(台湾联经出版事业公司1980年版),林继文的《日本据台末期(1930—1945)战争动员体系之研究》(台湾稻乡出版社2001年版)。兼论总督府米糖产业经济政策的还有黄绍堂的《后藤新平、新渡户稻造研究》(台湾现代文化基金会1999年版),杨碧川的《后藤新平》(台湾克宁出版社1994年版),郑政诚的《台湾大调查——临时台湾旧惯调查会之研究》(台湾博扬文化出版公司2005年版),黄静嘉的《日据时期之台湾殖民地法制与殖民统治》(台湾海天书局1960年版)等。黄绍恒的《近代日本制糖业史序说(1868—1911)》(东京大学经济学研究科经济学博士论文,1993年11月)则论述了日本糖业与台湾糖业的发展历程。

另外,还有台湾省行政长官公署统计室编印的《五十一年来台湾统计提要》(1946年),台湾省工业研究所技术室编印的《台湾经济调查初稿》(1946年5月),以及台湾省文献委员会编印的《台湾近代史(经济篇)》(1995年印行)等大批资料文献等,成为研究日据台湾米糖经济史以及总督府米糖经济政策史不可或缺的重要参考数据。描述台湾早期米糖经济史的还有林满红的《茶、糖、樟脑业与台湾之社会经济变迁(1860—1895)》(台湾联经出版事业公司1997年版),王世庆的《清代台湾社会经济》(台湾联经出版事业公司1994年版)等,但其论述对象仅限于日据之前的台湾米糖产业,仅为进行本课题研究所不可或缺的重要参考。

相关研究论文则如汗牛充栋，数不胜数，具代表性的有杨肇嘉的《台湾移出米管理案は战时食粮政策を胁威す》（1938年8月作者自刊），柯志明的《殖民经济发展与阶级支配结构——日据台湾米糖相剋体制的危机与重构（1925—1942）》（《台湾社会研究季刊》第13期，1992年11月），黄绍恒的《从对糖业之投资看日俄战争前后台湾人资本的动向》（《台湾社会研究季刊》第23期，1996年7月），古慧雯、吴聪敏的《论"米糖相剋"》（《经济论文丛刊》24:2，1996年6月）等。台湾还有相当一批质量上乘的研究生论文，如陈存良的《日据时代台湾农业发展之研究——以米、糖为中心》（台湾"中国文化大学"日本研究所硕士论文，1988年6月），陈玟瑾的《日据时期台湾糖业与交通运输关系探究（1896—1918年）》（台湾成功大学历史语言研究所硕士论文，2000年7月），吴季晏的《日据前期台湾砂糖出口市场的转变（1895—1915）》（台湾成功大学历史语言研究所论文，1994年7月），余国瑞的《日据时期台湾的新式制糖工业》（台湾大学经济研究所硕士论文，1991年），黄秀梅的《日治期间台湾糖业的产业结构分析——台湾糖业合并的再探讨》（台湾大学经济研究所硕士论文，1996年），何凤娇的《日据时期台湾的糖业经营与农民争议》（台湾政治大学历史研究所硕士论文，1991年2月），罗文国的《日本殖民政策与台湾农民运动的形成（1895—1931）》（台湾政治大学历史研究所硕士论文，1993年6月），郭云萍的《国家与社会之间的嘉南大圳——以日据时期为中心》（台湾中正大学历史研究所硕士论文，1994年7月）等。台湾学界还大量编译台湾总督府原始公文档案等日文学术资料等，成为研究日据时期台湾米糖经济史以及台湾总督府米糖经济政策的重要参考资料。如《台湾总督府档案中译本》第一至第八辑（台湾省文献委员会印行）；《日本据台初期重要档案》（陈锦荣编译，台湾省文献委员会1978年印行）；《台湾蕃政志》（温吉编译、台湾省文献委员会1957年印行）；台湾总督府警务局编《台湾总督府警察沿革志》（台湾海峡学术出版社2000年版[①]）等，也成为台湾学界的一大特色。

大陆学界的研究概况　由于大陆学界对台湾史特别是对日据时期台湾经济史的研究尚处于起步阶段，对台湾米糖经济史的研究更是凤毛麟角，有代表性的专门著述尚未见到，迄今，涉及日据时期台湾米糖经济史以及总督府米糖产业经济政策的相关研究著述，有陈碧笙的《台湾地方史》（中国社会科学出版社1990年版），黄福才的《台湾商业史》（江西人民出版社1990年版），陈孔立的《台湾历史纲要》（九州出版社1996年版），林仁川、黄福才的《台湾社会经济史研究》（厦门大学出版社2001年版），陈在正的《台湾海疆史研究》（厦门大学出版社2001年版），陈小冲的《日本殖民统治台湾五十年史》（社会科学文献出版

① 中文版书名为《台湾抗日运动史》。

社2005年版），陈艳云的《日本南进东南亚与台湾总督府的关系(1895—1945)》（中国言实出版社2007年版）等。确切地说，我国的台湾史学界对本课题的相关研究仍处于初级阶段。迄今，较具一定影响力的学术论文，可举周翔鹤的《日据初期台湾改良糖廍研究》（《台湾研究》1995年第2期）与《日据时期(1922年以前)台湾农家经济与"米糖相克"问题》（《台湾研究》1995年第2期），习五一的《1895—1931年台湾食糖贸易研究——台湾、日本、大陆三角贸易考察》（《近代史研究》1995年第5期），吴本荣的《试析日本据台时期对台农业移民及其危害》（《中国社会经济史》2005年第3期），范小芳的《日据时期台湾农业研究》（《台湾研究》2002年第4期），刘丽君的《日据时期台湾农业经济研究》（《漳州师范学院学报》2002年第3期），林仁川的《光复前台湾农业能源的开发与利用》（《中国社会经济史研究》2001年1期）及《光复前台湾农业水资源开发与利用》（《台湾研究集刊》2000年4期）等①。

客观地说，大陆学界对日据时期台湾殖民地经济史的研究，真正始于改革开放后的20世纪80年代，这也与海峡两岸关系的演变密切关联。在20世纪50年代和60年代初，大陆学者主要为统一台湾提供历史背景的支持，对日本殖民统治台湾的史实多为批判性文章，对日据时期台湾殖民地经济史的研究少有关注，对日据时期台湾米糖经济史以及台湾总督府米糖经济政策的专题研究则更是无人问津。之后，由于国际国内形势的发展变化，台湾问题的紧迫性与重要性有所降低，加上正常的学术研究受到干扰，台湾史与中国史的研究一样处于停滞状态。大陆实行改革开放以来，特别是进入80年代以来，台湾问题在中国国内政治和国际关系中的地位越来越重要，台湾史特别是日据时期台湾殖民地史的研究开始受到重视，国内相继成立了台湾研究机构。台湾史研究从沉寂

---

① 涉及日据殖民地经济史学的论文还有李非的《论殖民地时期台湾经济的基本特征》（《台湾研究》2003年第3期），邓利娟的《19世纪下半期台湾海关税收分析》（《台湾研究集刊》1985年第4期），姜铎的《略论台湾50年殖民地经济》（《江海学刊》1991年第4期），曹润梅的《日据时期台湾经济发展刍议》（《台湾研究》2000年第4期），以及李艾丽的《日据时期日本对台湾的殖民统治》（《学术论坛》2004年第2期）。邹建华的《简述日本占领台湾时期的通货问题》（《中山大学学报》1995年第1期），戴建兵的《抗日战争时期日本在台湾的公债政策研究》（《史学月刊》2000年第3期），于彤的《日本统治下的台湾币制与货币发行》，《北京档案史料》1995年第4期）与《日本统治下的台湾金融业》（《民国档案》1995年第1期）。孙海泉的《试论台湾煤矿近代化的历史进程》（《福建论坛》1991年第5期），祝曙光的《日本帝国主义与台湾铁路》（《广西师范大学学报》2004年第10期），陈小冲的《日据时期的台海两岸交通》（《台湾研究集刊》2001年第2期）与《日据时期的大陆赴台劳工》（《台湾研究集刊》2000年1期）。周翔鹤的《日据时期台湾经济研究方法论》（《台湾研究集刊》1996年第1期）、《日据时期台湾经济总体评价》（《台湾研究》1994年第2期）、《日据初期台湾总督府政策与台湾人企业》（《台湾研究》2006年3期）、《晚清台湾乡村制茶业研究》（《台湾研究集刊》2001年2期）以及《日据前期在台湾日本人的工商业活动》（《台湾研究集刊》2006年2期）等等。

走向繁荣,开始进入正规的学术发展道路。

对于有关日据时期台湾米糖经济史以及台湾总督府米糖经济政策的相关研究,国内学界还存在着许多的现实困难和亟待解决的难题。首先是原始资料的收集和整理严重滞后。台湾殖民地史尤其是台湾米糖经济史的原始数据库的建设工作相当滞后,远远不能满足我国台湾史研究者的基本需要,而过多引用一般性史料和第二手数据,不仅缺乏科学性与准确性,其学术水平也难以提高。有关台湾米糖经济史以及台湾总督府米糖经济政策的原始资料多存放在台湾,近年来,台湾史学界方面虽然编纂出版了不少史料集,但限于两岸的有限度的交流,很难有条件充分利用这些数据。其次是我国台湾史研究的学科理论建设比较薄弱,学科体系尚未建成。由于日本占据台湾达 50 年之久,台湾近代史有其特殊的发展轨迹,殖民地的历史与半殖民地的历史是大不相同的。虽然近年来大陆学界在台湾史专题研究方面取得了不少的成绩,但在理论建设方面却乏善可陈,几乎看不到运用马克思主义历史唯物主义的理论和方法建构台湾近代史学科体系的探索性论著①。

笔者的综合思路 日据时期台湾殖民地经济史的研究方面,大陆学者周翔鹤举出三位日台学者有关日据时期台湾经济史的重要研究著述,即矢内原忠雄的《帝国主义下の台湾》(东京岩波书店 1929 年初版)和川野重任的《台湾米谷经济论》(有菲阁 1941 年版),以及台湾学者涂照彦的《日本帝国主义下の台湾》(东京大学出版会 1975 年版),将他们的观点作为理解和考察日据时期台湾经

① 有中国学者指出:当专题研究达到一定程度和水平后,必须在理论上加以全面的总结和提高,才能进一步推动本学科向更广更深的方向拓展。关于台湾近代史研究的理论、方法、架构、对象、发展线条、研究目的和意义等,都是建构学科体系的重要元素,不对这些问题展开探讨,整个台湾史学科体系就很难建构起来,对一些重大的历史问题就难以作出具有说服力的解释,高水平高质量的台湾史研究成果也就无从谈起。最后,对已有研究成果不够重视。除大陆地区的研究论著外,台湾、香港地区和美国、日本等国数十年来出版了大量的台湾近代史研究成果,内容涉及政治、经济、军事、外交、文化教育、社会变迁等各个领域。学术研究贵在创新,要创新就得全面了解海内外已有的研究成果,大陆台湾史学界对台港地区和国外有关学术信息的关注及重视不够。研究中的低水平重复现象于焉而生,不但造成人力和财力的浪费,而且妨碍学术水平的进一步提高。另外,未充分利用大量的外文数据,尤其是日文数据。早期台湾历史上,荷兰、西班牙及英、美、法等国都曾觊觎台湾,日本则占据台湾长达 50 年之久,留下相当丰富的日文资料,这是研究台湾近现代史史实所必不可少的重要史料。日本投降迄今台湾问题的国际化和复杂化,更凸现了日文资料在台湾史研究中的重要地位。如不充分利用外文数据,就很难有针对性地批驳国际上或台湾本岛有关台湾近代史的一些错误观点。日本据台 50 年,占台湾近代史的一半时间,对台湾社会和海峡两岸关系的影响极其深远,因此对日据时期台湾殖民地史的研究尤其应该加强。此种状况如不尽快改变,则此学科研究中存在的缺陷很难得到弥补(杜继东:《近年来的台湾近代史研究概况》,中国社会科学院台湾史研究中心:《海峡两岸台湾历史研究现状与未来趋势学术研讨会论文》,北京:2004 年 12 月)。

济史的重要论据[1]。周翔鹤认为矢内原忠雄将日据时期的台湾经济定位于日本帝国主义的统治之下，明确了占领殖民地台湾的日本资本主义的历史性质；并将日本资本之称霸台湾与日本的国家权力活动及其性质联系起来，做了符合实际情况的冷静而透彻的考察；并且矢内原忠雄系统掌握了台湾殖民经济的发展过程[2]。台湾学者柯志明也指出，矢内原忠雄在《帝国主义下の台湾》中，采用经典政治经济学的研究方法论，来观察"资本的垄断剥削及劳资关系的形成"[3]，有助于我们了解总督府经济政策的各个方面。由矢内原忠雄对米糖产业经济的考察及过程来看，矢内原忠雄以帝国主义发展的模式诠释了台湾近代糖业的发展历程，精辟地分析了 1927 年前后台湾糖业的发展形态，包含了台糖的生产、行销、贩卖及日资投资情况，其中最具独特见解的就是"糖业帝国主义"概念的提出，将在台湾总督府深厚保护下的台湾糖业，逐渐向外发展至日本(包括冲绳、北海道)、朝鲜、中国(包含满洲)及南洋的现象，解释为经济帝国主义的一环[4]。而川野重任的《台湾米谷经济论》对 30 年代以米糖结构为特征的台湾农业发展过程为对象，"深入细致地考察描绘了日据时期台湾米谷生产变迁及其和蔗糖生产的摩擦(即"米糖相剋问题")，揭示出殖民地农业经济的本质"[5]。

这里，笔者在承继大陆学者的研究基础上，提出高桥龟吉的《现代台湾经济论》(千仓书房 1937 年版)、楠井隆三的《战时台湾经济论》(南方人文研究所 1944 年版)也应该视为研究评价日据台湾米糖经济史及总督府米糖经济政策史方面的典范著述。从完成时间上看，矢内原忠雄的《帝国主义下の台湾》(岩波书店 1929 年初版)完成于 1930 年代前，其研究功力虽深，但在 1920 年代台湾社会及经济发展尚处于急速转变的阶段，许多数据难以成为研究整个日据时期台湾经济史的依据；而以上两著则可略为弥补这一遗憾。高桥龟吉在《现代台湾经济论》中，对发展至 1930 年代的台湾经济做了全面考察和分析，并对台湾经济的发展模式及趋势提出诸多的建议。他的不少建议后来也成为总督府制订经济政策的重要参考。楠井隆三则以战时体制为大背景，对包括米糖经济在内的台湾经济演变进行了考察与阐述。因此，高桥龟吉的《现代台湾经济论》与楠井隆三的《战时台湾经济论》也应成为全面考察日据台湾米糖经济史不可或缺的重要论著。

但尚存在的问题，也就是两岸学者所共同指出的是，矢内原忠雄、川野重任、高桥龟吉、楠井隆三等日本学者均是以其母国为研究对象和中心，他们更关注的是殖民母国——日本经济的发展，对殖民地台湾的经济史认识较为片面，他们采用的基本概念和研究方法也较单一。因此，周翔鹤认为"从理论演进的

---

①②⑤　周翔鹤：《日据时期台湾经济总体评价》，载《台湾研究》，1994 年第 2 期。

③　柯志明：《糖业资本・农民・与米糖部门关系》，载《台湾社会研究季刊》第 12 期，1992 年 5 月。

④　吴季晏：《日据前期台湾砂糖出口市场的转变(1895—1915)》，台南：成功大学历史语言研究所硕士论文，1994 年 7 月，第 4 页。

角度来说，日据时期台湾经济将给殖民地经济学提供一个良好的研究范例。传统的(或经典的)有关帝国主义和殖民地的理论，都是以宗主国为研究中心和目的。对殖民地的研究仅是从属于、服务于对帝国主义研究的需要。现在，这种情况已发生变化，学术界把他们的兴趣和力量转移到对殖民地经济本身的研究上来。这种转变不仅仅是一种出发点和研究角度的变化，同时也将涉及方法论问题。战前日本学者和战后台湾学者对日据时期台湾经济的研究典型地体现了这种变化及其牵涉到的方法论问题”[①]。笔者赞同这个看法，同时认为大陆学界更应早日建构独自的日据时期台湾殖民地经济史研究体系。

台湾学界则比较关注日据时期本岛经济发展的具体历程，如涂照彦的《日本帝国主义下の台湾》以台湾经济本身发展的脉络来探讨日本殖民统治下的经济变化。他认为日据时期台湾整个经济结构是由日本资本及台湾本地资本所组成，而本地资本的整顿与从属是日据时期经济结构的潜在特质，以在日本殖民政策下日本资本的扩张及本地资本的抵抗情形为触点，诠释了日本资本及本地资本在台湾制糖业的投资、竞争和整合状况[②]。杨彦骐的《台湾百年糖纪》和张季熙的《台湾糖业复兴史》对日据时期台湾糖业的繁荣兴衰过程进行了全面的考察与论述。柯志明的《米糖相剋——日本殖民主义下台湾的发展与从属》和何凤娇的《日据时期台湾的糖业经营与农民争议》则重点对日据时期台湾糖业发展与农民运动进行考察。另外，台湾较为出色和有代表性的米糖经济史著述，还可举出华松年的《台湾粮政史》、吴田泉的《台湾农业史》、吴聪贤的《农业史》、张汉裕的《日据时代台湾经济之演变》、江丙坤的《台湾地租改正》以及周宪文的《台湾经济史》等。

笔者以为，仅依靠现已公开出版的资料著述进行本课题的研究，是远远不够的。缺乏对研究对象的整体把握和系统性了解，不可能抓住事物的本质和内在的运动规律。长期以来，涉及日据时期台湾总督府经济政策的史料很难接触到，这方面的研究中尚有许多空白点。而史料是认识历史和研究历史的起点和基础。人类对历史的认识、对历史的研究，离不开史料。准确的史料反映的是历史上客观存在的实际。史料不仅要准确，而且要完备。因此，本课题研究所用的资料，除大陆所存部分外，重点收集使用了台湾“中研院”台史所图书馆、台湾“国史馆”台湾文献馆、台湾图书馆以及台湾大学图书馆等处所收藏的《台湾总督府公文类纂》等大量原始档案；同时充分利用业已公开翻译出版的台湾总督府官方文献、官报，当时的报章杂志、调查报告、名人录及口述史料等原始性数据，以及中、日文相关著作及学术性论文。但限于本人鲜有获得赴台湾进行

① 周翔鹤：《日据时期台湾经济总体评价》，载《台湾研究》，1994年第2期。

② 吴季晏：《日据前期台湾砂糖出口市场的转变(1895—1915)》，台南：成功大学历史语言研究所硕士论文，1994年7月，第4—5页。

资料收集并见教台湾同行的机会，而大量台湾总督府原始文献又多存放于台北、南投等地，难有充足时间认真翻阅、梳理收集。史料应用的匮乏，再加之本人功力肤浅，故本书难免有“谬误”和“疏漏”之处，尚需在未来研究过程中继续予以改进。同时，仅凭本人有限的能力，在本书中完全体现出整个日据时期台湾米糖经济史的全貌绝非可能，笔者只想在本书中将台湾米糖经济史的基本脉络做一个较为完整的梳理和总结，同时尽可能地对台湾米糖经济史以及台湾总督府米糖产业政策的制定背景、实施过程进行实证诠释，并且将台湾米糖经济史与日本经济发展需求相联系，最终就相关的论题提出笔者的粗浅理解和论断。

本书的章节结构 在绪论中，笔者对本课题的研究概念、研究视角及研究状况进行了全面论述，并对1895年前的台湾米糖经济实态、台湾与日本的历史渊源以及《六三法》等殖民地法规的颁布实施进行了梳理。绪论系在阐明台湾殖民地米糖经济构造的本质，是问题的端绪，亦是其结论。第一章对殖民地基础工程的构筑过程进行了全面梳理，系阐明总督府殖民地基础的构筑过程，当为绪论的续论部分，以土地调查与林野调查、改革币制与统一度量衡、整备岛内交通体系、人口及户籍调查等为示例，对总督府将台湾米糖经济纳入日本资本主义经济圈的前期准备过程进行了详尽的实证考察，刻画出了日据时期台湾殖民地经济社会的发展所开拓的方向。第二章的研究重点系对日据前期（1895—1931）台湾糖业发展的考察，以台湾总督府糖业奖励政策的酝酿与制定为背景，对山田熙《三千万元大型制糖企业意见书》与新渡户稻造《台湾糖业政策意见书》等的出台进行了考察；同时以实证之研究手法，对《台湾糖业奖励规则》、《制糖场取缔规则》等总督府糖业政策法规进行论述。通过总督府对改良糖廍的利用和控制过程的论证，揭示日本糖业资本独占台湾糖业的实际过程与性质。还以砂糖消费税为例，对糖业发展与日据前期财政独立的因果关系进行了梳理。第三章的考察对象是日据前期（1895—1931）之台湾农（稻谷）业，对日据时期台湾殖民地农业形态的演变及台湾农村土地制度及社会结构进行考察。并以“蓬莱米”与“米糖相剋”为描述主线，对台湾稻谷业的“殖民地化”进行考察。发达的水利业是发达农业之基础保证，第四章是以米糖经济之重要辅助基础——台湾水利业为考察对象，包括台湾总督府开发水资源及修筑水利设施的政策，日据之前台湾水资源的开发利用状况，台湾总督府对水利设施的调查与控制过程，以及《台湾公共埤圳规则》、《河川法施行细则》等的颁布与实施，嘉南大圳的兴建与“三年轮作制”的施行等，对日据时期水利业与米糖业之关系进行了论述。第五章对日据后期（1931—1945）之台湾米糖产业进行了考察。对独占台湾糖业的日资糖业企业，台湾银行与台湾总督府的糖业政策，以及日据后期台湾农业多元化发展趋势进行了考察。第六章以日据时期台湾米糖业与台湾对外贸易的发展为主线，对日据初期台湾对外贸易形态的转型，总督府与日本商社控制下的海峡两岸贸易，日本在台湾贸易中的独占地位以及单一出口型殖民地贸易结构的形成进行全方位的论述。第七章对台湾总督府官营农业移民政策进行了全面梳理。对台湾总督府官营农业移民政策的产生背景、总督府前后期官营农业移民事业的具体实施等做了实证考析，并思考其与米糖业发展的关联经济因素。第八章则力图把握日据后期米糖经济发展阶段，追及客观的基础与主体条件之间的相互关联和规定。本章以战时体制下工业化与台湾米糖业间的关联为考察重点，对工业化前（日据前期）台湾的产业结构、以食糖加工业为特征的台湾工业，以及总督府"工业化"政策的出台进行了考察。重点关注战时体制下统制经济与米糖业发展，对战时体制下总督府之米糖统制政策——台湾米糖业的维谷困境进行了全面阐述。

第二节　1895 年前台湾的米糖经济发展实态

一　台湾早期经济开发及荷据时期台湾米糖经济实态

台湾早期经济开发　早期以山地原住民为主和大陆移民进行的经济开发称为农业经济，有台湾学者称其为"原始经济"①。所谓"早期"是指 1624 年荷兰殖民者侵入台湾以前的台湾社会历史时期②。岛内最早居住的土著原住民，狩猎渔耕，荜路蓝缕，首树功绩。台湾自古是中国的领土，台湾早期经济完全是由大陆移民开发的。闽粤等地沿海居民渡海到台湾从事土地开垦，使早期的台湾经济跃入一个新的阶段。

在岛内经济的开发初期，岛内社会处于部落状态，"民会"是部落的最高议事机构，拥有决定部落内部的经济、行政、祭礼和裁判等权力，其中，农耕经营等事项是"民会"每年开会时最主要的议题，诸如播种时期、耕地变换等统由"民会"决定。原住民在部落所有或私有的土地上使用简陋的锄、锹或刀镰斧等农具艰难地耕耘，"厥田良沃，先以火烧，而引水灌"③；在耕作制度上则采用轮种、间植和休耕等不同方式，以保持土地的自然肥力。当时的生产力水平很低，受自然气候和地理条件的影响很大，岛内经济形态的特点是：平原地区的农业经

① 周宪文：《台湾经济史》，台北：开明书店，1980 年印行，第 49 页。

② 依照台湾学者周宪文的划分，1895 年前台湾经济的开发实态可分为早期台湾之原始经济、荷据时代——台湾之掠夺经济、明郑时代——台湾之藩镇经济、清朝时代——台湾之近世封建经济等阶段（参见周宪文：《台湾经济史》，台北：开明书店，1980 年印行，第 49—395 页）。日本学者东嘉生的分期也大致相同，即：氏族共同经济时代、掠夺经济时代（1624—1662）、藩镇经济时代（1662—1683）、近世的封建经济（1683—1895）（参见东嘉生：《台湾经济史概说》，台北：海峡学术出版社，2000 年版，第 1—66 页）。

③ 连横：《台湾通史》卷一，"开辟纪"，上海：华东师范大学出版社，2006 年版，第 10 页。

济较高山地区发达，西南平原地区的农业经济又比西北平原地区发达。而且，当时也出现了以实物交换为主要特征的海峡两岸民间贸易活动，主要是大陆商人渡海而去，既交易了商品，又传播了文化。

至宋朝起，大陆居民进入台湾开始有了明确的记载[①]。如宋人赵汝适《诸蕃志》称："泉有海岛曰澎湖，隶晋江县。"还有史书称："宋时编户甚蕃。"[②]说明宋朝政府已在澎湖戍兵防守，澎湖在建制上归属福建省晋江县。受大陆移民的影响，宋元时，岛内农业使用铁器的现象较前增多，与大陆的贸易颇为频繁，宋朝的钱币也开始在台湾流通使用。大约北宋末年，最迟于南宋时，已有较多的大陆移民东渡台湾海峡，到澎湖从事打鱼、捞贝和耕种。至元朝时，大陆移民在开拓澎湖之后，开始向台湾岛发展。成宗元贞年间，元朝政府还在澎湖列岛设立巡检司。据元朝汪大渊《岛夷志略》记载，当时东部高山峻岭，林木葱郁，西部平原土地肥沃，种植黄豆、黍子。大陆商人将处州的瓷器等货物运到台湾与当地土著居民交换硫磺、黄蜡和鹿皮[③]。

至明朝时，台湾的经济依旧处于农业为主、辅之以渔猎的状态。在朱元璋建立明朝后，为防止倭寇骚扰，同时也为阻止反抗势力由海上进入，开始实施迁界移民、坚壁清野的卫国策，以澎湖"居民叛服不常，遂大出兵，驱其大族，涉漳、泉间"。但内地农民为逃避沉重之赋税负担，"往往逃于其中，而同安、漳州之民为多"[④]。当时明朝政府虽只在澎湖列岛驻军戍守，但管辖范围包括台湾岛在内[⑤]。至崇祯年间，福建年年旱灾，造成"谷价腾涌，斗米百钱，饥莩载道，死亡横野"的严重局面。郑成功之父郑芝龙经福建巡抚熊文灿的批准，招募饥民数万人前往台湾，"人给银三两，三人给牛一头，用海舶载至台湾，令其芟舍开垦荒土为田"[⑥]。大批大陆移民赴台湾开垦，对台湾早期米糖经济的发展起到了至关重要的推动作用。

荷据时期台湾米糖经济的发展实态　1624—1662年，荷兰殖民者侵占台湾并在岛内进行了38年掠夺式的经济开发。荷兰在占据台湾之前，曾数次袭击

---

① 关于大陆居民进入台湾岛的活动，在唐朝有施肩吾的《岛夷行》一诗涉及，但因没有其他史料可证，许多人怀疑其真实性（参见陈孔立主编：《台湾历史纲要》，北京：九州出版社，1997年版，第24页）。

② 沈有容：《闲海赠言》卷二，《陈学伊谕西夷记》，台湾文献丛刊第56种，第34页。

③ 陈孔立主编：《台湾历史纲要》，北京：九州出版社，1997年版，第26页。

④ 林谦光：《台湾纪略附澎湖》，台湾文献丛刊第104种，台湾成文出版社，1983年版，第64页。

⑤ 台湾与澎湖连为一个整体，在战略上同为中国门户，这一点当时人已经认识到了。但另一方面，明朝封建统治者在当时已相当腐败，吏治不修，军备废弛，因此对外防御能力大大削弱（杨彦杰：《荷据时代台湾史》，台北：联经出版事业公司，2000年版，第35页）。

⑥ 黄宗羲：《赐姓始末》，台湾文献丛刊本，第6页。连横：《台湾通史》卷八，"田赋志"，上海：华东师范大学出版社，2006年版，第92页。

澳门和马尼拉，欲以此作为与中国进行贸易交往的据点，但均失败。1609年荷兰在日本平户（今长崎）设立商馆，1613年平户荷兰商馆馆长布鲁瓦（Hendrik Brouwer）向荷兰东印度总督波托（Pieter Both）建议占据台湾，作为对中日贸易的转接基地。1622年荷兰派兵侵入澎湖。1624年2月20日，明朝军队开始对占据澎湖的荷兰军队实施反击。在明朝地方官员的默许下，1624年8月26日，撤离澎湖的荷兰殖民者退入台窝湾（Tayouan，今安平），至此台湾遂为荷兰人所占[①]。随后，荷兰人以热兰遮城为中心，建立起殖民统治[②]。

荷兰东印度公司[③]派驻台湾的最高官员是台湾行政长官（简称台湾长官），统揽全岛的行政事务[④]。在大约38年的殖民统治中，荷兰东印度公司首先宣布将全岛的土地划归其公司所有，强迫岛内民众接受西欧封建式的"王田制"[⑤]，亦即所谓的"荷兰王田"。他们把台湾看成荷兰"国土"的一部分，把台湾人民视为荷印公司的"佃户"。其次，推行"大小结首制"，即将几十个佃农组成一结，推举其中较为富裕的一户为结首，又将几十个小结组成一个大结，再从中选出一个

---

① 宋光宇：《台湾史》，北京：人民出版社，2007年版，第49—51页。

② 热兰遮城：1642年9月，荷兰人舰队撤往台湾，即在大员岛（台湾南部的一个小岛，今属安平地区。大员岛的对岸是赤崁区，今为台南市）北端的高地上建筑城堡。该城堡原用澎湖拆来的旧材料建造，取名奥伦治城（FortOrange）。1627年9月改称热兰遮城（FortZeelandia），后来经数次扩建，至1634年大体竣工（参见杨彦杰：《荷据时代台湾史》，台北：联经出版事业公司，2000年版，第71—73页。宋光宇：《台湾史》，北京：人民出版社，2007年版，第51页）。

③ 荷兰东印度公司成立于1602年，公司本部设立在印度尼西亚的巴达维亚，下设有军政、舰队等，是一个庞大的海外殖民机构。台湾学者周宪文称荷据时代的台湾经济是"掠夺经济"。是因为当年荷兰统治台湾，其目的全在掠夺。荷兰联合东印度公司不但对与荷兰在东印度的航海贸易，具有绝对的独占权，并为维持这种独占权起见，对于荷兰的占领区域，由议会付以统治权。公司则以贸易所得的大部分，贡献政府，作为报酬。由此可知，荷兰东印度公司的组织，完全是以营利为目的；故该公司之经营台湾，就必然以掠夺为使命。这是台湾"掠夺经济"形成的根本原因所在（周宪文：《台湾经济史》，台北：开明书店，1980年印行，第123、125页）。

④ 台湾长官之外设有一个评议会，称大员评议会或热兰遮城评议会，为最高决策机构。评议会设评议长一人、评议员若干人。评议长在行政上常为长官副手，如果台湾长官外出或空缺，一般由评议长代理行政事务。评议员由公司派驻台湾的上席商务员、商务员及军队首领或舰队司令组成。台湾长官在评议会中占有重要地位，但所有决策都必须经评议会讨论，取得决议，再交给长官办理。台湾长官之下设有政务员、税务官、会计长、检察官、法院院长、孤儿管理所长、医院院长、工场监督等职。这些人都由公司驻台的上席商务员、商务员或拟升级的助理商务员担任，此为荷兰东印度公司作为商业殖民机构，在人员设置方面的一大特色（杨彦杰：《荷据时代台湾史》，台北：联经出版事业公司，2000年版，第73页）。有关荷据时代殖民地统治机构，还可参见郑维中：《荷兰时代台湾社会》第一章第二节《荷兰联合东印度公司治台行政与司法制度》，台北：前卫出版社，2004年版，第4—53页。

⑤ 连横：《台湾通史》，上海：华东师范大学出版社，2006年版，第92、223页。

大结首，由大结首统管小结和佃农，实行严密的层层监视与控制。荷印公司对大结首进行控制①。与此同时，为了扩大掠夺来源，稳固其殖民统治，荷兰殖民者也向台湾农民提供贷款，投入资金，引进良种，改进耕作制度，兴修水利，强制佃农集体开垦和在王田里耕作，并以收获物的四五成，乃至七八成交纳王田主。还从澎湖引进耕牛，提供给台湾农民用作耕地。据1640年12月6日的《巴达维亚城日记》记载：当时由澎湖列岛输入的牛已超过"1 200头至1 300头"②。可见早在1640年以前，荷兰人就在台湾推广耕牛了。此外，还有部分原住民在山区过着耕作和狩猎生活。荷兰殖民者统治台湾是典型的近代殖民行为，强迫台湾人民交纳地租、人头税、渔业税、海关税、港税、房税、矿税、狩猎税、酿酒税、猪税、牛税、番社营业税、特种收入税、牛乳税等苛捐杂税，山地居民还得定期交纳鹿皮、黄金、米谷之类贡物③。

荷兰人占据台湾以后，很快就看出台湾这块土地具有开发价值，因此决定从大陆招徕移民，重点发展米糖业的殖产。不过，在1624年荷兰殖民者占据台湾之初，台湾所需米谷仍需自大陆及东南亚等地输入，由台湾输日之砂糖也多来自大陆东南地区。奉行重商主义的荷兰殖民者占据台湾，就是欲掠夺台湾物产资源，拓展其东洋贸易，攫取超额利润。

荷兰殖民者为了获取大量砂糖，始在岛内开拓殖产，以谋取更大的利润。自1630年下半年起，荷兰殖民者在台南开拓米糖产业，甘蔗种植业也发展甚快。荷兰殖民者对岛内之甘蔗种植采取扶植政策，故致甘蔗种植越来越盛，预计1637年将可获得白砂糖30—40万斤，而且产量还会年年增加。同年荷兰人发布奖励米、糖及其他农作物的命令，计划在台湾建置米仓，将往后四年内收获的大米以每拉斯特(Last，一拉斯特＝20担)40里耳的价格收购，贮入仓内④。又据次年1月《巴达维亚城日记》的记载，赤崁及其附近各地的稻谷生产仍在热闹地进行，三四年内可望收获大米1 000拉斯特以上⑤。随着大陆移民的增加，土地开垦进展很快，大陆移民"大部分依靠经商和农业为生"，在农业方面，主要

① 周宪文：《台湾经济史》，台北：开明书店，1980年印行，第127页。清朝黄叔璥在《台海使槎录》中对这种结首制度记载到："(荷)兰人之法，合数十佃为一结，以晓事而资多者为首，名曰小结首。合数十小结，中举一富强有力公正服众者为之首，名曰大结首。有事，官以问之大结首。大结首以问之小结首。然后有条不紊，视其人多寡授以地，垦成众佃公分，人得地若干甲，而结首倍之，或数倍之，视其资力。"(转引自宋光宇：《台湾史》，北京：人民出版社，2007年版，第57页)

② 村上直次郎译注，中村孝志校注：《巴达维亚城日记》第三册，东京：平凡社，1974年版，第34页。

③ 杨彦骐：《台湾百年糖纪》，台北：猫头鹰出版社，2001年版，第16页。

④ 村上直次郎译注，中村孝志校注：《巴达维亚城日记》第一册，东京：平凡社，1974年版，第278页。

⑤ 同上，第299页。

生产稻米和蔗糖①。1640年12月,荷兰人估计甘蔗的种植会有很大增加,可获得白砂糖和黑砂糖40—50万斤,但水稻的种植还不太多②。1641年3月17日,台湾长官向巴达维亚城总督报告称:台湾"在5月份可得到白砂糖和黑砂糖50万斤"③。1644年10月25日,第八任台湾长官报告称:"赤崁今年产糖301 400斤,甘蔗和水稻发育相当良好。"④1645年赤崁地区生产砂糖150万斤,至1650年,台湾砂糖产量达到历史最高峰⑤。这一年,台湾的稻田面积为3 481morgen、甘蔗园2 928morgen,两项合计达6 409morgen⑥。荷兰东印度公司从中国农民手中购入的砂糖"超过440万磅"⑦。另据统计,1645年台湾砂糖、稻谷的产量分别为15 000担、68 520石;1647年为17 995担、162 260石;1650年为35 868担、139 240石;1655年为18 571担、223 108石;1656年为22 507担、260 656石;1657年为20 433担、241 060石⑧。由于1650年的甘蔗种植过多,致使在收成时出现资金和劳力严重不足。因此,1651年以后甘蔗种植面积有所下降,仅剩下1 300多morgen。1652年岛内又发生郭怀一起义⑨;1653年11月至1655年先后出现三次大蝗灾,台湾农业遭受极大损失。由于虫灾危害,岛内"稻田蔗

① C. E. S.:《被忽视的福摩萨》上卷,《郑成功收复台湾史料选编》(增订本),福州:福建人民出版社,1982年版,第122页。

② 村上直次郎译注,中村孝志校注:《巴达维亚城日记》第二册,东京:平凡社,1974年版,第34页。

③ 同上,第129页。

④ 同上,第292页。

⑤ 按照岩生成一的统计,1639年台湾出产砂糖运往波斯为18万多斤,1640年以后上升为30万以至40万甚至50万斤,1656—1661年更多达80万斤以上,大约占每年台湾砂糖产量的一半左右。1639年188 000斤;1640年520 946斤;1648年约300 000斤;1651年约463 577斤;1652年587 500斤;1653年546 975斤;1656年400 000斤;1657年828 958斤;1658年800 000斤;1661年856 550斤(岩生成一:《荷郑时代台湾与波斯间之糖茶贸易》,《台湾经济史二集》,台北:台湾银行经济研究室,1955年,第56页)。另,1653年原作446 975斤,应为546 975斤,又1660年亦有80万斤输往波斯(参见中村孝志:《荷据台湾的地场诸税》(下),《日本文化》第42号)。

⑥ 1652年1月20日,威廉·弗斯特根致巴达维亚城总督之信件。《殖民地档案》,1182号。

⑦ 以每磅1.25荷磅等于1斤来计算,这些砂糖约合352万斤(1651年11月21日,费尔堡致东印度公司十七人董事会之信件。《殖民地档案》,1183号)。按照岩生成一的统计,台湾砂糖的最高年产量为1658年的3万斤(1652年1月20日,威廉·弗斯特根致巴达维亚城总督之信件。《殖民地档案》,1182号)。其实1650年的收购数比其还要高出一倍多(杨彦杰:《荷据时代台湾史》,台北:联经出版事业公司,2000年版,第177页)。

⑧ 杨彦杰:《荷据时代台湾史》,台北:联经出版事业公司,2000年版,第183—184页。

⑨ 郭怀一起义是台湾人民反抗荷兰殖民者的一次大规模斗争。清顺治九年(1652)9月7日,原郑成功部下郭怀一在赤崁发起抗荷起义。在与荷兰殖民者的战斗中,郭怀一牺牲,起义最后失败。

园，全被破坏”[①]。1654 年岛内耕地面积下降至4 200morgen，比 1650 年减少了大约三分之一。而砂糖产量，1653 年收购数降为938 416斤[②]。1657 年郑成功开放海禁后，再次出现大陆移民赴台开垦高潮，米糖生产重现辉煌。大陆移民“大部分依靠经商和农业为生”。在农业方面，主要生产大米和砂糖[③]。“台湾通常住有二万五千乃至三万之中国人，从事耕种，尤其是糖业”。

1657 年荷兰东印度公司收购砂糖 99 万斤，其中 80 万斤输往大陆，这一年台湾稻田面积 6 026.5morgen，甘蔗园 1 668.2morgen[④]。至 1659 年，台湾耕地面积猛增至 12 252.5morgen。上一年荷兰东印度公司收购砂糖为 173 万斤，其中 60 万斤输往日本，约 80 万斤输往波斯。至 1660 年台湾砂糖产量约 150—160 万斤，其中 80 万斤输往波斯[⑤]。

1645 年荷兰人对赤崁附近的土地进行调查，发现已有 3 000morgen 的土地被开垦。其中：稻田 1 713morgen、甘蔗园 612morgen、大麦和其他各种菜园 161morgen、新播种和未播种的土地 514morgen[⑥]。荷据时期，其采用的土地计算标准为甲[⑦]，方一丈二尺五寸为一戈，三十一戈二尺五寸为一甲[⑧]。荷兰人计算土地的单位一直沿用至今[⑨]。在荷据时期，台湾土地开发趋势既有发展的大

---

① 中村孝志：《荷领时代之台湾农业及其奖励》，《台湾经济史初集》，台北：台湾银行经济研究室，1954 年，第 62 页。

② 1653 年 10 月 24 日，卡萨致巴达维亚城总督之信件。《殖民地档案》，1080 号。

③ C. E. S.：《被忽视的福摩萨》上卷，《郑成功收复台湾史料选编》增订本，福州：福建人民出版社，1982 年版，第 122 页。

④ 中村孝志：《荷据台湾的地场诸税》（下），《日本文化》第 42 号。

⑤ 中村孝志：《荷据台湾的地场诸税》（下），《日本文化》第 42 号。1660 年台湾耕地面积亦达 11 484.5morgen。

⑥ 村上直次郎译注，中村孝志校注：《巴达维亚城日记》第二册，东京：平凡社，1974 年版，第 255—256 页。

⑦ 一甲＝0.969 92 公顷；一公顷＝1.310 2 甲（柯志明：《米糖相剋——日本殖民主义下台湾的发展与从属》，台北：群学出版有限公司，2003 年版，第 272 页）；每甲合大陆十一亩三分（陈碧笙：《台湾地方史》，北京：中国社会科学出版社，1990 年版，第 110 页）。

⑧ 连横：《台湾通史》卷八，“田赋志”，上海：华东师范大学出版社，2006 年版，第 92 页。宋光宇则归纳为“五课为一尺，推而广之，以五尺为一弓，又推而广之，以二弓半为一戈。再推而广之，以四面各二十五戈为一甲”（宋光宇：《台湾史》，北京：人民出版社，2007 年版，第 92 页）。

⑨ 甲是中国台湾农民计算田地面积的单位，换算成公制 1 甲为 9 699 平方公尺，即 0.969 9公顷，比 1 町略少。现在台湾岛内仍在使用“甲”计算土地，完全不同于中国大陆其他各省。甲这个单位，源于荷兰人统治台湾时的“morgen”，台湾人以台语取其音。1 甲为 625 平方戈（即边长 25 戈的正方形面积），1 戈约为 2.5 弓，1 弓为 5 营造尺（1 营造尺约合 32 公分）。在荷据时期，甲就是土地的面积单位，明郑时期和清朝也沿用了这一制度，日据之后，逐渐采用甲和日制单位坪通用，1 甲约合 2 934 坪。后来台湾全面采用公制度量衡，面积单位改为“平方公尺”和“公顷”。但在习惯上，台湾民间一般都使用坪和甲来表示面积，其中“坪”多用于城市、房屋面积，“甲”多用于农地和山坡地。

趋势，也有过倒退和停滞的现象，其中以1651年至1654年的反复最为明显。1665年以后基本呈直线上升趋势。从稻田和甘蔗园的比例来看，稻田的面积比甘蔗园多，但两者的比例也不稳定。一般说来，甘蔗的种植面积大多在1 300morgen—1 600morgen之间，1650年达到2 928morgen，为表一数字中的最高点，但这是较特殊的现象。水稻种植面积波动性很大，在总耕地面积增加时，主要也是水稻种植面积的增加。水稻种植比甘蔗不稳定，这是因为甘蔗制造的砂糖为国际贸易商品，荷兰人十分关注并有确实的收购和扶植政策，因为它的种植一直保持着相对稳定的规模；而水稻主要是提供移民的食粮，它随着人口的增长以及土地开垦中各种因素的影响而发生着变化①。

表一 稻田与甘蔗园种植面积(1645—1660 年)

(单位：morgen②)

年 份	(A)稻田	(B)蔗园	A∶B	A+B	指 数
1645	1 713	612	2.8∶1	2 325	100
1647	4 056.5	1 469.25	2.8∶1	5 525.75	238
1650	3 481	2 928	1.2∶1	6 409	276
1651	1 924	1 380	1.4∶1	3 304	142
1652	4 539.4	1 314.9	3.5∶1	5 854.3	252
1653	3 700	1 334	2.8∶1	5 034	217
1654	2 923.2	1 309.2	2.2∶1	4 232.4	182
1655	5 577.7	1 516	3.7∶1	7 093.7	305
1656	6 516.4	1 837.3	3.5∶1	8 353.7	357
1657	6 026.5	1 668.2	3.6∶1	7 964.7	331
1659	/	/	/	12 252	527
1660	/	/	/	11 484	294

资料来源：① 根据《巴达维亚城日记》、中村孝志：《荷领时代之台湾农业及其奖励》、《地场诸税》等编制；② 本表仅统计水稻、甘蔗的种植面积，其他作物的少量种植面积未记入。但1659、1660年为总耕地面积。转引自杨彦杰：《荷据时代台湾史》，台北：联经出版事业公司，2000年，第179页。

荷据时期米糖业的起步快且发展迅速，由于欧洲对砂糖需求日增，荷兰殖民者开始在台湾更积极推行甘蔗种植和砂糖制作。如上所述，在甘蔗生产上，

① 杨彦杰：《荷据时代台湾史》，台北：联经出版事业公司，2000年版，第179页。

② Morgen：土地面积单位，在杨彦骐的《台湾百年糖纪》的记载中，Morgen被称为"摩尔亨"，一摩尔亨约等于一甲（杨彦骐：《台湾百年糖纪》，台北：猫头鹰出版社，2001年版，第16页）。

以“结”为耕作单位进行开垦。荷兰人还引进耕牛用来耕田，以提高稻作与蔗作的农业生产效率[①]。由于荷兰殖民者鼓励开发农业的结果，米糖等台湾农产品日趋成为重要的经济作物，当时的主要农产品就是蔗糖和稻米。尤其是砂糖的产量增幅明显，根据1636年史料记载，当年由台湾输出日本的白砂糖有12 042斤，红砂糖有110 461斤。蔗园由1645年的773甲（含果园），到1655年增至1 837甲，增加了一倍以上[②]。甘蔗的增产，使得台湾砂糖大量销到日本、波斯等地，为荷兰殖民者赚取了很高的利润[③]。随着台湾稻作的兴旺，荷兰殖民者又增征稻作税，即对稻米生产所征收的田赋。1644年以前征收1/20税，1644年10月起改征1/10税，而且把这项税收实行承包。稻作税的承包期限为每年10月开始，至次年5月31日为止。稻作税投标承包时，按投标额最高的入选。承包者必须先缴纳一半税金，其余一半待半年后交清。承包时同样需要有担保人，对逃避不缴纳稻作税的农民则课以25里耳的罚款[④]。

荷据时期之台湾砂糖输日贸易也有所发展，当时的日本德川幕府虽实行严格的锁国政策，但仍然与中国和荷兰通过长崎的平户岛进行贸易，因此台湾的砂糖得以进入日本。因此，在荷据台湾时期，日本成为台湾砂糖最主要的消费国家[⑤]。如上所述，据1636年11月26日之《巴达维亚城日记》记载，荷兰东印

---

① 荷兰人并非无偿提供耕牛，而是进行有偿的买卖。如1650年4月6日热遮兰城决议录载：根据驻新港牧师哥拉苇斯（Gravius）的建议，1649年4月30日大员评议会研究决定，提供给他3 542(1/2)里耳的贷款，以购入耕牛121只出售给当地住民。公司为酬谢他的劳苦，采取补偿的方式，8个月间不计利息，预借给哥拉苇斯4 000里耳（平山勋：《台湾社会经济史全集》第14卷，台北：台湾经济史学会，1937年版，第35—36页）。哥拉苇斯先将其中的30头牛卖给萧垅住民，后来又以340里耳的价格将7头牛售予新港住民（甘为霖：《荷兰统治下的台湾》，第248—249页。中村孝志：《荷领时代之台湾农业及其奖励》，《台湾经济史初集》，台北：台湾银行经济研究室，1954年，第61页）。每头耕牛购入价格是29.27里耳，而售出价高达48.75里耳，净赚约20里耳。如果以此标准计算，出售121头耕牛可获利2 000多里耳。另一方面，也有一部分耕牛是由公司饲养，然后提供给中国农民使用的，但是这些牛的提供也有条件（《热遮兰日记》，1651—1652年。中村孝志：《荷据台湾的地场诸税》（下），《日本文化》第42号）。

② 杨彦骐：《台湾百年糖纪》，台北：猫头鹰出版社，2001年版，第16页。

③ 台湾与日本的经济交流，可追溯到17世纪西班牙、荷兰殖民统治的时代，如较早来台从事硫磺开采的郁永河就记述了台湾砂糖输往日本的实况（参见郁永河：《河校足本·裨海记游》，南投：台湾省文献委员会，1950年印行，第18—19页）。

④ 有关荷兰人在台湾实行稻作税的过程，参见杨彦杰：《荷据时代台湾史》，台北：联经出版事业公司，2000年版，第230—232页。

⑤ 荷据时期台湾输日商品除了砂糖外，还有生丝、鹿皮、大鹿皮、缩缅、纶子、缎子、毛织品、麻布、坎甘布、锡、珊瑚、胡椒等。由日本输入台湾的商品有丁银、蜡、木材、木棉、硫磺、大米、Achar汁、干鲽、铜（杨彦杰：《荷据时代台湾史》，台北：联经出版事业公司，2000年版，第125页）。

度公司"在赤崁，由中国农民交给公司送往日本的砂糖，白砂糖 12 042 斤，黑砂糖 110 461 斤"[①]，两项合计 122 503 斤。1645 年赤崁地区生产砂糖 150 万斤，其中有一部分运往波斯，6.9 万斤运往日本，其余的和从中国大陆购入的 10 万斤一起送往荷兰本国[②]。1648 年台湾砂糖产量约为 90 万斤，其中有 30 万斤计划供应波斯贸易，剩余的作为船舱底货将运往荷兰本国[③]。

表二　甘蔗种植与年产量统计(1645—1657 年)

(单位：morgen/担)

年　份	甘蔗种植面积	砂糖年产量	单位面积产量
1645	612	15 000	24.5
1648	1 469	9 000	6.1
1650	2 928	35 200	12.0
1653	1 334	9 384	7.0
1654	1 309	13 500	10.3
1657	1 668	9 900	5.9

注：1648 年的甘蔗种植面积 1 469morgen 为 1647 年的数字。1 担＝100 斤。

资料来源：杨彦杰：《荷据时代台湾史》，台北：联经出版事业公司，2000 年版，第 186 页。

如上所述，荷据时期之开垦地主要种植甘蔗和水稻，这两项农作物是台湾农业的重要支柱。因此，有必要进一步对荷据时期米糖生产及其商品经济性质进行分析。从上表可了解，荷据时期台湾砂糖的单位面积产量似不正常。1645 年每 morgen 产糖 24.5 担，而 157 年仅 5.9 担，1648 年和 653 年亦仅为 6—7 担[④]。大陆学者杨彦杰则认为，荷据时期，"台湾土地初辟，耕作较为粗放，其产

---

① 村上直次郎译注，中村孝志校注：《巴达维亚城日记》第一册，东京：平凡社，1974 年版，第 278 页。

② 村上直次郎译注，中村孝志校注：《巴达维亚城日记》第二册，东京：平凡社，1974 年版，第 359 页。

③ 《殖民地档案》，1066 号。引自岩生成一：《荷郑时代台湾与波斯间之糖茶贸易》，《台湾经济史二集》，台北：台湾银行经济研究室，1955 年，第 53 页。

④ 与后来之清朝时期与日据时期比较，荷据时期的台湾砂糖产量并不很高，如清代台湾砂糖产量，大都每甲数十担。据黄叔儆《赤嵌笔谈》记："十月内，筑廍屋，置蔗车，雇募人工，动廍硖糖。上园每甲可煎乌糖六、七十担，白糖六、七十碻；中园下园只四、五十担。"(黄叔儆：《台海使槎录》卷三《赤嵌笔谈》)又据《安平县杂记》记载："上则园一甲红蔗得糖三千五百觔，白蔗得糖三千觔；中则园一甲红蔗得糖三千觔，白蔗得糖二千五百觔；下则园一甲红蔗得糖二千五百觔，白蔗得糖二千觔；下下则园一甲红蔗得糖二千觔，白蔗得糖一千五百觔。"(《安平县杂记》，台湾文献丛刊第 52 种，台北：台湾银行，1959 年印行，第 27 页)"甲"的面积与 morgen 约略相当，每 morgen 的产糖量至少应在 20 担(2 000 斤)左右(参见杨彦杰：《荷据时代台湾史》，台北：联经出版事业公司，2000 年版，第 186—187 页)。

糖量当比清代要低些”。如以《安平县杂记》的下则园为平均标准，那么1645年每morgen产糖24.5担是比较正常的[①]。史学界一般认为，荷据时期台湾砂糖产量要比郑氏政权高得多，杨彦杰对此提出质疑，并认为“荷据时期与郑氏政权的产量相差无几，若说有所减少的话，那也是有限度的”[②]。关于荷据时期台湾米谷产量，还未见有直接记载[③]。杨彦杰根据清朝之土地单位面积对荷据时期的米谷产量加以估算，清朝台湾农田每甲产谷大致在一百石至三四十石之间。如《诸罗县志》记载：“新垦土肥，一甲之田，上者出粟六、七十石，最下者亦三、四十石。”[④]连横的《台湾通史》亦载：“上田一甲收谷百石，中七十石，下四十石。唯视其力之勤惰尔。”[⑤]若依据连横所称以每甲米谷40石作为平均标准，则可以根据当时的水稻种植面积，来推算出荷据时期每一年份的稻谷产量(参考表三)。

表三　荷据时期台湾水稻种植面积及年产量

(单位：morgen，石)

年　份	水稻种植面积	推算年产量
1645	1 713	68 520
1647	4 056.5	162 260
1650	3 481	139 240
1651	1 924	76 960
1652	4 539.4	181 576
1653	3 700	148 000
1654	2 932.2	156 928
1655	5 577.7	223 108
1656	6 516.4	260 656
1657	6 026.5	241 060

杨彦杰：《荷据时代台湾史》，台北：联经出版事业公司，2000年版，第189页。

---

① 杨彦杰并提出荷据时期产糖量低下的三大因素，即：1. 甘蔗实际栽培率仅占50%，平均单位面积产量比平常低一半；2. 荷兰人统计之“产糖量”并非实际产量，统计数字混乱；3. 连续三次大虫害(详情可参见杨彦杰：《荷据时代台湾史》，台北：联经出版事业公司，2000年，第186—187页)。

② 杨彦杰：《荷据时代台湾史》，台北：联经出版事业公司，2000年，第189页。

③ 只有一条材料，谈到1642年估计可产米250拉斯特(村上直次郎译注，中村孝志校注：《巴达维亚城日记》第二册，东京：平凡社，1974年版，第153页)。但是年水稻种植面积多少，不详(参见杨彦杰：《荷据时代台湾史》，台北：联经出版事业公司，2000年，第189页)。

④ 《诸罗县志》卷六“赋役志”。

⑤ 连横：《台湾通史》卷二十七，“农业志”，上海：华东师范大学出版社，2006年版，第346页。

荷据时期台湾经济最重要的特点是，农业开发主要集中在西部沿海几个港口地带。当时以现在的台南为中心，北至北港、萧垄、麻豆、湾里、茄拔、新港、大目降，南至阿公店附近，总面积约达 950.521 万公亩[①]。主要种植稻谷、甘蔗、甘薯和豆类等。与此同时，还在高雄港、台中、鹿港、旧港、淡水和基隆港等周围进行开垦。这一布局主要是荷兰殖民者为了便于掠夺台湾岛内的捕猎物和大陆移民生产的农副产品，特别是鹿肉、鹿皮、稻谷、砂糖、牛角等，汇集到安平、鹿港、淡水、基隆和高雄等港口，以便同大陆以及其他地区进行经济贸易[②]。鹿皮的主要出口市场为日本[③]。

值得注意的是，荷兰殖民者在台湾施行农业奖励政策，目的是为了发展殖民地的经济，以利于荷兰人的掠夺与统治。虽然这些政策在客观上有利于台湾农业生产的发展，但农业生产的发展并没有给直接生产者带来任何的利益，而东印度公司的财富却日益增长起来[④]。总之，在荷兰殖民统治时期，台湾的米糖业已成雏形，并影响到后来明郑及清朝 1860 年开港前的台湾米糖业发展。

另外，在荷兰占据台湾时期，西班牙也一度侵扰并占据台湾北部。1626 年 2 月，马尼拉的西班牙总督斯尔瓦(Fernando de Silva)派遣远征军侵入鸡笼港(今基隆)等地。1628 年 6 月以后又占领淡水等地[⑤]。“简而言之，十六世纪之交，海上新势力荷兰与旧势力西班牙两国在世界各处争夺市场，为开辟并发展他们对中、日的贸易，竟然同时占据了台湾”[⑥]。1642 年 8 月，荷兰人出兵攻占

① 黄及时的原文数字为 9 800 甲步(黄及时:《荷兰在台湾的殖民地政策》,《东洋》第 28 卷第 2 期)。

② 在荷据时期，台湾最主要的出口商品是鹿皮，其在台湾的对外贸易中占有很大的比例。鹿皮在台湾的收购价格平均每百张 10 两，而销往日本，大都在 30 两左右，1655 年以后涨至每百张 40—60 两(中村孝志:《十七世纪台湾鹿皮之出产及对日贸易》,《台湾经济史八集》,台北:台湾银行,1959 年,第 238—239 页)。

③ 日本人用其制作武士作战用的披肩，即“阵羽织”。鹿皮的贸易在荷兰商人经营多年后，出口量达 10 余万张，至 1638 年，已增至 15 万张(杨彦骐:《台湾百年糖纪》,台北:猫头鹰出版社,2001 年版,第 14 页)。

④ 因此这些政策是为荷兰人服务的，是荷占时期台湾各项殖民地政策的组成部分(杨彦杰:《荷据时代台湾史》,台北:联经出版事业公司,2000 年,第 185 页)。“综观整个荷兰人统治台湾的历程，以清顺治七年(1650)为盛衰的分水岭。在盛时，单是向台民所征收的人头税就高达 7 万里耳(荷兰货币单位)。其他岁入的金额也相当可观。但是在建设方面却非常吝啬。一年的岁出只占岁入的 1/10。可见其汲汲于私利，而吝于为民增进福祉。终而为台湾人民所唾弃”(见宋光宇:《台湾史》,北京:人民出版社,2007 年版,第 57 页)。

⑤ 西班牙占据台湾北部的目的有二:一是为了阻截荷兰人的商业通道，吸引中国人和日本人前去贸易;二是想获得一个军事据点，以对南部的荷兰人形成威胁(杨彦杰:《荷据时代台湾史》,台北:联经出版事业公司,2000 年版,第 66 页)。

⑥ 宋光宇:《台湾史》,北京:人民出版社,2007 年版,第 51 页。

基隆，最终驱逐了北部的西班牙势力[①]。“西班牙人总计在台湾北部17年，没有留下什么重要的贡献”[②]。1660年民族英雄郑成功[③]率军收复台湾，至1662年2月荷兰殖民者被迫撤离，结束了其对台湾38年的殖民统治[④]。但随着荷兰殖民者撤往爪哇（今印尼），却“促使荷兰将产糖中心移往爪哇经营，从此以后，爪哇成为世界重要蔗糖产地”[⑤]。

二　明郑政权时期及清朝时期台湾糖业的发展

明郑政权时期台湾米糖经济的发展　郑成功驱逐荷兰殖民者后，台湾进入郑氏政权统治时期。在清朝正式统治台湾之前的1662—1683年为郑氏政权时期，一般称为明郑政权时期，有学者从经济史上将其称之为藩镇经济时代[⑥]。郑氏政权实行积极开发岛内经济的“新政”，重新规划行政区，推行“军民垦屯”制度[⑦]。随着郑成功垦地令的执行和荷兰东印度公司“王田”的接收，一种不同于荷据时期土地占有形式的封建土地所有制在台湾开始形成[⑧]。郑氏政权时代的

---

① 杨彦杰:《荷据时代台湾史》,台北:联经出版事业公司,2000年,第70页。

② 宋光宇:《台湾史》,北京:人民出版社,2007年版,第60页。

③ 郑成功(1624—1662):郑成功的父亲是郑芝龙,一度是大海盗,后归顺清朝。郑芝龙曾经在日本长崎长期居住,从事中日贸易。据传闻在此期间,他娶日本女子为妻,并生子郑成功。关于郑成功的生母身世,传说不一。有记载称是“日本长崎王族女”;或“日本肥前平户人士田川氏之女”;或说是“归化日籍的泉州治匠翁翌皇从日本人田川氏领来的养女”;或称她是“倭妇翁氏”。总之,一般日本人多称她为田川氏,而华人多称她为翁氏(宋光宇:《台湾史》,北京:人民出版社,2007年版,第62页。有关郑成功之身世,另见连横:《台湾通史》,上海:华东师范大学出版社,2006年版,第14页)。

④ 1660年10月郑成功率军进驻厦门;1661年4月夺取澎湖并开始登陆台湾岛南部;5月起郑氏军队与荷兰人展开多次激烈之战斗。1662年2月1日,郑成功与荷兰人开始谈判;2月10日荷兰长官揆一在投降书上签字(有关郑成功攻打台湾之过程,参见杨彦杰:《荷据时代台湾史》,台北:联经出版事业公司,2000年版,第280—293页)。是役,荷人前后阵亡1 600余人,而华人战死者1万人(宋光宇:《台湾史》,北京:人民出版社,2007年版,第66页)。

⑤ 杨彦骐:《台湾百年糖纪》,台北:猫头鹰出版社,2001年版,第19页。日据以后,总督府派出新渡户稻造赴爪哇考察当地之糖业,并以其为借鉴模式,提出《台湾糖业改良意见书》,成为台湾总督府制定台湾糖业的指导性文件。

⑥ 东嘉生:《台湾经济史概说》,台北:海峡学术出版社,2000年版,第35页。周宪文:《台湾经济史》,台北:开明书店,1980年印行,第157页。

⑦ 周宪文:《台湾经济史》,台北:开明书店,1980年印行,第164—168页。台湾学者宋光宇认为:郑成功收复台湾,不只是为了军事上的需要,更是要“开国立家”,建立万世不拔基业。于是,他一进入台湾,就着手建立明朝的文官行政体制。首先把赤崁地区改名为东都明京,设一府三县,府名承天府,以原赤崁城为府治,县名为天兴县和万年县。以新港溪为界,以北属天兴县,以南属万年县。于澎湖设立安抚司(宋光宇:《台湾史》,北京:人民出版社,2007年版,第66页)。

⑧ 陈孔立主编:《台湾历史纲要》,北京:九州出版社,1997年版,第105页。

土地制度分为三种：一为"官田"，种田之人，称为"官佃"，完全是沿袭荷兰"王田"旧制，由官发给耕牛、农具、种粒及生产基金，官佃按上中下交纳租赋；二为"文武官田"，即郑氏宗室及文武将吏招民自垦之田，亦称私田；三为营盘田即各镇官兵开垦之田，自耕自食，带有屯田性质①。根据康熙二十四年(1685)蒋毓英修的第一部《台湾府志》记载，郑氏政权的官佃田园分布情况如下表②：

表四　郑氏政权的官佃田园分布情况

(单位：甲)

	伪额官佃田园		底定册存官佃田园	
	面　积	占总数(%)	面　积	占总数(%)
台湾县	7 102.9	72.6	6 209.8	74.0
凤山县	1 892.6	19.3	1 537.5	18.3
诸罗县	787.4	8.1	643.9	7.7
台湾府(总计)	9 782.9	100	8 391.2	100

资料来源：蒋毓英：《台湾府志》卷七(田土)，转引自杨彦杰：《荷据时代台湾史》，台北：联经出版事业公司，2000 年版，第 180 页。

郑氏政权稳定下来后，遂开始招揽大陆移民，积极开发台湾。为解决粮食问题，采取"插竹为社，斩茅为屋，围生牛，教之以犁，使野无旷土，而军中有余粮"的农业发展政策。郑经继位之后，在其军师陈永华的积极协助下，继续施行奖励农耕的措施，陈永华还"亲视南北，镇抚诸蕃，劝各镇垦田，植蔗熬糖，煮海为盐，以兴贸易"③。这一期间，台湾米糖业有了较明显的进步。耕地面积成倍扩大，从台南至高雄之间，已由小面积扩大为连片的沿海平原农业地区，以种植水稻和甘蔗为主。当时已渐渐形成以台南为经济中心的农耕经济体系。当时台湾粮食

---

① 据《清赋一斑》记载，营盘田似乎没有纳税义务(陈碧笙：《台湾地方史》，北京：中国社会科学出版社，1990 年版，第 95 页)。不过，迫于当时的严峻形势，郑成功实行了严酷的赋税制度。《福建通志》记载称"台湾伪郑僭窃以来，取于民者，十之六七，又从重敛其丁，二十余年，民不堪命。改入版图，酌议赋额，各项田园，以土归民，照则年征。正供之外，无复分外之征"(转引自陈碧笙：《台湾地方史》，北京：中国社会科学出版社，1990 年版，第 110 页)。

② 郑成功收复台湾后，将荷兰人的"王田"没收，改称为"官田"。从表上数字看，当时开垦的土地大部分集中在台湾县，占 70%以上，而凤山、诸罗两县各占不到 20%和 10%。但表上的耕地总数(台湾府伪额官佃田园)97 829 甲，比荷占时期 1660 年的 11 484morgen 减少了 1 700 多甲(1morgen 约等于 1 甲)，这可能是 1662 年郑成功收复台湾时，因农民逃避战火而使一部分土地荒芜，不作为"王田"处理了。郑成功接收"王田"后，经郑氏在台统治 21 年，至 1683 年清朝统一台湾，这时的"底定册存官佃田园"，仅剩下 83 912 甲，又减少了将近 1 400 甲(杨彦杰：《荷据时代台湾史》，台北：联经出版事业公司，2000 年版，第 180 页)。

③ 连横：《台湾通史》卷二十，"粮运志"，上海：华东师范大学出版社，2006 年版，第 289 页。

产量不仅达到完全自给，还能“以其有余，供给漳泉，以取其利”[①]。在郑氏政权时期，台湾与大陆的经济联系极为密切，从经济上来看，台湾与大陆的经济是一体的。

在郑氏政权时期，台湾与日本等地的贸易也是非常密切的[②]。在郑氏政权最强盛的时候，至少在 1654 年以前，郑成功已在杭州和厦门等地设立山、海等五大商，专门从事国内外贸易[③]。其中设在厦门及其附近的海路五商，负责从事海外贸易，“以仁、义、礼、智、信五字为号，建置海船，每一字号下各设有船只 12 只”[④]。台湾通商的范围北至日本、琉球，南至吕宋、苏禄、万丹、文莱、交趾（南越）、东京（北越）、柬埔寨、暹罗（泰国）、马六甲、柔佛、咬留吧等处[⑤]。郑氏同日本的关系甚为密切。在郑氏政权控制厦门时期，每个月都有商船往来于日本与漳泉之间。及至来到台湾，这种贸易持续进行。《台湾外记》卷十三记载：“……商船兴贩，多价收购船料，载到台湾，兴造洋艘鸟船，装白鹿皮等物，上通日本，制造铜炮倭刀盔甲，并铸永历钱；下贩暹罗、交趾、东京各处以富国。”[⑥]一般说来，输往日本的货物主要是鹿皮、砂糖、药材、丝织品等；从日本输入的货物有铜、铅、兵器、盔甲、黄金、白银、铜钱等。从东南亚输入的货物有香料、苏木、铜、铅、锡、象牙、燕窝和各种布料。平均一年有 50 艘商船到日本贸易[⑦]。

1662 年 5 月郑成功病逝，其子郑经继承政权。1681 年郑经病逝，围绕王位继承，郑氏家族发生内讧，政权不稳[⑧]。清朝借机派出水师提督施琅率领大军攻克澎湖，并大举进击台湾。危急形势下，1683 年 7 月，郑氏政权以郑经之子郑克塽之名修表投降，宣布归顺清朝，台湾正式纳入清政府的大一统体制。郑氏政权在台存续的时间为 23 年。

清朝时期台湾糖业的发展 清朝统一台湾当初，靖海侯将军施琅疏曰：“台湾北连吴会，南接粤峤，延袤数千里，山川峻峭，港道纡回，乃江、浙、闽、粤四省之左护。……野沃土膏，物产利博，耕桑并耦，鱼盐滋生，满山皆属茂树，遍处俱

① 连横：《台湾通史》卷二，“建国纪”，上海：华东师范大学出版社，2006 年版，第 21 页。

② 有关郑氏统治时期台湾与日本之贸易往来状况，参见杨彦杰：《荷据时代台湾史》，台北：联经出版事业公司，2000 年版，第 264—265 页。

③ 《明清史料》己编，第六册，第 528—575 页。

④ 康熙七年七月初七日，《史伟琦密题台湾郑氏通洋情形并陈剿抚机宜事本》，《康熙统一台湾档案史料选辑》，福州：福建人民出版社，1983 年版，第 82 页。

⑤ 宋光宇：《台湾史》，北京：人民出版社，2007 年版，第 70 页；卓克华：《清代台湾行郊研究》；福州：福建人民出版社，2006 年版，第 9 页。

⑥ 《台湾外记》卷十三。

⑦ 宋光宇：《台湾史》，第 71 页。

⑧ 1681 年郑经暴病身亡，其兄弟郑聪、郑明、郑智、郑柔及亲家冯锡范等，以郑经长子郑克臧是“螟蛉之子”为借口，将其杀害，立 12 岁的郑经次子、冯锡范的女婿郑克塽继承王位。此后，大权实际落入冯锡范手中（唐曼珍、王宇主编：《台湾事典》，天津：南开大学出版社，1990 年版，第 325 页）。

植修竹，硫磺水藤，糖蔗鹿皮，以及日用之需，无所不有。”①自1863年起，清朝在台湾设置道台一职，为治理台湾最高行政首长。1885年台湾建省后，在台湾首任巡抚刘铭传②的主持下，在岛内实施了大规模的经济开发③。台湾学者宋光宇将清朝对台湾的开发划分为四个时期：(1) 清政府从康熙二十三年至康熙五十七年(1684—1718)的34年是“绥抚时期”，以招徕各方人民从事开垦为主；(2) 从康熙五十七年到乾隆五十三年(1718—1788)林爽文乱事平定，福康安奏清开放渡台限制的70年是“海禁时期”；(3) 从乾隆五十三年至道光二十二年(1788—1842)的54年，人口大幅增加，行政组织扩大，是为“拓展时期”；(4) 从道光二十二年至光绪二十一年(1842—1895)台湾割让给日本的53年，由于淡水、台南(安平)成为国际通商口岸，台湾省发展成为全中国当时最进步、最现代化的地区，是为“现代化时期”④。总之，“归清之后，农业愈兴。旧额正依征谷九万二千一百二十七石。至雍正十三年，新垦田园，增征八万零七十五石；而糖亦渐盛”⑤。

---

① 连横：《台湾通史》卷三，“经营纪”，上海：华东师范大学出版社，2006年版，第31页。

② 刘铭传(1836—1896)，字省三，安徽合肥人。曾任直隶总督、福建巡抚等，为李鸿章淮军的重要将领之一。1884年调任台湾任守卫专职，率领中国军队多次击退法国殖民军的入侵。台湾建省后，于1885年10月正式就任台湾巡抚，刘铭传在岛内积极推行新政，但遭到“清政府诸多掣肘，士论又讥其过激”。“内外臣工多所嫉妒，而台湾绅士亦肆为蜚语”。令其“自分不死于敌，必死于谗，冰蘖孤怀，自今心悸”。终在1890年冬，“以病奏请辞职”。次年(1891)4月离任回到故乡。刘铭传在台任职6年，治绩斐然，奠定了台湾近代化的基础。因受《马关条约》之刺激，病情恶化，于1896年1月逝世，时年60岁，死后清廷追赠为太子少保，谥壮肃，准其修建专祠。

③ 刘铭传在其任职巡抚的六年(1885—1891)期间，大力实施“新政”，着手振军经武，全面规划台湾建设。他大兴洋务，设立军械机器局、火药局、抚垦局、樟脑局、炼务局、水雷局等机构，进而修筑炮台，铸造新币，发展工商，建立保甲，兴办西学堂。开采矿山，开辟邮路，架设电线，开通横贯台湾山脉的山路。冀以“一隅之设施，为全国之范”。刘铭传以整顿海防和兴筑铁路为第一要义，可谓近代中国大倡兴修铁路的第一人。刘铭传推行“新政”的目的是希冀“以一岛基国之富强”、以台湾“一隅之设施为全国之范”，促使台湾的面貌焕然改观。鉴于刘铭传的治台“功绩”，日据时期任教于台北帝国大学的日本学者东嘉生称其为“台湾资本主义开发的先驱者”(东嘉生：《台湾经济史概说》，周宪文译，台北：海峡学术出版社，2000年版，第68页)。大陆学者称其是“台湾近代化的实干家与集大成者”(陈孔立主编：《台湾历史纲要》，北京：九州出版社，1997年版，第309页)。由此可见，晚清时期的台湾经济形势是非常顺畅的，既开始了台湾经济近代化的进程，也加速了台湾经济与大陆经济融为一体的内地化进程，这就是1895年前台湾经济发展的基本走向。但是，腐败的清朝政权是不允许刘铭传新政的顺利施行的，而且加之岛内顽固势力的多方抵制，最终使刘铭传的新政遭受到彻底挫败。

④ 宋光宇：《台湾史》，北京：人民出版社，2007年版，第78—79页。

⑤ 连横：《台湾通史》卷二十七，“农业志”，上海：华东师范大学出版社，2006年版，第346页。

基于台湾孤悬海外的特殊性，清政府首先在台湾实施了“轻租薄赋”的经济政策。同时，为大力开拓岛内之稻作与蔗作，台湾官厅还大力建设水利设施，在台湾的农业开垦过程中，少数豪强以垦户身份，自台湾巡抚府承领或自“番人处”取得大片垦地，并招募佃户垦殖，这些豪强拥有大量土地，生活俨如王侯，“豪族擅制之风甚于内地”，时称大租户。而在与垦户的关系上，佃户因为一则在大租户的直接支配之下，如遇外敌，要受大租户的保护；二则对于大租户，负有纳税义务，所以，佃户并非自由人（所谓纳税义务，是混合公法上的公课与私法上的赁金而言，其征收的租谷，恰如地租）。这样，大租户与佃户的关系，虽然是比较近代的，但其本质，可说是带有封建的性质①。此后大租户逐渐失去对土地的直接控制，富裕起来的佃户得到土地实权，而以小租户的身份另行招募佃农耕作，乃形成大租户（垦户）、小租户（佃户）、佃农的三重关系②。总之，以所谓大租户—小租户为特征的封建私有土地制度的确立，是日据台湾之前岛内农业土地制度的一大特色③。

清代台湾经济最大的一个特征就是较为发达的制糖业。《中国经济通史·清代经济卷》一书认为，台湾的制糖业始于明后期。明末清初，由于战乱，制糖业受到影响，产量下降。顺治康熙时，随着台湾的收复，及其进一步开发，蔗田面积扩大，制糖业迅速发展。康熙三十年记载：“旧岁种蔗已三倍于昔，今岁种蔗十倍于旧年。”④传统的制糖原料主要是甘蔗，所谓的制糖业主要是指甘糖榨制。蔗糖品类有三种：红糖（又称赤糖、黑糖、乌糖）、白糖和冰糖（又称糖霜）。各品类中又以制法、原料区别而有多种名称。甘蔗生长受气候条件限制，多植于南方。甘蔗作为制糖原料，既要有足够的蔗源以满足糖厂生产，同时要求蔗茎的蔗糖分和纤维分较高，非糖分要低。甘蔗的蔗糖分随生长期而逐渐提高，成熟时达到最高点，然后逐渐下降。甘蔗一经收获，便开始失水减轻重量，蔗糖逐渐转化为还原糖，从而使纯度下降。在干燥和高温条件下更易转化。成熟甘蔗的存放期较短，难以进行长距离运输，一般都是就地加工，以收获后不超过2天即榨汁加工为宜。所以，蔗产区基本上就是糖产区。

台湾岛内盛产甘蔗，蔗产量的日趋增加直接促进了制糖业的进步。郁永河在《稗海纪游》中记载称：“台人植蔗为糖。”朱小阶的《小琉球漫志·序》则称：“糖之息倍于谷。”⑤这说明台湾大量种植甘蔗就是为了加工蔗糖，甘蔗从一开始

---

① 东嘉生：《台湾经济史概说》，台北：海峡学术出版社，2000年版，第49页。

② 同上，第83—88页。

③ 有关日据前台湾土地制度的考察，可参见刘进庆：《对台湾传统社会土地所有特质的考察》，《东京经济大学会志》第137号，1984年9月；王世庆：《清代台湾社会经济》，台北：联经出版事业公司，1994年版等。

④ 《重修台湾府志》卷十。

⑤ 贾思勰：《齐民要术》卷十，“南州异物志”。

就具有商品生产的意义。台糖运销天津、上海、苏州、宁波等地，往往“糖斤未出，客人先行定买，糖一入手，即便装运”[①]。种植甘蔗、熬制粗糖，并大量向海外出口，兼跨工农业及商业，是当时台湾最具活力的民族产业。“说明台湾已经出现了资本主义因素的萌芽”[②]。如前所述，早在郑成功时期，台湾就由福建引进竹蔗，因其病虫害少，抗旱力较强，渐成为台湾的主要蔗种。虽然稻作是郑成功时期的主要产业，但仍在岛内全面推广甘蔗的种植。1683年清朝统一台湾后，由于大陆市场的开通，并施行“轻租薄赋”的产业促进政策，岛内经济大有起色，蔗植业和制糖业均获得空前的发展。随着糖价上涨，甘蔗种植业发展迅速，从而成为台湾的主要经济作物，“全台抑望资生，四方奔趋图息，莫此为甚”。“蔗田万顷碧萋萋，一望葱笼路欲迷，捆载都来糖廍里，只留蔗叶响群犀”[③]。关于甘蔗的种植，“插蔗之园，必沙土相兼、高下适中乃宜。每甲栽蔗，上园六、七千，中园七、八千，下园八、九千，或至万（地薄蔗瘦，多栽冀可多糖觔），三春得雨，易于栽插，无雨亦犁种，但戽水灌溉，为力颇艰”[④]。关于甘蔗收获期的选择已十分重视：“蔗苗种于五六月，首年则嫌其嫩，三年又嫌其老，唯两年者为上，首年者熟于次年正月，两年者熟于本年十二月，三年者熟于十一月，故硖煮之期，亦以蔗分前后，若早为砍削则浆不足而糖少，大约十二月正月间始兴工至初夏上。”[⑤]

甘蔗制糖工序包括提汁、清净、蒸发、结晶、分蜜和干燥。后4道工序的工艺技术与甜菜制糖的基本相同。清朝关于砂糖的加工则有更详细的描述。众所周知，清朝时期台湾的制糖业在生产技术上有三大进步：一是生产工具出现了巨型硖砂糖工具，即有了巨石的辘辘，以牛为动力推动辘辘碾蔗，使蔗汁榨取量增时间缩短；二是加石灰等化学方法加快浓缩过程，并用品字形煎锅，利用物理方法节省燃料能源；三是去蜜凝结，能制成多种糖制品，以前只是将榨出的蔗汁自行凝结，费时长达四五个月，清朝之前的明代就已用去蜜（除水分）加快浓缩过程。据《天工开物》记载是用瓦溜加黄泥水去蜜脱色，时间缩短，出糖率高。并能制造出“白如霜雪，味甘甜”的白糖。有加蛋清法“使渣滓上游，精英下结”的果糖兽糖等[⑥]。当时的产品计有乌糖（亦作青糖、赤糖）、漏斗糖（半白糖）、白糖和冰糖四种。随着生产技术的提高和生产规模的扩大，原有农家独立经营的家庭作坊式的小生产方式也随之改变，出现了实行技术分工、协作性的合作生产。这就是台湾最早产生“廍”的社会背景和经济因素。

---

① 黄叔儆：《台海使槎录》卷一《赤嵌笔谈》，台湾文献丛刊第4种，南投：台湾省文献委员会，1996年印行，第21页。

② 陈碧笙：《台湾地方史》，北京：中国社会科学出版社，1990年版，第111页。

③ 续修《台湾府志》卷二十四，“艺文”五，诗二。郁永河《海纪游》·《台湾竹枝词》。

④⑤ 黄叔儆：《台海使槎录》卷三《赤嵌笔谈》。台湾文献丛刊第4种，南投：台湾省文献委员会，1996年印行，第56页。

⑥ 范端昂：《粤中见闻》。

清代台湾制糖业的主要生产形式——糖廍　日据之前台湾糖业的主要生产组织形式为糖廍①，有关对"糖廍"的生产记载，详见黄叔儆所著《台海使槎录》卷三《赤嵌笔谈》之记载：

十月内，筑廍屋，置蔗车，雇募人工，动廍硖糖。上园每甲可煎乌糖六、七十担，白糖六、七十(沙土陶成)；中园下园只四、五十担。煎糖须觅糖师，知土脉，精火候，用灰(汤大沸，用砺房灰止之)、用油(将成糖，投以蓖麻油)，恰当其节……每廍用十二头牛，日夜硖糖蔗，另四头牛载蔗到廍，又二牛负蔗尾以饲牛。一牛配园四甲，或三甲余。余每园四甲，现插蔗二甲，留空二甲，递年更易栽种。廍中人工：糖师二人，火工二人(煮蔗汁者)；车工二人(将蔗入石车硖汁)，牛婆二人(鞭牛硖蔗)，剥蔗七人(园中砍蔗、去尾、去箨)，采蔗尾一人(采以饲牛)，看牛一人(看守各牛)②。

这段文献鲜明地描述了清代糖廍当时的情形。这里，很有必要对糖廍这种生产组织形式做进一步的考察，以便我们在后面对台湾总督府糖业政策进行考察的过程中深化认识。据连横《台湾通史》卷二十七"农业志"之记载云：

台湾熬糖之厂，谓之廍。一曰公司廍，合股而设者也。二曰头家廍，业主所设者也。三曰牛犇廍，蔗农合设者也。每犇牪出牛三，为园九甲，一廍凡九犇，以六犇运蔗，三犇碾蔗，照园轮流，通力合作。其法甚善，各乡莫不设之③。

这段记载与黄叔儆之《赤嵌笔谈》所记略有出入，大概是合股经营蔗农的蔗

---

① 大陆称为"糖坊"，但至明代未见关于糖坊的记载，即使当时存在这种形式，可能也较为少见。清前期，随着制糖业的发展，关于糖坊(糖房)的记载已经很多，这种形式看来是在清代大量出现的。清中叶以后，在糖的集中产区，糖坊成为制糖业的主要生产形式。如鸦片战争前后，广东汕头"每个乡村都有好多糖坊，建造粗陋而有效"(彭泽益：《中国近代手工业史资料(1840—1949)》卷二，北京：三联书店，1957年版，第115页)。对糖坊的称呼各地不同，广东有"糖寮"、"糖房"，福建有"糖厂"，四川有"糖坊"、"漏棚"，等等(方行等：《中国经济通史·清代经济卷》(上)，北京：经济日报出版社，2000年版，第675页)。韩清海经过实地考察进一步认为：清代台湾糖廍的技术、组织结构甚至糖廍用器的核心——石碾，都是闽南移民从大陆带过去的。据其在漳州、泉州农村的调查，廍，原是村民合作形式，一般每一自然村(在闽南、台湾地区自然村称为社)都有糖廍，小社一廍，大社数廍(韩清海：《中国企业史·台湾卷》第一章"清代台湾企业"，北京：企业管理出版社，2003年版，第43页)。

② 黄叔儆：《台海使槎录》卷三《赤嵌笔谈》，台湾文献丛刊第4种，南投：台湾省文献委员会，1996年印行，第56—57页。

③ 连横：《台湾通史》卷二十七，"农业志"，上海：华东师范大学出版社，2006年版，第348页。

园较远较分散，故需运输的较多。日据初始台湾总督府临时旧惯调查会调查员眇田熊右卫门就对台湾糖廍进行了调查，认为当时仍存在着牛挂廍、牛犇廍、公家廍、头家廍四种形态。根据他的说法，牛挂廍是众多甘蔗种植者为压榨自己种植的甘蔗并制糖而设立的组织，各自提供运转石碾的牛，并按提供的牛头数分担购买糖廍器具的费用；牛犇廍也是甘蔗种植者的组织，但人数较少，牛挂廍一般由十五六人至三四十人组成，牛犇廍通常由五六人至十来人组成。牛挂廍为了补充原料的不足，参与者可按各自的份额买入甘蔗或接受委托压榨；公家廍则是一种合股组织，参与者按股出资而设立。公家廍买入他人的甘蔗或接受委托压榨他人的甘蔗，公家廍所得利润按股份分配。公家廍成员如果自己种有甘蔗，则应按委托本廍制糖或将甘蔗买给本糖廍；头家廍则是有资力的业主或商人单独出资设立的，买入甘蔗制糖或接受委托制糖以追求利润①。头家廍“业主”的资力相当雄厚，独资经营一个廍需垫支生产场地、榨糖设备、购置原料、牛和工人等不少的经营费用，非一般人所能承受，这些“业主”身份多为当地大商人大地主，因为垫支资金大，生产周期长，岛内较大的糖廍一般都自营蔗园，轮植甘蔗，如一廍之产量推算当拥有近万亩田地。

糖廍将农业、工业、商业集于一体，是日据前清代台湾糖业生产经营的最大特色。糖廍具有近代生产关系的特征，在糖廍，业主多采用“雇募工人”来进行糖业商品生产，业主与雇工间无封建人身隶属关系，仅仅是金钱的雇佣关系，说明这种“廍”已是带有资本主义形态的工厂手工业了，马克思说：“资本主义生产，事实上是在这个地方开始，在这个地方，同一资本同时雇佣较多数的劳动者，在同地(或在同一工作场所)，在同一资本家的命令下，生产同种商品，在历史上和在概念上，都是资本主义生产的出发点。”②如果是大商人所经营，则是商人资本渗入生产组织，在商业资本与产业资本的结合，已是具有先进意义的生产组织形式。一般地说从封建制生产方式向资本主义生产方式的嬗变是二重性地进行，一条道路是由生产者积累了财富逐渐由小生产者上升到工厂主或企

---

① 眇田熊右卫门:《台湾糖业旧惯一斑》，未刊稿。连横撰《台湾通史》时日本资本早已独占台湾糖业，传统糖廍已消失。连横记述的牛犇廍是传统形式的糖廍，但无法知道他所记述的公家廍、头家廍是什么时候的事。眇田熊右卫门则明确指出他是在 1907 年前后对台湾糖廍的观察、调查基础上撰写出《台湾糖业旧惯一斑》的。同样，他所描述的牛挂廍、牛犇廍是传统形式的糖廍。眇田熊右卫门对于各类糖廍在台湾南部的地理分布有一个调查，牛挂廍主要分布在台南一带；牛犇廍主要分布在下淡水流域的阿猴、凤山一带；而公家廍主要分布在由嘉义湾里至盐水港以北地区，特别是斗六；头家廍则主要在盐水港以北地区。(清代台湾的传统糖廍一直存留到 20 世纪初，在日据初期总督府鼓励传统制糖业时，许多传统糖廍改造成了改良糖廍。但在日本垄断资本进入台湾糖业以后，改良糖廍在总督府的限制政策和日资糖厂的两面夹攻下，很快就消失了(引自韩清海:《中国企业史 · 台湾卷》第一章“清代台湾企业”，北京:企业管理出版社，2003 年版，第 51—53 页)。

② 马克思:《资本论》卷一，北京:人民出版社，1956 年版，第 385 页。

业主；另一条道路则是商人把资金投资到手工业或工业生产上去，把自己变成工厂主或企业主，使商业资本与工业资本取得结合。马克思论述到："由封建生产方式的推移是二重地进行。生产者成为商人或资本家……这是现实的革命的路。但或是商人直接支配生产。"[①]清代台湾的廍主，特别是头家廍的"业主"很可能就是由商人转化的，也有可能是大经营地主看到经营蔗植、蔗糖业比种植稻谷收益高时，兼营起糖业头家廍完全是有可能的。无论如何，廍的出现"使农工商形成一体，采用近代企业的经济管理方式，萌发了新的经营思想和方式"[②]。虽然清政府实施闭关自守的政策，清朝统治初期台湾的对外贸易对象仅为日本和中国华北等区域，但台湾的制糖业仍然得到了很大的发展，制糖的生产形式和技术也有显著进步，而并非日本占据之后台湾糖业才得以起步。

"糖廍"的出现是台湾近代糖业史上的一件大事，如头家廍的"业主"所经营的糖廍已具有资本主义生产形态的萌芽，可从两个方面来考察：一个视角从生产组织规模与形式来看，它已具有近代意义的工场手工业的形式了，所谓"工场手工业是指以分工为基础的协作。一方面，雇有相当数量工人的作坊逐渐地采用分工，于是资本主义的简单协作变为资本主义的工场手工业"[③]。廍中分工协作很细密，进行流水式生产，是符合资本主义工厂收割的生产组织形式的。另一个视角则更为重要，即无人身隶属的雇佣关系出现。因为工厂分工协作细密或劳动人数众多，在明代个别地域与生产领域以前也偶尔已有出现，但劳动者则是奴仆或有人身隶属（依附）关系的工匠，若此，就无法构成近代意义的工厂手工业。只有劳动者一无所有，把自身劳动力也当成商品在市场上自由地出售（雇与他人）。劳动力商品化是一个根本性的问题。所谓"资本主义，就是把劳动力变成商品的商品生产"[④]。糖廍采用技术分工协作，出现以糖师为中心的技术分工，进行流水式生产，提高了生产效率。这种以分工协作为基础的生产组织已是工场手工业，加上"业主"与"糖师"等的关系仅仅是以货币为媒介的雇佣关系，即糖师以货币为媒介，出卖自己的劳力、技术给"业主"，构成带有资本主义形态的自由雇佣劳动关系。结合在拥有一定规模中实行技术分工的协作以及基于此之上的雇佣劳动关系，则是带有资本主义生产方式的萌芽状态。然萌芽状态的新生产方式的出现意义却是十分重大的。

光绪初年，台湾糖业发展迅速，如台南县在雍正时期仅有糖廍 47 张，至光绪十三年(1887)时，"计有二百余张，前后比较，现增有四倍之多"。蔗糖产量也随之增幅，仅台南一县"大约年收青糖、白糖二十余万担，即有二千余万斤（百斤

---

① 马克思：《资本论》卷三，北京：人民出版社，1956 年版，第 413 页。

② 陈学文：《明清时期台湾蔗糖业的发展》，载《台湾研究》1997 年第 3 期。

③ 列宁：《俄国资本主义的发展》，北京：人民出版社，1956 年版，第 312 页。

④ 《列宁全集》第 19 卷，北京：人民出版社，1959 年版，第 430 页。

四元五角约算),计九十余万元(青糖三成,应得金二十七余万,白糖七成,应得金六十三余万)"。当时台南的园地有19 666甲,"约种蔗者四分之二,其园地约九千八百三十三甲三分四厘五毫,受栽蔗一百七十七兆零零零二十一栽"[①]。

不过,至晚清时期,台湾甘蔗品种的改良进展不大,据光绪十六年(1890)英国驻台南领事馆向英国国会呈递的一份商务报告称,岛内甘蔗品种依旧以竹蔗为主,兼种红蔗、蚋蔗(湿地种红蔗、蚋蔗,干燥地种竹蔗)。这些甘蔗长得非常瘦小,蔗茎的周长平均只有一英寸至一又四分之三英寸。"尽管此地的中国人在种植其他作物时,比起其他地区粗心大意的中国人来说,堪称为农业专家,但他们在种蔗时,一旦将蔗苗插入土里,几乎就不再给予任何照顾"。比如对灌溉的疏忽,"看到蔗田郊区的稻田上,中国农民如此地精于灌溉,勤于灌溉,而蔗田所需的灌溉又较稻田为少,原以为农民会将蔗田灌溉好,没想到蔗田的灌溉全被疏忽了,我们常常可以看到,即将收割的甘蔗因干旱而减少其收成,而这种所谓的'干旱'常是稻作区稍施灌溉就可防范了的"。再比如种植后的田间管理也很粗放,"甘蔗每三年种一次,用来种的是砍成一段段的旧蔗,这些甘蔗先浸在水中二十天,等冒出芽来,就可以一段段斜插在土中露出一截,彼此大致排成一列,插蔗的洼洞是用手挖的。蔗插上后在洼洞上放一点肥料,此后,除了一些较为细心的农夫偶尔还会除草外,直到收割,几乎不给予任何关照"[②]。林满红认为,一个原因是南部利于灌溉地区多种水稻,种蔗区常是不利灌溉的土地,蔗田的灌溉工作实有困难之处[③]。

晚清时期糖廍的规模比清初有所扩大,清初每个糖廍用牛12头,而清末每个糖廍用牛则达18头至30头。甘蔗单位面积产量与制糖率也上升较快,上则园一甲种红蔗可得糖3 500斤,种白蔗得糖3 000斤。中则园一甲红蔗得糖3 000斤,白蔗得糖2 500斤。下则园一甲红蔗得糖2 500斤,白蔗得糖2 000斤。下下则园一甲红蔗可得糖2 000斤,白蔗得糖1 500斤[④]。制糖业的规模扩大了,但制糖业的生产技术并没有太大的改进,仍然沿用清初时期的制糖设备和制造工序,每个糖廍的生产工具有石车一对,大鼎七口,大木桶五个(上坐桶、沫仔桶、滤头桶、上清桶、下清桶),碯台十位、碯杯二只、铁环一只、大叉一只、举斗二只、水桶一担、耳桶二只、糖槽一个。石车的配件有顶枋、底枋、车柱、车挞、公头、水心、油心、挞箭、麻绳、猪腰扭、嘴配等。制造的工序分白糖及红糖二种,红糖的制作工序为"蔗廍开工,大概于十一月初旬、中旬。各廍脚按照阄之先后,挨次轮值日期到园,同牛婆将甘蔗剥箨去尾,用牛车搬运入廍,以石车硖去蔗汁,车下用桶收汁,付出桶管,流

① 《安平县杂记》,"糖业由来",台湾文献丛刊第52种,台北:台湾银行,1959年印行。

② 罗威令(W. W. Myers):《清末南部台湾的蔗糖业》,《台湾文献》第28卷第2期。

③ 林满红:《茶、糖、樟脑业与台湾之社会经济变迁(1860—1895)》,台北:联经出版事业公司,1997年版,第71页。

④ 林仁川、黄福才:《台湾社会经济史研究》,厦门:厦门大学出版社,2001年版,第128页。

落澄清桶(用石灰以去其滓)。转入鼎,熬糖。第一回之鼎,用温火以暖其汁。第二回之鼎,用武火滚出汁泡,以杓子掬之。第三回之鼎,蔗汁中之污物浮见,悉用杓子去之,其汁始净。第四回之鼎,火力添强,糖汁沸腾,再用花生油、蚵壳灰二样投入,其汁浓厚,始能凝结。此时移过第五回冷拌鼎,搅匀成糖。再移入木箱(俗曰糖槽),弄至糖松为度,装入竹篓,又用竹叶、竹箨包护,外用麻绳捆之,此制红糖之法也(俗称青糖)”。制造白糖的工序为“若制菜糖,则大同小异也(菜糖、白糖之胚也)。甘蔗去箨尾之后,运入廍内石车过硖出汁,通入廍厅之蔗汁鼎,加入蚵壳灰,使之澄清,然后移过上火鼎四次,再移过成甘鼎一次,熬为糖转入落滤鼎一次,候微冷入漏即坚,成菜糖矣,而后入间,制为白糖”①。

清代台湾糖廍绝大多数分布在南部(今台南、嘉义、高雄一带),而其形态也有所演变。首先,如上所述,清代台湾土地制度的一个特点是大小租制,这个特点也影响到传统糖廍。业主把园和糖廍一起租赎给佃户而收取大租糖,佃户则可再把园和糖廍租出去而收取小租糖。以一份乾隆年间的契约为例:

> 同立合约字人业主李时协、赎耕人吴升等,缘时协有廍带园,贯在咽咽口岸,吴升等牛分十只前去耕作,栽插芒哲,研夹糖斤。自乾隆十六年起,至二十年止,每年言约租糖一百漏,每漏重一百五十斤入秤,其限年内各阄完一半,正月全完,付与业主完纳国课,不敢拖缺挨延,致误课饷。认赎内之人或将蔗分园底要承项他人,亦当报明业主斟酌明白,吴升等不敢私相受授,如有,自约愿听业主禀逐。各无异言。每年间或有他人及外庄附廍夹蔗,其糖租听业主照例抽帖廍饷,吴升等不得籍私。乾隆十六年至二十年8月满限,即将园底廍份并廍内家器、杂物,一尽送还业主招耕,升等不敢延据。廍内上下枋车、鼎榀、火叉损坏,系业主修理。其余器具损坏,赎耕人修理,不得推诿。其上下枋、车、鼎、榀、火叉各项家器,每年送交于值现年头家收管;如有失落,该他坐还。今欲有凭,立赎约字一纸,付执为诏。
>
> 再立约:准佃人转赎他人,头家不得阻挡等情。
>
> 乾隆十六年四月　日具
>
> 业主李时协
>
> 吴升等②。

根据这份字约,业主李时协是将蔗田和糖廍一道租给佃户耕种的。糖廍和蔗田是连成一体的,叫廍份园,而佃户则自备牛、农具,收成后以糖交租。契约言明佃农可将廍和园再转租,可见是大租,因契约未载明蔗田面积,所以无法得

---

① 《安平县杂记》,“糖业由来”,台湾文献丛刊第52种。

② 《台湾私法物权编》,台湾文献丛刊第150种,台北:台湾银行,1994年印行,第695页。

知大租率。垦户将糖廍和蔗田一道出贌给佃户而收取大租糖，成为大租廍，然而大租廍并不是台湾糖廍的唯一形态，甚至不是主要形态[①]。

虽然较为近代的制糖技术在1870年就已经被介绍到台湾，例如，台湾旧式糖廍建造一个压蔗的石磨，成本要283元，而英国引进的铁磨，单管道（指一个插蔗的管道）只要75元，双管道也只要100元左右。石磨效率很低，压三次100磅的甘蔗，才压出50磅蔗汁，而西式铁磨却只要压一次即有68磅的蔗汁。铁磨每100磅甘蔗可多压出18磅蔗汁，为石磨所压出50磅蔗汁的1/3。而石磨少压出的1/3蔗汁，都留在蔗渣中，当燃料烧了。也就是说，若台湾糖廍都将石磨更换为铁磨，则每年台湾制糖量将增加三分之一[②]。由于台湾糖廍业者的保守，一直到1900年都无法改善榨糖技术。实际上，早在1870年西式铁磨就已被引进岛内，但是，本地人则因种种原因拒绝使用铁磨，这种铁磨很难得到推广[③]。直到1895年，才有一位拥有许多蔗田的武官率先采用[④]。对清末台湾未能引进西式铁磨的此种现象，清末在台的西方人认为是由于“台湾人的保守、谨慎”[⑤]，还“由于中国人难以克服的强烈偏见，及其缓于接受创新的习惯，也只有期望于遥遥的将来，除非有偶发事件发生，商人们不会对这事情发生兴趣，因为商人只求近利，并不想作费尽心力而结果渺茫的投机”[⑥]。也有台人有同样之判

---

① 有关清代台湾糖廍组织形态的演变，参见《台湾私法物权编》，台湾文献丛刊第150种，台北：台湾银行，1994年版；韩清海：《中国企业史·台湾卷》第一章“清代台湾企业”，北京：企业管理出版社，2003年版，第43—53页。

② 《领事报告》，vol. 17，pp. 150—156，1890。另据美国学者何保山的记载：台湾在19世纪后期还有1400个石磨。即使外商表示，甘蔗从一个铁磨中通过一次比从石磨中通过三次，可以榨出更多蔗汁，控制榨糖业务的本地商人和贷款者对于采用新机器却不感兴趣。中国人显然害怕革新会“妨碍已经作出的安排，就这些安排同他们的关系而论，对他们是充分有利的”。这样，大量蔗糖被当做蔗渣烧掉了（参见何保山：《台湾的经济发展（1860—1970）》，上海：上海译文出版社，1981年版，第22页）。

③ 据1890年英国驻台南领事馆的报告称，铁磨由于压榨力量大，能多压出三分之一的蔗汁来，但除了极个别富有者之外，本地人不肯使用，我们所见的使用铁磨的例子仅有商人沈鸿杰（转引自韩清海：《中国企业史·台湾卷》第一章“清代台湾企业”，北京：企业管理出版社，2003年版，第42页）。据记载：“近来光绪十七年（1891）前，有商人购买外国造糖铁磨进口，以为台地糖户试用。唯此种铁磨不用煤气，只须牲口拖带即可运动，与台人更属合宜。倘人皆仿此制办，获益亦不少。”（孙毓棠：《中国近代工业史资料（1840—1895）》第一辑下册，“清代部分”，北京：科学出版社，1957年版，第28页）

④ 《海关报告》，1870，打狗部分，p. 80。《领事报告》，vol. 18，p. 402，1893，台南部分。林满红推测这位武官即指麻豆林家（参见林满红：《茶、糖、樟脑与晚清台湾》，台北：台湾研究丛刊第115种，台北：台湾银行，1978年版，第35页）。

⑤ 《海关报告》，1877，淡水部分，p. 165。《海关报告》，1880，打狗部分，p. 203。

⑥ 罗威令（W. W. Myers）：《清末南部台湾的蔗糖业》，《台湾文献》第28卷第2期。

断[①]，另有台湾学者认为台湾蔗农在制糖业方面如此守旧的根源，在于台湾落后的封建土地制度上，大多数蔗农仅拥有少量蔗田，所产甘蔗难以适应铁磨的规模生产[②]。林满红则认为台湾糖业界之所以不积极采用新式制糖技术，原因主要在于市场价格等所致。“台糖市场虽有188年以前较为顺利的时期，但有随后的市场紧缩，台糖总出口量锐减，可能是台湾没有引进铁磨的原因”[③]。林满红继续指出，以东北在1905年至1930年代间三度提升其榨豆技术[④]，来与1890年至1895年台湾拒绝采用现代的榨蔗技术（铁磨），而沿用传统的榨蔗技术（石磨）互相对照可略加了解。使用铁磨的固定成本（设备购置费）和变动成本（工资、折旧等）小于石磨的变动成本，依照熊比德的技术引进原理，应该换用铁磨，1890年至1895年间台湾没有引进铁磨，是因为当时台湾的糖市场已深受爪哇糖的竞争。“1884至1886年以后，台糖的欧美市场为爪哇糖所夺，改进技术的动机不大可能是更深层的因素”[⑤]。也有就业方面的因素，根据1886年英国驻台南领事馆的调查：“台湾南部未引进新式铁磨，是恐造成旧式石磨从业人员的失业。”[⑥]林满红还提出若干项非经济因素[⑦]。除了台南拒绝使用西式铁磨之外，当时外国已有的精制糖厂，台湾也未引进。除上述因素外，“也因生产的精制糖，不但将与其他地区所生产的精制糖发生竞争，亦非已有的中国大陆及日本两大市场所需”[⑧]。对此，日本学者若林正丈教授也认为台湾人较日本人更具有商业性格，从事海外贸易远比日本人有经验，也有着吸收海外先进技术的传统。日本商人竞争不过台湾商人，台湾岛内制糖技术的进展缓宕，应该是基于经济或市场方面的缘故，而非国民性[⑨]。

---

① 杨彦骐：《台湾百年糖纪》，台北：猫头鹰出版社，2001年版，第35页。

② 叶淑贞、刘素芬：《工业的发展》，载台湾省文献委员会：《台湾近代史》（经济篇），南投：1995年印行，第251—252页。

③ 林满红：《茶、糖、樟脑业与台湾之社会经济变迁（1860—1895）》，台北：联经出版事业公司，1997年版，第88—89页。

④ 其实中国东北地区在接触现代榨豆技术之初，亦曾有抗拒心理，但随着德国、日本等大豆市场的大幅开展，为了应付迫切的需要，只有求助于更有效的技术（转引自林满红：《口岸贸易与近代中国——台湾最近有关研究之回顾》，《近代中国区域史会议论文集》，台北：台湾“中央研究院”近代史研究所，1986年12月，第903页）。

⑤ 林满红：《茶、糖、樟脑业与台湾之社会经济变迁（1860—1895）》，台北：联经出版公司，1997年版，第87—88页。

⑥ 《领事报告》，vol. 15，p. 664，1886，台湾府部分。

⑦ 非经济因素包括有：1. 民性的念旧；2. 民性的排外；3. 处于顺境、不求改进；4. 高利贷剥削等（参见林满红：《茶、糖、樟脑业与台湾之社会经济变迁（1860—1895）》，台北：联经出版事业公司，1997年版，第88页）。

⑧ 《领事报告》，vol. 17，p. 155。

⑨ 2006年8月25日，笔者在东京大学采访若林正丈教授之记录。

清朝台湾砂糖的出口　台湾砂糖的生产一开始就与外销相联系,除少量供本岛消费外,大部分对海外出口。台湾制糖业以西部沿海的台湾、凤山、诸罗三县最为集中。“台湾产糖,三县最多,彰化尚少”①。台糖质量好品类多,有乌糖、白糖、冰糖,又各分为不同品种,如乌糖有出类、上斗、中斗,白糖有头档、二档、三档等名,分别销往不同地区。顺治十五年(1658),岛内产糖 170 万斤,其中 80 万斤销往波斯,60 万斤销往日本,外销占 80%。产量受气候、物价、运费、市场的制约而浮动。康熙年间糖产量达到鸦片战争前最高产量,约 1 亿零 800 万斤,相当于 100 万担左右,尔后一二百年大约在 60 万至 100 万担之间升降。据乾隆三十九年续修《台湾府志》卷五《赋役志》记载,雍正年间全省有 350 部蔗车,廍相当此数,至乾隆年间增至 370 部蔗车。光绪年间建 1 200 个廍。如以每廍年产 2 700 担,雍正年间产量约 945 000 担,乾隆年间约为 999 000 担,光绪年间约 3 240 000 担。据估计,台糖产量雍乾时期平均为 8 000 余万斤,嘉道时期平均为 7 000 余万斤②。根据不完全统计资料来分析台糖输出量,1639 年 188 000斤,1640 年 520 946 斤,1648 年 300 000 斤,1651 年 463 557 斤,1652 年 587 500 斤,1653 年 446 975 斤,1656 年 400 000 斤,1657 年 828 958 斤,1661 年 856 500 斤,1672 年 1 000 000 斤,1872—1881 年 6 484 770 担,年平均 64 万担,1882—1891 年 8 291 238 担,年平均 82 万担③。以每部蔗车用牛 18 头,人力 17 个来计算,则乾隆年间时台湾用于制糖业的牛力至少有 6 600 余头,人力至少有 6 300 余人。

表五　台湾产糖推算表

年　份	斤　数	年　份	斤　数
同治九年(1870)	74 745 200	光绪九年(1883)	92 573 100
同治十年(1871)	73 385 400	光绪十年(1884)	111 716 800
同治十一年(1872)	77 882 300	光绪十一年(1885)	70 988 000
同治十二年(1873)	65 746 800	光绪十二年(1886)	54 015 521
同治十三年(1874)	83 627 000	光绪十三年(1887)	70 448 800
光绪元年(1875)	63 889 600	光绪十四年(1888)	80 567 800
光绪二年(1876)	103 054 600	光绪十五年(1889)	72 013 500
光绪三年(1877)	75 806 000	光绪十六年(1890)	87 318 100

① 连横:《台湾通史》卷二十七,“农业志”,上海:华东师范大学出版社,2006 年版,第 349 页。

② 许涤新、吴承明主编:《中国资本主义的萌芽》,中国社会科学出版社,1985 年版。转引自方行等:《中国经济通史·清代经济卷》(上),北京:经济日报出版社,2000 年版,第 669 页。

③ 李国祁:《中国现代的区域研究闽浙台地区(1860—1916)》,台北:台湾“中央研究院”近代史研究所,1982 年,第 47、51 页。

续表

年 份	斤 数	年 份	斤 数
光绪四年(1878)	56 368 400	光绪十七年(1891)	71 999 000
光绪五年(1879)	91 535 900	光绪十八年(1892)	75 110 100
光绪六年(1880)	121 414 600	光绪十九年(1893)	66 067 088
光绪七年(1881)	90 489 200	光绪二十年(1894)	88 557 400
光绪八年(1882)	763 445 400		

资料来源:连横:《台湾通史》,上海:华东师范大学出版社,2006 年版,第 340 页。

表六 台湾糖出口表

年 份	担 数	年 份	担 数
同治九年(1870)	597 452	光绪九年(1883)	775 731
同治十年(1871)	583 854	光绪十年(1884)	697 168
同治十一年(1872)	628 823	光绪十一年(1885)	558 980
同治十二年(1873)	507 468	光绪十二年(1886)	390 155
同治十三年(1874)	688 270	光绪十三年(1887)	554 488
光绪元年(1875)	488 896	光绪十四年(1888)	655 678
光绪二年(1876)	880 546	光绪十五年(1889)	570 135
光绪三年(1877)	608 060	光绪十六年(1890)	723 181
光绪四年(1878)	413 684	光绪十七年(1891)	569 990
光绪五年(1879)	765 359	光绪十八年(1892)	601 101
光绪六年(1880)	1 064 146	光绪十九年(1893)	5 106 670
光绪七年(1881)	754 892	光绪二十年(1894)	735 574
光绪八年(1882)	613 454		

资料来源:连横:《台湾通史》,上海:华东师范大学出版社,2006 年版,第 340—341 页。

由表五、表六可知,台糖对外输出量非常大。台糖的输出国或地区主要是日本、吕宋、波斯、欧洲诸国以及大陆华北、江南等地。有关台湾砂糖之出口状况,据黄叔儆《台海使槎录》卷一《赤嵌笔谈》之记载:

三县每岁所出蔗糖约六十余万篓,每篓一百七八十斤,乌糖百斤价银八九钱,白糖百斤价银一两三四钱,全台仰望资生,四方奔趋图息莫此为甚。糖斤未出,客人先行定买,糖一入手,即便装载,每篓到苏,船价二钱有零。自定联艅之法,非动经数旬不能齐一。及至厦门归关盘查,一船所经,两处护送，八次挂验，俱无不费，是以船难即行，脚价贵而糖价贱矣[①]。

糖利甚巨，商人纷纷染指，一些糖商预付资金订购蔗糖，表示商人资本已渗入台糖的生产和销售中去。“糖之息倍于谷，台地富户每岁货糖吴越，所息不赀”[②]。台湾糖商大发其财，有诗曰：“漫讶飞霜暑路中，舳舻货殖倍三农，海东千里绕甘蔗，何啻人间千户封。”[③]顺治及康熙前期，台湾砂糖产量之80%—100%运销国外。康熙中期开海后，台糖大量销往国内市场，但外销量仍占相当部分。据估计，康熙三十六年(1697)，台湾砂糖产量在5 000万斤以上，其中外销量占1/4—1/3[④]。

砂糖是一种行销远、利润高的商品，故商业资本在制糖业中也比较活跃。清前期台湾砂糖之主要产区，以糖商为代表之商业资本已广泛介入到糖的生产过程中，在甘蔗种植、糖的加工中都有商业资本涉足。商业资本支配制糖业的一种形式是通过预付资金(借贷或预买)来控制糖廍的产品，台湾糖商极为发达[⑤]。至雍正时，台湾糖商已形成北郊、南郊、港郊的“三郊”商业组织，控制着台糖的外销[⑥]。不同的糖种有不同的销区，“色赤而松者，于苏州发卖，若糖湿色黑，于上海、宁波、镇江诸处营销”[⑦]。《赤嵌笔谈》还详记了台糖和其他台湾农副产品销售闽浙苏鲁及关东各地的情形。康熙三十六年(1697)，“台人植蔗为糖，岁产二三十万斤，商船购之。以贸日本、吕宋诸国”[⑧]。雍正九年(1731)7月至9月，有44艘船装载367万斤销往天津，同时销往日本2万余担。据连横《台湾通史》记载：“及至乾嘉之际，贸易绝盛，北至京津，东购日本，几为独揽。”[⑨]1850年销往华北16万担，1880年增至106万担。江浙商人也有往台湾采购蔗糖贩

---

① 黄叔儆：《台海使槎录》卷一《赤嵌笔谈》，台湾文献丛刊第4种，南投：台湾省文献委员会，1996年印行，第21页。

② 徐方璥：《清代台湾之糖业》，转引自许涤新、吴承明主编：《中国资本主义发展史》第一卷，北京：人民出版社1985年版，第354页。

③ 朱小阶：《小琉球漫志》。

④ 许涤新、吴承明主编：《中国资本主义的萌芽》，中国社会科学出版社，1985年版。转引自方行等：《中国经济通史·清代经济卷》(上)，北京：经济日报出版社，2000年版，第673页。

⑤ “或先放帐糖寮，至期收之，有自行货者，有居以待价者”(《澄海县志》卷十九)。有的地方叫做买“青”，“至所谓青者，乃未熟先粜、未收先售也。新糖未收时，给银先定价值，俟熟收时而还之”(乾隆《续修台湾府志》卷十七；同治《淡水厅志》卷十一)。这是商人以借贷或预买的方式来控制糖的来源。小生产者资金不足，蔗农在快要收割时往往缺乏资金，不得不以预买的方式，将自己置于商业资本的控制之下(方行等：《中国经济通史·清代经济卷》(上)，北京：经济日报出版社，2000年版，第678页)。

⑥ 周宪文：《台湾经济史》，台北：开明书店，1980年印行，第1323页。

⑦ 马克思：《资本论》卷三，北京：人民出版社，1956年版，第413页。

⑧ 郁永河：《采琉日记》。

⑨ 连横：《台湾通史》卷二十七，“农业志”，上海：华东师范大学出版社，2006年版，第349页。

至江浙从中取利，雍正三年，“系江浙客民赴台湾买糖，装往各该地方销卖”[①]。总之，砂糖是清朝台湾的主要外销商品，有很重要的经济地位，几占工业产值的一半左右，占出口总值的45%。年产100万吨，成为世界上重要的蔗糖出口地之一，可见砂糖在台湾经济中的重要地位。当时台湾制糖的收入相当可观。除了主要制造粗糖的糖廍外，台湾还有制造白糖（细糖）的“糖间”[②]。康熙末年，因受朱一贵起义事件影响，台湾砂糖输日几乎断绝。道光末年，四川新糖出产，台湾砂糖对大陆的输出也受到很大冲击。“台地糖米之利，近济东南，远资西北，乃四川所产糖之价廉而货美，诸省争趋之，台糖因而减市”[③]。

清初，台湾砂糖主要出口到日本、南洋及华北，1860年以后，由于洋行的开拓，出口区域扩展到澳洲、英国、美国等地区。1876年世界甘蔗歉收，台湾砂糖外销旺盛，更使业者无意更新技术。由于技术落后，生产效率低，产品无法与爪哇等地产砂糖竞争。1884年岛内甘蔗丰收，然糖价却大跌。1885年后，台湾砂糖“欧洲、美洲、澳洲的市场逐渐失去，出口量逐渐减少”[④]。但对日本的砂糖出口则始终维持着，成为日本国内砂糖进口的主要地区。台湾对日本的砂糖贸易量占台湾砂糖出口平均比例达四成以上，仅次于中国华北市场。到了1860年台湾开港后，日本进口台湾砂糖总额占同期进口砂糖总额的七成左右，1885年至1895年之间，除了1886年以外，日本进口台湾砂糖的比例更达九成以上，在甲午战争前几年，台湾砂糖的外销几乎全都面向日本市场。日本商品也不断流入岛内[⑤]。

---

① 《朱批谕旨》第三册，雍正三年十月初六日，福建巡抚毛文铨奏折。

② 糖间就是制造精白糖的工厂，其主要任务就是将糖廍制造的粗糖进行再加工。与散落在农村的糖廍不同，糖间大多位于交通便利的城市、港口等，规模也较糖廍大得多。

③ 周宪文：《清代台湾经济史》，台湾研究丛刊第45种，台北：台湾银行经济研究室，1957年版，第90页。在宋代时，糖产区集中于四川，明代转为福建、广东为中心，“产繁闽广间，他方合并得其十一而已”（《天工开物》卷六）。清前期，闽广仍是主要糖产区，同时，随着地区开发，台湾的制糖业迅速发展，四川的制糖业在遭受毁坏后也再次崛起。福建（包括台湾）、广东、四川成为清前期制糖业的主要区域（方行等：《中国经济通史·清代经济卷》（上），北京：经济日报出版社，2000年版，第667—668页）。

④ 台湾省文献委员会：《台湾近代史》（经济篇），南投：1995年印行，第126页。

⑤ 如台湾建省后的1890年，日本驻福州领事上野专一曾经专程进入岛内考察实情。据其记载：他在台湾几个重要城市商店里看到的日本商品，多以棉布、海产物及杂货为主。特别是棉布方面，台湾人习惯用福建漳州府的石尾、东桥、灌口及泉州府的同安地区所制造的“土布”。虽称“土布”，但实际也包含使用印度棉纱而大量制造的棉布。与西洋棉布比较，日本棉布更为“便宜而且轻快”，因此有逐渐取代西洋棉布的情形，海产物及杂货大半为廉价品，“唯这些包括棉布在内的日本制品皆由上海或是香港的中国商人转运来台而与日本商人无涉”（有关上野专一的考察报告，可参见林正子：《上野专一——日清战争前の台湾认识の先驱者》，载《台湾近现代史研究》第2号，台北：龙溪书舍，1979年版）。

1868年明治维新之后，日本国力渐强，对台湾砂糖之需求亦渐增，促使日本对台湾糖业的关注有增无减。1874年，日本挑起侵台之牡丹社事件，是其图霸台湾全岛并独占台湾糖业的首次尝试。了解台湾糖业与日本的历史关系，也就不难了解甲午战争后，日本为何要在《马关条约》中坚持割据台湾的政策取向。而从日据初期来看，对于台湾总督府为何大力推动糖业开发，也有更深一层的认识。

三　清朝时期台湾农（稻谷）业的发展

台湾稻作农耕来自于祖国大陆，水稻的发源地是中国，这一论点从考古学上可以证明①，后经闽南等地传入台湾。一般认为，日本的稻作农耕亦来自中国②。虽有日人记载，台湾最早发展的产业就是稻米种植③，但相对甘蔗种植及制糖业的迅速发展，岛内稻作发展则相对延缓。康熙统一台湾之初，台湾农作物仍以稻谷为主，但随后由于清朝政府严禁移民，限制粮食外运，岛内米价骤低于糖价，以致许多移民纷纷开园种蔗，使甘蔗种植园的面积大大超过水稻的面积。据范咸《重修台湾府志》记载，从康熙二十四年（1658）至雍正十三年（1735），台湾水稻种植面积仅增垦7 534甲，连同旧额合计水稻田才14 774甲，但同期甘蔗种植园则由原来之10 919甲，增加至38 008甲④。为扩大水稻种植面积，增加稻谷产量，以稳定台湾之社会秩序，台湾官府采取了促进水稻种植的许多措施，但在扩大稻作面积过程中，"蔗争稻田"的现象日益成为台湾农业的一大难题。康熙年间分巡兵备道高拱乾所写之《禁饬插蔗并力种田示》正是反映这一严峻的现实：

> 为严禁申饬插蔗并力种田，以期足食以重邦本事。照得台湾孤悬海外，止此沿边一线堪以垦种。地利、民力，原自有限，而水陆万军之粮糈与数万之民食，唯于冬成稻谷是赖也。虽此地之暖甚于内地，然一年之耕种仅止一次收获。总因多风少雨，播种、插秧每有愆期，故十年难必有五年之获。加以从前蝗虫之后，继以飓风，稻谷敛收，鲜有盖藏。正当尽力种稻，

---

① 目前国内发现有关新石器时代的稻作遗存，包括炭化的稻谷、稻米、红烧土中保持的稻壳和稻草、陶片上的稻谷印痕，长江下游发现12处（浙江余姚河姆渡），中游12处（湖北京山屈家岭等），还有华南、西南等地区，共达30多处，时代从公元前4 500年至公元前1 000年以前（安志敏：《长江下游史前文化对海东的影响》，《考古》，1984年第5期）。

② 中国水稻传入日本的路线有三条，即一是从华南、华中经海路直接传入，二是经西南海路传入，三是由陆路（河北、辽宁）或海路（山东）到朝鲜半岛后，再从朝鲜半岛南部传入（安志敏：《江南文化和古代的日本》，《考古》，1990年第4期）。

③ 种村保三郎：《台湾小史》，台北：武陵出版有限公司，2000年版，第163页。

④ 范咸：《重修台湾府志》卷四。

期以充积仓储，预防岁歉，庶可望含哺鼓腹，乐享熙皞也。不谓尔民弗计及此，偶见上年糖价稍长，唯利是趋。旧岁种蔗已三倍于往昔，今岁种蔗，竟十倍于旧年。蕞尔之区，力农止有此数，分一人之力于园，即少一人之力于田。多插一甲之蔗，即减收一甲之粟，年复一年，有加无已。夫果有利尔民，本道岂不乐从。

但尔民愚无远虑，止知种蔗硖便可取利，殊不知人尽种蔗，则出糖倍多，糖多则价必贱，不比上年之糖少价常也明矣。在岁丰之日，固可以糖易谷输课并供粮食。万一复遇岁歉，寡收稻谷，种田有谷者除完课外，计日防饥，必不见贷于人。尔种蔗者有糖不足以为谷，非特无以完公，更思靡可糊口。数万军民需米正多，则两搁大洋，告糴无门，纵向内地舟运，动经数月，谁能悬釜以待？是尔民向以种蔗自利者，不几以缺谷自祸欤？本道监司兹土，爱惜尔民，其足食邦本，不得不鳃过滤也。合就出示禁饬，为此示抑所属士民人等知悉：务各详绎示饬至意，须知竞多种蔗，势必糖多价贱，允无厚利。莫如相劝种田，多收稻谷，上完正供，下赡家口，免遇岁歉，呼饥称贷无门，尤为有益。徐行县确查，将开过蔗园按亩清查，通报起科外，倘敢仍争效插蔗，以致将来有误军糈，自干提究，噬脐莫及，其凛遵之，勿忽[①]！

虽然高拱乾在告示上谕以种稻与种蔗之利弊，主张减少蔗作面积，以增加稻作，甚至要追究种蔗者的责任，但他的一张告示无力改变岛内水稻种植面积日趋减少的趋势。一直到乾隆初年台湾农业才进入以稻作为主的新阶段。稻作得以提升的首要原因是官府的政策调整。当时有台湾官府认识到，只有开放米禁，才能提高台湾的米价，推进稻作的发展[②]。雍正四年(1726)闽浙总督高其绰乃奏《请开台湾米禁疏，陈撤裁其禁制之四益》，略谓：

台湾地广民稀，所出之米，一年丰收，足供四五年之用。民人用力耕作，固为自身食用，亦图卖米换钱。一行禁止，则囤积废为无用，既不便于台湾，又不便于漳、泉。究竟漳、泉之民势不得不买，台湾之民亦势不能不卖。查禁虽严，不过徒生官役索取贿私放之弊。臣查开通台米，其益有四：一，漳、泉二府之民，有所资藉，不苦乏食。二，台湾之民，即不苦米积无用，又得卖售之益，则垦田愈多。三，可免漳、泉台湾之民，因米粮出入之故，受胁勒需索之累。四，漳、泉之民，既有食米，自不搬买福州之米，福民亦稍免乏少之虞……疏入，从之。漳、泉之人深以为然，然出口既多，市价自腾[③]。

---

① 高拱乾：《台湾府志》卷十。

② 林仁川、黄福才：《台湾社会经济史》，厦门：厦门大学出版社，2001年版，第123页。

③ 连横：《台湾通史》卷二十七，“农业志”，上海：华东师范大学出版社，2006年版，第347页。

由此可见，台湾米价的上升，必然会刺激台湾农民种植水稻的积极性。由此，台湾米作得以迅速的发展。稻作得以提升的第二个原因就是台湾水稻品种的改良。由于水稻品种得以不断改良，稻谷产量渐次提升，提高了农业的生产效率和农民的生产积极性。台湾学者黄克武以台湾历年记载的资料，对清代台湾稻种的变迁作一抽样的量化分析①。从总数来看，1694 年的台湾方志只收录 12 种稻种，到 1890 年已增加到 48 种。其中在康熙末年至乾隆初年(1720—1740)的 20 多年里，收录的新稻种竟有 12 种之多。1720 年出现的 6 个新品种是园粒、吕宋占、大伯姆、占仔秫、鹅卵秫和秫粟。吕宋占是从吕宋(今菲律宾)引进的，鹅卵秫是诸秫中最好的品种，大伯姆适宜于低洼田种植。1740 年出现的稻种有 12 种，其中大部分是早熟稻，如三杯、内山早、清游早、红脚早、白肚早、安南早、七十日早、一枝早等。其中安南早又称双冬早稻。这些早熟稻种的引进与推广，大大提高了土地复种指数，使台湾水稻产量大幅度上升。稻作得以提升的第三个原因就是耕地面积的扩大与水利设施的兴建。为促进稻作发展，台湾府大力建设水利设施，掀起开凿陂圳的高潮。陂亦作埤，《诸罗县志》谓“凡筑堤潴水灌田谓之陂”，就是今日的水库；“不用筑堤，疏凿溪泉，引以灌田谓之圳”，也就是今日的水渠。当时修建的陂圳有 200 多处，规模较大的有彰化的八堡圳(施厝圳)，灌溉面积 1 万 9 千甲(约 20 余万亩)②。还有凤山的三里圳，灌溉面积 3 500 余甲(近 4 万亩)。陂圳灌溉所及，农田“无旱潦之患，而岁可两熟”。在耕作制度上，也摸索出一套“以田育稻，以园植蔗，植蔗之后，可收两年，改种杂谷，以休地力”③的经验，使单位面积产量不断提高。由于台湾人口不多，“所出之米，一年丰收，足供四五年之用”，自食所余，大部用于输出。“台米运销大陆，不仅有助于解决闽南粤东等地民食的困难，同时也保证了岛内米价的稳定和稻作经济的持续增长”④。至乾隆年间，台湾西部的平原地带已开垦出大片良田。台湾东北部的宜兰平原到嘉庆年间时已开垦良田 2 000 多甲；道光年间修建大小水圳 19 条，灌溉稻田面积 5 000 多甲。根据《噶玛兰厅志》之记载：“土壤肥沃不粪种，粪则穗重而仆，种植后听其自生，不事耕耰，唯享坐获，加以治埤蓄泄，灌溉盈畴，每亩常数倍于内地。”⑤

---

① 黄克武：《清代台湾稻作之发展》，《台湾文献》第 32 卷第 2 期。

② 八堡圳是清朝时期台湾最大规模的埤圳，其区域包括东螺东及西、武东、武西、燕雾上下、马芝、线东等八堡，供 18 000 余甲的田地灌溉。八堡圳由该地区豪族施长龄开凿，康熙五十八年(1719)开工，费时七个月完成(种村保三郎：《台湾小史》，台北：武陵出版有限公司，2000 年版，第 162 页)。

③ 连横：《台湾通史》卷二十七，“农业志”，上海：华东师范大学出版社，2006 年版，第 346 页。

④ 陈碧笙：《台湾地方史》，北京：中国社会科学出版社，1990 年版，第 111 页。

⑤ 陈淑均：《噶玛兰厅志》卷五(上)。

清代中叶，大陆双季稻种植发展很快①，台湾的双季稻，以至多季稻种也是清代发展起来的。嘉道年间人李彦章称："台湾百余年以前，种稻岁只一熟，自民食日众，地利日兴，今则三种而三熟矣。"②但一年三熟稻仅限在"上田"及南部地区，下田及中、北部地区仍以二年五熟或一年二熟为主③。随着台湾岛内水稻种植面积的扩大，单位产量的提高，至乾隆年间，台湾已成为中国东南沿海的"粮仓"，台米源源不断地供应大陆。岛内农田每甲产谷大致在一百石至三四十石之间。如《诸罗县志》记载："新垦土肥，一甲之田，上者出粟六、七十石，最下者亦三、四十石。"④按照连横《台湾通史》的记载："稻田则以水利之富，壅肥之厚，可岁岁耕也。上田一甲收谷百石，中七十石，下四十石。"⑤至乾隆晚年，彰化、淡水等"近溪"田，"一年两熟"，每年产谷40—50石至70—80石，丰收之年，上田可收百石以上⑥。乾隆六年，据监察御史张湄估计，当年台湾米谷输往大陆的总额共计不下八九十万石。正如闽浙总督喀尔吉善摺奏所云："台郡土沃，产饶，内地兵粮积储，岁多取给于台产米谷，挽运转输之事殆无虚日。"⑦真可谓盛

---

① 至清中叶，双季稻种植由闽、粤、浙等省向广西、江西、湘南、四川扩展。江西由于地处长江中游，自然条件优越，尤其赣南地区双季稻发展很快，并且影响到湘、鄂、川等省。据《致富纪实》记载，道光、咸丰年间，醴陵使用的双季稻新品种，还是用江西的稻荪种培而成，而且推广到浏阳、善化、长沙、湘潭等地。四川种植的双季稻的稻种也取自江西。到18世纪后期，双季稻的种植已推广到北纬33度左右的里下河地区。林则徐倡导当地人民废除稻麦两熟制，改为双季稻（李彦章：《江南催耕课稻编》，《林则徐序》）。改变稻麦两熟原因在于"麦息甚薄"（《耕心农话》下集，绪言）。双季稻之所以在清代前期得以推广，主要在于它能增产多收，一亩之收要比单季稻增产50%以上（乾隆《会昌县志》）。其次在于它可以救急，双季稻的早稻一般都采用生长期短、收获期早的品种，如到夏至后三四日即可开镰收割的"救公饥"。这个品种虽然产量较低，但"人利其先熟，择地种之以济急"（道光《于都县志》）。其三，遇灾可以保收，遇上涝灾，"早籼浸死，尤恃二遍籼（晚稻）以补救之"。遇到灾年，一般不致全年无收（方行等：《中国经济通史·清代经济卷》（上），北京：经济日报出版社，2000年版，第174页）。

② 《江南催耕课稻编》，《再熟之稻》。

③ 耘萃：《说蛮：鸡笼番》，程瑶田：《九谷考》。

④ 康熙《诸罗县志》卷六，"赋役志"。

⑤ 连横：《台湾通史》卷二十七，"农业志"，上海：华东师范大学出版社，2006年版，第346页。另据估算，折合大陆上田每亩产可达九百斤，中田六百三十多斤，下田三百六十斤（陈碧笙：《台湾地方史》，北京：中国社会科学出版社，1990年版，第110页）。

⑥ 《明清史料》，戊编第四本，第336页。台湾的一甲，等于内地官亩的11.31亩。这样，每亩出谷最少3.5石，一般5石、6—7石，最高达8—10石。又据档案，嘉庆六年(1801)，彰化县民卢朝礼转顶田3甲，年纳租谷28.8斗（李彦章：《江南催耕课稻编》，《林则徐序》，第183页）。照此计算，亩租仅1.7石，比前面说的要低得多了（转引自方行等：《中国经济通史·清代经济卷》（上），北京：经济日报出版社，2000年版，第291页）。

⑦ 《明清史料》，戊编第二本，第102页。

极一时。由于台湾中北部的不断开发，稻米产量的迅速上升，当时清政府查禁海港甚严，台湾仅准鹿耳门一口与厦门对渡。“凤诸漳三县及淡水厅所产米谷，举凡官运米谷与民间米谷，均必从城乡车运至沿海港口，再用膨仔杉板等小舡，由沿边海面运送至郡治鹿耳门内，方配装横洋大舡转运至厦，所费舡车工运脚颇巨。且台湾运谷须横渡大洋，以当时海运舡只之陋小亦感困难颇多，因此年年有积压现象发生”①。

这样，仅靠鹿耳门一口运粮至大陆，已远远不能满足对大陆输出台湾米谷的要求。台湾官府遂决定在台湾中部、西部增开对渡口岸。如闽浙总督觉罗伍拉纳上奏《为酌筹商艘出入口岸章程，量为变通，以裕民食，以速兵糈》所云：

> 台湾府属地土膏肥腴，而北路之嘉义彰化二县产米尤多，泉漳二府民食全资接济。自鹿仔港未经设口以前，厦门向有白底艍船往来鹿仔港贩买米谷运回，销售于商民，颇有利益。嗣因私贩多由蚶江偷渡，乾隆四十九年经前任福州将军永德奏请，台湾北路鹿仔港设口，内地泉州于蚶江设口，议定……其蚶江船只由蚶江新口挂验赴鹿仔港，如厦门白底艍船有赴鹿仔港贸易者，亦必由蚶江挂验始准出口（按：乾隆五十五年准厦门船只不需经蚶江挂验而可径对渡鹿仔港）②。

随即在乾隆五十三年（1788）复开“淡水厅之八里岔对渡福州五虎门，斜渡蚶江，自此三口通行。台湾、凤栓、嘉义、彰化四县供粟内，应运内地兵谷眷谷匀派三口拨配，共计拨配内地各仓兵谷眷谷及兵米合谷八万六千余石”。其中，“鹿耳门口岁运谷四千九千余石，鹿仔港口岁运谷二万二千余石，八里岔口岁运谷一万四千余石”③。另据估计，除兵谷眷谷外，又例运杂谷十二万石，又临时派员到台采买约为十万石，此外，商舡定例及私贩偷运者估算为二十万石，则每年运往大陆约为五十万石左右④。这是台湾稻谷生产的鼎盛时期。随着稻谷生产的兴盛及商品经济发展，岛内商品粮需求增加，粮食运销扩大，稻谷的碾磨加工业得以发展，碾米业已形成一个行业。在岛内一些产稻区，以及一些水陆交通便利的地方，碾坊集中，碾业兴旺，构成当地一项重要手工业。

然而进入 18 世纪以后，台湾稻谷业之生产渐次由盛转衰，究其原因：第一，单位面积减少。至乾隆年间，一甲之田，上者可产粟六七十石，到咸丰初年，由于台湾“久旱，土地渐成硗瘠，每甲出粟，上者不过三四十石”。第二，报酬递减。

---

① 王世庆：《清代台湾社会经济》，台北：联经出版事业公司，1994 年版，第 105 页。
② 《明清史料》，戊编第二本，第 144 页。
③ 《厦门志》卷六，第 2 页。
④ 王世庆：《清代台湾的米产和外销》，《台湾文献》第 9 卷第 2 期。

在稻作生产上,早期可用投入更多的劳力提高总产量,但土地负荷有一定限度,其边际生产量将递减。第三,人口压力。台湾人口的大量增加使粮食的增产均为增加的人口所消耗,逼使商业性的稻作转为自给性的稻作。再加上台湾开放通商口岸以后,洋米的冲击,使台湾的稻米生产下降,从1860年代以后,台湾农业生产结构从米粮生产转变为茶、糖、樟脑生产①。

19世纪90年代初,台湾岛西南至西北的沿海平原地带形成连片的农业区。其总的分布特点是:(1)经济重心北移,以台北市(艋舺)为中心,包括台北县、淡水县、新竹县、宜兰县,已初步形成北部经济重心;(2)以台南为米糖生产中心;(3)安平、高雄(打狗)、淡水(沪尾)、基隆(鸡笼)四个港口(1858年《天津条约》的订立,将四个港口相继定位为开放港口),成为同大陆和其他地区对外经济联系的枢纽;(4)以近代交通运输业、邮电事业的开发为对内经济联系管道②。清朝对台湾的统治为1683—1895年(共计212年)。总的说来,清朝时期台湾经济得到很大发展,多次移民使台湾人口至嘉庆年间已达200多万,至光绪年间达300多万,长期拓垦使台湾北部平原和南部大部分地区都得到开发,农作物单位面积产量最大幅度提高,经济的繁荣使台湾出现了许多富商和地主③。在清朝统治时期,台湾经济的发展经历了由封建形态演变为资本主义萌芽形态的转变。其表现为:一、封建形态的经济开发已基本完成,使台湾可耕地的开发已达80%以上,传统农业经济开发已达相当高的水平;二、19世纪80—90年代,资本主义经济形态开始出现。其中最突出的是商业资本已经出现。其他如兴建公路、铁路,发展近代化交通运输,铺设电缆,创设近代化邮电,引进机械设备,兴办近代工业,开采煤、油,兴办大型制糖厂等,都已不同程度地着手进行④。砂糖、茶叶、樟脑三大产业在岛内经济中占有重要的地位,米谷产业也获得长足发展。

第三节 台湾与日本的历史渊源

一 台湾岛历史地理概况与经济资源

台湾岛经济地理概况 公元前,中国人称台湾为“岱员”,战国时改称“岛夷”⑤,三国时叫“夷洲”,隋代称作“流求”、“留仇”、“流虬”,唐代和宋代,又有“琉

---

① 黄克武:《清代台湾稻作之发展》,《台湾文献》,第32卷第2期。

② 李家泉:《台湾省经济地理》,北京:新华出版社,1991年版,第36页。

③ 何绵山:《闽台经济与文化论集》,厦门:厦门大学出版社2002年版,第11页。

④ 台湾省文献委员会:《台湾省通志》32卷(工业篇),台北:1969年,第55页。

⑤ 有人根据成书于战国时代的古地理名著《禹贡》载的“淮海唯扬州……岛夷卉服,厥篚织贝,厥包桔柚,锡贡”,认为“岛夷卉服”的“岛夷”即今台湾(周维衍:《台湾历史地理中的几个问题》,《历史研究》,1978年10期)。但有人不同意,认为“岛夷”应是泛指东南海域中诸岛屿上的居民(参见林仁川:《大陆与台湾的历史渊源》,上海:文汇出版社,1991年版,第11页)。

球”、“毗舍邪”、“毗舍耶”和“毗舍那”等说，元代称为“琉球”、“瑠求”。明代叫法最多，除“琉球”、“小琉球”外，还有“台员”[①]、“大惠”、“大员”、“大园”、“埋冤”、“大湾”等称呼，有些史书也以“北港”、“东蕃”、“东港”、“鸡笼山”代指台湾岛，明万历十八年(1590)，葡萄牙冒险家称台湾岛为“IIha Foimosa”(意即美丽之岛)，因此西方人惯称台湾为“福尔摩沙”。明万历年间(约1620年前后)，中国官书中正式使用“台湾”一词。季麒光《蓉州文稿》称：“明万历间，海寇颜思齐，据有其地，郑芝龙附之，始称台湾。”《明史》谓：“至万历末，红毛蕃泊舟于此，因事耕凿，设阛阓，称台湾。”《台湾县志》也称：“万历末年，荷兰据台湾，筑城于一鲲身之上，曰台湾城，台湾之名始于是。”[②]但“台湾”起初系指台南安平一带，后来才用于统称台湾全岛。明崇祯帝发给事中何楷疏：“台湾在澎湖岛之外，水路距漳泉约两夜，其地广衍豪腴，可比一大县。”此即以台湾称全岛[③]。康熙二十三年(1684)，清廷设台湾府。雍正五年(1727)，清廷定“台湾”为官方统一名称。

台湾是我国沿海最大的岛屿，位于我国东南海上，战略地位极为重要，有着丰富的自然矿藏和渔业资源。台湾属亚热带地区，气候温暖，雨量充沛，土壤肥沃，物产丰富。台湾岛四面环海，台湾由台湾本岛及兰屿、绿岛(火烧岛)、琉球屿、龟山屿、彭佳屿、钓鱼岛、黄尾屿等22个岛屿，澎湖列岛等64个岛屿组成，总面积36 006.224 5平方公里[④]，在世界海岛中居第28位。台湾岛的形状像芭蕉叶，南北长394公里，东西最宽处为144公里，环岛周长1 139公里。岛上高山和丘陵面积占三分之二强，平原面积不足三分之一。台湾是一个多山的岛屿，台湾山脉由多条平行于岛轴的山脉组成，如中央山脉、次高山山脉、台东海岸山脉、玉山山脉、阿里山山脉五大山脉(也有中央、雪山、玉山、阿里山、大屯山、海岸山六大山脉之说)。据统计，岛上高度超过海拔3 000米的山峰有62座之多，3 500米以上的山峰有23座，最高峰玉山海拔3 997米，高度居东亚之首，因此有“高岛”之称。台湾平原约占总面积的三分之一弱，主要有屏东平原、宜兰平原、东部平原、西部平原、埔里平原、台北盆地平原六大平原，以及恒春、丰原、嘉义、基隆竹南四个丘陵地，还有浊水溪、下浊水溪、淡水河、曾文溪、卑南大溪、秀姑峦溪六大河流。

---

① 徐怀祖的《台湾随笔》称：“台湾于古无考，唯明季莆田周婴，著远游编，载东蕃记一篇，称台湾为台员，盖南营也。”(转引自周宪文：《台湾经济史》，台北：开明书店，1980年印行，第1页)

② 陈文达：《台湾县志》卷一。

③ 转引自周宪文：《台湾经济史》，台北：开明书店，1980年印行，第2页。

④ 陈孔立主编：《台湾历史纲要》，北京：九州出版社，1997年版，第1页。台湾学者的有关记载与此略有差异。台湾本岛面积为35 759.460平方公里；附属岛屿为74.802 8平方公里。澎湖本岛为64.235 8平方公里；附属岛屿为62.626 5平方公里。台湾总面积为：35 961.212 5平方公里(转引自周宪文：《台湾经济史》，台北：开明书店，1980年印行，第8页)。

全岛地跨北回归线，属热带、亚热带气候。温度适宜，土壤肥沃，物产丰富，战略地位十分重要。台湾岛与大陆的福建省只有130公里之隔，大约于2亿多年前由东亚大陆板块与太平洋板块挤压形成，北临东海，南朝南海，东临太平洋，西隔台湾海峡与大陆相望。台湾拥有北部的基隆港、南部的高雄港和安平港等著名港口。自古以来，台湾就是中国的神圣领土，是中国的第一大宝岛。台湾不仅具有十分重要的地理位置，也是连结南北海运和远东航线的必经之地，而且还隐藏着令世人瞩目的矿藏、地热、水力、森林、水产等丰富资源。台湾独特的自然环境，决定了台湾的经济特点，如农林渔发达，农业经济形态丰富。台湾森林覆盖面积达全岛总面积的52%，其中经济林面积占全岛林地面积的五分之四。台湾岛优越的自然条件，为经济的发展提供了良好的基础。

台湾海峡　位于我国东南部福建省和台湾省之间，北接东海，南与南海相通，东北西南走向。台湾海峡北端，以福建省平潭岛到台湾北头的富贵角连线为界，它的南端以广东的南澳岛到台湾南头的鹅銮鼻连线为界。呈狭长形状，全长380公里，东西平均宽190公里，最宽处约260公里，最窄处的福建平潭岛与台湾省新竹市，相距仅为130公里左右，基隆到福州也只有276公里，高雄到厦门则是306公里。台湾海峡处在亚热带气候区，西北部受大陆和沿岸冷海流的影响较大，东南部受海洋和台湾暖流影响较多。冬季海峡气温低于两岸，东岸气温又高于西岸，平均气温约15℃；夏季温度较高，可达28℃。台湾海峡风浪强烈，尤其在冬半年，偏北季风的势力大，浪高达6—9米。夏季多偏南风，海峡比较平稳。但在七八月份，常有台风带来暴雨巨浪和风暴潮。每年在我国登陆的台风中，约有一半要袭击台湾海峡两岸。台湾海峡资源丰富。这里暖寒水流交汇，水交换畅通，鱼虾种类多。主要渔产有鲯鱼、鲨鱼、鱿鱼、鲷鱼、鲔鱼、鲻鱼、虱目鱼等。海藻类主要有石花菜、海苔、鸡冠菜与海人草等，其中以石花菜最为重要。台湾珊瑚非常知名，产量曾占世界市场的80%左右，而被称为“珊瑚王国”。夏季整个海峡为东北向流动的南海水流，冬季海峡西部和中部为南下的东海沿岸流，东部为沿台湾西海岸北上的黑潮。寒暖洋流交汇，渔产丰富。该海峡为东海与南海间航运要冲，亦为欧亚等国际航线之必经孔道，战略地位重要。海峡底部富集油气资源。还有钛铁、磁铁、金红石、独居石和锆石等矿，品位高，储量大。

澎湖列岛　澎湖列岛位于台湾海峡中流，与福建厦门相距约140公里，全岛由澎湖本岛及周围64个岛屿组成，统称澎湖列岛，面积约127平方公里。其中澎湖本岛面积约64平方公里，约为列岛总面积的一半。澎湖列岛独特的地理条件，使其具有风大、雨少的气象特点。另外，澎湖地表常受强风冲击，又因雨少，导致土壤有机质含量低，不利于农耕。澎湖的自然环境使澎湖居民的聚居形态多为集村式，或以产业制造及服务为聚落，或以渔村为聚落。澎湖列岛的渔业资源极为丰富，渔业为其主要经济命脉。《澎湖记略》曾记载：“澎湖地多赤卤，可耕者少，俱以海为田，男子日则乘潮掀网，夜则驾舟往海捕钓。女人亦终日随潮涨落，赴海取虾蟹螺蛤之属。”①澎湖列岛居于台湾海峡的中流，离福建更近。整条海峡一半以上水域深度在50米左右，最深处也不过100米，是我国东南海上的交通要道，有“海上走廊”之称，战略地位十分重要。这里还是寒流与暖流交汇的地带，是台湾优良之天然捕鱼区。

历史上，战略地理位置重要、蕴藏丰富资源的台湾为新老殖民主义者所垂涎，近代以来，更成为日本军国主义掠夺的对象。台湾除矿产资源较贫乏外，森林资源、生物资源、渔业资源、水力资源等较为丰富，因而台湾有宝岛之称。

矿产资源 台湾矿产资源与生物资源、水力资源相比，种类单一，储量不丰。台湾岛矿产资源约有110余种，具实际开发价值的不过20多种，其中部分有价值的矿藏经长期开采，储量大幅减少，有的已经枯竭，因此台湾省是中国矿产资源和储量最少的省份之一。台湾矿产资源可分为能源、金属和非金属三大类。能源矿产主要有煤炭、石油、天然气及地热等。其中煤的开发利用较早，目前已逐渐枯竭，储量仅约1亿吨，年产量不足10万吨。石油和天然气是台湾较重要的能源矿藏，目前已完成石油和天然气地质勘探面积超过500平方公里，到1999年探明石油储量为3亿多升，天然气储量约107亿立方米，主要分布在中央山脉西部及台湾海峡。地热资源相对丰富，已发现的温泉多达90余处，其中较具经济开发价值的10多处，主要分布在北部大屯山火山群地区。台湾金属矿藏种类相对较多，但储量不多。已探明较有开发价值的金属矿藏主要有金、银、铜、铁等，另外还有锰、钛、锆、独居石、汞、镍与铬等矿藏。金矿是台湾最重要的金属矿藏，目前探明的储量约580万吨，多为金与银或铜的共生矿。铜矿储量也较丰，约为470万吨。铁矿较贫乏，总储量约200万吨。其他金融矿藏储量更少，所需金属矿产主要靠大量进口。台湾非金属矿产资源种类较多，储量丰富。经济价值较高与储量较多者主要有大理石、石灰石、白云石、砂石、长石、蛇纹石、滑石、石棉、云母与硫磺等。其中，大理石是台湾储量最丰富的非金属矿藏，储量近3 000亿吨。另外，台湾尚有海盐和宝石等矿藏。台湾海盐晒制始于郑成功收复台湾以后，大陆移民将晒制海盐的方法传至台湾，在台湾岛北起嘉义沿海、南至台南沿海，相继建立了北门、布袋、七股等盐场。此后，台湾晒盐业得到发展。台湾还盛产宝石矿，主要是指软玉，分布于花莲县寿丰乡的丰田与西林地区。在蛇纹石层中，含有少部分软玉带，早期储量约60万吨，现在已大幅萎缩。品种主要有蓝石、猫眼石、翠玉等，统称为“台湾玉”，其色泽精美，为世界名玉之一。

生物资源 台湾地处亚热带，植物资源与生物资源丰富，从平原、丘陵至高山，可以同时呈现出热带、温带和亚寒带的植物景观，因此台湾岛被称为“天然

① 何绵山：《闽台经济与文化论集》，厦门：厦门大学出版社，2002年版，第79页。

植物园”。依据1998年台湾公布的最新调查，目前台湾植物种类总计10 438种，特有种1 139种，原生物种保育类334种。其中，维管束植物4 228种（被子植物3 600种，裸子植物28种，蕨类植物600种），苔藓植物1 100种，真菌3 800种，地衣700种，藻类植物（海藻）600种。台湾的植物生态群落可分为海岸植物群落、平原及低丘陵地带植物群落和山地植物群落。按物种关系则可分为台湾岛本区和恒春半岛区。台湾岛植物种类包括疏林群系、森林群系与苔原群系三个群系。疏林群系是界于森林与草原的中间型群系，树木矮小而零落，下层植物多与树木层同高，主要分布于大安溪与北港溪之西的海岸地带与澎湖列岛地区。森林群系是台湾分布最广的植物群系，主要包括七类森林群落，即海岸林群落、热带雨林群落、硫磺泉植物群落、亚热带与暖温带雨林群落、暖温带山地针叶树林群落、冷温带山地针叶树林群落与亚高山针叶树林群落。苔原群系分布于台湾高山林木线以上至雪线之间。

森林资源　森林资源是台湾最具规模的生物资源，天然森林覆盖面积曾占全岛土地面积的三分之二，相当于江、浙、闽三省的森林覆盖面积的总和。如今全岛的森林面积约为186万公顷，占全岛土地面积的52%，是中国森林覆盖率最大的省份。林木种类繁多，近4 000多种，经济价值较高的有300多种，是亚洲知名的天然植物园。在台湾森林资源面积中，热带林占56%，亚热带林占31%，温带林占11%，寒带林占2%左右。按林木种类分，阔叶林、竹林分布最广，两者约占全岛森林面积的69%；阔叶、针叶混和林约占9%。台湾最知名的林木为樟树，樟树数量居世界之冠，用樟树提炼的樟脑和樟油产量约占世界总产量的70%。经济价值较高的林木则是被称为“台湾五木”的油杉、肖楠、台湾杉、红桧与峦大杉，均是世界著名的优质良材。台北的太平山、台中的八仙山与嘉义的阿里山，是台湾三大著名林区。

农作物资源　台湾种植和栽培的作物种类在百种以上。粮食作物主要有水稻、小麦、玉米、高粱、甘薯、大豆等；经济作物包括甘蔗、茶叶、花生、芝麻、烟草、棉花、苏麻、剑麻、香茅草等。其中，稻米、甘蔗、茶叶并称为“台湾三宝”。蔬菜种类多样，四季生长，常年不断，从普通的白菜、西红柿、黄瓜，到竹笋、芦笋、莲藕，以及本地特产山葵、牛蒡、黄鹌菜、九层塔等，种类繁多。良好的气候条件使得台湾的水果种类繁多，四季不断。常见的水果有香蕉、菠萝、柑橘、龙眼、木瓜、芒果、番石榴、莲雾、人参果、酪梨、仙桃、百香果、香瓜梨等。

动植物资源　台湾温暖湿润的气候，丰富的植物群系，为动物的繁衍和生长提供了良好条件。依据1984年出版的《台湾脊椎动物志》资料记载，不包括鱼类等海洋生物，台湾动物共有6大类356科，14 935种。1998年最新公布的研究成果则显示，台湾动物种数合计25 151种，特有种11 195种，原生种保育类174种。主要野生动物有台湾黑熊、云豹、台湾长鬃山羊、猕猴、梅花鹿、山麂、穿山甲、飞鼠、蛇蜥、山椒鱼、水鹿等。饲养的家畜家禽主要有猪、牛、羊、鸡、鸭、鹅、火鸡等。栖息的鸟类有酒红朱雀、栗背林鸲、煤山雀、红头山雀、兰鹇与黑长尾雉等。在台湾众多的动物、鸟类、昆虫中，最有名的是蝴蝶，计有10科，400多种，台湾因而被称为“蝴蝶王国”。

水力资源 台湾雨量充沛，河川众多，加上受地形影响，大多数河流河床多阶地，流经许多峡谷，形成河流落差大，水势湍急，因此蕴藏的水力资源丰富。据统计，全岛河川水力蕴藏最高达530万千瓦，是中国水力资源最丰富的地区之一。在台湾的河川中，有水力蕴藏的河流共有25条，其中大甲溪水力资源蕴藏量约为148万千瓦，居台湾各河流之首。其次是浊水溪，水力蕴藏量约136万千瓦。这两大河流的水力蕴藏量占了全岛的一半左右。其他超过10万千瓦的河流主要有淡水河、秀姑峦溪、高屏溪、立雾溪、花莲溪、乌溪、和平溪、曾文溪、卑南溪等。台湾在主要河流上建起了水力发电站，如在大甲溪先后建成德基、青山、谷关与天轮等多个水力发电站。台湾水力资源分布，受河流水系分布的影响，蕴藏量呈现西多东少的状况，西部水系的水力资源约占全岛总蕴藏量的73.2%，东部水系占26.8%。

二　早期日本的侵台史略与思潮

日本位于亚洲东部，太平洋西北角，是中国东方的一个岛国。

日本早就对台湾怀有觊觎之心，最早有征服台湾野心的统治者，可举出日本战国时代的枭雄织田信长①。但是，织田信长苦于国内统一战争的征伐，始终未能实现其野心。织田信长的继承者丰臣秀吉②在统一日本后，便积极向外扩张，台湾成为其对外征服的首要目标。丰臣秀吉制定了吞并朝鲜、征服中国，进而向南洋地区扩张的庞大侵略计划。16世纪后期，丰臣秀吉以武力迫使琉球王国称臣纳贡，随后就把侵略的矛头指向台湾。1592年（日本文禄元年），丰臣秀吉率大军远征朝鲜时，即有进军台湾基隆、淡水的计划。来年，原田孙七郎（原田喜右卫门）奉命前往吕宋（菲律宾）劝说西班牙人到日本进贡，携带诏书，谕令台湾“高山国”向日本输诚纳贡。不过，当时台湾并无王国，因此原田孙七郎之行也就无功而返③。在诱降失败后，丰臣秀吉下令进行战备，准备进攻鸡笼（今

---

① 织田信长（1534—1582）：日本战国时代的军事枭雄，于1571年率兵消灭室町幕府，在即将统一全日本的前夕，在京都被部将所逼剖腹自尽。

② 丰臣秀吉（1536—1598）：原为织田信长的部将，后承袭织田信长的权力，于1565年统一全日本，建立中央集权，自任“关白”，成为统治日本的最高权力者。由于征伐朝鲜屡遭失败，1598年忧郁而死。

③ 有关原田孙七郎台湾之行的内容，参阅杨彦骐：《台湾百年糖纪》，台北：猫头鹰出版社，2001年版，第28页；周宪文：《台湾经济史》，台北：开明书店，1980年印行，第117页。

基隆)和澎湖列岛。但由于明朝早在1542年就扩建了澎湖巡检司的防御工事①,有着很强的海防部署,丰臣秀吉占领台湾的图谋难以实现。在一系列侵略图谋接连失败的困境下,心力交瘁的丰臣秀吉于1598年死去。

1603年(日本庆长八年),丰臣秀吉的部将德川家康②取得政权,建立江户(东京)幕府,采取更加积极的对外扩张政策。在江户幕府支持下,1604年,山田长正率兵侵入台湾,在多罗满(今台南县)采掘金矿,来往于小琉球岛(非今日之琉球群岛,古代人称台湾为"夷州"、"小琉球",这里的"小琉球岛"指当时台湾高雄南一小岛),还北上攻占鸡笼(基隆)。明朝政府得知日本侵入台湾的情报后,随即增兵澎湖,对山田长正的侵略行径施加军事压力。在日本幕府无力增援的情况下,山田被迫撤走③。

1609年(日本庆长十四年),德川家康下令征伐琉球王国,将琉球中山王俘去日本,迫使其日后向日本"称臣纳贡"④,同时,派遣有马晴信⑤赴台湾活动,寻求谋台策略。德川家康令其出行时曾作了十二条"指示"。其内容要点是:设法"招谕"台湾向日本纳贡,侦察台湾岛沿岸港湾,调查当地物产,联络土著居民,计划开展日本与中国大陆在台湾的中继贸易(此即所谓的"有马晴信计划")等。有马晴信曾率船舰窜到澎湖,并企图攻占台湾岛北部,但在台湾人民的顽强抵抗下,其侵占计划未能得逞⑥。

德川幕府统治初期的1616年(日本平和二年),曾任长崎代官的村山等安向幕府建议出兵占领台湾。村山等安认为台湾可以作为日本发展南洋贸易的

---

① 元朝已建立了澎湖巡检司。《岛夷志略》记载:澎湖"地处晋江县,至元年间,立巡检司,以周岁额办理盐课中统钱钞一十锭二十五两,别无差科"。巡检官至九品,"职巡逻,专捕获"(张崇根:《台湾历史与高山族文化》,西宁:青海人民出版社,1992年版,第124页)。澎湖巡检司的设立时间应为元世祖至元年间(排除了元顺帝至元说)。转引自荣孟源:《澎湖设巡检司的时间》,《历史研究》,1955年第1期。

② 德川家康(1543—1616):原为丰臣秀吉的部将,在丰臣秀吉死后篡夺权力,于1603年建立江户德川幕府,成为统治日本的实权人物,江户幕府实施了260年的中央集权统治。

③ 郑剑:《台湾秘史》,北京:团结出版社,1998年版,第42页。

④ 汤锦台:《大航海时代的台湾》,台北:猫头鹰出版社2001年版,第64页。德川家康命令萨摩藩岛津义久出兵8 000人攻入琉球,夷为属国(陈碧笙:《台湾地方史》,北京:中国社会科学出版社,1990年版,第53页)。

⑤ 有马晴信是肥前岛有马城的小领主,笃信天主教,并在领地内设修业所,宣传教义。他拥有许多船舶,早就通过葡萄牙人的关系,在澳门、占城等地经营贸易,深得丰臣秀吉的赏识,想让他当"中国皇帝",是日本国当时"外征派"人物之一。

⑥ 《日本西教史》记载,丰臣秀吉曾对有马晴信承诺"余欲以汝为中国皇帝"(早川二郎:《日本历史教程》,桂林:文化供应出版社,1944年版,第139页。)

主要根据地[①]。于是，德川家康命村山等安率兵征伐台湾，村山等安随即利用长崎市的种种有利条件，整修船舰、购置武器、招募士兵并进行训练，组成了一支拥有3 000多名士兵和十三艘船舰的远征舰队，准备“远征”台湾。1616年5月，村山等安以其次子村山秋安为指挥，以“均沾南洋之实”为口号，率领远征舰队向台湾进发。但舰队在到达琉球海面时即被暴风雨打散，村山等安亲自率领三艘最大的战船，转航交趾，在那里停留将近一年，于1617年回到长崎[②]。在所谓的远征舰队中，仅有一艘船只冒险登陆台湾，随即遭到原住民的顽强抵抗和包围，村山等安“远征”台湾的行动以失败结束[③]。虽然此次侵台活动以失败告终，但日本对台湾的侵扰活动依旧十分活跃，一直到1638年（日本宽永十五年）江户幕府实施锁国政策后，日本对台湾的侵扰活动才一度沉寂。

1868年明治维新以后，日本“向外扩展国家的势力，以利用殖民地的资源来缓和国内的经济衰落，所以在此前提下，日本的国家策略遂开始走向殖民主义”[④]。随着日本国力的增强，日本政府制定出对外侵略扩张的“南进”政策，其侵略矛头就是以夺取台湾作为首要目标的。首先，在日本政府主导下，开展了一系列针对台湾的调查与情报搜集。1895年前日本对台湾的调查研究受欧洲列强向东方扩展势力的影响，18世纪的日本即有“海外扩张论”的出现，其后进而有“台湾领有论”的形成，1871年牡丹社事件发生后，乃积极展开对台湾之调查、研究。最早的调查始于日军侵台事件（1874）的前一年，前后奉命入台进行秘密调查的有桦山资纪、水野遵、成富清风、儿玉利国、黑冈缘之丞、福岛九成等人。其中，桦山资纪（时为日本陆军中佐、后来就任首任台湾总督）撰写的《台湾记事》的军事日记、水野遵（后来就任台湾总督府首任民政局长）撰写的《台湾征

---

① 村山等安（也称东庵、桃庵或安东）也是一个天主教徒，他是日本最早提倡南进论者的人物之一，他的主张与丰臣秀吉的对外扩张战略一脉相承，后来，侵略中国的《田中奏折》就是其战略思想的集大成者。村山等安兼任当时日本最大海港长崎市的代官达24年。1895年日本占据台湾之后，台湾总督府沿着村山等安的思路发展了20世纪的“新南进论”。对外扩张决定于日本民族的本性，其思路的相承性是地域条件决定的。

② 《柯克斯日记》(Diaryof Richard Cocks)，1617年7月12日条说：“……又等安之船只以回来，次等船虽系派去占领高砂而毫无成绩，转航交阯。”（转引自陈碧笙：《台湾地方史》，北京：中国社会科学出版社，1990年版，第55页）

③ 据记载，这只船所载倭兵一两百名在冒险登陆、向腹地推进时，突为当地人民所包围，无法逃脱，被迫全体自杀。其余倭兵流窜至福建、浙江等进行“侵扰”（陈碧笙：《台湾地方史》，北京：中国社会科学出版社，1990年版，第55页）；至此，村山等安的远征船队由于遇到暴风雨和大陆军民及台湾土著居民的顽强抵抗，而完全失败（参见陈孔立：《台湾历史纲要》，北京：九州出版社，1997年版，第34页）。之后，德川幕府为避免招致明朝的惩罚，随即以“违背国策”的罪名，将村山等安全家处死，以示村山等安的“远征”台湾与幕府无关。

④ 黄信雄：《日本明治维新后的军事策略与征台、征韩》，台湾：日本综合研究所网站http//wwww.japanresearch.org.tw/twhistory—22.asp，2004年10月27日。

番私记》等书极具重要的军事和经济价值。1874 年日军首次侵台后，上野专一(后来就任日本驻福州、厦门等地的总领事)对台湾的自然资源、原住民、社会、政治、经济等做了更为详实的调查，并整理出《台湾视察记》。

桦山资纪在 1874 年日本首次侵扰台湾前夕，曾经两次奉命进入岛内进行军事侦察。1872 年 10 月，按照桦山资纪提出的派遣台湾番地探险队的建议，日本政府指令他伺机进入台湾岛内勘察地理地形，调查矿产资源以及社会民情等，并在岛内待时接应日军①。桦山资纪先期抵达中国大陆，6 月底桦山资纪会同日本海军大佐儿玉利国、外务省成富清风等人，由北京出发，经上海、福建，于 8 月由马尾港乘船抵达台湾淡水。在岛内期间，桦山资纪一行首先对台湾的各军事要塞等进行了侦察②。桦山资纪在侦察澎湖列岛时，发现“澎湖岛是中国海第一要港……且为本国(日本)南门之锁钥；无论如何何国占领该港，不但对我(日本)海军，则全国国防上的不利亦莫如甚于此”③。为补充调查资料的不足，日本还大量翻译中国及欧美等国的大量相关文献资料，同时，更为严谨的台湾研究著述相继出版，代表性的有：满川成种的《台湾纪闻》，田代干夫的《台湾军纪》、《台湾事略》，足立栗园的《台湾志》等等。综观日本占据台湾前对台湾所进行的调查，可看出日本已非常确实地掌握台湾岛内的情况，如经济资源、地理以及社会动态等，这些调查颇为详实而具体，深具科学性及实证性。这些调查结果为日本侵略台湾提供了重要的参考。

众所周知，近代亚洲只有日本摆脱了沦为欧美列强殖民地与半殖民地的命运，走上了资本主义的发展道路。同时，日本也是欧美以外国家中唯一拥有海外殖民地的国家。近代日本对外大举殖民扩张，虽然始于明治维新以后，但是，日本国内很早就产生了这种对外扩张的思想，其中，侵占台湾始终是日本坚持不懈的战略目标。台湾作为中国孤悬海外的领土，早就为帝国主义列强所垂涎，甲午战

---

① 1973 年 4 月桦山资纪由长崎赴上海，并沿长江秘密侦察了中国海军的要塞炮台和军事训练情况等。随后又进入天津，对天津的中国驻军特别是扼守京津要道的塘沽炮台进行了详细调查和测绘。由天津转入北京后，又对京畿以及长城一带进行了秘密考察。

② 桦山资纪等对台湾的情况观察的极为细致，当时，桦山资纪预计日军即将进犯台湾，决定先侦察苏澳方面的地理情况，并在岛内迎候侵台日军的到来。9 月，桦山资纪一行从淡水出发，途经基隆、苏澳等地，对台湾的沿海地理、矿产资源、风土人情等进行了全方位的摸底。由于日军侵台行动推迟，桦山资纪等于 11 月乘船到厦门，再转赴台湾高雄、安平等地，对台南一带进行了广泛的情况收集。12 月赶赴香港，再到上海，与日本驻华官员见面，始得知日本政府内部由于“征韩论”而发生重大危机，西乡隆盛等一大批出身萨摩藩的大人物纷纷辞职，使侵台一事悬而未决。在此情况下，桦山资纪决定暂时不回日本，再次潜入台湾进行更详尽的调查。1874 年 3 月 2 日，桦山资纪首先到达澎湖列岛，随后对澎湖列港、高雄港、南部牡丹、卑南枋寮、枫港、车城等地进行了广泛的情况搜集(参见廖庆洲：《日本过台湾》，台北：上砚出版社，1993 年版，第 87 页)。

③ 《桦山日记》，1874 年 3 月 3 日。

争前,清政府被迫与各列强签订了一系列涉及台湾权益的不平等条约,日本也借机逼迫清政府与其签订了多项损害中国主权的条约①。在此背景下,日本社会的侵台思潮进一步抬头、膨胀,并不断推动和影响着日本政府的侵台政策。

在天皇制日趋完备的过程中,日本社会思潮越来越趋向军国主义。福泽谕吉公开在《时事新报》上宣传"脱亚论"。他认为在今日世界上,不采纳西洋文明便不能保持国家的独立。他建议日本政府"不如脱其队伍与西洋文明国家共进退",按照西方国家对待中国的办法行事②。1894年田口卯吉在论及日本割取中国领土标准时,便主张以中国将来不能凌驾日本为准。而德富苏峰则认为,若将北部旅顺、南部台湾割为日本所有,则不仅可独挡中国,且可南拒英国北抗沙俄,确保日本的东洋霸权③。以洋学家著称的本多利明④从经世致用的立场出发,提出"海外雄飞论",认为日本以有限的土地难以应付人口的无限增长,为求得日本的生存与发展,日本应模仿西方资本主义国家,大力开展海外贸易和推行殖民制度,积极谋求向海外发展。本多利明认为"欧洲各强盛国家,其本国虽小,但多有属国,亦堪称大国",他期盼"东洋有大日本岛,西洋有英吉利岛,两者并列为大富大强之国",他蛮横地提出:"无论东洋或西洋,皆有可属于日本之诸岛。"本多利明强调开发日本邻近的岛屿,使之成为日本"属国",他甚至提出要把首都迁至与伦敦同一纬度的堪察加,并把北美也纳入日本未来的"殖民"范围⑤。针对西方列强向东亚殖民扩张的危机,另一位鼓吹"海外雄飞论"的佐藤信渊⑥同样提出了贸易、殖民、开发等因应手段,并进一步鼓吹日本是"世界万国

---

① 1895年前涉及台湾问题的中日间各类条约:1.《中日天津条约》:签订于1863年(清同治二年)10月6日。全文共十六条。其中第二条规定:福建之台湾、淡水,同广州、潮州、福州、厦门、上海、天津、牛庄、登州、琼州、汉口、九江、镇江等口一样,允许日本商人贸易船货任便往来;租赁地亩、房屋,设立栈房、礼堂、医院、坟茔等事,也各听其便;2.《中日和好贸易条约》:又称《日斯巴尼亚天津条约》或《中日天津条约》。签订于1865年(清同治四年)11月2日。全文共五十二款。其中第五条规定:台湾和淡水,同牛庄、天津、烟台、上海、宁波、福州、厦门、广州、汕头、琼州、汉口、九江、江宁、镇江等一样,辟为日本商人随意贸易的口岸;3.《中日通商章程》:签订于1871年(同治十年)7月29日。全文三十三款。其中第一条规定:台湾、淡水同上海、镇江、宁波、九江、汉口、天津、牛庄、芝罘、广州、汕头、琼州、福州、厦门等一样,辟为与日本通商的口岸,准予日本商民往来贸易(转引自包恒新:《台湾知识辞典》,福州:福建人民出版社,1987年版,第63—64页)。

②③ 近代日本思想史研究会:《近代日本思想史讲座》第8卷,东京:筑摩书店,1961年版,第31页。

④ 本多利明(1743—1820):日本资产阶级思想家。他鼓吹日本应汲取西洋文化,增强国力,并积极向海外扩张日本的势力。

⑤ 《日本思想大系(44)本多利明·海保青陵》,东京:岩波书店,1976年版,第111—112页,第146—147页。

⑥ 佐藤信渊(1769—1850):日本资产阶级思想家。他鼓吹日本应侵略中国大陆、并雄居整个东亚,是日本早期鼓吹对外侵略的思想家。

之根本”，认为“全世界悉可为郡县，万国君长皆可为臣仆”，以“皇国”日本之雄威，“征彼蠢尔蛮夷，混同世界，统一万国”。佐藤信渊还提出具体对策：“宜自弱而易取之处着手”，“而今万国之中，皇国较易攻取之土地，莫过于中国之满洲。”他所拟订的“殖民”规划，就是要集中日本全部兵力，兵分九路，逐渐“殖民开发”中国黑龙江乃至整个“满洲”地区、朝鲜、渤海沿岸、鞑靼，直至中国中部与南部①。

进入19世纪，日本对台湾的关注有增无减。在日本国内不断有人发出“北则割据中国东北的领土，南则掠取中国台湾”②、“先取台湾”③之类的论调。1870年和1872年，日本政府两次派员来华，诱使清政府签订类似中国与西方列强签订的不平等条约。日本的企图遭到了清政府的拒绝。1871年两国在天津签订《中日修好条规》和《中日通商章程》。这两个条约总的来说是平等的。因此，日本政府非常不满，曾要求修改，但清政府没有同意。后日本政府勉强批准条约④。

三 近代日本侵台史端——琉球飘民事件(牡丹社事件)

1871年发生的琉球飘民事件(也称牡丹社事件)，为日本提供了武力侵占台湾的口实。事件的起因是，1871年12月，接受清朝册封的琉球王国⑤两艘渔船被风吹而飘至台湾，船上66人渔民上岸求救时，误入原住民领地，其中54人被牡丹社、高士佛社土著原住民杀害，其余12人得到当地汉族居民的保护，逃脱得救，被辗转送到福州。中国当局给予抚恤，遣送回国⑥。

---

① 《日本思想大系(45)佐藤信渊》，东京：岩波书店，1982年版，第426、436页。

② 井上清：《日本军国主义》第二册，北京：商务印书馆，1985年版，第7页。

③ 王芸生：《六十年来中国和日本》卷一，北京：三联书店，1979年版，第64页。

④ 《中日修好条规》和《中日通商章程》没有把片面最惠国待遇这一严重侵犯主权的不平等条款列入约内，维护了国家主权。这是自鸦片战争以来，清政府第一次在和平的条件下，自愿响应日本建交要求而订立的第一个相互平等的条约，从而在中国的条约体系里写上了新的一笔。同时，必须承认，条约基本上按中国的意志订立，除了李鸿章积极努力的作用外，最关键的还是日本刚刚走上资本主义道路，还没有足够的国力压制中国，从而使外交家有底气在谈判桌上坚持定见，并最终达到目的。《中日修好条规》签订以前，日本政府曾多次要求改约，但遭到清政府的严厉拒绝。1873年4月，日本政府在改约无望的情况下来华交换了条约文本，《中日修好条规》正式生效。从日本多次谋求改约也可以证实，《中日修好条规》是日本侵略扩张、勾结列强的障碍，它延缓了日本“征韩”和侵华的步伐，在当时是有积极意义的(刘世华：《李鸿章与〈中日修好条规〉的签订》，载《社会科学战线》1997年第1期)。

⑤ 在1871年日本开始图谋吞并琉球之前，琉球作为东亚一群岛国家，与中国有着近500年以上的和睦交往。自明初洪武五年(1372)琉球察度王即开始向明朝廷纳贡，历受中国皇帝册封，称为属邦。万历三十四年(1606)日本强行将琉球国王押往日本，迫其成为日本臣属。但此后琉球继续与明朝保持交往，并受明朝册封。19世纪70年代后，琉球还与欧美等国签订过条约，日本一直将琉球视为侵略台湾的跳板。

⑥ 陈孔立：《台湾历史纲要》，北京：九州出版社，1997年版，第282页。

事件早已平息之后的1873年，日本政府却以两年前发生的“牡丹社事件”为由，欲发起侵略台湾的军事行动。美国在日本的侵台活动中扮演了极不光彩的角色，美国驻华公使德朗(C. E. De-Long)一再怂恿日本“征台”。德朗对日本外务大臣副岛种臣说：“台湾气候宜人，且土地膏腴，米、蔗糖等产量丰富，矿坑也有几所，港口亦佳，对外国人是极为方便的地方。外国人(欧美人)之中动脑筋者亦有。台湾番地虽系中国所管辖的区域，政令却不行，可谓无常主之地，谁敢取之则谁均可据为己有。”[①]德朗还为日本政府推荐了熟悉台湾番地事务的美国前驻中国厦门总领事李仙得(C. W. Le Gendre)[②]，副岛种臣随即聘请李仙得为日本外务省“征台顾问”(外务省二等出仕)[③]。为其“征台”出谋划策。李仙得不负“期待”，极力教唆日本政府占领台湾。他说：日本应“占有北起桦太南至台湾一连串的列岛，用半月形包围中国大陆。若无朝鲜与满洲的立足地，(日本)将无法保障帝国的安全、并控制东亚的时局”[④]。同时李仙得也提醒日本政府，在对台湾采取武力占据之前，要先与清政府就处理台湾原住民问题进行谈判，以证实清政府对此缺乏行使权力的能力。日本政府遂派员到北京向清政府提出交涉。清政府官员驳斥了日本的无理指责，但又说：“杀人者皆属‘生番’，姑且置之化外，未便穷治。”[⑤]心怀叵测的日本政府立即抓住中国官员的这句“失言”，开始积极准备侵台战争。李仙得的阴谋得逞。

当时，正值日本统治集团内部围绕“征韩论”[⑥]问题发生重大争议的时机，争

---

① 日本外务省：《日本外交文书》第7卷，第5—8页。

② 1867年3月，美国商船“罗佛号”(Rover)从汕头开往牛庄途中，在台湾南部沿海失事，侥幸生存的船员十多人乘舢板逃到琅峤(恒春)一带上岸，侵入土著原住民科亚人地区，皆被土著居民杀害。美国海军随即进行报复，海军少将贝尔率领两艘军舰和陆战队前往征伐。但遭到科亚人的猛烈反击。为与科亚部落达成协议，在台湾镇总兵的同意下，时任美国驻厦门领事的李仙得多次进入岛内与科亚部落头领卓杞进行谈判，就善待西方国家难民、外国船员不得进入村庄等达成协议。李仙得后来多次进入台湾，成为所谓的“台湾通”。因对岛内土著居民问题较为熟悉，被日本政府聘请为“征台”顾问，充当日本侵略台湾的帮凶(参见陈孔立：《台湾历史纲要》，北京：九州出版社，1997年版，第282—283页)。

③ 在属于“征韩派”的副岛种臣被迫辞职后，大久保利通继续聘请李仙得为“顾问”。

④ 李仙得协助日本政府制订出侵台计划《台湾番地征伐要略》。该“要略”谎称台湾乃清政府政令不及的“无主之地”，建议以军事手段为主，外交手段为辅，征伐台湾，为日本“在亚洲大变动中奠定霸略”(井上清：《日本军国主义》第二卷，北京：商务印书馆，1985年版，第104页)。

⑤ 其实，清政府官员在与日本特使的谈判中所说的“化外之地”并不指台湾全岛，而仅为大致中央山脉以东的小片“番地”(王芸生：《六十年来中国和日本》卷一，北京：三联书店，1979年版，第64—65页)。

⑥ “征韩论”：即日本政府内部围绕是先发展国内经济，还是先征伐韩国、使其纳为日本殖民地的大论争。在这场论争中，政府内部形成以西乡隆盛为代表的“征韩派”和以大久保利通为代表的“反对派”。但“反对派”只是坚持应先殖产兴业、发展经济，暂缓征伐韩国的步伐，并非实质上反对征伐韩国，两派仅有实施时间上的差异，其对外扩张侵略的本质完全一样。

论最终导致西乡隆盛[①]等一大批高官辞职，一度引起中央政权的震荡。为缓解其内部矛盾，日本政府欲将侵占台湾作为其解决国内"士族"问题的途径，遂决定发兵进犯台湾[②]。在李仙得的大力协助下，日本政府内务卿大久保利通与大藏卿大隈重信等共同拟订出《台湾番地征伐要略》，并于1874年2月6日公布。其要点为：一，台湾生番之部落系清朝治权未及之地，此事可由清朝所刊印之书籍中求证。尤其是去年(1873)副岛种臣使清之际，清廷官员亦答以生番系化外之民，故将番地视为无主之地，不无道理；二，琉球系日本之番属，为琉球人民复仇是日本帝国政府的义务；三，清廷官员倘若主张琉球尚按时入贡，亦为中国之番属，日本应回避争论此事。因为控制之实权已操在日本，且台湾问题解决之后，若有意制止琉球之入贡中国，此刻不必与清廷争论琉球之宗主权；四，清朝属下之台湾地方官，若抗议日军之登陆，日军应采集证据坚持番地为无主之地。若争论趋于复杂，则促其向日本本国政府谈判，总之，借故推托，迟延时日，而乘机造成占领台湾的事实；五，事前派遣福岛九成、成富清风等6人，深入台湾熟番地区，侦探土地形势，怀柔土人，以利后日之行动，尤其是侦察日军预定登陆之琅峤(恒春)地区[③]。

福岛九成、成富忠藏(清风)等一行进入台湾岛内后，对台湾的经济概况、地理概貌、资源矿藏等进行了详尽的调查，福岛九成在其《视察报告》中称：台湾"岛上多煤炭，而其品质又属上乘，其价值等于英国上等煤。又多樟树，输出品之中，樟脑与樟油占其泰半。又产硫磺、砂糖、茶叶……岛上多稻田，且皆为一年两获；初季于四月播种(插秧)，六月收割，第二季七月播种，十月收割，品种虽然很差，然不必费力便可丰收；如非凶岁，稻米不必抑赖他地之供给"[④]。成富忠藏的报告称："如果从今命令富有之华族、士族，以及富商，花费几十万金以怀柔温驯的番人，使其开垦膏腴之地后，再渐次开发矿山，则政府可事半功倍而获得膏腴之地。又查当地(台湾)，古木苍绿，一望无际，巨木或水藤等暖带(亚热带)

---

① 西乡隆盛(1828—1877)：日本明治时代军事家政治家。是1868年明治维新"三元勋"之一。因统治集团围绕"征韩论"发生内部重大矛盾，于1870年被迫辞官回乡，1877年发动反对日本政府的西南战争并战死疆场。

② 对此，学术界历来有不同的说法，台湾学者梁华璜指出："如果真正为了转移士族对内政的不满情绪，在'征台'之役的准备工作上，大久保对征韩派的士族应该有积极的表示才对。可见'征台'之役的重要原因，与其说是在转移内政的危机(士族的叛乱)，无宁说，纯粹是为了侵略台湾。"日本政府是"对台湾的经济价值与战略地位已有甚高的评价，才决定出兵台湾。对于占领台湾，虽然尚无具体的计划，可是垂涎于台湾的物产、资源，以及战略价值的意识已经很明显，所以解释'征台'之役的动机，不能对于解决士族问题加以高估，而将掠夺台湾资源，或侵占领土的动机矮小化。"(梁华璜：《台湾总督府的"对岸"政策研究》，台北：稻乡出版社，2001年版，第8页、第15页)

③ 清泽冽：《外政家としての大久保利通》，东京：中央公论社，1942年版，第54页。

④ 福岛九成：《清国视察报告》，1873年11月，日本外务省收藏档案。

植物出产极多，虽历经几十年亦可取之不尽。东北山地皆产煤炭，民间从事开采者虽少，淡水、鸡笼（今基隆）两港却可每年输出（煤炭）一百万担。番地虽见煤炭满山，尚不知其用途。又闻噶玛兰所产之好木材，多达五、六十种。石油、硫磺、靛花、茶叶、樟脑等产于各地。正如李仙得所言之‘台湾岛可列为世界物产富饶地区之一’[①]。”在成富忠藏的报告中，除经济价值外，对台湾战略地位的重要性也予以较大关注，他称：“台湾岛位于琉球番之西南，实吾皇国之门户也。如果该门户不能坚守，出则无法控制西南各国，入则无法捍卫皇国。昔者九州边境之民，据此岛（台湾）西窥闽粤，南通吕宋（今菲律宾）及西南各岛屿，故欲将国威向外宣扬，占据此岛便可指挥西南各国。盖欧美各国之船舶，来往亚洲者，无不经过此一门户，而经过者必垂涎欲滴。如今该岛唯三分之一属清朝，而岛上欧美居民却不少，且皆在觊觎台湾。”[②]总之，成富忠藏已经注意到台湾岛在日本本国之防卫上，以及控制整个东亚的地位上，皆属重要的锁钥，但忧虑将被欧美各国捷足先登，所以其报告的结语是“暂缓一日则失一日之良机，唯抑乞尽速决定开辟台湾之议”[③]。

在暗中对台湾岛内实施调查的同时，1874 年 4 月 4 日，日本政府公然设立“台湾番地事务局”[④]，由日本政府大藏大臣大隈重信[⑤]担任“台湾番地事务局”长官，陆军中将西乡从道[⑥]任统帅兵权的事务都督，先后在鹿儿岛等地募集兵员 3 000 多人，组成所谓的“台湾生番探险队”即征台军，由正规常备兵及“殖民兵”等组成[⑦]。美国在此次日军侵台行动中，给予了异常的全面支持。日军的侵台行动，就某种意义上讲，“乃为美日联合对中国的侵略”[⑧]。“台湾番地事务局”成

---

①②③ 成富忠藏：《台湾地方觉书》，1873 年 12 月，日本外务省收藏档案。所谓“昔者九州边境之民”，是指 16、17 世纪前期，“朱印船”贸易蓬勃时，日本人曾经据台通商之事。而“该岛三分之一属清朝”一语，可能是指清朝统治权所及之平地部分（蕃地部分除外，这是当时日本朝野对中国在台湾的领土主权的强词夺理解释。参见梁华璜：《台湾总督府的“对岸”政策研究》，台北：稻乡出版社，2001 年版，第 12 页）。

④ 这里，笔者特别想强调的是：日本竟然公开设立以中国领土名称的政府官厅，乃空前罕见，则充分显示其独霸台湾的野心。

⑤ 大隈重信（1838—1922）：日本明治、大正时代资产阶级政治家，日本明治维新的重要功臣之一，曾出任明治政府大藏卿、首席参议，1880 年被免去官职，后创办资产阶级政党及早稻田大学；1898 年及 1914 年两次出任日本首相，并于 1914 年 12 月向中国北洋政府提出臭名昭著的“二十一条”。

⑥ 西乡从道（1843—1902）：明治元勋西乡隆盛之胞弟，1874 年任侵台日军之都督。后由陆军转入海军并出任日本海军大臣，与时任海军军令部长的桦山资纪共同策划了 1894 年的甲午战争，是策划日本军事侵占台湾的主要核心人物之一。

⑦ 藤井志津枝：《近代中日关系源起》，台北：金禾出版社，1992 年版，第 105—106 页。

⑧ 孔凡岭：《1874 年日本出兵台湾探析》，载《台湾研究》，1997 年第 2 期。

立后，李仙得被聘为台湾事务局二品官，现役美海军少校凯塞尔为参谋，指挥9艘日军舰只，退役美军工兵中尉华逊负责指挥日军构筑工事，美国"纽约号"船还受雇为日军运兵①。

1874年4月，日本侵台军队由长崎出发，发动了所谓讨伐台湾"生番"的侵略战争。此次侵台战役共集结日军3 600余名，除携带各类武器装备外，还专门带上大量的农耕器具和各类粮菜种子，摆开一举侵吞并永久占领台湾的阵势。1874年5月10日，日军在琅桥（今恒春）登陆，"起造土垒炮台"②。22日，200余名日军大举进攻石门，牡丹社首领阿禄父子等16人在阻击日军侵袭时牺牲，日军伤亡26人。6月2日，日军主力1 300余人分三路围攻牡丹、高士佛两社，遭到当地民众的顽强抵抗。6月3日，日军攻占牡丹社，并在龟山建立所谓"台湾番地都督府"，还修建医院、军营，开辟道路，并向后山各处番社分发日本国旗，以为久踞之计③。

获悉日军侵入台湾，清政府即派出船政大臣沈葆桢为钦差大臣、福建布政使潘蔚为帮办，率领轮船兵弁入台，增兵设防。潘蔚还亲临琅桥侵台日军"阵地"，与西乡会谈三次，逼其退出台湾④。在台湾民众的坚决打击下，以及受岛内疾病的困扰，侵台日军日趋陷入困境，"台湾地方热甚，兵士多病"、"该国此役糜费百余万元，雇用西人充兵头，皆给重价，约六个月为期"⑤。而且，除美国以外的欧洲各国也反对日军出兵，因为久拖将严重影响这些国家在台湾的经济利益。因此，日军的侵台行径未能如愿，在英、法、美三国的调解下，日本政府被迫与清政府举行谈判。其实，日本政府图谋以外交手段逼迫清政府割让台湾东部"生番"地区，但遭到清政府的严拒⑥。1874年10月30日，中日签订《中日台湾

---

① 但美国政府随后改变策略，反对日本的侵台行动，甚至撤换了驻日公使德朗，又禁止美国商船参加"征台"之役。此外，英国、俄国、西班牙等国也提出反对日军的侵台行动（参见藤井志津枝：《近代中日关系史源起——1871—1874年台湾事件》，台北：金禾出版社，1994年版，第117页；清泽洌：《外政家としての大久保利通》，东京：中央公论社，1942年版，第62页）。

②⑤ 《李文忠公全书》"朋僚函稿"十四。

③ 参见陈碧笙：《台湾地方史》，北京：中国社会科学出版社，1990年版，第151页。

④ 参见藤井志津枝：《近代中日关系史源起——1871—1874年台湾事件》，台北：金禾出版社，1994年版，第168页；陈碧笙：《台湾地方史》，北京：中国社会科学出版社，1990年版，第151—152页。

⑥ 藤井志津枝：《日治时期台湾总督府理番政策》，台北：文英堂，1997年版，第1页。据悉，日本还拟订出新的作战计划，若中日谈判一旦破裂，在长崎征调12 000名军队佯攻台湾，实开赴天津突击。同时在鹿儿岛新募3 000名军人，速攻浙江舟山，扰乱上海附近的航运、通商（伊能嘉矩：《台湾文化志》下卷（中译本），江庆林等译，南投：台湾省文献委员会，1985年印行，第106—107页）。

事件专条》[1],除以"抚恤"及付给修道建屋费用为名50万两白银外,《专条》还实际上承认琉球是日本的属国;随即侵台日军于12月1日撤出台湾[2]。由此,历时三年的牡丹社事件才算平息下来。但日本欲占据台湾的图谋并没有就此罢息[3]。中国的屈服外交,使得日本政府的侵台气焰愈发膨胀,但由于其实力尚不强盛,遂采取了渐次的扩张策略[4]。1875年6月,日本强迫琉球改奉日本年号;1879年日本将琉球国王掳往东京,改琉球为冲绳县,完成了侵台占领的重要前期部署[5]。

促使日本更加觊觎台湾的是十年之后(1884)爆发的中法战争。战争期间,法国舰队一度攻入台湾,并占据基隆等重要港口、军事要塞,控制了台湾岛周边

---

① 《中日台湾事件专条》:又称《中日北京专条》,签订于1874年(同治十三年)10月30日。这是在牡丹社事件后,在美国别有用心的"调停"下,清政府被迫与日本签订的文书。全文共三款:一、日本国此次所办,原为保民义举起见,中国不指以为不是。二、前次所有杀害难民之家,中国定给抚恤银两,日本所有在该处修道建房等件,中国愿留自用,先行议定筹补银两,别有议办之据。三、所有此事两国一切往来公文,彼此撤回注销,永为罢论;至于该处生番,中国自宜设法妥为约束,以期永保航客不能再受凶害。依据此约,清政府给日本人抚恤金十万两,修道建房费四十万两(转引自包恒新:《台湾知识辞典》,福州:福建人民出版社,1987年版,第63—64页)。日本入侵台湾是对中国在台湾的主权和领土完整的一次重大挑战。日本出动大军企图以"无主之地"为由加以侵占,所以具有空前严重的含义。对中国来说,这是一次严重的边疆危机。经过这场斗争,日本的挑战受到挫败,《北京专条》表明整个台湾岛的主权都属于中国(转引自张振鹍:《关于中国在台湾主权的一场严重斗争》,载《近代史研究》1993年第6期)。

② 据日本方面发表的统计数字:侵台日军占领琅桥一带7个月,在兵员3 658人中,死亡593人(战死12人,病亡581人,负伤17人),动用军舰5艘,运输船13艘,支出军费3 616 000余元(引自陈碧笙:《台湾地方史》,北京:中国社会科学出版社1990年版,第153页)。

③ 对此,台湾学者许介鳞指出:日本虽然未能实现其强占台湾的图谋,但从后来看还是很合算的,因为清政府自1874年至1894年,为台湾投下20年的建设成本,"而日本之前未曾对台湾投资一毛钱,经由马关条约的'台湾割让',日本立即收割清朝20年的投资心血。加上,从1860年台湾开港起,外资势力在台也有相当的投资利益,这些投资利益,其后全部为日本的强盗集团夺得"(转引自许介鳞:《台湾百年来历史的断层与连续》,台湾:日本综合研究所网页 www.japanresearch.org.tw/twhistory—22.asp)。

④ 台湾学者许毓良等对此次中日战役做了非常客观的分析(参见许毓良:《清代台湾军事与社会》,北京:九州出版社,2008年版,第354—357页)。

⑤ 1879年,在前美国总统格兰特(v. s. grant)的调解下,中日曾经均表示琉球由中日分治。日本愿意将宫古、八重山两群岛划归中国,而以修改中日通商条约,允许日本商人与欧美人一例进入内地为条件;清政府则主张分琉球为三:北部诸岛归日本,南部诸岛归中国,中部诸岛恢复琉球统治,后亦不再坚持(参见王芸生:《日支外交六十年史》第一卷,东京:建设社,1933年版,第186页)。

海域[①]。当时日本邮便新闻社特派员尾崎行雄随日本海军舰艇现场目睹了法国舰队侵台战争的过程[②]。他随后上书日本政府称："以今天的形势来看，台湾终将不是清国的领土，即使不为法国夺取，也会为其他国家占有。占有台湾者将控制东海而在东亚拥有非常之势力。对于台湾岛未来之取舍，日本政治家决不能等闲视之。"[③]尾崎行雄的这种主张基本上为日本政府所接受，表明日本国内已认为占有台湾将是使日本成为东亚乃至世界强国的重要条件。中法战争期间，日本担忧法国占领台湾危及日本南端各岛屿，日驻俄罗斯公使花房义质公开主张日本应该占领台湾[④]。这种主张表明日本统治阶层对台湾的领土野心进一步膨胀，"认为占有台湾将是使日本成为亚洲强国的重要条件"[⑤]。在法国侵台战争的刺激下，1887年日本陆军部拟定的"清国征讨策案"中，已把台湾全岛、澎湖列岛列为日军侵占地区之一[⑥]。

---

① 1884年，当时法国为占有越南北部、打开中国西南地区的门户，中国为制止法国的侵略、保卫西南边疆的安全而发生了中法战争。战争于1883年12月在越南北部领土爆发，后战场渐次扩大至中国东南沿海。1884年8月法国舰队开始进攻台湾，同月5日，法国一度攻陷基隆港口，后被迫退出；在台湾军民的抗击下，法国舰队将全部战舰集中于福州马江，23日突然对福建水师发起轰击，11艘战舰或沉或伤，福建水师几乎全军覆没。法国舰队又轰毁马尾造船厂和马江沿岸各炮台，然后撤出，全力侵台。10月23日，法国舰队对台湾实行海上封锁，将全岛所有港口及距岸5海里以内的区域（东海岸除外）都划作封锁区。1885年3月，法国舰队占据澎湖列岛，对台湾岛构成巨大威胁。但3月末法军在越南北部被中国军队击败，中国取得镇南关—谅山大捷。但清政府决定"乘胜即收"，4月4日与法国签订停战协议；4月16日，法国舰队解除对台湾的海上封锁；6月9日，中法签订最后和约，第9款规定："此约一经彼此画押，法军立即撤出基隆，并除去在海面搜查等事。画押后一个月内，法兵必当从台湾、澎湖全行退尽。"6月21日，法军从基隆撤走；7月22日，法军撤出澎湖，台湾危机到此结束（转引自陈孔立主编：《台湾历史纲要》，北京：九州出版社，1997年版，第292—294页）。

② 在法军进攻基隆、淡水两港时，日本海军派出"天城"号舰长东乡平八郎率舰观战（日本邮便新闻社特派员尾崎行雄等多家日本报社记者即乘此舰）。在法军攻陷基隆港后，东乡平八郎访问法军舰队司令孤拔（A. A. P. Courbet），乘机侦察基隆炮台的防御工程与火器的种类。其实日本海军早已垂涎基隆港，其访问法军的另一目的则为刺探法军是否长期占领该地（参见小笠原长生编：《东乡平八郎全集》卷一，第90—92页）。

③ 陈孔立主编：《台湾历史纲要》，北京：九州出版社，1997年版，第292—294页。

④ 许极墩：《台湾近代发展史》，台北：前卫出版社，1996年版，第157页。

⑤ 赵铁锁：《日本对台湾的殖民统治简论》，载《南开学报》1998年第2期。

⑥ 黄秀政：《台湾割让与乙未抗日运动》，台北：商务印书馆，1992年版，第36—37页。

第四节　台湾总督府殖民地统治秩序的确立

一　《马关条约》——台湾总督府殖民地统治的始端

在“大力充实军备、耀国威于海外”的国策下，日本长期积极准备着对中国大陆及台湾的侵略。1887年，日本参谋本部草拟了一份名为《征伐清国策》的战争计划，把对华战争的时间定在5年以后，即所谓中国实现军队改革和欧洲各国获得远征东方实力之前；并计划吞并盖平(今辽宁盖县)以南的辽东，以及山东的登州、舟山群岛、澎湖列岛、台湾和长江两岸十里以内的地区①。1890年12月，日本首相山县有朋在第一届帝国议会上发表了旨在鼓吹对东亚各国进行侵略扩张的“二线说”理论。其核心内容就是，把日本本国的疆域称之为“主权线”；而将朝鲜和中国(包括台湾在内)等邻国的疆域称之为“利益线”，因为它是“与主权线之安危有密切关系之区域”②。宣扬一要守卫日本的主权线，二要保护日本的利益线③，并将台湾置于其所谓的利益线范围内。这表明近代日本“大陆政策”的形成。此后，日本进入“占据殖民地，进而觊觎中国的阶段”④。

实际上随着日本近代工业的发展，其对外倾销的触角早已伸到了中国大陆及台湾岛内。以日本棉布为例，据台湾淡水海关商务报告：“在过去十年(1882—1891)中，外国棉布，洋漂布和中国土布已经遇到一个可怕的劲敌，即日本棉布。1880年日本布尚无进口，至1891年其进口已增至34 519匹。”⑤日本棉布不仅打入了淡水，而且进入了上海、海南岛等地，成为列强向中国倾销的重要产品⑥。甲午战争前夕，日本大藏省官员添田寿一在其“日清战争经济考察”一文中论述到：当初台湾的战略价值及经济价值被认可，“台湾有着樟脑、稻米、

---

① 藤村道生：《日清战争》，东京：岩波书店，1974年版，第45页。

② 大山梓：《山县有朋意见书》，东京：原书店，1966年版，第203页。

③ 吴廷璆主编：《日本史》，天津：南开大学出版社，1994年版，第472页。

④ 米庆余：《近代日本“大陆政策”的起源及其形成期的特征》，载《日本史论文集》，沈阳：辽宁人民出版社，1981年版，第225页。

⑤ 姚贤镐：《中国近代对外贸易史资料》卷二，北京：中华书局，1962年版，第1177页。

⑥ 除了棉布，日本的其他工业品如棉纱、毛巾、袜子、汗衫、肥皂、火柴、硫酸、铜、煤等，也都出现在中国市场上。其中如火柴一项，据1891年福州商务报告：“现在日本火柴大量进口，几乎已经把他种火柴(指欧洲火柴)排斥在这个市场以外，并以内销执照在内地各处畅销。1891年日本火柴的进口超过他种火柴五倍之多。”(姚贤镐：《中国近代对外贸易史资料》第2卷，北京：中华书局，1962年版，第1181—1182页)1893年，上海商务报告说：“日本在对华贸易中已经开始占据重要地位，日本制品在供应中国市场方面将与英国和孟买制品展开激烈竞争，这大概已为时不远了。”(姚贤镐：《中国近代对外贸易史资料》卷二，北京：中华书局，1962年版，第1173页)以上这些情况都说明中国市场对日本资本主义的发展来说，已是必不可少的了。

甘薯、茶叶、蓝草、煤炭、硫磺等丰富资源，而且处于日本向中国沿岸及南洋诸岛扩展贸易、延长航路的要冲，日本应对其实施殖民”①。同时，在日本看来，台湾应成为日本在海外的“理想殖民地”，即通过不平等的贸易，从台湾榨取代价低廉的多种资源，为日本获取高额利润；其次，应该大量向日本移民，把国内过剩的劳动力投到台湾。在战略上，台湾既可以为日本发动侵略战争提供兵源，又是侵略中国的跳板和推行南进政策的最理想基地。如果占据台湾，日本即可“向外扩展国家的势力，以利用殖民地的资源来缓和国内的经济衰落”②。

为了求得英国等资本主义国家对其发动侵华战争的支持，日本在对中国施展军事威胁之同时，积极与英国进行改约谈判。1894年7月16日，日英谈判修改条约成功，正式签署了《日英通商条约》及《附属议定书》。《条约》规定：英国同意在日本取消租界和租界行政权，在条约实行五年后废除领事裁判权。提高关税率（从5%提高到15%）。《条约》的签订使得日本有恃无恐③。英国外交大臣金泊雷（Kim-berley）在签字仪式上承认，“这样的条约对于日本来说，其效果确实不少。说其效力比在朝鲜击败中国的大军更为远大也不为过”④。7月17日，即日英修改条约签订的第二天，日本大本营召开御前会议决定开战，撤换了与陆军对抗的中牟田仓之助海军军令部长，并以主战派闻名的桦山资纪代替此职。随即，对台湾的政治、经济、地理、风情、物产资源等状况都十分熟悉的桦山资纪从预备役重返现役后，开始积极准备对台战争⑤。

---

① 依田熹家：《日本の殖民地支配——其の形成と役割》，载早稻田大学《社会科学研究》第124号，1997年3月，第959页。

② 黄信雄：《日本明治维新后的军事策略与征台、征韩》，台湾日本综合研究所网页www.japanresearch.org.tw/twhistory－22.asp；2004年10月7日。

③ 这样，日本不仅与欧洲各国首次签订了对等的条约，还彻底消除了英国干涉的危险，日本可以不顾国际关系而发动战争了（转引自吴廷璆：《日本史》，天津：南开大学出版社，1994年，第482页）。日本还获得其他资本主义列强对其侵华战争的支持。如德国为了在亚洲争得一席之地，主张日本对中国“加以一大打击”（转引自陆奥宗光：《日本侵略中国外交秘史》（原名《蹇蹇录》），龚德柏译，上海：商务印书馆，1944年，第22页）。法国自从占领印度支那后，不仅自己对华发动侵略战争，并催促日本对中国宣战（转引自泰勒·丹涅特：《美国人在东亚》，姚曾廙译：北京：商务印书馆，1959年，第406页）。1894年7月9日，俄国政府密告日本驻俄公使，对日本政府所谓在认为朝鲜国内形势完全恢复平静，将来不再有任何危险时才撤回日军的答复表示“满意”（转引自日本外务省：《日本外交文书》第27卷第2册，东京：原书房，1969年版，第299页）。以致日本政府完全消除了沙俄可能干涉的疑惑，并不失时机地下达了“开始实际行动”的训令。

④ 日本外务省：《日本外交文书》第27卷第1册第65号文书，东京：原书房，1969年版。

⑤ 其时，西乡从道为日本海军大臣，桦山资纪出任日本海军军令部长后，1874年日军首次侵扰台湾的原班头目（1874年西乡从道为统率侵台日军的“台湾事务都督”，桦山资纪时任熊本镇台鹿儿岛分营长，陆军少佐，是侵台日军“征台”的急先锋。后由陆军转入海军并升任海军中将，1889年9月出任日本海军大臣，后转入预备役），西乡从道与桦山资纪的再度联手。由此可见日本政府对占据台湾图谋的一贯性。

从此以后，日本朝野大肆鼓吹"台湾＝(日本的)南进据点论"[1]，以主张对外必须强硬而著称的日本思想家德富苏峰在其向政府提交之《占领台湾意见书》中声称：台湾"对于我国来说，就如同位置极为关键的南大门，如欲向南扩张大日本帝国的版图，首先就必须要控制此门"[2]。另一位曾任日本海军教官的中村纯一郎在其向海军军令部长桦山资纪提交的《关于占领台湾岛的建议》中，更加露骨地强调："台湾是南中国海的咽喉，日本必须将其收入自己的版图。"[3]

1894 年 7 月 24 日，日本以朝鲜国王的名义指令改革朝鲜内政，25 日，日本驻朝鲜公使大鸟圭介迫使大院君李昰应宣布废除中朝两国间的一切条约，并"授权"日军驱逐中国军队。7 月 25 日，日军不宣而战，集结在朝鲜牙山口外的日本海军舰队对中国北洋舰队发起突然袭击。8 月 1 日，中日同时宣战。中日甲午战争正式爆发。9 月，平壤战役清军溃败，退入中国境内。9 月 17 日，中日两国海军在黄海激战；10 月 25 日，日军分兵两路同时进犯中国大陆[4]。1894 年 11 月 22 日，日军攻占旅顺。之后，日本军部制定出进军直隶、直取京津的庞大进侵计划。日本首相伊藤博文[5]则提出了"直冲威海卫并攻略台湾方略"，他认为，直逼京师可能招致列强的共同干涉，而夺取台湾则符合朝野的议论。"如果要以割取台湾为和平条约之一要件，若非事先以兵力占领，后日被拒以无割让之理由，将奈他何？故非有控制渤海之锁钥，同时南取台湾之深谋远虑不可"[6]。伊藤博文的意见得到日本政府内外的多数支持[7]。前外务大臣大隈重信赞成迅速出兵占领台湾，前首相松方正义主张"台湾非永久归于我国不可，台湾之于我国，正如南国之锁钥，如欲向南发展，以扩大日本帝国之版图，非闯过此一门户

---

① 大江志乃夫：《近代日本和殖民地》(2)，东京：岩波书店，1992 年版，第 148 页。

② 同上，第 149 页。

③ 伊藤洁：《台湾》，东京：中央公论社，1992 年版，第 66 页。

④ 一路由山县有朋率领的第一军从平壤北进渡江进攻辽东；另一路由大山岩率领的第二军经海上在辽东半岛登陆(吴廷璆：《日本史》，天津：南开大学出版社，1994 年版，第 486 页)。

⑤ 伊藤博文(1841—1909)：日本近代史上著名的资产阶级政治家，是日本推行殖民扩张主义政策的决策人物之一。历任多项政府要职：首任内阁首相(四次出任)、首任枢密院议长(三次出任)、首任贵族院议长，1906 年出任首任朝鲜统监等。伊藤博文是 1895 年《马关条约》的炮制者，是日本军国主义侵占台湾和朝鲜的罪魁祸首。1909 年 10 月 26 日上午 10 点，在中国哈尔滨为韩国抗日义士安重根击毙。

⑥ 黄秀政：《台湾割让与乙未抗日运动》，台北：商务印书馆，1992 年版，第 43 页。

⑦ 日本上层内部也有反对意见，如日本陆军第三师团长桂太郎(后出任台湾总督)就提出异议，他虽率领日军出战辽东半岛，但却反对割取该地。其理由是："盛京全省之岁收毕竟不出两百五十万两；既然索割辽东，并为我版图之后，则必须再作多方面的建设，其经费之巨，即非有相当觉悟不可，我国究竟能否负担？"但其对澎湖列岛的割取则认为"不可缺乏之件"(德富苏峰：《公爵桂太郎传》乾卷，故桂太郎纪念事业会，1917 年)。

不可。如因攻占台湾而失去进攻北京之机会，就帝国百年大计设想，实无大损失，至少比攻占北京失台湾更有大益”[①]。

由此看来，“夺取台湾已是日本在甲午战争中急不可待的目标”[②]。1895年2月，日军攻陷清军的另一个重要海军基地——威海卫，驻守威海卫港内的中国北洋海军舰队全军覆没。这样，在并不占据明显军事优势的情况下，日本倾其国力，孤注一掷，战胜了腐朽的清王朝。

日本取得战争胜利之后，即通过美国对清政府提出极苛刻的议和条件。日本大藏省因管理财政，故胃口特别大，希望借此机会获得巨额赔款，唯求多多益善。松方正义再次出任大藏大臣，竭力主张向中国索取10亿两白银的赔款[③]。日本驻英公使青木周藏致电外务大臣陆奥宗光，建议“赔款应为英币1亿镑，其中一半为生金，另一半为银币，分十年偿清”[④]。1亿英镑折合库平银6亿多两，数目也是相当惊人的。特别是关于赔款要用英镑的建议，正与陆奥宗光的意见不谋而合，成为其后日本变相向中国榨取巨款的一种手段[⑤]。

巨额赔款之外，就是割取中国的大片土地。据当时日本外务大臣陆奥宗光所写的回忆录《蹇蹇录》透露，起初在日本政府内部，对割取台湾问题的意见颇有分歧。日本陆军认为“辽东半岛抚朝鲜之背，扼北京之咽喉，为国家未来之大计，决不可不归我（日本）领有”，坚持主张“辽东半岛是我国军民流血牺牲夺取来的，这和我国军队足迹尚未踏及的台湾不能相提并论”。而海军方面极力主张割取中国的台湾省，包括澎湖列岛在内。海军大臣西乡从道坚持主张“与其割取辽东半岛，不如割取台湾全岛”[⑥]。三井财阀等主张同时割取辽东半岛和台

---

① 丁名楠：《略谈日本发动甲午战争的背景、过程及其影响》，载《甲午战争九十周年纪念论文集》，济南：齐鲁书社，1986年版，第16页。

② 陈孔立主编：《台湾历史纲要》，北京：九州出版社，1997年版，第313页。

③ 陆奥宗光：《蹇蹇录》），依舍石译，北京：商务印书馆，1963年版，第116页。

④ 日本外务省：《日本外交文书》卷27，东京：日本国际联合会，1953年版，第793号。

⑤ 陆奥宗光在草拟《媾和预定条约草稿》时，其第三条便是要求清政府将金币或纯金交付日本，作为赔偿军费（戚其章：《甲午战争国际关系史》，北京：人民出版社，1994年版，第358页）；但日本统治集团既要考虑清政府承受能力的极限，不能一下子把它搞垮，又要小心翼翼地避免西方列强的插手与干涉，以确保日本获得最大限度的利益。直到1895年1月上旬，日本内阁会议在东京举行，在内阁总理大臣伊藤博文的主持下，几经煞费苦心地斟酌，才通过中国赔偿军费的条款，即要求中国赔偿军费库平银3亿两，第一次交付1亿两，其后4年每年交付5 000万两，年息5%（戚其章：《甲午战争国际关系史》，北京：人民出版社，1994年版，第369页）。

⑥ 陆奥宗光：《蹇蹇录》，依舍石译，北京：商务印书馆1963年版，第116页。日本海军军令部长桦山资纪也认为：如果欲两者得兼，则“强迫中国将辽东半岛让与朝鲜，我国（日本）再向朝鲜政府租借亦未尝不可，但台湾全岛则非绝对归我（日本）版图不可。”

湾，认为“先占此地(指台湾)者，必能制东洋南部之命运”[①]。日本政府最终确定将辽东半岛、台湾及澎湖列岛同时纳入其向清政府割取的领土范围。

在美国的操纵下并按照日本政府的意愿[②]，1895 年 3 月 14 日，清政府派李鸿章为全权议和代表，偕同美国顾问科士达(J. W. Foster)、参赞马建忠等从天津启程，赴日本指定的议和地点马关[③]。3 月 20 日至 4 月 17 日双方签订和约为止，先后举行五次正式谈判，日本政府的谈判代表为首相伊藤博文和外务大臣陆奥宗光及美国顾问端迪臣(H. W. Dennison)[④]。在日本政府的武力威逼与恐吓下，李鸿章被迫于 1895 年 4 月 17 日，与日本政府签订了丧权辱国的《讲和条约》。因签约地点在日本马关春帆楼，通称《马关条约》。《马关条约》包括《议和条约》十一条、《议订专条》三条及《另约》三条。其中有关台湾的条款主要为《议和条约》第二条第二、三项和第五条。

《议和条约》第二条规定：“中国将以下土地的主权以及该地的堡垒、军器制造厂及一切公有物件，永远让与日本。”其第二项规定：“台湾全岛及其附属岛屿。”其第三项规定：“澎湖岛，即东经 119 度至 120 度以及北纬 23 度至 24 度之间的各岛屿。”第五条规定：“本约批准互换之后，限二年之内，日本准中国让与地方人民，愿迁居让与地方之外者，任便变卖所有产业，退去界外。但限满之后尚未迁涉者，酌宜视为日本臣民。”还规定：“台湾一省，应于本约批准互换后，两国立即各派大员至台湾，限于本约批准互换后两个月内，交换清楚。”[⑤]有关军费赔偿的第四条规定：“中国将库平银二千万万交与日本，作为赔偿军费。该款分作八次交完：第一次五千万两，应在本约批准互换后六个月内交清；第二次五千万两，应在本约批准互换后十二个月内交清；余款平分六次，递年交纳。”[⑥]

《马关条约》签约第三天，即 4 月 20 日，日本天皇便迅速批准条约，并欲派全权代表赴华换约。而清政府在全国人民反割台斗争的巨大压力下，未敢遽然

---

① 《岩波讲座：日本历史 · 近代 4》，东京：岩波出版社，1976 年版，第 153 页。日本首相伊藤博文也提出日本陆海军作战的新方略。他主张，在进攻威海卫的同时夺取台湾。并且指出：“虽有谓占领台湾必再招致列国物议之虞者，此不过一己之臆断耳。列国中虽时有垂涎台湾而欲乘机染指者，见我军之占领而抱不快之念，然我既不妨害其通商，又不假以保护其商民之口实，此与我军席卷直隶，使彼陷于无政府境地，招来列国之联合干涉，不可同日而论也。是故非坚信扼渤海之锁钥乃为至要之同时，必须南向获取台湾为大计不可。”伊藤博文还确信“英国的政略是一点也不反对的”(中国近代史资料丛刊续编：《中日战争》第 7 册，北京：中华书局 1993 年版，第 128、170 页)。这进一步证明，日本政府是在权衡国际形势于己有利之后，于 1894 年冬决定对垂涎已久的台湾下手的。

② 日本政府通过美国驻华公使田贝(Char les Denby)通知清政府称：“非有割地之全权大臣不必来日。”田贝随即对李鸿章施加压力，迫使清政府授予李鸿章以割地全权。

③ 马关又称下关，即今山口县下关市，我国通称《下关条约》为《马关条约》。

④ 3 月 24 日，李鸿章在参加完中日第三次谈判返回住所途中，突遭日本浪人行刺受伤，清政府增派李鸿章之子李经芳为参议，赶赴日本参与谈判。

⑤⑥ 中国近代史资料丛刊：《中日战争》第 7 册，北京：上海书店，2000 年版，第 496 页。

批准。23日，俄、德、法三国联合干涉日本割取中国辽东半岛，清政府幻想将台湾也纳入三国干涉的范围[①]。但日本虽然被迫对俄、德、法三国让步，但对清政府则寸步不让。同时，清政府内部也意见不一，如李鸿章认为：改约另议“适速其决裂兴兵”[②]。孙毓汶甚至“捧约逼上批准”[③]。5月2日，光绪皇帝批准条约。5月7日，日本政府宣布放弃辽东半岛。1895年5月8日，清政府派出的全权大臣伍廷芳与日本全权代表伊东巳代治在烟台完成了互换条约批准书的手续，《马关条约》开始生效[④]。同年6月1日，李鸿章之子李经芳作为清政府割台专使，与日本政府全权代表、即将出任台湾总督的桦山资纪陆军大将先后在停泊于基隆三貂角海面上的日本军舰“横滨丸”及“公义号”轮举行会晤[⑤]。经过三轮

① 法国对台湾的重要战略地位与矿产资源等一向极为关注，1884年就曾出兵台湾。在俄、德、法三国干涉日本割取辽东半岛的活动中，清政府与法国政府确实就台湾取舍进行了频繁接触。清政府专使王之春奉命前往法国外交部，“切恳法力阻倭占台湾，相机筹商”。见《张文襄公全集》卷一四五，第8页。法国也确有意染指台湾，清政府驻英国公使龚照瑗与法国外交部长阿诺托会谈后致电总理衙门称：“现台湾吃紧，法已派人护商，先遣员晤台抚面商机宜。有兵登岸，请电台抚晓谕地方勿惊疑。”（中国近代史资料丛刊续编：《中日战争》第6册，北京：中华书局，1993年版，第599—600页）但是，法国虽有垂涎台湾之意，无奈力不从心。俄、德二国不予合作，英国更是极力反对法国的对台举措。

② 《全权大臣李鸿章致总署改约另议不敢孟浪》，载王彦威：《清季外交史料》第110卷，第15页。在《马关条约》签订之后，李鸿章以及庆亲王奕劻、荣禄、张之洞等人一度希望将台湾抵押给英国，以此挽救日本对台湾的割取。奕劻等人在北京拜访英国公使欧格纳（Sir Nicholas Roderick O' Conor），李鸿章则在天津与英国驻天津领事宝士德（Henry Barnes Bristow）会晤，进行游说。清政府还欲得到法、德、俄等国的支持，但列强基于自身的利益，权衡利害，最后都采取了支持日本割占台湾的政策，致使押台保台的计划终于落空（参见戚其章：《走近甲午》，天津：天津古籍出版社，2006年版，第519—521页）。

③ 易顺鼎：《盾墨拾遗》。

④ 实际上，5月2日伊东巳代治就搭乘“八重山号”军舰抵达烟台，在海湾饭店与伍廷芳等开始协商。由于清政府对三国干涉抱有期待，因此延缓批准书的交换。在日本的压力下，中日经过五轮协商后，于5月8日晚11时互换批准书（桧山幸夫：《战前日本统治台湾权力构造》，载《台湾总督府档案之认识与利用入门》，台北：“国史馆”台湾文献馆，2002年8月印行，第16页。吴廷璆主编：《日本史》，天津：南开大学出版社，1994年版，第489页）。

⑤ 由于李鸿章与李经芳担心在台湾岛内举行交割手续会遭到台湾军民的袭击，因此再三企求日本方面在海上举行交割手续。日本方面也予以赞同。其中，5月22日，日本首相伊藤博文曾建议：“清国全权如担心生命安危，可先来日本会合，由日本以军舰护送至台湾。”转引自伊藤博文：《台湾资料》，秘书类纂刊行会1936年版，第6页。对此，不敢冒天下之大不韪的李鸿章婉言谢绝并提出：“可否于台湾外海或澎湖列岛的任一港口会合？”（转引自伊藤博文：《台湾资料》，东京：秘书类纂刊行会，1936年，第6页）伊藤博文首相与桦山资纪海军大将商议后，23日致电清政府称：“双方与淡水会合。……望李经芳代表直航淡水。”转引自伊藤博文：《台湾资料》，东京：秘书类纂刊行会，1936年版，第7页。其后，再经数次电文往返敲定地点，5月30日，李经芳遂于5月30日由美国顾问福士达（前美国国务卿）陪同同赴台湾（参见John W. Foster, op. cit, Vol. Ⅱ, pp. 155—158。转引自戴天昭：《台湾国际政治史》，台北：前卫出版社，2002年版，第226页）。

匆匆忙忙的会晤，6月2日，李经芳在接收台湾文据上签字①。至此，日本完成了占据台湾的所谓“法定程序”。

台湾接收文据全文：

大清国皇帝陛下及大日本国皇帝陛下，为依据下关（马关）讲和条约第五条第二项规定割让台湾省，大清国皇帝陛下特派二品顶戴前出使大臣李经芳，大日本国皇帝陛下特派台湾总督海军大将从二位勋一等子爵桦山资纪各为全权委员，各全权委员在基隆会同执行以下事项：

日清两帝国全权委员，依光绪二十一年三月二十三日，即明治二十八年四月十七日，在下关缔结之讲和条约第五条第二项，由清国永远割让与日本国之台湾全岛及其附属诸岛并澎湖列岛，即英国格林尼次东经119度至120度止，及北纬23度起至24度间诸岛屿之管理主权，并别册所示各该地方所有堡垒军器工厂及一切属公物件均皆清楚。为此，两帝国全权委员愿立文据，即行署名盖印，以昭确实。

大清帝国钦差全权委员二品顶戴前出使大臣

李经芳押印

大日本帝国全权委员台湾总督海军大将从二位勋一等子爵

桦山资纪押印

光绪二十一年五月十日，明治二十八年六月二日，订于基隆，缮分两份。

台湾全岛及所有附属各岛屿并澎湖列岛，所有堡垒军器工厂及属公物件清单：

一、台湾全岛、澎湖列岛之各海口及各府县所有堡垒军器工厂及属公物件；

二、台湾至福建海底电缆应如何办理之处，俟两国政府随后商定②。

甲午战争中，中国是受害者，是被侵略者，日本是侵略者。但是，从日本资本主义尚未发展到垄断阶段看，这一战争的性质还不能定性为帝国主义战争。然而，正如列宁指出的：世界资本主义强国正在向帝国主义阶段过渡，他们在殖民政策无数原有动机之外，“又增加了争夺原料来源、争夺资本输出、争夺‘势力范围’（即进行有利的交易、取得租让、取得垄断利润等等的范围）以及争夺一般经济领土等等的动机”③。这些“动机”，不仅战争的发动者日本完全具有，而且

① John W. Foster, op. cit, Vol. Ⅱ, pp. 159。转引自戴天昭：《台湾国际政治史》，台北：前卫出版社，2002年版，第227页。

② 转引自伊藤博文：《台湾资料》，东京：秘书类纂刊行会，1936年版，第18—19页；王铁崖：《中外旧约章汇编》第一册，北京：三联书店，1957年版，第620—621页。

③ 列宁：《帝国主义是资本主义的最高阶段》，《列宁选集》第2卷，北京：人民出版社，1960年版，第841页。

也是世界资本主义强国力图瓜分中国的共同愿望，因而甲午战争就客观地反映了帝国主义强国瓜分中国的要求。弱小的日本(与帝国主义国家相对而言)在战胜中国后，不能独吞胜利果实，不得不让插足中国的帝国主义强盗自由抢劫，日本在这合伙抢劫中抢到了他所能抢到的一份[①]。

由此，一个不可忽视的事实就是，当1895年4月17日《马关条约》签订后，同样出于掠夺中国的企图，俄国联合法国、德国进行干涉，迫使日本放弃对中国辽东半岛的割取，此为第一次对日的“三国干涉”。“沙皇俄国插手干预，当然不是为了中国，而是要把辽东半岛这块肥肉留下给自己享用”[②]。同年5月4日，出于确保其印支半岛殖民地的战略谋略，法国又提出限制日本在澎湖列岛的军备以及禁止建设军事要塞的建议案[③]。法国的建议案得到俄国的赞同，因为俄国也担忧台湾海峡会成为第二个直布罗陀海峡，对未来俄国舰队的通行构成威胁。但德国则认为应迫使日本做出不割让澎湖列岛的承诺。同日，日本政府内阁会议认为：目前日本“以进至无可再进之地，止于不能不止之处”[④]。应迅速按“对三国让步，对中国一步不让”的原则，在放弃辽东半岛的基础上迫使清政府换约。不然，清政府乘机拖延换约期限，《马关条约》就有被勾销的危险。无奈之下，日本政府被迫屈服[⑤]。

5月5日，日本政府向三国宣布接受劝告，放弃辽东半岛。同时派出伊东已代治换约全权代表赴烟台换约。李鸿章得知日本同意放弃辽东半岛后，不再考

---

① 张声振、郭洪茂：《中日关系史》第一卷，北京：社会科学文献出版社，2006年版，第591页。

② 胡绳：《从鸦片战争到五四运动》，北京：红旗出版社1982年版，第313页。俄国早在1891年开始建筑西伯利亚铁路，其主要战略目的之一，就是为了实现对中国的侵略计划。1895年，这条铁路已经修到了赤塔，沙皇政府在迫使日本退还辽东半岛的同时，开始向清朝政府提出了使这条铁路经过中国的满洲地区直达海参崴的要求。财政大臣维特在1896年4月给沙皇的报告说：“从政治和战略方面来看，这条铁路将有这种意义，它使俄国能在任何时间内在最短的路上把自己的军事力量运到海参崴及集中于满洲、黄海海岸及离中国首都的近距离处。相当数目的俄国军队在上述据点的出现，一种可能性是大大增加俄国不仅在中国并在远东的威信和影响，并将促进附属于中国的部族与俄国的接近”(胡绳：《从鸦片战争到五四运动》，北京：红旗出版社1982年版，第314页)。

③ 法国早就对台湾垂涎不已，在《马关条约》尚未签约之前，法国驻日本公使哈尔曼就公然声称：“日本若作为媾和条件要求割让台湾和澎湖列岛，法国就会抗议侵犯了其利益。”法国外交部长阿诺托(Gabriel Hanotaux)甚至警告日本政府：“假如日本触动台湾，那就惹着我们了”(Ibid. p. 252。转引自戚其章：《走近甲午》，天津：天津古籍出版社，2006年版，第484页)。

④ 陆奥宗光：《蹇蹇录》，依舍石译，北京：商务印书馆，1963年版，第192页。

⑤ 最初，日德法三国期待英国的加入，但英国则予以拒绝。英国之所以拒绝参加联合干涉，采取自我孤立政策，一方面是基于其抵制俄国南下政策的远东战略，其外交政策重心越来越移向日本，另一方面，也由于对当时的形势估计不足。英国内阁相信日本政府一定会拒绝三国的抗议：“像俄国政府建议的那种策略，是女王政府所不能采取的，因为不知道若日本政府屈从它们的要求，几个大国将考虑采取何种最终措施。而女王政府认为，日本几乎是

虑其他问题，立即指示换约[①]。5月8日，伊东已代治和清政府代表伍廷芳交换了批准书。《马关条约》开始生效。1895年5月10日，日本天皇下诏正式向全国人民宣布，接受俄、法、德三国放弃辽东半岛的要求[②]。之后，俄法德三国经过多方协商，又提出《要求保障在澎湖列岛、台湾的航行自由》的草案。5月23日，三国代表共同对日本提出口头劝告：要求其保证对"承认台湾海峡为公共航路，并不归日本管辖，亦非日本所得独自利用，且不将台湾及澎湖列岛让与他国"[③]。此为第二次对日的"三国干涉"[④]。面对三国的强大威慑，日本政府被迫再次退让。1895年7月19日，日本代理外务大臣西园寺公望约见俄法德三国公使，以口头承诺的方式宣布："日本帝国政府同意将台湾海峡完全作为各国公共的航路，非属日本专有或管辖"，"日本帝国政府承诺不将台湾和澎湖列岛让与他国"[⑤]。

按照俄、法、德三国事先与日本在幕后约定的还辽原则，1895年11月8日，中日签订交还辽东半岛的《辽南条约》[⑥]。11月29日，中日双方在北京总理衙门完成换约手续，清政府出库平银三千万两赎回辽东半岛[⑦]。由此，日本发动甲

一定会拒绝的。"俄国试图通过英国驻俄国大使拉塞尔斯(Frank C. Lascelles)向英国政府施加压力，但英国外交大臣金泊利(John Wedehouse Kimberly)明确告诉俄国政府称："女王政府是按照对日本极其友好的感情行事的，并不想看到日本对中国的合理的胜利果实被剥夺"(Sino-Japanese War and Triple Interuention，1894—1895，1898，PP. 225—228。转引自戚其章：《走近甲午》，天津：天津古籍出版社，2006年版，第483页)。英国政府也作出战略判断：认为台湾如不加紧开发良港、且除非落入德、法手中，否则自不成为英国的威胁。同时，确认德、法两国不至干涉台湾割让，英国为了抵制俄国侵入华北危及华中的利益，需要借重日本的力量，亦就不便与日本作对。所以在这个阶段，英国已经决定不干涉日本割台问题。张之洞提议以台湾做担保向英国借款，要求英国保护台湾与澎湖，但英国重视与日本的关系而拒绝(许极燉：《台湾近代发展史》，台北：前卫出版社，1996年版，第173页)。

① 张声振、郭洪茂：《中日关系史》第一卷，北京：社会科学文献出版社，2006年版，第571页。

② 吴廷璆主编：《日本史》，天津：南开大学出版社，1994年版，第489页。

③ 中国近代史资料丛刊续编：《中日战争》第六册，北京：中华书局，1993年版，第600页。

④ 许极燉：《台湾近代发展史》，台北：前卫出版社，1996年版，第208—209页。

⑤ 许极燉：《台湾近代发展史》，台北：前卫出版社，1996年版，第209页；伊藤博文：《机密：日清战争》，东京：原书房，1967年版，第438—444页。日本政府如此表态，显然是迫于三国的强大压力。这在以后日本制定台湾殖民统治政策的过程中产生了一定的影响。

⑥ 《辽南条约》主要内容为：1. 取消《马关条约》中有关割让中国辽东半岛的一切条款；2. 中国向日本支付库平银3 000万两，作为交换奉天省(辽宁省)南部土地的"报酬"；3. 三个月内撤军，宣布台湾海峡为公共航路(吴廷璆主编：《日本史》，天津：南开大学出版社，1994年版，第489页)。

⑦ 1895年6月，日本派林董为驻华公使，7月清政府派峪庚为驻日公使，两国恢复外交关系。

午战争,以军事手段占据台湾的战略意图完全实现①。

日本不仅以《马关条约》攫取了长期觊觎的台湾宝岛,经过甲午战争的日本更成为东亚地区的战争暴发户。日本在甲午战争中的实际作战费用,总计为2亿47万5 508日元,折合1亿3 000多万两白银②。但日本按照《马关条约》向中国强索战争赔款2亿两库平银③,分八次支付。后因“三国干涉还辽”,作为“代价”,清政府又向日本增付3 000万两库平银。这样日本从清政府索取的赔款总额达2亿3 000万两(约合3亿4 500万日元),再加上威海卫日军守卫费150万两,共2亿3 150万两,约合3.472 5亿日元。但实际上支付的金额远超过这个数字④。另外,日本还从中国掠夺了大量的战利品,包括舰艇、轮船、汽船、军港设备、机器、枪炮、弹药、金银、粮食等等,约略计之,其价值也有1.2亿日元。1894年日本的年度财政收入也不过28 000万日元,两相比较,就可知这笔巨额赔款的意义了。这次战争赔款使日本大发横财。巨额赔款“成为日本采

---

① 为确立日属台湾与西属菲律宾的海域界线,1895年8月7日,刚刚占据台湾的日本政府与统治菲律宾的西班牙政府签订《日西两国关于西太平洋版图境界宣言书》,日本与西班牙以北纬21度25分为标志,明确划定台湾与菲律宾的海疆界线。这份宣言规定:一、以巴士海峡(幅宽92海里)能航行而与通过海面中央之纬度的并行线作为在太平洋西部的日本与西班牙版图的境界线;二、西班牙政府宣言不占有在此一境界线北方和东方的岛屿;三、日本政府宣言不占有在此一境界线南方和东南方的岛屿。据此,红头屿(兰屿)才正式被明确成为台湾的附属岛屿。又据宣言附图,划定该境界线在北纬21度25分的地方。唯台湾和北方的冲绳列岛的境界却因同属日本帝国的领土(台湾为日本的海外殖民地——引者注),而未被划分确定,以至于至今仍悬案成为“钓鱼台归属问题”(许极燉:《台湾近代发展史》,台北:前卫出版社,1996年版,第209—210页)。

② 《岩波讲座:日本历史》(近代部分4),东京:岩波书店,1976年版,第153—154页。

③ 库平两本身是清朝的金衡单位。库平银是清朝国库收支使用的标准货币单位。起于康熙年间。《马关条约》规定一库平两相当于575.82英厘、或37.26542108克的十足纹银(成色93.5374%,一说998)。1908年清朝农工商部拟定了统一的度量衡制度,规定库平一两为37.301克。

④ 甲午战争后,日本以“镑亏”、“库平实足”等名义,强迫清政府实际支付的赔款远远超过条约规定数,如以“镑亏“为由,又从中国轻易地多得1 494万两;以“库平实足”为借口多得1 325万两。加上军费库平银2亿两、赎辽费库平银3 000万两及威海日军驻守费库平银150万两,日本实际掠取中国赔偿金额总额为库平银2.597亿两,折合3.895亿日元,是日本实际军费支出的2.6倍,也是日本年度财政收入的4.87倍。转引自戚其章:《甲午战争赔款问题考实》,载《历史研究》1998年第3期。另外,日本在赔款之外还掠夺了大量舰船、武器、弹药、机器等及金银货币,其价值约为库平银8 000万两,折合1.2亿日元。这样,日本通过甲午战争从中国所得到的现金及财物,总计是库平银3.4亿两,折合5.1亿日元。其数目是日本当时全国财政年度收入的6.4倍(戚其章:《走近甲午》,天津:天津古籍出版社,2006年版,第476页)。而不是日本宣称的4.1倍多(参见加藤佑三:《东亚近代史》,北京:中国社会科学出版社,1992年版,第100页)。

用金本位制，以参加国际金融市场所不可缺少的基金。由此，日本开始和欧洲列强一样，变成了拥有海外殖民地的国家”①。

据统计，日本从中国所取得的偿金，用于陆军扩充费为5 700万日元，海军扩充费为1.39亿日元，临时军费为7 900万日元，发展军舰水雷艇补充基金为3 000万日元，共3.05亿日元，占赔偿金总数的85%②。1896年度日本政府的军事预算，占该年度总支出的43%强③。一国产业结构的状况决定着该国的经济增长速度，也是其经济发展水平的主要标志。若对甲午战争前后日本的产业结构进行比较，则不难发现其发生了明显的变化。甲午战争使日本的产业结构发生了明显的变化，它对后来的日本经济产生了深远的影响。无论在日本实现工业化方面，还是在其成为当时世界上的一个资本主义大国方面，这场战争都起到了重要的作用。后来的事实表明，从甲午战争中尝到了甜头的日本统治阶级，每当其国内经济陷入危机或困境时，总是打算从对外侵略扩张中寻求出路。这已成为日本政府把对经济进行干预推向极端所惯用的一种手段④。

实际上，日本攫取中国台湾是由来已久的，有一位英国人对此作了详细的分析：“日本觊觎台湾的原因是多方面的。从地理上看，地理学家可能这样说，台湾是日本以琉球群岛为终点的岛链上继续延伸的一部分，健全这条岛链对组成日本帝国十分必要。从感情上说，370多年前，在中国人获得任何立足之地以前，日本已试图在台湾岛上培植一块殖民地。若不是荷兰冒险者凭诡计占有了这块殖民地，并把日本人驱除出去，日本本来可以长期占领整个岛屿的。从经济上说，台湾岛对日本将来的潜在价值几乎是不可估量的。再就战略而言，日本不用多少年就能够在岛上建立军事基地。万一将来中国恢复了足够的国力，并试图为目前遭受屈辱而对日本进行报复时，该基地不仅对包括汕头、厦门、福州等重要而富裕的城市在内的整个中国南海岸构成真正的威胁，而且将使经过台湾海峡的中国南北口岸之间的海岸贸易线可能随时被切断，这样，日本南有不亚于旅顺的海军基地的台湾岛，北有派驻精兵把守的辽东半岛，就再也不用担心中国东山再起。无论其未来的命运如何，日本都可以高枕无忧了。”⑤这一分析鞭辟入里，说明日本发动甲午战争，以武力割取台湾岛，并非是甲午战争后

---

① 吴廷璆主编：《日本史》，天津：南开大学出版社，1994年版，第488页。

② 石井宽治：《日清战后经营》，《岩波讲座：日本历史》（近代部分4），1976年版，第54页。

③ 张声振、郭洪茂：《中日关系史》第一卷，北京：社会科学文献出版社，2006年版，第591页。

④ 车维汉：《甲午战争对日本经济的影响》，载《社会科学辑刊》，1998年第6期。

⑤ Sino－Japanese War and Triple－Interuention，1894—1895（转引自戚其章：《走近甲午》，天津：天津古籍出版社，2006年版，第479页）。

期才萌生的侵略行为，而是有着长久的思想根源的[①]。

在日本看来，台湾应成为日本在海外的“理想殖民地”，即通过不平等的贸易特权，从台湾榨取丰富低廉的资源，为日本获取高额利润；其次，应该大量向日本移民，把国内过剩的劳动力投到台湾。日本占据台湾，可以“向外扩展国家的势力，以利用殖民地的资源来缓和国内的经济衰落”[②]。但日本占据台湾，迫使台湾近代经济发展的历程中断，“在台湾内部已经萌发的独自发展的基础，已经被这种征服性的掠夺摧残了”[③]。台湾完全成了日本资本主义的商品和原料市场，更重要的是，在战略上，台湾既可以为日本发动侵略战争提供兵源，又成为日本侵略中国的跳板和推行南进政策的最理想基地。“统治台湾，是日本南进的重要试金石”[④]。《马关条约》签订之后，台湾沦为日本殖民地长达50年之久。接着日本开始向东南亚及太平洋伸展势力范围，排挤英美等西方势力，以攫取更多的战略资源。台湾更凸现地缘的战略价值，日本决意把台湾建设成向

---

① 台湾学者吴密察称：“甲午战争的结果，清帝国将台湾割让给了日本。但是这样的战争‘结果’，却不能被逆方向地理解，即将之理解为日本从事这场战争的目的是在割取台湾，或是战争发动之初日本即已经有割取台湾之野心。日本之能够在战后的和约中割取台湾，其实是在战争开始后，由于战场上的战事发展，逐渐成形的。”（吴密察：《乙未台湾史事探析》，台北：台湾师范大学：《甲午战争100周年学术研讨会》论文，1994年6月）这种论调是违背历史事实的。甲午战争之前，日本政府就秘密策划割取台湾岛，但日本政府主要担忧欧美列强对其割取中国大片主权领土的反对，故其割取台湾的行为有所掩盖，但战争后期国际形势使日本有了割取台湾的可能性。如日本驻英国公使青木周藏向日本政府报告称：“欧洲的舆论，只要不影响欧洲的利害或中国的存亡，不论提出任何条件均无异议”（陆奥宗光：《蹇蹇录》，依舍石译，北京：商务印书馆，1963年版，第115页）；日本驻俄国公使西德二郎也进一步向日本政府建议：“既然我国得此机会不能不索取土地，依本官之见，莫如以军费赔偿之一部指望于台湾，因此岛今后可给我国以重大利益，且久被清国搁置；让之，对其国运之兴衰并无重大影响，即使对于俄国，亦无任何关系。虽可推知英国有所举动，然若俄国不加反对，恐英国亦必不强争之。”（引自日本外务省：《日本外交文书》卷27，东京：日本国际联合会，1953年版，第837页）西德二郎的建议切合实际，说服力很强，深为日本外务大臣陆奥宗光所欣赏，并在其拟订的《媾和预定条约》草稿乙案的第二项列入了“中国将台湾全岛割让予日本”（陆奥宗光：《蹇蹇录》，依舍石译，北京：商务印书馆，1963年版，第116页）。

② 黄信雄：《日本明治维新后的军事策略与征台、征韩》，台湾日本综合研究所：www.japanresearch.org.tw/twhistory－22.asp。2004年10月27日。总之，通过甲午战争，日本当局真正尝到了发动侵略战争的甜头，切实感觉到发动侵略战争是一本万利的买卖，于是凭借这笔突然而至的巨款，大搞所谓“战后经营”，实行金本位制，进一步扩军备战，使整个日本国家战争机器化，成为此后东亚地区的主要战争策源地（戚其章：《走近甲午》，天津：天津古籍出版社，2006年版，第476页）。

③ 石井宽治：《日清战后经营》，《岩波讲座：日本历史》（近代部分4），东京：岩波书店，1976年版，第59—60页。

④ 江丙坤：《台湾地租改正の研究》，东京：东京大学出版会，1974年版，第45页。

东南亚及太平洋扩张的“南进基地”[①]。

在明治维新后的18世纪80年代，日本国内出现早期产业革命热潮，到1893年前后，资本主义工业化不断向前推进，1894—1895年的甲午战争，日本通过割地赔款和攫取通商等种种特权，促使正在形成中的日本资本主义有了飞跃发展的机会。甲午战争后，日本从中国索取巨额赔款，黄金储备骤增，甲午战争前就预定推行的金本位货币制度[②]，终于在1897年10月开始启动，至1899年完全实施。至1911年3月，日本境内实施的“货币法”亦开始施行于台湾，从此，台湾币制完全纳入日本资本主义金本位货币体系[③]。金本位的实施，使日本货币纳入了国际金融体系。

日本除利用战争赔款大力加强陆海军建设之外，还积极创办大钢铁企业，

---

① 台湾作为南进的桥头堡，始终为日本政府和军方所高度重视。就地理位置来看，台湾是“日本帝国”中最接近南洋和华南的地方。因此，台湾不但是日本“南进”的跳板，其农业商品经济的特长也决定了其和南洋及华南关系的发展形态(林继文:《日本据台末期(1930—1945)战争动员体系之研究》，台北:稻乡出版社，1996年版，第38页)；1936年8月7日，日本政府(广田内阁)就把“向南方海洋发展”确定为“基本国策”的一个重要方面。1939年2月10日，日本侵占中国海南岛，3月吞并南沙群岛，迈出了武装南进的第一步。1940年春夏之交，日本进一步确定了“北守南进”的政策，把南方作为侵略主要方向(吴廷璆主编:《日本史》，南开大学出版社，1994年版，第745页)；同年3月30日，日本政府决定将南沙群岛(日本称“新南群岛”)置于台湾总督府管辖之下。1940年9月，日军进驻中南半岛北部。1941年3月，日军介入泰柬国境纠争，并于7月侵入中南半岛南部，企图进一步向印尼发展(戴天昭:《台湾国际政治史》，台北:前卫出版社，2002年版，第276—277页)。

② 明治初年，日本货币制度尚未确定，在金本位和银本位之间徘徊。1885年开始确立银本位制度，金融趋于稳定。但是，自从1873年德国采用金本位制度后，国际上银对金的比价逐渐下降，1885年跌至1∶19；1893年1∶26；1897年1∶40。这对银本位制的国家极为不利。所以日本在甲午战争前就欲迫切实行金本位制度。但因黄金储备不足，迟迟未能实施。日本借甲午战争胜利之机，为在战后实行金本位制打下财政基础，便要求中国在伦敦用英镑支付赔款。由于市场镑价时有涨落，而中国应支付赔款的镑价却是死的。这样，中国以高价购买英镑，而按低价支付给日本，其结果是中国实际支付赔款数额远远超过条约规定的数量。其中，以“镑亏”为由，日本又从中国轻易地多得1 494万两；以“库平实足”为借口多得1 325万两。加上军费库平银2亿两、赎辽费库平银3 000万两及威海日军驻守费库平银150万两，日本实际掠取中国赔偿金额总额为库平银2.597亿两，折合3.895亿日元，是日本实际军费支出的2.6倍，也是日本年度财政收入的4.87倍。

③ 日俄战争之后的1911年，随着日本资本主义经济的迅速发达与台湾殖民地经济体系的基本确立，台湾总督府也在岛内推行实现了货币的金本位制，与日本国内资本主义货币体系形成一体化，大大提高了日本垄断资本投资台湾、进行经济开发与经济掠夺的便利。日本学者东嘉生就此指出:台湾实施金本位制度，“并非由于台湾本身或台湾内部的经济要求；这是由于台湾以外的金本位国家资本的要求；因此改革，乃使台湾在资本的流通上，与日本国内的关系，更为密切”(东嘉生:《台湾经济史概说》，周宪文译，台北:海峡学术出版社，2000年版，第74页)。

扩建铁路等，掀起新建和扩建企业的热潮，各种股份公司纷纷建立，从公司缴纳资本总额来看，1887 年掀起早期产业革命热潮时，只有 6 785 万日元，甲午战争后的 1897 年就增加为 532 520 000 元，增加近 7 倍①。1902 年又增加到 878 760 000日元。其中，工业运输业占一半以上。而且，1902 年公司总数有 80％是 1894 年以后建立的。工厂总数中有大约 50％也是 1894 年以后建立的②。甲午战争之后，在短短 10 年间日本资本主义开始出现资本的集中与垄断，而且资本也开始对外输出。日本通过对中国的掠夺，“部分地补充和代替了现代最新金融资本的垄断”③。日本资本主义的发达，也为其日后向台湾等殖民地的资本扩张奠定了基础。至日俄战争时期，日本已成为帝国主义国家了。随着日本向帝国主义阶段的过渡，其对中国的经济侵略也具有帝国主义特征。到 20 世纪初特别是在日俄战争之后，日本对中国的经济侵略甚至超过老牌帝国主义国家。从日本占据台湾之后的经济发展历程看，随着日本帝国主义的形成与渐次强大，台湾总督府则以非经济手段配合殖民地经济政策，逐渐驱除岛内欧美商业势力、压制岛内土著资本，同时大力扶植日本资本，最终全面控制和垄断了台湾的全部重要产业。其殖民地统治形式已呈现帝国主义的特征，甚至是比其他帝国主义更为严酷的“封建军事帝国主义”的统治形式。

二　《六三法》——台湾总督府殖民地法制法规的颁布与实施

就总督府殖民地法制形式及内涵的演变而言，可分为三个阶段：1895 至 1896 年是过渡的“军政时期”；1896 至 1921 年是“律令立法时期”；1921 至 1945 年是“敕令立法时期”。在军政时期，台湾总督身兼政治、军事长官双重身份，其所裁决、发布的“军令”是本时期治理台湾的基本法源。在台湾总督府的残酷镇压下，岛内抗日运动趋于衰落，台湾总督府宣布撤废军政而实行民政。1896 年 3 月 31 日，日本帝国议会以法律第六十三号颁布《有关施行于台湾之法令之法律》（通称《六三法》），期限三年，同年 4 月 1 日开始实施。总督府随后还颁布《三一法》、《法三号》等一系列殖民地法制法规，以确立其殖民地统治秩序。

《六三法》的颁布与实施　1896 年 3 月 31 日，日本政府公布了帝国议会通过《有关施行于台湾之法令之法律》（法律第六十三号），通称《六三法》。依据该法，台湾总督被赋予立法权（委任立法），即台湾总督拥有制订和发布具有法律

---

① 守屋典郎：《日本资本主义发展史》，周锡卿译，北京：三联书店，1963 年版，第100 页。

② 守屋典郎：《日本资本主义发展史》，周锡卿译，北京：三联书店，1963 年版，第 103 页。另据土屋乔雄的《日本经济史概说》所载：1895 至 1897 年，计划新建的企业资本总额达 14 亿 6 000 万日元，其中铁路占 58％，银行占 15％，其余部分中以纺织业为主（参见土屋乔雄：《日本经济史概说》，东京：岩波书店，1953 年版，第 172 页）。

③ 列宁：《帝国主义和社会主义运动中的分裂》，《列宁选集》第 2 卷，北京：人民出版社，1960 年版，第 893 页。

效力的命令的权力，通称律令制定权。该法案最后作为为期三年的临时法案而获得通过，自 1896 年 4 月 1 日起开始实施，台湾进入律令立法时期。

《六三法》

第一条：台湾总督得在其管辖区域内，发布具有法律效力之命令。

第二条：前条之命令台湾总督府应取得评议会之决议，经由拓务大臣奏请敕裁。台湾总督府评议会之组织以敕令另定之。

第三条：临时紧急之场合，台湾总督得不经前条第一项之手续立即发布第一条之命令。

第四条：依前条所发之命令，于公布后应立即呈请敕裁，并向台湾总督府评议会报告。不得奉敕裁时，总督应即公布该命令不再发生效力。

第五条：现行之法律或将来发布之法律，其全部或一部，要实施于台湾者，以敕令定之①。

明治维新后的日本号称实行资本主义的宪政，也一再声称将在台湾推行。但“一般施行宪政的国家无不赋予人民选举代表组织国会以立法的权利，而‘六三法’却把立法权交给总督。这无异表示台湾是日本的殖民地，台湾人是日本人的奴隶”②。依据《六三法》的内涵，将台湾作为日本的一个特别行政区，实施与日本本土完全不同的政治制度。《六三法》以委任立法形式，授权台湾总督拥有制定法律的“律令权”③。自《六三法》正式实施以后，历届台湾总督所发布的命令一律被称作“律令”，并强制施行。以《六三法》为基准，作为台湾立法制度的基础，并制定有关行政、司法及军事等法规，使台湾总督成为办理各项政务的最高行政长官，拥有不受节制的人事任免权、“总督府令”发布权；台湾各级法院的管辖权，司法官、检察官的任命权；加上台湾总督为陆海军大将或中将出任的“亲任官”，在军事上有统率陆海军的权力。至此形成台湾总督总揽行政、立法、司法及军事大权的殖民统治体系④。

---

① 转引自叶荣钟：《日据下台湾政治社会运动史》，台北：晨星出版有限公司，2000 年版，第 74 页。

② 钟孝上：《台湾先民奋斗史》，台北：自立晚报社，1982 年版，第 292 页。

③ 根据《六三法》，台湾总督在其所管辖的台湾地域内，得制定具有与帝国议会之“法律”同等效力的“命令”，此项命令特别称呼为“律令”。但依据《六三法》第一条规定，并非台湾总督所发布的所有命令皆为律令，只限于具有与法律同等效力者才为律令。依据台湾总督府条例第四条规定，台湾总督就其主管事务，依职权或特别委任可发布“府令”，且得附加惩罚。欲发布律令须依循《六三法》所规定的程序，欲发布府令则不必(参见 1933 年 1 月 12 日台湾总督府府令“台湾总督府命令公布式”之规定)。

④ 张胜彦《台湾开发史》，台北：空中大学，1996 年版，第 208—209 页。有关《六三法》制订的详细过程，可参阅王泰升：《台湾日治时期的法律改革》，台北：联经出版事业公司，1994 年版，第二章，第 63—127 页。

按《六三法》第六条规定，台湾总督的委任立法权以3年为限(即到1899年应废止)，但先后三次延长实施期限(1899年、1902年、1905年)。1898年2月26日，日本陆军省次官儿玉源太郎大将接替乃木希典就任台湾总督，同年3月2日，日本内务省卫生局长后藤新平出任总督府民政长官。鉴于台湾岛内统治的需要，台湾总督儿玉源太郎和民政长官后藤新平以台湾的抗日武装尚未完全剿灭为由，奏请日本政府及日本帝国议会，将《六三法》临时法案的有效期延长三年。此为第一次延长。1902年《六三法》临时法案延长到期后，儿玉和后藤又以台湾政局尚未完全稳定为由，又说服日本帝国议会将《六三法》临时法案的有效期再次延长三年，此为第二次延长。1905年3月底，《六三法》再次届满，但日本政府又以日俄战争为由，再次延长《六三法》的有效期限①。直到儿玉和后藤离任后的1906年4月，日本帝国议会才通过了《三一法》(法律第31号，期限五年)，以取代实施了十年之久的《六三法》。

《三一法》的颁布与实施　如上所述，1906年1月，日本政府又提出延长《六三法》的议案，但遭到日本贵族院的坚决反对。日本政府又于3月26日重新提出修正案，贵族院将有效期改为五年后予以通过，随后，众议院也亦通过，《六三法》的名称取消，代之以"法律第三十一号"(即通称的《三一法》)。《三一法》硬性规定除了天皇有敕令外，日本帝国议会的任何决议均不得加以改废。

《三一法》

第一条　于台湾需要法律之事项，得以台湾总督之命令规定之。

第二条　前条命令须经主务大臣呈请敕裁。

第三条　临时紧急之场合，台湾总督得直接发布第一条命令。

前项命令发布后应立即呈请敕裁，尚未奉准敕裁时，台湾总督应立即公布该命令不再发生效力。

第四条　法律之全部或一部分要施行于台湾者以敕裁定之。

第五条　第一条之命令不得违背依照第四条施行于台湾之法律及特为施行于台湾之目的而制定之法律及敕令。

第六条　台湾总督既往所发布之法律仍有其效力②。

其实，《三一法》与《六三法》并没有本质上的区别。《三一法》仍维持委任立

① 1904年2月日俄战争爆发。6月20日，为统一日军并加强中国境内的对俄作战指导，日本成立了"满洲军总司令部"，大山岩元帅出任总司令，台湾总督儿玉陆军大将出任满洲军总参谋长。由于儿玉完全无暇顾及台湾总督府的事务，日本政府借此将《六三法》的效力延伸至1906年底。

② 转引自叶荣钟：《日据下台湾政治社会运动史》，台北：晨星出版有限公司，2000年版，第77页。

法原则，授予台湾总督律令制定权和紧急命令权，《三一法》有效期为五年，即沿用至1910年，《三一法》基本上仍是《六三法》的延长。其结果仍然“使台湾成为日本明治宪法的政治异域，台人的权利和义务掌握在台湾总督手中”①。《三一法》也两次延长有效期，1911年3月29日，日本政府以法律第50号宣布延长《三一法》至1916年；1916年又以法律第28号宣布延长《三一法》至1921年②。1921年又制订出《法律第三号》取代之，但始终未将台湾之立法权交付给台湾人。

1895年台湾总督府成立后，根据《六三法》和《三一法》以及《台湾总督府条例》等，台湾总督拥有至高无上的绝对权威，掌管着所谓“五权”（即政务统理权、出兵请求权、命令权、监督权和律令制定权），将台湾的立法、司法、行政、军事、经济、社会、文化、学术、教育及宗教等一切权限统统掌握于总督一身。除拥有律令制定权外，以警察和保甲制度为框架的警保体系和特别会计制度的确立，使台湾总督的殖民统治形成威权专制结构。据统计，日据时期台湾总督府颁布律令共为466件，其中依据《六三法》制定的有174件；依据《三一法》制定的有124件，二者占总数的64%。由此可见，在台湾总督府实施《六三法》和《三一法》时期，台湾总督的特别委任立法权对总督府在台殖民统治的确立与稳定发挥了重要的作用③。

《法三号》的颁布与实施　1919年原敬内阁成立，出于统治的需要，对台湾总督府官制作了一定程度的修订，取消武官专任总督的规定，并对台湾总督的委托立法权予以限制。1919年10月29日，第一任文官总督田健治郎赴台履任。开始在台湾实行以“内地延长主义”为实质内容的“同化主义”治台方针，如使少数上层台人参加总督府评议会、修改官制等，以缓和国际上与台湾岛内的反对浪潮。这样，修改《三一法》也成为其必然的政策取向。1920年11月，田健治郎总督提出对《三一法》的修正案，1921年3月14日，日本帝国议会通过田健治郎所提之修正案，公布了《关于在台湾施行的法律》（简称《法律第三号》）以取代《三一法》，同时决定，对《法三号》不设期限，以使台湾总督府根据治理需要随时任意延长。

---

① 张胜彦：《台湾开发史》，台北：空中大学，1996年版，第209页。

② 日本外务省条约局法规课：《台湾の委任立法制度》（外地法制志：第三部の一），东京：1959年，第13—15页，第19—24页；《三一法》其实只是《六三法》的延续，其内容后来被运用于朝鲜殖民地的统治（中村哲：《殖民地统治法の基本问题》，东京：日本评论社，1943年版）。《殖民地法》（参阅鹈饲信成：《讲座：日本近代法发达史》卷5，东京：劲草书房，1958—1961年版，第192—193页）、《三一法》亦附有5年的有效期限，不过仍然一再延长，直到另一个新的替代性法律出现于1921年为止（日本外务省条约局法规课：《台湾の委任立法制度》（外地法制志：第三部の一），东京：1959年，第58—63页），因此，由《六三法》所建构的殖民地立法制度，事实上在台湾延续了25年（1896年至1921年）（转引自王泰升：《台湾日治时期的法律改革》，台北：联经出版事业公司，1994年版，第77页）。

③ 李鸿禧：《日治时期台湾法制问题的症结——实施宪政的“一国两制”》，台湾法学会《台湾法制一百年论文集》，台北：1996年。

《法律第三号》

第一条　法律之全部或一部要施行于台湾者应以敕令定之。前项之场合关于官厅或公署之职权，法律上之期限暨其他事项，依照台湾特殊之事情，需要设特例者，得以敕令另予规定之。

第二条　于台湾需要法律之事项而未有施行之法律者，或不能适用前条之规定者，台湾总督得以命令规定之。

第三条　前条之命令应经主务大臣呈请敕裁。

第四条　临时紧急之场合，台湾总督得不依前条规定，立即发布第二条之命令。依前项规定所发布之命令，于公布后立即呈请敕裁，未能获得敕裁时，台湾总督应立即公布该项命令不再发生效力。

第五条　依据本法，台湾总督所发布之命令，不得违反施行于台湾之法律及敕令[①]。

《法三号》虽然标榜日本明治宪法原则上适用于台湾，也确实对台湾总督的权限做了某些修改和限制，但总督的权力并未受到实质性约束，也不意味着总督威权专制本质的任何改变[②]。桧山幸夫指出：由于《法三号》的制定，“虽然由律令主义成功地转换到敕令主义，但是从统治行为来看，充其量也不过将现状予以制度化而已。日本的台湾统治，在法制度上，赋予台湾总督以统治权限，在实际的行政行为，则由总督府掌握统治权，由此两面构成非正规的体制。不过，《法三号》的成立，则无论在法制度上或实质上，皆建构其总督府的直辖统治体制”[③]。《法三号》虽然开始实行文官总督制，但并非改为纯文官总督制，而是所谓“文、武官总督并用制”，当总督为陆军武官时，可兼任台湾军司令官，并未排除武官出任总督的可能性。随着日本不断扩大对外战争规模的进程，1936年再度恢复武官总督制。实质上，台湾总督府始终是日本的政治异域，俨然是“帝国中的帝国”[④]。

---

① 转引自叶荣钟：《日据下台湾政治社会运动史》，台北：晨星出版有限公司，2000年版，第79页。

② 《法三号》增设了总督律令制定权在行使上的限制性要求，以削减总督的殖民地立法权。除了原有的“日本法律敕令优先”的规定外，《法三号》新增了限制总督律令制定权的规定，即总督只限于符合以下两个要件的情况下，始可发布律令：1. 在台湾应以法律规范的事项，并没有帝国议会所制定的法律可加以规范时，或虽有此项法律，但难以依“施行敕令”配合“特例敕令”的方式施行于台湾；2. 因台湾之特殊情事而有设置特例之必要（有关《法三号》第二条，参阅长尾景德：《台湾刑事法大意》，台北：文明堂书店，1926年；大田修吉：《新稿台湾行政法大意》，台北：杉田书店，1934年版，第34—35页）。

③ 桧山幸夫：《战前日本统治台湾权力构造》，载《台湾总督府档案之认识与利用入门》，台北：“国史馆”台湾文献馆，2002年8月印行，第83页。

④ 张胜彦：《台湾开发史》，台北：空中大学，1996年版，第209页。

从其性质上看,《三一法》与《六三法》是以台湾总督颁布的律令为原则,《法三号》的原则则是在台湾施行日本的国内法;《法三号》将日本国内的法律开始施行于台湾岛内,但仍以台湾总督发布的"律令"为优先①。直到 1937 年"七七事变"发生,日本发动了全面侵华战争以后,台湾总督委任立法权的运用才渐趋缓和。在整个日据时期先后 19 代总督任期里,共颁布多达 526 件律令。其内容极为广泛,涉及土地调查、商品专卖、新闻、匪徒刑罚、鸦片等等。在台湾总督的威权专制统治下,台湾进入长达 50 年之久的日本殖民统治历程。

① 伊藤洁:《台湾》,东京:中央公论社,1993 年版,第 101 页;《法三号》的另一个特色是不再附有 3 年或 5 年的施行期限。这表明它是一个永久法,也代表着日本帝国对台湾殖民地立法制度最后确定的设计(参见王泰升:《台湾日治时期的法律改革》,台北:联经出版事业公司,1994 年版,第 79—80 页)。

第一章　构建“殖民地基础工程”
——殖民地经济体系的形成

日本“经营”台湾的主要因素，与其所采取的殖民统治体制有极为密切的关系。日本在台湾的发展是以“资本随着国旗前进”，日本殖民地统治的基本性质是以强大的总督府专制统治为后盾，扶助日本资本的发展，渐次在台湾建立起绝对性的经济垄断。近代以来，西方列强在攫取殖民地之后，一般首先要对殖民地实施改造与开发，使其在社会制度层面具有与宗主国相一致的特性，以实现对其进行经济殖民的终极目标。日本也不例外，日本占据台湾后，即开始了“殖民地基础工程”的构筑，对台湾社会各个层面施以“全方位”的改造。特别是第四任武官总督儿玉源太郎及民政长官后藤新平期间，“殖民地基础工程”的构筑进度明显加快。台湾总督府为使日本资本“畅通”进入台湾，并将台湾彻底纳入日本资本主义经济圈，推行了一系列殖民地经济政策，大大地推动了以实现殖民地经济化为目的的“殖民地基础工程”。

依据日本学者矢内原忠雄的研究，总督府经营台湾所需要之“殖民地基础工程”，大约在 1905 年前后完成①。日本学者东嘉生也将 1895—1905 年定为“殖民地基础工程”的确立时期②。这一阶段，台湾总督府主要推进的是土地与

---

① 矢内原忠雄：《日本帝国主义下の台湾》，东京：岩波书店，1988 年版，第 23 页。

② 这里需要指出的是：矢内原忠雄、东嘉生等日本学者均认为台湾总督府推行的一系列殖民地建设事业是“资本主义基础工程”（参见矢内原忠雄：《帝国主义下の台湾》，东京：岩波书店，1988 年版，第 18 页。东嘉生：《台湾经济史概说》，台北：海峡出版社，2000 年版，第 67 页）。少数台湾学者也持这类观点（黄秀政等：《台湾史》，台北：五南图书出版公司，2002 年版，第 191 页；高淑媛：《经济政策与产业发展》，台北：稻乡出版社，2007 年版，第 11 页等）。而大陆学界普遍认为台湾总督府推行的是“殖民地基础工程”（参见陈孔立主编：《台湾历史纲要》，北京：九州出版社，1997 年版，第 343 页）。笔者认为：日据前期台湾总督府采取的一系列殖民地开发事业，是其推行以服务于日本本国为目标的殖民地经济“基础工程”，并非市场取向的资本主义化的“基础工程”，在整个日据时期，台湾经济发展过程始终体现为总督府严格控制的殖民地经济形态与性质。另外，也有台湾学者对“殖民地基础工程”之说持否认的立场，如许介鳞认为：所谓的“基础工程”在掩饰“殖民地整编”，因此，日本在台的初期施政，应该判断这是日本对台湾的“殖民地整编”，不可以模仿日本人说是“基础工程的建设”。其实日本的农村社会，到战后的农地改革为止，一直是停留在半封建的寄生地主制。日本近代的工业化或资本主义化，除了以战争抢夺储蓄资本，向日本农民榨取，还有相当部分是靠剥削殖民地完成的（许介鳞：《日本殖民统治赞美论总批判》，台北：文英堂，2006 年版，第 30—31 页）。

林野调查、旧惯调查、人口普查,以及币制与度量衡的改革等。台湾学者涂照彦进而以1902年为界,将"确立时期"划分为两个阶段,前一个阶段主要是武力镇压和保甲制度确立时期;1902年以后,台湾总督府开始进行土地调查等"基础事业"①。但是,笔者以为,所谓的"殖民地基础工程"是一个较为漫长的过程,迄1905年日俄战争之后,台湾总督府仅完成了其基础部分而已,其实现期限可能更晚一些。1895年至1920年代初期,是台湾总督府推行"工业日本、农业台湾"经济政策的阶段,也是"殖民地基础工程"的构筑过程。此阶段可分为两个时期:第一期从1895年至日俄战争后的1905年为"殖民地基础工程"的基本确立期,为编入日本资本主义体系做准备工作;第二期从1905年至1920年代初期,以米糖经济为特征的殖民地经济体系基本形成,"殖民地基础工程"的构筑也大致完成。

第一节　土地调查与林野调查
——确立殖民地统治的社会经济基础

一　土地调查——建立殖民地经济体系的首要工程

绪论中曾有论述,早在日本占据台湾之前的明末清初,来自大陆的大量移民进入台湾,他们致力于拓荒垦殖,营造山林,使台湾耕地及森林面积急速增加,推动了台湾农业经济的发展。由于台湾官府疏于对土地制度的严格管理,也由于台湾当地农民为逃避赋税和地租,对其拥有的土地、特别是拓荒所得耕地,或隐匿不报,或以多报少而欺瞒官府,所以台湾农民的土地大多没有官府颁发的土地证明。台湾农民之间买卖、转让耕地或山林,也多凭口头约定,并不签约立据。由此,台湾长期存在着大量隐田或土地数目状况不明、地籍混乱等问题。另外,由于早期台湾土地开拓的历史特殊性,"垦户向官府申请垦照,获得荒地的开垦权,然后招来佃户,或给予牛只种子,或由佃户自备农具工本,进行开垦。由垦户缴纳正供,佃户则向垦户交租。在一般情况下,佃户对所开垦的田地有长期耕作的权利,即永佃权。所有权分割为田面权和田底权,即一田二主。这种存在于福建的租佃制度,移植到台湾成为所谓大小租制"②。即台湾土地所有权分割成为大租权和小租权,两者又可以分别分割、继承、典卖,使得地

---

① 涂照彦:《日本帝国主义下の台湾》,东京:东京大学出版会,1975年版,第36—50页。

② 垦户也称大租户,收取大租。佃户从事实际开垦,所谓田地实际上归佃户承管,佃户将垦熟的田地出租给现耕佃人,收取小租。原来拥有田底权的佃户成了地主,即小租户,也称小租业主,可以典卖其业主权。所以形成了业户—佃户—现耕佃人的三层关系(陈孔立:《清代台湾移民社会研究》,北京:九州出版社,2003年版,第167—168页)。

权十分凌乱[①]。

有台湾学者以为，大租权虽然以土地为根据，实际上只是一种收取田租的权利，既非物权，也不是债权，对现代财税制度而言，“实在是一件怪物”。同时，又有许多不缴纳租税的“隐田”[②]。垦户在开垦过程中，必然有许多没有在官府中登录的土地。“这是由于清廷为了奖励开垦，招徕移民，不作土地丈量，而默许隐田的存在”[③]。随着社会经济条件的变化，大租户逐渐与生产经营相分离，小租户成为土地的实际经营者，但却没有完整的所有权，土地关系相当紊乱，业主定义模糊，纳税义务不明确，这种前资本主义的土地关系“严重地阻碍了土地的商品化乃至台湾的殖民地化进程”[④]。

为明确台湾近代土地制度，增加官府赋税收入，清代台湾首任巡抚刘铭传曾于 1886 年推行地籍调查。主要就是实行土地清丈，废除大租户，确认小租户为业主，并向官府缴纳正供等一系列措施[⑤]。但刘铭传的改革政策遭到当地大租户的激烈反对，至 1888 年被迫改为“减四留六”的折中办法，即按照上年所收额租分为十成，以四成贴给小租户完粮，大租户实收六。但此法也仅仅在台北推行，而在台南因遭顽固势力的反对而未能如约实行[⑥]，刘铭传推行的“地籍调查则从未完成过”[⑦]。土地制度中，“一地二主”现象仍持续存在。

日据初期，台湾的土地所有权制度与农业经济形式仍然十分复杂，由于“一地二主”的现象依旧普遍存在，造成土地所有权不明确，无法确定土地权利关系，总督府也一时无法将土地作为资本运作。总督府认为：“不明确土地的所有

---

① 戴国辉：《台湾》，东京：岩波书店，1988 年版，第 66 页。

② 清代，大陆普遍存在折亩及隐瞒地亩现象，“民间往往因为避免政府征税，故意隐匿，多不肯实报。官吏虽明知其秘密，但为种种关系，亦不肯据实查报”（刘世仁：《中国田赋问题》，台北：文海出版社，1971 年版，第 26 页。史志宏：《清代前期的耕地面积及粮食产量估计》，《中国经济史研究》，1998 年第 2 期）。御史尹秦在《台湾田粮利弊疏》称：台湾“将成熟之田园，以多报少，欺隐之田，竟倍于报垦之数“（《清经世文编》卷三十一，尹秦：《台湾田粮利弊疏》）。对于大陆以及台湾的隐田现象，史学界一直有着不同解释（参见方行等：《中国经济通史・清代经济卷》（上），第一编“农业篇”第一章“土地的垦拓”。北京：经济日报出版社，2000 年版。刘世仁：《中国田赋问题》，台北：文海出版社，1971 年版）。

③ 宋光宇：《台湾史》，北京：人民出版社，1997 年版，第 126 页。

④ 陈小冲：《日本殖民统治台湾五十年史》，北京：社会科学文献出版社，2005 年版，第 17 页。

⑤ 1886 年 5 月，刘铭传奏请实行清赋（地籍调查），由清赋总局会查保甲，清丈土地，历时两年多完成清丈工作，田赋大量增加。据 1890 年 6 月刘铭传奏称，清丈后现定粮额年征 512 969 万两，随征补水平余银，加以官庄租额，共银 674 468 两（应是 674 868 两），比 183 366 两旧额溢出银 491 502 两（《刘壮肃公奏议》卷七，台湾文献丛刊第 27 种，第 323 页）。通过刘铭传的清赋，不但大量增加了台湾官府的财政收入，而且也为岛内农业近代化创造了有利的条件。

⑥ 矢内原忠雄：《帝国主义下の台湾》，东京：岩波书店，1988 年版，第 16—17 页。

⑦ 何保山：《台湾的经济发展（1860—1970）》，上海：上海译文出版社，1981 年版，第26 页。

权，就无法判定土地权利关系，本岛民众唯一财产土地不能作为资本运用，其余各项开发实属无望”[①]。为了在台湾建立附属于日本的殖民地经济体系，更主要是为剥夺台湾农民的土地，为日本资本进入台湾“铺路”，创造有利于日本资本的“投资”环境，台湾总督府决定实行以整理大租权为中心的土地调查和土地制度改革，以清查土地实际数量及确立近代土地所有权。“对于土地，制定单一而明了的所有权，确定纳税及交易，这是资本主义的近代政府在任何殖民地所首先着手的事业”[②]。

1895 年，台湾总督府颁布《官有林野及樟脑制造业取缔规则》（日令第二十六号）。规则第一条就明文规定：“没有地券或其他确证可以证明所有权的山林原野，概归官有。”[③]同时，还命令台湾农民办理土地所有权的登记申报[④]。1896 年，总督府颁布《台湾官有原野及产物处分令》（敕令第三十一号），《台湾官有森林原野豫约卖渡规则》（府令第四十五号），《台湾官有森林原野贷渡规则》（府令第四十七号）等。这些法令为总督府无偿夺取土地并收归“官有”提供了所谓的合法性；也为日本移民以及日本资本进入台湾，无偿获得土地并从事开垦、投资等，提供了最便利的条件。同年 10 月，台湾总督府颁布《地租规则》（律令第五号）及《地租规则实施细则》（府令第二十八号），开始修正台湾的地租征收办法。实际上，台湾总督府以台湾农民没有地券或契约为根据，对台湾农民赖以生存的耕地，进行了有目的、有计划、有步骤的掠夺和强占，此为建立殖民地经济体系的第一项基础工程[⑤]。

---

① 涂照彦：《日本帝国主义下の台湾》，东京大学出版会，1975 年版，第 40 页。

②③ 矢内原忠雄：《帝国主义下の台湾》，东京：岩波书店，1988 年版，第 24 页、第 19 页。

④ 在台湾总督府推行的土地调查中，采取了所谓的土地登记制。在登记生效主义下，土地登记被赋予绝对性的效力，不问土地真正权利人为谁，凡依土地登记簿之记载为权利之变动，法律皆承认其效力，以使“交易安全”获得完全的确保。为何台湾总督府在立法上改采与日本内地不同的登记生效主义呢？论者认为，总督府为达到全面监控台湾土地资源的目标，自然倾向于强调土地登记效力，以促使人民将真实的土地法律关系呈现在官方登记簿上；另有论者指出，由于总督府欲在台湾积极发展殖民地资本主义，而通常的情形是由日本人资本家向台湾人地主收买或借用土地，故宁愿牺牲台湾人地主阶级利益，以维护发展资本主义所必须之交易安全的登记生效制（魏家弘：《台湾土地所有权概念的形成经过——从业到所有权》，台北：台湾大学法律研究所硕士论文，1996 年 6 月，第 184—185 页；向山宽夫：《日本统治下における台湾民族运动史》，东京：中央经济研究所，1987 年版，第 327—328 页）。

⑤ 台湾学者叶荣钟指出：一般地主“对于新统治者的土地调查，既无法隐瞒，以多报少，又不愿增加税金的负担，所以干脆把收成不多的下田放弃，不去插标，任它变为无主的土地。当时甚至有为嫁祸于人，使其多纳税起见，将自己的土地故意插他人之标志的。又有些农民因无知或因畏事，而不敢出面表示自己的所有权，其土地乃被没收充作官有地”（叶荣钟：《台湾近代民族运动史》，台北：学海出版社，1979 年版，第 496 页）。

但是，由于岛内抗日义军的坚持抵抗，使得台湾总督府一时无暇顾及岛内经济秩序的恢复以及土地制度的改革。前三任总督（第一任总督桦山资纪、第二任总督桂太郎、第三任总督乃木希典）期间，对台湾土地开发与确立殖民地经济秩序等无任何建树。进入第四任总督儿玉源太郎和民政长官后藤新平执政时期（1898—1906），台湾的土地制度依旧沿袭前清旧制。日本统治集团认为，日本资本主义要在台湾发展，就得通过改造旧的土地制度来攫取大量的土地，使其适应日本垄断资本进入台湾的需要，满足日本军国主义掠夺台湾经济资源、建立殖民统治的战略需要。为此，台湾总督府完全依照并执行日本统治集团的意志，以威权专制强行在台湾推行了所谓土地调查与土地制度的改革。1898 年 7 月 17 日，台湾总督府颁布《台湾地籍规则》（律令第十三号）和《台湾土地调查规则》（律令第十四号），为实施土地调查提供了法律依据。同年 9 月 5 日，儿玉源太郎总督下令设立总督府临时台湾土地调查局，由总督府民政长官后藤新平的亲信、总督府租税课长中村是公担任局长。土地调查局的任务主要就是摸清台湾耕地的所有权和土地租佃关系及生产能力等情况，为总督府在台湾剥夺台湾农民的耕地，进行农业领域的资本输出和经济掠夺做必要的准备。同时还公布了台湾土地调查局组织章程和土地调查规则的施行细则。土地调查规则的施行细则规定：私有土地由业主申报，官有直接管理土地由该官署申报，官有出租地由官佃申报，出典土地由典主及乘典人共同联名申报，申报书共二份，分送土地委员会及临时土地调查局。

按照总督府民政长官后藤新平的设计意图，1898 年 9 月起，在台湾总督府动员大批警察参与的情况下，土地调查从台北开始，然后向台中、台南及宜兰扩展。土地调查主要内容是：1. 土地测量，即对土地地形的测绘；2. 土地种类的确定；3. 土地权利关系的确定。后来增加地租改正事业，共花费 540 万日元①。由于岛内反日斗争持续不息，故此次土地调查主要是以台湾西部的土地为对象，进行开始实施地籍调查、三角测量和地形测量等②。从 1898 年 9 月到 1903 年 6 月，历时六年，共投入人力 167 万人次。在这次调查中，台湾总督府首次以警察等国家机器强迫台湾农民“配合”其土地调查人员进行土地资源和土地所有权的普查。土地调查于 1903 年在台南宣布结束。

台湾总督府进行土地调查的最大目的不仅在于整理隐田以增加税收，更在于确定土地所有权，进而使土地的交易获得可能，以便鼓励日本资本对台湾的土地投资及设立企业。于是，土地调查成为台湾资本主义化，日本资本征服台

---

① 竹越与三郎：《台湾统治志》，东京：博文馆 1905 年版，第 206 页。也有 525 万元之说（转引自伊藤洁：《台湾》，东京：中央公论社 1993 年版，第 88 页），亦有 522 万元之说，转引自涂照彦：《日本帝国主义下の台湾》，东京：东京大学出版会 1975 年版，第 40 页，以及张胜彦：《台湾开发史》，台北：空中大学，1996 年版，第 223 页等。

② 矢内原忠雄：《帝国主义下の台湾》，东京：岩波书店，1988 年版第 17 页。

湾的必要前提及基础[①]。目的是为了确定所有权和交纳地租的人，便于土地买卖；也是为了查清隐田，增收土地税；以及为了治安的目的而明了地形[②]。"便于土地买卖"，实际上是为了有利于日本资本"购置"或"吞占"台湾的肥沃土地，以加速台湾农民的破产。从1899年7月起1904年10月止在台湾推行的土地调查中，远远超过调查前所预想的30万甲[③]。共查出总耕地面积619 287甲，其中，水田313 693甲，旱地305 594甲，比土地调查前增加了257 840甲[④]。若同清代刘铭传任期的土地调查数(361 427甲)比较，则增加了71%[⑤]。调查制成地租名册3 253册，大租名册2 371册，达到了确定土地权利所属、区分土地种目及查明地理地形的设计目的[⑥]。

表七　台湾耕地面积(1898—1935)

年度	田			园			总面积	
	甲	指数	百分比(%)	甲	指数	百分比(%)	甲	指数
1898	243 538	100	58.0	170 764	100	41.2	414 302	100
1905	314 364	129	48.8	329 505	193	51.2	643 868	155
1910	342 680	141	49.3	352 326	206	50.7	695 005	168
1915	353 728	145	49.0	368 064	216	51.0	721 791	174
1920	378 564	155	49.0	394 096	231	51.0	772 661	18
1925	385 216	158	48.2	414 301	243	51.8	799 517	193

---

① 东嘉生:《台湾经济史概说》,台北:海峡学术出版社,2000年版,第71页。

② 许极燉:《台湾近代发展史》,台北:前卫出版社,1996年版,第262页。

③ 甲:台湾以甲为土地面积计量单位:一甲约折合0.97公顷,也即9 700平方公尺。另,一甲为2 934坪,一坪为6平方尺。

④ 也有不同的统计数字,1. 调查耕地总数为777 850甲。转引自台湾省文献委员会:《台湾近代史》(经济篇),南投:1995年印行,第408页。2. 总计777 849甲,其中水田313 693甲,旱地305 594甲,宅基地36 394甲,其他122 168甲。从调查资料看,1905年前后,台湾的大租户约为38 000人,小租户(包括自耕农)约为300 000人,佃农约为750 000人左右(涂照彦:《日本帝国主义下の台湾》,东京:东京大学出版会,1975年版,第42页)。调查前的数据为361 147甲,调查后增至777 850甲,净增416 403甲,翻了一番(竹越与三郎:《台湾统治志》,东京:博文馆,1905年版,第211页)。另据张胜彦等的统计,土地调查的结果,田园面积从调查前的366 987甲增至633 065甲。1. 调查前全台田园约37万甲,调查后增为63万余甲,约增26万甲。2. 大租户约4万人、小租户(含自耕农)约30万人、佃农约75万人(张胜彦:《台湾开发史》,台北:空中大学1996年版,第223页)。

⑤ 台湾总督府临时土地调查局:《第五次事业报告书》,台北:1905年,第97页。

⑥ 矢内原忠雄:《帝国主义下の台湾》,东京:岩波书店,1988年版,第18页。

续表

年　度	田			园			总面积	
	甲	指数	百分比(%)	甲	指数	百分比(%)	甲	指数
1930	408 972	168	48.8	428 330	251	51.2	837 302	202
1935	493 535	203	57.6	363 240	213	42.4	856 775	207

资料来源:《台湾总督府统计书》第29卷,第297页;第34卷,第319页;第37卷,第342页;第39卷,第347页。转引自吴聪贤:《农业史》,台北:黎明文化事业股份有限公司,1992年版,第171页。

土地调查结束后,在总督府民政长官后藤新平的直接策划下,1904年11月10日,台湾总督府匆忙公布《台湾地租规则修正案》(律令第十二号),开始实施第一次修正地租征收办法。该法规以土地收益为准,依照不同地况增加纳税,实则强化了对于小租户和一般自耕农的经济剥削。新的地租规则以水田、旱地及鱼塘为课税对象(1915年添入住宅基地),采取累进税制,并将水田、旱田各分十等、鱼塘分为七等进行征税。通过此次地租修正,地租率大大提高。从1903年总督府地租收入的92余万元,骤增至1905年的298余万元。三年间,地租收入一下增幅3倍①。总督府可征收的地租大幅增加,其财政收入增加,提前实现了所谓的财政独立,奠定了台湾殖民地经济的发展基础②。

通过土地调查,岛内耕地面积大为增加(参考表七),总督府不仅建立起土地课税标准,增加其土地税收入,而且土地所有权及转让需有所谓“法律的依据”,强化了总督府对台湾农村及农业经济的控制。此外,因整顿大租权而发行公债,并令台湾银行购买,促使当地豪族的封建土地资产资本化,也将台湾经济渐次纳入日本资本主义经济圈内。1901年总督府颁布《土地征用规则》,并以此强行收购民间土地,其结果有不少台湾耕地落在日本资本家的手中③;1905年总督府又制定出《土地登记规则》(律令第三号),强迫台湾农民进行“土地所有权申报”,并再次规定凡“没有地券或其他确证可以证明左右权的土地”,“概归官有”④。这样,大批台湾农民的耕地,便在顷刻之间以没有所谓的“地券”为由

① 参见台湾总督府税务职员共慰会:《台湾税务史》上卷,1918年版,第86页;竹越与三郎的统计为:总督府的地租收入从原来的860 706元,增加到2 989 287元,猛涨3.3倍(竹越与三郎:《台湾统治志》,东京:博文馆,1905年版,211页);《台湾近代史》(经济篇)的记载则为2 984 021元(台湾省文献委员会,南投:1995年印行,第408页);戚嘉林的记载则为297.5万余元(戚嘉林:《台湾史》(增订本),台北:海峡学术出版社,2008年版,第289页)。

② 至1919年,在台湾总督明石元二郎与民政长官下村宏的主持下,总督府以兴建水利设施、促进农业等为由,于1919年8月再次颁布《台湾地租规则修正案》(律令第三号)。将地租率提高40%,地租收入再增43%,由原来的370余万元左右,增至为530余万元(台湾总督府:《总督府税务年报》,台北:1922年,第3页)。

③ 吴聪贤:《农业史》,台北:黎明文化事业股份有限公司,1992年版,第172页。

④ 台湾总督府:《台湾统治概要》,台北:1945年,第499页。

被强行夺取。为严格管理农村土地，强化对农村、农业之经济统制，1898 年总督府进行了极其严格的土地租税等物产所有权的重新登记，物产登记的所有人不允许是代替的“名号”，如板桥林家的“林本源”、台北芦洲李家的“李长利”、“李合发”等，而必须是真实的姓名①。如此，总督府对台湾农村与农业经济的控制日趋深入。

二　大租权改革——确立小租户为核心的近代土地制

在通过土地调查、摸清土地的地权与所有关系的基础上，台湾总督府开始推进以废除大租权为核心的土地制度改革。1901 年 4 月，台湾总督府颁布《土地收用规则》（律令第八号），以“法理”之名义没收所谓的“无主土地”。1903 年颁布《有关大租权内容规定之件》（律令第三号），并成立大租权调查委员会，从事大租权的审定工作。至 1902 年底，持有大租权者约有 38 000 人、小租权者约有 30 万人、现耕佃人 75 万人。当时台湾的五大地主是台北板桥林本源家（5 300甲）、台中阿罩雾林献堂（1 500 甲）、新竹何如兰（500 甲）、台中新庄仔庄吴鸾旂（800 甲）、台中雾峰庄林季昌（700 甲）②。

总督府随即以 1903 年 12 月 5 日为期限，禁止设立新的大租权，也禁止提高大租的租额③。1904 年 5 月，台湾总督府公布《有关改革大租权之事宜》（律令第六号），取消一切大租权，对于拥有大租权者和有关继承人，由总督府以公债方式加以补偿。总计应领补偿的大租权者 30 000 人左右，补偿总金额 3 779 479元④。这样，至 1905 年 6 月，台湾总督府颁布《土地登记规则》（律令第三号），作为土地买卖及权利转移之法定手续规则，虽然还承认大租户的大租权，但禁止新的大租户产生⑤。

通过这项改革，台湾耕地面积比日据之前刘铭传丈量时增加 71％，而征收到的地租率由土地制度整顿之前的 92 万元（1903 年度），一跃上升到 298 万元（1905 年度），增加两倍。这样，台湾总督府只要用两年的地租税收额就足以支付大租权的全部补偿金。因此，通过大租权的改革，一方面，大量增加的赋课给

---

①　以台北芦洲李家为例，其家族代表人物是李清水，自光绪初年起，李家购置土地，均以“李长利记”的名号进行。而自日据之后的 1898 年起，李家购置土地等物产，均以李清水之子李灯辉个人名义进行交易或登记（陈支平：《民间文书与台湾社会经济史》，长沙：岳麓书社，2004 年版，第 48—49 页）。

②　台湾总督府临时旧惯调查会：《台湾旧惯记事》第一卷第 12 号，第 64 页。转引自史明：《台湾人四百年史》，台北：蓬岛文化公司，1980 年版，第 165—166 页。

③　涂照彦：《日本帝国主义下の台湾》，东京：东京大学出版会，1975 年版，第 41 页。

④　张胜彦：《台湾开发史》，台北：空中大学，1996 年版，第 223 页。

⑤　矢内原忠雄：《帝国主义下の台湾》，东京：岩波书店，1988 年版，第 17 页。叶荣钟：《近代台湾金融经济发展史》，台北：晨星出版有限公司，2002 年版，第 40 页。

台湾总督府的财政提供了重要的财源，使台湾总督府财政独立成为现实，同时确立了以小租户为业主的一地一主的近代殖民地土地制度；另一方面，更重要的是为日本殖民资本到台湾抢购土地、建立掌控台湾殖民地经济体系铺平了道路。这也是日据时期台湾米糖经济发展之社会背景。

史料记载，在台湾总督府推行其土地调查的过程中，曾遭到台湾民众的坚决抵制。但在日俄战争前夕的 1903 年，台湾总督府宣布岛内全境戒严。儿玉源太郎总督回国参与日本军部中央的对俄作战计划，在借助警察的强权下，代理总督的总督府民政长官后藤新平趁着这个机会完成土地调查，废掉有 200 多年历史的“大租权”[①]，完成地租改革。并且大力稳定成立于 1900 年的台湾银行。接着将盐、樟脑、鸦片收归专卖，增加米和茶的产量，终于在 1905 年财政状况好转，不再需要日本国内的补助[②]。

从 1909 年起，总督府以公债和现金收买等方式，彻底消灭大租户的大租权。据调查，这笔赎买费为 377.9 万元，其中 10.7 万元以现金支付，公债券面总额为 408 万多元。消灭大租权的结果，使岛内复杂的土地所有权关系变为单一的所有权关系。原来的小租户被确认为业主，它和佃耕人的关系变成了地主和佃户之间的关系。也就是说，通过赎买，大租权消灭了，而有利于日本殖民统治的、半封建的地主佃户关系（在整个日据时期，这种关系始终未有变化）却被保护了下来。稻田与其他经济林地不同，几乎看不到由日本财阀资本直接控制的大农场的农业经济形式，依然保持着旧有的地主与佃农的关系，只不过经过土地调查与土地制度整顿，取消大租户，由原来的一田二主的大小租户关系转变为以小租户为主的一田一主的土地制度而已。

1915 年总督府办理修正地租工作，至 1919 年完成，经此次查定有租地面积 749 337 甲，笔数 1 970 695 笔，地租额为 5 215 838 元。此后十年间土地收益又明显增加，1930 年台湾总督府又进行地租修正工作，至 1935 年完成，计有租地面积 1 088 424 甲，地租额 7 585 588 元。因 1937 年日本扩大对华战争，为增加战时之财政收入，台湾总督府于 1942 年再度举办地租调查，以两年时间完成，计有租地面积 1 161 240 甲，笔数 139 463 048 笔，地租额 13 463 048 元，地租增加 77.5%[③]。

台湾总督府强行取消大租权以后，在最初一段时间内，对旧有的租佃关系

---

① 1904 年 5 月，总督府完成土地调查，订定关于补偿金算定率。例如，以农作物稻谷而言，其补偿金额在北部为年收稻谷大租额的 5.4 年份、中部为 3.8 年份、南部为 3 年份，故大租户损失惨重（参见戚嘉林：《台湾史》（增订本），台北：海峡学术出版社，2008 年版，第 289 页）。

② 宋光宇：《台湾史》，北京：人民出版社，2007 年版，第 113 页。

③ 参见江丙坤：《台湾田赋改革事业之研究》，台北：台湾银行经济研究室，1972 年版；任广福：《台湾之田赋》，《台湾银行季刊》，第 13 卷第 4 期，1962 年 4 月。

仍采取放任政策，但到20年代末，由于接连发生经济危机，撤佃还田，或减免租额等争议的增加，总督府开始推行业佃会等组织团体，以调节业佃的纠纷。业佃会以乡镇为区域，以业主和佃农为会员，双方订立书面契约代替原来的口头契约，以改善租佃关系。同时设立调解委员会以调解纠纷，奖励业佃双方共同从事农业增产。总之，日据时期台湾之农地租佃制度非常盛行。据统计，日据末期的1940—1943年间，台湾约有44.8万户农户，其中自耕农为14万户，占31.2%；半自耕农有13.9万户，占31.0%；佃农最多，有16.9万户，占37.8%。半自耕农系自有耕地不足，而有部分耕地需向地主租入者，即须部分依赖租入耕地维持生计者。而佃农则为全部耕地需向地主租入者，亦即其全家生计须全部依赖租入之耕地者。由此可知，当时台湾有68.8%之农户，须全部或部分依赖租入耕地维生，租佃制度之良窳，对农户生计之影响至大。至1939年，台湾佃耕地面积为48.1万公顷，远比自耕农之37.3万公顷为多，前者占56.3%，后者只占43.7%，可见租佃制度在台湾之普遍①。

台湾总督府在完成土地调查以后，攫取到大量的所谓“官有地”，而总督府的土地政策就是要将台湾的土地支配权归属日本人。如上所述，在日据初期总督府财政困难时期，在日本政府即将取消对其财政补贴的情况下，总督府为实现财政独立，鼓励日本企业进入台湾投资、开发台湾的经济；同时为保护日本企业，1896年，总督府相继颁布了《台湾官有森林原野及产物特别处分令》(敕令第三百一十号)、《台湾官有森林原野预约卖渡规则》(府令第四十五号)及《台湾官有森林原野贷渡规则》(府令第四十七号)，使日资企业以极其低廉的代价取得大量的“官有地”；另一方面，台湾总督府往往动用警察力量来强制台湾农民向日资企业低价出售土地，而日本制糖企业为确保制糖原料甘蔗的统购，则大面积地强行收购农民手中的蔗田。如在1906年台湾制糖会社、1908年源成农场、1909年林本源制糖会社(该会社虽为台湾本地资本，但实际为日资企业控制)皆因强行收购农民的蔗田，还有三菱制纸会社也强霸15 000甲的竹林和造林地，而引发台湾农民的强烈抗争②。

通过所谓土地制度改革，台湾土地进一步向日本人手里集中。据1939年4月统计，日本人及日本企业拥有的土地已达11多万甲，占耕地总面积的13.29%。③ 经过土地调查和林野调查，明确地权关系以后，日本制糖会社开始积极推行收购土地的措施，购置许多直接属于制糖会社的社有农地。同时通过

---

① 于宗先：《两岸农地利用比较》，北京：社会科学文献出版社，2004年版，第252页。

② 有关日据时期台湾民众反抗总督府与日本企业之掠夺与压制，参阅陈俐甫：《日治时期台湾政治运动之研究》，台北：稻乡出版社，1996年版；何凤娇：《日据时期台湾的糖业经营与农民争议》，台北：台湾政治大学历史研究所硕士论文，1991年2月；罗文国：《日本殖民政策与台湾农民运动的形成(1895—1931)》，台北：台湾政治大学历史研究所硕士论文，1993年6月。

③ 台湾总督府殖产局：《农业基本调查书》第41卷，台北：第2页。

推行限定于取得土地佃耕权的所谓确保租地的策略，还获得了与社有农业地同样可以自已经营的征租地，从而扩大对土地的控制。如果将社有农业地与征租地加在一起，在 1926 年，日本制糖会社占有 103 838 甲，相当于台湾耕地面积的八分之一。例如花莲港厅的盐水港制糖公司的所有地为 9 438 甲。其中耕地 5 001甲，占该厅耕地面积的四分之一强。西部台湾从 1909 年到 1910 年实行日本移民计划，开办私营农场，虽然日本移民失败，但日本资本家占有土地这一事实，却已确立。如三五公司开办的源成农场，有土地 3 000 甲，又如南隆农场，占地 4 000 甲。1923 年，今村繁三的今村农场，占地约 1 600 甲。此外，总督府直辖之台湾拓殖株式会社在新竹中坜占有水田 3 000 甲，花莲港厅之旧官营移民村的占有地约 2 700 甲，1925 年拨给日本在台退职官吏的土地约有 4 700 甲。综上所计，日本人在台占有土地约 12 万甲，达全部耕地面积的 15%。至于在林野地方面日本人占有的程度比耕地面积更高。如台东开拓会社约 2 万甲，三井财阀占有茶园 1.7 千甲。台湾拓殖制茶公司茶园 1 000 甲，三菱制纸会社的竹林及造林地 1.5 万甲，由总督府“官营资本”经营的樟树造林地 3.5 万甲，阿里山、八仙山及宜兰浊水溪之官营林地 8.3 万甲，帝国大学演习林 13 万甲等①。

从以上事实可知，在台湾总督府的威权保护下，日本财阀资本通过各种手段无偿占有岛内大量土地，已成为台湾最大的地主。台湾土地大租权改革，可视为是台湾总督府对台湾进行殖民统治的起点，也是日据初期台湾总督府最重要的殖民经济政策之一。应该注意的是，台湾总督府推行的所谓大租权改革，是将改革的负担转嫁给农民。即，在土地调查过程中，为明确台湾西部土地的所有权，并为确保每年大幅增加的地租，实质上将大租权整理公债的负担转嫁给了土著农民。以土著农民的负担换取了大租权的改革②。

总督府以债券来购买土地，可谓无本买卖。发给地权户债券后，又诱导他们投资产业或银行。如台湾中部的大地主林献堂、吴汝祥、吴德功、吴鸾旅等投资创办“彰化银行”（1905 年设立，资本金 22 万元），王朝文、徐德新投资创办“嘉义银行”（1905 年设立，资本金 25 万元），林烈堂、吕鹤巢、蔡莲舫、蔡惠如投资创办“台湾制麻株式会社”（1912 年设立，资本金 20 万元）等③是较为典型的例子。需要注意的是，这些银行虽然名义上是台湾人资本设立的，但“却被利用为再从台湾一般的地主、商人、富豪等身上吸收游资的工具，把其转化为产业资金，以供日本企业所使用”④。虽然，在日本企业大举进入台湾之前，总督府对于台湾

---

① 林仁川、黄福才：《台湾社会经济史研究》，厦门大学出版社，2001 年版，第 100—101 页。

② 涂照彦：《日本帝国主义下の台湾》，东京：东京大学出版会，1975 年版，第 44 页。

③ 台湾大观社：《台湾产业之现势》，台北：1913 年，第 71、193 页。

④ 史明：《台湾人四百年史》，台北：蓬岛文化公司，1980 年版，第 338 页。

当地资本也予以了一定程度的金融支持[1],但整个日据时期,这些银行的资金实际上大多投资于日资企业,即将台湾资本的存款又主要贷于日本企业。

结果显示,土地改革的实际利益尽为台湾总督府及日本资本所享有[2],但台湾学者许极燉对台湾总督府主导下的土地调查和土地制度改革却作了较高评价[3]。对此,台湾学者张汉峪指出,总督府的这一政策举措,主要是"为日本资本家的进出开辟坦途"[4]。吴聪贤也对此指出:总督府"土地调查目的有三:(1) 整理隐田,增加税收;(2) 确定土地所有权,确保土地交易安全;(3) 分配土地给日本人,厚植日人的经济力量"[5]。曾任职于台湾总督府殖产局的竹越与三郎也承认,台湾总督府推行的"土地调查,对内是稳定土地制度,增收地租,对外则是本国资本能任意投资于台湾的土地,其成果永不穷尽"[6]。

三　林野调查——总督府"官有地"的大量攫取

台湾总督府为建立殖民地经济的第二项基础工程是进行林野调查和整理。总督府对于列账的土地沿旧管理,未列账之山林土地,则统称为林野。林野包括:(1) 已经核发垦照但未完成开垦(缘故关系地);(2) 未申请垦照而占有开垦(无断开垦地);(3) 无垦照也无占有开垦。清朝时期,第一、二种状况的土地占有人虽非业主,但依据台湾惯行并不表示占有人对占有土地无任何权利。台湾总督府先前

---

① 1902 年至 1906 年度,台湾总督府对台湾土著资本的补助费占总督府糖业补助总额的 57.9%,超过了对日本资本的补助,因此,初期的糖业补助少有民族的区别。对日本资本的补助主要在利息和现物,而对台湾土著资本除资本的补助之外,相当一部分在于机械化补助。这表明,日本资本所需主要在于资金,而台湾土著资本则同时需要资金和技术,并且一开始就十分依靠日本殖民者的扶持,其依赖性和经济脆弱性相当大,这就给土著资本糖厂以后的发展道路留下了阴影,也给日本资本控制、吞并台湾土著资本带来了可乘之机(陈小冲:《日本殖民统治台湾五十年史》,北京:社会科学文献出版社,2005 年版,第 75—76 页)。

② 台湾学者于宗先等人指出:台湾之公有土地,日据时期大都放租予日本人及其会社、或由御用士绅包揽承租转租予农民。在日本统治者,可藉以笼络其走狗,在包揽承租者,得以坐享暴利,而实际耕作之农民,则终年勤劳,仍穷困不堪,实有违当时之土地政策(于宗先:《两岸农地利用比较》,北京:社会科学文献出版社,2004 年版,第 258 页)。

③ 许极燉认为总督府推行土地调查主要有三大成效:1. 地形地理因调查测量而明朗,对治安颇有帮助;2. 整理隐田增加土地的甲数,消灭大租权,由是提高土地的收益,因而地租改革(1904)增加了赋税的征收,财政也随之增加;3. 土地权利的明确化,使土地交易安全而获致经济上的利益。这种经济利益在于诱致资本,使资本家安心在台湾从事土地投资,设立企业,促进台湾的资本主义化。所以说,土地调查乃是台湾经济迈向近代化的前提,亦是重要基础工程之一(许极燉:《台湾近代发展史》,台北:前卫出版社,1996 年版,第 262 页)。

④ 张汉峪:《日据时代台湾经济之演变》,《台湾经济史》第二集,台北:台湾银行(转引自周宪文:《台湾经济史》,台北:开明书店,1980 年印行,第 404 页)。

⑤ 吴聪贤:《农业史》,台北:黎明文化事业股份有限公司,1992 年版,第 172 页。

⑥ 竹越与三郎:《台湾统治志》,东京:博文馆,1905 年版,第 214 页。

的土地调查只是处理了水田和旱田，没有涉及山林。台湾总督府策划以夺取台湾农民耕地的同样卑鄙手段，夺取山区的山林及资源。经过精心准备，决意开始进行大规模的“林野调查”，并进一步明确山林原野“无主地国有化”的调查方针。

当时，台湾总督府设有抚垦署（对民政局长负责），专门负责“番地”的山林资源，对林野的调查理应也由抚垦署负责。但在台湾总督府民政局殖产部内，有关抚垦的业务由拓殖课主管；而有关山林问题则由林务课掌管①。1896 年 11 月，林务课制订的《森林调查内规》②，是台湾总督府“发动国家权力，对台湾所有的‘森林’（即包括‘番地’汉人所有森林）从事调查的开端”③。1895 年 10 月 31 日，台湾总督府颁布《官有林野及樟脑制造业取缔规则》（律令第二十六号）。该《规则》第一条就明文规定：“没有地券或其他确证可以证明所有权的山林原野，概归官有。”④就是说，凡没有地券或其他确证可以证明所有权的山林原野（无主森林、原野、猎场等）均收归总督府“官有”，这就是所谓的“无主地归国有”的原则。但所谓的“地券”及“确证”究竟何指有欠明了⑤。也就是说，没有所有权证明的山林原野“无偿归属”台湾总督府“官有”。这样，居住在台湾山区的广大原住民同胞因缺乏所谓“产权证明”而被无端地剥夺所有权。这一规定不合台湾岛内的惯行又过于严苛，引起广大农民的抗争。之后，总督府又调整为无“产权证明”等书类证据，也可采用实际占有的“事实认定”原则，但认定条件至为苛刻。参照以下《官有林野及樟脑制造业取缔规则》部分内容可知，其内容极为烦琐严密：

《官有林野及樟脑制造业取缔规则》部分条文

第三条，台湾交接以前，若有清国政府之执照，准伐采官地之树木及开垦官地或熬制樟脑者，即日后须遵地方官厅告示日期，照于左开列各项，将清国政府所发执照，应赴地方官厅一并具禀呈核。

伐采树木要点：

一、山林土名、位置、地区境界（添付绘地图）

二、山林宽窄、树木尽数

三、所伐木料有几类及其用处、搬运通路、运去何处

四、至何时可以伐采完

---

① 《台湾林业史》第一卷，台北：台湾总督府民政局殖产部，1917 年，第 29 页。

② 同上，第 30 页。

③ 此项调查由林务课负责推动，抚垦署则只不过是协助或周旋、排解与安抚“番人”，以便顺利进行调查事业。抚垦署在表面上呈现为一种过渡时期“绥抚”机构的角色（藤井志津枝：《日治时期台湾总督府理番政策》，台北：文英堂，1997 年版，第 39 页）。

④ 矢内原忠雄：《帝国主义下の台湾》，东京：岩波书店，1988 年版，第 19 页。

⑤ 台湾总督府旧惯调查会的解释是：不仅仅是书面证据，还应包括人证及实际占有状态等（台湾总督府旧惯调查会编印：《台湾私法》第一卷（下），台北：1910 年，第 77 页）。

开垦林野要点：
一、土地之名、位置、地区境界(添付绘地图)
二、山林宽窄
三、树木等类、树木尽数、所伐木有几棵及其用处、运去何处
四、何时可以伐采完
熬制樟脑要点：
一、熬制樟脑地位置
二、樟林土名、位置、地区境界(添付绘地图)
三、樟林宽窄、樟树若干
四、熬制樟脑灶额及锅之树木
五、每灶用工人若干
六、每日熬制樟脑至多者若干至少者若干
七、樟脑搬运通路、运去何处
八、何时可以熬完
第四条，地方官必须查明虚实，允准及发给执照。如地方官查出所禀有不确实者或不具备者，即饬其改正①。

日据之前，岛内农民取得土地业主权的方式是，垦户向官府申请垦照(参考图一)后，再招佃拓垦。待拓垦有一定规模之后，再由官府至现地勘丈、陞科，即是将已拓垦的土地纳入官府土地账册，同时发给业主“丈单”(土地权状)，官府并据以课税。就官府而言，未完成开垦的土地无纳税之义务，也不登录在土地账册；而此类土地，人民无从由官府取得可资证明土地业主权的契字和税单。由此，存在于这些账册以外的土地首先成为总督府剥夺的对象。由此可说，台湾总督府推行的土地调查“具有强烈的土地掠夺性”②。1899年，总督府还强行规定无主地的开垦须得到总督府的许可③。

① 陈锦荣编译:《日本据台初期重要档案》,南投:台湾省文献委员会,1978年印行,第182—183页。

② 台湾总督府在实施土地调查时曾称沿袭刘铭传时期的清赋制，但其采取的举措与刘铭传时期完全不同。刘铭传施行的清赋事业，是以课税体为对象的非申报主义，当局主动对各地方课税对象地的田目进行丈量调查。对土地业主权，则是凡持有证据书类者均予承认，其因遗失或开垦成功而无契字者先予丈量，就可承认其权利。换言之，清赋事业并无掠夺台湾农民土地的特性(参见戚嘉林:《台湾史》(增订本),台北:海峡学术出版社,2008年版,第290页)。

③ 周宪文:《台湾经济史》,台北:开明书店,1980年印行,第403页。

图一 清朝时期官府颁发的垦照

嘉慶二十五年十月六日臺灣北路淡防分府
胡令陳長順為合興庄墾戶諭

欽加府銜署臺灣北路淡防分府胡

給發諭戳以專開墾責成事本年九月二十九日據墾戶劉引源衛壽宗等稟請該所地方無隘把守兇番疊出人民樵牧被殺不計無處耕種緣本城有殷戶陳長順熟識墾務頗有家資茲蒙仁憲諭令陳長順為合興庄墾業戶准給論戳以衛地方深為德便諭者陳長順自備口粮資本在於合興庄等處地方開闢青山傭募隘丁建造砲櫃在要所駐紮拒守兇番人民無慮番害傭募丁佃開闢等所山林埔地田園以及大租口粮各等項概歸陳長順掌管自收租納課永為已業彌補資本報丈陞科各等情據此除出示曉諭外合行給發諭戳為此論仰業戶陳長順即便遵照須要趕緊建隘防番招佃給墾開荒為田按甲丈量就佃取收大租口粮資本有歸國課關重地方攸關毋致弛廢各宜凜遵毋違特諭

計 開

給發論一道戳記一個

臺灣二十五年十內初六日 諭

资料来源:《清领、日治和民国时期的台湾山林开发》。引自 http://homepage.ntu.tw/~kimzheng/PLC/plc003.htm

清代,台湾的山林大多未经丈量,官府也从未发行过有关山林业主权的所谓“地券”。有关山林的买卖,也多以口头契约为凭。但日据之后,台湾总督府无视台湾居民、特别是居住在山区的广大原住民的生活习俗,强行推行“林野国有化”政策①。不过,由于山林多为原住民居住地区,总督府力图推行之“林野调查”一时无法施行。直至1906年4月11日,佐久间左马太陆军大将接替儿玉源太郎出任第五任台湾总督,在继续推行前任的殖民政策的同时,决定在大力实施《五年理番计划》之同时,顺势推进林野调查政策,以进一步扩大对台湾山区资源的掠夺。在佐久间左马太总督的推动下,1910年10月,总督府先后公布

① 戴国辉:《台湾》,东京:岩波书店,1988年版,第71页。台湾学者叶荣钟指出:在清朝,山林从未丈量赋课,对于山林业主权未尝掣发地契之类。山林原野之交易,作成地契等证件者,均属割台以后之事,在这以前,都是用口头立约的,所以无法取得地契等确证,这样的山林便百分之百变成官有地了(叶荣钟:《台湾近代民族运动史》,台北:学海出版社,1979年版,第497页)。

《台湾林野调查规则》(律令第七号)、《林野调查委员会规则》(律令第八号)以及《林野调查处理规则》(律令第二百一十号)等一系列殖民地政策法规,就是要将"无主地归国有"这一原则推广到岛内所有的林野地上。1910年1月1日至1914年12月31日,总督府推行了日据以来的首次大规模林野调查。为执行此次林野调查,在总督府殖产局内增设林野调查课,作为调查的指导机构。

至1915年,总督府在基本结束为时四年半的"武力理番计划"时,同时也完成了台湾岛内全部林野的调查。历时五年的林野调查结果显示:除台湾原住民居住之"番界"以外,在97万余林野中,官有林野占到916 775甲(约合1 334万亩),民有林野仅为56 961甲(约合82万8 782亩),合计973 736甲,官有林占94.15%,民有林仅占5.85%,民有林仅及官有林1/16①。其中还包括不承认其所有权、但因其长期使用而准予继续使用的"保管林"(也称缘故林)。所谓"保管林"就是所有权归总督府"官有",但台湾百姓拥有使用权。这是面对台湾民众的坚决抵抗,总督府被迫作出的某种让步。正如周宪文《台湾经济史》中所记载:"……官有林野之内,还有为当地人久经善意占有、而从事竹木采伐等经济利用的;即有所谓'缘故关系'的。缘故关系的业主权,虽不承认,但其利益,则予保护。因此,乃于保管林的名义下,仍许继续占有并利用,而唯附以某种限制而已;对于这样的林野,则规定征收相当的保管费。"②根据台湾总督府规定的林野所有权查定办法,大量民有地无条件地变为官有。这表明台湾总督府对山林原野的掠夺,较之对农地的掠夺更加彻底、更为残酷。

但是,所谓"缘故林"的设立,阻碍了林野完整所有权的确立。由此,在林野调查的基础上,1915至1925年期间,台湾总督府推行了官有林野的整理,将从台湾农民手中夺取而来的"官有"林野地(717 835甲)划分为319 294万甲有保存价值的"要保存林野"和398 541万甲无保存价值的"不保存林野"。台湾总督府还将"不保存林野"中的266 399甲林野作为鼓励到台湾进行开垦的日本农业移民的专用土地③。其中,"保管林"约187 000甲④。"要保存林野"为完全官有,"不保存林野"则让具保管林利用身份者,自愿购买为民有林野。当时,有资力购买到的约有187 000甲,其余则未能让人民利用⑤。

由此可见,台湾总督府此次推行的林野调查事业及其整顿的结果,不仅直接霸占了大量的土地,同时也为在台湾进行农业资本输出和大规模的经济掠夺做了必要的准备。在林野调查及林业整理期间,台湾总督府还推动了对台湾东部花莲港、台东两厅的土地调查。这两个地区为原住民的主要聚集地,不少土

① 台湾总督府编印:《台湾统治概要》,台北:1945年,第501页。
②④ 周宪文:《台湾经济史》,台北:开明书店,1980年印行,第404页。
③ 台湾总督府:《台湾统治概要》,台北:台湾总督府,1945年,第500页。
⑤ 吴聪贤:《台湾农业史》,台北:黎明文化事业出版股份有限公司,1992年版,第174页。

地已经开垦。为笼络民心，台湾总督府决定“……凡在 1910 年以前占有现在耕作的开垦地，则斟酌过去的惯例，承认开垦者的所有权；如其开垦时期尚短，则就拨给开垦者，一方面借以安定他们的生活……另方面则期地籍整理的完备”[①]。

如上所述，林野调查与大租权改革一样，以农民的牺牲与负担换取了林野调查与整顿的进展。即以“无主地归国有”为盾牌，在给予农民所有权之同时，从他们身上强夺去巨额的资金[②]。林野调查的结果，大部分林野成为总督府的“官有”林野，而台湾总督府于 1914—1925 年间的林野整理事业中，出售其中的 204 912 甲，获得 5 459 863 元的巨额财政收入[③]。林野调查共花费 5 年时间，动员 16 000 余人参加，总经费为 581 000 余元。林野整理事业花费 11 年，动员 83 万余人参加，总经费为 370 余万元[④]。

总之，台湾总督府的林野调查，是采用无主地国有化的原则，而当时台湾人民很少能提出确实证据说明其所有权，因此林野地几乎全部划为“国有”，而查定为民有者，不过是极小部分而已，“此为殖民地政策之一表现，实际上等于没收”。所以，矢内原忠雄指出：“可谓为由于政府强权之实质的没收，而使资本家承领之时，不可不谓为由于国家权力直接援助之原始积累。”[⑤]可见，所谓的林野调查和整顿，即对林野建立私有财产制度，诱导资本及资本家的企业向林野发展，就是林野的资本主义化[⑥]。林野调查不仅是对台湾原住民林野地的直接掠夺，同时为日本垄断资本进入台湾岛内，掠夺台湾的森林资源开辟了便利的道路[⑦]。

但是，台湾总督府对那些提出课赋地券或买卖契约，可以用来证明土地所有权的台湾农民，并未“言而有信”。1911 年，总督府颁布《继承未定地规则》（律令第三号），该规则规定：凡由日本来台湾进行投资、开垦的日本企业或日本个人，均可在经台湾总督府批准、划定的区域内，以低廉的价格收买当地农民的土地。例如，三菱财阀就在总督府的特准下，仅仅支付了 3 万元的土地“补偿费”，就强行“收买”了台湾竹山、斗六、嘉义三地区，共计 2 万多台湾农民世代赖以维持生计的 15 000 甲耕地和竹林。而平均每甲竹林仅支付 2 元，每个农民也仅获得 1.5 元的补偿费。

---

① 台湾总督府内务局编：《台湾官有林野整理事业报告书》。转引自周宪文：《台湾经济史》，台北：开明书店，1980 年印行，第 404 页。

② 涂照彦：《日本帝国主义下の台湾》，东京大学出版会，1975 年版，第 44 页。

③ 台湾总督府殖产局：《官有地の管理と处分》，1935 年，第 16 页。也有不同统计，总督府的实际收益为 5 872 681 元（参见《台湾林业に關する调查书》第一分册，第 26 页）。

④ 涂照彦：《日本帝国主义下の台湾》，东京：东京大学出版会，1975 年版，第 54 页注 34。

⑤ 矢内原忠雄：《日本帝国主义下の台湾》，东京：岩波书店，1988 年版，第 23 页。

⑥ 周宪文：《台湾经济史》，台北：开明书店，1980 年印行，第 404 页。

⑦ 据统计，台湾砍伐后的各种木材，大部分都运往日本，特别是日本人的住房，对于檀木的需求特别殷切（台湾省文献委员会：《台湾近代史》（经济篇），南投：1995 年印行，第 137 页）。

日本占据台湾以后，在全岛总计 370.7 万甲的土地中，被台湾总督府强行无偿剥夺为"官有地"的竟达 246.2 万甲，被日资企业及日本移民强行低价"收买"的土地多达 18.1 万甲，两项合计 264.3 万甲，占全岛土地总面积的 70%以上。在台湾实际可直接耕种的 886 万甲耕地中，被日资企业和日本移民占有的耕地约 20.4%。另外，在全岛 265 万甲森林土地中，被台湾总督府强占的"官有林"高达 90%①。台湾总督府所拥有的"官有地"，大多以"放领"的形式无偿拨付给总督府退休的各级日本官员，鼓励其定居台湾；或低价出售给日资企业。台湾总督府明令规定：凡来台湾投资农业或林业的日本移民，一律由总督府无偿借给其土地或森林进行垦植试种。凡经审查后，确认其试种事业获得成功者，便可无偿获得其全部垦植试种的所有权②。

土地调查和林野调查的实质就是"掠夺" 台湾总督府借土地调查和林野调查掠夺了台湾大量的土地和林野权益，为日本财阀资本进入台湾，并垄断台湾经济创造了条件。所谓的"土地调查"与"林野调查"无异于在台湾总督府威权统治下对台湾土地林野的一次空前大掠夺。从而，所谓"台湾土地所有权资本主义化，实质乃是台湾土地所有权的日本化、殖民地化"③。台湾总督府通过所谓土地调查，用没收、圈占或征用等巧取豪夺的手段，将大量土地由民有强改为所谓的"官有"，再把其中大部分用廉价抛售或无偿赠与日本的私人资本，促使日本财阀资本积极进入台湾。在总督府的特别保护下，日本私人资本对台湾土地进行大规模投资。在台湾总督府及所属官营企业的收入中，来自山林原野的收入占有很大的比重。这表明总督府以威权掠夺的山林原野，对其在台湾的经济殖民统治有着很重要的作用。台湾学者陈映真指出："日帝据台以后，立刻展开了为日本独占资本在台湾顺利发展所必要的'基础工程'……为日本帝国主义资本在台湾扩张和超额榨取创造了条件，但同时也形成了母国日本与殖民地台湾之间的不平等分工，使台湾在经济上固定为对日本提供原料与农产品食粮的基地，台湾经济丧失其主体性，而庸从为日本帝国主义经济累积的工具，并被迫形成日本的米—糖单一性种植(monoculture)的基地。台湾本地传统的、资本主义萌芽的糖作坊和台湾人现代资本主义制糖资本被迫解体。另一方面，日本帝国主义保护和巩固了台湾的半封建地主、佃农体制。"④日本学者东嘉生认为："上述土地调查及林野调查事业的完成，是使台湾土地过去所有的桎梏公开解放，台湾因而成为近代投资的对象；也可以说，这是台湾资本主义化，亦即

---

① 陈碧笙：《台湾地方史》，北京：中国社会科学出版社，1990 年版，第 202—203 页。

② 台湾总督府编印：《台湾统治概要》，台北：1945 年，第 396 页。

③ 陈泽尧：《台湾殖民地经济概论》，载《河南师范大学学报》1997 年第 1 期。

④ 陈映真：《以意识形态代替科学知识的灾难——批评陈方明先生的〈台湾新文学史的建构与分期〉》，台湾《联合文学》第 189 期，2000 年 7 月，第 140—141 页。

日本资本征服台湾的必要前提或基础工程。"[①]总之,"土地林野调查事业的完成,为日本资本涌入台湾创造了必不可少的前提,同时也标志着台湾殖民地化的确立和深化"[②]。

综上所述,1898—1904 年的土地调查,使西部台湾的土地所有权得以明确;1910—1914 年的林野调查,则分别明确了林野的官有与民有;1915—1925 年的官有林野整理事业及台湾东部土地调查,则使林野及东部台湾的土地所有权得以明确[③]。"这是台湾土地被投入资本主义企业的前提,而又为资本得以要求逐渐支配台湾全部土地的顺序。盖因资本主义乃以确立完全的私有财产制度为必不可少的基础"[④]。1925 年台湾总督府制订出以十五年为实施期限的《森林事业计划》。该《计划》规定:1. 根据森林治水调查,决定治水上及国土保安上的施业政策;2. 根据区分调查,由治水、国土保安、产业、公益及军事的立场,决定是否需要保留的林野;3. 根据测量,决定面积及地形;4. 根据施业案编成调查,决定施业方法[⑤]。随即"由于新兴产业的发达,需要加速推行这一事业,乃于 1927 年起扩大规模,并将期限缩短为十年"[⑥]。

台湾总督府在掠夺土地和林野地的同时,为彻底控制台湾的经济命脉,在岛内扶植日本人势力并防止台湾人民的民族自觉,除了鼓励总督府退休官员定居台湾以外,台湾总督府还加紧制订出日本农业移民计划,以"培养母国人的统治阶级,又可以形成一部分日籍劳动阶级,使其负担开发殖民地所需的一切要素"[⑦]。总之,"非常重视移民的政治意义"[⑧]。由此,日本农业移民与台湾土地制度变迁联系紧密,虽然台湾总督府早期推行的私营移民事业并无大的起色,但却借机"吞占"了大量土地和林野。由于私营移民事业的不顺,自 1909 年起台湾总督府开始推行官营移民事业,即以总督府威权大力推行日本农业移民进入台湾的步伐。总督府首先选定在花莲港厅为其实施官营移民的试点。随后,

---

① 东嘉生:《台湾经济史概说》,台北:海峡学术出版社,2000 年版,第 71 页。

② 陈小冲:《日本殖民统治台湾五十年史》,北京:社会科学文献出版社,2005 年版,第 19 页。

③ 在土地调查中,仅剩下原住民居住的山部地区尚未被总督府完全侵吞。由于山部地区有着丰富的森林矿产资源,自 1910 年起,佐久间左马太总督制定五年武力讨伐计划,开始推行所谓的"理番政策",并与林野调查事业同时推进,原住民同胞的利益渐次为总督府及日本资本所"蚕食"。由此,佐久间左马太总督完成了儿玉源太郎总督未能完成的殖民地"基础工程"之一的林野调查事业(参见矢内原忠雄:《日本帝国主义下の台湾》,东京:岩波书店,1988 年再版,第 22 页;黄静嘉:《春帆楼下晚涛急——日本对台湾的殖民统治及其影响》,北京:商务印书馆,2003 版,第 125 页等)。

④ 周宪文:《台湾经济史》,台北:开明书店,1980 年印行,第 405 页。

⑤ 矢内原忠雄:《日本帝国主义下の台湾》,东京:岩波书店,1988 年版,第 21 页。

⑥ 台湾总督府:《台湾事情》,台北:总督府,1928 年,第 359 页。

⑦ 矢内原忠雄:《日本帝国主义下の台湾》,东京:岩波书店,1988 年版,第 140 页。

⑧ 台湾总督府:《官营移民事业报告书》,第 8—16 页。

日本企业也纷纷进入台湾本岛，在总督府的“关怀”下，大量的土地林野“无偿”地成为日本人和日本企业的财产。1926年仅日资新式制糖企业支配的土地（拥有土地所有权的为78 601甲，拥有土地佃租权的为25 237甲）就达103 838甲，占台湾耕地总面积八分之一强。其中，花莲港厅的盐水港制糖会社所有地面积为9 428甲，其中耕地为5 001甲，占花莲港厅耕地四分之一强。而台湾岛内所谓的新式制糖企业皆为日本资本所控制[①]。

第二节　改革币制、统一度量衡与人口调查
——把台湾纳入日本资本主义经济圈

一　金融整顿、货币统一与度量衡统一

金融整顿、货币统一　日本占据台湾之后，推动货币与度量衡的统一是台湾总督府在台湾加强殖民统治的重要措施。台湾总督府推行的第四项殖民地基础工程就是建立新的金融流通体系，即通过币制与度量衡的统一、设立台湾银行等措施，在台湾建立起台湾总督府独裁下的近代金融体制，其主要目的是把台湾经济的发展纳入日本资本主义经济体系的轨道。

日本据台初期，台湾民间流通的货币种类繁多，币制十分混乱，岛内市面上流通的各国银元和自铸银元达数十种之多[②]。对主要为硬币的外国银币通称“洋银”。虽然从广义上说，其他外国银币也称作“洋银”，但由于墨西哥银元[③]为数最多，所以说“洋银”时主要指的就是墨西哥银元。墨币俗称“鹰洋”，自1854年流入中国后，逐步成为“中国主要流通货币约60年”[④]。墨币使用最普遍的地

---

① 矢内原忠雄：《日本帝国主义下の台湾》，东京：岩波书店，1988年版，第26页。

② 一说多达一百数十种（见许极燉：《台湾近代发展史》，台北：前卫出版社，1996年版，第265页）。

③ 墨西哥银元（Mexican Dollar），是1535年世界唯一产银国墨西哥铸造的银币，自问世以来，不仅在墨西哥本国，而且成为世界贸易活动中通用的一种国际货币。19世纪中叶日本开港后，对外贸易中也使用这种货币，中国等其他亚洲国家也是如此。

④ 墨西哥银元在中国的流通范围广泛，最初由广州流入，迨康熙中叶（1690）经由福建省而流入江西境，至乾隆末期（1790）始到达长江下游一带。鸦片战争以前，北京的臣宦普遍将墨银作为储蓄的目的物。至乾隆末期，随着墨银流通的普遍化，在江苏、浙江、福建诸省，即以墨银完纳田赋（百濑弘：《关于清代西班牙圆流通》（二），《社会经济史卷》第六卷第三号）。1866年，香港造币局以墨银为标准货币，开始铸造，以10%的折扣流通使用，二年以后，造币局乃关门大吉（田中萃一郎：《墨银考》，《田中萃一郎史学论文集》，第48—50页）。由于墨西哥银元的大量流入，中国的货币经济内在的必然日趋进展，以至矿税及租税渐用银纳制，官吏薪给改用俸银制，从此在中国的经济生活中，都有着重大的契机作用，予未来中国的命运，有着很大的影响（贾植芳：《近代中国经济社会》，沈阳：辽宁教育出版社，2003年版，第51页）。

区为华东及华南一带，台湾流通的银元就是鹰洋①。日据前的台湾官府从未发行过纸币，唯 1895 年 5 月《马关条约》后，台湾割让给日本，为保台抗日，当时的台湾巡抚唐景崧和台湾防务帮办刘永福等人组织的“台湾共和国”于 5 月上旬宣告成立。同时在台南设立“官银钱票总局”，发行面额为一元、五元和十元的三种台南官银票，但因其不兑现，仅仅只是一种军用性质的纸币，其使用范围亦仅限于台南。“台湾共和国”失败后，台南官银票亦随之停止使用。所以，台湾仅此不兑换军用票性质纸币之一例，也成为清朝台湾货币史上的最后一笔②。其后，日本占据台湾后，又因军费所需，日本银行的兑换券、一元银币以及辅币等大量流入台湾，使之更加错综复杂③。这种混乱状况，也导致日据初期之台湾币制及金融市场更加混乱。总之，日据前台湾并无外国银行的分行，也就没有银行券的流通。但作为中国封建旧式“钱庄”曾有“银票”及“钱票”的发行在市面上流通。台湾未有过纸币的发行与流通，市场流通使用的多是银币。

有鉴于此，为统一台湾的货币，确立日本对台湾的殖民地经济统治秩序，并进而发展台湾的经济产业，促进台湾与华南和东南亚的贸易等，台湾总督府开始着手改革台湾货币制度④。此时的台湾总督府货币政策的目标有二：1. 减少使用外国粗银(chopped dol-lar)纳税的比率；2. 促使兑换券按照面额流通⑤。1896 年 4 月规定仅可使用日本货币及纸币纳税；1897 年 10 月 22 日，总督府以府令第三百七十四号发表通告，明令禁止使用外国粗银纳税。但效果不明显，遂于 1900 年 7 月再次允许外国粗银用于纳税。由于岛内居民对使用日本银行发行的纸币缺乏信心，又加之对台湾总督府殖民统治的抵触，大多数居民不愿意使用日本银行券，即使收到日本银行券也立即兑换为银币。当时台湾总督府对每元纸币补贴 20 钱，也就是日本银行券兑换银币时需要多支付两成的代价。有鉴于此，总督府采取设置兑换所的应变措施，至 1897 年秋季，兑换银币之补

---

① 关于外国银元与银两的比值，“往常谓洋银重七钱三分，实银六钱五分，余铅八分，中国行用辄当八钱以上”(转引自魏建猷：《中国近代货币史》，北京：群联出版社，1955 年版，第 107、122 页)。

② 陈泽尧：《台湾殖民地经济概论》，载《河南师范大学学报》，1997 年第 1 期。

③ 名仓喜作编：《台湾银行四十年史》，东京：台湾银行，1939 年，第 124 页。矢内原忠雄：《日本帝国主义下の台湾》，岩波书店，1988 年版，第 30 页。据记载，1896 年输入 1 万余元，1902 年共输入 92 万余元的辅币(见台湾省文献委员会：《台湾近代史》(经济篇)，南投：1995 年印行，第 498 页)。

④ 日本学者将日据初期台湾货币制度整理划分为三个时期：1. 混乱时期(1895 年 5 月至 1897 年 10 月)；2. 过渡时期(1897 年 10 月至 1904 年 6 月)；3. 金本位的完成(1904 年 7 月至 1909 年底)。见北山富久郎：《台湾之秤量币制与日本币制政策》，台北：帝国大学文政学院政学科研究年报第二辑，1935 年 6 月。转引自台湾省文献委员会：《台湾近代史》(经济篇)，南投：1995 年印行，第 497 页。

⑤ 台湾省文献委员会：《台湾近代史》(经济篇)，南投：1995 年印行，第 498 页。

贴不仅消失，反而因同年10月开始实施金兑换，使得日本银行券兑银币反而可获得5厘至1分之补贴①。由此，台湾总督府货币政策的两大目标未能收到实效。

台湾货币制度的落后是与其经济形态落后相适应的。日本占据台湾后，为开发和发展台湾经济，为本国经济提供米、糖、樟脑、茶等重要农产品原料，必须采取获取最大利润的资本主义生产手段与方法，使台湾所有资源财富加速商品化并纳入日本控制的范围与体系之内。为此，就必须把台湾的货币与本国货币挂钩并统一起来，纳入日本宗主国的货币体系之内，取得货币控制权，驱逐外国商业资本之势力，导入本国资本，达到垄断台湾的金融财政以及产业贸易乃至整个台湾经济的目的。1897年3月29日，日本政府以甲午战争巨额战争赔款为基金准备，公布《日本货币法》(同年10月1日正式开始实施)，实施金本位制②。“但将此制度延长至台湾，为当时的台湾经济状况所不许。于是，决定台湾暂时一面以金币计值，同时仍像过去一样通行银元，相机改取与日本国内相同的制度”③。两天后，即1897年4月1日，日本政府公布《台湾银行法》，决定成立隶属于台湾总督府之下的殖民地政策银行——台湾银行。《台湾银行法》规定“台湾银行得发行五元以上无记名式见票即付票据”，台湾银行因而得到发行特权。1899年3月又改为“台湾银行得发行票面为1元银币一枚以上之银行券”。同年9月26日，台湾银行正式开业，29日开始发行1元银行券，开始银钞时期。之后又发行5元券、10元券、50元券。银钞、银币直到1909年2月底停止流通④。

1897年2月1日，日本政府以敕令第九号之规定，将台湾的货币及金融事宜归属大藏省管辖。随后，大藏省对台湾货币制度的改革提出多种方案⑤，但最终决定采用金本位制，并将原来的银币加錾银字限定在台湾通用。1897年10月台湾总督府颁布敕令第三百七十四号、1898年7月颁布府令第十九号，规定“只允许旧有的一元银币及盖有日本政府凿印的一元纸币才可无限制地流通”⑥，也即由总督府发行加凿印的银币。1897年，台湾虽继续维持银元法币制

---

① 一般预料，日本将在1897年公布“货币法，采取金本位制，即日本银行券可兑换金币。于是一部分商人从当时银价较低的香港等地购入粗银，换取日本银行券(1897年输入台湾的银币数达590余万)来赚取价差。因此，兑换银币补贴的消灭，并非银行券有了效果，而是对日银兑换券有投机性需求增加之故(参见台湾省文献委员会:《台湾近代史》(经济篇)，南投:1995年印行，第602—603页)。

② 根据《马关条约》，中国向日本赔偿总计为230 000 000两白银，折算为英镑为47 900 000镑，以此为准备金，日本于1897年实现金本位制，此乃日本资本主义发展的出发点。

③ 周宪文:《台湾经济史》，台北:开明书店，1980年印行，第407页。

④ 1904年7月1日开始发行金钞，至1904年12月底，金钞统一流通(见台湾省文献委员会:《台湾近代史》(经济篇)，南投:1995年印行，第500页)。

⑤ 参见台湾省文献委员会:《台湾近代史》(经济篇)，南投:1995年印行，第499页。

⑥ 台湾银行编:《台湾银行二十年志》，东京:台湾银行，1919年，第40页。

度，但货币制度的改革势在必行。由此，台湾总督府开始以渐进的方式推动台湾的币制改革。

在台湾总督府和财阀资本的共同推动下，1899 年 9 月台湾银行正式开业，标志着台湾总督府统治台湾能力得到增强。台湾银行成立后，还在中国华南及南洋地区等设置台银分行，积极扩张其对外贸易金融[①]。台湾银行拥有货币发行权，成立伊始即发行以一元银币兑换的钞票，大量吸收台湾市面流通的银币及银两。但这种类似复本位制的做法，即“以金币计值的银元法币制度，自有许多流弊”[②]。当金银比价变化时，往往造成了汇兑的投机和经济上债权关系的混乱。为稳定岛内统治秩序，尽快推动殖民地经济体系的确立，1903 年，台湾总督府和台湾银行遂向日本政府建议，将现行之金融体制调整为单一金本位制，即与日本国内的金融体制相衔接。

在日本政府的许可下，同时随着殖民地统治秩序的渐次确立和殖民地经济的有所起色，1904 年台湾总督府许可台湾银行在岛内改用单一金本位制，发行金币兑换券；同时规定除了纳税外，银元不得作为流通货币。1905 年禁止以银币纳税，1906 年 4 月起，停止发行银币兑换券及银币、粗银的进口。而后更规定 1909 年为旧币回收年，以时价计算，办理银票兑换金票之事宜，以确立金本位制[③]。至此，台湾的币制开始被纳入日本资本主义金融体制之中。至 1911 年 3 月，日本境内实施之《货币法》亦开始施行于台湾，从此，台湾币制完全纳入日本资本主义金本位货币体系[④]。台湾总督府对进口货同率课税，免除日本与台湾间的关税以及提高外销商品税率，使台湾的海外贸易完全转向日本，切断了台

---

① 台湾银行的另一个作用是承担总督府的事业公债。总督府 1900 年发行的 2210 万元公债，全部由台湾银行认购，其后共再发行 15 次，均由日本国库和台湾银行共同认购。因此，台湾银行创立之初的大部分资金用于认购公债和向总督府贷款。1905 年以后，产业和贸易金融业务逐渐开展。此外，台湾总督府还把台湾的关税也编入日本资本主义经济圈，通过关税来保护和扶植日本产业在岛内的投资利益和独占地位，在砂糖、茶叶、海运等方面，逐渐驱逐和排挤了欧美资本，使台湾经济的发展愈加殖民地化。

② 周宪文：《台湾经济史》，台北：开明书店，1980 年印行，第 407 页。

③ 此时，台银的纸币和日本本国的日元，都在金本位的基础之上，达到了币制的统一。综观从 1899 年成立台湾银行，到 1909 年完成金本位的货币统一，总共花了十年的时间来建立现代金融主权体制（叶荣钟：《台湾近代金融经济发展史》，台北：晨星出版有限公司，2002 年版，第 32 页）。

④ 日本学者东嘉生指出：台湾实施金本位制度，“并非由于台湾本身或台湾内部的经济要求；这是由于台湾以外的金本位国家资本的要求；因此改革，乃使台湾在资本的流通上，与日本国内的关系，更为密切。台湾事业界的发达，是在这种币制改革完成后的 1904 年以后之事；固然，这与以日俄战争为契机的日本资本本身的发展不无关系，但与当时台湾土地调查事业的完成、货币金融制度的确立，使日本资本得以完全进入台湾，关系尤深”（参见东嘉生：《台湾经济史概说》，台北：海峡学术出版社，2000 年版，第 74 页）。

湾与祖国大陆长期以来形成的两岸贸易往来关系[①]。

规范市场与度量衡的统一　明清以来，台湾岛内普遍使用的度量衡是来自祖国大陆的，其种类形式多种多样，岛内各处的度量衡并不统一，造成岛内商业市场上的极大弊害。1895 年 10 月，总督府宣布解除以往将日本度量衡器输入至台湾的禁令。1900 年，总督府颁布《台湾度量衡条例》，规定从 1901 年起，在台湾全岛采用日本式度量衡制度，并强行规定至 1903 年末禁止再使用中国度量衡器。首先，禁止鸦片烟膏及食盐贩卖、公设市场交易时使用旧式度量衡器，强行推行使用日本式度量衡器。1903 年，总督府指令警察全面查封旧式度量衡器的使用。1906 年 4 月，台湾总督府又宣布将度量衡器的制造、修理和销售等一并收归总督府"官营"。这一过程，被称之为"台湾的日本资本主义化的准备过程"[②]。

总督府推动货币和度量衡改革的结果，不仅统一了台湾的货币和度量衡制度，并且使之与日本国内的制度一致。同时，随着货币和度量衡制度的统一，不但促进了日本与台湾的资本与商品的流通，还加速了台湾经济的"日本化"，有助于日本企业的进入。总之，由台湾总督府推动的货币和度量衡的统一，把台湾的社会经济运行纳入了日本资本主义的轨道。

二　以确保殖民地统治秩序为目的的人口及户籍调查

随着土地调查和林野调查的展开，台湾总督府认为，对户籍和人口数量的调查将是未来施行殖民统治的重要依据。确切地掌握台湾人口数量，不仅可将台湾与台湾人紧紧地控制于殖民地统治之下，还对制定总督府经济政策有着重要的参考依据。总督府调查岛内人口的另一个目的是：确立台湾人的日本国籍，限制其与大陆的来往，并有利于驱除欧美资本及中国买办资本之殖民地经济政策的推行。为此，台湾总督府即于 1895 年 11 月公布《清国人上陆条令》

---

① 日本占据台湾后，海峡两岸传统贸易商品发生变化。日本各大财团争相经营台米、台茶等贸易，控制其出口方向。清朝以来，台湾素有"福建米仓"之称，米谷也历来是台湾输往祖国大陆的最大宗货物之一。日据初期，三井物产株式会社等日本大财团争相经营台米贸易，调整台米输出方向，将其运往日本。至 1911 年，输往祖国大陆的台米数量已不占主要位置。茶叶是台湾输往祖国大陆的另一大宗货物，清朝中期以来，大部分台湾茶叶通过祖国大陆转口输往美、英等国。日据初期，因外销管道尚来不及改变，台茶输往祖国大陆的数量为 1 000 万斤以上，总值约 500 万日元。1907 年三井物产及野泽组合等日本垄断财团控制了台湾茶叶的出口贸易，不再通过祖国大陆而直接输往国外，因此输往祖国大陆台茶的数量骤减，1907 年台湾输往福建的茶叶减至 118 万日元。此外因福建茶叶生产规模不断扩大，逐渐成了台茶的竞争对手。1911 年后，输往福建等地的台茶仅有数万日元，台茶已不再是台湾输往祖国大陆的重要货物。两岸贸易商品结构首次出现明显的变化（蔡秀玲、陈萍：《海峡两岸直接"三通"与区域产业整合研究》，北京：中国经济出版社，2004 年版，第 34—35 页）。

② 矢内原忠雄：《日本帝国主义下の台湾》，东京：岩波书店，1988 年版，第 30 页。

(政令第二十二号),严格限制来自大陆的中国人进入台湾,并强硬拒绝清政府在台北市设立领事馆的要求。

依照日本政府既定的国策,1895 年 5 月 8 日,台湾总督府宣布以 1897 年 5 月 8 日(1895 年 5 月 8 日,为《马关条约》批准换约之日)为两年内选择国籍的最后期限,将现居住于台湾岛内的台湾居民一律编入日本国籍[①],并开始严格限制台湾人与大陆以及海外华侨的正常来往。对台湾同胞赴大陆予以极其苛刻的限制,如在 1919 年,台湾人口约为 370 余万,但到祖国大陆及海外的台湾人仅为 2 797 人[②]。随着总督府各项殖民地经济政策的逐渐实施,对岛内人口的具体把握极为关键。日据时期,台湾总督府在岛内先后实施过七次规模大小不同的户口调查。

第一、二次临时户口调查　1903 年 6 月,台湾总督府颁布《户口调查法》(律令第三十四号),决定于 1905 年 10 月 1 日零时起,开始清查全岛户口。1905 年 5 月颁布《临时台湾户口调查官制》(敕令第一七五号),此时正值日俄战争期间,儿玉源太郎总督就任满洲军总参谋长,赶赴东北战场指挥军事;台湾总督府事务由民政长官后藤新平全权主持。为详尽掌握台湾的户籍数量,确立殖民地统治秩序,为总督府制定经济政策提供依据,在后藤新平的直接主持下,乃于 10 月 1 日起为期 3 日,实施先于日本本土的第一次临时户口调查[③],这是台湾有史以来首次进行的户口普查。

此次人口调查,台湾总督府总共动员了 7 405 人(其中,监督委员 842 人、监督辅助委员 1 339 人、调查委员 5 224 人);调查户口 487 353 户,人口 330. 975 1 万人(平埔族以外的原住民不在内);调查经费 185 840 元。对人口“静态调查”后接着进行“动态调查”。1905 年 12 月,总督府颁布《户口调查规则》(府令第九十三号),1906 年 1 月 15 日起开始实施。依照此规则,废除清朝时期台湾地方官厅原有的户籍,代之以警察编制的户口调查簿,记载户口异动数据,确立人口动静的国势调查基础,使统治者能完全掌握台湾的人口动态与人力资源[④]。

依据清末 1895 年编纂的《台湾通史稿》记载:台湾全岛之户数为507 105户,

---

① 当时,不愿意留居台湾而回到大陆的为 6 456 人。其中,台北县 1 574 人,台中县 301 人,台南县 4 500 人,澎湖 81 人,占 1897 年全台人口约 280 万人的 0. 23%(诸方武岁编:《台湾大事记》,台北:台湾经世报社,1925 年 6 月,第 24 页)。也有不同统计数据:如许极燉的《台湾近代发展史》中记载为 4 500 人,其中,台北县 1 874 人,台中县 301 人,台南县 2 200 人,澎湖 81 人(许极燉:《台湾近代发展史》,台北:前卫出版社,1996 年版,第 211 页)。

② 竹越与三郎:《台湾统治志》,东京:博文馆,1905 年版,第 214 页。

③ 实施户口调查制度早在日本政府的规划之中,原计划每 10 年 1 次。但由于此时正值日俄战争期间,国内面临战争状态而无法实施。台湾总督府得以首先在岛内实施户口调查,以确立殖民地统治秩序,同时也蕴涵着为日本本土实施户口调查进行先行试验的目的。

④ 许极燉:《台湾近代发展史》,台北:前卫出版社,1996 年版,第 262—263 页。

人口254.5731万人。日本占据台湾第二年(1896),人口数为258.7686万人(含日本人10 584人)。十年后,依据1905年进行的第一次临时户口调查结果显示,全岛约有户数585 195户、总人口约304万人。其中,台湾人约298万人(内含闽南系约249万人、客家系约40万人、原住民约9万人),占97.8%,日本人57 000人,占1.9%,其他外国人(含华侨)约1万人[①]。依据临时台湾户口调查部编制的"临时台湾户口调查结果表",台湾人口构成情况如表九显示:

表九　台湾人口构成表(1905年10月1日第一次临时户口调查统计数据)

	人口数(人)	比率(%)
总　数	3 039 751	100%
Ⅰ日本人	57 335	1.89
Ⅱ台湾人	2 973 280	97.81
1. 汉人	2 890 485	95.08
A福佬	2 492 784	81.99
B客家人	397 195	13.07
C其他	506	0.02
2. 平地原住民	46 432	1.53
3. 山地原住民	36 363	1.20
4. 其他	9 136	0.30
Ⅲ中国人	8 973	0.29
Ⅳ其他	163	0.01

资料来源:台湾总督府临时户口调查部编印:《临时台湾户口调查结果表》,1908年,第8—10页。

台湾总督府又在十年后的1915年10月1—3日,进行了第二次临时户口调查,调查结果为:户数约为61万,人口为347.9922万人。两次临时户口调查的结果,均于事后做成详细的统计和报告,予以公开发布。至1917年,也即台湾总督府经过24年的殖民地统治后,台湾的人口由日据当初的254余万人,增至1917年360万人,增加42.7%,其中日本人为145 000余人[②]。

第一次国势调查　国势调查也即人口户籍调查之意。为将台湾的人口调查并入日本的国势调查之一部分,在田健治郎总督的督促下,总督府于1920年设立临时国势调查部,并于同年10月1日至3日举行第一次国势调查。此次调查虽名为第一次国势调查,但其调查事项大体上仍依照前两次临时户口调查

① 张胜彦:《台湾开发史》,台北:空中大学,1996年印行,第227页。

② 日本大藏省:《昭和财政史》XV;大藏省管理局:《台湾统治概要》等(转引自史明:《台湾四百年史》,台北:蓬岛文化出版公司,1980年版,第363页)。

的原则，仅增添了接受语言教育之类别及出生地两个项目，此次的调查事项包括：1. 配额关系；2. 职业及职业上的地位；3. 出生地；4. 残障的原因；5. 日本人的土（台）语程度；6. 台湾人及中国人的国（日）语程度；7. 台湾人及中国人对假名（日本文字）的认识；8. 日本人来台时间；9. 户长、住家状况；10. 非现役军人的兵役、兵种及阶级①。在 1920 年实施的第一次国势调查中，查明全岛人口为 365.4 万多人。

第一、二次简易国势调查　鉴于 10 年 1 次的户口调查，对于人口的迁移变化难以确切掌握，造成台湾总督府施政产生诸多不便。因此于 1922 年公布的法律第 51 号中，明文规定除每 10 年进行 1 次的大规模的人口户籍调查外，另增加 5 年 1 次的简易调查，亦即于 1925 年所实施的第一次简易国势调查。此次的简易国势调查，原则上仍奠基于前 3 年的调查。从 1925 年 10 月 1 日起，为期 3 天的台湾现住人口户口调查，其调查的区域，分为普通调查区及特别调查区。前者以全台的州厅为区分，后者则分别对海陆军部队、船舰、军衙、官立医院、监狱、海关、外国领事馆等区域进行调查。调查事项除原来的姓名、男女之别、出生年月日、配偶关系外，为统治上的需要及便于对照以前的调查资料，经内阁总理大臣核示，另追加本籍、民籍、国籍及户口成员的生死迁移等调查事项。调查的结果于事后做成各项相关表格，并于 1926 年 3 月 25 日发行《国势调查统计书》。1935 年 10 月进行了第二次简易国势调查。

第二、三次国势调查　1930 年 10 月 1 日起，总督府进行了为期 4 天的第二次国势调查，为第一次国势调查后 10 年所进行的一项详尽户口大调查。此次的调查由于时势的推移，调查的事项较前次的调查有所增加和更易，即户口调查中，将原住民纳入调查范围，亦有删去的调查项目，如日本人之熟谙台语者、吸食鸦片者、解缠足之妇女等。总计此次调查的事项有：1. 姓名；2. 于家庭中的身份；3. 种族系统；4. 男女之别；5. 出生年月日；6. 配偶关系；7. 职业；8. 所属产业；9. 失业；10. 出生地；11. 本籍、民籍或国籍；12. 残障种类；13. 缠足者（台湾人）；14. 在台的年数；15. 国（日）语普及的程度（台湾人）；16. 常住地（限当时现住者）；17. 住所的种类；18. 与住所的权利关系②。1934 年台湾的常住人口上升至 519.498 万人。其中，台湾人为 488.228 8 万人；其中福佬约 394 万人、客家人约 73.4 万人、平埔族 5.755 7 万人、高山族 14.847 2 万人、日本人 26.296 4 万人、中国人 4.819 3 万人。至于原住民的人口，在 1897 年 5 月的调查中，平埔族为 3 万多人，1934 年增至 5.71 万多人。高山族在 1905 年调查中约为 11.4 万人，1915 年约为 13.2 万多人③。1940 年 10 月 1 日，进行了第三次国势

①② 井出季和太：《台湾治绩志》，台北：台湾日日新报社，1937 年版（成文复刻 1985 年）。

③ 许极燉：《台湾近代发展史》，台北：前卫出版社，1996 年版，第 264 页。

调查。

表十　日据时期台湾总督府历次人口及国势调查统计状况表

次数	调查名称	调查日期	人口数			户数	每户平均人数	性比率(女=100)	人口密度每平方公里人数
			共计	男	女				
1	第一次临时户口调查	1905年10月1日	3 039 751	1 610 816	1 428 935	487 353	6.2	112.7	85
2	第二次临时户口调查	1915年10月1日	3 479 922	1 813 053	1 666 869	555 366	6.3	108.8	97
3	第一次国势调查	1920年10月1日	3 955 308	1 893 541	1 761 767	596 208	6.1	107.5	102
4	第一次简易国势调查	1925年10月1日	3 993 408	2 052 669	1 940 739	726 526	5.5	105.8	111
5	第二次国势调查	1930年10月1日	4 592 537	2 353 288	2 239 249	805 797	5.7	105.2	128
6	第二次简易国势调查	1935年10月1日	5 212 426	2 659 819	2 552 607	897 565	5.8	104.2	145
7	第三次国势调查	1940年10月1日	5 872 084	2 970 655	2 901 429	979 474	6.0	102.4	163

资料来源：根据周宪文：《台湾经济史》，台北：开明书店 1980 年印行，第 416 页及林道衡：《台湾史》，台北：众文图书公司 1980 年版等编制。

综上所述，日本占据台湾十年后的 1905 年，总督府设立临时户口调查部，并于同年 10 月 1 日举行第一次临时户口调查；1915 年 10 月 1 日举行第二次临时户口调查。"为了加强台湾的日本化"①，将台湾的人口调查并入日本的国势调查之内，1920 年台湾总督府设立临时国势调查部，并于同年 10 月 1 日举行第一次国势调查；1925 年 10 月 1 日举行简易国势调查；1930 年 10 月 1 日举行第二次国势调查。此后于 1935 年及 1940 年，又分别举行第二次简易国势调查及第三次国势调查，此两次调查的事项与前几次调查则大致相同，并显示对山地原住民有更深入的调查(见表十)。人口户籍调查在日据时初期为每 10 年 1 次，后增为每 5 年 1 次。

除了上述定期的人口调查外，每年还有详细的人口调查统计。这种统计数字，均由各乡镇汇报，以每年 12 月 31 日为准，故与当年人口(普查)的结果并不相同。例如：1940 年 10 月 1 日的人口普查，台湾人口为 587.208 4 人，而同年

① 周宪文：《台湾经济史》，台北：开明书店，1980 年印行，第 416 页。

年底的人口统计则为607.747 5人[①]。而且,值得注意的是在整个日据时期,在台日本人的数量渐次增加,1905年为6万人,占总人口数的1.9%(同期台湾人为306.3万人,占总人口数的98.1%);1915年增为138 000人,占3.9%(同期台湾人为358.4万人,占总人口数的96.1%);至1942年,在台日本人竟增至388 000人。自1805年至1942年的38年间:台湾的总人口,由312.3万人,增加为642.8万人,即增为205.8%。其中:1. 本地人口由305.5万人增加为599万人,即增为196.1%;2. 外地人口由8 000人增加为50 000人,即增为625.0%;3. 日本人由60 000人增加为385 000人,即增为646.7%;4. 就绝对数字来说,虽然不论人口总数、本地人口、外地人口及日本人口都在增加,至其速度,显然是以日本人口为最快(646.7%),其次为外地人口(625%),而以本地人居末(196.1%)。换一个观点来说,不论日本人或外地人口,其增加指数都在总指数(205.8%)之上,只有本地人口是在总指数之下;5. 上一情形,在人口比数上更可明白看出。本地人的人口比较,由97.8%(1905)减少为93.2%(1942);而日本人的人口比数,则由1.9%增加为6.0%;同时,外地人的人口比数,也由0.3%增加为0.8%[②]。

表十一　日据时期1905—1943年台湾人口一览表

	总人口	台湾人		原住民		日本人		其他		出生率	死亡率	自然增加率
		N	%	N	%	N	%	N	%	0/00	0/00	0/00
1905	3 123 302	2 942 266	94.2	113 195	3.6	59 618	1.9	8 233	0.3	39.3	34.00	5.30
1910	3 299 493	3 064 499	92.9	122 106	3.7	98 048	3.0	14 840	0.4	42.03	27.96	14.07
1915	3 569 842	3 282 109	91.9	132 279	3.7	137 229	3.9	18 225	0.5	40.91	32.19	8.72
1920	3 757 838	3 436 071	91.4	130 310	3.5	166 621	4.4	24 836	0.7	40.10	32.53	7.58
1925	4 147 462	3 387 868	91.3	16 706	3.3	189 630	4.6	33 258	0.8	41.09	24.14	16.95
1930	4 679 066	4 259 523	91.0	140 553	3.0	232 299	5.0	46 691	1.0	45.01	19.52	25.49
1935	5 315 642	4 839 629	91.1	150 502	2.8	269 798	5.1	53 900	1.0	45.16	20.46	24.70
1940	6 077 478	5 523 912	90.9	158 321	2.6	346 663	5.7	46 190	0.8	43.04	19.43	23.61
1943	6 585 841	6 133 867	93.2			397 090	6.0	52 020	0.8	40.19	18.81	21.38

备注:

(1) 1943年台人中含原住民。

(2) 1905年栏之出生率、死亡率、自然增加率系1906年之比率。

(3) 其他项系指外国人。

资料来源:台湾省行政长官公署编:《台湾省五十一年来统计提要》,台北:1946年,第76—77页。

① 周宪文:《台湾经济史》,台北:开明书店,1980年印行,第417页。

② 同上,第418—419页。

在日据时期，台湾职业人口多以农业为主，但其比率呈渐减趋势；相反，自20世纪20年代起，从事商业和工业的人口数呈渐增之势；政府公务部门多为日本人所独占。人口与户籍调查的进行，为总督府日后制定一系列经济政策提供了必不可少的数据。同时也应看到，总督府为加强台湾社会的政治和社会管理，通过若干次的人口（国势）调查，建立了比较完备的户籍管理制度和田地物产的清理制度，以往那种笼统含混地以某一个家族或若干个家庭联络为一个名号而与政府发生财产物业联系的陋习，或者说大家族之下的财产共有混同制度，已经不能得到新的统治者的允许。台湾各地所在的居民，必须定期向总督府官厅申报户口的变动情况以及产业主权的变更情况，才能取得合法的证明手续。这就不能不使以往那种家族户籍混淆和产业不清的现象难以继续维持下去。乡民们不得不适应新的统治秩序，使小家庭的户口与官府的管理册籍衔接起来①。总之，人口与户籍调查，为总督府推行之“殖民地基础工程”的重要内容之一，为其制定殖民地统治政策提供了重要参考。

第三节　整备岛内交通体系，确立殖民地经济开发的投资环境

一　开发岛内经济的首要条件——岛内铁（公）路网络的铺设

日据前期，日本推行的是“工业日本、农业台湾”的经济殖民政策，其目标是将台湾改造为向日本本土提供粮食及工业原料的“农业殖民地”。在此前提下，总督府致力于将台湾的农业资本主义制度化②。为此，广泛推进“基础工程”的构建，而铁路、公路、港湾等交通设施的建设，成为总督府此阶段殖民地经济政策的施政重点，其中，加紧修复铁路以运送日军及作战物资，又成为其重中之重的战略。而铁路的建设也为日后糖业的发展，奠定了良好的运输基础。

如前所述，清朝时期，依据1858年《天津条约》的约定，台湾的淡水及台南被开辟为通商口岸，台湾省的交通建设也随之进入新阶段，尤其是在1884年刘铭传筹备建省期间，开始了铁路建设。在台湾修筑铁路之倡议始于丁日昌，但

---

① 以台北芦洲李家为例，可以看到日据以来岛内传统家庭组织的变迁过程。在台湾总督府统治政策的影响下，并随着台北淡水地区工商业的发展，芦洲传统的基层社会组织和家族组织受到明显的冲击，在以上多种因素的推动下，当时的李家核心人物李树华亲自主持分家仪式，将家产均分七份，祖厝及小八里岔山林地留为七房共有。于是，这个同饮共食达一个世纪之久、人口达100余众的传统家族终于在民国初年分析成为数十个单独的小家庭（参见陈支平：《民间文书与台湾社会经济史》，长沙：岳麓书社，2004年版，第76—77页）。

② 台湾省文献委员会：《台湾近代史》（经济篇），南投：1995年印行，第23页。

真正付诸实践的则是刘铭传。在刘铭传任台湾巡抚时代的1891年,完成台北至基隆段,1893年完成台北至新竹段。两段相加,总长106.7公里。1893年后,修路的计划因筹款困难而中止①。原先发行了100万两白银铁路股票,但是铁路建设资金很快突破预算,股东拒绝继续出资,结果收回官办。该路系单轨,轨距为1.067米,耗资130万两白银。由于经费紧张,在建造基隆至新竹的铁路时,尽量避免隧道工程和缩短线路长度,结果该路坡度和弯度多,运营后,经常发生交通事故②。

日本占据台湾后,为镇压岛内抗日义军及确立殖民地经济秩序,交通运输及通讯的建设开始具有军事上及经济开发上的意义。就经济方面而言,商品流通的速度及市场情报都深受交通发达的影响,港湾也是便利物资运输的重要建设。从军事上来看,交通运输及通讯的便利性和机动性是战争动员的决胜关键③。由此,日军侵入台湾岛不久,1895年6月6日,台湾总督府首先派出“临时铁道队”④,修理基隆至台北间的铁路。9日试车、10日恢复通车⑤。同年10月,

---

① 台湾省文献委员会:《台湾近代史》(经济篇),南投:1995年印行,第25页。

② 祝曙光:《铁路与日本近代化——日本铁路史》,北京:长征出版社,2004年版,第143页。

③ 对台湾总督府交通运输事业扩充的基本方针及政策分析可知:(一)基本方针:1.鉴于交通系具有综合性之事业,各交通机关间应使有机联系,统一管制并扩充设备,以期加强海运与陆运的输送能力;2.扩充改善日本与台湾间交通设施以加强两地文化联系;3.以台湾为南方交通中心之有关设施;4.保持台湾在交通上人的、物的、技术的能力并准备使之具有余裕,俾协助南方圈交通建设工作;5.对上述各点所需人力、物力与资源之供给,力求集中统筹,确立优先分配计划。(二)各部门个别整备扩充方策:1.陆运:双轨工程急速完成,改良工事促进路线修补,主要车站改建;通讯设备改善。改良环岛公路完成,中部横断公路开设,桥梁增强,公路铺装;2.海运及港湾:航路扩充及不定期船之增配,日本、台湾与南方航路扩充并为振兴工业,运输力也增强。港湾设施整备扩充促进工业港的形成(基隆、高雄、花莲、苏澳);3.航空:航空路增强及新设日本、台湾及广东线,台湾与华南中连络线与南方循环线也开设;4.通讯:电气通信设施整理扩充,日本与台湾海底电线增设,使台湾纵贯干线急速完成,岛内无线电报设备因而改善(张宗汉:《光复前台湾之工业化》,台北:联经出版事业公司,1980年版,第120—122页)。

④ 1895年8月25日,日本陆军大臣颁布临时台湾铁道队勤务令,宣布成立临时铁道队,隶属于总督府陆军局长,掌握铁路工程以及运输业务等。随着台湾铁道株式会社的成立,以1897年3月31日为限,临时铁道队停止业务,“其铁路及一切之事务决定移交台湾总督府民政局”。4月1日移交;22日结束;24日铁道队全体返回日本;至9月底宣布解散(江庆林:《台湾铁路史》(上卷),南投:台湾省文献委员会,1990年,第59页、第105页)。

⑤ 临时铁道队由随军入台的日本递信省铁道技师小山保政率领;6月6日,桦山总督命小山保政对台湾岛内铁路进行调查并进行修复;14日,桦山总督乘坐火车由基隆出发至台北,陆海军军官及民政官吏30余人从之(江庆林:《台湾铁路史》(上卷),南投:台湾省文献委员会,1990年,第59页、第64页)。

首任总督桦山资纪提出:"当时急务,一在建设南北纵贯铁路,二在基隆筑港,三在道路开拓。"乃向日本政府建议,日本政府即拨10万元,作为纵贯铁路及筑港的调查费用[①]。

日据之后,出于政治和经济的双向殖民需求,总督府非常注重台湾岛内交通事业的建设。1895年6月2日,侵台日军正式接收了台湾铁路[②],并开始进行勘测[③]。唐景崧、邱逢甲及刘永福率领抗日义军分别在台北、台中及台南阻击日本军队,台湾人民还以破坏铁路为手段阻击日军前进。为此,台湾总督府首先成立了临时铁道队,极力修复和控制台湾铁路,以便运送兵员和武器弹药。如上所述,递信省铁道技师小山保政指挥技术人员和士兵修复被毁坏的铁路[④]。侵台日军为配合其南下军事行动,在首任总督桦山资纪的督促下,首先派遣工兵队修复基隆至新竹间的97.3公里铁路。这条线路原为清代刘铭传所修筑的铁路,约有100公里左右,保留下来的约有8公里。竣工之后,该线列车的行车组度由8哩(12.8公里)上升至17哩(27公里),行车时间减少9分钟[⑤]。最重要的是,出轨的减少与运输量的增加[⑥]。铁路修复后,立即被用于军事运输。6月9日,基隆至台北段进行试运营,6月10日,开始正式运营。

---

① 周宪文:《台湾经济史》,台北:开明书店,1980年印行,第408页。2月24日,受桦山总督之命,临时台湾铁道队长山根武亮陆军大佐由台北赴东京,向陆军参谋总长转达桦山总督有关修建纵贯铁路及基隆筑港的费用请求。日本政府经研究,决定先行调查测量后再做最后审议。3月10日,由陆军参谋总长将内阁决议通知桦山总督:即由军事费支出10万元,在其范围内由总督府施行调查,并将结果呈报总督,其调查费10万元之中有关纵贯铁路调查费系77 360元。3月14日,桦山总督命令临时铁道队长调查纵贯铁路,后又执行东海岸铁路线路及东西横贯铁路之探查,而横贯铁路之探查,深入番地,遭受番审,虽未达到其目的,但各线之调查可谓影响至大。要之,纵贯铁路之建设,未至官营之时机,而变为私设公司,最后再决定官营,在此本岛经营中之一大要案经五年始获执行(江庆林:《台湾铁路史》(上卷),南投:台湾省文献委员会,1990年,第80页)。

② 台湾总督府接收台湾铁路时,共接收车辆54辆,其中机关车8辆、客车20辆、火车22辆、有顶盖货车4辆,但损伤破坏不能直接使用者居多,机关车自第一号至第八号主要系德国制(江庆林:《台湾铁路史》(上卷),台湾省文献委员会,南投:1990年,第141页)。

③ 1895年10月20日,桦山总督命令递信省铁道技师兼临时铁道队技师小山保政对台湾南部铁路线路(高雄至嘉义之间、高雄至香山)进行测量。同年11月12日,桦山总督又将铁道工区分为四区;每区为各六十哩,第二区为新竹台湾(现在的台中)间;第三区为台湾嘉义间;第四区为嘉义高雄间。而第一区即为基隆新竹间之改良工程,合计240哩,建筑所分南北中之三组,第一区之外每年以完成二十哩为目标。至17日算出评估预算2 800余万元,其各年度之预算及成功后之通常经费均略之,盖是以由总督向政府有所其报之故也(江庆林:《台湾铁路史》(上卷),南投:台湾省文献委员会,1990年,第80页)。

④ 祝曙光:《铁路与日本近代化——日本铁路史》,北京:长征出版社,2004年,第144页。

⑤ 谢明勋:《台湾铁道车票图志》,台北:台湾火车票房附属博物馆,2001年,第30页。

⑥ 陈俊:《台湾铁道发展史》,台北:台湾"交通部"运输研究所,1987年版,第218页。

1895年6月10日，总督府成立台湾铁道线区司令部①，以其指挥日军工兵进行台湾铁路的各项接收、营运与工程事务，对台湾铁路实行军管。直至1899年由台湾总督府接收为止②。基隆至新竹的铁路最初是被当做军用铁路加以使用的。1895年9月，台湾总督府完成了对台湾铁路线路的调查，当时全路设有8个车站，共有机车18辆，客货车45辆；但是能够使用的仅有3辆机车、17辆客货车③。由于基隆至新竹的铁路坡度大、弯度急，极大地限制了铁路运输能力，为此台湾总督府于1895年10月对基隆至台北的铁路进行改建，扩大了曲线半径，缓和了坡度，整修了车站。此外在改建过程中，废止了基隆至台北铁路的狮球岭线，选择了竹仔寮线，还修建了竹仔寮隧道、五堵隧道、六堵隧道和樟树湾隧道以及包括基隆川桥梁在内的7座桥梁。改建工程由陆军大佐山根武亮指挥临时台湾铁道队的铁道班进行。经过改建，该区段的运力得到了很大提高，为实现日本对台湾全岛的统治起到了重要作用。随着台湾铁路线路状况的改善，出现了机车、客货车数量短缺的情况。为此，日本铁道局于1895年8月提供了2辆机车，9月投入使用。1896年，日本铁道局又向台湾铁路提供了2辆机车、有盖货车15辆、货物缓急车1辆。1898年，台湾铁路拥有机车11辆、客车15辆、货车90辆，合计116辆④。

由此可知，日据初始台湾铁路以军事运输为中心，一般运输业务必须在不妨碍军事运输的前提下进行，也就是说，采用军事运输或官用运输优先的原则。当时运行在线路上的主要是由12辆货车组成、约50—60吨重的军用列车，每日一次往返在铁路线上，列车平均时速为12.9公里。之后，台湾总督府极力增加列车运行次数，提高列车运行速度，1899年，列车在基隆至台北段的运行次数增加到每日4次，列车在平缓地段的运行时速达到27.4公里⑤。随着台湾总督府在台湾殖民统治的逐步稳固，台湾铁路开始从军用铁路向民用铁路转变，用于开发当地资源和推动经济发展。1898年以后，砂糖、稻米等台湾土特产品被铁路源源不断地运往港口，通过海运输往日本⑥。

台湾纵贯铁路的建设　随着运量的不断增加，台湾铁路紧张的问题日益突出。台湾总督桦山资纪认为：为加速实现台湾殖民地经济的从属化发展，便利

① 6月10日，总督府设置铁道线区司令部，以总督府陆军局工兵部长儿玉德太郎大佐为台湾铁路线司令官；工兵部所属临时铁道队兼递信省技师小山保政为司令部“运输担当”。台北至基隆两站设置火车站司令部，以陆军尉官充司令官，自同月12日起开办业务（江庆林：《台湾铁路史》（上卷），南投：台湾省文献委员会，1990年，第101页）。

② 陈延厚：《台湾铁路百周年》，台北：台湾铁路局，1987年印行，第38页。

③ 日本运输日报社：《帝国铁道大观——明治、大正铁道发展史》第五编，东京：原书房，1984年版，第56页。

④⑤ 日本国有铁道百年修史委员会：《日本国有铁道百年史·通史》，东京：成山堂书店，1997年版，第142页。

⑥ 参阅陈玟瑾：《日据时期台湾糖业与交通运输关系探究（1896—1918）》，台南：成功大学历史语言研究所硕士论文，2000年7月，第22—36页。

日本资本对台湾资源的独占与掠取，仅对现有铁路进行改建是远远不够的，必须加快铁路新线的建设步伐，以期实现尽早确立殖民统治秩序的战略目的。在台湾总督府举行"始政式"两个月之后，即1895年8月26日，主要基于及早开发台湾殖民地经济、建立有效殖民统治之考虑，首任总督桦山资纪向日本政府提出修筑岛内纵贯铁路的建议[①]。桦山资纪的规划原案是建设一条经台北、台中、台南至高雄的长达320公里的南北纵贯铁路，并且对原有铁路加以改造，铁路的建设、运营均由总督府陆军部负责进行，经费从军事费中支出。这是台湾总督府最早提出的台湾铁路建设计划[②]。桦山资纪认为修建南北纵贯铁路乃有"绝对的必要"[③]。如上所述，经日本政府批准，桦山资纪总督还专门拨出10万元军费，以作为建设纵贯路线的前期调查经费。1896年5月29日，桦山资纪总督发布训令，在民政局通信部设置临时铁路股（训令第三十七号），处理有关铁路事务；民政局技师岩田武夫兼铁路股长，递信省铁路技师崛三之助担任技术监督[④]。

但是，日本政府虽许可台湾总督府修建铁路，但由于日据初期的台湾社会秩序极为混乱，日军的暴行引起台湾民众的决死抗争，岛内抗日烽火四起，台湾总督府疲于维持治安，根本无暇顾及铁路建设等岛内殖民地经济建设事务。同时，日本政府的财政补贴也主要用于侵台日军的军需开支，绝无多余财力来投入至台湾的铁路建设，拮据的财政现状更使台湾铁路的建设难以启动。在岛内反日抗争稍趋低沉后的1896年3月，台湾总督府派出由技术人员组成的勘测队，开始对铺设西部纵贯铁路的沿线用地进行勘测[⑤]。

1896年初，以渡边甚吉、横山孙一、大仓喜八郎等数十名日本实业家组成的"台湾实业会"向台湾总督府提出由民间投资兴建铁路的请求计划书。经过台

---

① 陈俊：《台湾铁道发展史》，台北：台湾"交通部"运研所，1987年版，第262—264页；曾汪洋：《台湾交通史》，台湾研究丛刊第37种，台北：台湾银行经济研究室，1955年印行，第54页。

② 祝曙光：《铁路与日本近代化——日本铁路史》，北京：长征出版社，2004年版，第146页。

③ 喜安幸夫：《日本统治台湾秘史——雾社事件至抗日全貌》，台北：武陵出版有限公司，1995年版，第15页。

④ 6月10日，小山保政接任铁路股长；新元鹿之助接任技术监督。同年6月，总督府民政局制定事务暂行规程；22日，将铁路股改称铁路课；同年11月1日，通信部改称通信课，铁路课复称铁路股。1898年5月16日，铁路股长小山保政转任总督府铁路部下属之临时铁路铺设部技师，新元鹿之助技师接任铁路股长，并兼任铁路铺设部技师；同年11月8日，临时铁路铺设部废止，同时铁路股之业务并入总督府铁路部（江庆林：《台湾铁路史》（上卷），台湾省文献委员会，南投：1990年印行，第109—110页）。

⑤ 1896年3月14日，桦山总督命令临时铁道队长，以77 360元经费着手纵贯铁路调查。委托递信省铁路技师增田礼作等从事测量。4月1日，递信省铁路技师在山保政、铁路调查员古川武太郎等人，由东京出发，8日到达台北，即与其他人员共同从事测量（江庆林：《台湾铁路史》（上卷），台湾省文献委员会，南投：1990年，第81页）。

湾总督府派遣技师的调查测量，该计划书被否决，但仍对日本民间资本投资台湾铁路建设予以政策支持①。不久，冈部长职、安场保和等日本财界人士于1896年5月发起成立了台湾铁道株式会社②，并向台湾总督府提出铺设台湾铁路的计划申请书。该计划书内容包括：1. 建设台北至打狗的纵贯铁路和杨厝、台南、安平等支线，合计228公里；2. 总督府予以保护；3. 资本金1 500万元③。

1896年6月，桦山资纪总督卸任离台，陆军中将桂太郎出任第二任台湾总督④，同月，台湾铁道株式会社开始进行岛内铁路线路的测量工作，由于匮乏技术人员，遂向台湾总督府民政局借用技术人员25名，在民政局技师小山保政及新元鹿之助监督下，开始测量纵贯铁路。台湾铁道株式会社将全线分为三区测量，第一区为台北、中坜间；第二区为中坜、新竹间；第三区为高雄、嘉义间。每组合计技术员及事务员8人、工人30余人⑤。1896年10月，陆军大将乃木希典出任第三任台湾总督后，对台湾铁道株式会社的计划继续予以大力支持。1897年3月9日，乃木希典总督命令民政局技师新元鹿之助实地勘测台湾东海岸线及东西纵贯线路⑥。总督府陆军幕僚参谋长还特别令沿途日军守备队及各地宪兵等，对新元鹿之助技师一行提供保护并给予便利⑦。1896年12月至1897年5月之间，台湾总督府共组织6支探险队，其中一队用来勘察西部纵贯铁路线⑧。其余都属于越过"番地"的东部纵贯铁路线（宜兰—花莲港）⑨和东西纵

---

① 1895年甲午战争以后，日本在掠取来自中国的巨额赔款金的基础上，大力发展资本主义经济。随之出现经济过热化现象。这种经济过热化现象从1895年8月延长到1896年秋季，中心是铁路建设。"铁道业同银行业、纺织业一样成为企业热的中心"，铁道股票价格暴涨。1896年至1906年向政府提出开业申请的铁路公司合计173家，多数获得了认可。日本民间愿意出资兴建台湾铁路就是在这种特殊的背景下产生的。

② 经总督府许可后，台湾铁道株式会社得以从事铁道路线测绘及相关筹备事宜。同年另有大阪商人成立淡台铁道株式会社，计划兴建台北、淡水间铁路。翌年两公司合并，但资金筹集始终困难，主要发起人江头六郎病逝，该年底会社解散《台湾总督府铁道部第一年报》，台北：台湾总督府铁道部，1900年，第77—81页。林淑华：《日治前期台湾纵贯铁路之研究》，台湾师范大学历史研究所硕士论文，1999年5月，第42—43页）。

③ 高桥泰隆：《日本殖民地铁道史论》，东京：日本经济评论社，1995年版，第17页。

④ 但桂太郎随即于同年10月离职，实际在台时间仅为10天。

⑤ 江庆林：《台湾铁路史》（上卷），台湾省文献委员会，南投：1990年，第94页。

⑥ 曾汪洋：《台湾交通史》，台湾银行经济研究室，台湾研究丛刊第37种，台北：1955年印行，第54页；江庆林：《台湾铁路史》（上卷），南投：台湾省文献委员会，1990年，第94页。

⑦ 江庆林：《台湾铁路史》（上卷），南投：台湾省文献委员会，1990年，第99页。

⑧ 伊能嘉矩编：《理番志稿》第一编，台北：台湾总督府警察本署，1918年印行，第80—81页、250—258页；《陆军幕僚历史草案》第三卷，台北：总督府陆军幕僚，1906年版，第12、17页。

⑨ 《陆军幕僚历史草案》第三卷，台北：总督府陆军幕僚，1906年版，第25页。

贯铁路线(新店屈尺—花莲港新城)[①],埔里社—花莲港[②],集集—台东[③],恒春—台东[④],台北—宜兰[⑤]的勘察。以此可知,这些探险队都是勘查通往东部花莲平原的路线,这显示出乃木总督对开发东部"番地"的重视[⑥]。

由于岛内抗日武装斗争持续不息,日本资本对投资台湾铁路心存疑虑,裹足不前,资金筹集很不顺利。两年后的 1898 年 10 月,台湾铁道株式会社宣布解散,并未实际进行铁路建设[⑦]。台湾总督府如此大力推动纵贯铁路的建设,完全是基于掠夺台湾资源的经济目的和确立殖民地统治秩序的政治目的,因此,日据初期台湾铁路的建设就无法兼顾铁路的经济性,而必须以考虑全体的经济需求为要务。由此,总督府建设台湾纵贯铁路的方针就是"速成"与"延长"。由于多种困难因素,特别是勘察后总督府财政的捉襟见肘,筑路计划未能实行,铁路的开工预期一再延宕。

1898 年 2 月,陆军中将儿玉源太郎出任第四任台湾总督,3 月,内务省卫生局长后藤新平出任民政长官。由此,台湾进入儿玉源太郎—后藤新平时代(任期 1898—1906 年)。掌握总督府实权的民政长官后藤新平坚持认为要实现台湾的财政独立,就必须大力发展台湾的产业,而发展产业则必须首先建设铁路。而纵贯铁路则成为建设台湾铁路网络的"龙头",更加推进了台湾铁路的兴建步伐。同年,为筹划建设全台铁路网,经儿玉源太郎总督授命,总督府民政长官后藤新平下令,重新以日军为主力组织台湾铁路探险队,任命山根武亮陆军大佐为队长,兵分五路探勘计划中的全岛铁路路线。在随后的勘查报告及建设计划中提出:卑南至花莲港的路线长约 160.93 公里,需经新开园(池上)、璞石阁(玉里)等地,期间需挖短距隧道三处及架设桥梁,在建筑上可称次等之优良路线。延线地势两侧之山脉连通,中间广阔如原野,工程尚易进行。但惜之卑南、花莲两港条件不佳之故,恐难达到最高的经济效益[⑧]。

---

① 《陆军幕僚历史草案》第三卷,台北:总督府陆军幕僚,1906 年版,第 2 页。

② 《陆军幕僚历史草案》第二卷,台北:总督府陆军幕僚,1906 年版,第 104—106 页;《陆军幕僚历史草案》第三卷,台北:总督府陆军幕僚,1906 年版,第 3—15 页。

③ 《陆军幕僚历史草案》第三卷,台北:总督府陆军幕僚,1906 年版,第 1 页。

④ 同上,第 2 页。

⑤ 同上,第 50 页。

⑥ 随后,台湾总督府军务局陆军部还组织多支调查探险队,分别对台湾北部、中部及南部进行调查(详情可参见藤井志津枝:《日治时期台湾总督府理番政策》,台北:文英堂,1997 年版,第 45—46 页)。

⑦ 祝曙光:《铁路与日本近代化——日本铁路史》,北京:长征出版社,2004 年版,第 147 页。

⑧ 调查测量的范围为:1. 南部线即自恒春至凤山,自凤山连接卑南;2. 中央线即自林圯埔至东拔庄(台东地方);3. 由埔里至花莲港;4. 由新店至花莲港;5. 北部线即自宜兰或苏澳至于花莲港。有关山根武亮陆军大佐调查测量之情况(参见《山根武亮铁道队长番界踏查谈话记录》,江庆林:《台湾铁路史》(上卷),南投:台湾省文献委员会,1990 年,第 95—98 页)。

儿玉总督时期采取了“铁路公营”的政策。至于铁路建设资金，后藤新平筹划在日本国内发行共计 6 000 万事业公债[①]。经过日本政府（山县有朋内阁）的反复酝酿，最终于 1899 年 3 月，帝国议会通过总额为 3 500 万日元的《台湾事业公债法》（法律第七十五号）并予以公布，其中铁路事业公债为 2 880 万日元，是以纵贯铁路建设的全部资金[②]。在此项资金的支持下，从 1899 年 5 月起，纵贯铁路自南北两端同时动工建设[③]。这些官营事业均属台湾总督府所专有。修建铁路，需要大量的铁材、木材、石材、煤炭等，虽然这些材料在台湾的蕴藏量很丰富，但由于交通运输的限制无法加以利用，因为这些材料大多居于深山之中，距离工地现场甚远，故大部分的材料皆运自日本国内或外国各地，唯当时的南北两大港口甚为简陋，如果要大量的起卸各种建筑铁路的材料，首先就要进行港湾的改建[④]。

1899 年 11 月，台湾总督府设立铁道部，首先提出在未来的十年间，推动兴建纵贯铁路、土地调查、扩建港口三大事业计划[⑤]。到 1902 年为止，修建了基隆—新竹线，又接着开始推动新竹以南地区的铁道建设。至 1908 年 4 月，完成了连接从台湾本岛北部基隆到南部高雄的纵贯铁道全线，以及支线的淡水线、潮州线。完成基隆到高雄的纵贯铁路的修建后，继又兴建竹南至大胜线。这样，纵贯铁路的竹南至彰化段，有一条海岸铁路线和一条沿山铁路线。接着，台湾总督府又集中财力和人力，修筑了阿里山铁路、宜兰铁路、花台（花莲—台东）铁路。1903 年开始兴建基隆港，1908 年又开工扩建高雄港。同时，建设苏澳至花莲等临海公路。这些工程的完成，使岛内南北东西贯通，沿海有良港，形成交通网络，大大便利了总督府对台湾殖民地经济的控制以及对岛内资源的掠夺，为总督府殖民地经济政策的制订与实施提供了有力保障。

在筑路过程中，正值日俄战争期间，日本所有的商船均被征为军用，所需运输的材料又属战时禁运物资，由此，修路建材的运输极为困难，“故在开工之初，

---

① 后经日本政府（山县有朋内阁）将其降至 3 500 万日元，并于 1899 年 3 月日本帝国议会通过。

② 江庆林：《台湾铁路史》（上卷），南投：台湾省文献委员会，1990 年，第 99 页；同时，总督府成立临时铁路铺设部，总督府民政长官后藤新平兼任铁路铺设部长，长谷川师谨介技师出任该部技师长。1899 年 11 月 8 日，总督府以颁布敕令形式，将铁路铺设部与铁路股合并成为铁路部（敕令第八十一号）。

③ 纵贯线路南北铁路长 405 公里，1908 年 4 月全线通车。筑路费用全为事业公债支出，该公债在日本国内发行，其本息的偿还则由台湾总督府的财政负担；也就是台湾人民替日本资本家开了一条“生财之道”（参见周宪文：《台湾经济史》，台北：开明书店，1980 年印行，第 408 页）。

④ 喜安幸夫：《日本统治台湾秘史——雾社事件至抗日全貌》，台北：武陵出版有限公司，1995 年版，第 16—17 页。

⑤ 又吉盛清：《日本殖民地下の台湾と冲绳》，东京：あき书房，1990 年版，第 221 页。

工地现场连根枕木也没有”[①]。后由于军事上的考虑，即防卫台湾本岛的需要，日本政府令台湾总督府须在俄国海军波罗的海舰队到达远东之前修筑完规定的铁路线，以便岛内日军兵员及作战物资等的运输。所以，日本政府特准许三艘专用船舶急速向台湾抢运修建铁路的各种建材及专用器材等。当时，日本判定俄国海军波罗的海舰队将启航东下，自台湾、琉球间进入东海。在波罗的海舰队即将来临的压力下，为了应对在台湾海峡引发战端的可能性，遂在代理总督、民政长官后藤新平的主持下，台湾总督府于 1905 年 5 月 13 日宣告全台进入戒严状态[②]。由于原预定的铁路铺设确实难以完成，总督府遂决定将中部地区未铺设完成的三叉（现三义县）—彰化间的一段路线改为铺设陆军轻便铁路[③]。铁路施工昼夜不停地进行，最终在 1905 年 5 月 5 日，也即俄罗斯波罗的海舰队抵达台湾海峡之前，终于完成了连接台湾南北铁道线的修筑[④]。但这只是临时的联络线而已，并不能算是正式的南北纵贯铁路线的开通。

至 1908 年 4 月，基隆至高雄的南北纵贯铁路全线竣工（1899 年 5 月开工），花费了 9 年时间，全长 400 公里，所需经费为 2 758 万元[⑤]。有关铁路建设之要义，自铁路本身之经济性而言，当然需要很多时间，以建得坚固为第一要务，但具有以开拓为目的的铁路而言，就无法兼顾经济性，而必须以考虑全体的经济需求为要务，是以这条南北纵贯铁路，就是基于此一目标而建设的[⑥]。纵贯铁道的完成，充分发挥以交通上的大动脉强化台湾殖民地统治体制的功能，但还仅限于台湾岛西部。在台湾岛东部，仍然是“陆上孤岛”，依旧尚未开发[⑦]。

---

① 喜安幸夫:《日本统治台湾秘史——雾社事件至抗日全貌》，台北:武陵出版有限公司，1995 年版，第 17 页。

② 日俄战争期间，儿玉源太郎总督出任满洲军参谋总长，赴中国东北战场指挥作战。台湾总督府事务由后藤新平民政长官全权代理。直至日军取得日本海大海战决定性胜利后的 1905 年 7 月 7 日，台湾总督府才解除戒严令。

③ 在纵贯本线铺设过程中，北部路段主要是对清代原有的铁路进行改造，新竹以南至三叉（现三义县）于 1904 年竣工；从高雄向北铺设的路段亦在同时期到达斗南，中间路段因日俄战争的发生，改铺陆军轻便新线，正式的衔接完成则在 1908 年。除了纵贯本线，到日据末期，计铺设大小干线和支线总长约 1 500 公里，形成铁路运输网（许极燉:《台湾近代发展史》，台北:前卫出版社，1996 年版，第 270 页）。

④ 1895 年 5 月 27 日，日本海军联合舰队与俄国海军波罗的海舰队在日本海进行了决定胜负的大海战，波罗的海舰队全军覆没，日本由此取得日俄战争的决定性胜利。

⑤ 喜安幸夫:《日本统治台湾秘史》，台北:武陵出版有限公司，1995 年版，第 17 页。也有不同统计数字，如许极燉:《台湾近代发展史》（台北:前卫出版社，1996 年版，第 270 页）及周宪文:《台湾经济史》（台北:开明书店 1980 年印行，第 408 页）的记载为 2 880 万元。

⑥ 喜安幸夫:《日本统治台湾秘史——雾社事件至抗日全貌》，台北:武陵出版有限公司，1995 年版，第 16 页。

⑦ 喜安幸夫:《日本统治台湾秘史》，台北:武陵出版有限公司，1995 年版，第 17 页。

在南北纵贯铁路的铺设过程中，1905 年 6 月 24 日，台湾总督府民政长官后藤新平在致儿玉总督的信中提到：“应速修当年计划之全岛铁路网与纵贯线衔接。”[①]总督府铁道部随即制订出相应规划。1906 年 4 月，陆军大将佐久间左马太出任第五任总督，岛内铁路建设依旧按以往规划进行着。1907 年 1 月 10 日，继任的铁道部长长谷川谨介，就尽快建设台东县铁路向佐久间左马太总督提出建议：“纵贯线之力仅居限于台湾西部，为增进地方福利，极需设置台东县铁路。如因经济效应与经费考虑，可先铺设轨距 762 毫米的‘轻便铁路’，之后人口增加及林矿业发达或政策必要时，再加以拓宽与纵贯线相同的 1 067 毫米轨距铁路”长谷川谨介的建议终获佐久间左马太总督的认可。

在佐久间左马太总督及总督府民政长官祝辰已的推动下，台东县铁路第一期（台东南北线）工程于 1910 年 2 月 1 日正式开工，花莲、玉里间的轨距采用 762 毫米。为了日后能适用纵贯线机车、车辆在东线行驶，桥梁、隧道、建筑限界、路线强度等等，均采用 1 067 毫米轨距的建筑标准。第一期工程通车时的玉里、关山间的交通，仍由民营的手推台车来维系，使得该区间的交通甚为不便，故台湾铁道部于 1921 年提出续筑玉里、关山间铁路的五年计划，获得日本国会的通过。唯这一区间的建设不采用第一工程之 1 067 毫米轨距的标准施工，纯粹以 762 毫米轻便铁路的规格施工。总经费 237 万日元的台东县第二工程，经过了漫长岁月，总长 171.8 公里的“台东县铁路”总算完工[②]。

铁路海岸线的修建　如上所述，为增加运输能力，并解除中部铁路因坡度过高所受的阻力问题，总督府铁道部开始计划兴建海岸铁路线。1918 年 6 月，陆军大将明石元二郎出任第六任台湾总督，加快了海岸线的兴建速度。同年 11 月，台湾总督府铁道部技师新元鹿之助正式提出修建由竹南至台中的海岸铁路线的方案。明石元二郎总督对兴建海岸线尤为重视，在他的威权推动下，海岸线终在 1919 年得以开工；1919 年 12 月，台湾西部海岸线全线完工[③]。至此，台湾铁路的大规模建设告一段落。

---

① 郑仁崇：《台湾后山铁道风华》，花莲：台湾花莲县立中心，2000 年版，第 6 页。

② 参见台湾省文献委员会：《台湾省通志》第 4 卷《经济志・交通篇》第 2 册，南投：1955 年，第 96a—97a 页；台湾省文献委员会：《台湾近代史》（经济篇），南投：1995 年印行，第 25—27 页等。

③ 海岸线由纵贯线的竹南站起分歧至大肚站，全长 82 公里，1921 年竣工；再延长至彰化。在台湾总督府预定建设海岸线的时候，一度发生总督府铁路铺设规划与地方利益发生冲突的矛盾。由于台中厅希望建设的是南北纵贯线复线，而并非是偏离该线的海岸线。地方官厅也担忧该线建成后，会影响台中当地的经济利益，暗地支持当地台湾人及当地日资企业联名向明石元二郎总督投诉，希求总督府变更修建海岸线的计划。同年 11 月 14 日，台中地方代表林烈堂、林耀亭以及阪元、安土、山口等日本人直接到台湾总督府与铁道部负责海岸

日据前期铁路建设概况 1920年，属于台湾总督府“官营”的铁路营业里程已达637公里；至1940年，增至907公里[①]。如有：1. 纵贯线：1898年开工，历时九年(1899年5月—1908年4月)完成。基隆—台北—新竹—苗栗—台中—云林—嘉义—台南—高雄，全长408.5公里，其中自基隆到新竹的一段部分系改修刘铭传时代所筑的铁路；1912—1919年间，完成基隆—台北段28公里的双轨，耗资102.6万元。1919—1922年间，完成竹南—通宵—大甲—沙辘—彰化的海岸线，长91.2公里，耗资1 055万元，本线即竹南—彰化间之复线。1927—1935年，完成台北—竹南间97.1公里及台南—高雄间46.5公里的双轨工程，耗资1 244万元[②]。2. 淡水线：台北—淡水，1901年通车，长22.4公里。1900年6月至1901年间建成。1916年，由中途站北投至新北投间，修建支线1.3公里，全线计长22.4公里。3. 屏东线(原名潮州线)：高雄—屏东[③]—东港，长达62.9公里。其中，1907年4月—7月完成高雄—九曲堂间段；1911年10月—1914年2月完成九曲堂—屏东段，其中下淡水溪(高屏溪)铁桥长达1 526公尺，耗资137万元。1917年12月—1920年2月，完成屏东—潮州阶段；1923年

线的新元鹿之助技师面谈；同月18日彰化街的地方代表也到台湾总督府投诉。1918年12月11日上午，明石总督与这些地方代表进行会谈，但明石总督表示既定计划不会改变。12月14日，台中厅长三村亲自出马，希冀明石元二郎总督改变筑路政策。在他的游说下，台湾总督府殖产局局长也转变态度，转为支持台中地方的方案。但明石总督不为所动，12月15日，总督府告知台中厅长三村，如有比海岸线更好的设想的话，可以直接提出调查报告及设计图。在明石总督及下村宏民政长官的坚持下，12月19日，日本政府大藏省批准总督府有关建设海岸线工程的预算方案。明石总督还一再表示：“如果台中市民有任何过于激烈的反对行动的话，即使使用武力镇压也在所不惜。”为避免与地方冲突扩大化，28日，台湾总督府铁道部派出白势事务官、管野技师等，在总督府内举行有关建设海岸线工程的说明会，对抵制修路的企业及民众进行说服。1919年1月6日，明石总督主持召开会议，专门讨论嘉南大圳、日月潭水力发电工程以及海岸线等议题；11日，明石总督决定将以往由民政长官兼任的总督府铁道部长改为专任部长，技师新元鹿之助出任首任专任部长。在明石总督的强硬态势下以及台湾总督府威权压力之下，24日，台中市反对建设海岸线的期成同盟宣布解散。海岸线工程顺利开工(参见赖青松：《台湾总督——明石元二郎传奇》，台北：一桥出版社，1999年版，第210—211页)。

① 台湾省行政长官公署统计室：《台湾省五十一年来统计提要》，台北：1946年，第1147页。

② 台湾省行政长官公署统计室：《台湾省五十一年来统计提要》，台北：1946年，第1147页；王开节：《台湾之交通》，载《台湾之交通》，台湾研究丛刊第65种，台北：台湾银行经济研究室，1958年印行，第5页；秦启文：《台湾之铁路建设》，台湾研究丛刊第65种，台北：台湾银行经济研究室，1958年印行，第54页。

③ 屏东：旧称阿猴，1920年改名屏东，有“热带之都”的美称，台湾南部最主要的糖业基地之一。

10月延至溪州，至1941年又延至林边以及东港①。4. 海岸线：一次大战后，台湾经济日见繁荣，为增加运输能力，并解除中部铁路因坡度过高所受的阻力起见，从而计划兴建海岸线。1919年开工，由纵贯线之竹南站起分歧至大肚站，全长82公里，1921年竣工；再延长至彰化，1922年完工。5. 宜兰线：1917年12月起，分由南北两端开工，长98.8公里，1935年完工。八堵—瑞芳—宜兰—苏澳，1919年完成宜兰—苏澳段及八堵—瑞芳段；1920年12月宜兰—大里段，工程最难的瑞芳—大里段则于1924年12月完成，至此全线通车，总计耗资1 254万元，前后历时7年②。6. 台东线：自花莲港—玉里—关山—台东，长达173公里，亦分期修建。1914—1917年间，完成花莲—玉里段，87.3公里，耗资434万元；1921—1926年间完成玉里—玉山段，长41.5公里，耗资237万元；台东—关山段则系以95万元收购台东制糖株式会社的私营铁路，予以改建而成③。后花莲港至东花莲港一段线路，于1939年9月完工，铁路与公路取得密切之联系。7. 纵贯双轨工程：基隆至台北间之28公里双轨工程于1919年完成，台北至竹南间97公里余及台南至高雄间40公里余之双轨于1927至1931年间完成。8. 集集线：集集线为纵贯线的二水东至中部山区的外车埕，系台湾中部之交通要道，计长29.7公里，1919年12月—1921年12月间建成④。原为台湾电力株式会社所经营，1927年价购，改称集集线。9. 平溪线：由宜兰之三貂岭至菁桐坑长凡12公里有余，原为台阳矿业株式会社所铺设，于1929年价购，改称平溪线⑤。10. 阿里山线及太平山线：阿里山线为纵贯在线的嘉义站至眠月，全长78.6公里，于1906年7月—1912年12月陆续建成，太平山线为罗东—太平山的土场，全长37.3公里，1921—1924年间建成⑥。

岛内私营铁路的修建　日据初期，鉴于总督府财力的严重不足，“能支出经费发展地方交通者极为有限”，遂采取奖励民间资本修建轻便铁道⑦。1897年4月1日，隶属日本陆军的台湾铁道队解散，岛内铁路事宜由总督府民政局通信部临时铁道股接管，并开始鼓励私营铁路（日资企业以及岛内土著资本自建之民营轻便铁路）的建造。1908年4月20日，西部纵贯铁路全线通车，总督府认为应加速铺设轻便铁道以辅助干线。同年11月，佐久间左马太总督致信日本

---

①②④⑥　曾汪洋：《台湾交通史》，台湾研究丛刊第37种，台北：台湾银行经济研究室，1955年印行，第56页。

③　曾汪洋：《台湾交通史》，台湾研究丛刊第37种，台北：台湾银行经济研究室，1955年印行，第55页。

⑤　台湾省文献委员会：《台湾近代史》（经济篇），南投：1995年印行，第26页。

⑦　蔡龙保：《殖民统治之基础工程：日治时期台湾道路事业之研究（1895—1945）》，台北：台湾师范大学历史系，2008年1月印行，第235页。轻便轨道又称私设轨道，或称台车。台湾的轻便铁道源自1895年日军侵占台湾时，为求迅速运送军事人员及物资，在该年年底从台南与打狗（高雄）间开始铺设轻便铁道（台湾总督府铁道部：《台湾铁道史》上卷，1910年，第38页）。

内务省，希望通过内务省取得日本军方的物资支援。“就纵贯铁路的完成以及番地开拓上而言，铺设轻便铁路愈发成为紧急之要事。陆军省现在仍保管许多轻便轨条，因此，希望能移交100哩轨条及其附属品，以供开发农工业、林业、矿业等富源”①。在内务省的催促下，1909年3月，日本陆军省向总督府移交大量轻便铁路之轨条②，奠定台湾私营铁路铺设之基础。在总督府相关政策的推动下，随即成立了以台湾土著资本组成的合资会社——桃崁（桃园至大嵙崁）轻便铁道会社。这是日据时期台湾第一家专营交通运输的民营轻便铁路会社，也是联络纵贯铁路的第一条轻便铁路③。至1909年10月，私设铁道的兴建与营运之申请先后由民政部、铁道部管辖。1912年1月，总督府颁布《台湾私设铁道规程》，进一步强化对私设铁道的支持力度。

台湾私营铁路更多之修建则见于日资制糖会社④。建筑之初本为运输蔗糖之用，其后因为营业发达，遂在商业繁盛地区兼营客、货运。按照《台湾私设铁道规程》，经营轻便铁道可得到总督府铁道部的经费补助。由于私营铁路有利可图，筑路事业也跟着扩张。公、私营铁路之间的关系，大抵以公营铁路为主线，私营铁路则向东西两侧伸展而进入农村，构成纵横相错的交通网。其中制糖会社修筑之路线最大、区间最长。其次为林业，盐业、矿业亦随之而起。至于纯为运输营业而建设之铁路，则有台北铁道株式会社所属之万华至新店一线及台湾交通株式会社经营之丰原至土牛（台中石冈）一线。1942年为台湾私营铁路发展之最盛期，私营铁路总长计3 010公里，超过公营铁路总里程的两倍多。同一年，公营铁路客运人数为1 407 296 647人，而私营铁路客运9 768 626人；公营铁路货运为8 676 336吨，私营铁路为6 843 329吨，二者相较，私营铁路在货运上所占比例较客运为重要。这一趋势与公路运输的情形十分相似⑤。

1941年经营轻便铁道的有17家，其中6家兼营一般旅客与货运业务（其中4家为制糖会社），11家只经营专用线运送会社本身的货物；营运线532.3公里，专用线2 180.2公里，合计2 712.5公里⑥。1943年增为22家，兼营客货运，定期营业里程为

---

①② 《轻便レール及附属を台湾总督府へ保管换之件》，1909年10月，《台大日记》，日本国立公文书馆藏。

③ 《纵贯线と支线》，《台湾日日新报》1908年6月6日。

④ 1909年有6家大制糖企业兼营轻便轨道。其中有5家为日资企业：大日本制糖、东洋制糖、盐水港制糖、明治制糖、台湾制糖。只有新兴制糖（陈中和家族）为本地土著资本。翌年增加板桥林家。1910年经营轻便轨道的为15家；1916年合并至10家；1919年土著资本中增入辜显荣家族（《台湾总督府铁道部第43年报》，第133页）。

⑤ 王开节：《台湾之交通》，第5—6页；台湾省文献委员会：《台湾省通志》第4卷《经济志·交通篇》第2册，南投：1955年。

⑥ 《台湾总督府铁道部第43年报》，第133页。

692.2 公里，半营业线（不定期客货运）1 984.1 公里，专用线 347.9 公里①。

岛内公路网络的铺设　台湾初期的公路建设，最早可追述到 1874 年，当时监理台湾的福建巡抚沈葆桢为“开山抚番”，以清军官兵为筑路主力，主持开筑了岛内最早的三条公路。北路由宜兰苏澳至台东奇莱（今花莲市），全长 200 华里；中路由云林林圮埔（今南投竹山）至台东璞石阁（今花莲玉里），全长 265 华里；南路线由高雄凤山经赤山（今屏东内埔）至台东卑南，全长亦 214 华里。后面一线在 1875 年更向南北延伸，而成为联络花莲至恒春的台东纵贯铁路②。因筑路目的为军事之需，多为人工修筑，所以公路质量较差。

日据之后，台湾总督府主要出于“围剿”抗日义军的军事目的，以沿用旧有公路为原则，以抗日义军最为强盛的台湾南部为筑路之重点区域，开始修筑公路，由南部逐渐扩建至中部，而后及北部，这主要是基于当时台湾岛内的治安形势而定的。至 1896 年 3 月止，完成台中—台南、台南—安平、台南—旗山、高雄—凤山—东港、台中—埔里等路段，计 400 多公里。1896 年 4 月至 1898 年两年间，又赶筑完台北—基隆、台北—新店、台北—淡水、基隆—苏澳、新竹—台长、东港—恒春、枋寮—台东等路线，总计 920 公里③。在台湾总督府初步确立殖民地统治秩序后，总督府将公路建设的重点转为发展经济。统计日据时期修筑的公路主要有以下：

1. 纵贯公路：基隆—台北—台中—台南—高雄—屏东，总长 461 公里。1916—1925 年完工，为开发西部经济的主要动脉。

2. 苏花公路：苏澳—花莲。全长 121 公里，筑路工程历时 2 年，完成于 1924 年。1927 年起，台湾总督府决意将其改建为汽车专用公路，至 1932 年完工，耗资 450 万元，历时 15 年。

3. 新店礁溪公路：新店—礁溪，全长 63 公里。1936 年起改建为汽车道路。为环岛公路之一环。

4. 南回公路：高雄—枫港—台东，长 194 公里，1933—1939 年间完工，耗资 187 万元，亦为环岛公路之一环。

5. 屏东台东公路：屏东—台东，长 120 公里，也即南部纵贯公路。1927 年动工兴建，至 1943 年改建为汽车道路。

6. 新高公路：花莲铜门—南投雾社，也即中部纵贯公路，全长 90 公里，1941 年开工，至于台湾光复时为止，仅完成少量路段的建设④。

---

① 《台湾交通第一辑》，第 6—8 页。

② 张奋前：《台湾之公路交通》，《台湾文献》第 29 卷第 1 期，1968 年版，第 115 页。

③ 钱益：《台湾之公路建设》，《台湾之交通》，台湾研究丛刊第 65 种，台北：台湾银行经济研究室，1958 年印行，第 99 页；陈俊：《台湾交通发展史》，台北：“交通部”运输研究所，1987 年印行，第 219—220 页。

④ 台湾省文献委员会：《台湾近代史》（经济篇），南投：1995 年印行，第 24 页。

除总督府主导修筑的公营公路以外，各地方官厅也依照总督府的旨意，分别建筑了一些公路。至1905年完成各种公路约9 500公里，其中，道路宽度在2米以下的约4 600公里、4米以下的约3 500公里、6米以下的约1 000公里、8米以下的约350公里、8米以上的约100公里[①]。至1920年，公营公路为553公里；1940年增至12 076公里[②]。至1945年光复时，总长度为17 000余公里，平均每平方公里有公路0.475公里[③]。

表十二　日据时期台湾各种公路总里程(1935)

(单位:公里)

县　名	省　道	县　道	乡　道	总　数
台北县	214.57	429.61	2 084.22	2 728.40
新竹县	126.88	508.14	2 394.09	3 030.11
台中县	210.07	330.25	2 286.99	2 827.31
台南县	118.94	510.86	4 662.78	5 292.58
高雄县	140.23	484.67	1 449.14	2 074.04
台东县	147.21	134.18	254.42	535.81
花莲县	176.10	105.30	400.88	682.28
总　数	1 134.00	1 503.01	13 533.52	17 170.53

资料来源:台湾省文献委员会:《台湾省通志》第4卷《经济志·交通篇》第1册，南投:1955年，第23b页。

日据时期的公路运输，可分为公营客运及民营客、货运两大类。公营客运发始于1933年，至1942年时总营业里程长达6 415公里，行车里程4 990 657公里。当年总载客人数几达100万人次。民营运输则始于1912年，而以1943年为最高峰。当年营业里程为4 272.5公里，客运行车里程21 431 432公里，载客40 128 468人次；货运行车里程30 335 106公里，载客3 325 188公吨[④]。

二　高雄、基隆两大港湾的兴建与海运业的发展

如上所述，1858年《天津条约》之前，台湾对外商埠已有鹿耳门(台南)、鹿港、

---

① 张胜彦:《台湾开发史》，台北:空中大学1996年版，第226页。

② 台湾省行政长官公署:《五十一年来统计提要》，台北:1946年，第1147页。

③ 台湾省文献委员会编印:《台湾省通志》第4卷《经济志·交通篇》第1册，第23b页。

④ 张奋前:《台湾之公路交通》，《台湾文献》第29卷第1期，1968年版，第117—118页；王开节:《台湾之交通》，经济研究丛刊第65种，台北:台湾银行经济研究室，1958年印行，第7页；台湾省文献委员会编印:《台湾省通志》第4卷《经济志·交通篇》第1册，第22a—31a页；陈俊:《台湾道路发展史》，台北:台湾"交通部"运输研究所，1987年印行，第215—352页。

沪尾(淡水)、乌石港及五条港五个港口。咸丰十年(1860)夏,《天津条约》生效后,又开放了安平(台南)、淡水两个通商口岸,但仅是沿用既有之港埠,至日据之前,台湾官署也有过修筑基隆、高雄两港的筹划。1889年,台湾巡抚刘铭传奏派板桥林家林维源筹办基隆港的筑港事宜,但因官署与所聘请之外国工程师在工程建设过程中发生严重的意见对立,以至工程进展迟缓,至日据之前,仅完成基隆火车站附近一带的码头而已。高雄港时称打狗,1878年开始计划在港口水道南岸筑防洪堤。1883年9月,德国人于旗山建立灯塔。1884年中法战争爆发时,为防守计,刘铭传下令修筑炮台,并在港内放置沉船以关闭港道①。总之,在清朝时期,台湾之基隆、高雄两港虽具有修筑天然良港的诸多优势条件,但并未能有现代化的建设。台湾的多数港口商埠多因口岸狭小,尤其是淡水和平安两港由于水浅,无法容纳大型船舶的进出停泊,使用率很低。但在日据台湾之后,总督府从经济及军事多方面考虑,首先决定对基隆港和高雄港两地进行扩建改造,提高两港与海外的航运效率,并使之满足将台湾成为日本的“经济殖民地”的战略要求。在日据时期,总督府对台湾重要港口——基隆、高雄均有多次的筑港计划:1. 1899年的四年建设规划;2. 1902年的八年建设规划;3. 1906年的六年建设规划;4. 1920年的七年建设规划;5. 1929年的四年建设规划。自1912年起,开始实施八年建设规划,1929年以后,可容纳万吨级船舶进出②。日本为增强日台经贸关系的密切,和企图使台湾成为其通往世界航路的干线,也以保护奖励的方式来发展台湾的海运业。台湾总督府为了配合运输业务的扩大,对于投资修筑港湾、建设铁路、道路、治水等工事均不惜财力③。

基隆港的扩筑　日据初期,总督府将修筑基隆港列为第一优先工作,将其视为连接日本与台湾的最重要港口。基隆港位于台湾岛北部台北盆地北端的鸡笼湾内。该港依托台北市,隔台湾海峡与福建省相望,东面和东北面隔太平洋西部海区与日本及其琉球群岛相峙,使其成为东海、台湾海峡、太平洋西部海区航运要道,为我国南北航线和太平洋航线及环太平洋航运要冲。航运地理位置相当重要。基隆港靠近台湾海峡之北口,港区东面、西面和南面环山,一面临海,鸡笼湾是一个纵深3.6公里,入口宽280多米的狭长海湾,湾口外有社寮、中山、盘桶等岛屿作屏障,形成山环水绕、风平浪静的天然良港。由于基隆港的形状如同鸡笼,故有“鸡笼港”和“大鸡笼”之称。基隆港于1860年开港,是台湾历史较长的国际贸易港口。1863年(清同治二年),被辟为对外开放的国际贸易

---

① 台湾省文献委员会:《台湾近代史》(经济篇),南投:1995年印行,第27页。

② 王开节:《台湾之交通》,台湾研究丛刊第65种,台北:台湾银行经济研究室,1958年印行,第8—9页。

③ 朱德兰:《日据时期长崎台北贸易——以长崎华商“泰益号”与三家台商为例》,载吴剑雄主编:《中国海洋发展史论文集》第4辑,台北:“中央研究院”中山人文社会科学研究所1991年版,第222页。

港口。基隆港平均每年雨日214天，号称“雨港”。基隆港依托的基隆市，位于台湾岛北端西北部沿海，旧名“鸡笼”，是台湾地区北部出海门户、对外贸易口岸和渔业基地。基隆港因是联络台湾、华南、南洋地区的要港，自1860年展开修筑起，便因年年船舶进出量的增加，港口设备不敷负荷，而数度进行扩建、整修的工程。1898年在总督府民政长官后藤新平的策划下，台湾总督府决意将基隆港建为军商两用港口，开始基隆港的扩建工程，由于经费筹集的困难，对基隆港的扩建分为一、二期工程。1899年基隆港第一期扩建工程开工，至1902年完工，耗费244万元，完成航道疏浚等，可停泊3 000吨轮船4艘；1906年第二期工程开工，至1912年完工，耗费626万元，扩建码头、筑造防洪堤、装卸货场等，可容纳6 000吨轮船出入；1912年至1919年，在佐久间左马太总督的强力推动下，台湾总督府再次出资（1 070万元）第三次扩建基隆港，至1929年完工后，可满足万吨轮船的进出，年货物吞吐量达到45万吨；为大力推行南进政策，推动台湾“工业化”进程，1936年，台湾总督府计划第5次扩建，但中途由于中日战争爆发而被迫停止，但已耗费原定预算的794%，为1 125万元。台湾总督府先后5次进行扩建，计耗资为4 618万元[①]；基隆港内港面积为0.95平方公里[②]。基隆市东南面就是台北市。实际上基隆港依托的城市为基隆市和台北市，从而也体现了基隆港交通、经济的重要性。

高雄港的扩筑　1930年代，为将台湾建为“南进基地”，同时也为了方便运送南洋的资源，台湾总督府也积极扩建高雄港。高雄港位于高雄市，旧称打狗港，是台湾南部最重要的商港，也是日据时期台湾最大的商业港口。高雄市原名打狗（又作打鼓）或西港，从前就是个有名的海港，后为通商口岸，商业益加繁荣，对外交通也更加密切。高雄市位于台湾南部，西、南面濒临台湾海峡，高雄港内水不扬波，有“港都”之名；爱河横穿市区，海陆交通都非常发达，又被称为台湾的“南大门”。高雄开发的很早，与台南、北港、嘉义、麻豆等地并称为台湾历史最悠久的地方。这里最早是平埔族原住民（马卡道族）的居住地，因盛产竹子得名“takau”（平埔族语，意为竹林），汉语音译为“打狗”，“打狗”便是高雄最早的名称。清康熙二十三年（1684），台湾归入清廷版图，将此地设属福建省台湾府凤山县，开垦范围扩及前镇、大港埔、五块厝、篱仔内及苓雅等地区。至清同治初年打狗开辟为通商口岸，哨船头及旗后成为商港，高雄逐渐成为重要的城市，后来逐渐发展成为台湾最大的商业港口。日据时期，台湾总督府也曾有三次高雄港的扩建计划[③]。高雄港在扩建之前，港口附近水面面积仅为9公顷，

---

① 曾汪洋：《台湾交通史》，台湾研究丛刊第37种，台北：台湾银行经济研究室，1955年版，第40页；基隆市恩县委员会编印：《基隆市志（概述）》，1954年10月，第24—27页。

② 台湾省行政长官公署统计室：《台湾省五十一年来统计提要》，台北：1947年，第59页。

③ 台湾总督府修筑高雄港之三次计划为：1. 1904年的四年建设规划；2. 1908年的五年建设规划；3. 1912年的十年建设规划（王开节：《台湾之交通》，台湾研究丛刊第65种，台北：台湾银行经济研究室，1958年印行，第44—69页）。

水深仅 3 米，只能容纳小轮船和舢板停泊。1900 年起，台湾总督府开始对高雄港的扩建计划进行港湾调查和工程规划，并提出 5 年扩建计划(1908—1912)。1908 年 4 月—1912 年的第一期扩建工程，工程耗资 491 万元，航道加宽为 109 米，可停泊 7 艘轮船[①]；同时，在基隆港和高雄港两地之间铺设纵贯铁路，使港湾与铁路相连接，并与公路连为一起。1918 年出入高雄港的船只已达 400 艘，总吨数达 70 万吨，随后进行了第二期工程，并于 1933 年基本完工，耗费 1 280 万元。至 1937 年，高雄港可容纳 3 000—10 000 吨级船只 26 艘停泊。后为配合日本对外扩张的军国主义政策，台湾总督府将高雄港改建为军港[②]。此外，安平、淡水、花莲、苏澳、新港、海口、新高各港亦有相当之建设。1912—1937 年第二期工程开工，工程耗资 2 736 万元，可停泊 26 艘 3 000 吨至 10 000 吨级的船只[③]；自 1908 年至 1944 年止，高雄港扩建工程计耗资 5 000 万元[④]。高雄港面积达 1.55 公里[⑤]。

在台湾总督府殖民地经济政策的威压下，至 1910 年，台湾对外贸易的对象已由祖国大陆转为日本，在台湾 1911—1915 年间的外贸总额中，日本所占比例已从日据初期(1898—1900)的 24.4%骤增至 74.6%[⑥]。这样的重大转变，对台湾港口的发展也产生了很大的影响。以往面对大陆的港口逐渐衰落，而基隆港与高雄港则分别成为台湾南北的主要贸易港口。台湾总督府为推行其南进政策，更加快了对高雄港扩建工程的实施。扩建后的基隆、高雄两港，港内深水面积扩大，防洪堤坝、码头、起重机及储运仓库等现代化设备齐全，与陆路的联系也相当便利，货物吞吐量大增。1925 年，基隆、高雄两港进出口货物价值分别占该年台湾进出口货物总值的 58.5%与 34.7%[⑦]。1940 年，基隆、高雄两港进出口货物价值分别占该年台湾进出口货物总值的 55.2%与 42.1%[⑧]。基隆与高雄两港市镇集中于南北的发展，对日后台湾南北双峰式发展具有深远影响[⑨]。1931 年，总督府开始兴建东部的花莲港；1939 年又开始兴建台中港。花莲港的兴建在 1939 年完成首期工程后，继续的增建工程因为战争而进度延滞。至 1945 年止，基隆港可同时停泊 25 艘以上万吨级的船舶，高雄港则可同时停泊

---

① 张守真：《高雄港记事》，第 31 页。

② 王开节：《台湾之交通》，台湾研究丛刊第 65 种，台北：台湾银行经济研究室，1958 年印行，第 44—69 页。

③ 张守真：《高雄港记事》，第 32 页。

④ 曾汪洋：《台湾交通史》，台湾研究丛刊第 37 种，台北：台湾银行经济研究室，1955 年印行，第 42—43 页。

⑤ 台湾省行政长官公署统计室：《台湾省五十一年来统计提要》，台北：1946 年，第 59 页。

⑥ 同上，第 918—919 页。

⑦⑧ 戴宝村：《近代台湾港口的发展》，载《台湾风物》第 39 卷第 1 期，第 154 页。

⑨ 戚嘉林：《台湾史》(增订本)，台北：海峡学术出版社，2008 年版，第 314 页。

34艘,成为当时日本陆海军出发南洋的重要基地。至1940年,台湾的船舶拥有量为1937年的2.5倍之多。

台湾海运业的创立与发展 自1860年开放淡水、安平为通商口岸以来,以帆船业为特色的台湾海运业开始受到海外航运界的挑战,从1850年起,在台海两岸的航运线中,就出现中国人与外商合造的"铜底夹板船"(也称"广艇"或"粤艇",比旧式帆船具有较高的安全性)。1871年,英国商人开设台湾海峡航运线,由淡水往返于厦门、汕头及香港。1877年,中国轮船招商局也开设台湾至大陆沿海各地及日本的航线。1881年,更由福建船政主管调拨官船,增加闽台间定期航班,开设了环岛航线。到1885年刘铭传的"新政时期",购置了三艘邮轮,命名为"飞捷"、"威利"、"万年清",航行于大陆与台湾之间。1886年,又增购两艘汽轮,命名为"驾时"、"斯美",往来于台湾与上海、香港、新加坡、西贡、吕宋之间。由此看见,日据之前的台湾航运业有着旺盛的发展势头①。

日据之后,总督府大力扶持大阪商船株式会社等日资航运企业,完全控制台湾航运业的发展,将其纳入构建殖民地经济体系之一环。1896年6月16日,伊藤博文巡视台湾之际,在台湾总督府的一次会议上称:"为期望能增进台湾的富源,必先开启运输通道。"②率先提出扩充日台间航线的建议。在总督府民政局长水野遵的主持下③,总督府随即开始拟订航运政策,为扩大日台间贸易往来创造条件。总督府此刻所采取的航运政策,第一步是除掉英商在台湾海峡航线所占之优势,第二步与英商竞争其中国南部沿海各口岸的航线,第三步扩充台湾至华北各地及南洋、欧美各地航线④。随后,大阪商船株式会社与英国道格拉斯公司展开了激烈的竞争。

从另一个角度看,甲午战争之前,日本拥有的船舶仅有16万吨,而战后1897年增至36万吨。日俄战争前的1903年为65万吨,战后的1905年增至93万吨;在一次世界大战前的1913年为150万吨,战后的1920年扩增至300万吨。日本航运实力的飞速发展,使其排除外国航运公司、独霸台湾航运业的图谋成为可能⑤。

1897年,日本开放台湾沿岸定期航线。同时,日本与台湾间也开设航线,1899年3月,儿玉总督颁布第二号"总督命令书",令大阪商船株式会社开辟台湾至香港的航线,与英国道格拉斯轮船公司展开竞争。"总督命令书"内容

---

① 台湾省文献委员会:《台湾近代史》(经济篇),南投:1995年印行,第28页。

② 《大阪朝日新闻》第522号,7月2日;黄薇生:《南航记程(二)台北の飨宴》。

③ 由于桂太郎仅在台湾逗留10日,其总督任职期间(1896年6月2日至1896年10月14日)的总督府事务悉归民政局长水野遵掌控;1896年10月14日,乃木希典总督上任,围绕统治权限的行使,水野遵与乃木希典发生矛盾;1897年7月20日,水野遵离任,由曾根静夫出任总督府民政局长。

④⑤ 台湾省文献委员会:《台湾近代史》(经济篇),南投:1995年印行,第29页。

如下：

台湾总督第二号"命令书"

台湾总督府为能在台湾和清国东部地方间达到运输交通上之利便，命令该公司开设如下之航路：

自淡水经由厦门、汕头至香港，航路自三月至八月止，每月往返四次，自九月至二月止，每月往返三次（以下略）

台湾总督　儿玉源太郎　1899年3月27日①。

其后，又陆续开辟福州香港线、福州兴化线、厦门内湾线。1905年起，航行于华南沿岸的小型轮船延长至上海及广东。自1896年至1911年的15年间为止，大阪商船株式会社几乎垄断了台湾与大陆南方各地的海上航线，其势力还延伸至中国内地，与英商公司争夺利益。

第一次世界大战后至1941年止，日本拥有各类商船632万余吨，当时台湾被纳入日本航运业的一环，受到日本的严格控制，台湾航运业始终未形成单独的航运体系。1898年在台湾登记的船舶为52艘、1 617吨，但至1942年，40余年间，仅增至350艘、27 000余吨②。

为扶持日本资本控制台湾的航运业，台湾总督府自1896年起，将水路邮件全部交由指定的一家或若干家日本轮船公司承运，定期航行于日台间、台湾沿海及海外航线，并给予高额补助，称作"命令航线"。日本邮船株式会社自1907年起承办基隆—门司—神户线的航路，每月往返两次，全年给予52 250日元之补助金。大阪商船株式会社是台湾总督府命令航权的轮船公司之一。1896年，总督府即令其开辟神户—基隆间的定期航线，以舞鹤丸、明石丸及须磨丸担任运输工作，是日台定期航线的肇始。以往台湾至大陆及香港的航线为英国道格拉斯轮船公司把持，台湾总督府于1899年发给大阪商船会社补助金，开辟"命令航线"，"获得总督府援助的大阪商船会社，其优势地位无法动摇"③。1902年末，道格拉斯轮船公司被迫撤出台湾航运市场④，日本资本遂成为台湾海运业的主角。整个日据时期，台湾航运界共有7家日本轮船公司，即大阪商船会社、日本邮船会社、辰马汽船会社、大连汽车会社、东亚海运、南日本汽船会

① 《大阪商船株式会社五十年史》，东京：大阪商船株式会社，第189页。

② 王开节：《台湾之交通》，台湾研究丛刊第65种，台北：台湾银行经济研究室，1958年印行，第7—8页、第32—34页。

③ 日本邮船株式会编印：《日本邮船株式会社七十年史》，东京：1956年7月，第679页。

④ 据记载：英国道格拉斯轮船公司从台湾航线撤退以后，仍维持连接香港、汕头、厦门、福州间的定期航线（参见松浦章：《日治时期台湾海运发展史》，卞凤奎译：台北：博扬文化事业有限公司，2004年版，第187—189页）。

社、三井船舶会社。1942年成立“船舶运营会”，对台湾航运业统一施行业务管理。

三　台湾航空业以及邮政电信事业的创立与发展

台湾航空业的创立与发展　1919年总督府设立航空班，1930年5月，总督府于交通局递信部内设航空调查课，主持航空发展。在整个日据时期，总督府在机场建设与航线两大方面投资甚巨。**在日台航线方面有**：1. 日台航线：1931年10月，即九一八事变之后，日本航空株式会社试航日台航线，并附带邮件，1935年10月正式开航，每周一班，1936年1月，增至每周三班，1938年4月，又增至每日一班。当时航线自福冈出发经琉球来台，全程共1 610公里，飞行时间约为6小时。此先通航至1943年9月为止，其后完全改为军用。2. 环岛航线：1936年8月，以台北为基点开辟东西航线。有：东线（台北—宜兰—花莲）每周二次；西线（台北—台中—高雄）每周三次，1937年6月，改为台北—台中—台南，仍为每周三次。此外，另开辟台南—马公航线，每周三次。1938年东西两航线合并为环岛线，自台北经台中、台南、屏东、台东、花莲、宜兰而回台北，每日相对飞一次，全程各760公里，飞行时间约为5小时20分。台南至马公间则数日一飞，全程90公里，需时40分。**在台湾与南洋航线方面有**：基本上为联络东南亚的主要城市，计有：1. 台北—广州线：1939年10月通航，每日一班，至1941年12月12日停航；2. 东京—台北—曼谷线：1940年6月通航，每周一班，1941年9月20日停航；3. 台北—曼谷临时线：1941年4月通航，每周一班，同年9月20日停航；4. 横滨—淡水—曼谷线：1941年通航，每半月一班，同年12月12日停航。**在机场建设方面有**：1. 台北机场，1932年兴建，1936年再加扩充，1938年完工；2. 宜兰机场，1936年6月开始兴建，8月完工，1938年又予以扩充；3. 台中机场：1936年3月兴建，1937年1月完工；4. 台南机场：1936年12月兴建，1937年5月完成，1944年又在台南新建大机场一处；5. 台东机场：1937年8月开始兴建，1938年5月完工。1940年开始兴建淡水水上机场，为台湾唯一的民用水上机场。另有军用机场11处，计有基隆、新竹、嘉义、冈山、高雄、屏东、马公等陆地机场及鹿港、高雄、马公、花莲等水上机场①。总督府在台北、宜兰、淡水、台中、台南（2处）、台东、高雄、马公建造了军民兼用的机场，开通了连接台湾与日本本土间的航线，同时也开辟了台湾与万象、西贡（今胡志明市）、中国广州等地的航线。

台湾邮政事业的创立与发展　台湾邮政最早出自于郑成功时期，明制十里为一铺，每三刻行一铺，昼夜须行300里。清代沿用明制，但只为公文寄递，如

① 庄汉开：《台湾之民用航空》，《台湾之交通》，台湾研究丛刊第65种，台北：台湾银行经济研究室，1958年印行，第128—129页。

民间私信，或由长足或由民信局传递。至于台湾与大陆之间，私人函件的递送则托付往来于两地之间的帆船。由于帆船与“郊商”有很大的关系，而郊商因商务上的需要，更是私人信件的主要收发人。清末，民信局有所谓“批郊”的组织，并且也改托火轮船寄递[①]。

台湾邮政事业的现代化始于刘铭传时期，1888 年，刘铭传于台北设立邮政局，岛内各地皆设分局，并发行邮票。邮票凡二种：一为官用，不收费；一为民用，按站收费。每站凡 100 里，台南至台北凡 13 站，每函须 260 文，邮路以外之地别加其费。由台湾发往大陆及其他国家的信函，则由轮船代递，台湾时有“南通”、“飞捷”二艘邮轮，按期往来于福建、上海与台湾的各港口。1889 年，清廷颁布台湾邮政章程，全岛邮政事业归巡抚刘铭传之管辖，当时邮政收入每年约为一万两白银[②]。

在日据台湾之初的“军政”时期，台湾邮政由日军野战邮便局处理。总督府 1895 年首先在基隆开办邮政业务，至同年底，岛内共设立 49 个邮局、6 个经办所。其后，陆续增加，1900 年代初，全台湾邮局数已超过 100 个以上，除本岛通邮外，还与日本邮政联为一体，形成邮政网络。1901 年台湾总督府将通信课改为通信局；1924 年又将其与总督府铁道部合并改称交通局。至 1945 年台湾光复前，台湾邮政归交通局管理。在日据时期，邮政局最盛时为 260 多处，最初多用人力运送邮件，后随着交通之改善与发达，多采用机械工具。最盛时期，计有汽车邮路 985 公里，铁路邮路 1 321 公里，水路 2 404 海里。当时台北邮件当日可送达本岛最南端之恒春。1939 年邮件寄发数量最多，为 110 000 000 件。邮政储蓄及简易寿险，二者均普遍而深入。寿险多借助政治力量而推展；其所吸收之资金，大部分通过放款方式辅助社会建设事业。因有储金及寿险之巨额盈余，邮政经济颇为富裕，仅次于其时之专卖事业[③]。

台湾通信事业的创立与发展　早在 1874 年日本首次出兵台湾之时，福建船政大臣沈葆桢受命办理台湾海防，他深感台湾孤悬海外，极有电信建设之必要，拟聘请丹麦工程师设计，计划在台湾铺设水陆报线。水线由安平至澎湖、转至厦门，费用约为 3 万余两；陆线由厦门至福州及安平至台南府城，全程约 500 里，费用约 15 万余两。1877 年在福建巡抚丁日昌支持下，开始由台南至凤山旗后先行开办电线，约两月告成，有两条线，一自台南达安平，一自台南达旗后，长 95 里（约 54.7 公里）。1884 年中法战争爆发，法国舰队一度占据台湾要塞基隆，暴露出清政府在军事防守上的突出弱点，引发清政府对台湾“孤悬海外”的

---

① 方豪：《光绪甲午等年仗轮局细信稿所见之台湾行郊》，收录于《方豪六十至六十四自选待定稿》，台北：1974 年著者自刊本，第 335—365 页。

② 台湾省文献委员会：《台湾近代史》（经济篇），南投：1995 年印行，第 32—33 页。

③ 王开节：《台湾之交通》，台湾研究丛刊第 65 种，台北：台湾银行经济研究室，1958 年印行，第 11—12 页、第 134—136 页。

担忧。为加强台湾海防，1885 年 10 月台湾正式建省①，前直隶总督刘铭传出任首任台湾巡抚。1886 年，刘铭传接受外商建议，开始铺设海底电缆，1886 年 8 月 21 日，自福州川石山起工，翌日达淡水；又由澎湖放线，抵达台南之安平口。陆线于同年 3 月开始架设，先铺设由基隆、淡水河至台北之报线；11 月，由台南取道嘉义、彰化、新竹而达台北。1888 年 2 月 1 日，全线接通，计水陆报线长约 1 400 余里，总共用银 28 万余两。在甲午战争前，台湾电信事业陆线已由高雄达基隆，另由台北可通淡水。海底电缆有二：一为台北至川石山达福州，一为台南至澎湖②。

1895 年日据之后，总督府分别在基隆、七堵、台北、淡水设立电信通信所。1895 年 12 月开始办理公共电报业务。至 1896 年 4 月，岛内共设有 27 个电信局。随后，还分别架设联系澎湖、冲绳的海底电缆，同时向清政府收购了淡水至福州的电缆，电缆线路总长度由清季的 1 400 公里增长为 4 300 公里③。

1895 年 6 月，台湾总督府设立通信部，此为经营台湾通信的肇始。1924 年总督府交通局设立递信部，此后一直到 1945 年台湾光复前未有变化。台湾电报线路大致分为四种线路：1. 本岛线：1896 年施行民政时期起，本岛西部电报逐渐架设完成，通信方便；东部则自 1919 年以后开始畅通；2. 本岛与大陆线：仍以刘铭传建之台北至福州川石山线为其基础；3. 海外线：台港线在 1930 年完成；台湾马尼剌线在 1932 年完成；4. 台日线：台日线最为发达，计有台北至那霸及长崎之海底线与台北对东京、大阪、鹿儿岛间之无线电路④。如此，日据时期台湾邮政业渐次起步，至 1940 年代初期，各种邮局已经遍布全台湾大多数的市镇，建立 223 所各类邮局（普通局、特定局和出张所），设立 454 所电信局（有线和无线）。日据时期的最高经营业绩，有邮路 23 533 公里。在日据时期，台湾全岛大约每 35 户就有一部电话，使用电话的人达到 25 000 余人⑤。1930 年代中期之后，总督府开办广播电台，在台北、台中、台南、嘉义、花莲设立广播局。日

① 关于台湾建省问题，早在 1874 年日本首次出兵侵台的“牡丹社事件”后，丁日昌就提出：将来“可另设一省于此，以固夷夏之防，以收自然之利”（丁日昌：《海防条议》，葛士濬编：《皇朝经世文续编》第一〇一卷，上海图书集成印书局，1897 年版，第 17 页）；1885 年 10 月 12 日，慈禧太后下达两道圣旨，一道诏设海军事务衙门，并派醇亲王奕譞总理海军事务；一道诏准左宗棠奏请将福建巡抚改为台湾巡抚，福建巡抚事即着闽浙总督兼管。同时命令闽省督抚详细筹议一切改设事宜，奏明办理。从下诏办理到闽台实现分治，大约花了近 3 年的时间。台湾自建省分治后，全面推行自强新政，加强海防，推动了台湾社会经济的发展，加速了迈向近代化的步伐。台湾作为东南海疆屏障的作用，也越来越明显（参见陈孔立主编：《台湾历史纲要》，北京：九州出版社，1996 年版，第 297、第 299—300 页）。

② 台湾省文献委员会：《台湾近代史》（经济篇），南投：1995 年印行，第 34 页。

③ 张胜彦：《台湾开发史》，台北：空中大学 1996 年版，第 226 页。

④ 台湾省文献委员会：《台湾近代史》（经济篇），南投：1995 年印行，第 34 页。

⑤ 伊藤洁：《台湾》，东京：中央公论社，1993 年版，第 129 页。

据之后至1900年的五年间，电话主要为官厅及军事方面所用，自1900年起，开始对民间开放电话的使用。至1900年7月，台北、台中、台南、基隆、斗六等城市设有电话局，开办电话业务。当时安装电话的431家电话用户皆为日本人。到1926年增至11 400余户；到1943年，增至25 000余户。"综观其发展方向，首重市内电话及海底电缆两部分，长途电话方面，除明线外，其载波机及地下电缆之架设，十之八九系二次大战期内由国际电气株式会社所建设者。尤以1938年纵贯全岛之长途电缆与六路载波之兴建，使台湾电信有加速之进展。但因战事破坏十之七八，而海底电缆全被切断"①。

第四节　台湾总督府旧惯调查的实施

一　日据初始总督府相关的旧惯调查

日据初始，台湾总督府学务部长伊泽修二就向台湾总督桦山资纪提出调查台湾旧惯的建议。伊泽修二仅从确立殖民地教育的角度出发，认为总督府应尽速考察岛内旧有风俗习性，以建立适合岛内实情的殖民地教育体制。伊泽修二称："教育若要能彻底地醇化人心，则必须进入各种社会，深察其人情风俗，制订足以适应的教育法。"②由此，日本著名人类学家伊能嘉矩③将伊泽修二称为台湾总督府推行调查旧惯的嚆矢④。而且，鉴于岛内抗日武装斗争风起云涌，殖民地秩序一时难以确立的困境，台湾总督府首任民政局长水野遵就以"台湾行政一斑"为题，向桦山资纪总督提出应借鉴参考台湾旧惯的建议。水野遵称："继战乱之后，欲维持地方之和平宁静，其施政方针应尽量简单且依从旧惯为宜。"⑤水野遵还针对清朝时期台湾行政状况等列出详尽的调查提纲（见表十三）。

---

① 王开节：《台湾之交通》，台湾研究丛刊第65种，台北：台湾银行经济研究室，1958年印行，第10—11页。

② 梅阴子（伊能嘉矩的笔名）：《台湾旧惯调查事业沿革资料（一）》，载《台湾旧惯记事》第4卷第1号，"杂录"（1904年1月23日），第54页。

③ 伊能嘉矩（1867—1925）：日本人类学家，毕业于岩手县师范学校。1895年以陆军雇员名义来台，与田代安定等组织"台湾人类学会"。1897年对台湾原住民进行调查，写出《台湾蕃人事情复命书》，并将其调查日记以《台湾踏查日记》之名在台湾出版（《台湾踏查日记》上下册，杨南郡译，台北：远流出版公司1996年版）。1906年受总督府委托，编纂《理番史稿》；1908年完成《大日本地名辞书续编——台湾篇》。1922年总督府设立"台湾总督府史料编纂委员会"，聘请伊能嘉矩撰写清朝台湾历史，这就是后来的《台湾文化志》。

④ 木母浮浪（伊能嘉矩的笔名）：《台湾旧惯调查事业史》，《台湾时报》第63号，1914年12月15日，第3页。

⑤ 《台湾总督府公文类纂》，1895年乙种永久，第12卷第4门，文书（报告·民政局），"台湾行政一斑"（1895年9月18日）。

表十三　水野遵的旧惯调查建议案一览

1	旧府县处理事务的概要
2	同上职员的概数
3	同上经费支给的办法
4	旧堡街庄或岛的行政机关组织，以及街或庄与堡的关系
5	同上所属职员的名称、职务、权限及员额的概略
6	同上职员的选用任命方法及其待遇报酬，以及其他经费及其支给方法，如公开报酬以外的额外收入，或不论何种名义的外快收入所得，其种类以及金额、员数的概略
7	同上公有财产(属于堡有、街或庄有的公有财产者)的种类及其处置与收获物的处理办法
8	同上管辖内对住民课赋的费用种类、金额的概略及其征收办法
9	同上官有地的处理办法
10	同上民有地的处理方式，土地台账或地券台账等类有无预付，以及其课赋税金征收的方法
11	土地房屋的买卖、转让方法及其价格的概略
12	一般住民(清国移民或本岛土著住民)与熟番或生番的交际情形
13	熟番或生番的行政状况
14	对于一般住民与熟番或生番行政上差异的要点及其理由
15	以往户籍的管理办法
16	大地主、豪商、绅士等富有阶层及其伴随产生的权势的概要
17	新建道路、桥梁、河川、港湾、堤防以及维修费用的支出办法
18	历年义仓的设置办法及其储存米谷的支出办法

资料来源：梅阴子(伊能嘉矩的笔名)：《台湾旧惯调查事业沿革资料(二)》，载《台湾旧惯记事》第4卷第2号，“杂录”(1904年1月23日)，第60—62页。台北：古亭书屋印行，1969年9月。

接着，台北县知事田中纲常也向桦山资纪总督提出以“收集台湾志料”为名的十二项建议(见表十四)。田中纲常认为，由于日本的占据与统治，以往清朝官厅的仓促解体以及官府档案的大量流失，对于总督府确立殖民地统治秩序极为不利，其中“对于考察旧租赋课税额与制订全岛各项制度均感困难，故派官至中国大陆取得文献档案与口述资料实为当务之急”①。

表十四　田中纲常的“收集台湾志料”建议案

1	向福建布政史衙门要求提供有关台湾建省前的各项赋课记录，但建省之后部分则照会闽浙总督衙门
2	除记载于大清会典及六部则例外，要求汇集提交单独施行于台湾的特别法律规则(包括已废除者)
3	向福建提督衙门索求有关保甲组织的旧记录
4	向闽浙总督衙门、学政使司及布政史司衙门要求所出版的台湾全岛志、台湾府志、县志等
5	要求有关建省前开山抚番的旧记录及建省后的报告
6	若有建省前后有关移民规则的资料，准同前项办理
7	要求移交有关番地开垦的管理规则
8	要求福建、广东沿海各府州县厅调查最近五年间移民本岛状况并报告台湾总督府
9	要求北京总理衙门整理十年来下达台湾巡抚的命令及训喻文书后移交台湾总督府
10	关于各种厘金及杂税文件，同上
11	关于外交通知、往来训令及有关外侨的成例，同上
12	关于土地征收文书，同上

资料来源：木母浮浪(伊能嘉矩的笔名)：《台湾旧惯调查事业史》，《台湾时报》第63号，1914年12月15日，第4—5页。

水野遵与田中纲常有关调查台湾旧惯的建议，成为日后总督府推行“旧惯调查”的重要参考依据。1896年6月，桂太郎出任第二任台湾总督，作为日本的老牌政治家，他也非常重视对岛内以往旧惯的调查与研究，深谙其对确立总督府统治秩序的重要性。桂太郎一再“论述台、日二地差异，强调透过旧惯调查以

① 郑政诚：《台湾大调查・临时台湾旧惯调查会之研究》，台北：博扬文化事业有限公司2005年版，第44页。田中纲常有关派遣总督府官员赴中国大陆调查以及照会清朝官厅的建议，均为台湾总督府民政局所拒绝。参见《台湾总督府公文类纂》，1895年乙种永久，第12卷第4门，文书(报告・台北县)，“台北县知事管内巡回报告”，1895年9月30日。但自1896年5月起，台湾总督府民政局开始重视田中纲常的建议，并派遣有关人员赴中国大陆进行各项调查。如总督府派出泽村繁太郎以总督府民政局事务嘱托的名义进入厦门地区进行调查等。参见《台湾总督府公文类纂》，1895年乙种永久，第3卷第2门，官规官职(出张)，“总督府民政局事务嘱托泽村繁太郎厦门出张の件”，1895年5月31日。随着南进政策的实施，台湾总督府对中国大陆沿海的调查更显积极。有关台湾总督府对大陆沿海地区的调查等，参见钟淑敏：《台湾总督府档案与日治时期南进之研究》(台湾“国史馆”：《中华民国史专题第四届讨论会——民国以来的史料及史学》研讨会论文，台北：1997年12月)、卞凤奎译：《中村孝志论文集》(台北：稻乡出版社2002年版)、梁华璜：《台湾总督府的“对岸”政策研究》(台北：稻乡出版社2001年版)等。

达统治之功"[①]。由于调查岛内旧惯有利于总督府制订统治政策、确立殖民地秩序，日本政府也给予了巨大的财政支持，日本明治天皇也认为台湾归属日本帝国版图不久，"宜视察其民情旧惯，加以抚恤"[②]。

1896年12月21日，乃木希典总督下令在总督府民政局参事官室下设置"临时调查组"，这是总督府内设置专门调查岛内旧惯的最早机构。临时调查组有组长1名、组员及雇员各3至5名。组长由参事官以事务官名义兼任，接受民政局长指挥，主理一切调查事务，首任组长为大岛久满次。组员多由民政局各部事务嘱托以"通译生"名义兼任，接受组长指挥，负责台湾地租调查事宜。雇员则由台湾当地居民组成，接受组长及组员指挥，从事各项调查事务[③]。1897年3月3日，台湾总督府在民政局总务部增设"翻译课"（其他为秘书课、文书课、外事课及卫生课），将原属于参事官室的"临时调查组"并入其中。总督府还加强了对该课的经费支持。在该课同年度9 800日元的预算中，除7 800日元为所属官员俸禄外，其余2000日元便是实际的调查旅费与调查费[④]。1897年6月18日，总督府总务部新设"调查课"，涉及岛内旧惯的调查业务移交调查课。1897年10月，调查课被取消，改设为"县治课"。11月"县治课"内设置"调查组"，继续承接岛内旧惯的调查业务，"专事处理有关旧规惯例调查及公文翻译事项"[⑤]。但是，由于岛内抗日斗争等多方因素，岛内旧惯调查并未能开展。直到1898年3月后藤新平就任台湾总督府民政局长（后藤新平到任不久，儿玉源太郎总督于1998年6月特将民政局长一职改称为民政长官，其权限也大为提升）后，才得以渐次启动。总之，在儿玉源太郎就任总督之前，尤其是后藤新平接任总督府民政局长之前，总督府民政部门的设置几经调整，其实际效率并不显著。

---

① 桂太郎认为：内地法律规则虽应努力渐次普及于本岛，然人情风俗言语有别之故，欲撤去彼此差别，使之齐一于法律规则之下，此举不但无法避免发生冲突，亦无法达到确保人民生命财产安全之目的。职是之故，在地方行政进行之同时，需审查各地人情风俗言语之异同，就法律规则不适应部分，以律令或敕令规定除外，非两相提携，以达其目的不可（转引自梅阴子（伊能嘉矩的笔名）：《台湾旧惯调查事业沿革资料（三）》，载《台湾旧惯记事》第4卷第3号，"杂录"（1904年3月23日）。台北：古亭书屋印行，1969年9月，第42—43页）。

② 《台湾总督府公文类纂》，1897年甲种永久，第1卷第1门，皇室及仪典（敕语及令旨），"本岛绥抚关敕语及谕颁布"，1897年8月27日。

③ 《台湾总督府公文类纂》，1896年甲种永久，第2卷第2门，官规官职（处务规程），"临时调查挂设置の件"，1896年12月17日。

④ 《台湾总督府公文类纂》，1897年甲种永久，第8卷第2门，官规官职（定员），"翻译课经费概算"，1897年7月21日。

⑤ 《台湾总督府公文类纂》，1897年乙种永久进退，第4卷第2门，官规官职（处务规程），"民政局处务细则规定の件"，1897年11月5日。

二　后藤新平积极推动以“生物学统治法”为宗旨的旧惯调查

1898 年 2 月 26 日，儿玉源太郎陆军中将就任第四任台湾总督；同年 3 月 2 日，后藤新平就任第三任总督府民政局长，总督府进入“儿玉·后藤”时期。后藤新平以英国统治印度时首先调查印度之旧惯，而后发布殖民政策之殖民统治经验，以“确立法制”为目标，1901 年开始全面之旧惯调查[①]。在儿玉源太郎总督的全力支持下，依据后藤新平的设计，1898 年 6 月，总督府颁布《官房及民政部分课规程》（训令第一四九号），将财务局、民政局合并，改称民政部，并在民政部内重新设置“调查课”，主管旧惯调查业务。在儿玉源太郎总督的推动下，经日本政府批准，后藤新平也由总督府民政局长改任总督府民政长官，权限大大提升。同年 9 月，总督府颁布《调查规程》（训令第二六九号），再次将旧惯调查业务改由参事官室负责，并废除调查课的设置[②]。如此，在后藤新平的大力推进下，总督府旧惯调查进入一个新阶段。

医生出身的后藤新平认为，不论用什么名词称呼台湾（新附领土、殖民地、外地），它跟西方所谓的殖民地属性相同，因此必须参考西方殖民地法制来统治这块岛屿[③]。因此，后藤主张台湾总督府应该详细调查台湾旧习，保持当中有利于日本统治的部分[④]。后藤新平认为：“社会习俗或制度，必有其长久以来存在之理由，如不明就里，一味地将文明国家之制度施行于未开化之地，此谓文明之虐政，余以为万万不可。故统治台湾，首先需以科学方法调查当地之旧惯制度，采顺应民情之措施。若未详加调查，即将日本内地之法制施行于台湾，无异是要把比目鱼的眼睛变为鲷鱼的眼睛一般，那就是不懂政治真意之行为。”[⑤]后藤新平认为：“治理台湾的方式绝对不是把成功的日本经验套在台湾人的身上。我们以生物学上的比目鱼为例，比目鱼的两眼长在身体的同一边。若你一定要把比目鱼的眼睛改装在身体的两边，那就是违反了生物学的原则。比目鱼眼睛之所以长在同一边是有生物学上的必要才产生的。在政治上亦同，我们必须先

---

① 东乡实、佐藤四郎：《台湾殖民地发达史》，台北：晃文馆，1916 年版，第 96 页。

② 《台湾总督府公文类纂》，1898 年甲种永久，第 3 卷第 2 门，官规官职（处务规程），“总督府官房及民政部分课规程中改の件”，1898 年 9 月 29 日。

③ 后藤新平：《台湾经营上旧惯制度の调查を必要とする意见》，《台湾旧惯记事》第 1 卷第 6 号，“调查事项”1901 年 6 月 22 日，第 14—18 页。

④ 后藤新平：《台湾经营上旧惯制度の调查を必要とする意见》，《台湾旧惯记事》第 1 卷第 6 号，“调查事项”1901 年 6 月 22 日，第 21、第 25—27 页。总之，后藤新平除了既有的日本经验外，还想参酌西方帝国主义者的殖民地法及东方的传统中华帝国法，在台湾塑造一个新的殖民地法律制度，使台湾成为日本帝国的“模范殖民地”（转引自王泰升：《台湾日治时期的法律改革》，台北：联经出版事业公司，1999 年版，第 93 页）。

⑤ 鹤见佑辅：《后滕新平》第二卷，东京：劲草书屋，1990 年版，第 397 页。

了解台湾人的习性，依据其习性定出一套管理办法才有效。”[①]

因此，后藤新平就任总督府民政局长后，就根据这个生物学的原理来推行其殖民地经营方针。鉴于前三任总督的施政失败，后藤新平认为，为尽快确立总督府统治秩序，当务之急是应恢复当地原有的自治行政旧惯，并结合总督府的统治需要一并制定适用的殖民地政策[②]。如上所述，后藤新平认为应借鉴英国对殖民地印度的统治经验，上任初始，就开始着手调查印度习俗以作为其制定治台政策的参考。后藤新平认为，当前台湾总督府所立即实施的殖民地施政项目，首先就是尽快平定岛内的抗日浪潮，以民政取代军政，然后随即进行旧惯调查，确立殖民地统治秩序。后藤新平强调“有关土地权利义务及依亲族关系所产生的权利或权利丧失等问题，必先在设置旧惯调查机构前实施土地调查，借以成为实地调查方针”[③]。

在后藤新平的主持下，1898 年 7 月，台湾总督府分别颁布《台湾地籍规则》(律令第十三号)和《台湾土地调查规则》(律令第十四号)[④]。同年 9 月颁布《临时台湾土地调查局官制》(敕令第二〇一号)[⑤]，设立“临时台湾土地调查局”，统领土地调查事业，并将“旧惯调查”纳入调查方针中一大要项[⑥]。中村公正就任临时台湾土地调查局局长。后藤新平深知“为新订土地制度，也非借鉴既往之土地制度，微证旧惯，以便保固各百姓之财产，维护其安宁不可”[⑦]。

后藤新平一再要求台湾临时土地调查局加强对岛内土地制度旧惯的精密调查，他就此论述到：“自 1898 年 7 月，以第十四号律令颁布《台湾土地调查规则》以来，在从事土地调查活动时，发现其间存在着异例异习，当局者在采行相关惯习时，遭遇到各种困难。特别是如土地权利义务及依亲族关系所产生地址权利得失等问题，是否要依日本及欧美诸法作为判断依据，是故，该局在进行土地调查时乃特置旧惯调查，先进行关于土地的地方性惯习调查，而后作为实地

---

① 北冈伸一：《后滕新平》，东京：中央公论社，1988 年版，第 40 页。

② 有台湾学者认为，台湾一向是“化外之地”，清朝对台湾的政策是既要封山海禁(1683—1885)，又放任台湾人自生自灭，台湾的自治(乡治)十分发达，后藤新平看准这一点是和近代制度完全不同的(见杨碧川：《台湾现代化奠基者——后藤新平传》，台北：克宁出版社，1994 年版，第 39 页)。

③ 《台湾总督府报》第 330 号，“律令”(1898 年 7 月 16 日)，第 55 页。

④ 《台湾总督府报》第 331 号，“律令”(1898 年 7 月 17 日)，第 59—60 页。

⑤ 《台湾总督府报》第 368 号，“官报抄录”(1898 年 9 月 9 日)，第 16 页。

⑥ 临时台湾土地调查局编：《临时台湾土地调查局第一次事业报告》，“总揽”，台北：台湾日日新报社，1902 年，第 5 页。

⑦ 梅阴子(伊能嘉矩的笔名)：《台湾旧惯调查事业沿革资料(三)》，载《台湾旧惯记事》第 4 卷第 3 号，“杂录”(1904 年 3 月 23 日)。台北：古亭书屋印行，1969 年 9 月，第 251—253 页。

调查方针。然而该局调查员所从事之旧惯调查，单止于确认土地业主权之存否，当然不能视为是涉及私法全部之旧惯制度调查。即为此故，有必要扩充其调查范围，精确调查一切有关人事法规之旧惯，作为法制确立的基本材料。”①

在临时台湾土地调查局局长中村公正的建议下，1899 年 12 月，儿玉总督与后藤民政长官聘请京都大学法学部教授冈松参太郎主持对台湾地方传统旧惯等进行详尽调查②。所有费用概由总督府民政部及临时台湾土地调查局的经费中拨付。其实，为推动旧惯调查事业的进行，总督府不惜花费重金，由国内聘请专家来台从事调查。如在 1899 年底，聘请毕业于东京帝国大学政治学部的爱久泽直哉担任总督府参事官勤务，以“嘱托”名义处理商工旧惯调查，月津贴 200 日元③。1900 年 1 月，后藤新平又聘请京都大学教授冈松参太郎出任台湾总督府参事官勤务，以“嘱托”名义处理法制旧惯调查，月津贴 150 日元④。在后藤新平的策划下，总督府设立官方性质的“临时台湾旧惯调查会”，后藤新平亲任会长，冈松参太郎、爱久泽直哉分任第一、第二部部长。

“临时台湾旧惯调查会”自成立以来，每年有充足的定额预算⑤。调查会最初分第一、第二两个部。第一部主持关于法制方面的调查，第二部主持关于经济方面的调查⑥。1905 年 6 月 10 日，在后藤新平的主持下，对调查会组织结构进行了调整。第一部分为法制、经济及行政三科；1909 年新设立“番族科”。第二部则专管与华南有关经济事项的调查⑦。在后藤新平的支持下，“临时台湾旧惯调查会”的调查范围不仅在岛内，还将调查的视野扩大到中国及南洋地区。

---

① 鹤见佑辅：《后滕新平》第二卷，东京：劲草书屋，1990 年版，第 394—395 页。

② 见《台湾日日新报》第 516 号，“杂报”（后藤长官の归府），1900 年 2 月 28 日及伊藤洁：《台湾》，东京：中央公论社 1993 年版，第 89—90 页。

③ 《台湾总督府公文类纂》，1899 年进退追加，第 20 卷第 2 门，官规官职（进退），“爱久泽直哉商工旧惯取调事务ヲ嘱托ス”，1899 年 12 月 1 日。

④ 《台湾总督府公文类纂》，1900 年进退追加，第 1 卷第 2 门，官规官职（进退），“冈松参太郎法制旧惯取调事务ヲ嘱托ス”，1900 年 1 月 10 日。

⑤ 自 1901 年度至 1906 年度为年额 84 000 余元；自 1907 年至 1910 年度为年额 64 000 余元；此后日趋减少，1915 年度为年额 48 000 余元；历年支出总额为 91 万余元（转引自周宪文：《台湾经济史》，台北：开明书店，1980 年印行，第 405 页）。

⑥ 冈松参太郎先后在“临时土地调查局”嘱托和“临时台湾旧惯调查会”第一部部长，长期从事旧惯调查。1900 年 11 月，他主持完成以台北县土地旧惯调查为主要内容的《台湾旧惯制度调查一斑》。参见临时台湾旧惯调查会：《临时台湾旧惯调查会第一部第 1 回报告书》上卷，“序言”，台北：台湾日日新报社 1903 年 3 月印行。接着，冈松参太郎又收集首任台湾巡抚刘铭传时期所施行的田赋清查等资料，完成《清赋一斑》。以上调查报告旁征博引、精确引证，对保甲编查、田园丈量与赋税归一等事助益甚大，且成为尔后土地旧惯调查的重要依据（参见临时土地调查局：《清赋一斑》，“序文”，台北：台湾日日新报社，1900 年 11 月印行）。

⑦ 周宪文：《台湾经济史》，台北：开明书店，1980 年印行，第 405 页。

如爱久泽直哉曾赴华南、南洋及印度等地调查①。1901年7月14日，冈松参太郎与后来担任临时台湾旧惯调查会嘱托的鹿子木小五郎等赴胶州湾考察一周②。这些岛外调查均与台湾旧惯进行比较，以作为制定殖民地统治政策的重要参考。

1900年10月，后藤新平又推动成立了民间性质的"台湾旧惯研究会"③。"台湾旧惯研究会"为"临时台湾旧惯调查会"的附属机构，二者均是后藤新平所谓"政治生物学原则"殖民理念的首次体现。"临时台湾旧惯调查会"与"台湾旧惯研究会"虽同具官方色彩，但"台湾旧惯研究会"主要侧重调查岛内汉族居民的生活习惯与风俗，如分类械斗、民间信仰、祭祀礼仪等。而"临时台湾旧惯调查会"则侧重台湾政治、经济、法律及原住民风俗习惯等层面④。二者的调查角度也不尽相同。后藤新平认为"确立法制"是统治台湾的基础，而在台湾实施旧惯调查是永久统治台湾法律的首要阶段，有其必要。对后藤新平的这一"统治理念"，主持"临时台湾旧惯调查会"的冈松参太郎在后来回忆："1899年2月，儿玉总督与后藤民政长官特别嘱咐我进行旧惯调查，此为当时儿玉总督有所发意，研究人情风俗殊异的殖民地旧有习惯、制度等，以制定最能与之配合的法律。愚以为这是殖民地统治上最根本的行为，是总督到任后需首先着手的一件事。"⑤

后藤新平离任后，在佐久间左马太总督及大岛久满次民政长官的推动下，1909年7月15日，又在"临时台湾旧惯调查会"内增设第三部"立法部"，职掌各种法案的起草与审议。冈松参太郎兼任部长，同为京都大学法学部教授的织田

① 《台湾总督府公文类纂》，1900年永久追加，第37卷第2门，官规官职(惩戒)，"嘱托爱久泽直哉英领印度海峡殖民地爪哇及暹罗ヘ出张并支度料给与ノ件"，1990年8月22日。

② 《冈松博士の胶州行》，《台湾日日新报》第938号，"人事会事"1901年7月2日。

③ 在临时台湾旧惯调查会之外，1900年10月30日，还成立了所谓民间性质的"台湾旧惯研究会"。儿玉总督与后藤民政长官分别就任正、副会长，干事长则由台湾高等法院院长铃木宗言担任，京都大学教授、临时台湾旧惯调查会第一部部长冈松参太郎以及总督府官员、第二部部长爱久泽直哉当选为委员。著名人类学者伊能嘉矩被推举为该会干事(见《台湾旧惯记事》第1卷第1号，"会报"，1901年1月25日)。据统计，"台湾旧惯研究会"的会员人数一度高达2 600多名。参见《台湾旧惯记事》第3卷第2号，"杂报"，1903年2月23日。就"台湾旧惯研究会"的性质而言，山根幸夫指出："台湾旧惯研究会会员大多为总督府和各级地方官厅官吏，属于民间的律师、医生、银行人员比率甚少，会员虽有二千余人，但其中民间人士可能只占一成。所以该会虽自称民间团体，但还是过分偏向官方，且地方官吏也有许多是因上司积极劝诱而加入会员的，所以该会应算是官方性质的研究团体，且为临时台湾旧惯调查会的外围团体。"(山根幸夫：《临时台湾旧惯调查会の成果》，载《论集近代中国と日本》，东京：山川出版社，1976年版，第115—116页)随着岛内旧惯调查事业的完成，"台湾旧惯研究会"于1907年8月宣布解散。

④ 戴文锋：《日治晚期的民俗议题与台湾民俗学——以"民俗台湾"为分析场域》，台湾中正大学历史研究所博士论文，1999年6月，第25—27页。

⑤ 鹤见佑辅：《后滕新平》第二卷，东京：劲草书屋，1990年版，第395页。

万出任委员[①]。关于各种调查，均有专著出版[②]。在总督府推行的地籍调查和户籍调查结束后，该调查会依据调查报告设计治台方法及相关的法律。如保甲制度就是在该会的调查基础上得以启动的。重视旧惯，并不等于后藤新平完全采纳清朝的旧惯，而是加以改造、剔除不利于台湾总督府统治的部分，重新编组而成；同时也是为了节省统治成本[③]。如允许台湾人民依照旧惯处理民事事项，并从事民间商业活动[④]。后藤新平称：“一方面除尊重土俗旧惯外，另一方面也不能完全屈从旧惯，须改善旧惯精神，为其进步而努力。”[⑤]他认为旧惯调查不能只是观察、收集而已，还需作学术上的综合、比较分析与研究，唯此才能奠定殖民地的统治基础[⑥]。台湾原有旧惯之所以被台湾总督府保存下来，并非纯然出于对台湾人的尊重，旧惯的维持或废除，“是端视何者对日本统治较有利”。后藤新平“正是为了做这项评估，才开始详尽且客观地调查台湾旧惯内容”[⑦]。为深入研究台湾旧惯，后藤新平经常在周六、周日召集辜显荣至民政长官官邸，就清朝台湾制度、岛内的民间习俗乃至婚丧喜庆等一一进行询问[⑧]。

---

① 《临时台湾旧惯调查事业报告》，第 67 页；《旧惯调查事业の沿革及成绩》，《台湾时报》1914 年 10 月 15 日，第 12 页。

② 该调查会的调查结果汇集为多部资料集。调查结果共汇辑为：1.《临时台湾旧惯调查会第一部调查第一次报告》（三册，1903 年）；2.《临时台湾旧惯调查会第一部调查第一次报告》（四册，1907—1908 年）；3.《临时台湾旧惯调查会第二部调查经济资料调查报告》（二册，1905 年）；4.《台湾私法》（十三册，1911 年）；5.《清国行政法》（七册，1911—1914 年）等。

③ 如传统的保甲制度，可藉以肃清“土匪”及协助推动地方政务，当然对统治者有正面的贡献，但人民集结成团体亦有危害殖民地统治的潜在危险，所以必须将保甲置于地方警察机关的严密监督下（转引自王泰升：《台湾日治时期的法律改革》，台北：联经出版事业公司，1999 年版，第 106 页）。

④ 然而不统一且未成文的台湾旧惯，则会妨碍商事交易之进行。因此之故，虽然承认旧惯的效力，但需要法院等执行机构书一其内容，甚至拟以立法制订为法典，使其内容更为明确（转引自后藤新平：《台湾へ经营上旧惯制度の调查を必要とする意见》，《台湾旧惯记事》第 1 卷第 6 号，“调查事项”1901 年 6 月 22 日，第 9 页、13—14 页、22 页）。

⑤ 后藤新平：《日本殖民政策一斑》，东京：拓殖株式会社，1921 年版，第 2 页。

⑥ 后藤新平认为：“今日仍感不足者，乃台湾旧惯制度调查一事尚无完整中国可资参考，是故，对经营各项事业之成功，若缺此重要参考资料则实为遗憾。领台虽已六年之久，大凡习惯可大概明了，但若无系统，从学术上加以分析、综合、比较，而仅赖一般官吏所观察收集之习惯，即以为完成习惯调查的话，则实为错矣，还必须经过专家之研究与探讨才能奏效。唯有经过专家研究分析、系统分明、综合比较，俾使大家都能简单明了最为重要。因此，主要以台湾之旧惯制度为调查问题，较从前大家所认识的，更加深入研究及重视，作一完整之深入调查，以期奠定对台湾的统治基础。”转引自后藤新平：《台湾の经营上旧惯制度の调查を必要とする意见》，《台湾旧惯记事》第 1 卷第 6 号，“调查事项”1901 年 6 月 22 日，第 24—28 页。

⑦ 王泰升：《台湾日治时期的法律改革》，台北：联经出版事业公司 1999 年版，第 105 页。

⑧ 后藤新平：《日本殖民政策一斑》，东京：拓殖新报社，1921 年版，第 34 页。

临时台湾旧惯调查会的主要成果有:《临时台湾旧惯调查会第一部调查第一次报告》3册,《临时台湾旧惯调查会第一部调查第二次报告》4册,《临时台湾旧惯调查会第二部调查经济资料调查报告》2册,以及总数达27册之多的台湾原住民调查报告,如《番族调查报告书》、《番族旧惯调查报告书》等。这些报告为总督府制定殖民地统治政策提供了重要的参考资料。如上所述,总督府在"旧惯调查"的基础上,先后制定出一系列殖民地法规,如《台湾私法》13册①、《清国行政法》7册②。仅在1914年就制定出《台湾民事令》、《台湾家族继承令》、《台湾家族继承令施行规则》、《台湾不动产登记令》、《台湾竞卖令》、《台湾非诉讼事件手续令》、《台湾人诉讼手续令》、《台湾合股令令改正》、《台湾户籍令》、《台湾祭祀公业令》等③。至1919年"临时台湾旧惯调查会"结束止,长达18年之久的总督府"旧惯调查"宣布落幕。

由此可见,后藤新平大力推行之台湾旧惯调查,其目的在于为确立总督府殖民地统治秩序,制定殖民地统治政策之需而进行的先行工作。对此,台湾学者吴文星指出,后藤新平通过旧惯调查,"确实掌握台湾的社会资源,为日本在台湾的殖民统治建立扎实的资讯基础,因而相当有效地消弭统治阻力及奠定殖民统治的基础"④。但是,后藤新平虽以所谓"尊重与承认旧惯"的名义,对岛内社会状况、人文习俗等进行了全面调查,其用意不言而喻,在于从社会习俗、思想意识上了解与掌控台湾人民。所谓承认旧惯,并不是无条件的全面承认,基于殖民地统治政策上的利益和要求,其承认旧惯是有选择性的⑤。郑政诚就此指出:台湾总督府的"出发点原为殖民统治实务所需,最后调查结果却以学术研究为大宗,此或非日本人初衷,然亦可借此窥出日人对学术与殖民统治结合之用度"⑥。笔者以为,日据初期总督府所推行之旧惯调查,与其确定米糖产业政策有着重要联系,如总督府根据调查结果,确定台湾既有之糖廍为其发展糖业初期的依靠工具,使其成为日本资本独占台湾糖业前夕之过渡存在;而在农村

---

① 1910年2月至1911年9月,临时调查会共完成《台湾私法》3卷6册,附属参考书3卷7册。

② 《清国行政法》主要研究清朝台湾施行之政治制度,意图明了台湾现行制度之历史背景与沿革(参见山根幸夫:《临时台湾旧惯调查会の结果》,《论集:近代中国と日本》,东京:山川出版社,1976年版,第111页)。

③ 台湾临时旧惯调查会:《临时台湾旧惯调查会法案审查会第五回会议议事录》,1914年8月,第2—3页。东乡实、佐藤四郎:《台湾殖民发达史》,台北:晃文馆,1916年版,第96—97页。

④ 吴文星:《后藤新平——殖民统治基础的奠定者》,载曹永和编著:《台湾历史人物与事件》,台北:空中大学,2002年印行,第343—352页。

⑤ 黄静嘉:《春帆楼下晚涛急——日本对台湾的殖民统治及其影响》,北京:商务印书馆,2003年版,第106—107页。

⑥ 郑政诚:《帝国调查事业之统合》,《纪念台湾光复60周年暨两岸关系学术研讨会论文集》,北京:台海出版社,2008年版,第94页。

方面，总督府则在推动土地调查与大租权改革之后，确立以土著地主（小租户）为核心的土地制度，施行间接统治方式。总之，总督府所推行之旧惯调查，不仅在发展模式、统治制度方面有助于“殖民地基础工程”的确立，而且对于台湾米糖经济发展模式的确立，影响甚大。

三 “殖民地基础工程”的历史意义

日据初期，台湾总督府最主要的事务在于平定岛内的抗日烽火，为此付出了庞大的军事费用，由于当时台湾总督府的经常岁入（主要为租税和关税）难以满足军费等的开支，只能由日本国库提供补助。1896—1904 年，日本中央财政对台湾财政的补助金总额达 3 000 多万元，占该时期台湾财政收入的 20%。最初三年的补助额更高。为谋求财政独立，维持殖民统治，1898 年 2 月上任的第四任台湾总督儿玉源太郎与后藤新平民政长官共同提出了以“殖产兴业”为中心的 20 年财政计划。通过发行公债、筹集资金，兴办铁路、邮电、港口等官营企业以及其他民间企业来发展殖民地经济。为实现以上目标，事先开展了土地调查、林野调查、币制改革和建立金融体制，建立交通体系等“基础工程”，即为殖民地经济奠定基础的工作①。综上所述，台湾总督府在以政治、军事威权确立岛内殖民地行政体制之同时，大力推进着殖民地基础工程的构筑事业。至 1900 年，连接南北的干线道路总长度已达 7 000 公里。1914 年实现了实质性的财政独立。1908 年连接北部基隆港和南部高雄港的西部平原纵贯铁路得以开通。1919 年在开发较晚的东台湾地区②也架设起电信线路，实现了全岛的通信网络化。这样，台湾内部在由近代交通、通信系统连接起来的同时，基隆、高雄的港湾近代化工事、海底电线的铺设、无线电信的整备等也随之推进着，台湾与日本本土被强力地连接在一起。在构筑“殖民地基础工程”的过程中，日本政府最为关注的经济开发得以进行。台湾发挥着为日本本土实现工业化提供粮食的“辅助性作用”③。通过台湾总督府大力构筑“殖民地基础工程”的殖民地经济政策，台湾经济被彻底纳入日本资本主义经济的运行轨道。

在台湾总督府构筑“殖民地基础工程”的过程中，日本资本进占台湾市场的渠道得以形成，台湾社会进入“日益殖民地化与近代化的曲折发展过程”。有台人学者指出：台湾总督府对台湾实施的“殖民地经营不是‘慈善事业’。奉行‘生物学殖民地经营’的后藤新平也绝不是采用杀鸡取卵的方式，而是设法养肥台

---

① 陈孔立主编：《台湾历史纲要》，北京：九州出版社，1996 年版，第 343 页。

② 日据时期东台湾主要是指中央山脉以东的花莲港厅（今花莲县）与台东厅（今台东县），因位置孤立，自然条件不佳、交通不便、族群复杂以及开发较迟的历史发展脉络，在当时仍是一个低度发展的区域。相对于台湾其他区域，可谓日人殖民地时期之边区（林玉茹：《殖民地的边区：东台湾的政治经济发展》，台北：远流出版公司，2000 年版，第 16—17 页）。

③ 若林正丈：《台湾》，东京：筑摩书房，2001 年版，第 43—44 页。

湾这只可产金蛋的母鸡，并尽可能使其长期产蛋”[①]。简言之，台湾总督府推行所谓的“殖民地基础工程”就是为了实现此一目的。1910年中期前后，台湾社会从半殖民地半封建社会逐渐转变为殖民地社会。台湾在政治上沦为日本殖民地的同时，在社会经济上也日益殖民地化了[②]。总督府构筑“殖民地基础工程”的结果，是发展了台湾总督府的官营事业和日本财阀的事业，也只是为总督府和财阀资本的事业奠定了基础，都是力图把台湾纳入日本的经济体系，以利于日本资本的投资和控制[③]。

台湾总督府推动的“殖民地基础工程”之所以成功，与其绵密设计的殖民地经济政策密切关联。在儿玉与后藤时代，台湾总督府首先完成了土地调查，并以所谓“和平手段”确立了小租户土地所有权，完成了土地制度改革。随后实施严格的殖民地租税政策，并开始大规模的基础建设。总督府大量投资在水利灌溉系统、品种改良、肥料、病虫害防治、交通运输、农产品加工兼及公共卫生和教育[④]。总督府大力推动农业生产的标准化与合理化，并扩展供应国际（日本为主）以及岛内需要的商品生产[⑤]。台湾总督府对岛内资本形成的介入可说是非常的广泛。在1902至1912年间，公共投资占了台湾资本形成的74%[⑥]。经费来源虽然大量依仗事业公债，但追根究底仍然是透过征税及专卖收益特别是鸦片与樟脑，从殖民地住民身上榨取而来[⑦]。

至1917年，也即台湾总督府经过24年的殖民地统治后，台湾殖民地基础工程的构筑基本完成。当时台湾的具体情况大概是：1. 人口——由日据当初的250万人，增至1917年的360余万人，增加42.7%，其中日本人为145 000余人；2. 耕地——1905年土地调查的结果是64万余甲，1917年增至74万余甲，增加15.6%；3. 铁路——纵贯铁路全线完成，由基隆—新竹间的100公里增至600余公里；4. 米——1917年，台湾稻米产量超过500万石（75万公吨），其五分之一运往日本；5. 糖——1917年，台湾岛内甘蔗种植面积15万甲，自1906

① 伊藤洁：《台湾》，东京：中央公论社，1993年版，第94页。

② 这种转变过程是在日本殖民者统治机器的强力支持下达成的，台湾总督府在促进此一转变进程中起了积极和主要的作用（转引自陈小冲：《日本殖民统治台湾五十年史》，北京：社科文献出版社，2005年版，第26页）。

③ 隅谷三喜男、刘进庆、涂照彦：《台湾の经济——典型NIESの光と影》，东京：东京大学出版会，1992年版，第9—10页。

④ 台湾总督府：《统治纵览》，台北：1908年，第85页。

⑤ 参见矢内原忠雄：《帝国主义下の台湾》第二章《台湾の资本主义化》，东京：岩波书店，1988年版。

⑥ Mizoguchi and Yamamoto1984：415。转引自柯志明：《米糖相克——日本殖民主义下台湾的发展与从属》，台北：群学出版有限公司，2003年版，第50页。

⑦ 柯志明：《米糖相克——日本殖民主义下台湾的发展与从属》，台北：群学出版有限公司，2003年版，第51页。

年增至10倍，甘蔗收获70亿斤，砂糖产量5亿7 000万斤(24万余公吨)；6. 工业生产——1917年，总计2 200万元；7. 对外贸易——1917年，共计200 003 000余万元。自1897年增至7.5倍；8. 日资会社资本——1917年，共计100 002 210余万元，自1902年增至120倍；9. 总督府财政——1917年岁入为6 500余万元，自1904年增至6倍。岁出是4 600余万元，增至4.5倍；10. 总督府官营收入——1917年，共有3 650余万元，自1897年增至15倍，其中，专卖收入占2 200余万元，增至14倍[①]。这说明殖民地基础工程的经济效应开始显现，在确立与稳定总督府殖民地经济统治秩序过程中发挥出作用。

由此看出，由于总督府大力推进“殖民地基础工程”的构筑，至1920年代末期，台湾经济发生了很大的变化。但笔者以为，仅以计量经济学的观点来看此种变化是片面的，与其说是台湾殖民地经济发展的必然性，毋宁说是台湾总督府殖民经济政策的要求所导致[②]。日本占据台湾之目的，就在于“收夺”台湾之殖民地资源，因此就必须“建立一套有利于收夺的体系，确立命令下达和全力集中的系统”[③]。如上所述，从总督府殖民地经济政策的实质来考察，构筑殖民地基础工程的结果是，台湾总督府对殖民地经济发展的控制力日趋加强，在“有效提升台湾民众之日常生活的同时，也成为殖民地经济资源得以顺利流向殖民母国的重要通道”[④]。更使“日本资本顺利侵入台湾、逐渐垄断了台湾产业”[⑤]。日据时期，台湾米糖业的发展演进就恰好说明了这一殖民地性质的经济现象。因此，笔者认为，所谓殖民地基础工程的完成，也就是台湾殖民地经济呈现“日本经济附庸化”的始端。总督府的出现是台湾殖民地社会发展时期开始的标志，评价总督府构筑殖民地基础工程的历史意义时，亦把其对当时经济发展所起的作用联系起来。在当时的历史条件下，虽然其行为亦属合乎近代社会经济发展规律的现象，但是，广大台湾人民并没有从中得到实际利益，相反，其固有之多方利益被总督府强行剥夺。如总督府扶持日本资本独占台湾糖业，并通过租税手段等控制台湾农(稻谷)业，攫取台湾殖民地经济的最大利益。因此，随着“殖民地基础工程”的完成，总督府与台湾广大人民的民族矛盾进一步加深，台湾米糖经济也日益成为日本资本主义经济的补充。了解台湾殖民地社会这一过程，将有助于我们对日据时期台湾米糖经济史研究的深入。

---

① 日本大藏省:《昭和财政史》XV，大藏省管理局:《台湾统治概要》等(转引自史明:《台湾四百年史》，台北:蓬岛文化公司1980年版，第363—364页)。

② 台湾学者李文良则认为:与其说是台湾总督府的政策目标，毋宁说是总督府难以预期或是不得不如此的意外结果(李文良:《日本在台湾之殖民经验》,《台湾殖民地史学术研讨会论文集》，台北:海峡学术出版社，2004年版，第401页)。

③ 吴密察:《台湾史的成立及其课题》,《当代》100，台北，当代杂志社，1984年8月，第81页。

④ 高桥隆泰:《日本殖民地铁道史论:台湾、朝鲜、满洲、华北、华中铁道经营史的研究》，东京:日本经济评论社，1992年版，第52—53页。

⑤ 史明:《台湾人四百年史》，台北:蓬岛文化出版公司，1980年版，第348页。

第二章　日据前期(1895—1931)之台湾糖业

日本占据台湾初期,台湾总督府即确立"工业日本、农业台湾"的殖民经济方针,将台湾视为热带经济作物及粮食生产基地。相对于日本本土,台湾的面积太小,不能满足日本对外移民的需要,在作为日本海域外围屏障之余,充其量只能满足日本的农产品需求①。日本是一个砂糖消费量极大的国家,但本身却基本不产糖,只有若干家以进口粗糖为原料进行精加工的糖厂。如前所述,在1894年,日本全国砂糖消费量高达400万担,本国产糖仅为80万担,有80%依赖进口②。从1896年到1904年,日本每年要花费将近2 200万元进口砂糖,这个金额就占了其贸易赤字的一半以上③。而进口的砂糖主要来自于台湾。

为此,日本占据台湾之后,开始有计划地通过关税保护、资金补助、原料确保④及机械化生产等手段来扶植台湾制糖业的发展。其实,在日据前期,总督府最为关注的产业就是米糖产业。糖和米之所以如此重要,是日本国内经济结构所致。如砂糖是因为1911年之前日本国际收支入不敷出,为减少进口外汇支出而勉力发展;米则是以日本国内粮食不足为其原动力⑤。这两项农产品及加工产品在台湾近代经济发展史上扮演着极其重要的角色,台湾总督府在台湾的资源调查及相关的基本设施投资几乎都是以建立米糖经济为目的⑥。

---

① 林钟雄:《台湾经验一百年》,台北:1998年作者自刊,第10页。

② 周宪文:《台湾经济史》,台北:开明书店,1980年印行,第547页。至1898年,日本全国砂糖消费量高达565万担,本国产糖为90万担(高桥龟吉:《现代台湾经济论》,东京:千仓书房,1937年版,第303页)。

③ 林继文:《日本据台末期(1930—1945)战争动员体系之研究》,台北:稻乡出版社,1996年版,第49页。

④ 1905年6月,总督府颁布《制糖场取缔规则》,划分出许多"原料采取区域"。规定各甘蔗产区不得将区内的甘蔗随意对外出售,而是由区内的制糖厂包购;同时也规定不许将甘蔗用于其他用途(参见《台湾糖业一斑》,台北:台湾糖务局,1908年,第53—54页)。

⑤ 东嘉生:《台湾经济史概说》,《台湾经济史二集》,惜余译,台北:台湾银行经济研究室,1955年版,第41页。

⑥ 林钟雄:《台湾经验一百年》,台北:1998年作者自刊,第11页。矢内原忠雄则认为,日本割取台湾,"缺乏来自资本的积极要求"(矢内原忠雄:《帝国主义下の台湾》,东京:岩波书店,1988年版,第10页)。台湾学者黄绍恒也认为,日据初期台湾糖业是台湾总督府"基于政治考虑而出发"。但是,日俄战争之后,日本国内资本的态度却出现明显改变,进而促使台湾糖业形势发生变动(黄绍恒:《从对糖业之投资看日俄战争前后台湾人资本的动向》,载《台湾社会研究季刊》,1996年7月,第23期)。

第一节　台湾总督府糖业奖励政策的酝酿与制定

一　台湾糖业实况与台湾总督府糖业奖励政策出台背景

台湾自古以来就盛产米糖，据咸丰初年成之《海音诗》云："台地糖米之利，近济东南，远资西北。"[①]在日本学者矢内原忠雄的《帝国主义下の台湾》一书中，对台湾岛内甘蔗种植史有以下的描述："砂糖原料即甘蔗的原产地，据说是在恒河流域一带。东传至中国、南洋及日本；西则经叙利亚、埃及、地中海诸岛、西班牙而传至南美洲、爪哇。"[②]台湾产砂糖的原料为甘蔗，明《正德琼台志》卷八(土产)记："甘蔗，有黄紫铁牛腿数种。小黄长节者名芒蔗，性凉，可解草毒。"道光《琼州府志》卷五(物产)记："甘蔗，围数寸，长丈余，颇似竹而皮厚，断而食甚甘。有竹蔗、腊蔗两种。竹蔗煮糖，啖以腊蔗为佳。"甘蔗种植受气候、土壤等条件的限制，甘蔗喜温润多水，而成熟期则喜于干晴，畏寒不耐霜雪，故只能在亚热带地区种植，我国以闽粤台蜀最适宜。台湾土地肥沃，乾隆《台湾府志》卷十七(物产))记载："台海土壤肥沃，生殖滋丰。""三县皆称沃壤"，最适宜甘蔗种植。在明清之际，大陆移民大量进入台湾，蔗作与制糖的技能也随之在岛内推广开来。荷兰占据时期在台湾南部推广种植，实施贷款贷种等手段推进蔗植业，制成之糖由荷兰东印度公司经销。砂糖的主要产区在浊水溪以南；台湾府产区南至安平、北至北港；打狗(高雄)产区北至茄定港、南至琅峤[③]。由于气候的关系，嘉南平原一直是甘蔗的主要产区，而甘蔗也一直成为嘉南地区与高屏地区的主要经济作物。进入郑成功时期及清朝时期，台湾经济发展迅速，甘蔗种植业也遍布全岛。总之，自荷据时期起至晚清时期，台湾农民种植甘蔗、熬制砂糖已积累了相当丰富的生产经营经验。清末台湾的甘蔗品种均为竹蔗，这种蔗种在郑成功时期(1624—1661)由福建引进。因抗旱力强、少病虫害、产糖量高，又无新品种引进，故一直沿用至日据时期的1907年才由夏威夷引进新蔗种[④]。由于蔗农疏于施肥、

---

① 周宪文：《清代台湾经济史》，台湾研究丛刊第45种，台北：台湾银行经济研究室，1957年版，第90页。

② 矢内原忠雄：《帝国主义下の台湾》，东京：岩波书店，1988年版，第204页。关于甘蔗的原产地，学术界有不同的观点，有英国人认为是南太平洋的伊里安岛一带；前苏联学者则以为栽培甘蔗的起源中心就在中国(参见陈光良：《海南经济史研究》，广州：中山大学出版社，2004版，第308—309页)。

③ 林满红：《茶、糖、樟脑业与台湾之社会经济变迁(1860—1895)》，台北：联经出版事业公司，1997年版，第62页图3.2(台湾之重要糖产区及其1879年之糖产量)。

④ 《领事报告》，vol. 15，pp. 663—665，1886部分。

浇灌，台湾的竹蔗长得非常瘦小，周长平均约1吋又3/4吋[①]。自18世纪初至20世纪初叶，每甲蔗园约可收850担至1 020担的甘蔗，甘蔗制糖率约为7.5%，故每甲每年产糖量约为60至70担；若制白糖，则比率更小，仅约20至30担[②]。

早在1895年占据台湾之前，日本就"非常重视台湾的经济价值。在赞成割台的意见里，均企图以台湾丰富的物产资源来说服日本国内认知台湾经济对日本的重要性，而且均能体验出台糖对日本经济的贡献"。由于砂糖是日据时期供应日本最具典型的殖民地经济产品，因此在总督府统治之下，台湾砂糖之生产体系的变化及贸易出口对象的转换，均部分反映台湾总督府的施政方针[③]。而且早在荷兰占据台湾之前，台湾与日本的经济贸易关系就已非常密切，当时台湾除了是日本海外航行的停泊地外，亦为日本人与中国、西方交易买卖、取得中国及西方产品的地方，而且每年有大量的砂糖自台湾销往日本[④]。

日据初始总督府官员佐仓孙三即对台湾糖业进行了考察称："台地温热，土壤多沙，最适糖草。春夏之交，弥望百里，如竹丛，如麻田，就而视之则糖草。……台南地方多产砂糖，一岁之收，不下数百万金……糖厂者，皆系村社共同所筑，虽陋矮不足观，规模甚宏。"[⑤]证实当时台湾岛内的制糖业非常兴旺，不过，当时依旧采用旧式制糖法，由石磨和煮糖室构成制糖工序，产量仍不尽人意。为尽快实现台湾总督府的财政独立目标，更加有效地控制台湾，攫取更多的殖民地经济价值，台湾总督府选定糖业为推进台湾殖民地经济发展的重中之重。这也是因为日本国内砂糖消费量很大，如果台糖大量供应日本市场的话，台湾总督府所获取的砂糖消费税将成为重要的税源之一，台湾总督府的财政收入也将大为改观。

对日本之制糖业考察可知，日本固有的产糖地区包括有琉球群岛、奄美大岛、九州岛、四国及中国地方（中国地方：冈山、广岛、山口、鸟取、鸟根五县）等[⑥]。1878年日本政府代表松方正义[⑦]赴法国参加巴黎博览会时，曾专门对欧洲甜菜制糖业进行了考察。归国后，在松方正义的推动下，1880年日本政府出资在北

---

① 《领事报告》，vol. 17，pp. 150，1890部分。

② 临时台湾旧惯调查会：《临时台湾旧惯调查会调查经济资料报告第二部（1901—1905调查）》上卷，东京：三秀舍，1905年，第150页。卢守耕：《台湾之糖业及其研究》，载孙铁斋：《台湾之糖》，台北：台湾银行，1949年，第1—23页。

③ 吴季晏：《日据前期台湾砂糖出口市场的转变（1895—1915）》，台南：成功大学历史语言研究所硕士论文，1994年7月，第1、第5页。

④ 内田银藏：《三百年前日本と台湾の经济关系》，《史林》，第2卷第2期。

⑤ 佐仓孙三：《台湾杂记》，台湾文献丛刊第107种。

⑥ 河野信治：《台湾冲绳糖之市场及糖业政策》，东京：内外糖业调查会，1922年11月，第199—222页。

⑦ 松方正义（1835—1924）：日本资产阶级政治家，曾多次出任大藏大臣，推行著名的"松方财政"，先后出任两届日本首相。

海道创办官营制糖厂；1888年创办官营札幌制糖会社(注册资金为80万日元)。但由于这两家企业的经营业绩始终不佳，1895年北海道制糖厂破产，1897年札幌制糖会社也被迫解散。至1894年甲午战争前夕，日本国内对砂糖需求量约为400万担，但日本国内仅能生产80万担①。日本所需砂糖，多依赖进口，而台湾是自荷据时期便为日本长期进口砂糖的主要产地(参考表十五)。

表十五　日本外糖输入量(1868—1894)

年　份	输入量(担)	输出量(日元)
1868	230 713	918 778.84
1872	422 071	1 765 392.48
1877	549 078	2 871 383.30
1882	800 405	4 529 639.38
1887	1 347 788	5 779 225.81
1892	1 969 123	9 604 350.16
1894	2 286 644	3 324 521.62

资料来源：伊藤重郎编：《台湾制糖株式会社史》，东京：台湾制糖株式会社，1939年，第44页。

以1898年为例，日本砂糖消费量为560万担，日本产糖90万担，输入台湾砂糖37万担，436万担依赖外国输入。砂糖输入额为2 843万元，占总输入贸易额的10%，占入超总额的60%至70%②。大量进口外糖，是造成日本入超严重、国际收支恶化的因素之一。如果能发展糖业，增加台湾砂糖产量，一则可藉台糖输出所赚取的利润，增加岁收，达成台湾经济独立的目标；二则可改善日本因输入大量的外糖所引起的不平衡入超经济，此外也能提供日本国内日益发展的精制糖业原料之需求③。可谓一举三得。日本政界元老井上馨④对台湾总督

---

① 矢内原忠雄：《帝国主义下の台湾》，东京：岩波书店，1988年版，第274—275页。

② 高桥龟吉：《现代台湾经济论》，东京：千仓书房，1937年版，第203页。

③ 1891年在东京成立铃木制糖部。甲午战争之后，日本精制糖业更加兴盛。1895年成立八重山精制糖会社；1896年成立日本精糖会社；1897年设立大里制糖所。这些会社的制糖原料来自俄国及欧洲各国的甜菜糖(杉野嘉助：《台湾糖业年鉴》，台北：台湾通信社，1928年版，第122页)。

④ 井上馨(1835—1915)：日本资产阶级政治家，也是日本明治维新的重要功臣之一。1868年明治维新后出任主管外交事务的"外国事务挂"。后又历任大藏省大辅酱造币局知事、代理大藏卿，负责日本的财政。1885年任外务大臣；1888年任农商务大臣；1892年一度代理日本首相(首相伊藤博文落马负伤)；1897年任大藏大臣。从1898年起，井上馨以元老身份参与日本的国政。井上馨还是日本最大财阀——三井物产的政治代理人，对三井财阀有绝对的影响力。在他的推动下，三井物产成为台湾制糖株式会社的创建主体，因而被称为"台湾糖业创设之父"。1915年9月11日因病去世，终年81岁。

府则明确进言:“我以弥补日本经济上输入品之一部分为重要方针,故希望于台湾制造砂糖以供内地(日本)所需。”[①]1898 年进入儿玉总督时期后,台湾总督府官员山田熙、新渡户稻造先后提出有关发展台湾糖业的建议。其中,1899 年 3 月山田熙最早提出应建设三千万元规模的大型制糖工厂的提案;新渡户稻造则于 1901 年 9 月提出《糖业改良意见书》。两人之建议基本上为总督府采纳,成为整个日据时期台湾总督府制定并实施糖业政策的重要参考[②]。

随着台湾总督府糖业政策的确立与实施,台湾制糖业发展迅速,成为日据时期最早兴旺的产业。台湾总督府大量引进日本资本、引进优良蔗种、创建现代糖业,自 1910 年代开始,台湾砂糖年产量大幅增长,在 1936—1937 年的旺盛年份,产量达 1 049 321 公吨,较日据前最高年产量之 1880 年的 82 562 公吨多 12 倍。日据时期台湾即向日本市场提供了低廉、长期且充足的粗糖,1909 年至 1933 年间占各年出口总金额的 50%至 60%之间,1934 年以后的 10 年则常占 40%左右[③]。依出口金额计算,1937 年砂糖出口占当年工业产值的 52.25%,可见台湾糖业在整个殖民地经济中的重要程度。

台湾砂糖生产比稻米生产更早受到台湾总督府的关注,这是与日本国内的产业结构是分不开的。对于宗主国来说,殖民地的一个重要作用,就是提供初级产品——农产品和工业原料。如上所述,日本占据台湾前,日本每年要花大量的外汇由海外(主要从台湾等地)进口粗糖。当时日本国内的制糖业正向加工进口原料的精糖业转换,因此,确保粗糖的来源成为一个大问题,如 1891 年成立铃木制糖会社(1895 年改名日本精制糖株式会社),以日本自行设计制造的制糖机器进行生产。随着生产规模扩大,仅靠日本国内生产的粗糖已远远不够,19 世纪末甜菜糖[④]的研制开发亦告失败。日本属砂糖的进口国,进口量也随其下游加工业的相继发展而增加,1896 年砂糖进口金额高达 1 385 万日元,20 世纪初更增至每年 3 000 万日元,高居进口商品的第二

---

① 伊藤重郎编:《台湾制糖株式会社史》,东京:台湾制糖株式会社,1939 年,第 75 页。

② 在论述日据时期台湾糖业发展史的许多著述中,多将新渡户稻造视为台湾总督府糖业政策的创始者,其实,山田熙的大型糖业企业计划书早于新渡户稻造的《糖业改良意见书》,而且山田熙的计划主要是对总督府制定糖业政策的具体建议,而新渡户稻造的《糖业改良意见书》主要是农政。二者不应混淆。

③ 林钟雄:《糖米经济到科技立国》,《百年来的台湾研讨会论文》,台北:台湾研究基金会,1995 年 1 月。

④ 砂糖生产有甘蔗及甜菜两种原料,16 世纪时西方殖民者侵入中南美洲,创办大量的甘蔗种植园,以作砂糖之原料。18 世纪末及 19 世纪初,没有砂糖殖民地的德国研发了由甜菜制造砂糖的方法,随之世界各地大量栽培甜菜并制糖,使砂糖生产量大增。日本在明治维新后推动工业化过程中,砂糖需求量年年增加,日本曾试图在北海道引进甜菜生产甜菜糖,也曾在八重山石垣岛试验甘蔗糖,均告失败(林钟雄:《台湾经验一百年》,台北:1998 年作者自刊,第 54、第 11 页)。

位，对日本的国际收支构成很大的压力，在台湾发展糖业，减轻外汇支出便是很重要的目标①。

表十六　1896年度台湾总督关系岁入岁出预算

(单位:千日元)

岁入		岁出	
地　租	879	民政费	3 172
制茶税	208	税关费	200
制糖税	126	通信费	767
制盐税	395	制药所费	1 854
输出税	141	机密费	38
输入税	380	台湾事业费	4 697
邮政电信收入	520	军事费	12 670
出售鸦片收入	3 557	合　计	23 398
其　他	476		
合　计	6 882	结　余	3 772
日本岁入总计	197 197	日本岁出总计	193 425

资料来源:《东京经济杂志》第818号,1893年3月28日;第820号,1896年4月11日。转引自森久男:《台湾总督府の糖业保护政策の展开》(《台湾近现代史研究》第1期,东京:龙溪书舍,1978年4月,第43页)。

另外，日本占据台湾初期，受战争破坏，台湾的农业与商品经济几近荒废，同时由于岛内持续的抗日运动，为维持总督府的军政统治，每年须依赖来自日本政府的巨额财政补助。前三任总督(桦山资纪、桂太郎、乃木希典)均疲于对抗日运动的镇压，岛内经济成长“自不若甲午战前之繁荣”②。巨额的军事费及施政费用“遂造成台湾入不敷出、财政膨胀现象”。由表十六可知，台湾总督府岁入仅为700万元，军事开支费用却高达约1 200万元，占岁入约二倍，而入不敷出达1 500万元。每年由日本本国巨资补助台湾总督府在台的治安维持费、

① 种村保三郎:《台湾小史——行向黎明的蓬莱》,谭继山译,台北:武陵出版有限公司,1991年版,第247页;林钟雄:《台湾经验一百年》,台北:1998年作者自刊,第11页。

② 台湾砂糖自1896年起,其产量呈现衰减现象,1895年台湾砂糖产量为92 089 140斤;1896年为82 894 766斤;至1897年下降为77 994 238斤(小林英夫:《初期台湾占领について》,《驹泽大学经济学论集》,第8卷第2号,1976年2月,第18—19页)。

产业开发费及文化施政之金额，即高达600万元以上①。这对于尚处于产业发展阶段的日本资本主义而言不啻为一严重负担；而且此时值甲午战后经济恐慌，日本政府为了解决这个难题，不得不挪用中国战败赔款的2亿元，也因而导致日本国家货币金的枯竭②。因为在日本一度出现以1亿元“抛售台湾”的言论③。当时在总督府财政收入上，除了田赋以外，食盐、樟脑、鸦片等专卖收入还很难迅速见效。日据初始，岛内的砂糖、稻米、茶及樟脑等仍为大宗农产品，但当时樟脑已为欧美资本所严格控制与垄断，茶则主要为大陆华商资本所经营，茶的主要出口国——美国市场也不稳定，而台湾产之稻米因品质欠佳，不为日本市场所接受。在这种情况下，台湾总督府决定以糖业开发为拓展殖民地经济的先端，以改变总督府财政收入之困境。如前所述，台湾总督府选择台湾制糖业为其开拓殖民地经济之先端，可以达到双重的目的：一方面设法提升台湾的砂糖产量，向日本本土供应质优价廉的粗糖，可降低日本每年用于粗糖进口的巨额外汇开支，防止外汇的流出；另一方面，每年还可以节省巨额的“殖民经营费”，成为实现台湾财政独立的有效办法，以达到“一石二鸟”的经济效果。这就是台湾糖业获得发展的最重要社会背景。

二　山田熙《三千万元大型制糖企业意见书》的出台

1898年2月26日，陆军中将儿玉源太郎出任第四任台湾总督；同年3月28日，后藤新平出任台湾总督府民政长官。到台湾之前，鉴于台湾财政难以独立的困难，他们即已确定振兴台湾产业为殖民地统治政策的重心，且以奖励糖业为振兴产业的要务④。就在儿玉源太郎出任台湾总督之际，后来参与制定台湾总督府《台湾二十年财政计划》的核心人物杉山茂丸就向儿玉总督进言，建议应优先发展台湾糖业，其言如下：“日本初获得的领土——台湾系处于热带圈，诸

---

① 1896年日本国库补助700万元，占台湾岁入72%；1897年补助600万元，占台湾岁入53%；1898年为400万元，占台湾岁入34%（高桥龟吉：《现代台湾经济论》，东京：千仓书房，1937年版，第512页）。为减少因对台湾之财政补助而给日本带来之沉重负担，1897年日本政府（松方正义内阁）决定紧急削减台湾预算计划，将对台湾的补助额降为400万元，同时日本大藏省也作出决定，计划补助台湾至1908年，1909年之后台湾财政必须独立。为此，1898年就任台湾总督的儿玉源太郎及总督府民政长官后藤新平，制定出“台湾二十年财政计划”，企图改善台湾经济，以谋求台湾财政独立为施政要务（吴季晏：《日据前期台湾砂糖出口市场的转变（1895—1915）》，台南：成功大学历史语言研究所硕士论文，1994年7月，第11页）。

② 《众议院预算委员会会议录》，第10回，总会第3号，转引自森久男的《台湾总督府の糖业保护政策の展开》（《台湾近现代史研究》第1期，东京：龙溪书舍，1978年4月，第43页）。

③ 井出季和太：《台湾治绩志》，台北：台湾日日新报社，1937年版，第296页。

④ 黄大受：《台湾史纲》，台北：三民书局，1982年版，第241页。台湾总督府殖产局特产课：《台湾糖业概观》，台北：1927年，第18—19页。

事尽可暂缓，但首先应立砂糖为台湾经济的根本，然后始对其他可成为行政工作和军备的基础的生产事业拟加以调查。”①

1898年初冬，山田熙由东京来到台北，出任台湾总督府殖产课农务系事务嘱托，1899年3月，山田熙即以《三千万元大型制糖企业意见书》为题，制定出总额为3 000万日元的糖业开发规划，以期推动台湾糖业的近代化②。其建议言及台湾糖业的重要性：

日本领有台湾之时，美国特关心菲律宾与夏威夷，深恐台湾糖业振兴会影响美领地糖业之发展，然而台湾总督屡次更换，不见有着手糖业改革，美国必以为奇。不见彼鲜受天惠之甜菜糖，仅施以人工，而达到支配世界糖业之地位？——今，台湾总督应以拿破仑之用心，谋台湾糖业之改良。……应先创立一个三千万元之大规模制糖会社，改革历来之糖廍，制造新式原料粗糖。再以此逐渐扩充为三大会社，以九千万元之规模，庶可改变台湾糖业③。

山田熙最早提出创建3 000万元大型制糖企业的庞大计划，可视为台湾总督府最早的糖业产业规划④。然而，他的计划最初并不顺利，山田熙的建议首先在台湾总督府内部遭到激烈的反对，其顶头上司、殖产课课长柳本通义还对山田熙的大型制糖企业计划下了“封杀令”，这就是日据初期所谓“台湾大小制糖工厂论争”之始端⑤。但是，山田熙坚持其建议，并最终取得儿玉总督与后藤新平民政长官的支持。鉴于山田熙建议案的金额过于庞大，后藤新平令其缩减规

① 杉山茂丸：《俗战国策》，东京：大日本雄辩会讲谈社，1929年版，第421页。

② 陈存良：《日据时代台湾农业发展之研究——以米、糖为中心》，台湾“中国文化大学”日本研究所硕士论文，1988年6月，第20页。

③ 河野信治：《山田熙与台湾糖业》，《台糖通讯》，陈西流译，第2卷第8期，第24页。

④ 陈明言、杨金华：《台湾近代糖业先驱——武智直道》，台湾武智纪念基金会，2005年版，第105页。

⑤ 当时岛内除了山田熙的大型制糖企业计划外，还有两派观点：一为主张改良旧式糖廍的石车，认为台湾糖品质虽低，但仍有存在的必要；二为主张采用小规模的铁制改良机器，以便改良品质增加生产额(《台湾糖业の改善》，《台湾协会会报》，第18号，1900年3月，第65—66页)。此两派鉴于北海道制糖厂失败之教训，对山田熙的大型制糖企业计划不敢苟同(吴季晏：《日据前期台湾砂糖出口市场的转变(1895—1915》，台南：成功大学历史语言研究所硕士论文，1994年7月，第15页)。山田熙也认为，柳本课长等殖产课官员之所以坚决反对他的大型制糖企业计划，是由于他们多来自北海道，非常熟悉1887年北海道糖业的失败过程(守屋源二：《山田熙谈话》，1933年9月，第71页。转引自黄绍恒：《明治后期日本制糖业的“双重构造”》，台湾“中央图书馆”台湾分馆馆刊，第2卷第1期)。

模至30万元并重新提出建议方案[①]。山田熙奉命将原案进行缩小修正后，再提交台湾总督府课长会议审议，在后藤新平的支持下，修正案得以顺利通过，并正式呈交儿玉总督[②]。儿玉总督不仅对山田熙的计划大加赞赏，还令其按照原来的计划使其修正案进一步具体化，并在全岛进行有关开办糖业的原料、市场等的详尽调查。1899年4月初，山田熙雇请一位通晓台湾当地语言的日本人上西信助，从台南县出发，开始对全岛的甘蔗产区进行调查。后来又从台南东本源寺增雇一位通晓日语的台湾人，从事岛内有关甘蔗种植现状的田野调查。

经过调查，山田熙发现岛内最多种植的"竹蔗的产量低的太离谱，产糖率又是偏低，只有百分之个位数"[③]，而种植来自美国夏威夷的优良品种则极为稀少，由此认识到引进改良蔗种的迫切性。经过7个多月的实地调查，山田熙向儿玉源太郎总督提交了调查报告。儿玉源太郎总督对他的调查报告极为赞赏[④]。1899年11月，台湾总督府在台南召开产业共进会，儿玉源太郎总督亲临主持。在会上，山田熙代表儿玉源太郎总督发表演讲，就其发展糖业的基本政策设想进行了阐述："30年后日本人的平均砂糖消费量必超过30斤无疑。假定当时的日本人口有六千万的话，则需要18亿斤的砂糖才够使用。……18亿斤的产糖量，首先须设立三千万元以上的大制糖会社，否则难以供应逐渐增加的消费需求量。当然资本打算几乎全部由内地（日本）的资本家出。……内地人进行投资，劳力则全由台湾人提供，如此台湾人亦可获得比过去加倍的利益，真可谓是一举两得之策。"[⑤]山田熙还进一步提出倡议，应在台湾岛内募集资金，以日台资本共同建设大型制糖会社。山田熙的演讲内容经儿玉源太郎总督授意，又在总督主持下的产业共进会上发表，显然代表了当时台湾总督府糖业政策的最初构想。

按照山田熙发展大型糖业企业的设计，台湾总督府开始积极推动日本内地的财阀资本来台投资，并鼓励成立有较大规模（资本金100—200万日元）的大

---

① 后藤新平也认为如此大规模的会社非目前日本所能筹措，应以30万元试办为宜（吴季晏：《日据前期台湾砂糖出口市场的转变（1895—1915》，台南：成功大学历史语言研究所硕士论文，1994年7月，第15页）。

② 陈明言、杨金华：《台湾近代糖业先驱——武智直道》，台北：台湾武智纪念基金会，2005年版，第105—106页。

③ 同上，第111页。

④ 需要确认的是，当时总督府殖民地经济政策是以铁路建设、基隆港建设、土地调查"三大事业"为施政重心，制糖业的振兴并未在重点之列。儿玉总督与后藤民政长官也无发展糖业的定案（参见鹤见祐辅：《后藤新平》第二卷，东京：劲草书屋，1965年，第227—228页）。

⑤ 有关山田熙的演讲内容，可参见森久男：《台湾总督府の糖业保护政策の展开》，《台湾近代史研究》，东京：龙溪书舍，1978年版，第53—55页。陈明言、杨金华：《台湾近代糖业先驱——武智直道》，台北：台湾武智纪念基金，2005年版，第113页。

型制糖企业,以尽快推动殖民地经济的起步并垄断台湾的制糖业,尽早实现台湾的财政独立。在儿玉总督的请求与斡旋下,总督府发展糖业的构想获得日本政界元老井上馨等热烈的支持。1899年12月,后藤新平开始与三井财阀总代理益田孝洽谈设立台湾制糖的事宜①,同月,山田熙也专程赴东京进行募集资金的活动②。1900年5月,在井上馨的私宅召开了"台湾制糖株式会社创立第一次发起人会议",与会者除台湾总督儿玉源太郎以外,还有三井物产社长益田孝等许多日本大财阀。会上,山田熙对台湾制糖株式会社的创建进行了说明。随后,三井财阀派遣大日本制糖株式会社长铃木藤三郎、山本悌二郎、藤原银次郎三人赴台进行实地考察。铃木藤三郎等三人在台北首先与儿玉总督举行会谈,随后自基隆经海路至安平,并在总督府派出大批警察的保护之下,一路北上至嘉义,再经由海路返回台北。铃木藤三郎等随即向儿玉总督提出考察报告,指出当前岛内治安情形还难使日本资本投资设厂,同时还希冀能在稳定营运前给予利息补贴③。

1900年12月,在台湾总督府承诺自1901年补贴三井物产50万元、每年提供6%的利息(直到1903年)的保证下④,以三井物产合名会社为最大股东设立了台湾制糖株式会社(资本金100万元)⑤,这样,在日本政界元老井上馨等人的大力协助下,三井财阀最终介入台湾大型制糖会社的筹建。参照表十七可知,1901年,台湾制糖株式会社在台南桥仔头建立日据时期台湾第一家具有近代化生产设施和

---

① 伊藤重郎编:《台湾制糖株式会社史》,东京:台湾制糖株式会社,1939年9月,第69—70页。当时三井财阀内部也面临经营危机,其高层内部(如掌握三井金融大权的中上川等人)多反对在台湾设立100万元的制糖会社(森久男:《台湾总督府の糖业保护政策の展开》,《台湾近现代史研究》第1期,东京:龙溪书舍,1978年4月,第55页)。

② 有关山田熙赴东京进行台湾制糖株式会社筹建资金的活动,参见陈明言、杨金华:《台湾近代糖业先驱——武智直道》,台北:武智纪念基金会,2005年版,第114—121页。

③ 最初三井财阀对投资台湾制糖业并不积极,在儿玉总督强烈保证稳定台湾治安及给予补贴的认可下,调查团回日本后,便利用井上的力量,说服三井家族、毛利家族及皇室共同投资,三井财阀最终决定投资台湾制糖业(有关三井财阀介入台湾制糖株式会社的设立过程,参见森久男:《台湾总督府の糖业保护政策の展开》,《台湾近现代史研究》第1期,东京:龙溪书舍,1978年4月。下田奖美:《藤原银次郎回顾八十年》,东京:讲谈社,1949年,第21页。伊藤重郎编:《台湾制糖株式会社史》,东京:台湾制糖株式会社,1939年9月,第69—70页)。

④ 对于台湾总督府的此项优惠利息补助,山田熙称仅三井的台湾制糖株式会社享有此保护,言:"倘若与台湾制糖株式会社同样的第二家会社另行创立,总督府认为对此第二家会社绝无保护之必要。"(《东京经济杂志》,第1041号,第233页。森久男:《台湾总督府の糖业保护政策の展开》,《台湾近现代史研究》第1期,东京:龙溪书舍,1978年4月,第56页)

⑤ 台湾制糖株式会社以三井物产为最大股东,还包括毛利家族等共计95名股东,其中1 000股为宫内省出资。台湾总督府对台湾制糖株式会社给予了巨额补助金,1900年为12 000元;1901年为55 780元(矢内原忠雄:《帝国主义下の台湾》,东京:岩波书店,1988年版,第9页)。

技术的现代化大型制糖工厂①。该厂所使用的机器皆为日商杉山茂丸于1898年运至台湾的日本八重山糖业会社的旧机器，杉山茂丸折价6万元转让给三井物产②。

表十七　台湾制糖株式会社股东构成一览(1900年12月)

持股数	股东数	股东名称
1 500股	1	三井物产合名会社
1 000股	2	内藏头，毛利元昭(公爵)
750股	1	陈中和(台湾人)
500股	1	吉川经建(子爵)
500股	11	林优幸(子爵)，原六郎，田岛信夫，武智直道，长尾三十郎，上田安三郎，益田孝，藤田传三郎，R. W. 阿约罗(美国人)，铃木藤三郎，住友吉左卫门
400股以下	79	其中，台湾人王雪农为250股，在台日商贺田金三郎为100股，其余77名均为不在台的日本股东
合计20 000股	95	

资料来源：伊藤重郎：《台湾制糖株式会社史》，东京：台湾制糖株式会社，1939年，第83—87页。

但当时日本经济还处于资本主义初级发展阶段③，尚不具备对海外大规模投资的实力。而从日本资本来看，当时台湾的投资环境尚不完善，岛内战乱频仍，在日本国内金融市场高利率的情形下，吸引资本到台湾成为一个难题。所

① 台湾制糖株式会社创建时的资本金为100万日元，甘蔗压榨能力250吨。后来增至资本金6 300万日元，甘蔗压榨能力400吨，产糖量增加了105倍。日据时期台湾糖业发展最为兴旺之时，以台湾制糖株式会社为首的日资制糖会社有42家，年产量为141万吨，一度高居世界第四大产糖地区。1933年7月，在东京帝国饭店举行的日本糖业联合会会议上，日本糖业联合会会长武智直道邀请已退出糖业界、离台返日隐居的山田熙就30多年前提出"台湾大糖业政策"以及筹建岛内第一家现代化大型新式制糖工厂的过程进行了讲演(转引自陈明言、杨金华：《台湾近代糖业先驱——武智直道》，台北：台湾武智纪念基金会，2005年版，第104页)。

② 有关杉山茂丸参与台湾糖业株式会社的过程，参见陈小冲：《日本殖民统治台湾五十年史》，北京：社科文献出版社，2005年版，第70页。

③ 在日本资本主义发展的初级阶段，中国仍然是其掠夺的重要对象国。继1895年签订割地赔款的《马关条约》之后，1896年7月，日本政府又迫使清政府与其签订了《日清通商航海协定书》(中国称《中日通商行船条约》)。从此日本完全实现了早就企图占有中国市场和掠夺原料的欲望；并由于增设租界(共八处)，成为在华获得租界最多的国家。在帝国主义列强瓜分中国的狂潮中，1898年4月22日，日本政府照会清政府，要求中国"声明不将福建省内各地让与或租与别国"，将福建省纳为日本的"势力范围"；1899年4月，以租借大冶铁矿为目的，欲对华进行资本输出；1900年5月，日本成为侵略中国的八国联军急先锋，还于同年8月24日制造了"厦门事件"。1901年8月，帝国主义列强强迫清政府签订《辛丑条约》，中国被迫向列强赔款4.5亿两白银(分30年付清，加上利息和各省的赔款在内，总计达10亿两)。日本从中分得了3 470万两以上(吴廷璆主编：《日本史》，天津：南开大学出版社，1994年版，第501—502页)。

以,更多的日本资本对收益前景不能确定的台湾制糖业投资欲望还不是很旺盛,而台湾总督府也因财政困难无法拿出更多的资金来保证提供年息。所以1900—1906 年期间,再无第二家日本企业投资设立制糖厂,台湾总督府糖业政策的实施一时陷入停顿。可以说,山田熙发展大型糖业企业的设想一时无法实现①。

在此困境下,台湾总督府被迫转向以扶持台湾本地资本发展糖业的殖民经济政策。在总督府提供机器设备等实物奖励下,先后成立了几家台湾当地土著资本的制糖企业,但由于本地土著资本实力有限,规模都很小。除此以外,在总督府的示范与奖励下,从 1905 年开始,台湾本地人新创立了不少的改良糖廍,就是将传统糖廍压榨甘蔗的石碾改为小型压榨机器,并将动力由牛改为石油发动机或蒸汽机。在创办大型制糖企业难以实现的现实困境下,修改糖业发展政策成为台湾总督府的紧急课题。

三　新渡户稻造《台湾糖业改良意见书》的出台

在山田熙发展大型糖业企业的设计无法予以实现的前提下,为了改进台湾岛内的糖业生产现状,并借此带动台湾岛内的殖民地经济开发,台湾总督府决意招揽通晓殖民地经济产业政策的专门人才。在台湾总督府民政长官后藤新平的请求下,1900 年日本农业大臣曾弥荒助推荐任教于北海道札晃农学院的农政专家新渡户稻造②担当台湾总督府糖业政策的策划者。新渡户稻造此时在美

---

①　台湾制糖株式会社的设立,并不意味着总督府开始决定推广山田熙建议之大型制糖工厂。从继台糖于 1903 年设立的盐水港制糖会社及屡次事情遭到总督府驳回的明治制糖株式会社事例来看,台糖设立后到日俄战后的"企业勃兴"期为止,可说总督府未曾允许类似大型糖厂的设立(有关盐水港制糖株式会社的设立,可参见森久男:《台湾总督府の糖业保护政策の展开》,《台湾近现代史研究》第 1 期,东京:龙溪书舍,1978 年 4 月;有关明治制糖株式会社的设立,可参见三好右京:《相马半治传》,东京:果子新闻社,1938 年 10 月)。不过,虽然山田熙的 3 000 万制糖会社并未创设,只成立 100 万元资金的台湾制糖株式会社,事实上却实现了大型新式制糖厂的目标,为台湾引进日本资本雄厚的三井投资,也开启总督府糖业补助之端。一般论及糖业政策制定者,大都忽略山田熙在此方面的地位,仅着眼讨论新渡户稻造的糖业改良理念。事实上,(总督府)殖产课内部视为极度荒谬的计划却让日本打进了台湾糖业的生产体系,也替台湾总督府引进日本资本,开启日本资本投资台湾事业的先河,成为台湾日后工业化的试金石。平心而论,山田熙的计划确实带给台湾本地生产结构的改变与本地资本一大冲击,然对整体台湾糖业发展却有一定程度的贡献(吴季晏:《日据前期台湾砂糖出口市场的转变(1895—1915》,台南:成功大学历史语言研究所硕士论文,1994 年 7 月,第 15—16 页)。

②　新渡户稻造(1862—1933):是台湾糖业近代发展史上有影响的人物,1883 年获得德国哈雷大学农业经济学博士学位,归国后,任教于北海道札晃农学院,1898 年因病辞去教职赴美治病。在美国治疗期间,接受儿玉总督与后藤民政长官的邀请,负责台湾糖业开发政策的规划与制定。1903 年返回日本,出任京都大学教授;1920 年出任国际联盟事务次长;1927 年出任日本贵族院议员。因其以英语写出《武士道》一书,受到欧美各国的关注,在世界上有着一定的影响。1933 年在加拿大出席"太平洋国际会议"时去世。

国养病，接受总督府的请求后，新渡户稻造随即请求延期一年上任，期间实地考察西班牙、意大利以及埃及等地的殖民地政策，并实地考察热带地区的甘蔗种植、制糖业等相关农业产业。1901 年 1 月，新渡户稻造到台湾总督府履任①。新渡户稻造上任后，首先对岛内固有甘蔗的品质、产量等进行了前期调研。随后，新渡户稻造又以台湾总督府民政部殖产课长身份，前往盛产蔗糖的爪哇（今印度尼西亚）等地进行实地考察。新渡户稻造经过数月的反复考察与研究之后，于 1901 年 9 月提出著名的《糖业改良意见书》。

表十八　台湾砂糖产量及输出量(1895—1901)

（单位：斤）

年　份	产　量	输出量
1895	92 089 140	70 737 800
1896	82 894 766	74 013 184
1897	77 994 230	70 329 061
1898	84 812 845	77 504 265
1899	71 979 075	65 565 453
1900	58 430 001	41 231 437
1901	88 829 690	61 051 254

资料来源：台湾银行：《台湾银行二十年》，台北：1919 年，第 210 页。

新渡户稻造分析了 1895 年至 1901 年 7 年间台湾砂糖产量下降的原因（参考表十八）。他认为主要有以下因素：1. 据台时地方豪族携资本回大陆；2. 土匪（抗日分子）增多，建设铁路等工人增加吸走部分劳力；3. 由于开军路征收土地及防止土匪潜伏而禁止道路两旁一定区域种植甘蔗，而使种蔗面积缩小；4. 课税的苛重；5. 制糖利益为糖商所垄断而生产者并无利益②。针对此种情形，《糖业改良意见书》主张以"蔗作农业生产过程"的改进和"制糖工业过程"的近代化作为实施台湾糖业改革的两大目标。新渡户稻造的《台湾糖业改良意见书》最终获得儿玉总督及民政长官后藤新平的大力支持。其台湾糖业改良建议有以下具体内容：

① 1901 年 2 月，新渡户稻造出任台湾总督府技师；同年 5 月升任民政部殖产课长；同年 11 月，台湾总督府官制改革，出任总督府殖产局长，随后改任总督府糖业局长。总督府技师为高等官五等，在后藤新平的争取下，支给远较其职等更高的一等薪水（参见山根幸夫：《台湾糖业政策と新渡户稻造》，东京女子大学新渡户稻造研究所编《新渡户稻造研究》，东京：春秋社，1969 年版，第 259—278 页）。

② 新渡户稻造：《台湾糖业の改良意见》，《台湾协会会报》，第 39 号，1901 年 1 月，第 6 页。

> 1. 改良甘蔗品种；2. 改良栽培法；3. 增设灌溉设施；4. 改田园为蔗园；5. 鼓励开垦甘蔗适种区；6. 制造法的改善；7. 改良压榨法；8. 提高外糖输入税率；9. 实行退税制；10. 改进交通；11. 扩展销路；12. 蔗价公定；13. 施行糖业教育；14. 促进产业组合；15. 甘蔗的保险；16. 牛畜的保护；17. 副产品的奖励。

最后，新渡户稻造在《台湾糖业改良意见书》中提出以总督府公权力奖励保护糖业的主张，并提出以下十四点建议：

> 1. 制定糖业奖励法；2. 制定临时台湾糖务局官制；3. 在南部设立台湾糖务局分局；4. 技术生的培养；5. 至爪哇购置蔗苗；6. 在八重山及本岛种植外国种苗；7. 在台南设立甘蔗苗圃；8. 设置甘蔗试验场；9. 购置各种小压榨机，并使用之；10. 促进糖业组合；11. 奖励开垦甘蔗适用地；12. 改良甘蔗栽培法并建设水利措施；13. 制订事业计划书以供资本家参考；14. 依产糖地情形，劝导大规模企业的设立[①]。

由其主要内容观之，《台湾糖业改良意见书》可分为四大部分：1. 本岛糖业现状；2. 本岛适合产糖的理由；3. 本岛糖业改良方法；4. 本岛糖业行政上的急务。全篇的重心为原料生产的改良，至于处理这些原料的资本规模，即大小制糖工厂的问题，则舍去不谈。新渡户稻造的这种安排，被认为是有意避免所谓“台湾大小制糖工厂论争”，仅就双方同意的甘蔗农业部分，陈述己见[②]。不过，新渡户稻造实际上是不赞成设置大型制糖企业的，他认为设立大型制糖企业为西方各国制糖业发展的主力，然台湾由于交通不佳，搬运甘蔗甚为不便，不宜设置大规模工厂，宜在糖廍制糖。但须扩充旧有的糖廍组织。由总督府向外国购买小型机械，免费贷予糖廍负责人，以低利逐年偿还的方法，卖给糖廍负责人。如欲创立大规模工厂以10万元为最适当，此观点为儿玉总督所接受[③]。

从制糖技术方面来看，可以说，新渡户稻造提的《糖业改良意见书》具有相

---

① 新渡户稻造：《台湾糖业の改良意见》，《台湾协会会报》，第40号，1902年1月，第6—26页。

② 守屋源二：《山田熙谈话》，1933年9月，第71页。转引自黄绍恒：《明治后期日本制糖业的“双重构造”》，中和：台湾“中央图书馆”台湾分馆馆刊，第2卷第1期。

③ 虽然新渡户稻造所谓的10万元工厂概念，比起山田熙3 000万元工厂概念大相径庭，然在台北、台南1万元小制糖论鼎沸之际，10万元工厂亦远大于小制糖规模，故为儿玉总督所接受。不过，山田熙认为儿玉总督并没有放弃大规模新式工厂的支持理念，而是以新渡户稻造所欲实行的小制糖论已大于台湾人之制糖规模(河野信治：《儿玉源太郎与台湾糖业》，《台糖通讯》，陈西流译，第2卷第16期，第16页)。

当的技术水准，然而，从台湾总督府糖业政策上来说，则隐含着引导日本资本独占台湾糖业的必然性。尤其是《糖业改良意见书》中一再强调为发展台湾制糖业必须行使总督府威权而清除有关蔗作及制糖的台湾地方势力，所以，“在其本质上，无非是具备着代表日本帝国主义殖民统治台湾的一个侧面”①。《糖业改良意见书》还提出在蔗糖外销方面实行出口退税制度的建议。此外，还有蔗价的公定、种蔗之保险及糖业教育等。新渡户稻造的上述一系列建议，除了蔗价公定、种蔗保险等项目没有实施外，大部分都得以在日据时期之台湾糖业界实行。如甘蔗品种的改良，台湾原来以种竹蔗(17 世纪由福建引进)为主，每公顷收获量为 1 万—2 万公斤，自从改为夏威夷玫瑰竹种的蔗苗以后，每公顷的收获量可达 7 万公斤，比原来的竹蔗增加 2.5 倍。1902 年成立大目降甘蔗试验农场，加快繁殖玫瑰竹种蔗苗，并加以推广，到 1910 年至 1911 年，玫瑰竹蔗种植面积已达 83 283 公顷，占当时全岛蔗园总面积的 96%，而原来的竹蔗几已绝迹，出现了所谓的“玫瑰竹蔗时代”②。

由此，台湾总督府糖业政策的设想最初主要来自山田熙，即山田熙《三千万元台湾糖业政策意见书》，以建立新式大型制糖工厂；其后则来自新渡户稻造的建议，新渡户稻造的《台湾糖业改良意见书》对日据以来台湾糖业衰退的原因进行了分析，并提出一系列改革良策。新渡户稻造明确指出：改良糖廍只不过是走向大工业化的一个途径而已。除了《台湾糖业改良意见书》中有关蔗农组合成合作生产组织、制定法定蔗价以及保险部分外，其余论点几乎全部为儿玉总督与民政长官后藤新平所采纳③，并于 1902 年 6 月制定《台湾糖业奖励规则》，成为台湾糖业的基本大法④。1905 年还颁布《制糖场取缔规则》，确立保护日本糖业资本的“原料采取区域制度”。

---

① 《新渡户稻造全集》第四卷，1969 年，第 192 页。

② 但实际上，夏威夷玫瑰竹种抗风力差，且易感染赤腐病和螟害，乃逐渐被淘汰。1920 年代，由爪哇引进 POJ136、POJ105 和 POJ161 等细茎种，不但抗风力强，病虫害少且适应台湾的风土气候，产量、糖分较高，尤以 POJ161 为优。故 1924—1925 年此等品种栽培面积达 86.3%。之后，总督府由爪哇渐次引进的有 POJ2714 和 POJ2725、POJ288 和 POJ2883 等大茎种。这些品种后来为岛内自行培育之 F108 品种所取代，经大量推广后栽培面积大为增加(王传剑：《甘蔗》，《台湾农家要览——农作篇(一)》，台北：丰年社，1995 年版，第 139—141 页)。

③ 总督府对于《台湾糖业改良意见书》中有关蔗价公定、甘蔗保险并未采纳。蔗价公定、甘蔗保险是须冒自然风险之蔗农利益之保护符，而台湾总督府却不愿从蔗农立场着想，为其订定合法保障，其所实行之改良方案无非只为提高台糖生产量及保护资本企业，为典型牺牲殖民地住民的利益，完成对母国经济改善之例(吴季晏：《日据前期台湾砂糖出口市场的转变(1895—1915)》，台南：成功大学历史语言研究所硕士论文，1994 年 7 月，第 19 页)。

④ 周宪文：《台湾经济史》，台北：开明书店，1980 年印行，第 548 页；陈明言、杨金华：《台湾近代糖业先驱——武智直道》，台北：武智纪念基金会，2005 年版，第 124 页。

第二节　台湾糖业与台湾总督府糖业奖励政策

一　《台湾糖业奖励规则》——总督府糖业发展构想

为了进一步推动并控制台湾的糖业生产，总督府完全接受新渡户稻造《台湾糖业改良意见书》的基本内容。1902 年 6 月 14 日，台湾总督府以保护台湾制糖业为由，公布《台湾糖业奖励规则》(律令第五号)。这是为贯彻《台湾糖业改良意见书》的具体部署。台湾总督府还同时专门设立了“临时台湾糖务局”，负责《台湾糖业奖励规则》的具体实施。从其内容观之，《台湾糖业奖励规则》是一部总督府保护日资企业独占台湾糖业的政策法规，其主要内容为资金补助、确保原料及保护市场三大措施，以期日资独占台湾制糖业的实现。《台湾糖业奖励规则》的基本内容概述如下①：

第一、财政资金的补助。这项措施首先是总督府对日资制糖会社的财政补助。1900—1916 年的 16 年间，台湾总督府对日资制糖企业进行资金援助，具体有：1. 补助制糖企业及制糖厂建设费和周转资金；2. 补助购进新式机械资金；3. 补助收买(吞并)“改良糖廍”资金；4. 补助购进原料(甘蔗)资金；5. 补助制造原料糖(粗糖)资金；6. 补助制造冰糖资金；7. 补助蔗苗(无偿供给 7 288 万 2 千株蔗苗；8. 补助蔗苗园(无偿供给 2 亿 0 204 万 8 千株苗种；9. 补助肥料(无偿供给肥料)；10. 补助建设灌溉水利(提供土地、补助建设费)；11. 补助开垦土地(无偿提供官有地 9 214 甲)；12. 其他(补助农具购买金、补助模范蔗园耕作资金等，以这些极为广泛的名义，给予日本制糖企业共达 1 279.2 万元的“总督府补助金”②。

第二、确保制糖的原料。台湾总督府为确保日资制糖企业之原料来源，所采取的基本措施是设立“原料采取区域制度”。1905 年 6 月，台湾总督府颁布《制糖厂取缔规则》(府令第三十八号)，以强力施行其扶植日本资本、压制台湾土著资本并剥夺台湾蔗农的“原料采取区域制度”③。

---

① 《台湾糖业奖励规则》，《台湾总督府公文类纂》，1902 年甲种永久保存第八卷；《糖业规则ノ发布》，《台湾日日新报》1902 年 6 月 15 日。

② 台湾总督府殖产局：《台湾糖业概要》，台北：1927 年，第 35 页。实际上，这些所谓的“补助金”都是剥夺于台湾人民的税金。

③ 矢内原忠雄：《帝国主义下の台湾》，东京：岩波书店，1988 年版，第 264 页。有关总督府制定之原料采取区域制度，可参阅吴聪贤：《农业史》，台北：黎明文化事业出版股份有限公司，1992 年版，第 183—184 页；黄绍恒：《试论初期原料采取区域制》，《第三届台湾总督府公文类纂学术研讨会论文》，台湾省文献委员会，2001 年 12 月。

第三、砂糖市场的保护。台湾在日据第二年,即受命适用日本关税及关税规则,被纳入日本资本主义市场的一部分。台湾糖业也得以享有"关税优待"。1899 年根据新条约修订的关税修正法实施,可视为是市场保护政策的开始。在糖业奖励规则的律令颁布后,台湾糖业不止有关税堡垒的保护,随着日本关税自主第二次修正条约,进口关税中的协议税率完全废除。而供给日本国内消费的精糖,也废除了对其进口原料的退税制度。台湾总督府透过关税的保护,强而有力地保护台湾糖业在日本市场的销售[①]。

如上所述,在对日本糖业资本实施财政支持方面,台湾总督府除了以财政支出进行直接援助外,还通过台湾银行向日本制糖企业提供优惠贷款,如在1903—1923 年砂糖输出总额 9 亿 6 800 万元的情况下,台湾银行在同一期间对糖业贷款却达 17 亿 6 800 万元[②]。在购买制糖机器的补助方面,则是对改良糖廍做过渡性的奖励,还有引诱现代化大制糖工厂等工业生产,做直接的补助措施。另外,有约 450 万日元的原料消费补助和制糖原料补助,在 1911 年 7 月日本完全恢复关税自主前,作为策略性的生产费补助及扩展销售市场的补助。1907 年后,总督府的补助重点转向振兴蔗作,实施无偿供给肥料或补助肥料费,无偿供给蔗苗的补助,以及修筑灌溉排水的工程费补助。值得注意的是,总督府直接奖励补助的对象是新式制糖工厂,并限定是装有一天(12 小时)消费量达12 000 贯[③]以上原料机械的粗糖制造业者,或可消费原料 2 400 贯以上的精糖制造业者(这些消费量都超过台湾制糖业者的能力)。"从如此的补助规定,可看出台湾总督府的殖民性格"[④],也即台湾总督府推行其糖业政策的殖民地性质。

在对砂糖市场的保护方面,台湾总督府主要以"保护关税政策"为政策工具,对独占台湾糖业的日本资本予以强有力的政策保护。日据初始,台湾总督府沿袭清朝时代旧有的关税制度,对台湾砂糖继续征收输出税[⑤]。1896 年 2 月起,随着台湾被纳入日本国内市场圈内,台湾关税的税率也开始依据《日本关税法》来执行。在日本关税的保护下,台湾砂糖在输出日本时比起输出外国乃开始享有输出税差额的利点(引导台湾砂糖从输出外国转向日本),并且在日本国

---

①④ 杨彦骐:《台湾百年糖纪》,台北:猫头鹰出版社,2001 年版,第 34 页。

② 涂照彦:《日本帝国主义下の台湾》,东京:东京大学出版会,1975 年版,第 281 页注释⑰。

③ 日制重量单位:1 贯=3.75 公斤。

⑤ 1907 年 10 月台湾总督府颁布《废除台湾出口税及出港税规则》(律令第九号),全面废除砂糖的出口税(《废除台湾出口税及出港税规则》,《台湾总督府公文类纂》,1907 年永久第 65 卷)。但实际上在该税种施行期间,台湾砂糖大多输出至日本,向其他国家输出的数量微乎其微,因此该税对台湾殖民地财政并无显著贡献。进口糖数量也不大,加上原料糖以精制出口方式为免税,因此对关税也没有明显的帮助。

内市场则比“外国砂糖”又享有输入税差额的利点①。自1899年1月起，日本政府先后三次提高对外国进口商品的关税定率，这样，台湾砂糖更加享有其保护政策的实惠。至1911年7月，日本完全收回“关税自主权”之后，台湾砂糖也开始名副其实地受到“日本关税壁垒”的保护，把其砂糖的大部分销售给日本国内市场，以廉价提供台湾砂糖供给日本人享用②。1910年10月，台湾糖业联合会成立，日资制糖企业更加享有台湾蔗糖销售日本国内市场的“独占价格”③。在日本关税政策的庇护下，台湾砂糖得以弥补其与竞争对手(如爪哇糖)间的成本差距④。

如表十九所示，1903年起至1911年，台湾砂糖在日本国内市场所占地位逐渐上升，自1903年的9.9%增至1911年的81.0%，显示大量的台湾砂糖补充了日本市场，成为日本资本主义经济发展的重要财源之一。

表十九　台湾砂糖在日本国内市场所占地位

年　度		日本全国生产			日本全国
		台湾/10万斤	其他/10万斤	合计/10万斤/	消费量/10万斤
1903年	产量	507	850	1 357	5 117
	%	9.9	16.6	26.5	100
1908年	产量	1 092	900	1 991	4 121
	%	26.5	21.8	48.3	100
1911年	产量	4 506	1 143	5 648	5 558
	%	81.0	20.6	101.6	100

资料来源：台湾总督府编印：《砂糖关にする调查书》，台北：1930年，第71页。

《台湾糖业奖励规则》规定对于甘蔗种植者或制糖企业，由台湾总督府直接给予甘蔗苗费或肥料补助，给予土地开垦及灌溉排水费补助，给予购买制糖机械的补助；当制糖厂所使用的原料达到总督府规定的数量时(每日4.5万公斤)，给予一定的补助金；为栽培甘蔗而开垦官有地，总督府不仅免费贷与该地，而且在开垦成功时还可以得到业主权；为栽培甘蔗而施行灌溉或排水工程者，

① 《保护台湾糖业在日本国内市场的有利地位》，《台湾糖业概要》，台北：台湾总督府殖产局，1927年，第38页。

② 台湾总督府殖产局：《台湾の糖业》，台北：1935年，第31页。

③ 小岛昌太郎：《我国主要产业に于けるカルテル—cartel—的统制》，1932年，第340页。

④ 当时台湾每公顷甘蔗的产量不及爪哇的一半，每公吨砂糖的生产成本在1920—1930年间比爪哇高59.8%(台湾总督府：《台湾の糖业》，台北：1935年，第89—90页)；在当时关税堡垒盛行的时代，为保障高成本的台湾砂糖，日本政府及台湾总督府不得不实施关税保护政策，关税高占1932年东京外国糖市场价格的35%(台湾总督府：《糖业统计》，台北：1943年，第196页)。

总督府也免费贷给官有地。从奖励规定的内容来看，主要是补助日本资本在台湾开设的大型制糖厂，如能得到补助购买制糖机器的企业必须是日产 4.5 万公斤以上的糖厂，这是旧式糖廍所达不到的规模。《台湾糖业奖励规则》的实质是让日本资本的大制糖企业享受到资金援助、原料获得及市场保护，来实现独占台湾糖业市场的目的。因此，台湾总督府推行的糖业补助政策具有极其显著的殖民地性质①。至此，台湾甘蔗之种植面积、收获量、单位面积收获量及每甲产糖量均有显著增加（参考表二十）。尤其是自 1917、1918 年起，增加情形尤为显著，总督府先后颁布的一系列糖业奖励政策措施开始奏效。制糖率由 1918 年的 9.16%增加至 1937 年的 13.14%。每甲产糖由 1918 年的 4 150 斤增加到 1937 年的 15 056 斤，后期每甲产糖量为前期的 3.6 倍②。

表二十　日据时期台湾甘蔗之情形

年　期	甘蔗收获面积(甲)	甘蔗总收获量(千斤)	每甲甘蔗*收获量(斤)	制糖原料使用量(千斤)	产糖量(千斤)	制糖率**(合格)%	每甲产糖量***(千斤)
1902—03	16 526	683 158	41 338	683 158	50 681	7.42	3 067
1907—08	28 704	1 418 861	49 431	1 403 175	109 202	7.78	3 845
1912—13	67 358	1 530 518	22 722	1 283 079	119 149	9.29	2 110
1917—18	150 450	6 817 536	45 314	6 259 872	573 538	9.16	4 150
1922—23	116 620	6 610 864	56 867	6 192 041	592 320	9.56	5 436
1927—28	108 318	9 697 645	89 529	8 713 551	966 861	11.1	9 937
1932—33	84 330	8 811 200	104 485	7 879 321	1 056 207	13.4	1 4000
1936—37	124 550	14 271 874	114 583	12 775 882	1 678 920	13.14	15 056
1939—40	174 294	16 628 466	95 405	14 783 855	1 887 947	12.77	12 183

* 每甲甘蔗收获量＝甘蔗总收获量÷甘蔗收获面积

** 制糖率＝产糖量÷制糖原料使用量

*** 每甲产糖量＝每甲甘蔗收获量×制糖率

资料来源：台湾总督府：《台湾糖业统计》，台北：1943 年，第 14 卷，第 1 页；第 29 卷，第 1 页。

① 实际上，台湾人民对于总督府推行之《糖业奖励规则》的回应未必是积极的（《糖业规则の发布》，《台湾日日新报》1902 年 6 月 15 日）。黄绍恒指出，就台湾总督府积极推广之外国品种（即所谓的改良蔗苗）及肥料而言，蔗农及制糖业者有所回应并提出申请的件数，甚为鲜少；甚至在凤山及阿缑项下可看到当地政府“强行”推广的情形。较见积极者，只有“公有地之借贷”与“机械借贷”而已（黄绍恒：《从对糖业之投资看日俄战争前后台湾人资本的动向》，载《台湾社会研究季刊》，1996 年 7 月，第 23 期）。

② 吴聪贤：《农业史》，台北：黎明文化事业出版股份有限公司，1992 年版，第 184 页。

为确保《台湾糖业奖励规则》的贯彻，在台湾总督府的督促下，岛内各地方官厅也先后公布了内容相同的《糖业组合规则》。1903年2月盐水港厅(厅令第一号)、6月嘉义厅(厅令第七号)、7月阿缑厅(厅令第十三号)相继公布《糖业组合规则》，以"保护"制糖企业的名义，强制各地制糖企业及作坊成立"糖业组合"。然而，对《糖业组合规则》的内容进行考察可知，其实际目的在于，台湾总督府欲以威权强行夺取台湾本地资本的制糖事业和砂糖销售权益，为日本资本进入并垄断台湾糖业铺设"通道"。

各地官厅颁布的《糖业组合规则》的主要内容为：1. 厅长指定设立糖业组合地区，并强制该地区的甘蔗栽培农民、制糖业者、贩卖商人一律参加设立"糖业组合"，同时禁止非"糖业组合"成员在该地区从事制糖及贩卖；2. 组合长、副组合长及其常议员的人选，必须预先经过厅长批准；3. 厅长有权任意派员检查组合的业务；4. 栽培甘蔗农民得报告甘蔗种植面积、插秧数量、施肥数量、收成日期、收成数量等；5. 制糖业者得报告制糖数量、贩卖数量、贩卖价格、贩卖对象等；6. 嘉义厅下的糖业组合除了实施上述各项规定之外，甚至于采取"共同贩卖"制度，强制制糖业者把产糖全部交给组合委托其进行销售[①]。由此，形成了以总督府为顶端、以日本糖业资本为核心的台湾殖民地糖业发展体系，不过，至总督府完全控制台湾糖业发展的主导权，还尚需花费一段时间。

二　《制糖场取缔规则》——台湾总督府对改良糖廍的利用和控制

如上所述，日据台湾之后10余年的时间里，台湾制糖业仍然主要由旧式糖廍承担着砂糖的生产，但由于生产技术落后，产量及质量难有大幅度的提高与改进，难以达到台湾总督府对台湾殖民地经济设定的预期目标。1902年6月14日，台湾总督府公布《台湾糖业奖励规则》(律令第五号)，其最大的目标就是鼓励和吸引日本资本到台湾投资，再透过台湾总督府的威权保护，逼迫外国糖业资本和大陆资本等退出台湾糖业市场。并大力开拓岛内制糖业，使其主要供应日本市场，以达到日本殖民台湾的利益与目的。

日本占据台湾之前，台湾的制糖企业主要为糖廍与糖间两种生产形式，均属于小规模的制糖生产形态，岛内对于甘蔗原料的收购也并无统一之规定，由此，"制糖业者与蔗农或糖廍经营者之间常常发生不必要纷争"[②]。1905年初，盐水港厅厅长与总督府临时糖务局长协商后，首先以厅令颁布《糖廍取缔规则》[③]，此为"原料采取区域制度"之起源，其目的是"在日本资本之新式制糖会社

① 台湾总督府临时台湾糖务局：《第二次糖业记事》，台北：1930年，第160页。

② 颜义芳：《砂糖消费税对日本治台之影响》，《台湾文献史料整理研究学术研讨会论文》，台湾文献委员会，2000年6月。

③ 《台湾总督府公文类纂》，明治三十八年(1905)永久保存第二十八卷。

所要原料供给的采取区域内，原则上是不允许再开设新糖廍，已开设之糖廍亦必须获得厅长的特别许可，并需于每年制糖期前数个月内预先申请”[①]。同年6月台湾总督府以盐水港厅《糖廍取缔规则》为参考依据，决意在全岛内限制糖廍的开设。6月7日，台湾总督府颁布《制糖场取缔规则》(府令第三十八号)，正式实施“原料采取区域制度”，以欲大力发展以日本资本为主导之台湾糖业。“原料采取区域制度”其要义为：

1. 产蔗地区划分为几个原料采取区分属新式制糖厂；2. 为贯彻上述要求，未经总督府许可不得在采取区域内新设传统的改良糖廍及其他新式糖厂；3. 本采取区域内所产甘蔗不许运至其他区域出售或使用为制糖以外的原料，只得以廉价售给总督府所指定的该地区的制糖会社；4. 为了补偿蔗农因原料市场垄断而受到的损失，各新式制糖厂承诺以相当的价格收购区内生产的全部甘蔗并预告收购价格；5. 禁止设备陈旧的旧有糖廍进行制糖作业及购进甘蔗等[②]。

台湾总督府以《制糖场取缔规则》为端绪，开始实施以保护日资制糖会社为主旨的“原料采取区域制度”。“原料采取区域制度”既是台湾总督府为确保原料所采取的基本措施，也是《制糖场取缔规则》重要的一环。是以总督府权力“保证制糖厂的原料供给，依制糖厂的制造能力，划定地域范围，即成原料独占之局；而区域内之甘蔗，蔗农必须卖于制糖厂不得他用，完全忽视蔗农的自主权”[③]。台湾总督府这种以威权指定原料地区的制度，导致日本制糖会社能自己任意决定收买甘蔗的价格而来提高其独占利润，并霸占及控制台湾的蔗作田园，且强迫蔗作农民更加广泛地隶属于制糖会社，同时在另一方面，消灭台湾当地制糖势力[④]。该规则表面上的主要目的是为“防止滥设制糖工厂”，并“制止各工厂争夺原料”、“避免扰乱蔗价”，事实上是“以总督府公权力强加限制台湾土著资本的扩展性，以原料采取区域制，保护新式制糖厂的原料及价格独占，间接

① 颜义芳：《砂糖消费税对日本治台之影响》，《台湾文献史料整理研究学术研讨会论文》，台湾文献委员会，2000年6月。

② 台湾总督府殖产局特产课：《台湾糖业概观》，台北：1927年，第27—29页。总督府殖产局认为：施行《制糖场取缔规则》，可“避免制糖业再度被压低糖价，使农民改种收益性较高的米等其他作物。最后达到制糖业者与蔗农间利害的紧密关系，亦即达到共创共荣的实质目的，使台湾制糖业能展现前所未有的远景(平山勋：《台湾糖业论》，台北：台湾通信社，1935年，第126—128页)。

③ 吴季晏：《日据前期台湾砂糖出口市场的转变(1895—1915)》，台南：成功大学历史语言研究所硕士论文，1994年7月，第25页。

④ 台湾总督府临时台湾糖务局：《台湾糖业一斑》，台北：1908年，第53页。

控制殖民地耕作者的作物买卖自由与处分自由，虽不像爪哇之强制耕作，却也以迂回的方式控制蔗农之自主权，干涉台湾制糖业的自然发展，充分展现其殖民色彩"①。此措施将全台蔗作区加以划分或指定原料采取区域，并规定"未经许可，不得运至区域以外，或者作为砂糖以外商品的制造原料"。如此一来，蔗农就有法律义务将其种植的甘蔗卖给台湾总督府指定的日资制糖会社。此制度乃是一种对日本糖业资本家购买制糖原料的保护措施，通过国家权力的保护，资本家同时拥有生产和原料购买的双重垄断②。因此被认为有垄断市场供应、压制蔗农之嫌③。

虽然总督府为日本资本进入台湾糖业开设了一系列优厚的政策保护环境，但由于当时的日本尚处于资本主义初级发展阶段，国内业界只有纺织业进入现代化，其他行业大多处于产业发展的初始阶段，日本国内的私营资本尚不具备海外投资的实力；同时，投资台湾糖业的利润也很难确定，日本资本不感兴趣，台湾总督府也无法保证提供年息，难以出现台湾总督府所期待的日资投资台湾糖业的热潮。在此背景下，台湾总督府只好改变既定的糖业发展策略，重新调整其糖业奖励政策，决定在日本资本进入台湾糖业之前，先行扶持岛内当地土著资本来推进台湾的糖业，实施补贴等多种形式，鼓励土著资本将旧式传统糖廍改造为使用新式机器的改良糖廍，为日本糖业资本进入铺垫"通道"，这就是日据前期改良糖廍得以大量出现的社会大背景。

无可否认，在日据时期台湾糖业发展初期，土著资本为主的改良糖廍起过重大作用。改良糖廍来自于旧式传统糖廍。根据总督府临时旧惯调查会在1901—1902年进行的调查，当时台湾仍有旧式传统糖廍1 117个④。这个数字

---

① 吴季晏：《日据前期台湾砂糖出口市场的转变(1895—1915)》，台南：成功大学历史语言研究所硕士论文，1994年7月，第26页。

② 原料采取区域的设定，由总督府糖政机关所决定。不过初期的设定似乎只以制糖厂周围既有甘蔗种植园的面积为主要基准，至于土地的肥沃程度、交通运输的便利、未来可开垦土地的面积等影响制糖企业后续发展的条件，则未必有充分的考量(《原料采取区域の制度に就て》(下)，《台湾日日新报》1909年4月16日)。因此造成各个制糖企业的生产条件，在原料方面有其各自优劣的情形。例如原料采取区域的交通运输较便利的台湾制糖及新兴制糖，砂糖每俵的运费就比相对不便的大日本制糖、林本源制糖或新高制糖便宜15钱。又如阿缑厅、番薯寮厅及台南厅内的曾文溪沿岸土质肥沃、劳动力充沛，然而斗六厅纵贯铁路西侧地带则几乎不可能种植甘蔗(《原料采取区域の制度に就て》(下)，《台湾日日新报》1909年4月14日)。尤其是对今后可能开垦土地面积的考量不足，随着制糖能力的增长，制糖厂之间便有因扩充自家采取区域的面积而发生冲突的可能(黄绍恒：《试论原料采取区域制》，《第三届台湾总督府公文类纂学术研讨会论文》，台湾省文献委员会，2001年12月)。

③ 颜义芳：《砂糖消费税对日本治台之影响》，《台湾文献史料整理研究学术研讨会论文》，台湾文献委员会，2000年6月。

④ 周宪文：《台湾经济史》，台北：开明书店，1980年印行，第553页。

与晚清台湾的情况差不多。这1 000个左右传统糖廍每年大约生产80万担左右的红糖①。就数量而言，台湾的旧式糖廍约有上千家，但制糖技术却十分落后。如序章所述，早在1870年，就有洋商引进了生产力较高的铁磨，但未被台湾旧式糖廍所普遍采用，其生产力亦低下。在总督府的糖业鼓励政策下，改良糖廍发展迅速，改良糖廍的设立首见1904年凤山县之振祥制糖厂，此后，壁记制糖所、黄发制糖所、林本源制糖所等改良糖廍陆续成立②。1905年全岛的改良糖廍为54个；1910年增为66个。在66个改良糖廍中，土著资本投资的为30余个，日本资本与土著资本的比例约为一比一③。1905年改良糖廍和传统糖廍产量为750万斤，超过日资制糖企业的新式糖厂。

改良糖廍顾名思义就是维持旧式传统糖廍的作业形式和规模，但以新式压榨机器代替旧有压榨甘蔗的石碾，并将动力由牛改为石油发动机或蒸汽机，但规模都很小，成为半新不旧的新式改良糖廍④。在日本资本尚未大规模进入台湾之前，由于改良糖廍的生产技术与质量产量均优于旧式糖廍，主要由土著资本经营的改良糖廍就成为台湾制糖业争相设立的主要生产模式。由于当时日本资本鲜有进入，改良糖廍的发展也得到总督府一定程度的财政支持⑤。总督府曾经打算在糖业奖励政策下，借用总督府所指定的压榨机设立改良糖廍，所需费用约在15 000元到3万元之间；而一个制糖期所得之利益，约相当资本金额的51.8%⑥。在台湾总督府糖业政策"奖励"下，1905年开始，台湾土著资本开办了许多改良糖廍。如在1905年1月，台南糖商陈晋臣、王庆歧及斗六林本等人，借用总督府临时糖务局的压榨机械，设立改良糖廍⑦。据1912年台湾总督府拓殖局编印的《台湾糖业政策》一书中的数据显示，台湾在1905年开始出现改良糖廍的记载，当时全台湾只有4个改良糖廍，"改良糖廍仗着生产技术品质及产量优于旧式糖廍，而成为当时台湾资本家们争相设立的生产模式"。在随后短短的三年中，改良糖廍增加到61个，虽受日俄战争的影响有所消沉，但在1911年

---

① 根据总督府临时旧惯调查会的统计显示：1889年台湾糖产量为741 170担；1890年940 130担；1891年740 980担；1892年781 430担；1893年663 870担；1894年956 240担；1895年920 870担；1896年828 940担；1897年779 940担；1898年848 120担；1899年719 790担（台湾总督府临时旧惯调查会第二部：《调查经济统计资料报告书》上卷，1905年）。

② 杉野嘉助：《台湾商工十年史》，台北：台北印刷株式会社，1920年，第163页。

③ 木村增太郎：《日本の糖业》，台北：台湾日日新报社，1911年版，第180—185页。

④ 杨彦骐：《台湾百年糖纪》，台北：猫头鹰出版社，2001年版，第37页。

⑤ 陈小冲指出："事实上，糖业奖励的对象并没有资本所属系统的区分，总督府政策执行伊始只是想尽速振兴台湾糖业，而对土著资本的压抑是在糖业复兴并有所发展之后的事情，故有必要分清糖业政策在发展的不同阶段所具有的不同内涵（陈小冲：《日本殖民统治台湾五十年史》，北京：社科文献出版社，2005年版，第75页）。

⑥ 《改良糖廍》，《台湾日日新报》1905年7月25日。

⑦ 《机械制糖》，《台湾日日新报》1905年1月17日。

迎来台湾糖业的第一次黄金期,达到75个、产量为6 790余万公斤的规模[①]。虽然改良糖廍在数量及产量上,不足以威胁到日本资本的新式制糖工厂,但对原有的旧式糖廍带来重大的打击。根据吴聪贤《农业史》的记载:至1902年有旧式糖廍147个,至1 911年只剩下7个[②]。至此,岛内的旧式传统糖廍几近绝迹。

可见,在日本资本尚未大规模进入岛内糖业之前提下,至1910年代初期,总督府对改良糖廍采取了宽容的态度。"这些使用进口小型压榨机、低成本经营的小型改良糖廍,由于在交易和制造上长久以来与蔗农合作密切,而得以压低甘蔗收购成本"。相对于高度依赖总督府补贴的日资新式制糖厂,"本地改良糖廍仅需小量的财政资助即足以迅速达成产量的提升",符合总督府利用最少的财政成本创造最大的税收(砂糖消费税)的期望[③]。在总督府的奖励与扶持下,改良糖廍与装设先进机器设备、使用现代科技的大型新式制糖厂齐头并进,取代了旧式的传统糖廍。由于日据初期来自日本的资本不多,改良糖廍几乎全由本地人经营,甚至新式制糖厂也大部分由本地人出资[④]。7家新式制糖厂仅有两家属于日资[⑤]。旧式传统糖廍的数目在1904年至1906年达到高峰后随即衰退,改良糖廍与新式糖厂的成长则突飞猛进。1904年改良糖廍仅有4家,至巅峰时期的1910年已增为74家。台湾学者柯志明对此指出,台湾农业加工业的发展以及农、工业的分化可说是"发轫于本地资本而非日本资本"[⑥]。

在总督府颁布《制糖场取缔规则》之后,其大力推广之玫瑰蔗种适合水田种植,使得甘蔗种植区域得以渐向中、北部的水田区发展[⑦]。1909年甘蔗种植业越过浊水溪,向中北部进展,1913年更东向发展。新式糖厂之甘蔗收获面积由

---

① 杨彦骐:《台湾百年糖纪》,台北:猫头鹰出版社,2001年版,第37页。

② 吴聪贤:《农业史》,台北:黎明文化事业出版股份有限公司,1992年版,第186页。杨彦骐的《台湾百年糖纪》则有不同记载:在改良糖廍和新式制糖工厂的夹击下,旧式糖廍整整萎缩了50%以上。到1911年后,旧式糖廍还一度仅剩下不到200家。换句话说,有近1 000家的旧式糖廍在这段期间倒闭。对台湾总督府来讲,由于改良糖廍的兴起,也舒缓了《糖业奖励规则》颁布后新式制糖工厂数量不足、产量不够的窘境(杨彦骐:《台湾百年糖纪》,台北:猫头鹰出版社,2001年版,第37页)。

③ 森久男:《台湾总督府の糖业保护政策の展开》,《台湾近现代史研究》第1期,东京:台湾近现代史研究会,1978年4月;山根幸夫:《台湾糖业政策と新渡户稻造》,东京:东京女子大学新渡户稻造研究会编,1969年,第272页、第284页。

④ 黑谷了太郎:《台湾制糖业界の企业主体の变迁》,《台湾时报》,1935年1月号,1935年a,第15—20页;信夫清三郎:《近代日本产业史序说》,东京:日本评论社,1942年版,第343—348页。

⑤ 黑谷了太郎:《台湾制糖业界の企业主体の变迁》,《台湾时报》,1935年1月号,第17页;森久男:《台湾总督府の糖业保护政策の展开》,《台湾近现代史研究》第1期,东京:台湾近现代史研究会,1978年4月。

⑥ 柯志明:《米糖相剋——日本殖民主义下台湾的发展与从属》,台北:群学出版有限公司,2003年版,第71页。

⑦ 川野重任:《台湾米谷经济论》,东京:有斐阁,1941年版,第82页。

1910年之61 602甲，发展至1915年的99 541甲，增加37 939甲，其原料采取区域已扩增至全岛的甘蔗适合作地；而改良糖廍的甘蔗收获面积则由1910年之15 711甲，至1915年下降为6 963甲；旧式传统糖廍之甘蔗收获面积由1910年的12 962甲，至1915年下降为7 629甲①。虽然糖业发展很快，推动耕蔗面积扩增至全岛，但由于总督府强力推行“原料采取区域制度”，使得改良糖廍与旧式糖廍无法“在原料面积的掌握上”与日资新式制糖工厂竞争。在日本资本进入台湾之后，尤其在日本资本大举侵占台湾糖业市场的过程中，拥有新式制糖技术与设备的日资制糖企业数及生产量迅速超过台湾土著资本之旧式传统糖廍和改良糖廍。台湾总督府的产业政策则随即转向扶持日本糖业资本、推动其兼并台湾土著资本。由此，受到总督府与日本糖业资本的双面围击，改良糖廍和旧式传统糖廍的发展逐渐陷入颓势，台湾土著资本的糖业企业日趋衰败。土著资本的改良糖廍多为日资制糖企业所兼并，如帝国制糖株式会社收购林烈堂之台中制糖会社（属于120吨的改良糖廍）、林瑞腾的协和制糖厂（属于100吨的改良糖廍）；东洋制糖株式会社收购赖尚文之盐馆（属于40吨的改良糖廍）②。至1909年，日资制糖企业迅增至15家，1910年为21家（参考表二十一），其生产总量也达到1 880万斤，占当时台湾砂糖产量的2/3。之后，又很快占到台湾总产量的98%。

表二十一　日据前期旧式糖廍、改良糖廍及新式糖厂的盛衰

年　度	旧式糖廍	改良糖廍	新式糖厂
1897年	1 334	——	——
1901年	1 117	——	1
1905年	1 110	57	8
1910年	499	74	21
1915年	217	32	35
1920年	171	22	42
1926年	115	9	45

资料来源：台湾总督府殖产局：《台湾糖业统计》，台北：1927年，第43页。

由上表可知道，至1926年为止，台湾当地资本的旧式糖廍数量减至115家，改良糖廍为9家，而日资新式糖厂则增至45家。普遍认为，1902年总督府《台湾糖业奖励规则》的颁布实施，使台湾制糖业在台湾总督府专制统治下获得

① 日本大藏省管理局：《日本人の海外活动に関する历史的调查》（通卷第15册，台湾篇，第四分册），第五部，台湾の经济（其の二），第148—149页。

② 台湾总督府殖产局特产课：《台湾糖业概观》，台北：1927年，第195、206页。

较大之发展,成为台湾在日据时期最重要的支柱产业。由此可见,当年新渡户稻造"改良糖廍只不过是走向大工业化的一个途径"的糖业设计目的,在台湾总督府其他配套的殖民地糖业经济政策配合下,基本得以落实。在总督府的扶植下,日资制糖企业随后又将投资伸向其他产业领域,推行多角化经营,经济势力大为扩张,其"作为日本垄断资本的一翼,完全控制了台湾经济"①。诚如总督府《临时旧惯调查会》所记载:台湾"制糖业逐渐脱离本岛人之手,甚至小规模制糖会社或机器厂(改良糖廍),也有不少已由内地人(日本人)经营"②。

如此,在1910年前日本资本尚未大量进入台湾糖业时,改良糖廍的生产力及数量一直凌驾于新式制糖工厂之上。但在1911年后,在台湾总督府扶助日本资本的经济政策作用下,日本资本大量涌入台湾,使土著资本之改良糖廍面临空前的挑战与威胁。另外,1911年和1912年,台湾连续发生两次历史上罕见的暴风雨灾害,对台湾制糖业予以毁灭性的打击。在总督府与日本资本以及自然灾害的双重打击下,到1915年,改良糖廍锐减到仅为32家,不及原来的一半。1920年至1923年减少至22家;1927年至1944年,更是急速减少,由9家减至5家。以生产力而言,1905年改良糖廍的生产力尚为新式制糖工厂的1.4倍,至1910年新式制糖工厂生产力便为改良糖廍之4.7倍,1915年为改良糖廍之17倍。1914年新式制糖工厂之生产力已达总生产额的90.1%,而改良糖廍的生产力为5.3%,旧式糖廍则为4.6%③。台湾改良糖廍经过此次"跌宕",从此一蹶不振。台湾制糖业的主角也逐渐转为拥有新式制糖大工厂的日本资本。日本资本垄断台湾糖业的过程可参考表二十二。

表二十二　日据时期台湾糖业新旧经营形态交替过程

项　目 年　期	新式糖厂产糖额			改良糖廍产糖额			旧式糖廍产糖额		
	工场	实　数	%	工场	实　数	%	工场	实　数	%
		千公斤			千公斤			千公斤	
1901—02	1	1 156	2.07	—	—	—	1 117	55 637	97.93
1907—08	9	17 966	27.66	60	13 467	19.70	847	36 876	53.95
1912—13	26	65 654	88.16	32	4 541	5.98	191	4 271	5.74
1917—18	39	311 129	86.79	33	16 332	4.56	311	30 998	8.65
1922—23	44	363 412	98.10	11	2 353	0.70	101	4 433	1.20

① 涂照彦:《日本帝国主义下の台湾》,东京:东京大学出版会,1975年版,第68页。
② 同上,第395页。
③ 吴季晏:《日据前期台湾砂糖出口市场的转变(1895—1915》,台南:成功大学历史语言研究所硕士论文,1994年7月,第34—35页。

续表

项目 年期	新式糖厂产糖额			改良糖廍产糖额			旧式糖廍产糖额		
	工场	实数	%	工场	实数	%	工场	实数	%
		千公斤			千公斤			千公斤	
1927—28	45	595 480	98.56	9	4 046	0.67	105	4 694	0.77
1932—33	45	642 540	97.89	8	6 740	1.03	79	7 097	1.08
1936—37	48	1 028 594	98.02	7	10 857	1.04	70	9 873	0.94
1943—44	45	880 266	98.65	5	4 945	0.55	35	7 078	0.77

资料来源：曾汪洋：《日据时代台湾糖价之研究》，转引自周宪文：《台湾经济史》，台北：开明书店，1980年印行，第553页。

由上表可知：1. 自1901年至1943年，新式糖厂由1家增至45家，而旧式糖廍则由1 117家减少为35家；2. 在同一时期，新式糖厂的产糖量由1 156 000公斤增至880 266 000公斤；而旧式糖廍的产糖量由55 637 000公斤减少为7 078 000公斤；3. 在1901年，新式糖厂与旧式糖廍的产额比例为2.07∶97.93，但至1943年，两者的比例竟一变为98.65∶0.77；4. 在同一时期，改良糖廍虽曾一度勃兴（1912年为一转折点），而终遭淘汰；5. 改良糖廍作为“中间产物”，毕竟只有“过渡性质”①。至1945年8月台湾光复前夕，岛内仅剩由土著资本经营的5家改良糖廍及35家旧式传统糖廍。

三　日据前期台湾糖业的延伸发展——日资糖业企业的进入

早在1895年，侵台日军第二师团中的一名伍长关善次郎，在获取总督府的许可后，以其个人名义在台南大东门外设立旧式糖廍26所，糖间（旧式白糖制造工厂）一所，他是日据初期最早介入台湾制糖业的日本人。后因抗日义军的袭击，制糖技师被杀及砂糖受到大阪商人压价，损失达48 000元而告倒闭②。随后，在新渡户稻造《台湾糖业改良意见书》（1901年9月）与台湾总督府《台湾糖业奖励规则》（1902年6月14日）颁布之前，在总督府优厚待遇的“扶持”下，三井财阀系列之台湾制糖株式会社于1900年在高雄成立了岛内第一家大规模

① 参见周宪文：《台湾经济史》，台北：开明书店，1980年印行，第554页。台湾学者周宪文提出“1912年为一转折点”的论点，笔者则以为，按照表二十二的统计，应是在1917至1918年，而非1912年。

② 杉野嘉助：《台湾糖业年鉴》，台北：台湾通信社，1928年版，第3页。关善次郎在台湾投资设厂制造砂糖，仅利用台湾原有的制糖设备，聘请台湾制糖技师加工制糖，并未替台湾引进任何具有工业化的设备，而且缺乏总督府对糖业投资者实际之奖励保护，以致无法延续生产上的投资，终告结束（吴季晏：《日据前期台湾砂糖出口市场的转变（1895—1915》，台南：成功大学历史语言研究所硕士论文，1994年7月，第33页）。

的新式制糖厂,这也是1906年以前岛内唯一的一家外资新式制糖厂[①],总督府将其视作"日资来台投资的象征以及新式生产科技的示范"[②]。此为日本糖业资本进入台湾的先声。

但在日据最初阶段,日本资本在台湾制糖业的发展并不顺利。在海峡两岸学界有关日本糖业资本进入并垄断台湾糖业的史实论述中,大都认为在1902年台湾总督府颁布《糖业奖励规则》之后,台湾总督府确立了较为齐备的糖业奖励政策;随后,日本资本相继进入台湾设立新式制糖工厂,本岛原有的改良糖廍和旧式传统糖廍陆续为日本企业兼并淘汰,实际上这类观点过于将复杂的历史过程简单化。其实,即使在《台湾糖业奖励规则》颁布后,台湾制糖业的发展也并非如此简单,台湾总督府糖业奖励政策也经历了不断的反复与调整。如在《台湾糖业奖励规则》颁布至1905年,日本资本除了三井财阀的台湾制糖株式会社外,仅有远在台湾东部的贺田组制糖会社而已[③]。之后,面对日本资本一时难以大量进入的困境,台湾总督府遂开始对其糖业奖励政策进行一定的调整。1902年至1906年间,台湾总督府侧重对岛内制糖工业的奖励与补助,奖励补助金额达903 082元,甘蔗农业的补助金仅105 950元[④]。

为鼓励日本资本进入台湾糖业投资,1901年起台湾总督府开始出台一连串的奖励保护措施,首先设置总督府殖产局台南出张所,任命藤根吉春为所长,从事甘蔗耕作及砂糖制造之改良与奖励及糖业者的业务监督;分别于台南及盐水港麻豆堡崁仔设立实验苗圃并派遣今井谦次至爪哇购置蔗苗。1902年成立大目降甘蔗试作场,培植爪哇玫瑰蔗种,实行一般配给,企图以改造甘蔗品种来提升单位面积收获量[⑤]。1902年6月颁布《台湾糖业奖励规则》,以推进糖业之发展。在此项法令中,总督府特别重视原料的增加度与制糖工厂之奖励,其具体规定如下:

---

① 台湾制糖株式会社:《台湾制糖株式会社事业沿革の概要》,东京:1921年,第35—41页。

② 森久男:《台湾总督府の糖业保护政策の展开》,《台湾近现代史研究》第1期,东京:龙溪书舍,1978年4月。

③ 杨彦骐:《台湾百年糖纪》,台北:猫头鹰出版社,2001年版,第43页。

④ 1906年日俄战争之后,日本经济逐渐兴盛,进入台湾的资本转趋积极,投资明显增多,因此总督府将补助金转至农业种蔗部门,1906年后对甘蔗农业的补助远超过制糖工业,由此可知总督府的奖励补助是以鼓励日本资本至台投资糖业及保护其发展为目的。(吴季晏:《日据前期台湾砂糖出口市场的转变(1895—1915)》,台南:成功大学历史语言研究所硕士论文,1994年7月,第24页)1907年,总督府对制糖工业的补助金为102 166元,而甘蔗农业方面即高达6 920 633元(黑谷了太郎:《台湾制糖业界の企业主体の变迁》,《台湾时报》,1935年1月号,第21—22页)。

⑤ 吴季晏:《日据前期台湾砂糖出口市场的转变(1895—1915)》,台南:成功大学历史语言研究所硕士论文,1994年7月,第20页。

1. 从事种蔗或制糖业者，于总督府认为适当时，对于甘蔗苗费或肥料费，制糖机器具费发给奖励金或实物奖助；2. 对于消费一定数量原料的制糖业者，给予补助金；3. 对于因耕作甘蔗而开垦官有地者无偿借给之，全部垦成后且无偿赠与之；4. 对于因耕甘蔗而实施灌溉或派水工程者无偿借与官有地①。

就第三项与第四项而言，台湾总督府以1898年颁布之《台湾地籍规则》及《土地调查规则》所实施土地调查，整理隐田，“所得之官有田，于农民免租佃与无偿借于的厚利，企图藉此提高农民栽培甘蔗的兴趣。以土地调查得来之官有地奖励种植当前对其有深利的农作物，便于达成本身政治目标之心显著无隐”②。在总督府上述两项奖励措施的推动下，台湾种蔗面积由1902年的16 000甲，至1915年已突破11万甲，14年间甘蔗垦植面积增加七倍，占总耕地面积的百分比由3.66％上升至15.86％(参考表二十三)。在台湾总督府糖业政策之推动下，岛内蔗作范围由浊水溪以南逐渐北移。至1910年蔗作已扩增至全岛甘蔗适作区。而第一项及第四项所提及之奖励金与补助金，主要来自台湾总督府的直接奖励。

表二十三　蔗作面积占总耕地面积百分比(1902—1915)

(单位:甲)

年　度	蔗作面积	总耕地面积	百分比(％)
1902	16 576	451 032	3.66
1906	30 391	652 298	4.65
1910	89 445	695 005	12.87
1915	114 451	721 791	15.86

资料来源:台湾总督府殖产局:《台湾糖业概要》，台北:1927年，第26—27页。

在《台湾糖业奖励规则》颁布之同时，在台北设置直属于民政长官的临时台湾糖务局，以“管理甘蔗耕作，砂糖制造之改良与有关之奖励事务”。临时糖务局以新渡户稻造为首任局长，并拟定十年计划，计划五年改善甘蔗农业，十年改善制糖事业。另外于台南设支局，嘉义、盐水港、凤山、阿缑等地设支局出张所，同年并废除殖产局台南出张所。1907年将总局移至台南，以近原料区，管理较便，并废各出张所，并于台北设置分处，便利与台湾总督府联络。1908年由于南北纵贯铁路畅通，且糖业渐渐北移发展，故总局又迁回台北，1910年临时台湾糖

① 台湾总督府殖产局:《台湾糖业概要》，台南:1927年，第9页。

② 吴季晏:《日据前期台湾砂糖出口市场的转变(1895—1915)》，台北:成功大学历史语言研究所硕士论文，1994年7月，第28页。

务局更名为为台湾糖务局[①]。

如上所述，由于日本资本的一时暂缓进入，台湾总督府糖业奖励政策的重心开始转而扶持土著资本发展改良糖廍，以其为总督府米糖经济产业政策的先导。随着台湾糖业的渐次发展，其利润价值日益提升，遂成为总督府财政收入和补助日资糖业资本的重要来源。其实，总督府暂且扶持土著资本发展改良糖廍的另一个重要目的，就是为日本糖业资本的进入而做“前期铺垫”。可以说，日据初期台湾土著糖业资本的经营活动为后来日本资本的来台做了“不可或缺的资本积累和基础准备”。1902 年 8 月，在台南出现了《台湾糖业奖励规则》实施以来的第一家台湾土著制糖企业——维新制糖会社[②]。随后还有若干家土著资本的制糖企业出现，如 1903 年 4 月台南厅参事苏振芳、糖商王雪农等人集资 10 万元，引进由总督府临时糖务局经手输入的美制压榨机械设立制糖工厂[③]。还有，阿缑厅糖商苏云梯筹资 20—30 万元[④]，台南厅的吴子周与苏有志各投入 10 万元分别设立制糖工厂[⑤]。至少在日俄战争结束之前，台湾糖业振兴的主角并非是成立于 1900 年的台湾制糖株式会社，而是分布在台湾中南部传统糖业地区的“改良糖廍”[⑥]。这些改良糖廍均在总督府糖业政策扶持下，积极采用新式制糖机械，以期提高砂糖生产效率(参考表二十四)。

---

① 吴季晏：《日据前期台湾砂糖出口市场的转变(1895—1915)》，台南：成功大学历史语言研究所硕士论文，1994 年 7 月，第 21 页。

② 《制糖会社设立の出愿に就て》，《台湾日日新报》1902 年 8 月 10 日。《维新制糖会社の预定计划》，《台湾日日新报》1902 年 12 月 10 日。根据黄绍恒的研究，维新制糖会社的成立与台南三郊的复兴有关(参见黄绍恒：《从对糖业之投资看日俄战争前后台湾人资本的动向》，载《台湾社会研究季刊》，1996 年 7 月，第 23 期)。

③ 《十万元の制糖会社》，《台湾日日新报》1903 年 4 月 21 日。

④ 《南部制糖状况》，《台湾日日新报》1903 年 4 月 15 日。同年 6 月阿缑厅李仲义，打狗糖商陈文远、德记洋行买办卢润堂等人加入苏云梯创立之制糖计划，预定引进一日压榨 70 吨原料甘蔗之机械(《阿缑通信の新制糖会社设立の计划》，《台湾日日新报》1903 年 6 月 25 日)。

⑤ 《新制糖会社设立の希望》，《台湾日日新报》1903 年 4 月 25 日。打狗糖商陈中和以 24 万元创立新兴制糖合股会社，并获得总督府 14 400 元的补助金(创立资金的 6%)。台湾总督府在给予补助金之同时，亦下达命令书，对新兴制糖合股会社的经营提出要求(有关总督府命令书详情，可参见《新兴制糖合股会社补助金下付》，《台湾日日新报》1903 年 6 月 12 日)。

⑥ 黄绍恒：《明治后期日本制糖业的“双重构造”》，台北：台湾“中央图书馆”台湾分馆馆刊，第 2 卷第 1 期。

表二十四　日据初期成立的新式制糖厂(1902—1904)

会社名	成立时间	成立地点	设立基本金	资本系统
台湾制糖	1900 年 12 月	屏　东	1 000 000	日本内地资本
维新制糖	1902 年 7 月	盐水港	200 000	台湾土著资本
新兴制糖	1903 年 4 月	凤　山	240 000	台湾土著资本
贺田组制糖	1903 年 5 月	花莲港	——	日本内地资本
南昌制糖	1903 年 7 月	屏　东	600 000	台湾土著资本
麻豆制糖	1903 年 10 月	盐水港	500 000	台湾土著资本
盐水港制糖	1903 年 11 月	盐水港	300 000	台湾土著资本
台南制糖	1904 年 5 月	台　南	350 000	台湾土著资本

资料来源:黑谷了太郎:《台湾制糖业界の企业主体の变迁》,《台湾时报》1935 年 1 月号,第 21—22 页。

如表所示,1902 年至 1904 年,台湾岛内除了三井财阀系列之台湾制糖株式会社及贺田组制糖株式会社外,其余尽为土著资本开设之新式制糖厂,这是因为日本国内经济实力尚达不到向海外输出资本的实际情况。当时由于英国资本被渐次逐出岛内砂糖贸易领域,英国糖业资本则由砂糖贸易转向制糖业,先后开设两家新式制糖厂(参考表二十五),欲图继续在台湾糖业界占据一席之地。

表二十五　英国资本投资之新式制糖厂

会社名称	会社地点	成立时间	成立资金(万元)	设备能力(吨)	资本形态
怡记商会制糖厂	三崁店	1906 年 11 月	20	300	英国资本
P. S. D 会社	三崁店	1909 年 1 月	80	850	英国资本

资料来源:黑谷了太郎:《台湾制糖业界の企业主体の变迁》,《台湾时报》1935 年 1 月号,第 21—23 页。

但至 1905 年日俄战争结束后,日本资本主义经济迅速发展,资本不断集中。日俄战争结束的次年,日本国内资金充裕,金融利率下降,大量剩余资金急于寻求出路。在这种背景下,台湾的制糖业成了日本资本输出的一个重要领域。日本资本大量来台之后,岛内土著资本的改良糖廍和小型糖坊等很快就遭到灭顶之灾,在台湾总督府的扶持下,日本资本在台湾投资建立了许多制糖企业,总督府转而帮助日本资本兼并台湾土著资本的改良糖廍。1905 年 6 月,总督府以府令第三十八号规定,禁止在原料采取区域内自由设立旧式糖廍。接着在 1906 年 6 月,总督府又宣布新年度的糖业奖励方针,表明改良糖廍今后只能设在制糖原料采取困难的地区,机械制糖的设立优先于改良糖廍[①]。其结果是日资糖业资本为主的机械制糖会社获得在原料采取区域内的原料“独买权”[②]。值得注意的是,虽然台湾总督府制定糖业奖励政策,以促进日本资本进入台湾糖业,“但其对台湾制糖业之补助对象仅限于一天十二小时能消费45吨以上原料机械之制造砂糖者。排除了一天只消费24吨的旧式糖廍补助。此种彻底保护资本家,罔顾在旧式糖廍中仍可分配利润的蔗农利益,终使旧式糖廍慢慢没落,而新式制糖厂在台湾总督府的特别保护下日益兴盛”[③]。

随着日资制糖企业实力之渐增,不仅独占岛内甘蔗原料之购买权,还同时对台湾土著资本的糖业企业施行“蚕食”。一部台湾近代糖业发展史告诉世人,日据初期,台湾的糖业就全为日本资本所控制与垄断,具体地讲是在总督府的“威权高压”下,以强权手段从台湾土著资本手里“夺取”过来的。台湾糖业为日本资本独占之后,台湾蔗农愈加受到台湾总督府与日本糖业资本的双重压榨。由台湾总督府对台湾糖业的旧惯调查可知,台湾的蔗农“纵使受到商业资本或高利贷资本的预支金所控制,或是由于租佃关系受制于地主,然而原则上应说是小商品生产者。之所以种植甘蔗全然基于自身农家经营的立场,其与商业资本、高利贷资本乃至地主,全然为债务与债权或土地租赁的关系,而与加勒比海地区或爪哇地区所见到的热带栽培形态经营有发展层次上的不同。农民的这种经营状况,即使进入了原料采取区域制度,虽然制糖厂在原料甘蔗的收购上,往往可见到借用地方警官的威权”[④]。

1905年至1914年,继三井及贺田组至台设立新式制糖企业之后,陆续又有明治制糖株式会社、大东制糖株式会社、大日本制糖株式会社、东洋制糖株式会社、高砂制糖株式会社、苗栗制糖株式会社、北港制糖株式会社、新高制糖株式会社、台北制糖株式会社、帝国制糖株式会社、中央制糖株式会社、台东制糖株式会社、台南制糖株式会社等日资制糖企业的设立。这些制糖株式会社大都属

---

① 《糖业奖励の方针》,《台湾日日新报》1906年6月3日。

② 台湾学者黄绍恒指出:在原料采取区域制度之下,构成农民种植甘蔗直接受益的收购价格,固然与米谷之类竞争作物的价格连动有所起伏,然而会社对甘蔗的“独买权”却也使得农民与砂糖价格的变动失去了联系。农民的蔗作虽因此相当程度地避免了国际砂糖交易风险的影响,但是以高关税及日本消费者的牺牲所支撑的高糖价,乃至欧战等原因所带来砂糖价格上涨之利益,却也未必能经由制糖会社充分反映到甘蔗的收购价格上(参见黄绍恒:《试论初期原料采取区域制》,《第三届台湾总督府公文类纂学术研讨会论文》,台湾省文献委员会,2001年12月)。

③ 吴季晏:《日据前期台湾砂糖出口市场的转变(1895—1915)》,台南:成功大学历史语言研究所硕士论文,1994年7月,第24页。

④ 丸田治太郎:《台湾制糖株式会社创业当时の追忆》,东京:台湾制糖株式会社,1940年10月。

于三井、三菱、大仓、铃木、安部、增田、大阪资本系列[①]。由表二十六可知，自1907年至1920年间，来自日本内地的大制糖资本——台湾制糖株式会社、明治制糖株式会社等先后兼并8家台湾土著资本的制糖企业、3家英国资本的制糖企业，即使是生产条件并不良好的台北制糖、台东拓殖、苗栗制糖等在台日资制糖企业也悉数被“吞噬”，这些兼并之背后即为台湾总督府糖业奖励方针的推动。

表二十六 日据前期台湾制糖业兼并运动(1907—1920)

兼并会社	被兼并会社	资本系统	被兼并年月
(一) 台湾制糖(株)*	① 大东制糖(株)	日本内地资本	1907年5月
	a) 南昌制糖(株)	台湾土著资本	1907年4月
	② 王希壁制糖场	台湾土著资本	1909年6月
	③ 台南制糖(株)	台湾土著资本	1909年10月
	④ 怡记制糖(株)	英国资本	1912年1月
	a) F. S. D(株)	英国资本	1911年8月
	b) 培易商会制糖	英国资本	1911年8月
	⑤ 埔里社制糖(株)	在台日本资本	1913年8月
	a) 埔里社制糖(合)**	在台日本资本	1911年6月
	⑥ 台北制糖(株)	在台日本资本	1916年8月
	⑦ 加禄堂制糖(株)	不明	1917年5月
(二) 明治制糖(株)	① 麻豆制糖(合)	台湾土著资本	1907年8月
	② 维新制糖(合)	台湾土著资本	1911年7月
	③ 中央制糖(株)	在台日本资本	1913年6月
	④ 大和制糖(株)	台湾土著资本	1920年11月
	a) 辜显荣制糖	台湾土著资本	1919年12月
(三) 盐水港制糖(株)	① (旧)盐水港制糖(合)	台湾土著资本	1907年3月
	② 高砂制糖(合)	在台日本资本	1910年11月
	③ 台东拓殖(株)	在台日本资本	1914年6月
	a) 贺田组制糖	在台日本资本	1911年4月
	b) 台东拓殖(合)	在台日本资本	1912年12月
(四) 东洋制糖(株)	① 斗六制糖(株)	在台日本资本	1914年8月
	② 北港制糖(株)	在台日本资本	1915年3月

① 明治制糖属于三菱财阀系列；大东制糖属于三井财阀系列，为三井在屏东之分支会社；东洋制糖属于铃木财阀系列；新高制糖属于大仓财阀系列；帝国制糖属于大阪财阀系列；中央制糖属于增田财阀系列；台东制糖株式会社、台南制糖则属于安部、铃木财阀系列(桥本白水：《评论台湾之事业》，台北：台湾出版社，1920年版，第140—160页)。

续表

兼并会社	被兼并会社	资本系统	被兼并年月
(五)帝国制糖(株)	① 南日本制糖(株)	在台日本资本	1916 年 8 月
	a) 苗栗制糖(株)	在台日本资本	1912 年 3 月
(六) 台南制糖***(株)	① 永兴制糖(株)	在台日本资本	1913 年 3 月
	② (合)宜兰制糖所	在台日本资本	1916 年 8 月
	a) 宜兰拓殖(株)	在台日本资本	1915 年 8 月

资料来源：台湾总督府：《台湾糖业概观》，第 144—218 页；《台湾糖业统计》，1918 年，第 18—19 页；黑谷了太郎：《台湾制糖业界の企业主体の变迁》，《台湾时报》，1935 年 1 月号，第 33—34 页；阿部留太：《砂糖会社はどうなるか》，1933 年，第 226—228 页。

*1909 年 10 月，被台湾制糖株式会社所兼并的台南制糖株式会社是单独新设立之会社。

**(株)＝株式会社(股份公司)。

***(合)＝合股公司(两合公司)。

转引自涂照彦：《日本帝国主义下の台湾》，东京：东京大学出版会，1975 年版，第 293 页。

台湾总督府为日本资本来台投资大开方便之门，"不只积极提供安全有利的投资环境，还保障资本利润率"。总督府对日资糖业资本的资金补助力度是巨大的，从起初补助日资大规模新式制糖厂的设立，到补助灌溉系统以及垦地①。至 1921 年，总督府除了无偿提供 200 004 600 株蔗苗外，总计有 1 300 万元的补助直接交付制糖会社购买先进机器、弥补台湾糖和外国糖价格的差额(在 1911 年保护关税实施前)、降低甘蔗收购成本、购买肥料、建设灌溉系统以及培植高级的品种②。同时有 1 200 万元的总督府开支拨到与糖业有关的活动及机构③。总督府用在奖励糖业的支出总计约 2 500 万元，几乎相当于总督府 1905 年全年的财政支出④。如总督府对第一家日资糖业企业——台湾制糖株式会社进行了优厚的投资保障。就其所投资的资本提供五年期间 6%的利息补贴，还不计及其他拨给、借用之实物以及购买制糖机器的补助金⑤。台湾总督府不仅直接对日资糖业资本进行财政补贴等，还通过台湾银行对其进行金融支持。特别在 1905 年之后，殖民地基础工程的建设基本就绪，总督府又提供了有

① 台湾总督府：《台湾の糖业》，台北：1935 年，第 12—13 页。

② 台湾总督府殖产局特产课：《台湾糖业统计》，台北：1943 年，第 128—129 页；平山勋：《台湾糖业论》，台北：台湾通信社，1935 年，第 138—139 页。

③ 台湾总督府殖产局特产课：《糖业概观》，台北：1927 年，第 22 页；平山勋：《台湾糖业论》，台北：台湾通信社，1935 年，第 135 页。

④ 台湾省行政长官公署统计室：《台湾省五十一年来统计提要》，台北：1946 年，第 982 页。

⑤ 伊藤重郎：《台湾制糖株式会社史》，东京：1939 年，第 70—73 页；森久男：《台湾总督府の糖业保护政策の展开》，《台湾近现代史研究》第 1 期，东京：台湾近现代史研究会，1978 年 4 月。

利的投资条件，台湾银行遂大幅放宽对日资制糖会社的贷款条件，以资助新式糖厂的创设以及改善甘蔗原料的生产①。参考表二十七，可知台湾总督府对台湾糖业之补助及奖励范围。

表二十七　台湾总督府对糖业之补助项目及金额(1902—1915)

(单位：日元)

A：甘蔗农业方面

补助年度	肥　料	灌溉排水	种　苗	中间苗圃	开　垦	农　具	模范蔗园标本	甘蔗品评会	合　计
1902	16 513	5 566			642				22 721
1903	20 177	6 946			1 080				28 203
1904	2 216	1 500			4 480				8 196
1905	14 568				2 419				17 067
1906	26 604				1 240				27 844
1907	164 254	23 870	74 118		5 673				267 907
1908	406 040	11 157	31 376			215		5000	703788
1909	621 959		103 996						725 955
1910	482 823	4 318	159 048			5 506	1 435		1 667 695
1911	574 152	34 756	94 764			5 026	93		710 131
1912	5 655 303	14 000	132 886			4 239	229		716 521
1913	379 468	45 993	74 640			2 631	99		503 261
1914	329 119	79 989				124		300	4122 295
1915	276 840	89 853							37 279

① 台湾银行:《台湾银行二十年志》,东京:台湾银行,1919 年,第 287—298 页及第 276—278 页;名仓喜作:《台湾银行四十年志》,东京:台湾银行,1939 年,第 153 页。其实,1903 年至 1910 年间,台湾甘蔗大丰收,以致甘蔗过剩,又刺激改良糖廍的复兴,而且日资企业也纷纷设立。如 1909 年 2 月,明治制糖率先在采取区域内设置改良糖廍(《明治ノ赤糖制造》,《台湾日日新报》1909 年 2 月 13 日)。同时大日本制糖也重开曾因其设厂被迫关闭的改良糖廍,以借此维系农民的甘蔗栽培(《日糖工场の近况》,《台湾日日新报》1909 年 3 月 30 日)。根据 1910 年总督府对全岛改良糖廍进行调查的统计表明,明治制糖有两所改良糖廍、台湾制糖有四所改良糖廍(台湾总督府临时糖务局:《临时台湾糖务局第九年报》第 43 期,1912 年 3 月,第 448 页)。因为对于日本制糖企业而言,设置能够控制的改良糖廍,有时亦能对会社的收入带来助益(黄绍恒:《试论初期原料采取区域制》,《第三届台湾总督府公文类纂学术研讨会论文》,南投:台湾省文献委员会,2001 年 12 月)。

B:制糖工业方面

补助年度	制糖会社及制糖所	改良糖廍资金补助	制糖机械购入	原料消费	原料糖	冰糖制造	合　计
1902	59 600		22 706				82 306
1903	56 122		56 110				112 232
1904	54 400		77 230				131 630
1905	84 650		167 532				252 102
1906	56 400		182 411				238 811
1907	21 000		6 769				27 760
1908	36 000	83 009	18 134				137 143
1909		67 302	20 272				87 574
1910		52 618		1 51 983	481 057		1885 658
1911					2 630 877		2 630 877
1912							
1913							2 964
1914						2 694	3 286
1915						3 286	

资料来源:台湾总督府殖产局特产课:《台湾糖业统计》,台北:1933 年,第 122—123 页。

日本资本进入台湾糖业界之过程与日本国内经济的起伏密切关联。1905 年日俄战争后,日本出现短暂的投资热潮,日本经济界预测甲午战争后日本的经济将得到较大发展。从 1905 年 7 月日俄战争结束前夕到战争结束后的 1906 年 3 月这段期间里,各大公司的股票行情大幅度上涨,如三菱财阀的“日本邮船株式会社”的股票就从每股 94 日元上涨到 96.5 日元[①],但随即下跌。这是由于日本在日俄战争中军费开支庞大,虽取得战争胜利,但并未如愿索取到期盼的巨额战争赔款,国内经济一时疲软,投资趋于回落。直到 1906 年 7 月,日本政府(西园寺公望内阁)在山县有朋、伊藤博文等政界元老的大力支持下,与俄国签订了《第一次日俄条约》,暂时解除了日俄之间的敌对状态。接着,1907 年日本又与法国签订《日法条约》,向法国借款 3 亿法郎。日本国内经济才开始缓慢提升。更重要的是,经过日俄战争,日本实际上夺取了整个朝鲜半岛的军事、经济权益,至此,台湾与朝鲜两大海外殖民地的攫取,标志着日本军国主义扩张政策获得重大成功,台湾与朝鲜同时成为向日本提供农产品及工业原料的重要基地,这便是日俄战争后日本资本主义经济得以快速发展并影响日本资本进入台

① 辑西光速:《日本资本主义の发展Ⅲ》,东京:东京大学出版会,1971 年版,第 172 页。

湾米糖产业的重要前提。

《输入原料砂糖退税法》的实施 日本国内的制糖业是仰赖原料进口的精制糖加工产业，为保护本国之精制糖业，日本政府颁布了一系列包括有关糖业的法令法规，如在1901年施行《砂糖消费税法》之同时，也制定并颁布《输入原料砂糖退税法》(法律第三十三号)。施行《输入原料砂糖退税法》，其目的，是让外国进口的砂糖原料免税或予以退税，以降低国内制糖业的成本，保护和扶持日本国内的制糖产业。这项法规却一度使台湾制糖业跌入谷底①。此项法规对台湾的影响是，由于日本将台湾视为国内的一部分，因而《输入原料砂糖退税法》的适用对象并不包含台湾的粗糖制造业，也就是由台湾输出日本的粗糖原料必须纳税，台湾粗糖制造业的成本势必提高。由此，日本本土的精糖会社自然会舍台湾而进口其他国家粗糖原料，如印度尼西亚、古巴等②。这对于在台日资制糖企业是极为不利的。《输入原料砂糖退税法》法律效力应于1907年3月31日到期，不过1905年日俄战争虽以日本的胜利告终，但由于未能如愿"掠取"到巨额战争赔款，而过度"透支"军费，使日本经济陷入通货膨胀、市场萧条的危机。为挽救经济危机，就要继续采取保护日本国内各经济产业的政策，即要延长《输入原料砂糖退税法》的实施期限。1906年12月，日本帝国议会召开第33次会议，审议并通过《输入原料砂糖退税法》延长至1911年7月的建议案，延长了4年。

这样，由于日本政府出于保护本国市场的目的所实施的《输入原料砂糖退税法》，就与在台日资制糖企业的利益发生重大抵触，形成对其经济利益的巨大威胁与制约。由此，这些企业向总督府陈情，希望总督府能与日本政府交涉，尽早取消《输入原料砂糖退税法》的实施期限。实际上，台湾总督府对日本政府为保护本土企业而有损台湾企业的保护政策，也采取消极对应的态势。而且，在总督府暗中支持下，在台日资制糖企业如大日本制糖、台湾制糖、东洋制糖等联合向日本政府提出抗议③。鉴于来自总督府及国内大财阀(以上在台日资制糖

---

① 按照《输入原料砂糖退税法》之规定，已经课税完了之砂糖或糖蜜作为制造砂糖、糖水或酒精之原料，其所征收之消费税得申请退回，但其手续相当繁杂(颜义芳:《砂糖消费税对日本治台之影响》,《台湾文献史料整理研究学术研讨会论文》，南投：台湾文献委员会，2000年6月)。

② 杨彦骐:《台湾百年糖纪》，台北：猫头鹰出版社，2001年版，第39页。

③ 对于日本政府与台湾总督府的这种矛盾关系，台湾学者陈俐甫指出：由于日治时期台湾的殖民地社会特性，所谓国内(日本帝国之内)的政经结构，必须同时考虑到：一、日本内地之情势；二、殖民地内部之情势；三、母国与殖民地之间的互动关系。关键问题可以说是在殖民地国家权力的作用，对于帝国国家权力之展现而言，是远较一般民族国家更加复杂的。母国政府(中央政府)和殖民地政府(总督府)都拥有强制性的国家权力，但殖民地政府不但和殖民地人民冲突，有时为了其自身利益(工具理性、官僚制的发展结果)，也会产生和中央政府的矛盾关系，拥有相对自主性(陈俐甫:《日治时期台湾政治运动之研究》，台北：稻乡出版社，1996年版，第43页)。

企业均属于三井、三菱财阀系列)的巨大压力,日本帝国议会被迫于1908年3月21日再次开会,决定将《输入原料砂糖退税法》的原定延长实施期限缩短为两年,即将1909年7月定为到期日。但即使如此,台湾的制糖业界仍然遭受到巨大的打击,其中台湾本地土著资本的糖廊遭受的危机更为严重。为躲避破产危机,不少日资制糖会社希冀由总督府以"国库资本"出面营救,提出所谓的总督府直接经营的"砂糖官营论",即粗糖业民营化、精糖业公营化以及实施砂糖专卖等①。但"砂糖官营论"受到总督府以及在台日资最大之制糖企业——台湾制糖株式会社的坚决反对②。随即于1909年发生大日本制糖株式会社蒙蔽破产真相的"日糖事件"③,更造成台湾糖业的混乱。

当时,佐久间左马太总督正忙于施行以攫取山区矿产资源为目标的镇压原住民"五年理番计划",总督府民政长官大岛久满次也束手无策,台湾糖业界一时处于"迷茫状态"。但在总督府糖业政策的持续奖励补助下,日趋为日本资本所独占的台湾糖业很快就恢复了活力,其独占趋势也随之加快。日俄战争后的1905年12月22日,日本强迫清政府签订了《日清满洲善后条约》,获得由中国供应日本发展工业所需的煤炭等多项战略原料的权益,日本经济很快就出现蓬勃发展的势头,对台湾的投资也成为日本资本的必然选择目标之一。同时,到1909年7月,一度制约并严重影响台湾糖业发展的《输入原料砂糖退税法》也即将到期,三井财阀系的台湾制糖株式会社首先提出兴建第二、第三制糖工厂,以及酒精工厂的庞大扩建计划,这应当是日本糖业资本在台湾开始大规模扩展的肇始。1907年三菱财阀设立明治制糖株式会社,安田财阀设立盐水港制糖株式会社。1909年,以大仓财阀设立新高制糖株式会社为代表,掀起了日本糖业资本大举进军台湾市场的浪潮。新高制糖株式会社分别在彰化和嘉义设立了两家榨糖量超过千吨的新式制糖工厂。同年,还有大阪铃木商店财阀背景的东洋制糖株式会社,台南市有志秋山一派的苗栗制糖株式会社,以阿缑厅港西里糖业组长渡边等人组成的高砂制糖株式会社等。值得注意的是,在儿玉源太郎总督及后藤新平民政长官的大力推动下,1902年土地调查完成并施行土地改革;1905年统一货币及度量衡;1908年台湾纵贯铁路完成;1909年10月三井银行

---

① 《砂糖官营に就て》,《台湾日日新报》1908年1月10日。

② 《砂糖增赞成说》,《台湾日日新报》1908年1月14日。《砂糖官营に就き》,《台湾日日新报》1907年1月16日。

③ "日糖事件":1909年大日本制糖株式会社(简称日糖)因经营困难,面临倒闭。该会社与一些日本国会议员勾结,企图诱使总督府"官费收购"该会社,以逃脱债务责任。1909年4月11日,阴谋暴露,会社首要人物及多位国会议员等遭到逮捕。大日本制糖株式会社也随即宣布倒闭,其制糖工厂为藤山财团接收。此为轰动一时的"日糖事件"(参见黄绍恒:《明治后期日本制糖业的"双重构造"》,台湾"中央图书馆"台湾分馆馆刊,第2卷第1期。杨彦骐:《台湾百年糖纪》,台北:猫头鹰出版社,2001年版,第40—42页)。

台北分行成立等，日本资本对台糖业投资的环境愈加好转，加速了日本资本投资台湾制糖业的势头。

1910年是台湾制糖业的黄金年。在台湾总督府的扶植下，木村新三郎等日本商人创办了台北制糖株式会社；小松南弥等创办了北港制糖株式会社；安部幸兵卫、松冈富雄、松方正熊等创办了帝国制糖株式会社；在台北，花田等人开办了中央制糖株式会社。同时，台湾土著资本王雪南等人投资的斗六制糖株式会社（与日资合办）也得以开业，等等。这样，台湾新式制糖企业由1908年的8家，增加至1909年的15家，增长近一倍。到1912年时全台制糖企业增至29家，为日俄战争时期的5倍之多。在日据之前，日本国内砂糖消费量80%都要依靠台湾输入，在军事占据并经济殖民台湾之后的1913年，台湾出口之粗糖不仅满足日本国内精糖制造业的需要，而且日本也渐次开始向海外输出精制砂糖，成为砂糖出口国家。台湾总督府原计划将制糖工厂的设置地点限定在浊水溪以南，但随着新式制糖工厂的增加，制糖能力大大提高，大量原料的取得也势必增加，因此，浊水溪以南的原料采取区，根本无法满足这些新式制糖工厂的需求。在新式制糖工厂的蓬勃发展时期，台湾的旧式糖廍和改良糖廍遭受到空前的打击，连制造白糖的糖间[①]也由1902年的147家减少至1911年的15家[②]。简言之，总督府颁布《糖业奖励规则》与《制糖厂取缔规则》两项殖民地糖业法规，并应用总督府公权力与奖励补助方式，保护新式工厂的设立与扩充，而压抑传统旧式糖廍的存在，居于两者之间的改良糖廍，也随着1905年后日本资本大量涌进，筹设新式制糖工厂，渐趋没落[③]。而日本糖业资本则开始成为台湾制糖业的主角。

第三节　台湾糖业与总督府糖业政策的调整

一　沦为日资附庸的台湾土著糖业资本

如上所述，为控制台湾土著糖业资本，1902年台湾总督府以保护台湾制糖业为由，公布《台湾糖业奖励规则》（律令第五号）。1903年2月盐水港厅率先公布《糖业组合规则》（厅令第一号）；同年6月嘉义厅（厅令第七号）、7月阿缑厅（厅令第十三号）也相继公布《糖业组合规则》，拟以公权力使所有制糖企业成立“糖业组合”。然而，纵观所谓《糖业组合规则》的内容可知，与其说是保护或奖

① 糖间：就是制造精白糖的工厂，其主要任务就是将糖廍制造的粗糖进行再加工。与散落在农村的糖廍不同，糖间大多位于城市，规模也较糖廍大得多。

② 台湾总督府殖产局：《台湾の糖业》，台北：台湾总督府，1911年，第167页。

③ 吴季晏：《日据前期台湾砂糖出口市场的转变（1895—1915）》，台南：成功大学历史语言研究所硕士论文，1994年7月，第26页。

励台湾制糖业,还不如说是台湾总督府欲用威权控制台湾制糖业的生产及其销售,为日本资本进入台湾投资而做的前期准备。《糖业组合规则》的主要内容如下:1. 厅长指定设立糖业组合地区,并强制该地区的蔗农、制糖企业及销售商一律参加"糖业组合";同时禁止非"组合成员"在该地区从事生产及销售;2. 组合长、副组合长等人选须由厅长批准;3. 厅长有权任意派员检查组合的业务;4. 蔗农须报告甘蔗种植面积、蔗苗种类、插植数量、施肥数量、收成日期、收成数量等;5. 制糖企业须报告产糖数量、销售数量、销售价格、销售对象等;6. 嘉义厅下的糖业组合除了实施上述各项规定之外,甚至还采取了"共同销售"制度,强制台湾的制糖企业将所产之糖全部交给组合委托其销售①。

早在1929年,日本学者矢内原忠雄就曾通过对台湾岛内糖业的实地调查,发出"甘蔗糖业的历史,就是殖民地的历史"②的感慨。在日本资本开始渐次进入台湾制糖业界时,台湾当地资本的制糖企业就受到台湾总督府的多方强压,以改良糖廍为代表的台湾当地糖业资本开始衰落,台湾糖业结构发生很大演变。在台湾总督府糖业政策的严密管制下,"台湾的制糖业及其交易旧习惯从根本上被推翻,尤其是糖商和糖廍的传统关系被折断,所以历来的'办仲'、糖行、输出商等买卖商人立即受到致命的打击,竟不能再继续以'定金制度'来从事砂糖交易"③。这些"办仲"、糖行、输出商因而相继沦为三井物产和增田屋商店的代理商。如上所述,日据初始,台湾糖业界延续存在着"白糖组合"、"商士会"④等土著资本的糖商团体,但为了控制台湾制糖业界的发展,先后被总督府严令取消⑤。由此,"台湾的制糖业及其交易旧惯从根本上被推翻,尤其是糖商和糖廍的旧有关系被折断,所有历来的'办仲'、糖行、出口商等买卖商人立即受到致命的打击,竟不能再继续以定金制度来从事砂糖交易"⑥。使岛内长期存在的糖商与糖廍的"融资定货关系"遭到彻底的破坏⑦。至1904年12月,只剩下资金力较强的打狗糖商陈中和、台南糖商王雪农、三井物产及安平的德记洋行、怡记洋行⑧。台湾土著资本的砂糖代理商以及出口商相继沦为三井物产和增田屋商店的代理商。

为维持长期的殖民经济统治,台湾总督府在压制台湾土著资本制糖企业之

---

① 临时台湾糖务局:《第二次糖业记事》,台北:台湾总督府,1903年,第165页。

② 矢内原忠雄:《帝国主义下の台湾》,东京:岩波书店,1988年版,第204页。

③ 台湾总督府临时台湾旧惯调查会:《台湾糖业旧惯一斑》,东京:1905年,第181页。

④ "白糖组合"及"商士会"系由台湾糖商王雪农等本地糖商组办的同业公会,是岛内台湾糖业生产与销售的民间组织,但为了保护日本糖业资本,其正常活动为台湾总督府所严格限制。

⑤ 台湾总督府民政局:《殖产部报告》第二卷第一册,台北:1897年,第103页。

⑥ 临时台湾旧惯调查会:《台湾糖业旧惯一斑》,台北:台湾总督府,1905年,第181页。

⑦ 陈碧笙:《台湾地方史》,北京:中国社会科学出版社,1990年版,第234页。

⑧ 《台南通信》,《台湾日日新报》1904年12月21日。

同时,也特意扶持了几位与台湾总督府有密切政治关系的买办商人,准予其在制糖业界投资设厂。如陈中和①的"新兴制糖合资会社"、板桥林本源家的"林本源制糖合资会社"、辜显荣的"辜显荣制糖合资会社"(表二十八)等。当然,这些买办糖商也无法逃脱总督府及日本资本的经济支配,在经营上、资金上及人事上,均受到总督府的介入和支配,其不过充当着投资者的角色而已。

表二十八　日据初期台湾土著资本设立制糖工厂一览表

会社名	社　址	设立日期	开工日期	资本金	制糖能力
新兴制糖合资会社	凤　山	1903年4月	1905年	24万元	156吨
林本源制糖合资会社	溪　州	1909年6月	1911年	200万元	750吨
辜显荣制糖合资会社	连交厝	1910年7月	1913年	100万元	500吨

资料来源:台湾总督府殖产局编印:《台湾糖业统计》,台北:1918年,第18页。

陈中和与"新兴制糖株式会社"　谈起日据时期土著资本的台湾糖业企业,不能忽视以糖业起家的高雄陈(中和)家。高雄陈家与基隆颜(云年)家、板桥林(本源)家、雾峰林(献堂)家、鹿港辜(显荣)家并称为日据时期台湾的五大特权家族。其中唯有陈家是以制糖业起家的,在台湾总督府眼中,陈家与鹿港辜家是台湾一南一北的搭档,是"亲日"色彩浓厚的家族②。陈姓是台湾第一大姓。在台湾有"陈林半天下,黄张排成山"之说。台湾陈姓历史之久、人数之多,远非其他姓氏所能相比。陈中和最初追随高雄糖商陈福谦③,16岁时进入陈福谦开办的"顺和行"当学徒。期间,颇受陈福谦的赏识,亲自传授经商技艺,刻意栽培。17岁时,陈中和初出茅庐,率领船队载运粗糖到福州、厦门、香港、广州等地贩卖交易。他还于1873年亲自押运5 000包砂糖从高雄经厦门,直达日本横滨港,开台湾砂糖直销日本之始。1884年陈福谦因病离世,陈中和另立"和兴公司",专门从事对日砂糖贸易,并在大阪、神户、九州岛等地设立"分栈",将台湾米糖运销至日本。1895年5月,侵台日军进入岛内后,陈中和与辜显荣等积极"协

---

① 陈中和(1853—1930):1868年,16岁的陈中和进入陈福谦开设的顺和行当学徒。后来独自投资台湾制糖会社,又创立新兴制糖会社等企业。高雄陈家发迹于陈中和一代,他是台湾南部糖业出口巨商,并成为日据时期台湾五大显赫家族之一。光复后,独立开设陈中和物产和乌树林制盐两大公司,并将所得利润,用于购买大片土地,成为一个商业地主兼商业资本家。其产业由儿子陈启清继承。

② 杨彦骐:《台湾百年糖纪》,台北:猫头鹰出版社,2001年版,第93页。

③ 陈福谦(1834—1882):陈福谦在台湾南部贸易重镇旗后开设顺和行,经营蔗糖贸易,逐渐成为台湾第一大贸易商。他极具经商技巧,施贷款给蔗农种蔗,从而掌握甘蔗的供给管道,收成后再行售卖或经由自营的糖廊加工生产,透过这种借贷放款的金融手段,控制了高雄等地的糖业。陈福谦的顺和行是清末台湾最大的贸易商行,据连战《台湾通史》的记载,陈福谦被列为"货殖列传"的第一人。

助”侵台日军,因此在1896年,陈中和家族以及和兴公司受到高雄抗日将领林少猫(刘永福下属)的“袭击”,同年底,陈中和全家避走厦门。但因“协助”日军“有功”,得到台湾总督府对其的“特殊”信任与优待。1897年秋,台湾总督府经由厦门领事馆向陈中和转达“岛内已平安、欢迎回台”的音讯。同年11月,陈中和率全家返台。1900年,以三井财阀为主体成立岛内第一家日资制糖企业——“台湾制糖株式会社”,陈中和出资750股,并担任该会社董事[1],这是陈家涉入台湾新式制糖业的开始。1902年,台湾总督府颁布《台湾糖业奖励条例》(律令第五号);1904年9月,陈中和联合高雄地区包括仕隆林家在内的五位大股东,以24万元的资本,投资设立“新兴制糖株式会社”。在高雄凤山(今高雄县大寮乡)设立榨蔗能力150吨(后增至850英吨)的制糖工厂,这是第一座台湾土著资本设立的制糖工厂,也是台湾人投资设立的制糖工厂中规模最大的一座[2]。新兴制糖会社所属的甘蔗收购区域主要在高雄凤山一带,东南从淡水溪起,东至凤山一带的丘陵地,南到高雄港,总计旱田有4 900多公顷、蔗田2 900多公顷。陈中和出任新兴制糖会社董事长,董事有陈振发、石川昌次、陈启贞、陈光灿、陈启峰,监事有陈启南、陈启川。但新兴制糖会社起初的经营情况并不好,直到1912年才开始好转。1919—1920年期间,世界砂糖市场价格回升,新兴制糖株式会社在第一次世界大战中达到极盛的高潮,陈中和也被称为台湾糖业的“南霸天”[3]。陈中和由此大发利市,不断收购土地,进一步拓展其家族事业的基础,从1920年代初起,新兴制糖会社每年的土地投资从17万元左右增到1929年的97万元的规模,即将获利的80%用于土地投资,这是陈家日后成为高雄第一大地主的历史背景。在台湾总督府的庇护下,陈家通过新兴制糖株式会社向蔗农放租贷款得到大片土地。1925年陈中和欲收回过去放租给蔗农的承佃耕地,以作为新兴制糖株式会社的自营农场,因此,引发广大蔗农与陈家的争地斗争[4]。

1930年,陈中和以78岁高龄逝世,其主要家业——新兴制糖株式会社由其子陈启峰接任董事长。但此时新兴制糖株式会社的实权已为日本制糖会社所控制,陈启峰仅有社长的虚职。后因总督府施行经济统制,1940年9月,新兴制

---

① 伊藤重郎:《台湾制糖株式会社史》,台北:台湾制糖株式会社,1939年,第83—87页。

② 杨彦骐:《台湾百年糖纪》,台北:猫头鹰出版社,2001年版,第94页。

③ 同上,第93页。

④ 1925年5月,因计划扩展自营农场地,新兴制糖会社突然要求其辖下53名佃农交还土地。因事涉佃农生计,因此,佃农集体向新兴制糖会社抗争。经交涉后,陈中和勉强答应延后一年收地。同年11月15日,简吉、黄石顺等人联合佃农共同组成凤山农民组合,由简吉担任组合长,组织农民进行抗争,反抗收地行动。1926年5月19日,新兴制糖会社不但依约要求53名佃农交还土地,并也要求其他280名,共333名佃农同时归还佃租土地。因遭到269名佃农拒绝,两方产生纠纷。纠纷中,部分佃农攻击新兴制糖会社。9月23日简吉及黄石顺等人被总督府警察所逮捕,凤山农民组合亦同时遭到强行解散。

糖株式会社被三井财阀系的“台湾制糖株式会社”兼并，这是日本殖民统治者迫使土著资本让出经营事业的典型手法。从此，陈家与糖业绝缘①。另外，在总督府的特殊“关照”下，陈家还曾向糖业以外的行业扩展势力。如1903年陈中和与人合伙创办南兴公司，从事新式碾米业；至1923年4月，南兴公司因合伙人退出而改名为陈中和物产株式会社，资本金达到120万元。南兴公司（陈中和物产株式会社）的经营范围包括农产品种植与买卖、土地及建筑物的租贷、碾米业以及其最为擅长的海外贸易业等②。

板桥林家、鹿港辜家、雾峰林家与制糖业 由于糖业成为台湾殖民地经济的重要支柱产业，在台湾五大特权家族（高雄陈家、基隆颜家、板桥林家、鹿港辜家、雾峰林家）中，除基隆颜家（颜云年）之外，其他四家或多或少地都涉入台湾制糖业。如台湾第一大富豪的板桥林本源家族，就在台湾总督府临时糖务局长大岛久满次和台湾银行总经理柳生一义的怂勇下，成立了“林本源制糖合资会社”。不过，林家虽为最大股东，然而林本源制糖合资会社经营权在实际上为日方把持，尤其是台湾银行拥有绝对的控制力。1925年，由于林本源制糖合资会社欲强行低价收买蔗农土地，引发农民暴动，即著名的“二林事件”③。1927年，林本源制糖合股会社转卖给盐水港制糖株式会社后，板桥林家就此退出台湾糖业。

鹿港辜家（辜显荣）主要从事贸易事业，但也曾经制造红糖，先后在彰化厅、斗六厅、嘉义厅等地设立改良糖廍，据统计辜家制糖业极盛之时，其拥有的糖厂多达

---

① 杨彦骐：《台湾百年糖纪》，台北：猫头鹰出版社，2001年版，第94页。陈家告别赖以起家的糖业，随后陈启峰也移居日本，并将出售新兴制糖会社所得巨款存入日本银行。二战末期日本政府冻结所有银行之大额存款，实施强制性储蓄，又加上日元贬值，陈家糖业积累损失殆尽。

② 南兴公司（陈中和物产株式会社）是一个综合性大贸易商。陈中和自任董事长，其子陈启贞、陈启南、陈启峰、陈启川、陈启琛、陈启清出任董事；其侄陈启洲与日本人轰木直一任监事。南兴公司购置了大片土地，兴盛时拥有800多公顷土地，其中市内就有300多公顷。二战末期因台湾总督府实施“米谷统制”，碾米业遭到冲击，由六子陈启川出任社长，并从三和银行、劝业银行借款，继续经营。1910年，陈中和还创办乌树林制盐会社，自任董事长，开辟盐田100多公顷，同时开鱼塘100多公顷。陈中和过世后，其子陈启贞任该会社董事长，后被日资之台湾制盐株式会社吞并。另外，陈中和还参与投资了华南银行、台湾仓库、台湾商工银行、大成火灾海上保险等公司。

③ “二林事件”：由于台湾蔗农长期遭受总督府与制糖会社的双重压榨，富有同情心的李应章医师在彰化二林成立“二林蔗农组合”，举办农民讲座，鼓励蔗农争取自己的权益。随即他们向制糖会社提出要求：决定甘蔗的收割日期、收割前先公布收割价、肥料由蔗农自由选购、双方共同协议收割价、甘蔗过磅时由会社与蔗农双方共同监视，但其要求被“林本源制糖会社”所拒绝，并请来日警干涉。1925年10月22日，制糖会社采取强制采收甘蔗的行动，二林地区蔗农群起反抗，与警方发生冲突，但只有9名日本警察轻伤。但事后总督府及警方借机逮捕蔗农及文协成员，最后竟逮捕400多人，其中，25人被判刑。1927年4月，本案结案李应章医师被判刑8个月。这个事件对日后台湾的农民运动影响很大。

18家,从事销售以台湾岛内市场为主的红糖。1911年,辜家收购“大排制糖会社”,成立“大和制糖株式会社”,但在该会社还未动工的情况下,即因会社资金和营运问题,而被明治制糖株式会社合并[①]。直到1945年日本战败为止,辜家始终未能从事分蜜糖及耕地白糖[②]的生产与经营,仅局限于红糖的制造方面。

雾峰林家(林献堂)也一度投资制糖业,林献堂的堂弟林烈堂成立“台中制糖株式会社”,但后来也为日资帝国制糖株式会社吞并,林家转为帝国制糖株式会社的股东,随后,也与其他台湾土著糖业资本一样,均被日本资本吸收兼并。在台湾总督府及日本糖业资本的联合攻势下,台湾土著糖业资本不但被抑制,并被以强权手段驱入日本资本所设之阴谋圈套里,进而吸收兼并,迫使台湾土著资本瓦解。“即使是资本雄厚的五大显赫家族,也难逃受创而退出糖业市场,或逐渐沦为从属地位”[③]。

王雪农[④]与“德昌行”　除了台湾五大家族外,当时台湾岛内较有规模的土著糖业资本还有王雪农的“德昌行”、孙明辉的“捷兴号”、陈升冠的“顺源号”、卢润堂的“新德行”、张清辉的“怡记”、方庆佐的“德记号”,等等。其中,王雪农的“德昌行”是仅次于陈中和家族“和兴公司”的糖商公司。王雪农最初在陈中和家族的“和兴公司”工作,1898年王离开和兴公司,在台南以30 000日元资本创办“德昌行”,独自经营米糖等生意,很快获得145 000日元的利润。王雪农随后再与陈中和等人合资设立了“南兴公司”,继续从事米糖的外销贸易。1903年王

---

① 在总督府与日本糖业资本的联合压制下,辜显荣先后两次被迫将其拥有的制糖厂陆续转让给日本糖业资本,也由此获得了总督府的“赏识”,被推选为总督府协议会会员(参见静思:《辜显荣传奇》,台北:前卫出版社,1999年版,第173—176页)。

② 分蜜糖及耕地白糖:分蜜糖和耕地白糖是日据时期台湾新式制糖工厂主要生产的两种糖,分蜜糖多制成粗糖运回日本,作为精糖的原料。耕地白糖则为台湾制糖工厂特有的糖品,是分蜜糖工厂在分蜜糖尚在蔗汁状态的液汁时所提炼精制的白糖,与使分蜜糖凝结后,以骨灰过滤法精制的精糖完全不同。耕地白糖因为是在台湾本地生产,而且不必运回日本加工,因此生产费及运费的成本较低。由于物美价廉,深受中国大陆喜爱,所获利润极高,台湾的制糖会社纷纷转向耕地白糖的生产,以1909年盐水港制糖为代表。至二战结束前,全岛42家制糖工厂中有35家工厂为耕地白糖工厂,为“日本精糖、台湾粗糖”的产物(杨彦骐:《台湾百年糖纪》,台北:猫头鹰出版社,2001年版,第51—52页)。

③ 杨彦骐:《台湾百年糖纪》,第96页。

④ 王雪农(1869—1915):原出身于陈中和“和兴公司”,1898年成立“德昌号”,以3万元资本自营从事米糖买卖,后再与陈中和等合资创立“南兴公司”,继续从事米糖外销。1903年他投资设立“盐水港制糖株式会社”,1904年投资设立“台南制糖株式会社”,1910年与吴克明及日本商人田边贞吉等合资设立“斗六制糖株式会社”。1905年后放弃所持有的制糖会社股份。盐水港制糖1907年被安田幸兵卫合并,台南制糖1909年被台湾制糖合并,斗六制糖1914年被东洋制糖合并。王雪农后又成立“亿源米糖株式会社”及“株式会社亿源商行”。(参见《台湾历史人物小传——明清暨日据时期》,台北:“国家图书馆”,2003年,第61页。台湾总督府:《台湾列绅传》,1916年,第309页)。

雪农投资30万日元,兴建台湾土著资本的制糖企业——盐水港制糖株式会社,1904年3月正式创立。在同月20日的创立大会上,王雪农被选为会社社长[①]。同年5月,王雪农联合其他台南糖商集资35万日元[②],设立"台南制糖株式会社",王雪农仍出任会社社长[③]。1910年,王雪农又联合斗六富豪吴克明[④]以及日本制糖资本家田边贞吉、松江春次、石川昌次、松方正熊等人,共同投资创立制糖能力为500英吨的"斗六制糖株式会社"。不断膨胀的糖业资本,使得王雪农成为台湾本地最活跃的一位糖业巨商。

但是,与所谓的台湾五大显赫家族相比,王雪农家族的财力终属单薄。1905年日俄战争刚刚结束时,进口砂糖价暴跌,致使王家在押汇方面损失30万日元,因此被迫放弃其持有的多家制糖株式会社的股份。1907年,王雪农家族旗下的盐水港制糖株式会社为日本糖商安田幸兵卫等人兼并;1909年三井财阀系的台湾制糖株式会社兼并台南制糖株式会社,而斗六制糖株式会社则因为改组为股份制,于1914年被兴起的东洋制糖株式会社兼并。在短短的几年内,王雪农家族的糖业王国从台湾糖业界败退下来。后来,王雪农又成立"亿源米糖株式会社"及"株式会社亿源商行"等,力图重建王氏糖业王国,然而,1919年王雪农因病逝世,这两家株式会社最终为日本糖业资本并吞(后者就是沙辘制糖株式会社),王家就此退出糖业界[⑤]。

---

① 《岸内庄制糖株式会社の近况》,《台湾日日新报》1904年3月23日;《台南通信の盐水港制糖株式会社》,《台湾日日新报》1904年3月27日。

② 30万元(50元×6 000股),原料甘蔗由糖厂附近的农民提供(《台南通信ノ台南制糖会社设立计划》,《台湾日日新报》1904年3月27日)。制糖厂设在台南厅弯里支厅曾文溪岸的东势庄,此地供水便利又种植优良品种之红蔗和蚋蔗。至8月底,收购14甲土地(《台南通信》,《台湾日日新报》1904年8月18日)。

③ 《台南制糖株式会社の创立总会》,《台湾日日新报》1904年5月22日。

④ 吴克明(1872—1937),字俊德,又字洪德,号云山时隐,晚年号硕轩。日据时期台湾重要士绅,先后担任台南县公议局参事、斗六办务署参事、斗六区长与斗六厅参事等职务。1909年与台湾糖界四大名人(另外三人是陈中和、辜显荣与张宏谟)之一的王雪农合作创办斗六制糖合资会社。1931年后,从事农地开垦,并开辟柴里圳与外四埤圳等灌溉系统。在其事业的全盛时期曾拥有上千公顷的土地,曾为云林首富(参见许雪姬:《台湾历史辞典》,台北:南天书局,2004年;仇德哉:《云林县志稿》,台北:成文出版社,1983年,台湾省云林县政府编印:《云林县发展史》)。

⑤ 杨彦骐:《台湾百年糖纪》,台北:猫头鹰出版社,2001年版,第95页。1902年至1905年,由于台湾总督府尚未彻底控制台湾治安局势,日本资本家对台湾的投资仍心存畏惧,在台的糖业投资仅有1900年三井的台湾制糖株式会社,及1905年设立之贺田组制糖会社,其余设立之新式制糖会社均为台湾土著资本的投资(黑谷了太郎:《台湾制糖业界の企业主体の变迁》,《台湾时报》,1935年1月号,第21—22页)。日俄战争之后,随着日本资本的渐次进入台湾糖业界,在总督府的"打压"下,台湾土著资本糖业企业的"没落"也成为必然。

二　渐次独占台湾糖业的日本糖业资本

日俄战争之后,日本经济全面进入了向垄断阶段过渡的大转变时期。垄断资本在战争期间即已取得巨大的经济利益,战争的胜利又为垄断资本在战争期间夺取了广大的海外市场。战后的军备扩张增加了国内市场的需求,再加上输入外国资本,这一切为日本资本主义经济的迅速发展创造了条件。在经济领域中,日本的军事工业在整个国民经济中占很大比重,并居于主导地位。日本政府还千方百计地动员民间资本参加海外投资,使资本输出也带上了浓厚的军事性质①。这就是日本资本日趋进入台湾糖业的社会背景。1906 年是日本经济的"黄金时代",并一直持续至 1910 年代末。1911 年起,日本经济又出现短暂的低迷跌宕,遂对"农业殖民地"模式的台湾米糖产业经济也予以打击。再加上 1911 年到 1912 年间台湾先后发生的两次飓风灾害,致使岛内糖业遭到严重的打击。在此之前,台湾的糖产量一度高达 450 万担,然而到了 1912 年,竟跌至 190 万担,大约只有三分之一的生产能力。

为推进台湾糖业的殖民地化,台湾总督府制定和采取一系列糖业政策措施,大力扶植日本资本进入台湾岛内开办新式制糖厂,促使台湾糖业的经营方式发生变化,主要表现在新式制糖厂逐步取代了台湾的旧式糖廍和改良糖廍。例如,在 1902 年,新式制糖厂仅有 1 家,1908 年有 8 家,1909 年有 9 家,1912 年达到了 29 家,到 1936 年猛增至 48 家。产量也由 1 110 公斤增加到 987 451 公斤,占糖总产量的 98.02%。而改良糖廍从 61 家减少至 7 家,旧式糖廍的衰退更为显著,从 1 117 家下降至 70 家,产量从 53 412 公斤下降到 9 478 公斤,也就是从 97.96%下降到 0.94%。可见,到 20 世纪 30 年代,主要由日本资本投资的新式制糖厂已完全挤垮台湾本土的旧式糖廍和改良糖廍,基本垄断了台湾的制糖业②。同时由于台湾糖业发展迅猛,砂糖产量急遽增加,对日本之砂糖供应呈现供大于求的局面。1910 年 8 月总督府下令,规定除了桃园及东部特殊地方之外,限制其他地区新设及扩张新式制糖厂的规模③。

至 1914 年第一次世界大战爆发,欧美列强纷纷投入这场恶战。战争使列强诸国无暇兼顾其在亚洲的殖民地以及经济利益。20 世纪世界主要的食糖为甜菜糖和甘蔗糖,其中,甜菜糖多产于欧洲,为世界砂糖市场的中心,故有"列强之糖"之称。当时的德国和奥地利为世界主要甜菜糖生产国,而英国则是世界第一的砂糖消费国。但一战的爆发,这些国家多成为战场,制糖工厂多被摧毁、

---

① 参见吴廷璆主编:《日本史》,天津:南开大学出版社,1994 年版,第 530 页。

② 杨彦骐:《台湾百年糖纪》,台北:猫头鹰出版社,2001 年版,第 43—44 页。

③ 陈玫瑾:《日据时期台湾糖业与交通运输关系探究(1896—1945)》,台南:成功大学历史语言研究所硕士论文,2000 年 7 月,第 56 页。

耕地荒芜等。欧洲砂糖匮乏、糖价飙升，世界砂糖市场彻底被破坏。据数据记载，当时德国减产了三分之一，匈牙利和奥地利减产二分之一，沦为战场的法国则整整少了五分之三的产量，而爆发革命的俄国也面临同样情形，从 1914 年到 1920 年，总生产量只有战前的五分之一。这些国家的减产，使得世界砂糖市场整整短少了 600 吨以上的甜菜糖①。

在欧美无暇顾及东亚市场之际，在台日本制糖会社则急剧增加资本，扩大生产规模，制糖技术也不断得到提高，生产成本大幅降低，1917 年总督府遂下令撤废糖业生产限制②。这样，第一次世界大战为台湾糖业带来了巨大的发展契机，一战前后被称为台湾糖业的"黄金时代"。从生产量和市场价格两项来看，一战前，日本在战前的砂糖产量约在 500 担上下，第一次世界大战爆发后，增加至 1 100 担，足足增加了一倍以上，这个现象除了因为国际砂糖产量短缺之外，以砂糖为原料的食品、罐头及炼乳等用糖产业的蓬勃发达及受创扩大，也是重要的因素。另外，战前东京砂糖市场的分蜜糖含税的市场价格，为每 100 斤 14 日元，精糖则是每 100 斤 19 日元，随着大战爆发，很快在 1914 年 8 月，创下 19 元及 25 元的天价纪录③。

在台湾糖业发展的黄金时期，也发生大规模的制糖会社合并的浪潮。在台湾总督府的政策引导下，以 1910 年盐水港制糖株式会社合并高砂制糖株式会社为端绪，至 1916 年台湾制糖株式会社合并台北制糖株式会社为止，台湾制糖株式会社共合并了 9 家糖厂，明治制糖株式会社合并了 4 家，盐水港制糖株式会社合并了 3 家糖厂，东洋、帝国等中型制糖会社也合并了两家糖厂，这段期间，台湾共有 22 家土著资本制糖会社销声匿迹。但砂糖的产量却从 1904 年的 390 吨，激增到 1916 年的 27 360 吨，资本额也增加两倍，达 1 亿余万元④。

表二十九　五大日资制糖企业独占糖业(1915)

会社名称	授权资本		生产量	
	千元	%	千斤	%
台湾制糖	18 400	29.67	72 060	23.02
明治制糖	8 925	14.39	45 073	14.40
盐水港制糖	7 875	12.70	42 341	13.53
东洋制糖	5 900	9.51	42 566	13.60

①③　杨彦骐:《台湾百年糖纪》,台北:猫头鹰出版社,2001 年版,第 59 页。

②　陈玟瑾:《日据时期台湾糖业与交通运输关系探究(1896—1945)》,台南:成功大学历史语言研究所硕士论文,2000 年 7 月,第 56 页。

④　杨彦骐:《台湾百年糖纪》,第 60 页。

续表

会社名称	授权资本		生产量	
	千元	%	千斤	%
大日本制糖	5 300	8.55	36 205	11.57
计	46 400	74.81	238 245	76.11
新高制糖	3 500	5.64	28 046	8.96
帝国制糖	3 000	4.84	20 552	6.78
台北制糖	2 250	3.63	3 270	1.08
南日本制糖	2 100	3.39	3 867	1.24
其　他	4 755	7.70	19 058	6.09
计	15 625	25.19	74 793	23.39
总计	62 025	100.00	312 038	100.00

资料来源:台湾总督府殖产局编印:《台湾产业年报》第11期,台北:1915年,第260—264页。转引自史明:《台湾人四百年史》,台北:蓬岛文化公司,1980年版,第357页。

由表二十九可知,至1915年,拥有强大资本的台湾制糖、明治制糖、盐水港制糖、东洋制糖及大日本制糖等五大日资制糖会社,其资本和生产量均占台湾制糖业的四分之三左右,基本垄断了台湾糖业的制造、销售等。在台日资糖业会社的资本雏形,在第一次世界大战前后随着这股合并浪潮逐渐成型。就砂糖输出量的绝对值来看,1920年是1896年的93倍①。其中90%以上输往日本。而输出量占生产量的比例,在1910年代后都高达90%以上②。砂糖的出口,也都为日资糖业会社所控制。因此,台湾的砂糖可以说是典型的“殖民地经济作物”,亦即作物的生产不是以殖民地的需求为目的,而是为了要满足殖民母国的经济发展;最大的获利者,只是少数的垄断资本而已③。总之,第一次世界大战为日本经济创造了蓬勃发展的大好机会,由于战争的原因,欧洲主要资本主义国家退出亚洲市场,使日本商品在没有竞争的情况下畅销亚洲与欧美市场,有力地刺激了日本经济的发展,形成所谓的“战时景气”④。然而随着战争的结束,

---

① 《台湾贸易五十三年表》,台北:台湾省政策主计处,1949年,第180页。

② 《台湾糖业统计》,台北:台湾总督府,1937年,第77页、第107页。

③ 林继文:《日本据台末期(1930—1945)战争动员体系之研究》,台北:稻乡出版社,1996年版,第50页。

④ 在所谓“战时景气”之同时,广大人民由于通货膨胀、物价腾贵,实际生活水平反而降低,这就必然加剧资本主义固有的生产与消费之间的矛盾,造成国内市场十分狭小,在很大程度上依赖国外市场的局面。建立在这种基础上的战争景气,当然是十分脆弱的(参见吴廷璆主编:《日本史》,天津:南开大学出版社,1994年版,第605—606页)。

日本随即出现经济不景气。战后第三年也就是1920年3月，东京股市大跌①，米、棉花等商品的价格暴落，许多银行、证券会社和商业会社等纷纷倒闭或休业，4月到7月间，约有169家银行遭到挤兑，停业的银行21家②，285家会社破产，日本政府被迫下令日本银行及大藏省实施信用来资助救济，受此波及，台湾经济也出现震荡。另外，1920年起，世界市场上的砂糖价格开始下跌，东京市场的批发糖价由1920年每百斤平均30余元，跌落到1921年的平均14元。总之，这次危机对日本经济与台湾殖民地经济的打击是沉重的。

关东大地震对台湾糖业的影响　1923年9月1日，东京、横滨、神奈川县一带发生空前严重的7.9级大地震，即著名的关东大地震。此次地震造成的经济损失极其惨重，据日本政府统计，约有9.5万余户的房屋倒塌，3.8万余人失踪，5万余人受伤，9万余人死亡，受灾人数达307万多人③。多数产业建设遭到破坏，经济直接损失高达100亿日元以上。为缓解入超的激增和外汇利率的暴跌，日本政府于1925年开始实施“进出口解禁政策”，由此造成日本国内物价下跌、银行利率降低，大批公司和银行倒闭。如此恶劣的经济环境，到1927年达到顶点。1926年12月25日，日本大正天皇去世，1921年就任摄政的裕仁亲王即位，改元昭和④。至1927年3月，日本爆发金融危机。日本股市几近崩盘，更多的企业破产。在银行挤兑的风潮中，1927年3月15日，资本雄厚的渡边银行、赤地储蓄银行被迫停业。4月21日，颇负盛名的、与宫内省有往来关系的第十五银行也宣布休业，其他还有中井、左右田、近江等30余家较有规模的银行被迫休业，金融混乱达到极点⑤。这就是日本近代经济史上所谓的“昭和金融危机”。

关东大地震虽然并未波及至台湾，但当时进入台湾投资的日本制糖会社，其总部大多设于东京，因此地震灾害也间接影响至台湾。1927年日本国内的经济危机也开始影响至台湾岛内，使台湾糖业雪上加霜⑥。同年4月，台湾银行宣布休业，由于台银与许多制糖企业有密切的金融关系，因此此举对台湾制糖业

---

① 1920年3月11日，东京股票市场价格暴跌。3月1日股票价格为540.2日元，3月16日降为399日元，4月3日为274日元。大阪股票交易所的股票价格，3月1日为504日元，15日降为410.1日元，4月13日降为278日元(大岛清:《日本经济危机史论》下册，东京：东京大学出版会，1957年版，第128页)。

② 森喜一:《日本工人阶级状况史》，东京：三一书房，1961年版，第302页。

③ 祢津正志:《日本现代史》，第4卷，三一书房，1968年版，第215页。

④ 取自中国典籍《书经·尧典》中的“百姓昭明，协和万邦”。

⑤ 参见赵建民、刘予苇主编:《日本通史》，上海：复旦大学出版社，1989年版，第258页。

⑥ 有关日本经济危机时台湾总督府采取之对应，可参见黄绍恒:《论昭和金融恐慌期台湾总督府的应对》，《地方菁英与台湾农民运动》，台北：台湾“中研院”台湾史研究所，2008年3月。

的影响颇大。如上所述，在第一次世界大战期间，在台湾银行的强大金融支持下，铃木财阀(大阪铃木商店)系的东洋制糖株式会社先后收购了乌树林、南靖、北港、斗六、月眉、乌日等制糖工厂，短短几年的时间，跃升为台湾三大制糖会社之一。随着台湾银行休业和铃木财阀(大阪铃木商店)的倒闭，东洋制糖株式会社也因此宣布破产。在台湾总督府的斡旋下，由藤山财阀收回总督府原赋予铃木财阀的砂糖销售权，并以藤山财阀系列的大日本制糖株式会社两个股和东洋制糖株式会社三个股为条件，将东洋制糖株式会社旗下的北港、斗六、乌日、月眉四家工厂并购于大日本制糖株式会社旗下，而乌树林及南靖工厂为明治制糖株式会社(三菱财阀系)收购，号称台湾第三大制糖会社的东洋制糖株式会社就此销声匿迹。除了东洋制糖株式会社之外，以板桥林家为首的林本源制糖株式会社，也在这场经济恐慌中为盐水港制糖株式会社(三菱财阀系)所收买，而原属于日本大仓财阀的新高制糖株式会社，也将会社支配权(委托经营的方式)转交给藤山财阀；台湾制糖株式会社(三井财阀系)也兼并了盐水港制糖株式会社的恒春和旗尾工厂。这场因经济恐慌而发生的制糖业界的兼并，就是所谓的“台湾糖业第二次合并运动”。至1928年，三井财阀、三菱财阀、藤山财阀三大财阀占据了台湾糖业总资本的87%，总产量的83%[①]，基本完成了对台湾糖业界的蚕食和垄断过程。

在日本经济并未得到改善的时刻，1929年10月，美国纽约股市崩盘，世界性经济危机骤然爆发[②]。已受重创的日本经济雪上加霜，台湾经济也随之陷入深渊。此时，日本政府采取了“延长偿付”的保护性政策，并于1931年4月颁布《重要产业统制法》、《工业协会法》及《出口协会法》等[③]，企图挽救日本经济。日本出现了五大(三井、三菱、住友、安田和第一)银行时代，日本各大财阀纷纷采取康采恩的组织形态，占据完全控制支配日本经济的地位，日本经济由此形成财阀独占的趋势。日本多家制糖会社组成砂糖供给组合，以托拉斯的方式经营，渡过了当时的经济危机。这样，随着日本本土经济的恢复，对台糖的需求也随之上扬，台湾糖业又迎来繁荣的局面，蔗糖产量及对日输出量大增，台湾糖业遂进入所谓的第三个“黄金时期”。

三　糖业发展与殖民地财政独立——以砂糖消费税为例(1905—1913)

1905年至1913年是台湾总督府财政的黄金时期。此阶段正为佐久间左马太总督(1906年4月1日—1915年5月1日)时期。如上所述，台湾总督府自

---

① 涂照彦:《日本帝国主义下の台湾》，东京:东京大学出版会，1975年版，第311页。

② 美国爆发的经济危机，成为第二次世界大战前资本主义世界最严重、深刻的一次危机，后起的日本帝国主义当然也很快地被卷入这场危机(吴廷璆主编:《日本史》，天津:南开大学出版社，1994年版，第665页)。

③ 日本历史学会编:《太平洋战争史》第一卷，东京:青木商店，1974年版，第166页。

1904年宣布财政独立后，就不再需要日本政府的国库补助。实现独立后的台湾财政，在1905年之后发生了一系列的变化。如前所述，所谓台湾总督府的财政独立，是受日俄战争的严重影响而被迫仓促提前宣布的，但实际上，失去日本国内财政直接支持的台湾总督府财政基础尚未稳固，根本无法独立支撑整个殖民地的经济运行。不过在日俄战争期间，由于台湾总督府承担了为日军提供建设兵站基地及筹集临时军费的任务，因而在1905年日俄战争期间又不得不接受日本政府国库的补助。日俄战争后，日本本土资本主义经济发展迅速，也带动日本资本对台湾的投资，以制糖业为代表的殖民地经济开始好转。1907年台湾总督府财政收入有余，1909年又开始补助日本财政，而总督府财政收入来源主要靠砂糖消费税等①。

早在荷兰占据时期，台湾就实施出口税的课征制度，明郑时期将其改为"蔗车税"，至清朝时期，则以廍结银的方式课征，而后废除，改采与其他一般物资出口模式，以课征砂糖厘金税及出口税②。1895年日本占据台湾之后，废除厘金制度，仅对出口糖课征出口税，但为保护糖业发展也对进口糖课征进口税③。对台湾砂糖征收消费税，是当时台湾总督府增加各类殖民地税收之重点。1896年3月，总督府颁布《糖业税则》(日令第十一号)、《糖业税则施行细则》(日令第十四号)，开始在岛内征收甘蔗税及砂糖税等若干消费税。至1900年日本政府为扩充财源，在增收酿酒税、麦酒税的同时，也新增砂糖消费税，对日本国内征收砂糖消费税(但列入台湾总督府特别会计项目)。1901年3月30日，日本政府颁布《砂糖消费税法》(法律第十三号)，并于10月始起在日本施行砂糖消费税。

砂糖消费税法：

第一条　以内地消费为目的，由制造厂、税关或保税仓库提领之砂糖、糖蜜及糖水，依据本法须课征消费税。

第二条　作为制品原料所使用之砂糖、糖蜜或糖水须视为消费。

第三条　消费税之税率如下：

第一种　砂糖色相未达荷兰标本第八号之砂糖及糖蜜
每百斤征收一元

第二种　砂糖色相超越荷兰标本第八号以上，未达十五号之之砂糖
每百斤征收一元六十钱

---

① 周宪文：《台湾经济史》，台北：开明书店，1980年印行，第877页。

② 《本岛糖业调查书》，《总督府公文类纂》，1897年乙种永久第三十七卷。

③ 转引自颜义芳：《砂糖消费税对日本治台之影响》，《台湾文献史料整理研究学术研讨会论文集》，南投：台湾文献委员会，2000年6月。

第三种　砂糖色相超越荷兰标本第十五号以上,未达第二十号之砂糖
　　　　每百斤征收二元二十钱

第四种　砂糖色相超越荷兰标本第二十号以上
　　　　每百斤征收二元八十钱

第四条　前条之消费税是由制造厂、税关或保税仓库提领之砂糖、糖蜜或糖水时征收之。但若提供政府认可之等值担保时,得暂缓征收六个月以内消费税,此际政府得采取砂糖、糖蜜或糖水之样本。依据前项提供担保者,未于期限内缴纳税金时,以担保物充当之。但金钱以外之担保品,经过拍卖程序,扣除消费税与拍卖费用,若有剩余须归还担保提供者。担保物之种类以命令定之。

第五条　非以内地消费为目的,由制造厂、税关或保税仓库提领之砂糖、糖蜜或糖水,须提供与消费税相当之担保。担保物之种类以命令定之。依据前项有提供担保之砂糖、糖蜜或糖水,于提领后六个月内无出口国外之证明者,则将其视为供日本内地使用,以担保抵充消费税。但金钱以外之担保品,经过拍卖程序,扣除消费税与拍卖费用,若有剩余须归还担保提供者。

第六条　于消费税缴纳前或提供担保前,不得由制造厂、税关或保税仓库提领砂糖、糖蜜或糖水。

第七条　从事砂糖、糖蜜或糖水之制造者于消费税缴纳前或于提供担保前,不得欲移送他处或未得政府之认可前,不得移出制造厂外。

第八条　拟从事砂糖、糖蜜或糖水之制造者,须向政府提出申请。其欲停止时亦同。

第九条　从事砂糖、糖蜜或糖水之制造或贩卖者,须备账簿,详细记载砂糖、糖蜜或糖水进出货情况。

第十条　收税官员对从事砂糖、糖蜜或糖水之制造或贩卖者所持之砂糖、糖蜜或糖水之制造、进出货等账簿书类及其制造或贩卖上必要之建筑物、器械、材料等其他物件,认为属检查或监督上之必要时得处置之。

第十一条　获得政府认可课征消费税而拟作为砂糖或糖蜜原料时,砂糖、糖水或酒精之制造者,得请求政府发还砂糖或糖蜜之等额消费税金额。制造超过一年以上者,不符前项之请求。

第十二条　违反第六条或第七条禁令者处罚消费税五倍之罚金,但不得少于五十元以下。

第十三条　未向政府申报,径行制造砂糖、糖蜜或糖水者,处二十元以上,二百元以下之罚金。

第十四条　砂糖、糖蜜或糖水之制造者或贩卖者,其砂糖、糖蜜或糖水之制造、进出等相关账簿之记载或事实之申报若有欺骗或疏忽者,处三元

以上，三十元以下之罚金。

第十五条　当收税官吏执行职务，若拒绝配合或逃避，造成执行困难者，处三元以上，三十元以下之罚金，若违法事项有属刑法部分，则须依刑法处置之。

第十六条　违反本法者，不适用刑法之减轻量刑、再犯加重、数罪俱发之例，但违反刑法第七十五条第一项者不在此限。

第十七条　砂糖、糖蜜或糖水之制造者或贩卖者之代理人，户主、家族、同居者、员工等相关从业者，在其业务范围内违反本法时，处罚制造者或贩卖者。

附则

第十八条　本法自 1901 年（明治三十四年）10 月 1 日起施行。

第十九条　本法施行前，持续从事砂糖、糖蜜或糖水之制造者，应于本法施行后一个月以内，向政府申报其要旨①。

为了配合砂糖消费税之施行，日本政府又于同年 8 月颁布《砂糖消费税施行细则》（敕令第一六九号），其具体内容如下：

砂糖消费税施行细则法：

第一条　欲从事砂糖、糖蜜或糖水之制造者，应拟定制造厂及制造种类，记载其住所、姓名或名称，向所属税务署提出申报。

第二条　不论制造厂之工厂是否连续，均认定为同一制造厂。

第三条　所属税务署认为有必要时，得命令提出砂糖制造厂之图面或制造用器具、器械之目录时，砂糖、糖蜜或糖水制造者须配合提出。

第四条　砂糖、糖蜜或糖水制造者，拟定开始制造日期后，应预先向所属税务署申报，停工后拟申请复工亦相同。

第五条　依据第一条及第四条提出申告事项，或依第三条提出图面或目录记载事项，有所异动时，应即刻向所属税务署申报。

第六条　砂糖、糖蜜或糖水制造者，拟废止其制造时，应向所属税务署申报其要旨。

第七条　收税官吏须随时前往砂糖、糖蜜或糖水制造厂检查砂糖、糖蜜或糖水之原料、制造用器具、器械或账簿书类。

第八条　收税官吏于监督过程认为有必要时，得查封糖、糖蜜或糖水制造者所储存之砂糖、糖蜜或糖水及储存场、或制造用器具、器械。

---

① 转引自颜义芳：《砂糖消费税对日本治台之影响》，《台湾文献史料整理研究学术研讨会论文集》，南投：台湾文献委员会，2000 年 6 月。

第九条　砂糖、糖蜜或糖水制造者，欲将糖、糖蜜或糖水移出制造厂外时，其种类、数量及移送地须先获收税官吏之认可。

第十条　欲由制造场、税关或保税仓库领取糖、糖蜜或糖水者，须向所属税务署申报区分其目的是否为日本内地消费用。

第十一条　依据砂糖消费税法第四条第一项之但书，欲申请消费税暂缓征收者，于前条申报之同时，提出要旨向所属税务署申请之。

第十二条　当第十条之申报时所属税务署查核砂糖消费税第三条之种类别及斤量后，应立即征收消费税，若其征收手续欲申请暂缓征收消费税，则可不要立即征收消费税，应指定其提供担保品。

第十三条　收税官吏金库所在地以外，得自我处置消费税金之收取工作。纳税义务人，在金库所在地以外，得以印花缴纳砂糖消费税，此时应将印花贴于砂糖查定书上，并须加盖使用完了印。

第十四条　收税官吏得以口头告知纳税。

第十五条　依据砂糖消费税法第四条及第五条，须提供担保物之种类以金钱及有价证券为限。欲提供担保者，托管前项担保物，须向所属税务署提出托管收据。

第十六条　有价证券之价格减少时，所属税务署得要求增加提供担保。

第十七条　砂糖、糖蜜或糖水制造者、税关或保税仓库于交付砂糖、糖蜜或糖水时，领取者须要提出已缴纳消费税或已担保之证明。

第十八条　依据砂糖消费税法第五条拟申请解除担保者，须添附下列书类，向所属税务署提出申请。

一、出口许可证或代用书类

二、外国进口港之进口许可证或可证明上岸外国之书类

第十九条　依据砂糖消费税法第四条第二项及第五条第二项，须拍卖担保物时，应公告之。其公告最少需经三日始得进行拍卖。

第二十条　前项公告需记载担保提供者之住址、姓名或名称，证券之种类、金额，拍卖之场所及时间等其他必要之事项。

第二十一条　举行拍卖前补交消费税及费用时，则须停止拍卖。

第二十二条　依据砂糖消费税法第四条第二项但书及第五条第二项但书，须归还担保者，若商有余款时得提托管。

第二十三条　依据砂糖消费税法第十一条，欲请求发放金额者，当原料之砂糖或糖蜜需移进制造厂时，其种类、数量及是哟感之日期须先向该管官吏提出申请使用认可。获得前项之认可，欲制造砂糖、糖蜜或糖水时，应将其种类、数量向该管官吏提出申报。

第二十四条　受理前条之认可时，缴纳消费税须提出证明之书类。

第二十五条　依据砂糖消费税法第十一条，请求发放金额时，应向所

属税务署提出申请书。

第二十六条　砂糖、糖蜜或糖水制造者最少须将下列事项记载于账簿上：

一、使用原料之种类、数量，由他处提领者须记提领日、送交人住址、姓名或名称。

二、使用原料之种类、数量及其使用之日。

三、拟制造砂糖、糖蜜或糖水之种类、数量及其制造日期。

四、拟送交他处砂糖、糖蜜或糖水之种类、数量、价格、送交日期及领取人住址、姓名或名称。

第二十七条　砂糖、糖蜜或糖水制造者最少须将下列事项记载于账簿上：

一、领取砂糖、糖蜜或糖水之种类、数量、价格、提领日及其送交人住址、姓名或名称。

二、贩卖砂糖、糖蜜或糖水之种类、数量、价格、提领日及其送交人住址、姓名或名称。

第二十八条　收税官吏因职务得知砂糖、糖蜜或糖水制造者或贩卖者之营业相关事项不得向他人泄漏。

第二十九条　本令中属税务署之事务，税务署得于地方设税务支署执行之。

附则

第三十条　依据砂糖消费税第十九条须向政府申报时，准依第一条向所辖税务署申报[①]。

为配合日本政府制定之砂糖消费税政策，同年 8 月 7 日，台湾总督府颁布《砂糖消费施行细则》(敕令第一五五号)，10 月 1 日开始于岛内施行。至此，台湾与日本同时施行《砂糖消费税法》。其后，随着日本资本的进入，日资制糖企业的渐次增设，同时土著资本的改良糖廍也有一定的发展，糖产量迅速提高，对日出口大增，日本政府所征收的砂糖消费税也日益急增，成为台湾总督府财政收入急剧增加的最大财源。

1904 年日俄战争爆发，日本面临庞大的战争费用支出，为维持这场战争，同年 4 月 1 日，日本政府颁布《特别税法》(法律第三号)，大幅增征各种租税或增设新的税种，施行增征砂糖消费税及进口税，砂糖消费税的增征约为之前的 1.3 倍至 1.8 倍。1904 年度砂糖消费税及进口税之实际收入为 9 022 731 元[②]。

---

① 转引自颜义芳:《砂糖消费税对日本治台之影响》,《台湾文献史料整理研究学术研讨会论文集》,南投:台湾文献委员会,2000 年 6 月。

② 《明治大正财政史》第七卷内国税第一章总说第二节,《日俄战争之租税增征》,1904 年度(明治三十七年)租税及印花收入调查。

1905年1月,日本政府以法律第一号修正非常特别税法,此为第二次增征,1905年度砂糖消费税及进口税之实际收入为11 184 508元[①]。此收入构成台湾总督府财政收入的重要来源。

1907年10月台湾总督府颁布《废除台湾出口税及出港税规则》(律令第九号),全面废除砂糖的出口税[②]。但实际上在该税种施行期间,台湾砂糖大多输出至日本,向其他国家输出的数量微乎其微,因此该税对台湾殖民地财政并无显著贡献。加上进口糖数量也不大,对关税也没有明显的帮助[③]。但是,砂糖消费税则因砂糖生产量的增加与品质的提升,且经过数次修订提高税率,税额大幅增长,对整体财政有相当大的"助益"[④]。1901年开始施行砂糖消费税法时,台湾制糖业刚刚进入发展分蜜糖的重要阶段,且该年度仅有六个月,所以本年度砂糖消费税征收的金额有限,1901年的砂糖消费税为37万元、1904年为145万元、1905年为186万元、1910年遽增至1 212万元,等于总岁收的20%以上。砂糖消费税的急增,使台湾总督府财政收入急增,由此进入殖民地"财政上的黄金时代"[⑤]。

在整个日据时期,砂糖消费税是总督府财政收入的重要税源,即使在1904年总督府实现财政独立之后,输入日本市场之砂糖的消费税也全归总督府财政岁入,一直到1914年才完全划归日本政府的中央财政[⑥]。另据日本学者北山富久二郎的估算,1914年砂糖消费税转入日本政府收入以前,共计有5 593万元,占台湾总督府财政总收入的11%,比日本对台湾的补助金额还多出了2 600万元(参考表三十)。

---

① 《明治大正财政史》第七卷内国税第一章总说第二节,《日俄战争之租税增征》,1904年度(明治三十七年)租税及印花收入调查。

② 《废除台湾出口税及出港税规则》,《台湾总督府公文类纂》,1907年永久第六十五卷。

③ 原料糖以精制出口方式为免税。

④ 颜义芳:《砂糖消费税对日本治台之影响》,《台湾文献史料整理研究学术研讨会论文集》,南投:台湾文献委员会,2000年6月。

⑤ 东乡实、佐藤四郎:《台湾殖民发达史》,台北:晃文馆,1916年版,第361页。

⑥ 一般认为,自1905年起,台湾财政脱离日本政府的国库补助,实现财政独立(竹越与三郎:《台湾统治志》,东京:博文馆,1905年版,第217—219页)。但实际上,自1905年度至1913年度为止,砂糖消费税并未从一般会计纳入台湾的特别会计内(东乡实、佐藤四郎:《台湾殖民发达史》,台北:晃文馆,1916年版,第361—364页。矢内原忠雄:《帝国主义下の台湾》,东京:岩波书店,1988年版,第187—188页)。砂糖消费税几乎由日本国内消费者所负担,当然属于一般会计的范围,故台湾真正的财政独立,应是在1914年(参见刘明修(伊藤洁):《台湾统治与鸦片问题》,台北:前卫出版社,2008年版,第125页注释97)。

表三十　砂糖消费税表(1901—1913)

(单位:日元)

年　度	砂糖消费税历年金额	砂糖消费税占总督府岁入经常项目的比例%
1901 年	372 190.482	3
1902 年	777 943.840	6
1903 年	7 611 789.960	6
1904 年	1 454 050.546	9
1905 年	1 866 545.560	9
1906 年	2 399 987.435	9
1907 年	2 000 876.595	7
1908 年	3 502 004.284	13
1909 年	5 467 863.000	17
1910 年	12 117 724.000	29
1911 年	10 715 181.000	25
1912 年	7 485 711.200	17
1913 年	5 624 953.000	14

资料来源:北山富久二郎:《日据时代台湾之财政》,《台湾经济史八集》,台北:台湾银行,1959 年版,第 98—102 页。

砂糖消费税的大幅度增加,表明总督府及日本资本对台湾制糖业剩余价值的攫取更甚严酷,也证实在此期间,台湾总督府财政“开始从以官营事业为中心的收夺型财政向以殖产兴业为中心的培育型财政转化”①。如表三十所示,砂糖消费税占总督府财政收入经常项目的比例,1901 年仅占 3%,1908 年增至 13%,1910 年更是高达 29%,可见砂糖消费税在这一阶段内对台湾总督府财政的帮助是相当大的。1910 年砂糖消费税收入占总督府该年岁入总额的21.9%,比重极高。“台湾砂糖的消费税,1910 年度止全部属总督府特别会计收入,伴随着台湾产糖的增加,作为岁入的一大财源,被用以充实糖业、一般产业及其他各类设施,对台湾的开发贡献颇多”②。总督府官员东乡实也指出,由于砂糖消费税的收入,促使台湾总督府财政情形非常良好,“出现收入泛滥而使总督府为之

① 陈小冲:《日本殖民统治台湾五十年史》,北京:社会科学文献出版社,2005 年版,第 132—133 页。

② 陈逢源:《新台湾经济论》,台北:新民报社,1937 年版,第 280 页。

眩惑的黄金时代”①。从台湾总督府的财政收支来看，1910—1913 年各年度财政收入中，前年度剩余款转入额均在 1 000 万元以上，如 1912 年为 1 422 万元，表明台湾总督府财政确实有了相当程度的好转。

良好的财政状况为台湾总督府实施其构筑殖民地经济基础工程的经济政策提供了充足的发展资金，台湾的各项规模庞大的建设项目就是在这一时期陆续着手进行的。在丰裕的砂糖消费税的保证下，台湾纵贯铁路原定由发行事业公债来筹款，现改为由总督府岁入经常项目内支出，约为 900 万元；基隆港二、三期工程也由普通岁入执行，约为 1 100 万元；高雄港自 1913 年起亦改由普通岁入支出；其余如电气官营、高雄水道、嘉义水道、阿缑水道、阿里山森林收归官营，林野调查、九曲堂至阿缑之间纵贯铁路延长线、台北医院及所谓“理番事业”等等，均靠总督府普通岁入支出，总计约为 4 000 万元以上，而其他对日本资本及民间产业的各类奖励与补助尚未计算在内②。由于日本政府内部对总督府如此耗费巨金构筑殖民地经济基础的认识不同，以致对使用砂糖消费税的应用多有争议③，但这也从一个侧面反映出台湾总督府财政的宽裕。

这样，1907 年台湾总督府财政开始有余，又超出日本补助而负担的支出。台湾不仅要缴纳国税，直接支持日本国库，还要负担直接和间接的日本军费支出，1909 年又开始补助日本财政。以 1913 年与 1896 年相比，台湾财政支出增加了四倍，而收入来源靠砂糖消费税等④。同时在后藤新平民政长官的大力推动下，1905 年开始实施烟专卖，其收入超过了食盐收入，占专卖收入的 14%，1908 年增为 32%，逐渐成为 1910 年代下半期一大专卖收入来源。另又开征第一种所得税、兑换券发行税及酒税，收入项目中还增加了阿里山森林、水租、电气事业、度量衡等。不仅如此，而且还于 1909 年起补助日本国库，“砂糖消费税及国库负担、贸易出超金是补助日本国库的财源”⑤。

综上所述，台湾总督府在推动台湾殖民地经济开拓当初，对于糖业施行了相当程度的奖励补助。当时为尽快改善总督府财政收支绌境，施行了樟脑、鸦片等的官营专卖制度，极大地补充了殖民地财政收入。为何总督府未对砂糖实施专卖制度，由其自行销售、垄断砂糖利益？其实，后藤新平就任总督府民政长官期间，他就将最终实现台湾糖业之“砂糖官营化”视为其糖业奖励政策的重要一环。不过，后藤新平认为砂糖官营化必须在彻底的改良糖业、大幅度增加台湾砂糖产量、使砂糖成为总督府岁收最有力的财源后，在适当的时间再实施台

---

① 东乡实、佐藤四郎:《台湾殖民发达史》，台北:晃文馆，1916 年版，第 361 页。

② 矢内原忠雄:《帝国主义下の台湾》，东京:岩波书店，1988 年版，第 76 页。

③ 日本政府内部有人指责台湾总督府“不知前后轻重而着手各般事业”(东乡实、佐藤四郎:《台湾殖民发达史》，台北:晃文馆，1916 年版，第 361 页)。

④ 周宪文:《台湾经济史》，台北:开明书店，1980 年印行，第 877 页。

⑤ 《台湾的财政金融政策》，载《金融周刊》第 3 卷第 21 号，1945 年 5 月 23 日。

湾糖业“官营化”[①]。因此，在台湾糖业发展当初，总督府只是从旁奖励保护。砂糖制造、工厂设备、制糖机器的购置，由民间财阀及资本家的巨额资金完成较为适当。若总督府在财政紧迫之际，以官营方式经营台湾糖业不啻为一大冒险。在砂糖销售方面，后藤新平也曾有将砂糖列入专卖体系的想法，1904 年当台湾进入财政独立之际，后藤新平曾向当时身为首相的桂太郎提出“以砂糖专卖的方法，来补充日俄战争中的日本财政”[②]。但是，虽然后藤新平欲推动砂糖的专卖，但由于牵扯到砂糖的生产制造、贩卖、业者的反应及资本投资意愿，因此在 1915 年前砂糖并没有被列入专卖。总督府之所以将砂糖置放于专卖之外，一个重要因素就是砂糖消费税的利益。如上所述，1901 年台湾总督府以开征砂糖消费税的方式，为总督府财政收入“攫取”大量财源。制糖业者以往须负担制糖税及蔗车税，1896 年总督府规定制糖税为每一百斤白糖 35 钱，一百斤青糖 30 钱，蔗车一台每年课征 3 元[③]。1901 年课征的砂糖消费税，每一百斤白糖课为 2.5 元，一百斤黑糖 2 元[④]。1901 年砂糖消费税总额为 37 万余元，制糖税及蔗车税总额岁入仅为 24 万余元[⑤]。1910 年砂糖消费税额占岁入的五分之一，总督府虽然未将砂糖列入专卖，但砂糖消费税在 1912 年已领先食盐、樟脑、鸦片、烟草等专卖收入[⑥]。

进入 20 世纪 10 年代后，因军费不断增加以及负担巨额公债偿还费，日本的国家财政趋于破产。这时，贸易也连年入超，黄金储备不断减少，农业出现深刻的危机，中小企业不断破产，国内经济形势日趋严重。进入 1914 年，由“西门子事件”[⑦]引发的社会动荡，促使日本国内政治、经济危机越来越严重，日本政府的中央财政愈加困难。为应付支绌的财政，遂要求台湾总督府将砂糖消费税移

---

① 杉野嘉助：《台湾糖业年鉴》，台北：台湾通信社，1928 年版，第 352 页。

② 1904 年 12 月 10 日，后藤新平上书日本首相桂太郎《战时财政政策》，向桂首相建言“铁路国有化”及“砂糖专卖”，以图增加日俄战争时之日本战时财政收入，水泽市立后藤新平纪念馆编：《后藤新平文书》（缩影资料），东京：雄松堂，1980 年，第 23R。

③ 清朝时期台湾砂糖的课税为一百斤白糖四十六钱三厘；一百斤青糖二十七钱八厘（井出季和太：《台湾治绩志》，台北：台湾日日新报社，1937 年版，第 250 页）。

④ 上野幸佐：《台湾糖米年鉴》，台北：台湾商业会计研究会，1923 年，第 207 页。

⑤ 《台湾における砂糖消费税》，《台湾协会会报》第 54 号，1903 年 3 月，第 32—34 页。

⑥ 黄通等：《日据时代之台湾财政》，台北：联经出版事业公司，1987 年版，第 31—34 页。

⑦ 所谓的“西门子事件”是指 1914 年初，日本海军要员接受德国西门子公司贿赂的内幕被揭露，在追究“西门子事件”的过程中，又暴露出海军要员接受英国维克斯商会贿赂的事件。2 月 10 日，由于日本帝国议会未能通过在野党提交的对日本政府的不信任案，聚集在日比谷公园的数万名群众再次掀起暴动，3 月 14 日，山本权兵卫内阁被迫辞职，1914 年 4 月 16 日，大隈重信组织第二次内阁（参见吴廷璆主编：《日本史》，天津：南开大学出版社，1994 年版，第 549 页）。

归日本政府中央财政(一般会计)管辖。1914年台湾砂糖消费税正式划入一般会计。这样,台湾特别会计中的砂糖消费税收入从1913年度的560万元突减为1914年的90万元,台湾总督府失去了手中的一大财源。有人认为1914年才是台湾财政真正实现独立的标志①。这样,财政独立以来一度停止的事业公债募集又重新开始,原由普通岁入支出的铁路建设1917年后改由事业公债支出,1920年后的基隆、高雄两港建设亦如此②。1914年至1930年,在砂糖消费税移归给日本政府一般会计(中央财政)之后,总督府仅发行少量事业公债,就完成了嘉南大圳的兴建与纵贯铁路的修筑③。这主要是依靠地租税收而维持的,也就是说,日据前期,总督府以攫取来自台湾物产——砂糖消费税,维系了总督府财政独立以来的殖民地财政运行;其后,日据中后期,又以攫取台湾土地资源——地租的税收,继续维系着总督府殖民地财政运行,为总督府施行殖民地统治提供了财政保障。台湾总督府所施行的砂糖消费税等一系列殖民地财政租税政策,在整个日据时期,始终贯彻着"以台养台"的殖民地统治理念。

第一次世界大战期间,日本资本主义经济得以较快发展,台湾岛内也受到刺激而进入所谓的战时繁荣期。期间,日本资本及台湾土著资本的投资活动相当活跃,1912年至1919年台湾的制糖业年增长率达到了19.80%,制造业年增长率达到了11.04%④。在财政上,1915年度起,又将土地税的范围扩至建筑用地基。上述两项使得台湾的财政收入没有减少而是略有增加⑤。综合总督府特别会计岁入的统计资料分析:1. 砂糖消费税在本期台湾财政收入中的地位逐年提高,1908年起成为经常项目租税收入中的最大宗;2. 专卖收入仍占总督府财政收入的首位,官营事业收入依然是总督府的财政支柱,这表明台湾总督府朝殖产兴业以增加财源的方向推进效果尚不明显,转型尚未达成;3. 海关税收入越来越无足轻重,乃至可以忽略不计,这是台湾对外贸易地区结构变化的反映。

---

① 1914年台湾砂糖消费税移归日本一般会计(中央财政),论者均称此为台湾财政真正独立的标志,然而,要确定台湾财政是否真正独立其实还是较有难度的。如1914年后,对于在台湾消费的日本精制糖,其消费税却由日本国内获得;另一方面,在日本已负担关税的外国商品再输入台湾,其消费税又应如何处置,等等。并且,作为砂糖消费税移交的交换条件,是外国商品直接输入台湾的关税收入全部归台湾总督府所有。因此,各种负担关系的交错丛生,使得确定台湾"真正"财政独立的年代发生一定的困难。不过,大体上,台湾财政于1904年基本独立是可以确定的,1914年砂糖消费税的划转只是台湾财政独立进一步全面实质达成的又一标志罢了(陈小冲:《日本殖民统治台湾五十年史》,北京:社会科学文献出版社,2005年版,第137—138页)。

②⑤ 陈小冲:《日本殖民统治台湾五十年史》,北京:社科文献出版社,2005年版,第137页。

③ 周宪文:《台湾经济史》,台北:开明书店,1980年印行,第878页。

④ 参见何保山:《台湾的经济发展(1860—1970)》,上海:上海译文出版社,1981年版,第81页表5.1。

1908年后，台湾的对外贸易一面倒地转向了日本，台湾的殖民地贸易形态导致海关税的锐减，这与初期海关税之重要恰成鲜明对比；4. 由于财政的独立和财政收入的增加，国库补助金取消，事业公债募集也减少了，台湾财政依赖日本中央财政补助和发债度日的情形成为过去[①]。由此可见，来源于台湾糖业行销之砂糖消费税收入，在日据时期台湾糖业发展史上有着重要的历史地位。

① 陈小冲：《日本殖民统治台湾五十年史》，北京：社科文献出版社，2005年版，第135页。

第三章　日据前期(1895—1931)之台湾农(稻谷)业

日据前期(1895—1931),在“工业日本、农业台湾”的殖民地经济政策之下,为提高岛内米谷产量,台湾总督府先后设立了几家农业研究机构(农事试验场)、研发新品种、新工作技术及新化学肥料;提倡组办农会,负责推广新品种和新工作技术,向农民灌输新农学知识,以及统购肥料和新品种,提供贷款;并积极兴修水利工程等。总督府推行的稻谷产业政策取得一定成效,农业生产效率提高,以稻米、甘蔗种植为代表的商业性农业获得很大程度的发展。1910—1938年台湾殖民地农业变迁的产量结果显示:以粮食总产量为指标,1910—1924年,年平均增长率为1.21%,1924—1938年则为2.98%,全体生产指数1910—1937年增加15%,呈现出相当高的增长率[①]。随着日据前期台湾稻米产量的增加,台湾稻米源源不断地出口日本市场。总之,台湾农业是“一种以供给粮食和原料为主的殖民地农业生产形态”[②]。台湾总督府还制定一系列相关政策,大力扶持日本资本垄断台湾稻米的对外输出和加工业,并以此为中心发展了一定规模的近代化农产品加工产业,以制糖业为主要特征的食品加工业也有了长足的发展。在日据时期,台湾总督府在台湾所采取的农业开发方式,是荷兰在开发南洋时所用的农庄生产方式(Plantation)。这种方式主要是“利用台湾的自然资源与低廉的劳动力,配合殖民地政府及日本民间的资本投入,来推动近代化的农业开发,以实现在帝国主义下资本主义化的农业生产”[③]。

第一节　台湾殖民地农业经济形态、土地制度以及农会的变迁

一　日据初期台湾殖民地农业经济形态的演变

台湾稻谷业与糖业发展是同时进行的,两者相互依存、又存有米糖相剋等矛盾。台湾学者吴田泉将日据时期台湾殖民地农业发展过程分为四个阶段:

---

① 马若猛:《台湾社会经济发展》,台北:牧童出版社,1979年版,第213—214页。

② 应廉耕:《台湾省农业经济》,北京:农业出版社,1983年版,第79页。

③ 台湾省文献委员会:《台湾近代史》(经济篇),南投:1995年印行,第130页。

1. 第一阶段，糖业改良时期（1895—1911）；2. 第二阶段，在来米改良时期（1912—1925）；3. 蓬莱米发展时期（1926—1936）；4. 台湾农业经营多角化（1937—1944）。其中第一、二、三阶段构成日据前期，第四阶段为日据后期[①]。另外，黄登忠、朝元照雄也分作四个阶段，但期限划分之角度则与吴田泉完全相异。即："现状认识与整顿时期"（1895—1909）、"在来米品种改良与米糖相剋时期"（1909—1924）、"蓬莱米的登场与台湾米、日本米相剋时期"（1925—1939）与"战时粮食管理强化时期"（1939—1945）[②]。

从经济地理的角度来看，台湾农业生产形态有山地、旱地、水田三种类型，山地主要种植茶树、香蕉、菠萝等经济作物；旱地则主要种植甘蔗、落花生等；水田以种植水稻为主，为中国重要稻米产区，有"台地一年耕，可余七年食"的说法。台湾也是中国重要产蔗地之一，砂糖产量高居东亚首位，有"亚洲糖库"之称。台湾的水果四季不断，以香蕉、菠萝、柚子等最为出名。台湾产乌龙茶世界闻名。根据台湾农业的特点，日据伊始，台湾总督府先后通过旧惯调查、土地制度改革、扶植日本资本独占台湾糖业等，在岛内施行了一系列以"台湾经济日本化"为目的的殖民地农业经济政策。

台湾总督府推行殖民地农业经济政策的主要目的是，由台湾向日本提供初级产品——农产品和工业原料，主要是台湾最重要的两项经济农作物——粗糖和稻米。在序章讲过，台湾南部以旱作地作为甘蔗的主要产地，北部则是以种稻为主，因此，台湾有"南糖北米"的说法。在总督府的政策安排下，岛内"单一的米糖种植经济是当时台湾殖民地经济的主体。台湾成为日本的米、糖供应地和低廉劳动力的供应地，同时也成为日本资本的输出市场和工业产品的销售市场"[③]。日据前期，"工业日本、农业台湾"不仅是日本统治台湾的主旨，也是日本经济界的愿望[④]。从台湾农业的经济性来看，台湾自古以来为稻米产地，清代时期的台产稻米就多销往闽、浙一带。在台湾，米又称为"双冬"，因为稻米熟称为冬，台湾米一年两熟，故名之。荷据殖民时期，主要从中国南部沿海一带招募大量移民，到台湾进行"王田"的开垦，种植稻米与甘蔗，其中，稻米为台湾最大宗的外销品。明郑时期，郑成功大力实施"屯田政策"，稻米成为军队主要的粮食来源，而外销稻米、砂糖的收入成为"反清复明"的军政费用。稻米作为主要经济商品，一直到 1860 年后渐渐开始式微，主要原因不是稻米减产，而是因为台

---

① 吴田泉：《台湾农业史》，台北：自立晚报社文化出版部，1993 年版，第 360—373 页。

② 黄登忠、朝元照雄：《台湾农业经济论》，东京：税务经理协会，2006 年版，第 3—17 页。

③ 陈孔立：《简明台湾史》，北京：九州出版社，1998 年版，第 170 页。

④ 日本最大宗派的京都西本愿寺法主大谷光瑞伯爵（据称是日本天皇裕仁的连襟）一向以日本殖民地政策专家自居，他很明确地指出：台湾应该是一个农业殖民地，若能这样做的话，台湾就会变成"日本的如意宝珠"（冯作民：《台湾历史百讲》，台北：青文出版社，1980 年版，第 186 页）。

湾人口急速增加,对稻米的内需也相对增加。再加上大陆米商至南洋购米,而英国殖民地(缅甸等地)也大量倾销稻米到中国大陆,台湾米外销从此一蹶不振。日本在明治维新后开始推行工业化,农村人口大量流入城市,造成农村劳动力减少,甲午战争(1894—1895)、日俄战争(1904—1905)、第一次世界大战(1914—1918)后,日本国内多次爆发因粮食不足的暴动,开始由殖民地输入粮食[①]。日据初期,在"农业台湾"的殖民地经济政策下,台湾总督府以发展米、糖两大作物为原则[②],大力促进台湾稻米的增产,以实现供应日本市场的近期战略目标。

在整个日据时期里,台湾农业生产部门经济带有浓厚的殖民地性质,如上所述,台湾总督府为了日本本国的利益,在台湾实行以米糖业为中心的农业经济政策。在农业方面,为适应日本资本主义发展的需要,在不改变土地制度和生产方式的情况下,台湾总督府"主要通过经济利益来调动商业性农业的发展"[③],以实现其殖民地农业政策的目的。为提高稻谷产量,满足日本的需要,台湾总督府在农业投资和农业技术方面采取了一些措施,如台湾总督府投资兴办14处水利工程,其中最大的工程为桃园大圳和嘉南大圳[④],对当时整个农业经济产生重大的影响。在农业技术的普及方面,引进甘蔗新品种、限制旧稻种、推广蓬莱米都有一定的成绩。糙米产量从1920—1924年的524万石(1石＝71.6公斤),增加到1935—1939年的909万石。稻谷增产大部分来自蓬莱米。在1925年以前,农业生产快速成长,而农民生活水平却很少改善。"台湾农民变成日本资本剥夺相对剩余价值的对象"[⑤]。1930年前后,台湾产稻米的51%输往日本,蓬莱米则大约有80%输往日本。稻米出口贸易为三井等4家财阀系商社所控制。

在日据时期,台湾的农业生产有较大的增长。1895—1939年持续上升;1940—1945年产出下降。根据台湾学者的研究,农业产出总指数1910年为40,1939年为107,而1945年则下降为48,1939—1945年6年间下降55%。平均年增长率,1910—1920年为1.4%,1920—1939年为4.5%,而1939—1945年为－12.33%。同期人口增长率低于农业产出的增长率[⑥]。从总产量来看,

---

① 林继文:《日本据台末期(1930—1945)战争动员体系之研究》,台北:稻乡出版社,1996年版,第51页。

② 陈鸿图:《日治时期台湾水利事业的建立与运作——以嘉南大圳为例》,台湾辅仁大学《历史学报》第12期,2001年6月,第121—122页。

③ 陈孔立:《简明台湾史》,北京:九州出版社,1998年版,第171页。

④ 桃园大圳于1916年开始兴建,于1925年完工;嘉南大圳投资5 413万元,灌溉面积15万甲,从1920年9月开始兴建,历时10年,于1930年5月完工。

⑤ 柯志明:《殖民经济发展与阶级支配结构》,载《台湾社会研究季刊》1992年第13期。

⑥ 李登辉:《台湾农业发展的经济分析》,台北:联经出版事业公司,1980年版,第15—18页。

1900年稻米产量为307 000吨，1938年上升为1 402 000吨，增长357%，1944年下降为1 068 000吨，但比1900年仍增长248%。甘蔗产量，1902—1903年为409 894 741吨，1938—1939年为12 835 395 277吨，为1902—1903年的3 131%。其他作物也表现出同样的增长。稻米和甘蔗是日据期间台湾最重要的农作物，它们构成了农业总产出中的绝大部分。它们的消长变化，基本上反映了农业生产的变化[①]。

稻米产量增加也使输出量增加，据台湾学者张胜彦等人的计算，1900年，大米产量286万余石，输出约44万石，占15%；1909年，产量增为460万石，输出98万石，占21%；至1920年，产量约500万石，输出100万石，占20%[②]。另外，在日俄战争期间，台湾总督儿玉源太郎出任侵华之满洲军参谋总长，他下令由三井物产株式会社负责在岛内征调30万石军用大米，紧急输往中国东北以供侵华日军之用。此项命令也包含有开辟台湾稻米外销渠道的政策性内容[③]。

经济形态的演变是一个渐变的过程。日据初期台湾的农业基本上还保留着晚清时期的小农经营模式，农业的全面增长无疑要通过全体农民来实现。对于农业生产有贡献的两个因素——劳力和土地的增长，可以通过统计数字显示出来。台湾人口1905—1943年由3 123 302人增长为6 585 841人，增长了110.86%，其中农业人口由1 961 556人增长为3 271 131人，增长66.9%。农业人口是农业劳动投入的直接来源。据美国学者何保山的测算，日据时期农业劳动投入增长50%以上。耕地面积1898—1945年由401 839公顷增加到816 016公顷，增长了一倍多。土地投入的增长幅度超过劳动投入的增长幅度[④]。

对农业增产起作用的还有资金投入和技术两个因素。农业资金投入最主要的表现为水利投资（固定资产投资）和肥料（流动资金投资）两部分。就水利投资部分而言，台湾总督府直接投入部分起了很大作用，台湾总督府资金的来源，不外是赋课，也就是说，出自台湾人民的身上。1901年，台湾总督府颁布《公共埤圳规则》（律令第六号），把关系到公众利益的埤圳指定为公共埤圳，完全由台湾总督府实施全面的监督和管理。表三十一显示台湾总督府的农业投资概况。与1910年代相比较，1920年代台湾总督府对农业投资的增幅很快，而且渐次将投资重点由蔗糖转向稻米种植。其中，以强制推行稻米、甘蔗、杂粮三年轮作为目的的嘉南大圳建设费用也被列入“稻米增产”项目，因而，增产稻米费用明显加大。不过，此时的台湾总督府农业政策应是以米糖同时增产为目标的[⑤]。

---

① 陈孔立主编：《台湾历史纲要》，北京：九州出版社，1996年版，第360页。

② 张胜彦：《台湾开发史》，台北：空中大学出版社，1996年版，第230页。

③ 杉野嘉助：《台湾商工十年史》，台北：台湾印刷株式会社，1920年版，第123页。

④ 何保山：《台湾经济的发展（1860—1970）》，上海：上海译文出版社，1981年版，第55页。

⑤ 山本有造：《日本殖民地经济史研究》，名古屋：名古屋大学出版会，1992年版，第163页。

表三十一　台湾总督府农业开发投资

(单位:千日元)

		1910—1919年	1920—1929年
糖业方面	补助奖励金	9 055	1 134
	其　他	4 389	7 151
	合　计	13 444	8 285
稻米增产方面	产米改良奖励费	——	98
	看天田利用奖励费	——	3
	米种改良补助金	379	25
	育种场改良补助金	77	29
	双季稻奖励补助金	7	157
	灌溉排水设施补助金	——	24 053*
	灌溉排水工程费	9 273	5 484
	合　计	9 736	29 849

*表示含有23 660千日元的嘉南大圳建设费用。

资料来源:山本有造:《日本殖民地经济史研究》,名古屋:名古屋大学出版会,1992年版,第163页。

台湾的主要粮食作物包括稻米和甘薯等,日据时期年增长率为2.72%;次要粮食作物包括水果和蔬菜,年增长率为5.5%。但水果和蔬菜不易保存,1906年后纵贯铁路完成和公路网的建立,使运输便捷成为可能,从而促进了水果、蔬菜的快速增产。制糖业的发展(1928年、1929年间,台糖产量突破2 300万石)刺激了甘蔗生产。米糖出口需要大量麻袋,又促使台湾的纺织纤维产业在20世纪30年代有较大发展。1920年以前,岛内农业增产靠土地面积的增加;1920年以后,单位面积产量的增加,使农业产量增长速度显著加快,改良品种的使用、化学肥料投入的增加和科学技术的导入,对农业增产起了很大的促进作用。在建立近代土地所有权制度上,台湾总督府"成功地透过公共投资突破了生产力的瓶颈。在基本建设大致就序下,耕地的面积及生产力都大为增长"①。1910年至1938年间,土地生产力增长了81%②。1940年岛内耕地面积达860 456公顷,是1898年的一倍多;同期,水田面积增加了2.24倍③。

水利设施的扩充建设也发挥了作用。台湾总督府大规模修葺水利工程,设

---

① 柯志明:《米糖相剋——日本殖民主义下台湾的发展与从属》,台北:群学出版有限公司,2003年版,第51页。

② 台湾省行政长官公署统计室:《台湾省五十一年来统计提要》,台北:1946年,第538—539页。

③ 同上,第516页。

立水利组合，到1937年灌溉面积达25.8786万甲。在1903年至1942年间，增加了394 638公顷的灌溉区，约为原来的3.6倍；同期间，水利工程灌溉地占总耕地面积的比率也从28%上升到64%[①]。台湾水利史上的两大水利工程——桃园大圳（1925年竣工）和嘉南大圳（1930年竣工）的相继建成，给台湾农业生产带来明显效益。如桃园大灌区每甲谷物平均收获量，从25石增加到53石，糙米从12石增加到27石，地价也随之猛增。由此可见，台湾水稻生长时期随品种及地区而异。在可以灌溉区域内，年可种植水稻两次。第一季作插秧为12月至翌年3月，收获期为5—7月。第二季作插秧为6月下旬至8月，收获期为9月下旬至12月上旬。在上述时期内，南部地区最早，中部次之，北部最晚[②]。

二　日据时期台湾农村土地制度及社会结构

日据之前，台湾耕地总面积大约为水田31万多甲，旱田30万甲，总计61万多甲，构成台湾农民经营农业、赖以生存的基础。台湾以“农业仓库”著称。日据之后，台湾总督府便开始了台湾土地的夺取与控制。自1898年起，台湾总督府通过其威权专制力量，以强制手段强夺大量肥沃土地，成为台湾最大的地主。

经过总督府1898年推行的土地调查和土地产权制度改革，台湾固有的土地关系发生变化，主要就是取消了大租权，确认原来的小租主为地主，形成了一田一主的近代土地所有关系。除此以外，总督府保留了农村中传统的地主制和小农经营模式，不予改变。除了产生一个新的日本人土地所有阶层以外，农村中的土地分配状况改变不大。地主和农民仍然是农村的主要社会构成，农村的生产关系并没有转化为资本主义的劳资雇佣关系[③]。

这样，在总督府强力扶持下新产生的日本人地主阶层中，一个主要的构成就是日资制糖企业。总督府将所谓大批“官有地”无偿拨给日资制糖企业，供其开垦种植甘蔗。至1926年，各日资制糖企业共拥有土地78 601甲，再加上“佃权取得地”25 237甲，日资制糖企业共支配耕地103 838甲，约占台湾耕地总面积的八分之一强。如花莲港厅盐水港制糖株式会社的所有地为9 428甲，其中耕地5 001甲，独占厅属耕地面积四分之一强[④]。

日资制糖企业对于其所控制的土地，仍然采取传统租佃方式租给农民种植

---

① 台湾省行政长官公署统计室：《台湾省五十一年来统计提要》，台北：1946年，第594页。

② 应廉耕：《台湾省农业经济》，北京：农业出版社，1983年版，第88页。

③ 台湾学者戴国辉指出：台湾的寄生地主阶级之形成在日本侵略之前已达到相当程度。所以台湾几乎看不到像朝鲜那样，日本人地主进入了乡村部落进行着直接统治和剥削农民。就是说，台湾的寄生地主制已相当根深蒂固（戴国辉：《台湾史对话录》，台北：南天书局，2002年版，第274页）。

④ 矢内原忠雄：《帝国主义下の台湾》，东京：岩波书店，1988年版，第26页。

甘蔗。除此以外，在台湾西部，总督府推行之官营农业农民移民计划虽失败，但所占土地归日本资本占有的事实却已确立。日本拓殖株式会社和其他会社占有的耕地，加上总督府发给总督府退职官吏的耕地等，日本人共控制耕地12万甲，为岛内耕地总面积的15%①。

以1920年为例，台湾耕地总面积776 000余甲，总督府及日资企业占据55 000余甲，其余的721 000余甲之中，农民户数64%(26万户)仅占其土地的14%(143 000甲)，反而其他的36%(165 000余户)却占据其土地的86%(618 000余甲)。就是所有土地一甲未满的农民占总农户的65%②。

表三十二　日据时期台湾农户耕地规模(1920)

耕地规模	户数(%)	面积(%)
0.5甲未满	30.22	4.89
0.5—1甲未满	22.88	10.08
1—2甲未满	23.72	20.20
2—3甲未满	10.76	15.99
3—5甲未满	7.84	18.16
5—7甲未满	2.48	8.68
7—10甲未满	1.24	6.04
10—20甲未满	0.78	5.57
20甲以上	0.13	9.90

资料来源：山川均:《殖民地下の台湾》,《山川均全集》7,东京:劲草书房,1966年版,第762页。

如表三十二所示，耕地未满一甲的农户占台湾农户总数的53%，在台湾农家每户的平均人口5—8人的情况下，这些242 000户(139万人)的农民，仅耕种着不满一甲的土地，他们只有租佃地主的土地，才得以维持最底层的生活。农民人口数年年增加，但农户人口对总人口的比率却逐年下降。农业的生产总值年年增长，如1914年台湾农业生产总值8 000余万元，增至1922年的

① 即三五公司(经营者为爱久泽直哉)所开设的源成农场，其占有约3 000甲的土地；他所经营另一家南隆农场为4 000甲。今村繁三的今村农场，占地约1 600甲(1923年)。此外，日本拓殖株式会社(铃木系)在新竹州中坜郡占有3 000甲；再就是中小地主之情形，花莲港厅旧官营移民村占有2 700甲土地，1925年(总督府)行政整理时发给退职官吏的土地约为4 700甲，如此合计，输入日本人支配的土地，已有12万甲，占岛内耕地总面积的15%。实际上，该有更多土地为日本人特别是资本家所占有(矢内原忠雄:《帝国主义下の台湾》,东京:岩波书店,1988年版,第26页)

② 山川均:《殖民地下の台湾》,《山川均全集》第7册，东京:劲草书房,1966年版,第259页。

100 008 600余万元，但台湾农民的生活水平并未提高。

从1923—1939年的16年间，台湾土地所有状况的变化是，随着耕地面积的不断增加，自耕和佃耕的土地总数仅在2个百分点以内变化，幅度不大。大约有一半土地是掌握在地主手里。至于土地分配，根据20世纪20年代的调查，拥有不到一甲土地的耕作者计259 642户，其耕地面积为103 500甲。拥有十甲以上的户数为8 221户，其耕地面积为285 123甲，尤其其中拥有一百甲以上的计196户，其耕地面积为94 072甲。也就是说占总户数64.08%的农户，只拥有耕地的13.6%。这表明，一方面存在着耕地的集中，另一方面却存在着耕地零细化。实际上耕地集中部分，有许多日本人大地主。尤其是日资制糖企业从总督府无偿获得"官有地"进行开垦，其本身也成为大地主，1926年，仅日资制糖企业拥有的耕地，就占全岛耕地总面积的八分之一。另一方面，农村中存在着广大的小农户，农业还是以小农经营为主的。只是由于生产米的利润低微，"日本资本才没有侵入这个领域"①。

据总督府1939年4月1日公布的调查数据显示，当时台湾耕地被日本企业直接占有的已达3%以上②。同年，台湾制糖、大日本制糖、明治制糖等11家日资制糖企业，占有耕地14万多公顷，占台湾耕地的17.5%③。在总督府殖民地农业政策的推动下，从1906年到1942年，灌溉总面积从200 000公顷增加到545 000公顷，水浇地占耕地的百分数也从32%增至64%④。美国学者何保山指出：在1920年以前，所有灌溉投资都是由总督府从其预算中直接提供资金的。1920年以后，通过水利会，总督府就能够靠动员和引导一部分农村储蓄投资于灌溉设施，以补助它的支出。即使在这后一时期，总督府直接资助的数额仍然占灌溉投资总额的30%至50%。在1900—1944年间，灌溉费用的47%直接由总督府支付，其余由水利会支付。总督府在殖民地时期满足了灌溉发展费用总额的58.2%⑤。

进入战时统制经济，台湾土地集中于日本企业的趋势更呈加速，由表三十三可知，至日据时期后期的1941年，日本企业及个人拥有土地的总面积为68 800甲，取得土地的方式有认购官有地、强购民有地、收购拍卖地三类，其中，第一类最多，占41.3%，第二类占33.1%，第三类最少，占25.6%。进入台湾的三井、三菱、藤山三大日资糖业资本，自1910年起，竟然控制着台湾耕地总面积的34%—40%。

---

① 陈孔立主编：《台湾历史纲要》，北京：九州出版社，1997年版，第372—373页。

② 《台湾之农家经济》，载台湾银行经济研究室：《台湾银行季刊》第1卷第3期。

③ 台湾总督府临时土地调查局：《台湾土地旧惯一斑》第二编，台北：1905年，第41页。

④ 台湾省行政长官公署统计室：《台湾省五十一年来统计提要》，台北：1946年，第594页。

⑤ 何保山：《台湾经济的发展(1860—1970)》，上海：上海译文出版社，1981年版，第41页。

表三十三　日本企业取得土地情形(1941)

(单位:甲)

土地所有者	认购官有地面积	比率	强购民有地面积	比率	收购拍卖地面积	比率	总　计
大日本制糖会社	——		4 928	83.8	830	16.2	5 128
台湾制糖会社	——		4 911	43.4	6 410	56.6	11 312
明治制糖会社	640	12.7	4 419	87.3			5 509
盐水港制糖会社	3 969	77.4	709	13.8	449	8.8	5 127
帝国制糖会社	——		1 108	100			1 108
台东制糖会社	2 803	23.5	424	4.8	6 345	71.7	8 852
三五公司源成农场	——		2 184	100			2 184
三井农林会社	6 532	53.1	2 670	22.3	2 495	24.6	11 967
台湾合同バインアップル会社	590	38.8	180	11.8	749	49.3	1 519
台湾拓殖会社	3 589	100					3 589
诸农企业会社	10 006	84.4	1 731	14.7	112	0.9	11 849
农业经营个体	1 587	75.7	510	24.3			2 097
计	28 816	41.3	23 144	33.1	18 840	25.6	69 800

资料来源:根岸勉治:《热带农企业论》,东京:河出书房新社,1962年版,第539页。

从殖民地经济性质方面来讲,日本资本虽然没有直接进入农作物生产阶段,而仅把其加工阶段从农业生产过程中分离出来,但日资通过诸如“典押、农家流动资金的贷放、在水利灌溉、运输和仓储上的投资以及市场的控制”,对农业生产加以控制和渗透,使得农民变成日本“制糖公司经济设计之专业执行者”①。由于农业主要为日本提供原料甘蔗和稻米,这两种作物商品化程度都非

① 柯志明:《糖业资本、农民与米糖的关系》,载《台湾社会研究季刊》1992年第12期。

常高，因此作物价格的变化对农家经济的影响就非常大。一般来说，由于“土著米作部门内的阶级支配程度均逊于日资支配下的蔗糖部门”[①]，加上日资制糖企业采取蔗价追随米价的做法，即采用“米糖比价法”[②]，所以稻农的收入相对要比蔗农稳定。蓬莱米大量输日后，由于日本市场米价上升，有些蔗农转向种稻，农民生活有所改善。在日资制糖企业的独占经营下，蔗农沦为单纯的原料供应者，收购价格被压到最低，许多人要向会社贷款才能维持生活。1931—1932年间，单位产量的提高使得蔗田的收入高于稻田，蔗农的生活略有改善。到1932年后，蔗田产量停滞不前，蔗农的生活极为困难。一般而言，蔗作要求比较少的劳力，而稻作（尤其是蓬莱稻）不但要求较多的劳力，肥料的投入要求也较高。自耕农可根据自己的经济状况决定作物结构，但佃农则无此可能。尤其是在米价上涨时，地主常常要求种蓬莱米，否则就撤佃，这无疑使佃农更加处于不利的境地。由于台米输日刺激了台湾米田的扩张及米价的上涨，致使日资“制糖会社的甘蔗收购受到价格上涨及供给不足的压力日增。严重时，总督府甚至直接介入，限制对日米谷输出，以减少对糖业的不利影响”[③]。

据台湾总督府1932年调查，“不耕作地主”有84 000多户，占总农户的五分之一，其中只有少数是日本人。台湾总督府把本地地主阶级作为社会安定和财政来源的一个支柱，所以允许他们保持佃租关系。但是，当本地地主与日资制糖企业资本发生利益冲突时，台湾总督府便出来袒护日资制糖企业。从20世纪30年代末开始，台湾总督府直接介入租佃关系，并对地价、地租作出决定，节制地主的土地权利，削弱地主阶级的自主性。

为提高台湾殖民地农业的生产力，为日本国内市场提供更多的粮食及工业原料，台湾总督府先后设立多家农业研究机构，积极在岛内推广先进农业技术。1896年9月，台湾总督府首先在台北城内设立试作场，这是台湾总督府创办农业试验机构的滥觞。1899年9月，试作场改为台北县农业试验场。1903年又设立总督府农业试验场，下设种艺部、农艺化学部、昆虫部、植物病理部、畜产部、教育部、庶务部等，进行农业改革的各项试验研究，培育推广优良品种，提高新的有机化肥，以及对当地农民长期实施农业技术培训，指导其掌握农业新技艺和新耕作技术，以推动台湾农业的进步。总督府创办的农业试验场成为台湾农业科研和推广的中枢机构。其他各厅也相继设立农业试验场，还设立了园艺试验场、茶树栽培试验场、糖业试验场、蔗苗培育场等各种试验研究机构。首

---

① 柯志明：《殖民经济发展与阶级支配结构》，载《台湾社会研究季刊》1992年第12期。

② 所谓米糖比价乃是以单位面积的甘蔗收获总价格与相同面积的米作收获总价格相等为原则；即单位面积的米产量乘以米价等于单位面积的甘蔗乘以蔗价。易言之，甘蔗价格决定是基于“使同面积的蔗田收入与米田相等”的原则（柯志明：《米糖相剋——日本殖民主义下台湾的发展与从属》，台北：群学出版有限公司，2003年版，第139页）。

③ 杉野嘉助：《台湾商工业十年史》，台北：台湾印刷株式会社，1920年版，第129页。

先,在甘蔗种植方面"糊仔栽培法"这一栽培法实际上是台湾蔗农的创造[①]。台湾总督府认为如在全岛实施该种植法的话,有大利可图,遂开始在各地推行这种水田栽培甘蔗的方法。由于这种方法的实施既可避免甘蔗冬季播种的困难,又可以在同一空间和时间从事两种主要作物的栽培,同时,还将甘蔗成熟的时间缩短或提前了。"糊仔栽培法"的实施,使得土地使用率大大提高,不仅可以实施于第二期水稻收获的前后,也可以实施于第一期水稻收获的前后,不仅间种甘蔗,还可以种其他作物。这种和两期水稻相配合的种植方法,就是所谓的"水田轮作制度"。为提高农业产量,台湾总督府遂大力推行"水田轮作制度"。

台湾总督府为贯彻"工业日本、农业台湾"的殖民地农业政策,严格限制、阻止台湾人从事对工业产业的投资[②],因此,一些上层台湾富绅也只能把地租收入(剩余资金)投入到收购土地、扩大农业种植规模上。台湾总督府为了使这些台湾富绅安心当地主,对他们的收租问题,经常派遣警察协助催收。另外,为表示对其的优待,总督府任命其充当各类有职无权的公职,并且分别授给他们勋位,小则是农业会会长、水利会会长等名誉职,大则是州、府的评议员。"日本人所以要优待地主,就是为了叫他们断念工业,而死心塌地地去做地主"[③]。但是,地主虽在农村占有形式上的重要地位,但当围绕米糖的产业结构发生对立与矛盾时,比如在发生种植稻米与甘蔗争地矛盾的"米糖相克"时,本地地主的利益与日资制糖企业的利益发生冲突,台湾总督府则以其威权全力维护日资制糖企业的利益,威逼并削弱本地地主的抗争力量。对此,台湾学者陈芳明指出:台湾"在殖民地社会里,所有的阶级都受到压迫,包括民族资本家在内,都无法遁逃于帝国主义的经济掠夺"[④]。

依据台湾省政府地政局 1947 年的调查统计,至 1945 年光复为止,台湾公有耕地计有 181 490 甲(约 176 045 公顷),主要是接收日据时期各级官厅、会社及日本人私有的耕地,其面积约占全岛耕地总面积之五分之一,如表三十四所示。其中,以台湾制糖株式会社等四大日资会社的土地最多,约占全台湾公有

---

① 早在日据之前,台南境内的"看天田"内,当二季水稻收获后,土地干涸,不能种植其他作物,农民偶然有遗弃残根于田中,不久,甘蔗残根居然发芽生长,农民得到启发,便有意在二季水稻收获前后,在水稻株间种植甘蔗或甘薯及其他杂粮,提高土地利用率。

② 1924 年以前,按照总督府殖民地经济法规,台湾人是不准组织或经营公司的,除非有日本人参加(参见张汉裕:《日本统治时期台湾经济的演变》,《台湾经济史二集》,台湾研究丛刊第 32 种,台北:台湾银行经济研究室,1955 年印行,第 96 页)。

③ 冯作民:《台湾历史百讲》,台北:青文出版社,1980 年版,第 187 页。

④ 陈芳明:《殖民地台湾》,台北:麦田出版有限公司,1998 年版,第 26 页。台湾学者黄俊杰也认为,台湾总督府威权专制下的殖民统治导致了台湾殖民地化的社会结构和分配关系。阶级对立与民族对立互相交错,"大体上日本人对台湾人的民族对立,同时也是政治上支配者与被支配者的对立,并与资本家对农民、劳动者的阶级对立一致"(黄俊杰:《战后台湾农民社会意识的变迁》,载《台湾风物》第 40 卷第 4 期)。

土地面积的三分之二。公有耕地之中，旱田多于水田，前者占 59.1%，后者占 40.9%，就其分布情形而言以南部为多，因南部乃日据时期各制糖株式会社原料土地之重点所在①。

表三十四　台湾公有耕地之来源

（单位：甲）

类　别	总　计	百分比(%)	水　田	旱　田
前日据总督府有地	23 453	12.9	2 672	20 781
前日据移民村有地	5 518	3.0	2 186	3 332
前河川浮复地	6 517	3.6	370	6 147
前日据军事用地	3 772	2.1	1 592	2 180
前日据州市用地	5 214	2.9	2 191	3 023
前日据街庄用地	5 263	3.1	1 617	4 006
前日据个别用地	10 304	5.7	4 049	6 255
前日据会社有地	121 089	66.7	59 521	61 568
总　计	181 490	100.0	74 198	107 292

资料来源：台湾省政府地政局：《台湾地政统计》，台北：1947 年。

三　日据时期的台湾农会（农业会）

日据之后，农村与农业始终是台湾总督府控制力与影响力较为薄弱的领域，为控制台湾农业领域，将其彻底纳入总督府对台之统治秩序中，推动台湾农会设立成为总督府的一个重要策略。台湾学者吴聪贤将农会与水利、育种并列，视为日据初期台湾农业发展的三个支柱，并将日据时期台湾农会之发展划分为四个阶段：1900—1908 年为第一阶段；1908—1937 年为第二阶段；1937—1944 为第三阶段；1944—1945 年为第四阶段②。

在台湾总督府的许可下，1900 年 9 月首先在台北县三角涌（今三峡镇）成立农会，这也是日据时期成立的第一个农民自治团体，也开始进入台湾农会发展的第一阶段。它和随后在新竹、彰化等地成立的几家农会一样，是由地主士绅等发起，并在总督府支持下成立起来的。其目的在于协助台湾总督府的农业施

① 于宗先：《两岸农地利用比较》，北京：社会科学文献出版社，2004 年版，第 256 页。

② 吴聪贤：《农业史》，台北：黎明文化事业出版股份有限公司，1992 年版，第 183、第 191—192 页。

政,并维护以地主为中心的农民利益[①]。其后,岛内各地陆续成立农会。但是,由于"台湾农民的素质不高、自觉意识不够",这些陆续成立的农会遂由台湾总督府及各地官厅所控制。如台中农会,以台中州厅政府职员10余人和街庄长(乡镇长)34人为会员代表,规定州厅厅长为会长,选举副会长及理事13人,再由会长指定各郡分会长及各街庄地方委员,由街庄征收会费和执行会务。1907年彰化农会规定以田赋三十分之一为标准征收会费,并强制农民加入,全岛农会竞相仿效,农会雏形虽然建立,却失去农民组织之自愿原则,"表示台湾农会在未正式获得法律地位之前,已经失去农民组织之构成要件"[②]。

1908年12月15日,台湾总督府颁布《台湾农会规则》和《台湾农会规则施行细则》,将台湾农会法制化,并使农会改组为具有贯彻总督府农业政策的强制性团体。此为台湾农会发展之第二阶段。当年全台共有19个农会,随着行政区域和行政阶层的改变,19个农会合并而成台北、宜兰、桃园、新竹、台中、南投、嘉义、台南、阿缑(屏东)、台东等10个农会,连同新设的澎湖厅和花莲厅农会,计有12个农会。至1927年再度合并为五州(台北、新竹、台中、台南、高雄)三厅(台东、花莲、澎湖)农会,直到成立农业会时为止。1900年至1937年的台湾农会维持一级制或单级制的局面[③]。岛内所有从事农业的人均为会员,1908年之后,台湾总督府"便将政治性的农会组织转变为技术性,纳入农业发展体系来办理农业推广工作",台湾的农会渐次蜕变为总督府控制下的殖民地农民团体。农会密切配合总督府农业试验场,推广新品种和新农业技术、指导农民掌握农业新技术、统购化肥和新品种以及办理贷款等。其中,尤其致力于改良稻米的生产和统购化肥[④]。

依据台湾农会规则及其施行细则,台湾农会的目标是推动台湾农林业的发展与改良;农会为一级制,以地方行政单位"厅"的行政管辖区域为组织区域(后随着台湾行政区划的改变而变为"州/厅"一级制),由厅长禀请总督裁设;农会

---

① 胡忠一:《日据时期台湾农会之研究》,《农民组织学刊》第1期,1996年;李力庸:《日治时期台湾总督府整编农会与米作关系之探讨(1900—1908)》,《万能学报》第22期,2000年8月。但吴聪贤则认为首家农会主要是由佃农组成,农会在成立之初,其宗旨为保护农民权益,是政治性的(吴聪贤:《农业史》,台北:黎明文化事业出版股份有限公司,1992年版,第193页)。

②③ 吴聪贤:《农业史》,第192页。

④ 吴聪贤列举出台湾农会的具体业务为:1. 农作物的栽培试验;2. 稻作秧田的改良;3. 肥料改良;4. 种苗的改良和选定;5. 家畜的试育和选定;6. 苗圃及造林;7. 兽疫及植物病虫害的预防驱除;8. 农业技术人员的养成;9. 农业调查;10. 农业教材图书仪器之购买与展览;11. 举办展览会和品评会;12. 接受农民的产品委托贩卖(吴聪贤:《农业史》,台北:黎明文化事业出版股份有限公司,1992年版,第193页)。台湾农会以配合总督府的农业施政,执行农业推广工作为其中心事业,以促进台湾米糖增产,而发展台湾的米作又是其主要目标(胡忠一:《日据时期台湾农会之研究》,《农民组织学刊》第1期,1996年)。

会员为强制加入，凡组织区域内的耕地、牧场、森林及原野所有者，以及经营农林业者，都必须加入农会为会员；会费亦为强制征收，一般标准为地租额的 7%（后调整为 10%）以内；农会设立时，厅长应从会员中选任 5 名委员，议定农会章程等，然后禀请台湾总督认可；农会每年召开代表大会，代表依据章程规定从会员中选出，其决议权一律平等，但其决议后的众多事项最后仍须禀请台湾总督认可；农会设会长、副会长、评议员等干部，会长、副会长和评议员由会员代表大会自代表中选举产生，其他则按各厅章程从代表中选任；农会承总督监督，由厅长管理，农会会长须听命于厅长，农会主管机关台湾总督府殖产局农务课①。实际上，台湾农会的主要干部以及代表大会代表多由日本人担任，台湾本地人则倍受排挤。以 1939 年为例，台湾全岛农会选任干部合计 110 名，其中台湾本地人仅为 5 名；地方委员合计 279 名，台湾本地人仅为 58 名②。

1937 年七七事变爆发，总督府出于加强台湾农会与外部联系起见，于 1937 年 12 月 21 日颁布《台湾农会令》（律令第二十三号），欲设立全岛性之农会组织。此为进入台湾农会发展之第三阶段。1938 年 3 月 16 日，总督府又颁布《台湾农会令施行规则》（府令第二十四号）。依据新的农会法令，台湾农会为非营利性机构，并扩大农会会员的准入范围③。1938 年 8 月 21 日，正式成立台湾农会，会长由总督府总务长官森冈二郎兼任。副会长则由总督府殖产局长田端幸三郎兼任，其他农会各职能干部悉由总督府各相关部门职员兼任④。

1941 年 12 月太平洋战争爆发，日本对台湾粮食之需求日增，“而粮食增产除了品种改良外，更要增加生产资材的供应”。统一并规制台湾农会渐成为总督府米糖增产之重要政经策略。之后，总督府乃根据其战时统制经济之需求，并鉴于“农会与产业组合间的业务重叠现象也益形严重，使农民减低参与组织事务之决策与运作程度”，遂于 1944 年颁布《台湾农业会令》，将台湾农会、州厅农会、台湾畜产会、州厅畜产会、街庄畜产会、街庄产业组合、青果业同业组合、米谷组合、肥料配给组合、肥料组合等，“并入以农会为基础的台

---

① 胡忠一：《日据时期台湾农会之研究》，《农民组织学刊》第 1 期，1996 年。

② 李力庸：《日治时期台中地区的农会与米作（1902—1945）》，台北：稻乡出版社，2004 年版，第 47 页。

③ 《农会令》规定：分州厅农会和台湾农会二级制，台湾农会以州厅农会为会员，州厅农会会员资格除台湾农会规则及其施行细则所规定的内容之外，新增州知事或厅长有特别事由可加入农会为会员。台湾农会二级制的局面一直维持至 1943 年。州厅以下设郡分会，街庄设地方委员从事联络。并以地方农业小团体为委托机构执行农会业务（参见吴聪贤：《农业史》，台北：黎明文化事业出版股份有限公司，1992 年版，第 192 页）。

④ 胡忠一：《日据时期台湾农会之研究》，《农民组织学刊》第 1 期，1996 年。末光欣也：《日本统治时代の台湾（1895—1945/46 年五十年の轨迹》，台北：致良出版社，2007 年版，第 193—194 页。

湾农业会”[1]。台湾农业会采用三级制,即全台、州厅、街庄三级,并在村里加强原有农业实行组合的业务和连接功能,以农业推广为其中心业务,并代办经济业务,是为农业会的基层机构。各级农业会会长全台级由台湾总督兼任,在州厅由州知事兼任,在街庄由街庄长兼任,副会长实际处理会务乃由总督府指派,各级农业会理事由会长推荐派任,只有监事由各级农民代表大会选出。至此,台湾农民组织已失去由农民组织管理的原则,也冲淡了争取农民权益的原始宗旨,变成总督府的农业推广机构。总之,台湾农业会乃是总督府“为应付战时经济统制下所形成的混合性农民组织”[2]。

在农会之外,台湾还出现产业组合、畜产组合(畜产会)等形式的农民合作团体。产业组合与农会均属广义的合作组织。最初,产业组合的主要功能为:推动租佃的改善、共同采种,以及稻米、甘蔗、蔬菜、烟草、甘薯、果树、蚕桑的栽培、土地的改良等。与农会存在于州厅以上层级不同,产业组合主要出现在市街庄(乡镇)一级。1913 年 2 月 10 日,总督府颁布《台湾产业组合规则》,实现产业组合的法制化,并鼓励成立产业组合[3]。随之,总督府依据“一市街庄,一产业组合”之原则,积极推行并奖励设立信用、购买、贩卖、利用等四种单营或兼营的产业组合,至 1932 年台湾产业组合由规则颁布前的 16 个扩增至 494 个,组合员增至 52 万人,其中农业人员占 32 万余人[4]。至 1923 年时,设立全岛性质之“台湾产业组合协会”,属于辅导性协会,至 1942 年,始组织全台性的“台湾产业组合联合会”。早期台湾产业组合的业务以信用业务为主,至 1937 年台湾进入

---

① 依照农业会令施行规则第二条,台湾农业会的组织成员为以下:1. 购入种鸡及种鸭卵,而在该辖区内经营孵卵业者;2. 购入生茶叶在改辖区内经营制茶业者;3. 在该辖区内有耕地牧场及原野的永佃耕权或租赁权者;4. 在该辖区内有森林所有权地上权或租赁权;5. 饲养若干家禽家畜(吴聪贤:《农业史》,台北:黎明文化事业出版股份有限公司,1992 年版,第 197—198 页;应廉耕:《台湾省农业经济》,北京:农业出版社,1983 年版,第 51 页)。

② 台湾农业会“包容不同性质农民组织,方便日人统制经济、贯彻农业发展、却丧失了农民组织真面目,种下了产业组合和农会业务纠缠不清的结局,也增加了会员身份的复杂性”(吴聪贤:《农业史》,第 198—199 页)。

③ 台湾总督府鼓励设立产业组合的目的是:1. 为实现日本独占资本的资本主义化殖民政策目标,协助原料生产的主干——“小农”组设产业组合以适应新的资本主义秩序;2. 设立信用或购买组合以稳定来自日本内地的工薪和劳动阶级移民。但是,总督府在鼓励成立产业组合之同时,对台湾又采取不同于日本本土的歧视性政策。“台湾产业组合规则”与日本本土的产业组合法令相比,删去了联合会的条款,不在台湾的产业组合间设立上级的联合组织,使产业组合的发展仅限于地方经济。直到 1942 年 6 月才修改法令,允许设立台湾产业组合联合会。联合会除了办理指导奖励组合事业之外,也办理信用、购买、贩卖、利用以及农业仓库等经济事业,并办理监察事业,使台湾产业组合形成二级制(参见胡忠一:《日据时期台湾产业组合与农业会之研究》,《农民组织学刊》第 2 期,1997 年,松田吉郎:《台湾の产业组合について》,《日本台湾学会会报》第 14 号,1997 年 10 月 31 日)。

④ 台湾省政府农林厅编印:《台湾省农会之改组》,台北:1950 年,第 6 页。

统制经济时期，所有农产品包括粮食、肥料等均施行配给制。台湾产业组合在总督府统一之统制体制下，被编入物资调度与配给机关，承办稻谷征收、农产品集出货等任务，加入组合的人数更加增多，到1940年台湾几乎有九成的农家加入产业组合①。至1941年时，台湾有产业组合499个，社员也增加至145 000人。台湾产业组合经办的信用业务，以及后来超越农会的农仓业务、肥料购买业务，使其亦多受总督府控制，但与农民的生活或生产之关系日趋密切，而农民与农会之关系则比较疏远。同时在日据时期，总督府及大企业的中上层职位均由日本人担任，台湾人精英多数只能进入产业组合系统，这也使台湾产业组合与农民的关系更为贴近一些②。在日据后期，产业组合在米糖生产与经销过程中，发挥着极为重要的作用。不过，自1933年以来，产业组合和农会间也不断产生竞争现象。

早在1902年，台湾农民就组织畜牛共济组合，共同防治牛瘟和其他疫病，是一个技术导向的农民组织。1912年台湾总督府颁布《畜牛保健组合规程》，以对此施行规制管理。随后又出现养猪组合，至1921年遂演变为畜产会组合。1938年总督府颁布《台湾农会令》，同时也公布《台湾畜产会令》，成立全台畜产会和州厅畜产会二级制，其组织办法与农会相同。畜产会成立后，其业务除了畜产组合的工作以外，还将由农会所经营的家畜试育繁殖，及兽疫预防驱除等工作接办过来，另外增加了家畜保健救济、饲料买卖、猪只皮革的买卖、家畜市场的经营及赛马场经营③。

另外，台湾还有各种类型的农事小团体，最早设立的有“阿缑共同秧田组合”(1906年设立)。1923年之后，在岛内涌现出数以千计的各种名称的农事小团体。至1914年时有各类农事小团体62个；到1944年，经过合并整理成为4891个农业实行组合，具有法人资格。农业实行组合的营业项目繁杂，可归纳为以下十大类：1. 一般农业；2. 佃农改善；3. 共同采种；4. 作物栽培(蔬菜、烟草、甘薯、果树、茶树、蚕桑)；5. 牲畜饲养(耕牛、养猪、养鸭)；6. 水利；7. 土地改良；8. 垦殖；9. 部落振兴会；10. 兴农倡合会。由此可知，农业实行组合业务

---

① 胡忠一：《日据时期台湾产业组合与农业会之研究》，《农民组织学刊》第2期，1997年。至1941年时台湾产业组合有499个，社员也增加到145 000人(吴聪贤：《农业史》，台北：黎明文化事业出版股份有限公司，1992年版，第197页)。

② 台湾省政府农林厅编印：《台湾省农会之改组》，台北：1950年，第7页。程朝云对两大农业团体的性质进行了比较并指出：农会与产业组合，一个主要以州厅的行政区域为其组织范围；一个主要以街庄为其发展组织的区域；一个为非营利性的农业改良团体，一个是经济性团体，办理信用、购买、贩卖、利用以及农业仓库等经济业务；一个与总督府关系密切，一个较贴近农民阶层。这是日据时期两个主要农业团体的主要形象(参见程朝云：《战后农会研究(1945—1975)》，北京：中国社会科学院近代史研究所博士论文，2008年，第24页)。

③ 吴聪贤：《农业史》，第194—195页。

涵盖各种农民组织事务，包括技术指导、共同作业、教育、心理建设、租佃关系、贩卖、购买等，为日据时代农业发展的村里网络[①]。

第二节　台湾农(稻谷)业发展与殖民地化进程

一　“蓬莱米“——台湾农业发展过程的一个“凸点”

1868 年明治维新后，特别是在甲午战争及日俄战争之后，日本资本主义开始发达，逐渐由农业转向工业国家，人口急速向都市集中，而农业经济趋于凋零。国内普通百姓生活也相对地改善，因此稻米消费量增加。但日本本国产稻米供不应求，米价大幅攀升，日本国开始成为稻米输入国。因此在 1895 年占据台湾后，提出了将台湾视为日本稻米供应地的“农业台湾”的政策论调。这也是台湾总督府推行稻米产业政策之主要社会背景。

日本占据台湾后，大力发展米糖单一种植经济是总督府殖民地经济产业政策的重要特征，但长期以来，台湾岛内固有的稻种较为繁杂，多为质量比较粗劣的在来米(岛内既有之稻米品种)。“在来米”品质低劣，常有红米、乌米及稗等掺杂，产量低且不具有黏稠性，营养价值也不高，不合日本人口味，因而不受日本人欢迎，当然也就不鼓励生产。最麻烦的是红米，在 1 升糙米中，多至2 500—3 500 粒[②]。在“蓬莱米”出现之前，台湾稻米产量低下，对日输出一直低迷，1905 年以前台米输日不及台米总产量的 8%[③]。至 1904 年日俄战争期间，由于日本政府令台湾总督府提供军用大米而使台米输日增加，但一直到 1920 年代，台米的生产及对日输出才呈现明显的进展[④]。由此可知，在“蓬莱米”出现之前，岛内农业(农产品加工业)仍以甘蔗种植(制糖)最具代表性，也即所谓的(甘蔗)砂糖单一经济作物为中心的生产结构，稻谷业仍不发达。

为了提高稻米的质量和产量，尽快实现稻米增产的既定农业政策，实现总督府既定的殖民地农业规划目标，1906 年总督府规定剔除红米的种植，并从 1910 年开始限定岛内稻米品种的种植数目，以 10 年为期，限定品种，并在限定的品种以内，剔除混杂。过去，每一品种平均栽培面积不过 350 公顷，经常一次限定以后，每一品种的平均栽培面积增为 3 300 公顷。红米及混杂，大体已告绝迹。稻米的价格增加 6%，产量增加 23%。从 1920 年起，实施改良品种[⑤]。据台南厅农会第一次米种改良事业成绩报告:“第一次米种改良的限定数:第一季

---

① 吴聪贤:《农业史》，台北:黎明文化事业出版股份有限公司，1992 年版，第 195—196 页。

② 周宪文:《台湾经济史》，台北:开明书店，1980 年印行，第 485 页。

③④ 参阅周宪文:《台湾经济史》，台北:开明书店，1980 年印行，第 648—651 页《历年货物别输出地区价值表》。

⑤ 周宪文:《台湾经济史》，第 486 页。

181种，中间种85种。第二季219种，共485种，比以前减880种。减少红米的工作成绩，也颇为显著，大体已告剔除，其后随工作的继续反复，品质收量都见改进。”[①]然而，台湾本地稻米的质量和数量远远不能满足大量且长期供应日本市场的需求，品种等因素使台湾稻米的发展受到极大的限制。鉴于台湾稻米的生产现状，总督府决定重新调整其既定的台米增产的农业政策，遂加大对稻米品种改良的推动力度。并同时施行稻米改良之奖励政策。奖励政策方面有：1. 1908年起，奖励种植绿肥；2. 1909年起，奖励共同购买肥料；3. 1919年起，在台东、花莲一带奖励双季稻，费时七年；4. 在高雄、台中方面奖励公共秧田，1925年普及各地；5. 1922年起，奖励密植（过去插秧，因株太疏，至分蘖过多，而或熟不齐，故有青皮及不成熟米出现，大有害于品质）[②]。

台湾总督府为推动稻米品种的改良确实下了很大力气，如上所述，在来米之品种属于印度型，无粘性，不为日本人所喜好。台湾总督府“为改良台湾米质以适应其国内需要，遂于1896年开始自九州、福冈、鹿儿岛等地引进品种至台湾研究改良，并与台湾稻交配育种”[③]。1899年总督府在台北设立首家农业试验场；1903年总督府民政长官后藤新平又下令设立总督府直属下的农业试验场，由日本国内招聘农业技术专家，开始研究培育适合日本人口味的优良稻米品种。总督府先后由日本国内引进多批稻种，在岛内进行试种，但来自日本的粳米品种不适应台湾的特殊地理和气候，很难在台湾大面积种植。在总督府力邀之下，1912年矶永吉、末永仁等日本农业技师陆续来到台湾总督府农业试验场，开始从事对台湾在来米的改良工作。他们以台湾当地米与日本米重复交配，即进行籼粳型品种间及粳型品种间之杂交育种实验。在既有之新品种试种基础上，再经过十余年的培育，加上到马来西亚、爪哇、印度等地考察取经，至1922年终于培养出一种适合日本人口味的名为“台中65号”的新品种[④]。之后，新品种种植面积渐次扩大，1921年为200公顷，自1922年起，新品种稻米之产量开始进入总督府的产业统计数据。1922年新品种稻米种植面积扩增为414公顷，第一期每公顷的稻米产量为2 517公斤，远远超过同期在来米的1 761

---

① 《台南厅农会第一次米种改良事业成绩》，1916年，第279页。转引自献生：《日据时代台湾米谷农业之技术开发》，《台湾经济史七集》，台湾研究丛刊第68种，台北：台湾银行经济研究室，1959年，第42页。

② 周宪文：《台湾经济史》，台北：开明书店，1980年印行，第486页。

③ 吴聪贤：《农业史》，台北：黎明文化事业出版股份有限公司，1992年版，第180页。

④ 实际上，自1895年起台湾总督府就设立农业试验场，开始引入日本稻米新品种，在海拔800米的基隆郡金山万里村下大坪高台地进行试种，并渐次扩大试种范围。1911年试种取得初步成果，并于同年7月开始在台北等6个州厅开始试种5个优良品种，种植面积逐渐扩大。至1917年，在试种地附近煤矿工作的日本人开始食用新品种稻米。新品种稻米的价格比在来米高出20%—30%，随即被输出至日本神户，得到日本消费者的好评（黄登忠、朝元照雄：《台湾农业经济论》，东京：税务经理协会，2006年版，第9页）。

公斤,同年新稻米的产量为 1 042 万吨。随后,新品种稻米的种植范围迅速扩大,在由大屯山、七星山的山地与谷地扩增至淡水、云林的平原之后,又沿着台北州(现在的大台北地区)、新竹州、台中州等地向台南扩展,并在全岛迅疾普及。1924 年,新品种稻米的种植面积较两年前增扩 59 倍,为 24 323 公顷,1925 年更增至 68 696 公顷[①]。

1926 年 5 月 5 日,在台北铁路饭店举办之"台湾米谷协会第十九次会议"上,在矶永吉所建议的"蓬莱米"、"新台米"、"新高米"三个名字中,伊泽多喜男总督最终选定"蓬莱米"为新品种的名字[②]。至此以后,台湾培育的新米或日本的种稻,均称为"蓬莱米"[③]。随着 1930 年嘉南大圳的完成,蓬莱米由北向南流行起来。因其单位价值较高,利润高于在来米,种植面积迅速上升,在来米的种植面积则相应下降[④]。

按照以上台湾殖民地农业的发展历程,台湾学者吴田泉将 1912 至 1925 年称之为台湾稻作的"在来米改良时期",1926 至 1936 年为"蓬莱米发展时期"[⑤]。自 1922 年起,由于蓬莱米的培植成功并大量推广,为台湾稻米生产带来划时代的进展。如上所述,在台湾总督府的大力推广和奖励下,蓬莱米种植面积持续扩大,1922 年台湾蓬莱米种植面积仅为 14 公顷,但到 1925 年增加为 68 696 公顷,1935 年更增加到 295 811 公顷,比 1922 年增加数百倍,占当时台湾水稻种植总面积 678 629 公顷的 43.6%。1934 年蓬莱米占台湾稻米总产量的 47%,在来米仅占 38%[⑥]。至 1938 年,蓬莱米生产已占台湾全岛稻米生产量的

---

① 黄登忠、朝元照雄:《台湾农业经济论》,东京:税务经理协会,2006 年版,第 10 页。

② 《蓬莱米夜话——矶永吉话沧桑》,《台湾农林》第 8 卷第 5 期,1954 年 5 月 1 日,第 13—17 页。

③ 一般认为,矶永吉自此被称为"蓬莱米之父"。"蓬莱"也含有日本之意,所以,也有人干脆称其为"日本米"。但也有人认为"蓬莱米"之发明并非矶永吉所为,而是末永仁,是他花费十余年时间,才得以实现的(详情可参见末永仁:《台湾米作谈》,台中州立农事试验场,1938 年。转引自黄登忠、朝元照雄:《台湾农业经济论》,东京:税务经理协会,2006 年版,第 10 页。在 2008 年 11 月 7—8 日由台湾图书馆举办之"殖民与现代化:台湾学研究国际学术研讨会"上,针对台湾"国史馆"研究员欧素瑛的发言论文《从鬼稻到蓬莱米:矶永吉与台湾稻作学的发展》,台湾大学经济系教授吴聪敏等台湾学者再次提出同样质问,坚持认为"蓬莱米"的发明者是末永仁,而非矶永吉)。

④ 古慧雯、吴聪敏:《论"米糖相剋"》,载《经济论文业刊》24 卷第 2 期,1996 年 6 月,第 175—176 页。

⑤ 吴田泉:《农业史》,台北:自立晚报社文化出版部,1993 年版,第 360—373 页。

⑥ 1922 年蓬莱米种植面积占台湾总种植水稻面积的 0.09%,至 1930 年增加为 22.80%,1940 年再增加为 52.75%。因此可见,蓬莱米在台湾种植情形相当普遍(吴聪贤:《农业史》,台北:黎明文化事业出版股份有限公司,1992 年版,第 180 页)。另据台湾总督府米谷局当时的统计显示,1922 年只有 0.08%,至 1927 年已为 17%,1935 年则为 43.59%(台湾总督府米谷局:《台湾米谷要览》,台北:1939 年,第 4—7 页)。

53.75%[①]。1926年蓬莱米已占台湾稻米输出总量的68.6%[②]。参照表三十五可知,1934年为台湾蓬莱米输出之最多年(输日蓬莱米1934年创下721 000公吨的最高纪录);1936年为稻米种植面积之最多年;1938年为台湾稻米产量之最多年(为台湾稻米的鼎盛时期)。

表三十五　台湾稻米产量及输出量之推移(1921—1939)

	种植面积(1 000公顷)			产量(糙米·1 000吨)			输出量(糙米·1 000吨)			
	合计	内别		合计	内别		合计	内别		
		蓬莱米	在来米		蓬莱米	在来米		蓬莱米	在来米	糯米
1921	495.4	0.2	408.1	710.9	—	613.3	146.8	—	—	—
1922	511.2	0.4	414.0	777.8	1.0	661.4	107.2	—	—	—
1923	507.8	2.4	410.8	695.2	5.6	591.1	178.5	—	—	—
1924	531.5	24.3	402.6	868.1	49.6	678.9	262.4	—	—	—
1925	550.8	68.7	358.6	920.5	141.8	611.1	354.8	157.6	116.9	80.3
1930	614.4	131.2	359.2	1 052.9	258.0	619.4	317.1	152.9	50.1	114.1
1932	664.3	188.1	336.1	1 278.5	420.4	632.6	476.9	315.7	48.7	112.5
1934	667.0	261.4	276.4	1 298.4	612.3	499.5	721.5	549.6	50.2	121.7
1935	678.6	295.8	255.1	1 303.2	642.3	459.5	641.8	507.5	22.6	111.7
1936	681.5	290.0	263.1	1 365.5	662.7	500.2	684.0	518.8	15.8	149.4
1938	625.4	301.4	247.5	1 402.4	753.8	515.6	696.9	587.6	21.4	87.9
1939	626.1	307.5	236.3	1 307.4	685.2	474.0	586.6	434.1	24.8	127.7

资料来源:川野重任:《台湾米谷经济论》,东京:有斐阁,1941年版。

这样,蓬莱米之单位面积产量、价格亦比在来米高,且由于大多运销日本市场,种植获益颇大,因此,蓬莱米的种植迅速普及全岛。结果,稻米产量大增,1934年稻米产量突破900万石,对日之输出增为430万石,占48%;1938年,稻米产量达到高峰,年产量为982万石,输出高达520万石,占53%,其中,蓬莱米占输出总量的84%。蓬莱米除获得日本消费者的偏爱外,在收成方面又比原来的在来米能多收成21%,价格上又是高出在来米5%—10%。加上台湾总督府不遗余力地施行稻谷产业奖励政策,如以增扩建水利工程来增加灌溉面积、设立农业试验场来改良品种、施行米谷验查、改进肥料、设立农业仓库来改进流通、驱逐害虫、推进双季米作等等。因此蓬莱米的种植面积乃迅速遍布于全岛。

在蓬莱米未出现的1910年代时,台湾产米不到500万石,至1920年代后期,

① 应廉耕:《台湾省农业经济》,北京:农业出版社,1983年版,第89页。

② 台湾总督府殖产局:《台湾米谷要览》,台北:1936年,第34—36页。

蓬莱米在全岛普及之后,稻米生产突飞猛进,产量最高时几乎达 1 000 万石大关,同样的土地产量增加一倍。输出量也从原来的 23%,约 100 万石,增加至 520 万石,占稻米总量的 53%。同时,台湾原有的单一蔗作种植业也出现大的结构变革,总督府增加稻作农业奖励政策。台湾农业之产业结构从 1910 年代的以台湾砂糖生产为主,渐次转化成为以米、糖二大农产品为主的商品化生产。同时,在总督府的政策扶持下,三井物产等日本商社几乎垄断了台湾稻米输出。1922 年后,蓬莱米出口量的增加,带动台湾整个米价水平的上涨,由于米的价格逐渐超过甘蔗的收买价格,农民因为种米的收益较高,纷纷舍弃甘蔗改种稻米,造成蔗价水平的上涨。制糖会社的甘蔗原料收购受到价格上涨及供给不足的压力日增①。米糖产业结构的竞争趋于激烈。由于蓬莱米具有的经济作物性质,由此造成 1920 年代中期起台湾农业生产和对外贸易结构发生巨变,即由砂糖单一经济作物为中心的生产、贸易结构,转变为以米、糖两大经济作物为中心的生产、贸易结构。总之,随着蓬莱米的出现和普及,1920 年中期以后台湾的殖民经济发生质的变化。米、糖之间具有竞争性,因而在 1930 年发生"米糖相剋"的问题。

蓬莱米得以迅速推广和发展的背景,除了台湾总督府以威权专制大力推行外,还有几点主要的客观原因。第一,蓬莱米的收获期恰好是日本国内青黄不接时期,因此,在价格方面处于有利地位。其次,对台湾农民来讲,种植蓬莱米比种植在来米收益高,据台湾总督府调查,每千斤蓬莱米比每千斤在来米(本土米)可多获 3 元到 21 元的收益。再次,从收益上讲,种植蓬莱米比种植甘蔗有利。随着蓬莱米的种植成功和普及,台产蓬莱米逐渐成为出口日本市场的主要米种。1926 年蓬莱米出口日本市场仅占总出口数量的 40.55%,以后逐年递增,1932 年为 66.20%,到 1938 年上升到 84.32%。相比之下,在来米(本土米)的出口数量却大幅下跌,从 1926 年的 21.38%,到 1932 年的 10.22%,逐年减至 1938 年的 3.07%。蓬莱米已完全取代了在来米的地位。台湾总督府推动蓬莱米栽培栽种面积,提高其产量并大力向日本出口,加强了把台湾的稻米生产与日本的农业融为一体的倾向,使之成为日本农业的补充,从而加深了对日本经济的依赖。充分暴露了"蓬莱米的殖民地商品性格",所以,"蓬莱米的出现,对于台湾殖民地经济,具有不亚于移植制糖业的重大意义"②。而且"奠定了米的商品化地位,并占据向日本输出稻米的首位。在来米则由输出米退居为岛内专用之食用米的地位"③。蓬莱米在岛内的迅速普及,使得台湾的殖民地单一农业

---

① 邱士荧:《"嘉南大圳"与台米的剥削:评八田与一》,台湾:日本综合研究所网站 2005 年 12 月 5 日。由于蓬莱米的米价超过甘蔗的收购价格,因此甘蔗种植面积自 1918 年后在北部停止扩张,在南部甚至逐渐减少。日资制糖会社所支配的土地面积,从 1921 年到 1929 年已减少了大约 9 584 甲(涂照彦:《日本帝国主义下の台湾》,东京:东京大学出版社,1975 年版,第 96 页、第 99 页)。

② 涂照彦:《日本帝国主义下の台湾》,第 84 页。

③ 黄登忠、朝元照雄:《台湾农业经济论》,东京:税务经理协会,2006 年版,第 10 页。

(monocul ture)发生很大的变化,从 1910 年代的砂糖生产转化为米、糖双元型农业经济的商品生产,这也是此时期台湾总督府米糖农业政策的最大特点。

蓬莱米的成功培植,不仅在生产方面,在销售流通领域也发生了极大的变化。自 1929 年的世界经济危机爆发之后,蓬莱米的输出即被以三井物产为首的日本垄断财阀资本所操纵,三井财阀还在台湾各地设置米谷仓库和米谷检查所,以便更有效地将掠夺来的台湾农产品和优质稻米运往日本或输出其他地区,以获取暴利。所以,台湾"米谷经济最大的获利者,乃是以台湾本地的地主和少数日本米谷贸易商所组成的共生结构"[①]。如三井物产、三菱商事、加藤商事、衫原产业等四大米商独占台湾稻米输出的 90%以上[②]。

总督府大力推动台湾当地在来米的改良,使台湾稻米的生产逐渐商品化,其主要目的是为供应日本本国市场的优质稻米,以补充日本的粮食不足(参考表三十六)。但由于输出日本的稻米数量急增,形成岛内米价上涨,造成低收入阶层生活的困苦。为稳定殖民地统治秩序,须保持本岛一定程度之粮食供应,总督府遂于 1919 年公布《米谷输出限制令》,非经特准不得输出。台湾米谷输日在 1900 年只有 1 400 公吨,至 1925 年,增加为 355 000 公吨,占当年台湾稻米产量之 38%[③]。为全面控制台湾稻米的收购及加工,在总督府的政策推动及台湾银行的金融支持下,日本资本即以雄厚的资金实施购米代金的预先贷款制度来支配土著资本的土笼间[④],再通过土笼间对农民发放高利贷而广泛地控制着

---

① 林继文:《日本据台末期(1930—1945)战争动员体系之研究》,台北:稻乡出版社,1996 年版,第 55 页。

② 台湾总督府殖产局编印:《台湾の米》,台北:1938 年,第 58 页。

③ 台湾省文献委员会:《台湾近代史》(经济篇),南投:1995 年印行,第 133 页。

④ 所谓的土笼间,即兼营碾米业的本地地主资本形态,其在出租耕地收取佃租之同时,大量收购并囤积农民的米谷,进行精加工后投入市场出售(参见潘志奇:《台湾之社会经济》,《日据时代台湾经济之特征》,台湾研究丛刊第 53 种,台北:台湾银行经济研究室,1957 年,第 37 页)。也有不少地主设立土笼间,处理自己通过实物租取得的稻谷,同时也接受佃农及邻近村民委托代碾稻谷。有些土笼间还兼营杂货店,提供民生用品、肥料、农具,与农民交换稻谷;同时,也不乏把这些商品当做预先贷款的一部分付给农民的情形(甲本正信:《土笼间について》,《台湾农事报》343,1935 年,第 11 页;根岸勉强:《垂直の米谷生产分化と土笼间阶级》,《农业经济研究》12(4),1936 年,第 62 页);"土笼间"可以称为是一种高利贷资本。此外,所谓的"土笼间",往往也就是地主本身所经营,更强化了其在交易中的优势地位。1910 年代后,随着米谷商品经济的发达,"土笼间"渐出现专业化的趋势,开始累积商业的资本(参见川野重任:《台湾米谷经济论》,东京:有斐阁,1941 年版,第 130—136 页)。土笼间也可称是台湾农户的"副业",因其不过是附属于商业及信贷的经济活动,其本身并不构成重要的收入来源(根岸勉强:《垂直の米谷生产分化と土笼间阶级》,《农业经济研究》12(4),1936 年,第 62 页);土笼间的利润主要来自商业投机及高利贷利息,特别是出自手头上老是欠缺现金以应付生活支出、税金及耕作资金等紧迫压力的贫农阶层。与其称呼较少工业家特性的土笼间为加工业者,不如视其为米谷交易中介业者或高利贷资本(柯志明《米糖相剋——日本殖民主义下台湾的发展与从属》,台北:群学出版有限公司,2003 年版,第 186 页)。

台湾农村的稻米生产[①]。土笼间在收购农产品时,往往采取在耕作前提供农民现金贷款(为了要缴纳地租及获得生产资金)来压低收买价格的手段[②]。可称是一种高利贷资本。米谷的加工原本主要是由农家自行处理,随着商品化的扩展,碾米的工作也逐渐脱离农民的掌握[③]。在1914年时,只有16.89%的台米是由土笼间处理;及至1933年,土笼间已包办73.38%的米谷[④]。相对台湾糖业而言,以土笼间为代表的台湾碾米业长期由土著资本控制。1932年,岛内3 051家碾米厂中,仅有37家(1.2%)为日资企业[⑤]。至1939年,日资控制的碾米厂增至7%[⑥]。土笼间的存在强化了地主在交易中的优势地位。这是因为米谷流通过程主要控制在地主→碾米业者/中间商这一部分。米农要生产稻米,就必须缴纳地租和准备生产资金,因此地主往往在耕作前提供农民现金贷款,在稻谷收割后,身兼碾米业者(土笼间)的地主就可用低价收购米谷,进行碾米、加工的工作。换句话说,"地主"同时也是"米谷的加工者"与"农民生产稻谷所需资金的放款者",这种三位一体的结构有利于压低米谷价格,所以以日本人为主的输出商也乐观其成,刻意地加以维护,以保持台湾输日米谷的价格优势[⑦]。大约从1929年到1931年,台湾米谷的商品化率为63.51%[⑧]。但因为米谷的贩卖是集中在地主手中,米谷的商品化与大量外销,并不意味着殖民地生活水平的提升[⑨],反而可能因为要种植外销所需的蓬莱米,牺牲佃农所消费的在来米的种植。

---

① 史明:《台湾人四百年史》,台北:蓬岛文化公司,1980年版,第376页。

② 潘志奇:《台湾之社会经济》,《日据时代台湾经济之特征》,台湾研究丛刊第53种,台北:台湾银行经济研究室,1957年版,第37页。

③ 柯志明:《米糖相克——日本殖民主义下台湾的发展与从属》,台北:群学出版有限公司,2003年版,第184页。

④ 台湾总督府殖产局商工课编:《台湾商工统计》,台北:台湾总督府殖产局商工课,1937年,第17号,第54—55页;根岸勉强:《垂直の米谷生产分化と土笼间阶级》,《农业经济研究》12(4),1936年,第31页;台湾总督府米谷局编:《米谷要览》,台北:台湾总督府米谷局,1935年,第7页。

⑤ 根岸勉强:《日据时代台湾之农产企业与米糖相克关系》,《台湾经济史七集》,张粤华译,台北:台湾银行经济研究室,1959年,第67页。

⑥ 然而,与同期的殖民地朝鲜相比,其碾米业的54%为日资企业控制(Mizoguhi and Yamamoto1984:419。转引自柯志明《米糖相克——日本殖民主义下台湾的发展与从属》,台北:群学出版有限公司,2003年版,第184页)。

⑦ 涂照彦:《日本帝国主义下の台湾》,东京:东京大学出版会,1975年版,第206页。

⑧ 同上,第198页。

⑨ 林继文:《日本据台末期(1930—1945)战争动员体系之研究》,台北:稻乡出版社,1996年版,第54页。

表三十六 日据时期台湾米糖生产及对日输出量之变动

（单位：千公吨）

年度	稻米（糙米）			砂糖			输日占总输出％
	生产量A	输日数量B	B/A %	生产量A	输日数量B	B/A %	
1900	307	1.4	0.5	27	——	——	——
1905	622	90	14.5	50	34	68.0	95
1910	598	104	17.4	204	126	61.8	99
1915	684	122	17.8	208	136	65.4	100
1920	692	103	14.9	223	291	130.5	93
1925	920	355	38.6	480	428	89.2	94
1930	1 053	317	30.1	810	743	91.7	100
1935	1 303	642	493	661	68.4	100	
1940	1 129	408	36.1	1 133	1 154	101.9	88
1944	1 068	166	15.5	892	400	44.8	84

注：(1) 稻米系根据台湾省粮食局编制：《台湾粮食统计要揽》，1949 年；

(2) 砂糖系根据《台湾糖业统计》编列，其中对日输出量超过当年生产量者，即系包括前年库存在内。

资料来源：吴田泉：《台湾农业史》，台北：自立晚报社出版部，1993 年版，第 367 页。

二 “米糖相剋”——台湾米糖业的博弈

在“工业日本、农业台湾”的殖民地政策导向下，台湾总督府大力发展台湾的米糖经济，甘蔗种植与制糖业、稻谷业均有明显发展。但至 1925 年以后，岛内却发生“米糖相剋”问题。因为蓬莱米的种植价值高，台湾农民纷纷转种稻米，使日资制糖会社无法顺利取得制糖原料，如此一来，“蓬莱米变成甘蔗的剋星”，渐渐地形成“米糖相剋”。这种现象，以台南、台中为中心，激烈地展开“米糖相剋”问题①。所谓的“米糖相剋”问题，表面上指的是日据时期台湾最重要的稻米和砂糖两个产业部门间冲突的问题：当两个部门都要扩大生产时，就在耕地上形成了冲突——究竟是多种稻还是多种甘蔗，实际上是“糖业的利润建立在米作部门的落后与不利的相对价格上”②，即由于日资糖业资本欲维持并扩大甘蔗种植面积而产生的。相剋的实质就是“台湾农民的利益和日资糖业资本利润冲突问题”③，“糖业资本考虑的是在寻求满足必要的原来需求而扩张产量及

① 高明士：《台湾史》，台北：五南图书出版公司，2006 年版，第 216 页。

② 柯志明：《日据台湾殖民发展研究再思考》，载《台湾史田野研究通讯》1999 年第 13 期。

③ 周翔鹤：《日据时期（1922 年以前）台湾农家经济与“米糖相剋”问题》，载《台湾研究》1994 年第 2 期。

耕地面积时如何减低成本的问题”[①]，从而反映出台湾农业的殖民地性质。日本学者川野重任认为蔗作与米作的“争地”是造成“米糖相克”的重要原因。他指出，在台湾南部旱田区，商品作物甘蔗的入侵已达极限，故值得北上，进入以蓬莱米栽培为主的中北部水田区争地。这就是“米糖相克”的直接原因[②]。台湾学者涂照彦则指出：作为殖民地的台湾，米和糖的生产都是服从宗主国日本的需要的。日本本身不产糖，甲午战争之前，对日本而言，砂糖的大量进口始终是一个沉重的财政负担。因此占据台湾以后，台湾总督府禀承日本政府之意图，一直致力于发展甘蔗种植业与砂糖加工业。最后，台湾砂糖对日输出最后占至日本砂糖消费市场份额的90%左右。因为日本也是稻米生产国，台湾的稻米对日本虽然没有砂糖重要，但在每年青黄不接时廉价的台湾稻米大量输日，对于抑制日本的米价是很重要的。20世纪20年代日本在向帝国主义转化的阶段是非常需要低米价的。因此，“米糖相克”并非殖民地台湾本身的经济问题，而应从日本帝国主义演化的高度来看待：当日本帝国主义要求殖民地台湾同时生产更多的米和糖时，相剋就发生了[③]。涂照彦对此归结到：“米糖相克问题从现象上来看……表现于糖米比价率的降低，其根本的决定因素，不外乎是土地所有关系。”[④]

同时，蓬莱米的培育成功，也成为促使“米糖相剋”产生的一个重要原因，在以砂糖作为单一经济商品的台湾，由于糖业投资的不断扩大，许多资本家开始进军台湾北部市场，因此严重影响到北部种稻的势力范围，而由于种植蓬莱米十分有利，岛内开始大面积种植，对日出口也大幅度提高(参考表三十七)。从1915年至1935年的20年间日本每年从韩国进口稻米净额自1 870千石上升至8 246千石，同时期从台湾进口净额则自636千石上升至4 505千石。由于来自台湾、朝鲜等殖民地的进口米骤增，其进口净额对日本本土米产量的比率也自1915年4%上升至1935年的25%[⑤]。

---

① 柯志明：《所谓的“米糖相剋”问题：以日据台湾作为一个依附发展的例子》，载《台湾风物》第40卷第2期。

② 川野重任：《台湾米谷经济论》，东京：有斐阁，1941年版，第82—83页。

③ 涂照彦：《日本帝国主义下の台湾》，东京：东京大学出版会，1975年版，第105页。

④ 同上，第107页。

⑤ 由于日本大量输入殖民地进口米，造成对日本农业的重大冲击，农业生产停滞，日本农民的收入也受到威胁。日本农产品的交易条件转趋不利，日本农民的米作实质收入下降(Hayami and Ruttan，1970：563，567—568。转引自柯志明《米糖相剋——日本殖民主义下台湾的发展与从属》，台北：群学出版有限公司，2003年版，第163页)。

表三十七　日本国内米消费与供给(1915—1939)

(单位:千石)

年　度	总消费	总产出	殖民地米净输入	
			台湾	韩国
1915	58 921	57 008	636	1 870
1920	62 318	60 809	637	1 641
1925	67 046	57 170	1 582	3 682
1930	68 910	59 558	2 178	5 089
1935	70 553	51 840	4 505	8 246
1939	79 320	65 869	3 957	5 583

蓬莱米 1 石(糙米)=238 斤;在来米 1 石(糙米)=233 斤;

日本米 1 石(糙米)=243 斤;韩国米 1 石(糙米)=240 斤。

资料来源:《经济年鉴》,东京:东洋经济新报社,各年版。

1925 年,台湾糖产量为 480 000 公吨,其中 428 000 公吨(90%)被输出到日本①。随着蓬莱米的种植成功和产量提高,至 1925 年以后,台湾稻米的生产摆脱了长期停滞的状态,种植稻米的耕地面积和稻米产量不断提高,而同时,种植甘蔗的耕地面积和产量随之大跌,此时又赶上经济危机,多家制糖企业倒闭,"米糖相剋"现象始渐凸现。"米糖相剋"问题产生的总背景,源自宗主国日本本身的需要,特别是第一次世界大战以后,日本工业化和城市化的发展迅速,对粮食的需求与日俱增,1918 年日本发生的米骚动集中反映了其国内粮食短缺的问题。而来自台湾、朝鲜等殖民地优质廉价的稻米,对日本工业化贡献很大,也有助于降低日本国内劳动成本。20 世纪 20 年代以前,台湾主要是作为日本的砂糖供应基地,总督府在农业方面主要通过扩大甘蔗种植面积来提高甘蔗总产量,以为制糖企业供应充足的制糖原料。同时为了满足日本对台湾稻米的需求,由日本技师常年培育的蓬莱米(最初称台中 65 号)于 1922 年在台湾试验成功并迅速向全岛推广,绝大部分输出到日本,小部分为岛内日本人享用②。至 1930 年代,"台湾所生产稻米已超出其需要一倍,剩余的大都输往日本"③。相比之下,台湾输日稻米量较朝鲜少,是因为它还要供应日本砂糖消费量的 80%左右。日本既要台湾

① 台湾省文献委员会:《台湾近代史》(经济篇),南投:1995 年印行,第 134 页。

② 蓬莱米只供日本人享用,总督府进口廉价质次的安南米供台湾人民食用。"绝不能以普通的商品交换视之,这中间含有多种特殊利润的来源"(周宪文:《台湾经济史》,台北:开明书店,1980 年印行,第 751 页)。

③ 陈绍馨:《台湾的人口变迁与社会变迁》,台北:联经出版事业公司,1979 年版,第 117 页。

的砂糖,也要台湾的稻米[①]。米糖产业成为总督府同时关注的两大重要产业。

但是,台湾蔗农则长期受到盘剥,"米糖相剋"现象之前,在糖价大幅上涨时,日资制糖会社获得高额利润,而蔗价不变,农民不能分享到糖价上涨的利益。在总督府与日资制糖企业的双重压制下,蔗农沦为单纯的原料供应者,收购价格被压到最低,许多人要向日资制糖会社贷款才能维持生活[②]。而根据总督府制定的《原料采取区域制度》,农民必须将甘蔗卖给所在区域之制糖企业,不得转移他处外销[③]。这样,种植甘蔗的收入就难与稻米种植比较,稻农的收入要比蔗农稳定,由于种稻比蔗作有利,有些蔗农转向种稻。还有一个重要的问题是,日据时期台湾总督府保留了农村中传统的地主制和小农经营模式。虽然以日资制糖会社为核心的日本资本占据了大量耕地,但由于稻作的生产利润低微,日本资本才没有侵入这个领域。前面讲过,地主(自耕农)可根据自己的经济状况决定作物结构,但佃农则无此可能。米价上升时地主强迫佃农转种蓬莱米[④],亦加剧了"米糖相剋"的冲突。

日据初期,日资制糖会社的甘蔗原料来源主要有二:一为会社自营农场生产之甘蔗,一为原料区内家庭农场生产之甘蔗。会社自营农场生产之甘蔗,百分之百由会社所掌握,但对原料区内家庭农场生产之甘蔗,"则须要透过价格、原料区农业推广措施来争取"。实施"原料采取区域制度"之后,日资制糖会社均派遣"分担员"常驻原料区,办理农业推广工作。还另聘请地方用力人事一名出任"原料委员",协助"分担员"办理农业推广融资、契约及原料采收、运输等事宜[⑤]。但岛内甘蔗收购价格全由日资制糖会社单方决定,台湾蔗农无从过问,形成对台湾蔗农极为不利的局面。日资制糖会社在决定收购价格时,可以从糖价、甘蔗生产成本及竞争作物的价格来考虑。当初,糖价高低是一项重要的计

---

① 日本五大城市东京、神户、名古屋、大阪、门司消费了80%的台湾输日稻米(台湾总督府米谷局编:《米谷要览》,台北:台湾总督府米谷局,1939年,第91页);仅东京一地市民消费的大米约有1/3至1/4来自台湾(川野重任:《台湾米谷经济论》,东京:有斐阁,1941年版,第152页)。

②④ 参见陈孔立主编:《台湾历史纲要》,北京:九州出版社,1997年版,第375页。

③ 临时台湾糖务局:《台湾糖业一斑》,台北:台湾总督府,1908年,第53—54页。

⑤ 原料委员不由日资制糖企业支领薪水,只依据甘蔗种植面积自制糖厂取得若干手续费。原料区对蔗农掌握情形,可由下列原料区农业推广措施窥见一斑,这些措施是分担员透过原料委员办理:1. 原料委员利用人际关系,鼓励农民和糖厂签约种甘蔗;2. 向蔗农提供融资措施;3. 提供优良蔗苗,以提高甘蔗产量和产糖率;4. 改进耕种方法之指导;5. 向厂方提供生产情形资料;6. 检验甘蔗糖分以判断生长情形及排定收获时间;7. 收获期间采收工人及运输之安排;8. 向厂方请领贷款后,发放给蔗农。由此可见,制糖会社不只是依契约收购蔗农的甘蔗,并且提供融资、代耕、技术指导,以增加单位面积甘蔗产量,藉以增加蔗农的收入。所以,日据时期的制糖会社具有企业研究及推广的身份(吴聪贤:《农业史》,台北:黎明文化事业出版股份有限公司,1992年版,第189—190页)。

算依据，其公式是[①]：

$$甘蔗原料收购价格=\frac{(糖厂总产糖量\times 蔗农分糖比例)\times 糖价}{蔗农所提供甘蔗斤量}$$

公式中蔗农分糖比例乃旧式糖廍留下来的分糖法，这个计算公式使用不久，就不被使用。“依照这个公式计算的话，总产糖量和糖价增加，会迅速提高收购价格，不但不有利于制糖会社利润，而且对扩大经营有负面效果，所以，往后糖价高低和收购原料价格无甚显著关系”[②]。这样，在甘蔗收购为日资制糖会社垄断的情形下，蔗农在出售甘蔗时没有任何选择余地，而依照收购价格计算的甘蔗收入很少高于甘蔗生产成本。台湾农民虽然没有选择出售的自由，但农民也可以有不种甘蔗而转种水稻等农作物的选择[③]。为避免甘蔗原料的短缺，日资制糖会社往往在公布甘蔗原料收购价格后，再以甘薯和稻米等甘蔗的竞争作物的价格，为甘蔗原料收购价格的比较，若发现甘薯或稻米的价格上升时，日资制糖会社则依照变动比率给予蔗农补贴。在南部，甘薯是甘蔗的竞争作物，所以，南部的日资制糖会社大都参照甘薯价格变动情形决定收购价格的补贴金额，而中北部则参考稻米价格变动情形来决定原料收购价格的补贴幅度。甘蔗原料收购价格盯住稻米或甘薯价格变动下，大致上出现前者略高于后者，但不能仅凭价格来臆断甘蔗收益大于竞争作物，因为农场收益除价格以外，尚取决于作物单位面积收获产量、单位面积成本、自家劳力运用情形及作物收获产量中能出售百分率。所谓作物收获产量中能出售百分率又可称商品化百分率，甘蔗和稻米及甘薯比较起来商品百分率高[④]。

在“米糖相克”的冲击下，日资制糖会社渐次推行“米糖比价法”，即甘蔗收购价格决定于米（或其他对抗性作物）的价格。也就是稻米价越高，甘蔗采收价

---

① 张汉裕：《日据时代台湾经济之演变》，《台湾经济史二集》，台湾研究丛刊第 32 种，台北：台湾银行经济研究室，1955 年版，第 191 页。

② 吴聪贤：《农业史》，台北：黎明文化事业出版股份有限公司，1992 年版，第 187 页。

③ 虽然总督府并未强制规定蔗农在区域内植蔗，然蔗农常因经济上的理由不得不植蔗，由于向会社商借前贷金而必须从事责任斤量的栽培，并且以卖蔗所得的利润偿还会社的借款本息，在甘蔗价格由区域内之会社片面决议后，价格压低后，蔗农在高利贷重压下，无法偿还会社本息，为维持生计，只得受借款本息及契约的束限，继续种植甘蔗，也使制糖会社掌握价格独占权（吴季晏：《日据前期台湾砂糖出口市场的转变（1895—1915）》，台南：成功大学历史语言研究所硕士论文，1994 年 7 月，第 25 页）。

④ 拿甘薯来讲，原本是一种用以养猪的饲料作物，所以，甘薯本身商品化程度低，而市价也不会升高，但是毛猪却是百分之百的商品化产品。如斯言之，甘蔗若直接和甘薯或稻米比较来决定原料收购价格时，并不能很清楚地直接反映两种作物给农家带来的收益情形，而且有偏低反映的现象。农民在选择甘蔗和竞争作物时，可能没有办法将养猪收益也计算，而仅仅对甘蔗和甘薯作比较。甘蔗和竞争作物相形下，商品化百分率高，蔗农因感于甘蔗可以全数经由原料区安排卖给糖厂，即使在价格相差不多情况下，种甘蔗的安全感绝对地高于其他作物（吴聪贤：《农业史》，台北：黎明文化事业出版股份有限公司，1992 年版，第 188 页）。

格随之增高,"企图吸引农民继续种蔗,压制转种稻米,不过成效并不高"①。米糖比价的字面含义似乎是要在米价与糖价之间寻求一个适当的比率②。其实不然,甘蔗收购价格与糖价之间的关系才是制糖会社关切所在③。总督府这项政策的设计目的,在于切断蔗价与糖价间传统的关联,使蔗农无法分享制糖业在总督府特惠保护下的丰厚利润④。这样,在糖价大幅上涨时,日资制糖企业由于生产成本基本不变(蔗价占据了制糖成本的大部分),可以获得高额利润。尤其在第一次世界大战期间,糖价大涨,各大日资制糖企业获利超出上年一倍以上。但是,由于蔗价并不决定糖价,农民并不能分享糖价上涨的利益⑤。日资制糖会社在垄断甘蔗收购情形下,获利甚多。根据糖业联合会"生产费与糖价"的计算,1922年至1931年的十年间,日资制糖会社的利润率为12.98%,1924至1933年的十年间则为14.18%,但同期日本股券平均收益率最高也不过9%。由此可知日资制糖会社在台的牟利情形⑥。

因而,在蓬莱米试种成功并开始大量输日以后,种植稻米的农户得到切实好处,使得农户偏向种植稻米,从而影响到甘蔗种植面积的稳定。蓬莱米开始输出日本以后,其在日本市场的价格虽低于日本本地米价,但却追随日本米的价格波动,日本米价的稳定或上升,使种植蓬莱米的农户收益增加,台湾农民的生活也有所改善⑦。岛内的在来米价格也随之上升,米价的普遍上升使得农民

---

① 杨彦骐:《台湾百年糖纪》,台北:猫头鹰出版社,2001年版,第73—74页。

②③ 张汉裕等:《米糖比价之研究》,《台湾银行季刊》第5卷第4期,台北:台湾银行,1953年。

④ 信夫清三郎:《近代日本产业史序说》,东京:日本评论社,1942年版,第351页;张汉裕:《日据时代台湾经济之演变》,《台湾经济史二集》,台北:台湾银行经济研究室,1955年版,第53页。

⑤ 陈孔立主编:《台湾历史纲要》,北京:九州出版社,1997年版,第363页。

⑥ 吴聪贤:《农业史》,台北:黎明文化事业出版股份有限公司,1992年版,第188页。

⑦ 日本政府大量输入殖民地稻米,虽然有助于压低日本米价的上升,但损及日本农民的利益,遂引发日本农民的广泛抗议,也造成20世纪30年代前期的政治不安定(参见石川悌次郎:《台湾米谷における专卖论》,东京:经济情报出版社,1936年版,第7—11页;高桥龟吉:《台湾现代经济论》,东京:千仓书房,1937年版,第191—196页)。为应对国内的农业危机,日本政府以保证价格收购市场上过剩的日本米,提高米价,以保障农民的收入(参见高桥龟吉:《台湾现代经济论》,东京:千仓书房,1937年版,第195—198页;总督府殖产局米谷课:《台湾米谷关系例规》,台北:台湾总督府殖产局,1938年,第13—26页等);提高日本米价的政策转而鼓舞一般米价的上涨,诱引更多殖民地米进口(大间知治雄:《米谷管理と台湾产业の新使命》,台北:台湾日日新报社,1939年版,第12—13页;高桥龟吉:《台湾现代经济论》,东京:千仓书房,1937年版,第199页);日本米价的上涨最终还是延伸至进口市场,提高日本市场上殖民地米的价格,让殖民地的米生产者多少得以分享日本米价保护政策的好处。随着日台间市场关系的扩大与单一化,蓬莱米价格与日本米价的波动日趋一致。蓬莱米外销促成米生产的进一步商品化,蓬莱米变成纯外销商品(柯志明:《米糖相克——日本殖民主义下台湾的发展与从属》,台北:群学出版有限公司,2003年版,第165页)。

更偏向种植稻米，而进一步影响到甘蔗种植面积，这就产生出“米糖相剋”的问题①。

造成台湾稻米大幅增产还有两个重要的原因，一是由于日本农村的危机和米价的暴涨，1918 年 7 月 22 日，日本富山县发生“米骚动”②，震撼了整个日本社会，也促使台湾总督府采取多种政策手段，加快台湾稻米的增产幅度，以供应日本国内市场，缓解其粮食危机；二是台湾嘉南大圳③的建成。嘉南大圳是日据时期台湾最大的水利工程，自 1920 年开工，历时十年，1930 年竣工，总投资约 5 414 万日元（当时台湾人均日工资为四角至六角），嘉南大圳的建成，使台南一带的旱田和甘蔗田多改种植稻米。这也是造成“米糖相剋”的重要原因之一。

台湾米市场的急剧扩大，与台湾糖业的甘蔗作地发生极为尖锐的争地问题，迫使台湾糖业的发展停滞，给刚在昭和经济恐慌和世界经济危机遭到重创的台湾糖业雪上加霜。各制糖会社纷纷拟定实施所谓的《米价比准法》，也就是米价越高，甘蔗收购价格随之提高，企图借此吸引农民继续种植甘蔗，企图“诱使”农民转种稻米。如上所述，成效并不显著。另外，台湾总督府也基于对日本本土提供稻米的战略需求，也改变了以往对单一经济作物的政策，积极鼓励农民转种稻米，这项政策的改变，使得台湾农业的经营逐渐多角化，制糖会社也在“米糖相剋”的过程中，不再仅从事甘蔗栽种和砂糖生产，也被迫朝向多元化发展，投资经营糖业以外的其他行业。如在 1930 年代，台湾制糖株式会社除了制糖外，也从事土地开发、运输、制造酒精、造纸、食品加工及化学工业，为台湾“最主要的资本家、大地主、最大加工业”④。此亦成为日据后期台湾糖业的特色，这是“米糖相剋”所带来之最重要的时代及历史意义。

最初，日资制糖企业对待“米糖相剋”问题的对策是采取惯用的债务捆绑办法，对处境困难的农户发放生产和生活贷款，同时与他们签订合同，规定他们按制糖企业的要求种植甘蔗。但日资制糖企业认为这样做尚不足以保证他们对甘蔗的需求，他们要求台湾总督府行使威权，通过殖民地经济政策进行强力干预。按照总督府技师八田与一的建议，台湾总督府为保证日资制糖企业的利

---

① 台湾学者涂照彦认为：米糖相剋的意义不外是，原本日、台资本勉强平衡的状况由于日本本土经济的变化而无法维持，本地资本借机扩张反扑，造成日资逆退的局面（涂照彦：《日本帝国下台湾经济——研究蓄积再检讨》东京：岩波书店，1972 年版，第 812—815 页）。

② 1918 年 7 月，以日本富山县鱼津町渔家妇女拒绝外运粮食为导火线，日本现代史上第一次全国性的群众自发反抗运动“米骚动”突然爆发，日本四分之三的地区先后发生抢米风潮，最终导致寺内正毅内阁于 1918 年 9 月 28 日被迫解散。

③ 嘉南大圳也称乌山头水库，为台湾最大的人造湖，也是亚洲唯一的湿式土堰堤，总灌溉面积为 15 万甲。灌溉范围涵盖今日的云林、嘉义、台南等地区，南北长 90 公里，东西宽约 20 公里。其主要工程是位于台南县官田乡及六甲乡的珊瑚潭。

④ 吴聪贤：《农业史》，台北：黎明文化事业出版股份有限公司，1992 年版，第 175 页。

益，在嘉南大圳灌区采取强制轮作制度，来保证蔗田面积，即每150甲为一个给水区，以下再分成三个区，夏天在第一区种稻，秋、冬在第二区种甘蔗，第三区种杂粮①。农民本来可以种二季水稻，却被迫改种甘蔗。同时台湾总督府硬性规定，将输入砂糖加征35%的附加税，使糖价暴涨，提高甘蔗的价格，以刺激蔗农的生产积极性。

在“米糖相剋”的特殊背景下，日资制糖会社也被迫作出一定程度的调整与让步。仅以制糖会社而非农民的角度来看，制糖会社的利润计算公式为：制糖会社的利润＝商品价格（糖价）－生产成本（蔗价等），由此可知，制糖会社若想提高利润，一是提高糖价，二是压低生产成本（透过压低蔗价或提高生产力）等方式②。1905年台湾总督府为保证日资制糖会社有充足的原料，制定并施行《原料采取区域制度》，将全岛划分为40多个原料采取区域，一个区域内的甘蔗不可以运出区外，也不可以移作他用，而只能卖给该区域内的制糖会社。制糖会社成为甘蔗原料的独买者，并因此享有指定价格的能力，但因为法律规定与自然条件使农民可自由选择种植稻作与蔗作③。所以日资制糖会社在制定其收购区域内的甘蔗价格时，不得不顾虑农民培育甘蔗的机会成本，亦即被放弃耕种的稻作之产值④。

为保护在台之日资制糖会社，并维护日本农民之利益，自1933年起，台湾总督府采取了压制台湾稻米生产、保障日本糖业资本的一系列米谷控制措施⑤。1932年7月，总督府殖产局设立“米谷统制系”；同年8月8日，日本农林省也设立“米谷事务所”，共同加强对台米输日的政策控制。10月11日，日本农林省与拓殖务省共同促使总督府在1934年、1935年施行米谷减产政策。11月1日，日本连同两殖民地朝鲜、台湾全面实施《米谷统制法》（法律第二十四号）；1934

---

① 古川胜三：《嘉南大圳之父——八田与一传》，台北：前卫出版社，2005年版，第93—95页。

② 瞿宛文：《对柯志明〈所谓的“米糖相剋”问题〉的一点意见》，载《台湾社会研究》第2期，2000年9月。

③ 古彗雯、吴聪敏：《论“米糖相剋”》，载《经济论文丛刊》第24卷第2期，1996年6月，第188页。

④ 同上，第174页。

⑤ 实际上，台湾岛内的米谷产销虽由本地米谷商操纵，但输出日本的稻米则集中在日本商社手中，使得米谷问题充满矛盾。在台日本米商与日本农民利害相左；日本农林省与拓务省立场不同，都市资本家亦寄希望台米的输日能压低日本物价，减低成本。总督府面对米糖相剋与日本谷贱伤农，仍采取压抑台米、保障糖业资本措施，打击米谷商（包括中日商人）及地主的利益，因此，台湾的重要米商联合发动“台湾米移入制限反对运动”，1933年赴日请愿，成为日治时期的最后一波反对运动（高明士：《台湾史》，台北：五南图书出版公司，2006年版，第216—217页）。

年3月，台湾总督府又开始实施《临时米谷移入调节法》。同年日本农相后藤文夫[1]提出《临时米谷耕作面积减少案》(即减产案)[2]。1934年2月10日，日本政府(斋藤实内阁)制定《临时米谷调节法》。1935年1月，日本农林省正式向日本帝国议会提交《米谷自治管理法案》，主张减少台湾输日米谷220万石[3]。经过多次修改后，1936年日本帝国议会通过《米谷自治法管理案》，要求日本、朝鲜、台湾同时减产稻谷。按照日本政府之战略意图，并为适应岛内工业化之进程，台湾总督府通过劝诱补贴转作等方法来劝诱农民放弃稻作，鼓励种植经济作物，以为工业化增添急需之工业原料。但在1937年七七事变以后，日本对台湾稻米的军需转而上升，情况发生变化。以往总督府提倡减少稻田、转作蔗田的稻米产业政策骤然逆转，随着战争对军需米需求的直线上升，“米糖相克”问题才不被提起[4]。

---

① 1926年9月22日至1928年6月26日，后藤文夫曾出任伊泽多喜男总督时期的总督府总务长官。

② 石川悌次郎:《台湾に于ける米谷专卖论》，东京:经济情报社，1936年版，第21—22页。

③ 林继文:《日本据台末期(1930—1945)战争动员体系之研究》，台北:稻乡出版社，1996年版，第56页。

④ 1941年太平洋战争爆发后，向为日本南洋外米最大供应区之泰国、缅甸的供给力下降，自日本占领爪哇等地后，其甘蔗生产条件优于台湾，台湾糖业地位不复往昔重要，加上前线催粮，食粮作用已较甘蔗重要，农业政策重返米粮增产计划。纷扰许久的“米糖相克”终于画下休止符(高明士:《台湾史》，台北:五南图书出版公司，2006年版，第217页)。

第四章　日据时期之台湾水利业

台湾气候的特点是高温多雨，季风盛行，在为岛内的米糖等农业作物带来充足水资源的同时，由于雨量分布的不均匀，季风往往伴随着暴雨，岛内经常发生洪涝灾害。日据之前，来自大陆的移民在台湾兴建了许多的水利灌溉设施、防洪工程等。日本占据台湾以后，为推行"农业台湾"的殖民经济政策，在台湾总督府主导下，首先以威权专制手段夺取了岛内既有的水利工程设施管理权，并主持建设了一批新的较大规模的水利灌溉和防洪工程，在一定程度上推动了以米糖为主的台湾农业的发展。台湾学者周宪文将日据时期台湾总督府水利建设分为四个时期：1. 1903 年以前，民间自己经营的时期；2. 1903—1911 年，官设埤圳的时期；3. 1912—1937 年，水利组合经营的时期（嘉南大圳的建设也在这一时期）；4. 1938—1945 年，前半期总督府致力于小规模的稻米增产工程，后半期则建设、保养，皆归停顿①。整个日据时期的农业发展政策基本上是以水利为重心②。至 1930 年代以后，台湾总督府直接控制下的公共埤圳和水利组合共支配着高达八成以上的土地灌溉面积③。

第一节　以推动米糖产业发展为目标之台湾总督府水利政策

一　日据之前台湾水资源的开发利用状况

台湾岛内的耕地分为水田和旱地两大类，前者为有水利设施灌溉之耕地，后者为无灌溉之耕地。水田又因灌溉水供应情形之不同，分为两期作田与单期作田。两期作田为每年两期种植水稻期间，都可以有水灌溉之水田。单期水田则为一年只有一作可以有水灌溉之水田。第一期作有灌溉者为第一期作田，第二期作有灌溉者为第二期作田，轮作田亦为单期作田之一种④。

至晚清时，由于岛内移民急剧增加，对生活资料的需求大幅度增长，同时由

① 周宪文：《台湾经济史》，台北：开明书店，1980 年印行，第 469 页。

② 陈鸿图：《日治时期台湾水利事业的建立与运作——以嘉南大圳为例》，台湾辅仁大学《历史学报》第 12 期，2001 年 6 月，第 121—122 页。

③ 林继文：《日本据台末期（1930—1945）战争动员体系之研究》，台北：稻乡出版社 1996 年版，第 110—123、第 234—237 页。

④ 于宗先：《两岸农地利用比较》，北京：社会科学文献出版社，2004 年版，第 115 页。

于经济的发展，对经济作物的需求量也越来越多。而岛内耕地资源有限，再在开垦上做大文章是不行了，只有另辟途径才是出路。台湾人民意识到，只要适当增加劳动力的投入，就能提高土地的生产力。因此，他们在垦辟荒地的同时，又千方百计提高土地的利用率。水利的开发和利用受到空前重视，岛内对水资源的开发久而远之。早在日据台湾之前，迁入台湾的大陆移民为抵御台风侵袭，发展米糖等农作物生产，长期以来修筑了各种水利工程，以开发利用水资源，同时也把洪涝灾害减低到最低程度。荷据时期，为扩大稻米和甘蔗的种植，修建各种埤、潭、陂、井等水利设施。如参若埤，"在文贤里，自红毛时有佃民姓王名参若者，筑以储水灌田，遂号为参若埤云"。鸳鸯潭，"在文贤里，红夷时有鸳鸯戏于潭，故名"[①]。荷兰陂，"在新丰里，乡人筑堤，蓄雨水以灌田，草潭通此"[②]。但水利设施中最多的是开挖水井，进行灌溉，因其工程小、费用较省，又能兼做饮用水，所以早期汉族移民多开井取水。如乌鬼井，"在镇北方，红毛所筑，水源甚盛，虽大旱不竭"；红毛井，"在澎湖红毛城东，红毛所筑，故名"[③]。明郑时期，为解决军民粮食问题，遂在台南、嘉义等地开圳设埤[④]，兴修各种水利灌溉工程，实行大规模的屯垦和鼓励大陆移民开垦。据陈文达的《台湾县志》记载有陂仔头坡，"在文贤里，明郑时所筑以灌田者，大旱则涸"；草潭，"在新丰里，明郑时筑，方半里许，蓄雨水以灌田"；弼衣潭，"在新丰里香洋仔，明郑时所筑，蓄雨水以灌田"等[⑤]。又据陈文达的《凤山县志》记载有竹桥陂，"在竹桥庄，水源在阿猴林来，灌竹桥庄之田，明郑时所筑，又名柴头陂"；三镇陂，"在维新里，有泉，灌三镇庄之田，明郑时所筑"；三爷陂，"在维新里，有泉，灌三爷庄之田，明郑时所筑"等[⑥]。高拱乾的《台湾府志》还记载有月眉池，"系明宁靖王填筑灌田，形如月眉，中植红白莲花，甚盛"[⑦]等。

清初，大批来自大陆的移民进入台湾，出现了大规模的农田开垦，但"邑治田土，多乏水源，淋雨则溢，旱则涸"，为保证农业用水，岛内出现兴修水利工程的新高潮。台湾水资源的开发与利用主要体现在两个方面：一是灌溉，二是防洪。当时的水利工程各种各样，凡"相度地势之下者，筑堤潴水或截溪流，均曰名陂"。陂亦作埤，就是今日的水库。还有一种是"或决水泉，或导溪流，远者数

---

① 蒋毓英：《台湾府志》卷三。

②⑤⑥ 陈文达：《台湾县志》卷二。

③ 陈文达：《台湾县志》卷九。

④ 埤圳是台湾特殊的灌溉设施，其渊源可追溯至郑成功时代，属于以前官方建造的埤圳，或经地方官的设计与农民合作建造的也不少。在清朝治理台湾时，埤圳均由官方建造用以鼓励稻作（种村保三郎：《台湾小史》，台北：武陵出版有限公司，2000 年版，第 162 页）。

⑦ 高拱乾：《台湾府志》卷二。

十里,近亦数里,不用筑堤,疏凿溪泉引以灌田,谓以圳”,也就是今日的水渠①。当时修建的陂圳有200多处,规模较大的有彰化的八堡圳(施厝圳),灌溉面积19 000甲(约20余万亩)②。还有凤山的三里圳,灌溉面积3 500余甲(近4万亩)。陂圳灌溉所及,农田“无旱潦之患,而岁可两熟”。第三种是“地形深奥,原泉四出,任以桔槔,用之灌溉,谓之湖(或谓之潭)”。第四种是“就地势之卑下,筑堤以积雨水,曰涸水陂”,这种涸水陂,“小旱亦资其利,久则涸矣”③。可见,台湾农民利用各种办法,将溪水、雨水、泉水都尽量用于农田灌溉,保证农业用水。

清代台湾农田水利建设是随着大陆移民的移动而逐渐由南向北发展的。康熙年间,台湾兴修的水利工程大多在今台南、嘉义、云林县境内。康熙末年,大陆移民开始向斗六以北地区拓进,由彰化渡过大肚溪进入台中;雍正年间再由台中渡过大甲溪,乾隆年间到达苗栗、新竹以及桃园、台北等地。由此,农田水利工程的建设中心也移到中部和北部地区,期间,不仅在台南平原的北部修建了许多水利工程,而且在台中盆地、台北盆地,甚至于南投等丘陵山地也修筑各种水利工程。嘉庆年间,来自附近和广东的大陆移民越过三貂角进入宜兰平原,同治光绪年间,沈葆桢、刘铭传奖励开山抚番,在台湾东部开始修建水利工程。随着清代台湾土地开垦的不断扩展,水利工程建设不仅呈现由南向北、再向东发展的轨迹,而且水利工程的规模也呈现由小向大发展的趋势。

在大陆移民的艰辛努力下,台湾岛内兴修起大量的水利工程,至清末被迫割让台湾时,台湾已有半数以上的耕地可以得到灌溉之利④。台湾水资源的开发利用除了建设各种灌溉工程以外,还有一项重要工作是做好防洪工程,因为台湾山高河短,坡陡流急,又是多台风暴雨气候,因此各河下游两岸的洪水问题特别严重。为了保护农田,必须在河两岸建筑防洪堤以及开挖排水。早在荷据时期,从赤崁到新港河修建一条宽60英尺的道路时,在道路两旁各挖一条宽3

---

① 所谓埤是在地形上不容易引水的地方,或为储存水圳的溢水所设的贮水池,其构造大都是自地平线向下挖数尺,没有设提防。所谓圳是对平坦宽广而缺乏灌溉水利的田地,由有力的资产家或地方农民合作,根据地势筑一条水道从附近河川的上游引水,在下游分成几条支流,引水灌溉田地的水路(种村保三郎:《台湾小史》,台北:武陵出版有限公司,2000年版,第162页)。

② 八堡圳是清朝时期台湾最大规模的埤圳,其区域包括东螺东及西、武东、武西、燕雾上下、马芝、线东等八堡,供18 000余甲的田地灌溉。其次是凤山县的曹公圳,道光年间由凤山知县曹瑾首倡,从小竹上里的九曲堂庄将下淡水溪分流,使之疏通(种村保三郎:《台湾小史》,台北:武陵出版有限公司,2000年版,第163页)。

③ 周钟瑄:《诸罗县志》卷二。

④ 林仁川:《光复前台湾农业水资源的开发与利用》,载《台湾研究集刊》,2000年第4期。

英尺的排水汫[①]。为保护自己开垦的农田和家园，来自大陆的汉族移民相继在大安港、中港溪、曾文溪、后龙溪、头前溪、大甲溪和浊水溪两岸，集资兴建简易的防洪工程 14 处，堤防总长达 10 多公里，清代兴建的防洪堤防见下表：

表三十八　清代兴建防洪堤防

（单位：米）

堤　名	地　点	建筑年代	堤　长	堤　高	备　注
大安溪	卓兰附近，右岸	乾隆五十五年	220		嘉庆年冲失
中港溪	上东兴，左岸	道光十七年	180	3	1911 年冲失
曾文溪	直加弄，右岸	道光二十六年			
后龙溪	福基，右岸	1850 年前后	160		
后龙溪	立围墙，右岸	1850 年前后	220		
中港溪	内湾，左岸	光绪元年	180		1912 年冲失
中港溪	头份，右岸	光绪元年	180		
头前溪	下公庄，左岸	光绪三年	200	1	1920 年冲失
大甲溪	上游两岸	光绪七年	7 500		保护交通线、田庄
浊水溪	鼻子头，右岸	光绪七年	2 300		彰化知事主持兴建
头前溪	上山，右岸	光绪十三年	115	1	保护河岸及取水口
凤山溪	庄，右岸	光绪十五年	45	3	村民自建
头前溪	柯林庄，右岸	光绪十八年	36	1	保护农田
大安溪	鲤鱼潭，右岸	光绪十八年	75		1905 年冲失

资料来源：陈正祥：《台湾之水资源及其开发》，《台湾之水资源》，台湾研究丛刊第 83 种。

在以上的防洪堤防中，以大甲溪下游之石堤工程最宏大，堤长 7.5 公里，全部用溪卵石堆砌，外加竹制蛇笼保护，由当时的福建巡抚主持此项工程，1881 年建成。总之，在日据之前，由于台湾府的重视以及劳动人民的勤奋，台湾水利设施相当发达，虽然大型水利工程建设较少，但小型的、以民间为主的水利工程却得到普遍发展，“只要有水流就能看到埤圳的灌溉设施”[②]，由此对台湾近代农业的发展有很大的推动作用。水利设施的兴建，在一定程度上缓解了当时人与耕地之间的尖锐矛盾，其意义不亚于开荒拓土[③]。

---

① 村上直次郎译注，中村孝志校注：《巴达维亚城日记》第二册，东京：平凡社，1974 年版，第 292 页。

② 嘉南大圳组合：《嘉南大圳新设事业报告》，1930 年，第 1 页。

③ 方行等：《中国经济通史·清代经济卷》（上），北京：经济日报出版社，2000 年版，第 166 页。

二 台湾总督府对岛内水利设施之调查与控制过程

如上所述，自荷据时期、明郑时期、清朝时期，岛内已建立种植甘蔗和稻米的作物制度。大部分平地都已开垦为耕地，所剩无几。台湾总督府“认识到台湾农业生产之增加，不能再靠开垦平地之增加，而要想办法开发坡度不大之山坡地，河水不经过之荒野地，这些地方之开垦要仰赖工程化水利设施之兴建才能达成。有了充分水利后，耕地方式才能集约化，品种改良等生物技术改进才能奏效”[①]。日本占据台湾不久，总督府随即加强了对台湾农田水利设施的管控，并渐次将岛内农田水利之管理权由农民手中转置于总督府的强力管制之下。依据日据时期岛内水利设施的演变轨迹，可将台湾总督府控制的岛内水利事业大致分为以下四个阶段[②]：

第一阶段为水利设施调查时期(1895—1900) 日据之后，在乃木总督期间，台湾总督府就开始对台湾旧惯进行全面调查，台湾临时土地调查局在有关水利设施的调查中，“发现有关岛内埤圳的旧惯与日本传统的水利发展有很多相似之处，有利后来将台湾水利纳入日本的水利秩序”[③]。由此，台湾总督府开始着手调查台湾岛内的大小埤圳，并加以详细登记，为日后制定并实施《公共埤圳规则》、推进岛内水利设施的建设做好前期准备。

第二阶段是“公共埤圳”建设时期(1901—1907) 1901年7月4日，台湾总督府颁布《台湾公共埤圳规则》(律令第六号)，也就是关于整备水利设施的规则[④]，共16条。埤是蓄水池，圳是用于灌溉的河川。同年9月1日，台湾总督府又公布《台湾公共埤圳规则施行细则》(共28条)，根据规则第一条规定：

---

① 吴聪贤：《台湾农业史》，台北：黎明文化事业出版股份有限公司，1992年版，第175页。

② 也有若干不同分期，如台湾学者周宪文将日据时期台湾总督府的水利政策分为四个阶段：1. 1895—1902年为调查准备阶段；2. 1903—1911年为分散大规模水利建设阶段，重点为修复旧的水利埤圳，1907年台湾第一次在公共埤圳工程上采用钢筋水泥，这是台湾水利工程史上的一个大进展；3. 1912—1937年为水利综合开发阶段，其中投建北部的桃园大圳和南部的嘉南大圳两大水利工程，总灌溉受益面积达30万甲左右，均在10余年后完工；4. 1938—1945年为大规模水利工程和保养旧工程的阶段，使灌溉面积自1903年的24.07万甲增至1945年的62.13万甲，灌溉面积由28.17%增加到67.69%，共增加1.5倍(转引自周宪文：《台湾经济史》，台北：开明书店，1980年印行，第469—480页)。厦门大学林仁川的分期则为三个阶段(参见林仁川：《光复前台湾农业水资源的开发与利用》，载《台湾研究集刊》，2000年第4期)。

③ 陈鸿图：《日治时期台湾水利事业的建立与运作——以嘉南大圳为例》，载台湾辅仁大学：《历史学报》第12期，2001年6月，第131页。

④ 伊藤洁：《台湾》，东京：中央公论社，1993年版，第92页。

公共埤圳是"包括以灌溉旱田为目的所设立之水路,蓄水池及其附属物,而由行政官厅认为对于公共有厉害关系者,凡河川池沼之堤防,对于前项水利有直接关系者部分,亦视为埤圳之一部"。

由此可见,各种水利工程,包括防洪工程是否属于公共埤圳并不是由投资性质决定的,而是以总督府以及各州厅的行政官厅的判断为准。每一个公共埤圳的利害关系人(指受公共埤圳厉害关系之土地所有权人、典权人、佃户及埤圳主),须经官厅认可,要组成"组合",并作为法人代表。每一个公共埤圳组合设置理事、监事及技师、书记员等职。虽然公共埤圳组合管理人员是由协议会或组合会决定,但必须得到行政官厅的认可,同时行政官厅得以免职之处分。关于公共埤圳之一切水利争议,由行政官厅裁决。在公共埤圳财务方面,不但预算、决算等须经官厅之认可,且规定账簿种类,还可随时派员抽查。总之,通过《规则》和《细则》等一系列水利法规的颁布,台湾总督府将原本由民间集资、自行管理的台湾水利设施完全纳入其严密监督和控制之下,所谓总督府的"公权力"开始正式介入台湾的水利组织。1903 年起,公共埤圳被认定为具有"法人"的资格,即开始由日本劝业银行等日资金融机构贷于长期贷款。

第三阶段为"官设埤圳"建设时期(1908—1921) 台湾总督府并不满足控制岛内已有的水利工程,为促使台湾米糖得以大幅增收,满足对日本本土市场的米糖供应,还进一步筹建新的官设埤圳。1908 年台湾总督府颁布《官设埤圳规则》(律令第四号)和《附则》。所谓的"官设埤圳",指总督府为经营水利事业所设置之水路、蓄水池及其他营造物,直接有关前项水利之土地及其附属物,也为官设埤圳之一部。《规则》规定:官设埤圳之区域,由台湾总督府指定之;受官设埤圳水利之土地,也由台湾总督定之;关于官设埤圳之一切争议,由台湾总督裁决之;本规则未尽之必要事宜,由台湾总督府核定之。由《官设埤圳规则》内容看,台湾总督府直接控制各地的官设埤圳水利工程。当时成立的官设埤圳有新竹的桃园大圳,台中的后生圳、莿仔圳,高雄的狮子头圳等。其中,桃园大圳是"官设埤圳"中的最后一个工程。

为了对官设埤圳加以管理,1910 年总督府又颁布《官设埤圳水利组合规则》(府令第二十五号)。《组合规则》第一条规定,为举办官设埤圳水利及维护官设埤圳,在每一官设埤圳区域设置水利组合,水利组合由总督设置之。《组合规则》还规定,变更规约时,应经组合会议之议决,呈经台湾总督认可,总督认为有必要时,得以命令变更规约。从上可见,官设埤圳完全是由台湾总督一手控制的官办水利工程。台湾总督府以 3 000 万的预算为特别事业费,选择施工容易、效果显著、工程费超过 20 万元者给予补助,在全岛 14 个地区进行埤圳的改修与扩张工程的计划。官方财力与权力进一步介入组织的营运中,因为大量资本的投入，使得大规模的水利设施成为可能[①]。

在总督府主导下先后完成的水利工程有1920年完成的台南大圳、1925年完成的桃园大圳、1930年完成的嘉南大圳以及台南的虎头圳、盐水的头前溪圳、台东的卑南大圳、台北的溜公圳等。随着水利工程的建设，岛内耕地面积和水利灌溉面积也在不断增加，1904年，耕地面积为62万甲，灌溉面积约20万甲，占32%；1919年台湾的耕地面积达到75万余甲，1929年，耕地面积增为76万甲，灌溉面积增为28万余甲，占37%；到1941年增至88多万甲，其中得到水利灌溉的约为546 000甲[②]。其结果，促使耕种双季稻的水田面积增加，稻米产量大幅提高。同时也极大地提高了地租的增收，稻米品种的改良也得以积极进行。

第四阶段为“水利组合”发展时期（1921—1944）　为全面控制台湾岛内的水利工程，1921年12月，总督府颁布《台湾水利组合令》（律令第十号），水利组合再度取代公共埤圳组合及官设组合，使之成为支配台湾水利设施的第三形态。台湾总督府对于水利组合的管制更为广泛且严厉，除了继续实行公共埤圳的管理办法以外，又追加制订了经费出入、资金借贷及偿还办法、加入金组合费的征收办法及用途等有关水利组合的财政事项。同时组合长一职也由公共埤圳时的选举制改为总督的直接任命制。并增添“以土地生产物为原料的制造业者也有加入水利组合的资格”[③]的内容，这就为日资制糖企业支配水利开辟了道路。如此，台湾总督府与日本资本共同运作，通过对台湾水利事业的支配而控制台湾农业，显示出台湾总督府水利产业政策的殖民地本质特征。

由于《台湾水利组合令》的颁布，使得台湾的农田水利进入了彻底的监督期，台湾总督府得以借由“对水的控制”来推动稻米增殖的计划。日据时期的水利政策采取渐进变革的方式，1920年后官设埤圳改制为公共埤圳并让渡给所在地的州经营，这些公共埤圳又于1921年之后逐渐改组为水利组合[④]。但是，台湾水利组合仅表面具人民自治的形态，其实为日本计划统制经济下的变相地全面控制[⑤]。1922年台湾总督府又颁布《水利组合施行细则》，共6章65条及附则2条，同时公布《水利组合规约准则》。根据以上条令，将所有的公共埤圳和官设埤圳共约180多个单位合并为108个水利组合。1937年再合并为38个单位。根据

①④　郭云萍：《日治时期“嘉南大圳”的发展——1920—1945》，《台湾历史学会通讯》第10期，2000年5月，第17页。

②　参见伊藤洁：《台湾》，东京：中央公论社，1993年版，第92页等。

③　史明：《台湾人四百年史》，台北：蓬岛文化公司，1980年版，第372—373页。

⑤　邱士荧：《“嘉南大圳”与台米的剥削：评八田与一》，台湾：日本综合研究所网站，2005年1月25日。

"台湾水利组合令"的规定：在人事组织上，每个组合设组合长一人，水利组合长由总督、知事或厅长任命，任期4年，拥有较大权力；又设置评议会，评议会由组合长及评议员组成，对组合的事务仅有咨询功能。有关组合官吏的任免、职务权限、服务规律、惩戒、赔偿责任、身份保证及事务交代，皆由台湾总督规定之。水利组合的合并、废止、分割或区域变更，资金的借贷、偿还等，均须经总督府认可①。

在组合的财务管理方面，水利组合对于组合费或其他组合收入征收，并应支给地方公共团体所收金额4%以内的征收费。《组合令》还特别强调"本令所有规定外，关于组合费、劳务、实物、加入金、过怠金，或使用费之赋课征收，及其他关于组合财务之事项，由台湾总督另定之。可见，经过总督府先后三次水利政策的调整，台湾岛内的几乎所有水利工程悉数由台湾总督府掌控。正如《台湾省通志》所指出："水利组合之一切实权，均操于组合长之手，而组合长可由非组合员充任，且由知事或厅长任免，知事或厅长并可任免评议员，其权力之总枢纽，遂完全操于政府手中矣。"②另外，日资制糖会社依照《台湾水利组合令》的规定，在水利组合的评议会拥有固定的席次，而能参与水利组合的业务，台湾拓殖株式会社与制糖会社等日本民间企业更于1937年前后，投注大额基金于水利事业，日本民间产业资本因此取代了国家资本（如官营埤圳）介入水利组合的运作③。

第二节　日据时期台湾水资源的开发利用——大规模兴建水利工程

一　《台湾公共埤圳规则》、《河川法施行细则》等水利法规的颁布与实施

台湾属于海岛型经济形态，其气候条件对于米糖等农作物生产尚称有利，终年可生长作物，使农地可以充分利用。但也有不利的一面，主要的自然灾害有风灾、水灾、旱灾及冻灾等。台风袭台时，常带来强风豪雨，破坏力极大，是台湾每年最常见的灾害。台湾夏秋间台风出现频繁，骤风急雨，降雨量惊人，常引起洪水泛滥，造成水灾，淹没大片农田村舍，损失巨大。除台风之外，引发台湾

---

① 邱士荧：《"嘉南大圳"与台米的剥削：评八田与一》，台湾：日本综合研究所网站，2005年1月25日。

② 《台湾省通志》第4卷第3章"日据时期"。

③ 郭云萍：《日治时期"嘉南大圳"的发展——1920—1945》，载《台湾历史学会通讯》第10期，2000年5月，第17—18页。值得注意的是，日本本国与殖民地朝鲜的《水利组合令》，并未将典权人和以土地生产物为原料的制造业者列为组合员（参见新田定雄：《台湾水利组合令の研究》，《台湾の水利》第5卷第3期，1935年，第57页）。总督府对台湾的这种特异安排，不啻是为了达到控制与榨取台湾的农业之目的（郭云萍：《日治时期"嘉南大圳"的发展——1920—1945》，《台湾历史学会通讯》，第18页）。

水灾的第二个原因是梅雨。梅雨在每年之五、六月间的降雨气候值相对最高，降水常呈连续性并带有雷阵雨，这段期间的降雨称为梅雨。梅雨的风力虽然不强，但有时雨量却很可观，足以造成水灾。在岛内水利设施并不完善、发达的当初，台湾的农业常常遭受此类灾害的袭击，造成巨大的经济损失。另外，在水利设施欠缺的情形下，干旱对台湾农业造成的影响亦相当严重。

日本占据初期，虽然台湾总督府开始推行"农业台湾"的殖民农业政策，但由于岛内统治秩序尚未确定，故对台湾的水利事业未能予以充分注意。随着日本对台湾岛内统治体系的确立与强化，总督府即以"开发农业资源、供给本国市场"为主旨，开始实行殖民地农业开发的经济政策，首先就是大力发展农田水利工程，以增加米和糖的生产，并供应日本市场。台湾总督府对于水利事业发展，从两方面推进：一为建设埤圳的行政管理制度，二为拨专款兴建大型水利工程[1]。

为推动台湾殖民地农业的发展，尤其是增幅稻米及蔗糖的产量，总督府非常注意改善台湾农业的生产环境，特别是农田水利设施的修筑。如上所述，为确立台湾埤圳的行政管理制度，1901 年 7 月，总督府颁布《台湾公共埤圳规则》(律令第六号)，将清代以来由私人经营的埤圳，凡与公众利益有关者，即赋予公益性质，而指定为"公共埤圳组合"，并在总督府监督下，继续经营，同时也由总督府开始整修公共埤圳[2]。随后，总督府在各地成立"公共埤圳组合"，整修既有的水利工程。是年，被认定为公共埤圳的有 21 个，灌溉面积 18 038 甲，1914 年度增为 175 个，灌溉面积增为 157 800 甲，1922 年度有 115 个，灌溉面积增为 227 302 甲[3]。参照表三十九，可知 1905 年至 1935 年岛内各种埤圳灌溉土地的面积。

表三十九　日据时期各种埤圳之灌溉面积

(单位：甲)

年　份	官设埤圳	公共埤圳	水利组合	认定外埤圳	合　计
1905	——	93 491	——	108 062	201 553
1910	3 817	154 522	——	74 496	232 835
1915	11 216	162 310	——	76 454	249 980
1920	——	194 129	——	84 809	278 938
1925	——	80 192	190 508	90 758	361 458
1930	——	135 621	231 509	99 039	455 169
1935	——	139 052	244 250	97 067	480 369

资料来源：《台湾总督府统计书》，第 14 卷，第 16 页；第 19 卷，第 19 页；第 24 卷，第 24 页；第 29 卷，第 17 页；第 34 卷，第 17 页；第 37 卷，第 17 页。

---

① 吴聪贤：《农业史》，台北：黎明文化事业出版股份有限公司，1992 年版，第 175 页。

② 台湾省文献委员会：《台湾近代史》(经济篇)，南投：1995 年印行，第 133 页。

③ 张胜彦：《台湾开发史》，台北：空中大学出版社，1996 年版，第 229 页。

自1908年总督府颁布《台湾官设埤圳规则》(律令第四号)起,至1930年代台湾总督府陆续拨给水利兴建专款兴建水利设施,强化对岛内埤圳的管理。由此,日据时期台湾农田水利史进入官营农田水利建设的阶段,特别是由总督府主导兴建台湾南北两大水利工程,台湾由此进入大规模的埤圳建设阶段。在台湾总督府的主持下,首先对被洪水冲垮的既有水利设施,尽量加以修复,如台南的虎头圳、盐水港的头前溪圳、树林的头圳、南投的险圳、台东的卑南圳等。其中,工程较大的有宜兰第一公共埤圳。其次是改建遛公圳,1907年动工,主干线一年内完工,支线历时六年才完工。从1907年开始兴建一批新的水利工程,如后龙圳于1908年开工,历时二年完成;狮子头圳工程,在高雄县旗山区,改建进水口引荖浓溪水进行灌溉。

其中规模较大的有嘉南大圳(1920年开工,1930年完工)与桃园大圳(1916年开工,1925年完工)。特别是以增产稻米为目的所支出的财政资金4 746万元(1906—1934)之中,其90%的4 662万元都用于灌溉设施的修建工程[①]。桃园大圳位于桃园县境内,取水口在淡水河上游的支流荖浓溪的石门地方,该工程开工于1916年,至1928年完成,历时12年,灌溉面积22 000公顷。随着岛内一大批水利设施的兴建,水稻产量迅速提高。其原因,一为水稻种植面积扩大,二为单位面积产量增加很多。根据表四十可知,就稻米收获额而言,1920年总产量为4 842石,每甲平均产量为9.39石。前后期比较,稻米总产量增加84%,稻米每甲产量增加39%。可知水利设施对水稻种植面积、稻米总面积及单位面积产量增加均有重大贡献[②]。

表四十　台湾米糖收获量(1913—1933)

年份	稻米			甘蔗		
	总产量(千石)	单位产量(石/甲)	指数	总产量(百万斤)	单位产量(千斤)	指数
1913	5 126	10.06	107.1	1 530	22.7	56.2
1915	4 785	9.45	100.6	3 934	46.2	114.4
1920	4 842	9.39	100	4 383	40.4	100
1922	5 445	10.33	110.0	6 753	47.5	117.6
1924	6 076	11.12	118.4	8 894	63.2	156.4
1926	6 214	10.64	113.3	8 610	69.5	172.0
1928	6 795	11.27	120.0	9 675	89.5	221.5

① 日本农林省米谷局编印:《台湾米关系数据》,东京:1934年,第158页。

② 吴聪贤:《农业史》,台北:黎明文化事业出版股份有限公司,1992年版,第177页。

续表

年份	稻米			甘蔗		
	总产量（千石）	单位产量（石/甲）	指数	总产量（百万斤）	单位产量（千斤）	指数
1930	7 371	11.65	124.1	11 618	106.2	262.9
1932	8 949	13.07	139.2	13 415	122.5	303.2
1933	8 361	12.32	131.2	8 782	104.9	259.7

资料来源:《台湾总督府统计书》,第19卷,第328页、339页;第24卷,第346页、357页;第29卷,第298页、311页;第34卷,第318—319页、第338—339页;第37卷,第344—345页、第362—363页。

再由表四十一可知,台湾稻米产值在1920年代占64%,甘蔗产值仅占15%,“乃水利措施、品种改良及其他农业推广措施的结果”。观察历年农产品产值结构得知,在日据时代,稻米“始终是最主要的农产品,占台湾农产品总值50%—60%”①。

表四十一 台湾米糖产值暨百分比(1913—1933)

年份	稻米		甘蔗	
	千元	%	千元	%
1913	65 309	63.2	18 942	18.3
1915	37 243	54.6	11 801	17.3
1920	108 981	63.9	26 313	15.4
1922	80 571	51.7	35 439	22.7
1924	130 716	59.3	37 558	17.0
1926	144 081	56.8	51 990	20.5
1928	133 953	52.9	57 118	22.8
1930	107 189	48.0	67 054	30.1
1932	134 935	54.2	65 565	26.1
1933	124 935	60.8	28 940	14.1

资料来源:《台湾总督府统计书》,第19卷,第328页、339页;第24卷,第346页、357页;第29卷,第298页、311页;第34卷,第318—319页、第338—339页;第37卷,第344—345页、第362—363页。

嘉南平原在清朝时期,以甘蔗及杂作为主,相形之下稻米产量较少。嘉南大圳是引用浊水溪和曾文溪河水,灌溉嘉南平原和旱田②。嘉南大圳工程则由两部分组成,首先建乌山头水库,其次是建设浊水溪导水工程。浊水溪导水工

① 吴聪贤:《农业史》,台北:黎明文化事业出版股份有限公司,1992年版,第177页。
② 吴聪贤:《农业史》,台北:黎明文化事业出版股份有限公司,1992年版,第176页。

程与乌山头水库同时开工。在浊水溪南岸建三个取水口[1]。从1920年开工到1930年完成，历时十年，灌溉面积号称15 200公顷，实际上水量不足，只能实行三年轮作式的灌溉制度[2]。

表四十二　台湾日据时期完成之水库(8座)

水库名称	引水浊流名称	位　置	有效容积（百万立方公尺）	功　用
西势	基隆河	基隆市取暖区	0.34	给水
兰潭	八掌溪	嘉义市	8.90	给水、观光
鹿辽溪	八掌溪	嘉义县水上乡	1.47	工业用水
尖山埤	龟重溪	台南县柳营乡	3.71	工业用水
日月潭	浊水溪	南投县鱼池乡	138.82	发电、观光
乌山头	曾文溪	台南县官田乡	83.75	给水、灌溉、工业用水
虎头埤	盐水溪	台南县新化乡	0.90	灌溉
澄清湖	高屏溪	高雄县鸟松乡	2.30	工业用水、观光

资料来源:《台湾省建设统计第二辑水利工程》,台北:台湾省水利局编印,1997年。

整个日据时期，台湾总督府主持兴建的水库计有8座（见表四十二），其中兴建最早而规模最大者为日月潭水库，有效容量为138.82百万立方公尺。兴建水库的主要目的在水力发电，以供应台湾所需之电力。该发电工程于1919年开始动工，几经周折，终于在1930年竣工，为台湾总督府推动其“工业化”奠定初基。同时也对米糖业的深加工与对日输出予以很大之影响。其次，规模较大之水库为台南曾文溪上之乌山头水库，此一水库系以该嘉南平原为主要目的，使嘉南平原之耕地由旱地改变为三年一作之轮作田，即每三年之中，耕地有一季可以获得灌溉水而可种植水稻一次，其他时间仍栽培其他旱作，如甘薯及甘蔗等。乌山头水库之有效水量为83.75百万立方公尺。此水库对于嘉南平原之米糖农业经济发展，贡献甚巨。另以灌溉为目的之水库为虎头埤水库，位于台南新化，有效容积仅为0.9百万立方公尺。以工业给水为标的之水库有

① 浊水溪设有三个取水口，一个设在浊水溪支流清水溪，称为林内第一取水口。这条溪作为浊水溪的支流是很稀奇的，因为它流的不是浊水而是实质的清水。由此取水口延伸出去的导水路途中，设有3台交流发电机，可发电1 500千瓦、电压3 500伏特的电力，送到乌山头及其他工地作为工程用动力及照明用电。此取水口为上下二段十二道钢筋水泥土上扬式水门，具每秒55吨的取水能力。林内第二取水口是由浊水溪主流直接取水，同时是上中下三段十二道的上扬式水门，最大的取水量每秒55吨（古川胜三:《嘉南大圳之父——八田与一传》，陈荣周译，台北:前卫出版社，2005年版，第146—147页）。

② 王敬宜:《台湾水资源开发概况与展望》，载《台湾之水资源》，台湾研究丛刊第83种。

三：一为台南县柳营乡尖山埤水库，有效容积为3.71百万立方公尺，以供应台糖之用水为主；二为高雄县鸟松乡澄清湖（原名大埤湖），有效容积为2.3百万立方公尺；三为嘉义县水上乡鹿辽溪水库，有效容积为1.47百万立方公尺。纯以供应民生用水为目的之水库则有两处：一为北部基隆市之西势水库，有效容积仅0.34百万立方公尺，只能满足基隆市一部分之用水需求，不足之数尚需仰赖邻近县市补充。另一座为嘉义市之兰潭水库，有效容积为8.9百万立方公尺，若非缺雨之年，尚能供应该一地区居民生活用水需求。由日本占据时期完成之水库观之，台湾总督府比较重视台湾南部缺水地区用水问题之解决，对于台湾北部地区之水资源开发，似乎尚未给予应有之注意。此可能因为北部地区雨量较为充沛，水资源尚未发生严重问题之故①。

1912年和1913年台湾岛内发生两次较大的洪水泛滥，大量的埤圳被冲毁，农田尽被淹没，对岛内农业造成极大的冲击。以浊水溪和下淡水溪为例，1913年浊水溪遭受水灾，死亡5人，受灾土地面积13 360甲，交通道路、农作物和其他损失金额达1 596 196元。1911年发生在下浊水溪的水灾，则造成6人死亡，受灾土地面积2 434甲，损失金额共计1 145 359元（见表四十三）。这促使总督府加快了水利工程的建设速度。1913年总督府颁布《河川取缔规则》（府令第六十二号），施行严格的河川管理。

表四十三　浊水溪、下淡水溪的最大水害

河川名	灾害最大年度	死亡数	土地受害	交通道路	农作物	其　他	合　计
浊水溪	1913年	5人	1 412 052（元） 13 360（甲）	91 500 （元）	1 142 （元）	91 502 （元）	1 596 196 （元）
下浊水溪	1911年	6人	694 959（元） 2 434（甲）	294 282 （元）	93 711 （元）	62 407 （元）	1 145 359 （元）

资料来源：台湾总督府内务局土木课编：《土木事业概要》，台北：1938年，第19—20页。

为确保台湾的农业特别是米糖业的正常生产，维持日本对台湾的有效的经济统治，台湾总督府开始兴建防洪水利设施。1916年拟定浊水溪、淡水河、大肚溪、曾文溪、下淡水溪等九条较大河流的整治计划，但因筹资困难，未能及时付诸实施。台湾总督府兴建水利设施的目的，除了减少洪水灾害外，还有一个很重要的因素就是确保刚刚完工的纵贯铁路的畅通。因为纵贯铁路横跨各主要河流，一旦洪水冲毁路基铁桥，岛内最重要的交通命脉就会中断，对经济、运输将会造成极大的危害。1917年总督府投资增建沿海铁路，为保护铁路的交通安全，于后龙溪、大安溪、大甲溪及浊水溪开始修建部分防洪堤防。1929年台湾总督府颁布《河川法》（府令第三号）及《河川法施行细则》，规定在浊水溪、淡水河等19条主要河流优先实施《河川法》，以凤山溪等32条次要河流为预备实施河

① 于宗先：《两岸农地利用比较》，北京：社会科学文献出版社，2004年版，第43页。

川法的目标①。根据《河川法》实施的主要水利工程，以兴建堤防和整顿河床为主，但至1945年9月日本战败为止，总督府制定的水利规划仍未能全部完成。

表四十四　日据时期台湾修建的主要防洪工程

（单位：米）

河溪名称	堤防长度		
	计划长度	完成长度	完成百分比
宜兰浊水溪	42 790	42 790	100
淡水河	96 886	10 816	11
头前溪	40 120	18 093	45
后龙溪	25 775	7 268	28
大甲溪	18 620	10 073	54
大安溪	21 025	15 928	76
乌　溪	41 900	41 900	100
浊水溪	76 020	76 020	100
北港溪	48 520	5 033	10
朴子溪	36 670	2 000	6
八掌溪	40 300	4 514	17
急水溪	36 800	3 170	9
曾文溪	39 000	41 227	106
二层行溪	18 292		
下淡水溪	71 120	79 046	111
林边溪	46 250	20 681	45
卑南大溪	33 726	7 717	23
秀姑峦溪	21 370	3 505	17
花莲溪	21 860	5 649	26
凤山溪	16 825	7 049	42
中港溪	9 650	3 029	31
打那趴溪	11 600		
大里溪	46 310	5 335	12
盐水溪	14 046	1 000	7
阿公店溪	6 870		

① 台湾总督府内务局土木课编：《土木事业概要》，1938年。

续表

河溪名称	堤防长度		
	计划长度	完成长度	完成百分比
东港溪	37 360	1 120	3
砂婆当溪	10 700	4 200	39
吕家溪	10 860	1 446	13
知本溪	5 940	300	5
合　计	946 645	419 162	44

资料来源：陈正祥：《台湾地志》，台北：南天书局，1993 年版，第 421 页。

由表四十四可知，虽然修建防洪堤防的规划达 946 645 米，但实际建成的堤防仅达到 419 162 米，只占原规划总长度的 44%。至日据后期，不仅规划中的堤防无法修建，甚至已经修建的堤防，因缺少维护而损坏 33 243 米。可见，日据时期防洪堤防工程所发挥的作用是有限的①。

二　嘉南大圳的兴建与三年轮作制的施行

如前所述，台湾总督府兴建嘉南大圳的最初设想，是为了进一步促进台湾甘蔗的生产，以满足日本国内对台湾砂糖不断增长的消费需要。后来因日本国内米产严重匮乏，1918 年发生"米骚动"事件，才兼及米谷增产的考虑，提案乃调整为以"米、糖增产"为目的②。嘉南大圳虽然是台湾总督府全力推动的水利工程，但外表仍是"半官半民"形式，是当时台湾最具代表性和象征意义的埤圳，其兴建与运作过程可以说是日据时期台湾水利事业具体而微的缩影③。

鉴于台湾总督府殖民地农业开发政策的需求，1917 年台湾总督府土木局长山形要助派遣八田与一技师④对全岛进行水利资源的实地勘察。日本急欲增产台湾的米谷产量，以供应日本严重匮乏的粮食市场。台湾总督府第一个增产的目标地区便是隶属于新竹州的桃园台地，此项名为"桃园埤圳"的灌溉工程恰好

① 林仁川：《光复前台湾农业水资源的开发与利用》，载《台湾研究集刊》，2000 年第 4 期。

② 郭云萍：《日治时期"嘉南大圳"的发展——1920—1945》，载《台湾史学会通讯》第 10 期，2000 年 5 月，第 10 页。

③ 陈鸿图：《日治时期台湾水利事业的建立与运作——以嘉南大圳为例》，载台湾辅仁大学：《历史学报》第 12 期，2001 年 6 月，第 122—123 页。

④ 八田与一(1886—1942)：1910 年 7 月毕业于东京帝国大学工科大学土木科，同年 8 月来到台湾，担任台湾总督府土木部技手。1914 年 3 月为总督府技师。1920 年 11 月转任官佃溪埤圳组合(后改称嘉南大圳组合)技师，乌山头出张所长等，专门负责嘉南大圳的设计与建设工程等。1942 年 5 月 5 日，八田与一被军部征召赴菲律宾调查棉花灌溉，5 月 8 日在乘"大洋丸"赴菲律宾的途中，为美军潜水艇发射鱼雷击沉而死，时年 56 岁(参见古川胜三：《嘉南大圳之父——八田与一传》，陈荣周译，台北：前卫出版社，2005 年版，第 23—24 页)。

也是八田与一技师所负责，完工之后可使多达22 000多甲的农田受惠，而总督府看上的第二个增产目标便是这片更为广阔的旱涝之地——嘉南平原①。

经过反复勘察，最终八田与一向台湾总督府提交了有关兴建嘉南大圳的建议书，但由于工程预算庞大，与日月潭水力发电工程不相上下、规模空前，总督府民政长官下村宏还特意召见八田与一，请其对建议书作出详尽的说明②。在取得民政长官下村宏的赞赏及大力支持下，1917年冬季，有关兴建嘉南大圳的规划终获明石元二郎总督的准可。同时，台湾总督府向外宣称："以官田溪与龟重溪的上游流域为引水来源，在供给嘉南一带灌溉用水的同时，兴建排水设备的话，预计将可供应75 000甲农田充足的水量。本府认为是极为有利民生的重要事业，此项工程建设的主要经费将由国家补助，然而细部的设施所需费用预定由地方的相关人士自行分离。"③

但兴建嘉南大圳的工程依然受到日月潭水力发电工程受阻的影响，在总督府的预算审查会议上，有关嘉南大圳的兴建被一度搁置。此时正好是明石总督走马上任。1918年7月22日，也就是明石上任的第二天，日本国内发生"米骚动"，日本对台湾大米的需求愈加迫切。这就促使台湾总督府决意兴建嘉南大圳，以及早实现将台湾建为日本米谷供应基地的"农业台湾"的产业政策目的。

1918年9月，在台湾总督府的请求下，日本内务省派遣原田贞介技监到台湾，会同八田与一技师对嘉南平原一带进行灌溉计划的实地勘察，重新评估该计划的可行性。在两人共同提出的报告中，八田与一首次提出其酝酿已久的想法，修改对以往官田溪灌溉75 000甲的计划，欲将灌溉面积扩大到整个嘉南平原，总面积高达15万甲。八田与一的具体设想是"将嘉南平原划分为二或三个部分，分年平均地给水"④。也就是所谓的"三年轮作给水制度"，即一年种水稻、一年种甘蔗、一年种杂粮⑤。总督府随即按照其设想，向日本政府提交兴建嘉南大圳的预算案。

就在兴建嘉南大圳的规划正在推进过程中，此时日本政局的变动，也渐次

---

① 赖青松编:《台湾总督明石元二郎传奇》，台北:一桥出版社，1999年版，第196页。

② 古川胜三:《嘉南大圳之父——八田与一传》，陈荣周译，台北:前卫出版社，2005年版，第97、119页。

③ 赖青松编:《台湾总督明石元二郎传奇》，台北:一桥出版社，1999年版，第199页。

④ 同上，第201—202页。

⑤ 据记载，八田与一的"三年轮作制构想"也是渐次形成的。当初在制订嘉南大圳计划时，鉴于对农业状况的掌握不够，遂听取主管农业的总督府殖产局的意见。殖产局希望大圳灌溉区域能够三年栽植甘蔗一次。而且由真室幸教技师处听闻建设作为冬季供应甘蔗用水的蓄水库，调查其水量，可以供应夏天水田一作需要的水量，所以他才会提出三年中种植水稻、甘蔗各一次，再加上间作一次的供水方法。在最初的计划上，是希望将15万甲灌溉区域，利用水路系统，将给水区各划分为150甲再分为三区轮流种植水稻、甘蔗及杂粮作物(参见陈文添:《八田与一在台经历和兴建嘉南大圳问题》，载《第四届台湾总督府档案学术研讨会论文集》，台北:"国史馆"台湾文献馆，2006年版，第470页)。

影响至台湾。在明石元二郎总督的配合下，1919 年 8 月 20 日，日本政府(原敬内阁)对台湾总督府官制进行了修改。原来规定台湾总督为亲任，以陆海军中(大)将充任之的台湾总督府官制，以敕令第三九三号修改为台湾总督为亲任。使文官担任台湾总督取得在法令上的可能性，同时也在附则部分，将原民政长官改为总务长官，故原民政部改为总务部[①]。10 月 26 日，明石元二郎总督在任期病逝。原敬内阁决定就势施行酝酿已久的文官总督制度，遂任命田健治郎为首任台湾文官总督(1918 年 10 月 29 日—1923 年 9 月 2 日)。总督府总务长官则继续由下村宏担任(一直到 1921 年 7 月 11 日，才由贺来佐贺太郎接任总务长官)。

田健治郎总督继续推动明石总督既定的兴建嘉南大圳计划，1920 年 7 月，日本帝国议会通过有关兴建嘉南大圳的预算案，由台湾总督府提供 1 200 万元的工程补助金，其余 3 000 万元由各相关团体筹集。同年 8 月 18 日，岛内地方 119 名代表联名向台南、嘉义两厅长提出"新设官田溪埤圳的申请书"。8 月 30 日，田健治郎总督宣布认可"公共埤圳官田溪组合组织及规约"，这就是嘉南农田水利会的前身。1920 年 9 月 1 日，嘉南大圳开始动工，在八田与一技师的建议下，工程采取了当时最先进的"半水成式工法"进行施工。但由于施工难度超过预想，直到超过预定完工日期四年之后，也就是在 1930 年 3 月才终于正式竣工。也就是在石塚英藏总督时期(1929 年 7 月 30 日—1931 年 1 月 16 日)才得以实现。

1920 年 8 月 25 日，台湾总督府确认即将开工的嘉南大圳为公共埤圳，此后，8 月 30 日成立"公共埤圳官田溪埤圳组合"，1921 年 4 月 1 日改称"公共埤圳嘉南大圳组合"[②]。9 月 1 日起，兴建嘉南大圳的筹备开始启动。台湾总督府原定于 1926 年竣工，但在工程期间的 1923 年，发生"关东大地震"、世界经济不景气等诸多问题，工程一再延宕，并追加 1 300 多万元工程预算，每甲工程费平均高达 360 日元。国库共补助 2 674 万日元，其余来自于台湾总督府的补助与贮课金，还有日本劝业银行的贷款[③]。其工程预算来源除了国库补助外，有 51%的资金由所谓的"受益农民"负担[④]。

嘉南大圳于 1920 年开始动工，1934 年主要工程完工，灌溉面积为 15 万公顷。嘉南大圳是当时亚洲最大的水利工程，在给水路方面分为南北两条干线与

① 陈文添:《八田与一在台经历和兴建嘉南大圳问题》，载《第四届台湾总督府档案学术研讨会论文集》，台北:"国史馆"台湾文献馆，2006 年版，第 462 页。

② 1943 年经台湾总督府批准，又改称为"嘉南大圳水利组合"(引自郭云萍:《日治时期"嘉南大圳"的发展——1920—1945》，载《台湾史学会通讯》第 10 期，2000 年 5 月，第 19 页)。

③ 郭云萍:《日治时期"嘉南大圳"的发展——1920—1945》，载《台湾史学会通讯》第 10 期，2000 年 5 月，第 19 页。

④ 陈鸿图:《日治时期台湾水利事业的建立与运作——以嘉南大圳为例》，载台湾辅仁大学:《历史学报》第 12 期，2001 年 6 月，第 122—123 页。

溪水干线，南干线负责灌溉官田溪以南42 000甲的土地，而北干线则负责官田溪以北至北港溪之间的56 000甲土地，北港溪以北则属于浊水干线的区域；同时在北干线与浊水溪之间还有一条穿越北港溪河床的暗渠。这些给水路合计长达10 000公里，为桃园埤圳的50倍，再加上排水路的部分则高达16 000公里。

日据时期，台湾总督府以威权对台湾水利设施及水资源进行了全面统制，1920年代，台湾的埤圳相继由“公共埤圳”改组为“水利组合”；嘉南大圳筹建之初成立的“公共埤圳官佃溪组合”及后来的“公共埤圳嘉南大圳组合”，均具有“公共埤圳”的性质，但到1943年时，嘉南大圳合并台南州其他的小型水利组合后改组为“嘉南大圳水利组合”，方成为“水利组合”的形态。早期的嘉南大圳虽无水利组合之名却有其实，“公共埤圳官佃溪组合规约”的内容已糅合了《台湾公共埤圳规则》(律令第六号，1901年7月)、《台湾水利组合令》(律令第十号，1921年12月)于一体，以“避免与时势扞格”[①]。

嘉南大圳建成后，按照其主要设计者、台湾总督府技师八田与一所提出之“轮作制”构想[②]，台湾总督府开始强制推行三年轮灌的大圳管理方式。即在可灌溉的15万公顷面积的土地实施三年轮作制，将大圳灌溉区域依照水路系统划分出区域，各区每年分别供给三分之一土地种植夏期稻作和甘蔗所需用水。三四年间，嘉南平原的大部分土地已能配合轮作制规划实施耕作[③]。由于在嘉南大圳灌溉区域内有待土地改良的看天田、盐分地、加上低湿地，合计约6万甲，占全灌溉区域15万甲耕地的三分之一以上。经过土地改良，嘉南大圳灌溉区域内土地生产力迅速提高[④]。

一般认为，虽然台湾总督府的目的是透过对水利资源的统制，以减低米谷经济过度成长[⑤]，以确保日资制糖会社的原料供给，但嘉南大圳建成后，嘉南平原的稻米产量剧增。日据初期的1900年台湾稻米产量为307 000吨，至1938年，稻米产量升至104万吨，增长了4.57倍[⑥]。显然，台湾总督府透过对水利资

① 郭云萍:《日治时期“嘉南大圳”的发展——1920—1945》，载《台湾史学会通讯》第10期，2000年5月，第20—21页。

② 古川胜三:《嘉南大圳之父——八田与一传》，台北:前卫出版社，2005年版，第93—95页。

③ 吴文星:《八田与一对台湾土地改良之看法》，载《台湾师范大学历史学报》第28期，2000年6月，第164页。

④ 同上，第164—165页。

⑤ 林继文:《日本据台末期(1930—1945)战争动员体系之研究》，台北:稻乡出版社，1996年版，第110—123页、第234—237页。

⑥ 黄静涛:《春帆楼下晚涛急——日本对台湾殖民统治及其影响》，北京:商务印书馆，2002年版，第353页。

源的控制，强制实行三年轮作制，当地农民选择种植农作物的自由受到限制[①]。台湾“国史馆”研究员陈文添则认为“轮作法就土壤、土地生产力而言，对于病菌、虫害以及驱除植物天敌都比种植单一作物效果更好，而且就土地改良而言，更是最好的方法”。“嘉南平原就气温而言，种植稻米两次绝无问题，但是缺乏灌溉水两期稻作是不可能的。实施三年轮作制，可以确实的三年种植水稻一次，安全性应远高于看天田栽种水稻了。但是甘蔗种植面积的降低很可能的一项原因，应该是甘蔗种植技术的改良，以嘉南大圳通水后改良盐份地，各大制糖公司提供蒸汽犁，深耕翻起硬土让其风化，其结果让单位面积产量骤增，足敷各大制糖工场所需，而使得分配种植甘蔗地区改种其他作物了”[②]。对此，台湾学者戚嘉林予以批判称，总督府从台湾人身上豪取压榨的收入，远超过总督府投资于桃园与嘉南两大圳的支出。例如在1920年，全台排名前五大的日资制糖公司（台湾制糖、大日本制糖、明治制糖、盐水港制糖、东洋制糖），其当年总利润就高达7 600万元。换言之，日资在台排名前五大制糖公司（1915年时此前五大日资制糖公司的糖产量占是年全台糖产量的76.1%）的一年总利润，即为桃园大圳与嘉南大圳两者工程费合计的1.2倍[③]。

确实，嘉南大圳“一方面可以达到充分给水之目的，另一方面也可以达到掌握作物种植面积，为一经济统制之良好工具”[④]。嘉南大圳的兴建，从一开始就是基于更有效汲取与统制台湾农业资源的考虑；兴建工程所需的经费与劳力，台湾农民也都必须部分负担；到兴建完成后，三年轮作制更限制了农民对作物的选择，嘉南平原增产的稻米大部分均出口到日本，自1910年后，日本为台湾稻米的唯一出口国[⑤]。1938年出口日本的台湾稻米为692吨，为日据时期出口量之最高数，米谷总产量近乎半数销往日本[⑥]。而贸易所获利润多为本地地主

① 柯志明：《米糖相剋：日本殖民主义下台湾的发展与从属》，台北：群学出版社2003年版，第121页。

② 陈文添：《八田与一在台经历和兴建嘉南大圳问题》，载《第四届台湾总督府档案学术研讨会论文集》，台北：“国史馆”台湾文献馆，2006年版，第471页。

③ 在1920年时单是台湾制糖一家公司的利润，就高达2 212万元，亦为历时十年桃园大圳工程费的2.8倍。前述单产业数一家公司的天大巨额利润，在近代任何国家均是难以想象的，此亦证明台湾总督府在台压榨剥削台湾人民是如何的狠毒（戚嘉林：《台湾史》（增订版），台北：海峡学术出版社，2008年版，第296页）。

④ 吴聪贤：《台湾农业史》，台北：黎明文化事业出版股份有限公司，1992年版，第176页。

⑤ 柯志明：《米糖相剋：日本殖民主义下台湾的发展与从属》，台北：群学出版社，2003年版，第56页，表1.6。

⑥ 1. 黄静涛：《春帆楼下晚涛急——日本对台湾殖民统治及其影响》，北京：商务印书馆，2002年版，第59页；2. 柯志明：《米糖相剋：日本殖民主义下台湾的发展与从属》，台北：群学出版社，2003年版，第58页表1.7。

与日本贸易商所攫取[①]，因此嘉南大圳造成的稻米增产，并不能代表台湾农民生活水平的提升；日本兴建嘉南大圳，从来不是为了替台湾人着想，嘉南大圳带来生产力提升之利益，一直到日本战败后，台湾农民才有分润的可能[②]。

日据后期，随着战时体制下统制经济的出现，台湾的水利资源及水利设施建设等也被纳入统制范围。1941年台湾总督府制定出《台湾农业水利临时调整令》（敕令第三八二号）[③]，规定台湾所有的农田水利调整，均须经过台湾总督的批准，对同一河川、贮水池或其他水源之水利组合、公共埤圳等，规定其引水量及时间，此一命令可以排除既得水权之行使，殖民地统治者为遂行其对外战争，乃得以己意支配水资源之使用[④]。嘉南大圳将嘉南平原上原有的点状分布的灌溉单位，有机地组成了一个整体的农田灌溉网络，农业政策也就透过这个网络的掌握来有效地实行[⑤]。

---

① 陈鸿图：《日治时期台湾水利事业的建立与运作——以嘉南大圳为例》，载台湾辅仁大学：《历史学报》第12期，2001年6月，第122—123页。

② 邱士荧：《“嘉南大圳”与台米的剥削：评八田与一》，台湾：日本综合研究所网站，2005年1月25日。

③ 日据后期（战时统制经济时期）台湾总督府所颁布的各项统制法令，都是以日本的《国家总动员法》为法源，唯一仅以台湾为适用地区的统制法令，就是《台湾农业水利临时调整令》（敕令第三八二号）。因此，战时台湾关于统制经济的各项法令，虽然是以总督府命令的形式颁布，但和其他的总督府命令性质稍有不同，在颁布命令前，台湾总督也需和内阁总理大臣进行协商（参见台湾经济年报刊行会：《台湾经济年报（昭和十七年版）》，东京：国际日本协会1942年，第177页）。

④ 黄静涛：《春帆楼下晚涛急——日本对台湾殖民统治及其影响》，北京：商务印书馆2002年版，第322页。

⑤ 郭云萍：《日治时期“嘉南大圳”的发展——1920—1945》，《台湾史学会通讯》第10期，2000年5月，第15—16页。另，1945年10月台湾光复之后，八田与一提倡之嘉南大圳的三年轮作制继续得以施行（古川胜三：《嘉南大圳之父——八田与一传》，台北：前卫出版社，2005年版，第302页）。

第五章　日据后期（1931—1945）之台湾米糖产业

对于宗主国来说，殖民地的一个重要作用，就是提供初级产品——农产品和工业原料。日据时期台湾对于日本的作用，很重要的就是它向日本提供了大批优良的粗糖和稻米，成为日本本国推行“工业化之重要推手”。为提升台湾的米糖生产量，继续供应日本市场之需求，同时还向中国大陆以及其他国家扩充出口，以期占领海外广大市场，台湾总督府通过推广农业新技术、引进新品种以及发展水利灌溉等产业政策措施，提高了甘蔗、稻米的产量，并进而促进了全岛米糖农业生产的增长。在工业方面，台湾总督府则加大奖励力度，积极扶持日本资本发展新式制糖厂。日据后期，以制糖业为中心，发展了一定规模的工业产业。这些产业的投资者主要是日本人，产品也主要运往日本。以米糖为主的农业经济是当时台湾殖民地经济的主体。台湾成为日本资本的重要输出地，也是日本的重要原料产地。20世纪30年代中期以前，台湾工农业的增长都是为着适应日本对初级产品的需求，此为这一阶段台湾殖民地经济的主要特征。进入日据后期，在台湾总督府的政策扶持与金融支持下，台湾制糖业已基本为日本资本所独占，台湾糖业在台湾殖民地经济中的地位日趋提升。

第一节　独占台湾糖业的日资制糖资本

一　台湾总督府扶植下日趋膨胀的日资制糖会社

台湾砂糖大量供应日本市场，使台湾总督府获得巨额的砂糖消费税，再加上土地调查以后大量增加的赋课、专卖收入、官营事业收入等等，1905年开始，总督府财政得到独立。虽然本岛当地人的小型糖坊和改良糖廍为殖产兴业政策做出了贡献，但台湾总督府为实现日本资本垄断台湾制糖业的政策目标，坚持发展日压榨能力1 000吨以上的新式大糖厂，极力劝诱日本资本投资台湾的制糖业。1906年11月，明治制糖株式会社的成立，揭开了日本国内资本的大规模投资台湾蔗糖业的新阶段[①]。明治制糖株式会社是日本资本投资台湾糖业规

① 1897年，以三井财阀为最大股东的台湾制糖株式会社最早在高雄的桥仔头设立了资本总额为100万元，设计生产能力为300吨的制糖工厂。在其后20年间，台湾制糖株式会社先后兼并了大东、台南、南国怡记、台北、加绿堂等糖业会社，并将营业范围扩大至甘蔗园、铁路、航运等部门。到1943年发展成为拥有14家工厂、6 420万资本总额的垄断企业。

模最大的企业[①]。随后，日本国内资本纷至沓来，先前成立的台湾制糖株式会社则不断增资扩展。此时，属于台湾土著资本的新式制糖会社仅有林本源制糖一家而已，其余的十几家大规模制糖厂都是日资企业。

日资新式制糖会社的大批兴建，随即就与台湾土著资本的小型制糖作坊和改良糖廍发生冲突，这种冲突主要是围绕着收购制糖原料而发生的。当时岛内制糖原料——甘蔗80%要靠当地的农民提供，制糖企业自营农场仅能提供20%的需求量。而台湾农民要比较甘蔗和粮食作物的收益，才能决定是否种甘蔗。另一方面，稻米也是台湾总督府关注的重要农产品，为保证本岛需要和向日本的输出，甘蔗种植面积也不能无限扩大。由于属于土著资本的小型制糖作坊和改良糖廍在日资制糖企业大量入岛之前就已存在，因此都能拥有独自相应的原料收购区域。日资制糖会社为了占据这些原料收购区域，就在总督府的威权支持下，强行兼并或收购土著资本的小型制糖作坊和改良糖廍。

对于日资兼并、收购本地人的小型制糖作坊和改良糖廍，台湾总督府采取了全面支持的态势。当时台湾总督府严格禁止全部由台湾人组织的企业使用“会社”名称，土著资本被迫隶属于日本资本，台湾总督府以威权抑制土著资本参与岛内糖业的生产与流通经营。为了避免在原料收购上的冲突，主要是为了保护日资制糖企业的利益，台湾总督府决定全面撤除改良糖廍，仅给予一定的赔偿金。早在1901年，台湾总督府就公布了《土地收用规则》(律令第三号)、以威权支持日资制糖企业从台湾农民手中抢夺甘蔗耕地及工厂、交通等建设用地[②]。1905年6月，台湾总督府颁布《制糖场取缔规则》(府令第三十八号)，《制糖场取缔规则》规定：设立新式制糖工厂及改良糖廍须得到总督府的“许可”[③]。通过该规则，总督府进一步实施限制岛内土著资本、扶持与保护日资制糖企业的糖业经济政策，许多改良糖廍因此被强行取缔。在日资制糖企业和台湾总督府的两面夹攻下，本岛当地人开办的改良糖廍迅速没落，土著资本受到严重排挤，台湾制糖业成为日本资本的一统天下[④]。为了进一步确保日资制糖会社的原料供应，1905年台湾总督府依据《制糖场取缔规则》，开始强行实施所谓的“原

---

① 明治制糖株式会社最初的设计生产能力为500吨，资本总额500万元。后来又陆续兼并了麻豆、维新、中央、大和等制糖株式会社，到1943年发展为拥有8家工厂、6 100万资本总额的垄断企业。

② 在日本本国的土地收用法中，对收用范围列有明确范围。而台湾总督府《土地收用规则》中则为概括性的规定，就是否因为“公共利益”之需要而征收土地，授予台湾总督以广泛的采量权；其目的即为便利殖民地设施之需要，而其对殖民地人民财产权益之保护相对地薄弱(黄静嘉：《春帆楼下晚涛急——日本对台湾的殖民统治及其影响》，北京：商务印书馆，2003年版，第114页)。

③ 涂照彦：《日本帝国主义下の台湾》，东京：东京大学出版会，1975年版，第65页。

④ 周翔鹤：《日据初期台湾改良糖廍研究》，载《台湾研究》1995年第2期。

料采购区域制度”。此制度以制止各制糖会社之间的原料争夺和避免扰乱蔗价为借口,将台湾全岛的蔗作区划分成若干个原料采购区域(参照表四十五)。

表四十五　甘蔗原料采购区域分布

会社名	1910 年						重点区域
	嘉义厅	台南厅	阿缑厅	台中厅	台北厅	合　计	
台湾制糖	——	6 953	4 709	——	——	11 662	台湾制糖:凤山,屏东,桥仔头
明治制糖	——	3 480	——	——	——	3 480	
盐水港制糖	4 853	——	——	——	——	4 853	明治制糖:蒜头总爷,南投
东洋制糖	3 113	——	——	——	——	3 113	盐水港制糖:新营,岸内,旗尾
大日本制糖	6 451	——	——	——	——	6 451	
小　记	14 147	10 433	4 709	——	——	29 559	东洋制糖:南靖,北港,斗六
新式工厂总计	——	——	——	——	——	32 933	大日本制糖:嘉义(五间厝)
总　计	——	——	——	——		64 335	
	1916 年						
台湾制糖	——	14 340	8 570	1 674	——	24 584	
明治制糖	5 032	5 747	——	3 246	——	14 025	
盐水港制糖	8 038	——	3 243	——	2 117	13 398	
东洋制糖	14 247	——	——	808	——	15 055	
大日本制糖	11 667	——	——	——	——	11 667	
小　记	38 984	20 087	20 087	5 728	2 117	78 729	
新式工厂总计	——	——	——	——	——	99 541	
总　计	——	——	——	——	——	114 133	

资料来源:台湾总督府:《台湾糖业统计》,1918 年,第 33 页;《台湾产业年报》第 11 期,1915 年,第 263—265 页。转引自涂照彦:《日本帝国主义下の台湾》,东京:东京大学出版会,1975 年版,第 295 页。

《制糖场取缔规则》是一部使日资制糖企业能强制收买甘蔗原料的殖民地经济法规,使台湾蔗农成为日资制糖企业的“变相农奴”①。按照“原料采购区域

① 陈孔立主编:《台湾历史纲要》,北京:九州出版社,1997 年版,第 205 页。

制”的规定：区域内的甘蔗未经总督府及地方官厅许可，不得运出区域之外，或供做砂糖以外成品的制作原料[①]。这种规定意味着迫使区域内的台湾蔗农担负必须将栽培的甘蔗卖给总督府所指定区域内日资制糖企业的法律义务。就这一点看，此制度是对日资糖业企业垄断收购原料权利的一种保护[②]。这样，“原料采购区域制”构成《制糖场取缔规则》（府令第三十八号）的重要一环[③]。因此可以说，台湾总督府依据所谓的《制糖场取缔规则》实施的“原料采购区域制”，将垄断砂糖生产和垄断收购原料的双重垄断权益同时给予日本糖业资本[④]。根据台湾总督府制定的原料采取区域制度，台湾蔗农必须将其甘蔗卖给日资制糖企业，但蔗农可以不种甘蔗而种对抗性作物水稻、花生、番薯、旱稻等等。农民在决定种植何种作物之前，要比较一下效益。当时，日资糖厂推行“米价比准法”。即甘蔗收购价格决定稻米（或其他对抗性作物）的收购价格。在糖价大幅度上涨时，日资糖厂由于生产成本基本不变（蔗价占据了制糖成本的大部分），可以获得高额利润。第一次世界大战时，糖价猛涨，各制糖厂获利超出上年一倍以上。因蔗价不决定糖价，农民并不能分享到糖价上涨的利益[⑤]。

从1910年开始，主要为确保原料产地，在台湾总督府的推动下，日资制糖会社进行了第一次兼并运动。其最终结果是形成了台湾制糖、明治制糖、盐水港制糖、东洋制糖、帝国制糖五大日资制糖企业共同独占台湾制糖业的局面。这五家日资制糖企业占据了全岛将近70%的甘蔗原料产区。第一次世界大战期间，德、奥等甜菜糖产国产量剧降，国际市场对日本砂糖的需求增加，以台湾粗糖为原料的日本精制糖输出量剧增，也促使台湾制糖业的进一步发展。同时，日本国内的人均糖消费水平增长，也使得糖价上涨，利润暴增。为此，日资制糖企业不仅将大部分红利转为投入资本，同时大量向台湾银行贷款，五大日资制糖企业的贷入资本均已超出实收资本。糖业界的“黄金时代”大约持续到1920年左右[⑥]。

在此情形下，由台湾总督府及日资控制下的台湾制糖业界再次进行了重组、合并，以加强对糖业市场的垄断控制。这次改组合并是以日本垄断财阀为主体来进行的。参考表四十六可知，经过一系列互相之间的收购、合并，台湾糖业界最终在20世纪20年代下半期形成三井系、三菱系、大日本制糖系三大资本系统鼎立的局面。这三大系资本占据了台湾制糖业87%的资本和84%的产

---

① 临时台湾糖务局：《台湾糖业一斑》，台北：台湾总督府，1908年，第53—54页。

②③④ 涂照彦：《日本帝国主义下の台湾》，东京：东京大学出版会，1975年版，第65页。

⑤ 在总督府的威权扶持下，台湾糖业资本对台湾蔗农进行了极端苛刻的经济压榨（有关状况，可参见静思：《辜显荣传奇》，台北：前卫出版社，1999年版，第177—178页）。

⑥ 杨彦骐：《台湾百年糖纪》，台北：猫头鹰出版社，2001年版，第59页；陈玟瑾：《日据时期台湾糖业与交通运输关系探究（1896—1945）》，台南：成功大学历史语言研究所硕士论文，2000年7月，第56页。

糖量。20世纪30年代后半期和40年代初期，这三大系资本更彻底将其他所有制糖厂合并，而形成他们完全瓜分台湾制糖业的局面①。日本资本对糖业生产的侵入与控制非常彻底，充分反映了资本集中化与密集化的特色②。

表四十六　糖业资本的积累与集中(1926—1928)

(单位：千日元，万斤)

系别	资本额(1928年6月30日)			制糖量(%)			
	登记资本	实收(%)		1926年11月—1927年10月		1927年11月—1928年10月	
三井系台湾制糖	63 000	38 100	(21.73)	1 801.6	(26.45)	2 377.8	(24.96)
三菱系明治制糖	48 000	34 800	(19.95)	867.1	(12.73)	1 877.0	(19.70)
三菱系盐水港制糖	58 500	34 875	(19.89)	837.8	(12.83)	1 209.0	(12.69)
日糖系大日本制糖	51 417	34 749	(19.82)	613.0	(9.00)	1 795.9	(18.85)
日糖系新高制糖	28 000	10 705	(6.11)	530.5	(7.79)	670.4	(7.04)
日糖系东洋制糖	——		——	818.1	(12.01)	——	
以上合计	248 917	153 229	(87.40)	5 504.0	(80.82)	7 930.1	(83.82)
全体合计	282 867	175 326	(100.00)	6 810.2 ①	(100.00)	9 527.7 ②	(100.00)

资料来源：台湾总督府编印：《台湾事情》，台北：1928年，第348—351页。

① 为13家会社的合计；② 为11家会社的合计。

转引自涂照彦：《日本帝国主义下の台湾》，东京：东京大学出版会，1975年版，第311页。

在台的日资制糖企业主要从事粗糖制造，并全部输出至日本。在获得巨额利润以后，除在本领域进行扩大再生产投资外，还不断拓展其他投资领域，采取多角化的产业发展策略。如将一部分资金投入岛内其他行业，一部分资金投向海外。投资于岛内的主要为制糖相关行业，如利用制糖副产品糖蜜生产酒精等。为了运送甘蔗，各制糖厂都铺有轻便铁道，1927年，私营铁路1 327英里，属制糖公司的就有1 280英里。在甘蔗榨季以外的时间里，这些铁道也供一般民间运营之用。此外，在1917—1918年间，因航运价高涨，台湾制糖、帝国制糖、盐水港制糖纷纷增购轮船，用于运输本企业所产的砂糖，并且参与日台间的海运业③。20世纪30年代中期以前，碾米、凤梨罐头、纺织、采矿、窑业、机械、木制品以及一些日用品制造也有一定的发展，但其规模不大，制糖业仍然占据

---

① 涂照彦：《日本帝国主义下の台湾》，东京：东京大学出版会，1975年版，第311页。

② 柯志明：《殖民经济发展与阶级支配结构》，载《台湾社会研究季刊》，1992年第13期。

③ 矢内原忠雄：《帝国主义下の台湾》，东京：岩波书店，1988年版，第232页。

了台湾工业构成中的绝大部分。

因此，从1901年第一家日资新式制糖厂建立于高雄县桥仔头以来，拥有先进生产设备的日资大糖厂陆续出现于屏东、虎尾、北港等南部各地。为全面独占台湾糖业的制造与外销，总督府还大力支持三井物产、增田屋商店垄断台湾砂糖的对外贸易。为便于向日本输出砂糖，遂把砂糖的交货地点从安平、打狗（今高雄）逐渐移往砂糖产地。再把台茶的集散市场从厦门移至台北，从而废除妈振馆和买办制度，把欧美洋行与大陆华商驱除于岛外。1905年日俄战争后，日本国力骤强，日本资本主义飞跃发展，近代企业如雨后春笋般相继出现。日本资本开始把所积蓄的巨大资本倾注于殖民地台湾，以期觅寻有利的资本再生产。在总督府糖业奖励政策之策应下，日本资本大量进入台湾制糖业。如台湾制糖株式会社即在此时把资本金增为500万元；并相继增设第二（桥仔头）、第三（后壁林）的新式制糖厂，大大地扩张其生产力。继之，1908年，明治制糖、大日本制糖、盐水港制糖、东洋制糖等日本制糖大企业相继出现。可以说，台湾总督府花费10余年时间，才基本达到由日本资本垄断台湾糖业的政策目的。

二　台湾糖业在台湾殖民地经济中的地位

如上所述，日据10余年之后，在台湾总督府与日本资本联手“攻击”下，成功地将原有在台湾的欧美制糖势力及洋行完全驱逐，最后一家是英商怡和制糖在1911年被台湾制糖株式会社所并吞。后来，日本企业又将台湾当地的小型制糖作坊和改良糖廍及其所有的蔗园等逐一并吞或消灭。连总督府扶植起来的台湾四大土著糖业资本（王雪农、陈中和、林本源、辜显荣）所建立的新式制糖厂（改良糖廍）也不放过，在1907至1920年间都被日本糖业资本并吞殆尽①。其他中小型制糖厂如新兴制糖、台东制糖、台南制糖、林本源制糖、帝国制糖等土著资本制糖企业皆为日资制糖企业所并吞。于是日本资本几乎独占了台湾制糖业。至1920年代，以三井系之台湾制糖，三菱系之明治制糖，铃木系之盐水港制糖、东洋制糖，藤山系之大日本制糖等五大制糖会社，实收资本额及生产额均占总数四分之三，原料采取区域十分之七②。无论是资本额、生产量或原料采取区域面积均不是土著资本所能抗拒的。表四十七显示了1935年时台湾糖业在台湾殖民地经济中的地位。

---

① 台湾总督府殖产局特产课：《台湾糖业概要》，台北：1927年，第144页。

② 同上，第292页。

表四十七　台湾糖业在台湾殖民地经济中的地位(1935)

项　别	金额①	项　别	金额②	②/①(%)
耕地面积(甲)	856 755	蔗作面积	121 605	14.2
农家户口(户)	411 981	蔗作户数(新式制糖)	126 605	30.8
农业生产额(千元)	361 046	甘蔗生产额	55 233	15.3
工业生产额(千元)	269 494	砂糖生产额	164 068	60.9
会社缴纳资本额(千元)	230 935	制糖会社九家缴纳资本额	185 550	56.1
工业会社缴纳资本额(千元)	200 192	同上	185 550	92.6
输出额	350 745	砂糖输出额	151 533	43.2

资料来源:高桥龟吉:《现代台湾经济论》,东京:千仓书房,1937年版,第202页。

这样,在台湾总督府的政策支持下,日本糖业资本不仅垄断了台湾制糖业,还垄断了整个的台湾产业。由此,矢内原忠雄称其为"台湾糖业帝国主义"①。到了1930年代,日本制糖业三大财阀——三井财阀、三菱财阀及藤山财阀(三井系——台湾制糖、三菱系——明治制糖、盐水港制糖,藤山系——大日本制糖、新高制糖、东洋制糖)占有台湾制糖业总资本的87%,台糖生产量的83%②。台湾制糖业在台湾殖民地经济中的地位日趋重要。

日本占据台湾的50年间,在总督府威权专制和糖业奖励政策之推动下,台湾糖业长期是台湾总督府重点扶植和日本资本开发的首要对象,因而获得较快的发展。1939年的统计数据如下:1. 蔗作面积167 000余甲,占耕地总面积的19%;2. 蔗农146 000余户,占全农家户数的30%,等于台湾总户口的15%;3. 新式制糖厂共有49家;4. 产糖量达2 300 006 000万余斤(1 400 000公吨),等于日本据台当初产量的50倍;5. 产糖总值100 009 000万元,占工业总生产的48%;6. 砂糖输出达200 006 000万余元,占总输出的43%;运回日本国内的竟达1 200 000公吨③。究其糖业发展的深层次原因,日本市场对台湾砂糖的需

① 矢内原忠雄:《帝国主义下の台湾》,东京:岩波书店,1988年版,第203页。

② 日本资本寡头独占台湾糖业之后,三井财阀、三菱财阀及藤山财阀三大财阀又共同在生产、销售上合作,更进一步利用在东京的糖业联合会来操纵市场,并获得独占的超高额利润。如在糖业联合会达成"限产协议"之后,糖价立即从每百斤22元涨至25元。三大财阀因此资金更加雄厚,以所获得的超额利润扩充其关联企业,兼营土地开发、水利灌溉、铁路运输、海上运输、酒精制造、纸浆制造、食品加工、制盐、乳业、化学工业等,扩大其独占的经济范围,最终形成垄断日本市场的大财阀康采恩。因此可以说,台湾蔗糖不仅是台湾总督府殖民地财政收入的主要来源,同时也"养肥了日本财阀"。

③ 以上数据参见:稻田昌植:《台湾糖业政策》,台北:台湾总督府,1921年,第40页;台湾总督府殖产局:《第26次台湾糖业统计》,台北:总督府,1938年,第12页、第76页;高桥龟吉:《现代台湾经济论》,东京:千仓书房,1937年版,第202页;涂照彦:《日本帝国主义下の台湾》,东京:东京大学出版会,1975年版,第169页;日本大藏省:《昭和财政史》,东京:大藏省,1960年,第32页等。

求是一个非常重要的因素。在台湾糖业渐次发展起来后，日本政府对台湾地区以外进口的砂糖课以较高的关税税率，对台湾糖业实施了保护政策。因为以甘蔗原料的成本来考虑，台湾发展糖业的条件事实上并不如当时的古巴或爪哇（今印尼），因为台湾蔗田的生产力不如上述两地[①]。因此，日据时期台湾砂糖业的发展，部分是得力于日本的保护政策[②]。

如此看来，台湾岛内的糖业生产为日本资本独占，台湾总督府又授权三井物产和横滨增田会社垄断了台糖的输出和贸易。日本糖业资本又不断扩充实力，最终垄断了整个台湾糖业界。因此，近代台湾糖业的发展史几乎就是日本资本垄断台湾糖业的殖民史。日本学者矢内原忠雄称其为是“台湾糖业帝国主义”[③]。日本资本垄断台湾糖业的结果是：既获得了平均每年数千万元的超额垄断利润，又兼并了大批台湾当地资本经营的小制糖工厂及改良糖廍。如此，台湾总督府垄断台湾糖业、确保总督府财政收入的政策目的完全成为现实。

台湾总督府在推行其糖业殖民地政策之时，以改良甘蔗品种为首要要务。首先培植外国优良蔗苗，引进夏威夷玫瑰竹种，并大力推广，一时间台湾各地制糖会社均有改良品种的农场，全台蔗园夏威夷玫瑰竹种占有率达 95%。另外，蔗作面积和总产量更是年年激增，1938 年台湾种蔗总面积达 17 万甲，总产量达 1 283 公吨，为世界蔗糖产量第三名[④]。在台湾总督府糖业政策的奖励以及引进新的耕作技术的情况下，岛内的蔗作单位面积产量逐年递增，1901 年，每甲平均收获量为 25 公吨，1934 年增为 60 公吨，1939 年增达 77 公吨。其后，蔗作面积和产量进一步呈激增势头，1903 年，蔗作面积 16 000 甲，产量 41 万公吨；1922 年，面积增为 12 万甲，产量增为 400 万公吨；1938 年，面积增达近 17 万甲，产量增达 1 238 公吨。台湾甘蔗生产达到极盛。

在日据 50 年间，台湾糖业确实取得了明显发展，但在台湾总督府糖业政策的控制下，不论如何变迁，始终处于为日本制糖业提供廉价原料粗糖的上游链。日本制糖业在保持多角化的同时，始终占据着制造精糖的优势。日本与台湾的糖业一直保持从属关系。在“日本精糖、台湾粗糖”的政策下，台湾制糖业看似台湾近代经济产业的主角，其实在台湾总督府的经济政策中，只不过是可压榨利用的配角，一只“会下蛋的母鸡”。粗糖的生产制造，在日据时期成为台湾糖业最明显的特色[⑤]。

---

① Cumings, Bruce (1990), The Origins of the Korean War, Iuo, lI, Princeton: Princeton Uniuersity Press(转引自台湾省文献委员会:《台湾近代史》(经济篇),南投:1995 年印行,第 624 页)。

② 台湾省文献委员会:《台湾近代史》(经济篇),南投:1995 年印行,第 624 页。

③ 矢内原忠雄:《帝国主义下の台湾》,东京:岩波书店,1988 年版,第 203 页。

④ 杨彦骐:《台湾百年糖纪》,台北:猫头鹰出版社,2001 年版,第 141 页。

⑤ 同上,第 48 页。

第二节　台湾银行与台湾总督府糖业政策

一　垄断殖民地金融——台湾银行的设立与性质

台湾总督府垄断台湾米糖产业及其他产业领域，首先是从垄断台湾金融业起步的。因为“金融资本是一种在一切经济关系和一切国际关系中的巨大力量，可以说是起决定作用力量”[①]。日本占据台湾之后，台湾总督府即通过台湾银行全面控制台湾岛内的金融活动。由此，总督府为最大限度地攫取台湾岛内丰富的物产资源，逐渐建立了以台湾银行为顶端之近代殖民地金融体制。所以，台湾银行势力的不断壮大，也意味着台湾殖民地化程度的加深。日本在近代也遭受过欧美列强的经济侵略，明治维新前的 1860 年代，日本的外汇等金融业务一度为外国金融资本所控制。例如在横滨，1861 年英国东方银行、1866 年英国汇丰银行、1867 年法国康特瓦尔·迪斯昆特银行，都先后开了分行，等等。这些分行在日本的主要业务是掌握贸易金融，同时也实行贷款。而贸易金融业务的核心是掌握当时在日本流通的外币洋银。它们是这种外币的独占的供应机关，因此，通过控制外币的供应，也就无异掌握了幕府末期日本的金融和贸易的命脉[②]。但是，日本曾经遭受过的殖民地盘剥，反过来成为它对台湾实施殖民地金融统治的样本。在日据台湾第四年的 1899 年，日本政府决定设立台湾银行。由日本政府投入 515 万元，并实际收融股金 131 万元，用于开设台湾银行，作为日本统治台湾的最高金融机构。台湾银行隶属总督府直接管辖，拥有日本政府赋予其的纸币发行权，并办理存款、贷款、汇兑等业务，致力于台湾米糖产业发展及开发对外贸易，协助台湾其他金融机构的设立。

在台湾银行设立之前，台湾的金融业务及公库业务由日本中立银行及日本银行办理，而这两家银行在台湾分行的设置，正是台湾近代金融机构的开端。1895 年 9 月，大阪中立银行[③]在基隆设立“出张所”(分行或办事处)，开始办理公库业务，包括军款的输送、出纳及兑换等事务。1896 年 3 月改称日本中立银行，5 月在台北市设立分行。但是，日本中立银行毕竟是民间银行，

---

① 列宁:《帝国主义论》，北京:人民出版社，1971 年版，第 73 页。

② 万峰:《日本资本主义史研究》，长沙:湖南人民出版社，1984 年版，第 26—27 页。

③ 大阪中立银行:三和银行的前身是三十四银行，而三十四银行前身则是大阪中立银行。1895 年大阪中立银行在基隆设立分行，1896 年该行改称日本中立银行，1899 年该行与日本三十四银行合并，改称为三十四银行。1933 年又与日本山口、鸿池两家银行合并，改称为三和银行，总行设在大阪。

难以达成“国家银行“的政策目的[①]。因此，日本为集中财力，贯彻并推行“农业台湾”的殖民地经济政策，迫切需要建立日本政府直接管辖的殖民地银行。为此，1896 年秋，日本银行（中央银行）派 16 人来台，筹办汇兑业务及公债业务，12 月在台北市设立“出张所”，以“台北日本金库”及“日本银行台北出张所”的招牌，开始营业，接受国库存款，有 1 元银币、小额辅助银币及日本银行兑换券等。日本银行分行不仅办理国库出纳业务，也办理部分银行兑换业务，包括与台湾割地通汇的汇兑业务，而且与日本银行总行及主要都市分行开始通汇。

在日据初期，台湾总督府及日本政府均认为，为使台湾经济尽早发达，成为向日本提供米糖产品及工业原料的海外殖民地，必须首先设立具有纸币发行权的特殊银行，以整理台湾币制，便利资金流通。1897 年 4 月，日本第十届帝国议会以法律第三十八号通过《台湾银行法》。同年 11 月，任命 11 位台湾银行筹办委员，开始台湾银行的筹建。1899 年 3 月，颁布《台湾银行辅助法》，日本政府承受五分之一的资本金（100 万元），且政府所持股份前 5 年所获之股息及红利均充作准备金，以减轻募股的困难[②]。同时，日本政府以无息贷款方式，贷给台湾银行 200 万元，以供周转，期限亦为 5 年[③]。1899 年 6 月 12 日，台湾银行申请设立获得批准，9 月 26 日正式开始营业。日本银行原办理的国库业务移交台湾银行办理，取消日本银行在台北市的出张所，并撤离台湾[④]。

从其性质上来看，台湾银行是台湾总督府直接管辖下的政策性殖民地银行，其“首要任务乃是成为日本资本主义征服台湾的重要一翼来控制台湾产业的命脉，并培植日本企业外在台势力，所以其放款对象即极端地集中于日本人企业，尤其对于日本资本垄断的糖、米两大企业，均是给予特别优待的融资办法”[⑤]。台银对岛内的各项事业均积极介入。1911 年台湾总督府实施《货币法》（敕令第六十四号），与日本本土一样，采用发钞课税主义，以金或银为发行准备金。但台湾的货币并不准流通于日本，日本银行之钞票亦不能通用于台湾，台湾的金融货币自成体系。开业以来，除执行总督府的政策性财

---

① 台湾省文献委员会：《台湾近代史》（经济篇），南投：1995 年印行，第 519 页。

② 名仓喜作：《台湾银行四十年志》，台湾银行，1939 年，第 135 页。

③ 台湾银行有此优厚条件，吸引投资人，总计 40 000 股，却有 4 倍以上的应征认股数，因而台湾银行顺利于 1899 年正式营业（有关台湾银行募股之具体情形，可参见北山富久二郎：《现代台湾经济论》，东京：千仓书房，1936 年版，第 582 页。）。

④ 叶荣钟：《近代台湾金融经济发展史》，台北：晨星出版有限公司，2002 年版，第 28 页。

⑤ 史明：《台湾人四百年史》，台北：蓬岛文化有限公司，1980 年版，第 351—352 页。

政金融政策外，台湾银行所办理的一般性业务包括：1. 发行银行券的特权①；2. 外国汇兑②；3. 信托及证券③；4. 国库业务④；5. 一般银行存放款及国内汇兑业务⑤。

台湾银行不仅是台湾总督府直接管辖下的政策性殖民地银行，同时也兼具"帝国主义银行"的性质，所以，除了台湾地区外，还兼：1. 注重对中国、南洋各地的侵略性的金融业务（汇兑、贸易、投资）；2. 对中国的中央及地方的各级政府予以贷款；3. 设立帝国主义性质企业"中日实业株式会社"、"中华汇业银行"、"中日银行"等；4. 劝说南洋华侨投资"华南银行"及对其放款；5. 资助侵略华南、南洋各地的日本政府机关及日本企业等。例如在1915—1929年的15年间，台湾银行对岛外放款额平均每年达300 002 600万元，比岛内放款同期的每年平均100 004 800万元多至二倍以上⑥。1913年6月，台湾总督府公布《附有担保公司债信托规则》，得以台湾银行开始经营以下业务：(1) 动产抵押；(2) 有价证书的债券抵押；(3) 土地产权或建筑物抵押；(4) 船舶抵押；(5) 工厂产权抵押，发行公司债券等业务。1914年《台湾银行法》修改，台湾银行获得经营附有担保公司债信托业务及其他一般信托业务之权。1915年台湾银行开办证券信托业务，1916年创设信托存款制度。所有信托证券业务均属台湾银行独有之业务。台湾银行成立后，继承了日本银行的国库业务，台湾银行陆续在全台设立多家分库，办理国库业务。除此之外，台湾银行也办理国库业务，发行4分利、5分利国库债票。台湾银行除扮演中央银行的角

---

① 台湾省文献委员会：《台湾近代史》(经济篇)，南投：1995年印行，第498—499页。

② 为达成台湾银行以台湾为据点致力于"外国"贸易及外汇业务发展的创立原则，台湾银行先后在中国厦门以及南洋、印度及欧美各地设立分行，办理"外国"汇兑业务，这是其他银行所没有的业务(参见台湾省文献委员会：《台湾近代史》(经济篇)，南投：1995年，第520页)。

③ 1913年6月，台湾总督府颁布《附有担保公司债信托规则》，台湾银行得以从事信托及证券业务(参见台湾省文献委员会：《台湾近代史》(经济篇)，南投：1995年印行，第520—521页)。

④ 台湾银行成立后，承继了日本银行的国库业务，随后，台湾银行陆续在岛内设立多家分库，办理国库业务。除此以外，台湾银行也办理国债业务，发行4分利、5分利国库债票(参见台湾省文献委员会：《台湾近代史》(经济篇)，南投：1995年印行，第521页)。

⑤ 台湾银行除扮演中央银行的角色外，也经营一般银行的存放款业务及国内汇兑业务(参见台湾省文献委员会：《台湾近代史》(经济篇)，南投：1995年印行，第521页；台湾银行：《台湾银行二十年志》，台北：台湾银行，1919年第14—15页)。

⑥ 参见台湾总督府财务局金融课：《台湾の金融》，台北：1920年，第104页；台湾银行：《台湾银行二十年志》，台北：1919年，第384—430页。

色外，也经营一般银行的存贷款及国内汇兑业务[①]。简言之，台湾总督府通过台湾银行这一金融管道，将其剥夺台湾人民的巨大资本，转而输出于中国大陆、南洋等地，为其本国殖民主义服务。

在台湾总督府的大力支持下，台湾银行的实力大增，渐次在台湾金融界占据了独占地位。但在1923年1月日本劝业银行设立台湾分行之后，台湾银行的支配性地位呈现低下的趋势[②]。在1936年底，在台湾商工银行、华南银行、台湾储蓄银行以及日本劝业银行、三十四银行（自明治维新以来，有日本银行以营业执照号码命名）的台湾分行等总计9 900多万元的资本额中，台银即占有4 500万元；在吸收存款总额的4 900 002 000万元中，台湾银行即占有3 800 009 000万元；在贷款总额4 400 002 000万元中，台湾银行占有3 900 001 000多万。台湾银行成立当初，承担着日本对外扩张的使命，发展至1926年，在总计贷款总额400 001 900多万元中，以台湾本岛客户为贷款对象的仅占100 004 000多万元，为22.7%；而对日本本土的企业贷款则高达400 001 000多万元，为67.3%；以中国大陆为主的贷款则有6 000多万元，为10%。相反，吸收的存款则大部来自本岛，其余来自日本本土与海外，足见台湾银行多么的名不符实。在台湾银行的操纵下，台湾相继成立了一批普通银行[③]，逐渐形成以台湾银行为龙头的台湾殖民地金融体系。

台湾银行总部虽然设在台北，但主持经营的日本人总裁却长期驻在东京，股东大会也在东京召开。1927年后，开始有所改善。直到1945年6月，台湾银行除了在台北设有总行外，在海内外共有15家分行、17所办事处并支配着台湾

① 参见台湾省文献委员会：《台湾近代史》（经济篇），南投：1995年印行，第520—521页。

② 高桥龟吉：《现代台湾经济论》，东京：千仓书房，1937年版，第575—576页。台湾学者黄绍恒认为日本劝业银行设立台北分行，表面上是为解决台湾对长期资金专业银行的需求，但实际上是为了解决台湾银行的不良债券（黄绍恒：《日本劝业银行在台设立（分行923）之研究》，《2001年度"行政院国家科学委员会"补助专题研究计划成果报告》，第5页）。李为桢则指出：日本劝业银行是在台湾银行实力下降之时，作为救济台湾银行的一个手段而在台湾开设分行，其后甚至成为台湾银行最大的竞争对手（李为桢：《战时体制下台湾金融统制体制之初探》，《第五届台湾总督府档案学术研讨会论文》，2008年8月）。

③ 普通银行：是指所谓的商业银行，如三和银行、嘉义银行（1905年设立，1923年并入台湾商工银行）、彰化银行（1905年设立）、台湾商工银行（1910年设立，1912年合并台湾储蓄银行；1923年由合并嘉义银行及新高银行）、新高银行（1916年设立，其设立目的是为制茶业者及茶圃栽培者提高资金，总行设在台北，并在多处产茶地设立分行（包括台湾及中国内地），1923年为台湾商工银行兼并）及华南银行（1919年设立）等（参见叶荣钟：《近代台湾金融经济发展史》，台北：晨星出版有限公司，2002年版，第33—34页）。

商工银行[1]、华南银行[2]、彰化银行[3]、台湾储蓄银行[4]四大民间银行，还控制了全岛的信托会社、保险会社、产业仓库、信用组合、农会等金融机构[5]。

二　总督府的政策扶持与台湾银行经营的发端

如上所述，在台湾银行经营当初，总督府予以大力的政策性扶持，使其享有不少的特权，促使台湾银行得以渐次步入正常的经营轨道。经营一般储贷业务是银行的经常性业务，但台湾银行利用其所享有的种种特权，通过一般业务活动对台湾人民进行榨取盘剥。例如台湾银行对台湾人民存款利息和日本国内存款利息相等或略低；而贷款利息则较日本国内高出许多，类似高利贷利息。因此，台湾银行创立之初，其营业情况并不理想，如表四十八所示，一是当时台湾产业经济尚未发达，一时无法获得台湾当地土著资本及当地人民的信任，以至其存款业务难以开展，经营资金严重短缺。因此，台湾总督府对台湾银行予以了极大的支持，如：1. 总督府贷款；2. 总督府公债的交易；3. 以总督府权力为后盾而杀价收购大租权补偿金的总督府事业公债等[6]，才勉强渡过创业当初的诸多难关。

---

① 台湾商工银行：成立于1910年，其设立目的是为了开发台湾中南部的产业，总行设在屏东。1912年台湾商工银行合并台湾储蓄银行，将总行迁至台北；1923年又合并嘉义银行及新高银行。

② 华南银行：成立于1919年，是台湾总督府为实施南进而设立的负有政策使命的银行，总行设于台北。台湾总督府对其提供补助金，台湾银行也给予经营上的多种方便。在华南银行数十万股份中，板桥林家的林维源持有22 100股，高居首席大股东的地位，但是，台银虽然只持有9 500股，但却支配着华南银行的经营。

③ 彰化银行：成立于1905年，也是具有地方性质的银行，总行设在彰化(后搬迁台中市)，该行一直维持至1945年日本战败。成立于1905年的彰化银行，主要由台湾中部的大地主以23万元的公债为资本而设立的，成立后的15年间，其经营与人事等方面主要由本岛人承担，但到1919年，该行进行第二次增资时，以台银为首的日本金融资本大举渗入，逐渐占据了对该行的经营主导权和人事控制权。

④ 1899年，台湾储蓄银行成立，其主要业务是吸收储蓄存款。依据日本法律，储蓄银行的设立必须单独办理，后由于日本法律的变更，储蓄银行并入台湾商工银行，1922年，由于日本又颁布新的储蓄银行法，又恢复台湾储蓄银行，并一直维持到1945年日本战败。奖励生产事业的银行：1923年，日本劝业银行台北分行成立，主要业务就是奖励台湾产业。

⑤ 其他还有：商业银行：1902年台湾商业银行成立，总行设在台北，1903年由于受银价暴跌影响宣告破产；农商银行：1903年台湾农商银行成立，总行设在台南，1907年因业务不振而宣告破产。

⑥ 台湾银行：《第一次台湾金融事项参考书》，台北：1902年，第15页；《台湾银行二十年志》，台北：1919年，第115页。

表四十八　台湾银行成立当初的营业状况

（单位：千元）

项　目	1899年末	1900年末	1901年末	1902年末	1903年末	1904年末
存款	——	15	115	237	168	443
贷款偿还	——	——	——	——	519	463
其他	——	——	——	——	——	124
政府贷款	2 500	6 200	5 200	6 850	3 978	3 552
贷　款	101	204	257	435	580	921
活存透支	146	188	242	479	487	598
支票贴现	607	1 057	1 257	2 174	3 707	4 424
仓库支票贴现	21	22	33	50	122	192
杂　项	44	33	5	15	12	19
收买各项公债	236	236	2 138	2 086	2 081	2 698

资料来源：台湾银行：《营业报告书》第一期—第八期。转引自涂照彦：《日本帝国主义下の台湾》，东京：东京大学出版会，1975年版，第47页。

第一次世界大战结束后，日本经济一度趋于低潮。战争犹如强心剂，曾一度刺激日本经济的发展。可是战后，生产力和生产关系之间又发生了新的矛盾，连续出现的几次经济危机便是这一矛盾的爆发。关东大地震使这一矛盾更加激化，结果引起物价下降、贸易入超、金融混乱，日本经济长期陷入危机和慢性萧条状态①。受此影响，台湾经济也因此低落，支撑台湾经济的台湾银行曾一度濒临倒闭的边缘。因在第一次世界大战期间，台湾银行向铃木商店发放了巨额贷款。在铃木商店的4.5亿贷款中，台银贷款占3.5亿日元。铃木商店依靠贷款经营60多家公司，但在战后危机中，铃木商店经营发生困难，要求台湾银行继续贷款。台湾银行唯恐铃木商店倒闭，利用借款继续给铃木商店发放贷款。结果，台银的借款额竟达到存款的5倍和资本的10倍以上②。

在这种不正常的银行贷款问题被揭露后，银行失去信用，发生挤兑风潮。1927年3月15日，东京渡边银行、赤地储蓄银行等被迫关门。接着又有37家银行相继倒闭或歇业，形成1927年金融危机。4月28日铃木商店倒闭，台湾银

① 吴廷璆主编：《日本史》，天津：南开大学出版社，1994年版，第639页。

② 楫西光速：《日本资本主义的发展》上卷，东京：东京大学出版会，1954年版，第142页。

行也跟着歇业,危机在不断扩大,致使宪政会的若槻礼次郎①内阁于4月17日倒台。4月20日,政友会总裁田中义一②上台组阁。田中内阁拨出5亿日元,对三井、三菱等大银行进行紧急救援。日本银行也发放非常贷款1亿日元。同时,日本政府大量发行纸币,但仍未能阻止挤兑风潮。4月22日,田中内阁以紧急敕令紧急停存三个星期,并令日本银行放出21.9亿日元贷款给台湾银行等。这样,暂时平息了金融危机。在台湾总督府的斡旋下,日本大藏省对台湾银行发放了补偿总额为400 002 200万元的亏损补助金,才最终得以免除倒闭③。随后,在台湾总督府的政治支持与财力援助下,台湾银行的实力逐渐增强,继续发挥其为总督府殖民地经济政策服务的功能。

三　执行总督府糖业政策的金融工具——台湾银行

日据时期,台湾总督府全面控制台湾产业,首先开始于制糖业也终结于制糖业。因为控制了台湾制糖业及其附属产业,就可成为台湾产业界的龙头。对日本而言,由于国内消费的大部分砂糖都得依靠外糖的进口,如1894年日本国内砂糖消费量为400万担,其中320万担是来自国外的供应,所以日本出兵强占了自17世纪以来就是砂糖供给地的台湾,日本也得到了“一颗救星”④。对于台湾总督府而言,控制台湾制糖业可达到“一箭双雕”的目的,一来能供应本国

---

① 若槻礼次郎(1866—1949):1866年1月5日生于出云(今岛根县),日本第25任和第28任首相(1926.1—1927.4;1931.4—12)。1892年毕业于日本帝国大学法学科;1894年任爱媛县收税长;1904年任大藏省主税局长;1905年任大藏省次官;1911年任贵族院议员;1912年第一次桂太郎内阁藏相;1914年任第二次大限内阁藏相;1924年任第一次、第二次加藤高明内阁内务大臣;1926年任宪政会总裁、首相(第一次组阁);1927年总辞职;1930年任伦敦海军裁军会议首席代表;1931年任首相(第二次组阁)、民政党总裁;12月总辞职;1934年辞去民政党总裁。1949年11月20日去世。终年84岁。

② 田中义一(1863—1929):自1883年12月起,田中义一先后考入陆军士官学校、陆军大学,接受正统的军国主义教育,1892年毕业后步入军界,在历次对外侵略战争中屡屡展露奇才,官运亨通,成为长州系军阀嫡系继承人。1909年后,田中义一历任陆军事课长、第二旅团长、陆军省军务局长,1918年,他以参谋次长身份,策划指导了向西伯利亚出兵。一战后,先后出任原敬内阁、第二次山本权兵卫内阁陆相,并晋升为陆军大将,获男爵爵位,被列入华族。1925年,田中义一退出现役,带着来路不明的300万日元加入政友会,接替高桥是清就任第五任政友会总裁。田中内阁三次派兵侵略中国山东,阻止国民革命军北伐,制造骇人听闻的“济南惨案”。1927年6月27日至7日,田中义一主持召开有外务省、军部、朝鲜总督府、关东厅、驻华公使及总领事等要员参加的“东方会议”,制订了《对华政策纲领》。1928年6月3日,日本关东军制造了炸死张作霖的“皇姑屯事件”。之后,田中义一被迫提出辞呈,1929年7月28日因心脏病猝发而亡。

③ 《昭和金融恐慌史》转引自《银行论丛》第9卷临时增刊,1927年7月,第82页;名仓喜作:《台湾银行四十年志》,东京:台湾银行,1939年,第306页。

④ 竹越与三郎:《台湾统治志》,东京:博文馆,1905年版,第394页。

足够的砂糖并节省价值 2 000 万余元的巨额外汇，二来能开发台湾首要的产业，藉以实现财政独立，并巩固台湾总督府的统治基盘①。台湾总督府糖业政策的一个重要实施特征，就是通过台湾银行，对日资糖业资本予以强有力的财政支持，台湾银行成为执行台湾总督府糖业政策的工具。实际上，日本糖业资本在进入台湾初期，也必须依靠台湾银行的财力支持。为保护台湾银行的财力及信用，台湾总督府制定了若干保护措施，于 1905 年颁布的《制糖厂取缔规则》，为糖业资本制定了原料采取区域制度。有了原料采取区域制度，台湾银行得以安心展开对日资糖业企业的金融贷款业务及其他经营活动。

另外，日本政府同意自 1908 年起砂糖消费税缓缴，可以台湾银行的定期存款存折作为担保。制糖株式会社只要缴付贴现票据以及存款利息，即可享有 6 个月的砂糖消费税缓缴期限，这项措施对制糖株式会社极为便利，也有利于其在市场上增加竞争力和扩张的实力。1919 年，台湾总督府公布《台湾制糖及纤维工厂的固定资产规则》(政令第 470 号)，根据此项规则，日资制糖株式会社可将工厂内的一切动产和不动产全数列为本企业财产，以作为评估固定资产的目的物品，从而顺利获得融资。1922 年台湾总督府再次颁布《工厂抵押法》，使日资制糖株式会社在筹措资金方面更便利、受益更大。这些措施对资本不断扩展的日资制糖株式会社而言，具有划时代的意义，而对于台湾银行来说，将此作为融资担保，来作为扩大融资的保障，也同样具有意义。

台湾银行对台湾糖业的融资金额远远高于其他作物，1903 年台湾银行对台湾糖业放款达 6 977 839 元，约占总放款额的 35%②。台湾银行对制糖业的融资作用，就在于削弱以往土著资本之糖商与洋行以支付前贷金的方式控制制糖业者的能力。而另一方面盐水港厅、嘉义厅及阿缑厅于 1903 年陆续颁定《糖业组合规则》。按照此规则，制糖业者必须把所制砂糖交于“组合”销售，致使非组合成员无法取得砂糖销售。而且，“组合”成员的销售方式亦必须改变以往的交易习惯，以预先付款的方法进行交易。这就极大地限制了土著资本糖商行销的自由性，使得糖商与糖廍的交易受到阻碍③。1905 年之后，“土著资本糖商与洋行对砂糖买卖与贸易的势力已微乎其微了”④。

台湾总督府对于台银在法令上的保护，可谓无微不至。台银在总督府的保

---

① 伊藤重郎：《台湾制糖株式会社史》，台北：台湾制糖株式会社，1939 年，第 64 页。

② 1903 年，台湾银行除了对糖业放款外，对稻谷业、制茶业、樟脑及金矿等亦放款融资。其中稻谷放款 6 752 853 元；制茶业放款 2 619 906 元；樟脑为 380 131 元；金矿为 2 964 270 元。总放款金额达 19 694 999 元，糖业放款所占的比例最大(台湾银行编：《台湾银行二十年志》，东京：1919 年，第 277 页)。

③ 临时台湾糖务局：《第二次糖业记事》，台北，1903 年。

④ 吴季晏：《日据前期台湾砂糖出口市场的转变(1895—1915)》，台南：成功大学历史语言研究所硕士论文，1994 年 7 月，第 51 页。

护下也迅速胀大，台湾的日资制糖株式会社对台银的融资贷款也愈加依赖，台银与日资制糖株式会社的关系越来越密切，糖业的发展成为总督府的国策性产业目标，由此，台湾总督府、台湾银行与日资制糖株式会社实为三位一体，台湾银行在其中担任内中枢供需的角色。随着台湾糖业的发展扩张，台银对制糖业的贷款额也逐年激增(参考表四十九)。从1903年到1904年300万元，到1921年最高峰的300 001 900万元，不到20年间增加了118倍。

表四十九　台湾银行对糖业贷款一览表

年　度	金额/千元	与对糖、米、茶等重要产业总贷款对比/%
1903年	2 666	32.19
1905年	6 978	35.43
1910年	31 975	43.85
1915年	57 021	46.05
1920年	292 395	52.24
1925年	151 789	60.73
1927年	223 141	71.89
1929年	305 915	66.17
1931年	259 518	64.66
1933年	212 846	57.02
1935年	178 139	48.15
1936年	181 989	46.86
1937年	184 393	43.41

资料来源：台湾银行编：《台湾银行二十年史》，东京：台湾银行，1919年，第285页；
名仓喜作编：《台湾银行四十年史》，东京：台湾银行，1939年，第160页。

日据初期，台湾银行就积极协助日资制糖株式会社对台湾糖业的独占。例如，日据当初，板桥林家掌门人林维源避入厦门，为规避风险，林家也把为数二三百万元的资金转移至上海的香港银行分行保存。1900年台湾总督府民政长官后藤新平在视察厦门时亲自登门，劝诱林维源回岛内并承诺偿还为日军所没收之全部家产，林维源遂决定回台湾投资创办林本源制糖会社(1902年2月成立)。但该会社成立后，台湾总督府糖务局和台湾银行立即派驻人员出任该会社重要职务，渐次掌控了会社的经营大权，至1927年，在台湾银行的推动下，林本源制糖会社被并入日资盐水港制糖会社。台湾银行对于台湾土著资本的企业也由人事、资金、业务等诸方面施行监督，例如高雄陈中和家的新兴制糖株式会社，表面上虽然由陈家的代表出任“社长”及“常务董事”，但是会社的人事权、经营权等完全操在日本人手里，方式是台银以贷款方式掌握经营[1]。

在台湾的众多日资制糖株式会社中，与台银关系最为密切的首选大阪铃木商店旗下的东洋制糖株式会社，该会社在透过台湾银行的大量资金贷款下，先后收购了北港制糖株式会社及斗六制糖株式会社等制糖企业，在第一次世界大战最为旺盛的时期，东洋制糖株式会社曾与台湾、明治、盐水港并列为台湾四大制糖株式会社。但是，由于过度依赖台湾银行的资金进行扩张，在1927年的金融危机中，台湾银行被迫休业，东洋制糖株式会社也随即出现资金周转不灵，最终导致破产。这场风波还影响到其他多家日资制糖株式会社，足见台湾银行能够对台湾糖业的影响之深。再从台湾糖业的发展史来看台湾银行，足可见其背景与台湾总督府有着密不可分的金融关系，由于这层关系，台湾银行成立，巩固了日本资本对台湾糖业的控制地位。整个日据时期，台湾总督府及台湾银行成为台湾社会经济的主导力量。在总督府及台湾银行的金融扶持下，日本资本基本垄断了台湾的经济命脉，岛内大多数的重要产业及矿产资源、港口码头、铁路公路等均由其控制。在台湾殖民地经济的演进过程中，台湾总督府、台湾银行与日本资本形成“日本殖民垄断资本命运共同体”[2]。成为日本资本主义经济体系的重要补充部分。

第三节　日据后期的台湾农（稻谷）业——多角化发展趋势

一　农（稻谷）业→农业多角化的演变趋势

日据以来，日本资本势力未能进入台湾农村，岛内历来之稻米生产体系也得以留存，台湾稻米之加工主要由台湾土著资本所经营。但总督府与日本资本对于台湾稻米之外销经营却始终实施着严格控制，即台湾稻米的外销全由日本商社独占。日据前期由于日本国内稻米产量不足，由台湾向日本市场长期供应

① 廖庆洲：《日本过台湾》，台北：上砚出版社，1993年版，第193页。

② 大陆学者将台湾总督府独占的官僚垄断资本和日本在台的大财阀垄断资本统称为“日本殖民垄断资本”。官僚垄断资本指台湾总督府经营的铁路、矿山、港口、森林、银行、电力、渠圳、食盐、樟脑、烟、酒等专卖局所属的各企业。财阀垄断资本指日本三菱、三井、三友、住友、古河、大仓、浅野、安田、野村、大川等财阀独营或入股经营的企、事业。日本殖民垄断资本在台湾的发展经历了三个时期：第一个时期是第一次世界大战前，主要表现为开设银行，大搞专卖权，控制金融，扶植日本资本，限制排挤台湾民族资本的发展；第二个时期是第一次世界大战期间，借战争之机，日本殖民垄断资本高度发展起来，工农业的产值几倍、或十几倍增长；第三个时期是1921年以后，官营资本继续发展，民营资本也完成了独立过程。二者在台湾完全占有统治地位。日据后期，台湾经济完全为日本殖民垄断资本所垄断，包括电力的96%、糖业的94%、银行总额的59.9%（唐曼珍、王宇：《台湾事典》，天津：南开大学出版社，1990年版，第41页）。

稻米成为台湾对外贸易之重要内容,且输出数量渐增。在总督府农业政策之促进下,台湾稻米产量日趋提升,自1900年至1940年的40年间,稻米总产量从1900年的30万吨增加到1940年113万吨(参考表五十)。

表五十　日据时期台湾稻米产量(1900—1940)

年　份	种植面积		每公顷平均产量		总生产量	
	万公顷	指　数	吨	指　数	万　吨	指　数
1900	32.6	100	0.9	100	30.7	100
1910	45.6	140	1.3	139	59.8	195
1920	50.0	154	1.3	147	69.2	225
1930	61.4	189	1.7	182	105.3	343
1938	62.5	192	2.2	238	104.2	457
1940	63.9	196	1.8	187	112.9	368

资料来源:应廉耕:《台湾省农业经济》,北京:农业出版社,1983年版,第6页。

对于日据时期台湾总督府的稻谷产业政策,战后一些日台学者给予了很高的评价,认为其引进改良品种,推广新技术和新耕作法,为提高台湾农业的生产和改善农民的生活创造了有利的条件。但实际事实并非如此简单①。据1942年台湾总督府的调查显示,在台湾630万人口之中,农民占一半,约有318.7万人。可见农(稻谷)业在日据时期台湾经济中仍占重要地位。但台湾农民的生产条件仍然低下,生活状况远远没有改善,依旧承担着沉重的租税负担。台湾学者戚嘉林指出:"就在总督府在台完成第二次农业革命,稻米产量飞跃成长的1930年代,台湾平均每人每年稻米消费量却因台米输日而剧减。根据台湾总督府殖产局在台所作的农家经济调查,与米作农家消费生计费调查的两次抽样调查结果,1936—1937年期农民每口主食消费食米量亦较1931—1932年期减少7.6%,甘薯消费量却增加461.5%;1940年在台湾实施米粮配给。与日本本土的日本人相较,1930年代时日人平均每人每年可用稻米消费量却是台湾人的1.6倍。"②

总督府在促使台湾稻米产量增产之同时,也促使甘薯等农村作物的增产。总督府促使稻米与甘薯增产的双重目标是,尽量使台湾人多吃甘薯,以增加台湾之优质稻米(蓬莱米)输日数量。但随着日本国内农业经济之改善与发展,这

① 对于此类观点,周宪文以大量农业统计数据做了严正的批驳,指出台湾稻米在日据时期确实发展很快,产量也提升很快,但在总督府的经济统制下,台湾稻米多被输往日本本土,台湾人民并未得到实质性之利益,证明"台湾农民是为日本人而辛苦"(参见周宪文:《台湾经济史》,台北:开明书店,1980年印行,第488—491页)。

② 戚嘉林:《台湾史》(增订本),台北:海峡学术出版社,2008年版,第298—299页。

种情况开始发生逆转。1927 年日本发生金融恐慌，经济衰退导致日本国内供应过剩。1930 年起日本国内稻米产量大幅增加，同时从朝鲜输入的稻米量亦增加，米谷大丰收及外米的大量输入造成米价暴跌。由此，日本不再需要从台湾大量输入稻米，因为台湾稻米生产成本较低，大量输入后将压低日本米价并打击日本稻米的增产。为保证日本农民的利益，总督府秉承日本政府之命，开始强迫台湾农民增加甘蔗之种植①。1932 年，由于日本政府农林省有意实施限制台湾稻米输日的计划，立即在岛内引发“台湾米移入限制反对运动”②。

台湾总督府随即采取一系列米谷控制措施：1932 年 7 月在总督府殖产局内设置“米谷统制系”；同年 8 月 8 日，殖产局与日本农林省进行协商，研讨稻米统制政策。农林省设立直属的“米谷事务所”，企图不经过总督府直接控制输日稻米的买卖。10 月 11 日，日本农林省与主管台湾事务的日本拓殖务省达成协议，促使总督府在 1934 年、1935 年施行米谷减产政策。11 月 1 日，日本连同其殖民地朝鲜、台湾全面实施《米谷统制法》（法律第二十四号）；1934 年 3 月，台湾总督府又开始实施《临时米谷移入调节法》。在《米谷统制法》颁布并实施之后，针对稻米过剩之局面，台湾总督府制定出《米谷贮藏规则》，开始奖励产业组合仓库的兴建③。不过，仓库的兴建赶不及稻米的生产。1934 年，日本内阁农相后藤文夫④提出《临时米谷耕作面积减少案》（即减产案），受到台湾总督及拓殖务省的共同反对，而未能实施⑤。1934 年 2 月 10 日，斋藤实内阁制定《临时米谷调节法》，规定日本政府为调节外地米移入数量而购买外地米，经费由米谷需给调节特别会计进行，还将特别会计法的借入限度从 7 亿元扩张至 7.5 亿元。另

---

① 1938—1939 年，岛内甘蔗种植面积达 16.7 万公顷，为日据时期甘蔗种植面积之最高记录。

② 林献堂、黄纯青等人作为台湾自治联盟的代表赴东京，与日本官方进行交涉（参见林继文：《日本据台末期（1930—1945）战争动员体系之研究》，台北：稻乡出版社，1996 年版，第 58 页；李力庸：《1930 年米谷统制与台湾的反对运动（1932—1939）》，中国社会科学院台湾史研究中心《林献堂、蒋渭水——台湾历史人物及其时代学术研讨会论文》，开封：2008 年）。

③ 李力庸，《由“水竹居主人日记”看日治时期米谷的生产与流通》，《水竹居主人日记学术研讨会论文集》，台中县清水镇：台中县文化局，2005 年，第 180—181 页。由于台湾气候湿热，米谷贮藏不易，消耗很大，故自 1920 年起，5 年以内，预定每年设置仓库 7 处；后因物价变动，计划略有改变。1920 年设桃园、西螺、潮州 3 处；迄 1941 年，农业仓库的数目为台北 15、新竹 24、台中 41、台南 41、高雄 8，共计 129 处；收容能力为 1 932 938 公石。此外，还有专门的米谷仓库 18 处，收容能力为 125 249 公石（周宪文：《台湾经济史》，台北：开明书店，1980 年印行，第 486 页）。

④ 1926 年 9 月 22 日至 1928 年 6 月 26 日，后藤文夫曾出任伊泽多喜男总督时期的总督府总务长官。

⑤ 石川悌次郎：《台湾に于ける米谷专卖论》，东京：经济情报社，1936 年版，第 21—22 页。

外,专为购买日本米而将特别会计法的借入限度扩张为3亿元,一共为1 100 005 000万元。所以,为了米谷问题总共增加特别会计400 005 000万元[①]。该案若获得通过,意味着日本政府收购过剩米谷的费用将大大增幅。此举引起日本国内的反对。通过对日本、朝鲜及台湾三地米谷生产的成本计算看,发现1933年日本的生产成本为22.15元,朝鲜为20.98元,台湾蓬莱米为17.22元的悬殊差距[②]。如此差距,更加促使日本政府实施遏止殖民地米倾销的根本对策。1935年1月,日本农林省正式向日本帝国议会提交《米谷自治管理法案》,主张减少台湾输日米谷220万石[③]。经过多次修改后,1936年9月20日,日本帝国议会通过《米谷自治法管理案》[④]。该《管理案》要求日本、朝鲜、台湾同时实施稻米减产政策。总督府采取如此破坏性的殖民地政策,其深层次原因是1930年代初期的世界经济危机。一方面是日本与台湾面临着1930年代初期的世界经济危机,一方面,经济危机使台湾已经高度商品化的农业经济面临饱和,另一方面,日本资本主义的衰退使稻米供应出现过剩的问题,为了保护日本本国的农民,台湾输日米谷首先成为被牺牲的对象。此外,20世纪30年代后日本开始实施扩张性的财政政策及出口政策,不但使台湾承受了通货膨胀的压力,也使米谷经济的既有优势遭受打击[⑤]。从1930年到1931年,台湾的"输移入综合物价指数"增长了43.3%,而输日米价却大幅下跌,结果使台湾和日本间的"贸易条件"(terms of trade,即每单位输出品可交换的输入品量)出现逆转的情况,由1930年的145.47%降为86.01%[⑥]。以上两种情况相加的结果,使台湾的地主和农民在1930年代初期逐渐陷入财务的困境中[⑦]。

为保护日本农民的利益,台湾总督府通过劝诱补贴转作等方法来劝诱台湾农民放弃稻作。总督府还制定抑制稻米生产的产业政策,透过对价格的控制来压抑米作的成长。在强化对台湾稻米生产统制之同时,总督府也对稻米输出施以严厉之统制措施。在日本开始实施战时统制米谷管理令之后,1939年总督府亦颁布《台湾米谷输出管理令》(律令第五号),设立米谷局,台湾稻米之输出业

---

① 石川悌次郎:《台湾に于ける米谷专卖论》,东京:经济情报社,1936年版,第22—23页。

② 同上,第23—24页。

③⑤ 林继文:《日本据台末期(1930—1945)战争动员体系之研究》,台北:稻乡出版社,1996年版,第56页。

④ 石川悌次郎,《台湾に于ける米谷专卖论》,东京:经济情报社出版部,1936年版,第24—25页。

⑥ 沟口敏三等:《旧日本殖民地经济统计》,东京:东京经济新报社,1988年版,第303页。

⑦ 林继文:《日本据台末期(1930—1945)战争动员体系之研究》,台北:稻乡出版社,1996年版,第57页。

务由以往民间贸易商社经营，改由总督府的严格统制，收购价格全由总督府统一策定。如此，台湾稻米之生产、收购及输出皆由台湾总督府控制，完全体现出台湾农业殖民地化的特色。对总督府来说，米价上升造成农民生活条件的提高，却成为其发展工业的阻碍，也就是其不利于工业劳力的取得且增加工业成本的负担①。于是压抑稻作及控制米价成为总督府调整农业以便振兴工业的主要手段。在日本政府颁布战时统制米谷管理输出令之后，台湾总督府亦于1939年颁布《台湾米谷输出管理令》，即台湾对日输出的蓬莱米全由总督府以统一价格收购②。而总督府的收购米价比日本内地市场便宜23%到25%③。稻作利润被大大减缩，种植面积下降，使得农业结构有了变动，甘蔗、稻谷以外的经济作物发展迅速，为工业化的发展提供工业原料④。

至1937年"七七事变"爆发，台湾渐次进入日据后期战时经济统制时期。为应付战时军事需要，总督府制定并实施了一系列新的农业统制政策，致使台湾岛内固有的农业结构发生重大的改变，"各种特用作物迅速发展以供应军需，更促使台湾农业走向多角化"⑤。1933年，总督府以敕令第二百七十九号将日本《米谷统制法》部分条款（法律第二十四号，第七条、第八条、第九条及第十三条；附则第三项第四项之规定）施行于台湾。为保护日本农民，配合在岛内推行之工业化，统制台湾农业的发展，总督府于1938年开始实施《台湾重要农作物增产十年计划》，对台湾的农业生产实施统制，鼓励农民转作经济作物。依照总督府强制实施稻田转产的规定，决定减少稻田面积7万公顷，并奖励转产，奖励转作的经济作物有棉花、黄麻、苎麻、蓖麻、小麦、花生、菠萝、香蕉、柑橘类、咖啡、可可亚、蔬菜类等，因此造成台湾农业经营趋向多角化，而逐渐脱离农庄的生产方式⑥。这样，在日据后期台湾总督府稻米减产政策之促使下，以稻米种植单一的农业逐渐走向多角化的经营，特别是水果类的柑橘、菠萝、香蕉等产

① 高桥龟吉：《现代台湾经济论》，东京：千仓书房，1937年版，第73—86页。

② 川野重任：《日据时代台湾米谷经济论》，林英彦译，台湾研究丛刊第102种，台北：台湾银行经济研究室，1969年版，第171—172页。

③ 涂照彦：《日本帝国主义下の台湾》，东京：东京大学出版会，1975年版，第133页。

④ 有关日据后期台湾农作物构成种类之变化，可参见涂照彦：《日本帝国主义下の台湾》，东京：东京大学出版会，1975年版，第129页。

⑤ 台湾省文献委员会：《台湾近代史》（经济篇），南投：1995年印行，第134页。以米糖为中心的双元经济进入1930年代后期，因奖励特用作物而进入多角经营的崭新局面。1937年中日战争爆发，日本以此为契机将侵略矛头转向南洋，台湾成为前进基地，军事地位增高。台湾经济也从米糖为本位的农业经济，增加了承担军需品生产及南进基地的三重任务（高明士：《台湾史》，台北：五南图书出版公司，2006年版，第216—217页）。

⑥ 台湾省文献委员会：《台湾近代史》（经济篇），南投：1995年印行，第134页。

品生产[①]。在发展米糖产业之同时，台湾茶业、渔业、蚕丝业等也取得长足发展，构成台湾殖民地米糖经济产业结构的重要内容[②]。

根据周宪文的研究，虽然台湾总督府推行农业多元化之措施，但至1939年台湾农业的重要性仍未改变。台湾各种产业的总生产价额，1939年为124 287万余元，其中农业生产价额占44.5%。又就1938年台湾的总生产价额来说，大体农业占50%，工业41%，水产业2%，林业2%，其他5%。其次，关于工业各部门的生产价额，其百分比如下，食品工业67%，化学工业10%，金属工业5%，机械工具工业3%，其他工业15%。上述工业中最大部分的食品工业，诸如制糖工业，原料甘蔗；凤梨罐头工业，原料凤梨、糖；再制茶工业，原料茶；糖果工业，原料糖、粉及其他农产物；制粉工业，原料麦粉：都是以农产物为原料的工业。又在上述化学工业中，诸如酒精工业，原料糖蜜、甘薯；榨油工业，原料落花生、蓖麻、胡麻、大豆；制麻工业，原料黄麻、苎麻、亚麻；纸浆工业，原料蔗茎、木材。总之，台湾的工业，大部分是依存于农业的。此外，至如肥料以及农具制造工业，其与农业有关，更不用说。1935年，台湾总输出额322 393 000元中，主要的是糖占47%、米占33%、香蕉占3%、凤梨罐头占3%、茶占3%、帽子占1%，亦即农产及农产加工品占总额的90%。同年台湾各银行的重要物产放款额为489 516 000元；其中糖、米、茶的放款额为463 380 000元，占总放款额的95.06%[③]。

二　日据时期之台湾茶业

茶叶采摘后不易久放，往往就地就近加工。制茶业的集中区域，大多是茶叶种植区。中国传统的茶品有绿茶、红茶、花茶，还有乌龙茶，清代都有加工。明代的产茶区，在西部主要是四川、陕西，产茶以供茶马互市，当时这两省的茶叶生产在国内占有重要地位。在南方主要是安徽、浙江、福建几省。清前期，四川、陕西仍是茶叶产地。茶马互市取消后，这些地区的茶叶主要销往西北各省。

---

① 台中、高雄、台南为香蕉的主要产地，香蕉是台湾重要的青果，日据前期，成立三大青果组合：1. 台中州青果同业组合，成立于1915年12月，最初名称为中部台湾青果物移出同业组合，1921年改称为台湾青果物同业组合，后又改称为台中州青果同业组合；2. 台南州青果同业组合，成立于1923年7月，最初称为台湾南部果物同业组合，1927年改称为台南州青果同业组合；3. 高雄州青果同业组合，成立于1924年5月。1925年，总督府成立台湾青果株式会社，办理香蕉的对日出口(张胜彦：《台湾开发史》，台北：空中大学，1996年版，第232页)。

② 根据1944年台湾农业年报的记载，日据时期台湾农作物的种类有普通作物12种，特用作物20种，园艺作物果实25种，蔬菜26种，绿肥作物13种(参见周宪文：《台湾经济史》，台北：开明书店，1980年印行，第484—485页)。

③ 周宪文：《台湾经济史》，台北：开明书店，1980年印行，第454页。

康熙初年以后，茶叶外销逐渐扩大，南方茶叶产区逐渐扩大，“茶之出洋也，亦始于康熙初年。厥后轮船踵至，华茶日兴，由福建浙江，以及安徽江西湖广等省，产茶之区，推行渐广”①。至19世纪初叶，茶叶种植传入岛内，并迅速发展起来。因此在1895年之前，台湾茶业已相当发达，其输出量居台湾三大出口特产之冠，在世界市场久负盛名②。茶叶是一种适宜山地种植的作物，对土壤、气候有特殊的要求，据日据初期总督府民政局的调查：茶树的生长对气温、土壤等均有很高的要求③。在清朝康熙至嘉庆年间，全台湾仅有水沙连（今南投县）一地产野生茶，但产量极少④。此时的茶叶也仅作疗病之药，并无焙制饮用之习。据《赤嵌笔谈》对茶叶早期进入岛内之记载：“水沙连茶在深山中……疗热症，最有效，每年通事与番议明，入山焙制。”蓝鼎元的《东征集》也有类似记载：“水沙连内山产土茶，色绿如松萝，味甚清冽，能解暑毒消腹胀、亦云佳品。”⑤由此可知在雍正年间（18世纪初叶），迄未移来福建茶种之前，台湾已有土产的茶叶供汉人移民饮喝⑥。

台湾茶业的兴起与砂糖和稻米不同，是“作为同西方开放贸易的结果发展起来的”⑦。据记载，嘉庆年间（1796—1820）有一位名叫柯朝的人从福建武夷⑧带回茶树，种在北部山区的深坑⑨，结果生长良好，附近移民争相传种。18世纪末至19世纪初，台湾制茶业的出现，促使台湾茶叶之输出也渐次兴盛，当时输出之茶全为乌龙茶，但数量不多。乌龙茶是台湾最古老的树种，具有红绿茶二者兼顾的特点。“1810年后数年，偶有若干输入中国”。到1824年“台湾茶遂大

---

① 彭泽益：《中国近代手工业史资料（1840—1949）》卷一，北京：三联书店，1957年版，第474页。

② 陶德臣将1895年前台湾茶业之发展分为三个时期：1. 起始期：时间从清嘉庆年间到1861年淡水埠为商埠前；2. 发展期：从1861年末到19世纪初，台湾制茶业出现，同时茶叶贸易产生了；3. 停滞期：从1886年到1895年（陶德臣：《日据时代台湾茶业的经济结构与贸易》，《中国农史》，1995年第14卷第1期）。

③ 台湾总督府民政局殖产部：《台湾产业调查表》，东京：金禾书院，1896年版，第4页。

④ 黄叔璥：《台海使槎录》，台北：台湾银行，1957年，第23页。

⑤ 周宪文：《台湾经济史》，台北：开明书店，1980年印行，第282页。

⑥ 史明：《台湾人四百年史》，台北：蓬岛文化公司，1980年版，第176页。

⑦ 戴威森：《福摩莎岛》第二章，第371—396页。转引自何保山：《台湾的经济发展（1860—1970）》，上海：上海译文出版社，1981年版，第23页。

⑧ 福建是重要的产茶区，几个府都产茶，以闽北为集中区域。著名的武夷茶就产于闽北的武夷山中。“[茶]崇、建、延、泉随地皆产，唯武夷为最”。清代前期出口的华茶，主要产于武夷山（方行等：《中国经济通史・清代经济卷》（上），北京：经济日报出版社，2000年版，第610—611页）。

⑨ 连横：《台湾通史》卷二十七，“农业志”，上海：华东师范大学出版社，2006年版，第350页。

量输往中国”[①]。但输出之茶均为粗茶，需到厦门精制，再运至福州、南洋销售。因为台湾茶叶“叶子都是次质的，只能用来同来自大陆的较高质量茶叶掺在一起”才能售出[②]。至1850年，茶叶种植区域仍嫌偏少，北部台湾只有深坑、坪林两地产茶。台湾种茶与大陆不同的是无需灌溉；另外，大陆种茶需要施肥，台湾土地较为肥沃，无需施肥，施肥反易使茶叶变味[③]。以台茶之耕种、加工与世界其他产茶区比较，台茶耕作面积平均仅一甲，不若印度、锡兰(今斯里兰卡)之大规模经营，采摘时亦较粗心。加工时与大陆制茶一样，掺杂现象较印度、锡兰严重[④]。1868年洋行出现后，从厦门、福州广招茶工到台湾，设置起精制茶馆，使台湾乌龙茶生产进入独立产制的时期[⑤]。

据日据初期台湾总督府民政局的调查，清末台湾南部因土质等问题，试种之茶叶质量不佳，产量也低。因此，台湾茶叶种植主要集中在台湾北部，最南边到达彰化、嘉义，台北盆地周围的山地丘陵则是最适宜的茶叶产地。以大科坎溪及新店溪两岸山地所产茶叶最佳。这些地区由于缺水及土质问题，不宜种水稻，原来以蓝靛、甘薯旱作为主。由于茶叶远比种甘薯、蓝靛等经济作物合算，茶叶试种成功后，并在刘铭传茶业政策之推动下，岛内出现植茶高潮[⑥]。当时的英国领事馆向本国政府报告称：“到处可以看到中国人拔掉他们的甘薯，在有些地方拔掉价值较少的蓝靛以扩张茶叶。”[⑦]1878年淡水的《海关报告》记载称：“15年以前，大稻埕四周的山坡上，几乎看不到一棵茶树，现在这些山坡都种满了茶树，直至‘番界’。……茶树的种植也南拓至北纬24度，几达台湾中部。”[⑧]

---

① 彭泽益:《中国近代手工业史资料》卷二，北京：中华书局，1962年版，第111页。

② 何保山:《台湾的经济发展(1860—1970)》，上海：上海译文出版社，1981年版，第23页。

③ 《海关报告》，1881，淡水部分，第26—27页。

④ 《海关报告》，1878，淡水部分，第212页；1890，淡水部分，第310页。

⑤ 彭泽益:《中国近代手工业史资料(1840—1949)》卷一，北京：三联书店，1957年版，第304页。

⑥ 为改善台湾茶叶的质量，提高其在国际市场上的竞争能力，台湾巡抚刘铭传抚台期间对茶叶生产施行奖励政策。刘铭传对茶叶的奖励措施包括四项：1. 开山抚番以拓展茶园；2. 减少茶园之税；3. 引入印度及锡兰的制茶及种茶法；4. 修筑新竹至基隆的铁路，使台茶不必由厦门转口，而直接从基隆出口(参见林满红:《茶、糖、樟脑与晚清台湾》，台北：台湾银行，1957年版，第53页)。刘铭传曾于1889年聘请印度专家到台，教授当地茶农先进之种茶及制茶技巧，但“茶农之投入并不热衷，故1890年专家撤离，刘铭传的设想未能实现”(何保山:《台湾的经济发展(1860—1970)》，上海：上海译文出版社1981年版，第24页；Ho, SamuelP. S. 1978, P. 21)。

⑦ 《Commercial Report》，Tamsuyand Kelung，1874年版，第112页。转引自李祖基：《近代台湾地方对外贸易》，南昌：江西人民出版社，1986年版，第90页。

⑧ 《海关报告》，1878，淡水部分，第211页。

由于台湾气候温暖、雨量充沛、山地广阔，为茶树生产提供了得天独厚的条件。台湾茶叶种植园多分布在北部和中西部。北部具有良好的气候条件，诸如全年雨量分布较为均匀，夏秋高温和台风季节湿润多雨，冬春期间的湿度亦较南部为高。同时盛植茶树之地区，多属丘陵和缓坡台地，排水良好，有利于茶树的生长发育。岛内以台北、新竹、桃园三地栽培最多。由此可见，日据之前的清末台湾，茶业是最重要的产业之一。两岸学者对此均有深入的研究分析①，他们指出：在晚清的主要出口商品中，茶、糖、樟脑占据显著位置，但茶叶的出口长期占据第一位置。茶的生产与出口，给人口已渐饱和的台湾社会经济，提供了大量的就业机会，抚养了大量人口，也促进了阶级关系的变化。由于茶叶主要产于台湾北部，因而促进了北部经济发展，城镇扩大与增加，台湾的经济重心北移。同时，由于茶及糖、樟脑的输出和大量洋货（其中鸦片占据最重要地位）的输入，外国资本的入侵，也使台湾成为洋货的倾销地和掠夺农产品的市场，殖民掠夺和封建剥削都加强了。台湾的"一般农家并不积极从事副业性质的家庭手工业，而是以所生产的农业加工品交换进口的各种消费品。工业无论在产品结构、生产技术及生产组织上都相当落后"②。晚清台湾茶叶的良好发展状况，无论就整个社会经济而言，或就农家经济而言，都基于这样一个事实：台湾的土地资源尚未耗尽，茶叶的引进，使得原来缺水或土质不好不宜水稻的土地资源得到了开发利用。1904 年，印度茶业专家哈奇逊在参观台湾制茶业后说："台湾茶业者可谓幸福。印度产茶地别无他业，人民生活全靠茶业维持。台湾产茶地皆有他业，主要产物是米而不是茶。缺乏水利不适合其他作物的山地才开来种茶，茶仅是副业，茶业者失败后很容易转到他业。而且他们不必计算付给劳动力的工资一天有多少，他们利用劳动的余暇栽茶，他业完成后的闲时制茶。他们的茶业经济十分宽裕，这是台湾茶业的莫大幸福。"③

到 1860 年淡水开港（《北京条约》签订）后，台湾的茶叶栽培日趋发展，彰化至室门间的丘陵台地之间发展成为台湾的重要茶产地。很快，种植武夷茶便延及文山、八里和桃园、新竹等地。还有人从福建泉州、安溪等地带去大批茶苗在岛内各地种植，使乌龙茶在台湾很快地得到发展④。1864 年英国宝顺洋行老板多德赴淡水考察，并"为英国领事斯威豪（Swinhole）发表之台湾乌龙茶之事实

---

① 有代表性的有：1. 林满红：《茶、糖、樟脑业与台湾之社会经济变迁》，台北：联经出版事业公司 1997 年版；2. 李祖基：《近代台湾地方对外贸易》，南昌：江西人民出版社，1986 年版；周翔鹤的《晚清台湾乡村制茶业》，载《台湾研究集刊》2001 年第 2 期等。

② 台湾省文献委员会：《台湾近代史》（经济篇），南投：1995 年印行，第 201 页。

③ 哈奇逊：《台湾茶业视察谈》，台湾协会会报第 70 号（转引自周翔鹤：《晚清台湾乡村制茶业》，载《台湾研究集刊》，2001 年第 2 期）。

④ 姚同发：《台湾历史文化渊源》，北京：九州出版社，2002 年版，第 55 页。

而激动其企图”①。1866 年,在台湾买办商人李春生②的协助下,宝顺洋行引进安溪茶种,劝导淡水地区的农户种植,并由其收购茶叶输往厦门烘制,制成成品茶销往澳门③,并“略得征利”④。1868 年宝顺洋行又聘请福州、厦门的制茶业者在台湾大稻埕⑤精制乌龙茶外销,“获利甚丰”⑥。1869 年宝顺洋行将首批乌龙茶(二船茶叶计 2 131 担)由淡水销往美国纽约,大受欢迎。台湾茶(Formosa Tea)从此扬名海外。随之,其他洋行也纷纷到艋舺、大稻埕等设立精制茶厂抢购茶叶,其中德记、和记、水陆、协隆、旗昌五洋行具有举足轻重的地位,他们“垄

① 章有义:《中国近代农业史资料》第一辑,北京:农业出版社,1957 年版,第 448—449 页。

② 李春生(1838—1924):清末台湾著名买办。1838 年 1 月 12 日生于厦门。曾经出任英国怡记洋行(ELLes & Co)设在厦门的分行掌柜。1868 年由闽入台,出任英国杜特洋行(John Dodd)开办的宝顺洋行的总办,成为大稻埕最有名的茶商。李春生对台湾茶业的主要贡献有二:其一在引进制茶技艺,提升台茶品质,将台湾茶(Formosa Tea)美声远播国际;其二,鼓励并贷款给农民,大量栽种茶树,让茶作物得以在台湾蓬勃兴植,奠定台茶产业根基。宝顺洋行在拓展台湾茶叶界时,多半靠李春生居中联络。后来李春生独立经营茶行,推广北部乌龙茶的种植及销售,成为岛内华商中最大的茶行,台湾茶叶在他筹划下,成了北部出口的大宗。加上多角的经营,成为台北有名的富商,后来又成为台湾最早的石油代理商。由于捐钱建设,与官方配合密切,李春生后来甚至进入台北的政治核心圈中,1890 年刘铭传设立养桑局,计划在台发展纺织业,就请李春生担任副总办。清廷还加封他爵位,李春生从一个洋行买办转身进入地方士绅阶级。当时台湾南北有两大巨商,北部是李春生,当时人称他“番势—李春生”,意指靠洋人而得有声望。南部则是指高雄陈家的陈中和。连雅堂先生在台湾通史之《货殖列传》中将他列为台湾三大货殖家之一(陈福谦、黄南球、李春生),财产仅次于板桥林本源家。

③ 《台湾茶业》,第 2 期,第 4 页。在台湾茶的生产上,只有粗茶而没有生茶叶的交易。茶农通常兼制粗茶,不论是卖给茶商、交纳地租、偿还债务,皆以粗茶为之(斋藤完治:《台湾乌龙茶ノ概况并同茶社金融上ノ沿革》,台北:台湾银行,1912 年,第 20 页)。

④ 章有义:《中国近代农业史资料》第一辑,北京:农业出版社,1957 年版,第 448—449 页。

⑤ 英国杜特洋行(John Dodd)(宝顺洋行)原预订将其茶叶精制厂设在艋舺,因该地排外,乃改设于大稻埕。大稻埕遂成为台湾当时最大的茶叶集散中心。清同治时期(1866)时,台湾乌龙茶的输出额是 18 万磅(1 359 担,一担为 133 磅),价值 1 300 元。此后逐年增加,到了光绪二年(1876),输出 7 854 000 磅(59 128 担),价值 190 万元。数量增加了 40 倍,价值增加了 100 倍以上。清光绪十二年(1886),增至 1 617 万磅,价值 4 586 413 元。台湾割日之际(1896),再增加到 2 147 万磅,价值 6 230 747 元。(宋光宇:《台湾史》,北京:人民出版社,2007 年版,第 106 页)。

⑥ 晚清的乌龙茶是一种重发酵的茶。近似红茶。闽粤人士不习惯喝重发酵口味的茶,乃另行制作发酵程度较低,而且经过熏花手续的包种茶。今天台湾所流行的乌龙茶,发酵的程度已经很低,包种茶则接近未发酵的绿茶。(宋光宇:《台湾史》,北京:人民出版社,2007 年版,第 106 页)。

断茶叶出口,一时称为五大行"[①]。1865年以前,台湾虽有少量粗制茶出口,但本岛用茶亦有赖进口[②]。若以1865年为基期,1871年乌龙茶出口量为1866年的10倍,1875年增为30倍,1877年增为50倍,至1892年竟达1866年的100倍[③]。日据前台湾茶几乎全是清一色的乌龙茶,日据之后,乌龙茶仍居台湾茶叶出口大宗。1919年前乌龙茶输出占台茶总产量的60%以上,最大市场为美国,占总数的90%以上,再次为英国,其他国家很少输入[④]。

如上所述,台湾茶叶的出口,最初为欧美洋行所控制,随后也有来自大陆华商的积极介入[⑤]。但由于台湾传统租佃的土地关系,大部分茶商都向茶农购买粗制茶[⑥]。欧美洋行通过贷款给茶农以保证粗制茶的供应[⑦]。具体过程是,制茶资金主要来自英国汇丰银行,由其提供资金给洋行,银行提供资金给"妈振馆"(merchant hall),"妈振馆"提供资金给茶商。当时市面上的利息是年息12%,此种贷款只有年息6%,大受洋行欢迎。至于"妈振馆"的地位和角色是介入台北的茶馆和厦门的洋行之间,一方面接受洋行的委托,贩卖制茶;另一方面以融资提供给制茶者[⑧]。

1873年五家洋行因价格问题停止采购乌龙茶,台湾茶叶乃转运至福州熏花改制包种茶,销往南洋。包种茶为台湾第二大茶种,是一种不发酵的茶,用秀英花、黄枝花、茉莉花及树兰花等制成。至1881年,泉州同安茶商吴福清来台北设立源隆号商行,开始制造包种茶(此为台湾制造包种茶的起源)。此后分别由

---

① 《厦门的银行与买办》,《福建文史资料》第5辑,第152页。

② 陈梦林:《诸罗县志》,1717刊,文丛第141种,台北:台湾银行,1962年版,第194页。

③ 林满红:《茶、糖、樟脑业与台湾之社会经济变迁(1860—1895)》,台北:联经出版事业公司,1997年版,第43—44页。

④ 陈培锴:《台湾乌龙茶之将来》,《台湾省农林月刊》,第3、4期合刊,第9页。

⑤ 据美国学者何保山的记载:美国对台湾乌龙茶的需求,推动茶叶的出口额从1866年的82公吨,增至1888年8188公吨。产量增加之所以可能,主要由于分配给种茶树的土地的增加。茶叶贸易最初是由外国企业掌握的,但利之所在,立即吸引了许多中国商人经营这项业务,而市场结构也就变得十分复杂了(何保山:《台湾的经济发展(1860—1970)》,上海:上海译文出版社,1981年版,第23—24页)。

⑥ 台湾总督府民政局殖产部编印:《台湾产业调查表》,台北:1896年3月,第29页。

⑦ 同上,第30—31页。

⑧ "妈振馆"的经营者以广东人为最多,厦门人和汕头人次之。1895年之前,岛内计有"妈振馆"20家。每户资金最多者有5万元,最少者亦有5 000元。他们先融资给茶馆,再由茶馆借钱给茶农。所谓"茶馆",就是收买粗茶再制的商家,分成"乌龙茶馆"和"包种茶馆"。前者称为"番庄",后者称为"铺家"。茶农和茶馆接受了"妈振馆"的融资,他们所制成的茶必须卖给"妈振馆"。"妈振馆"在金融上又受洋行的约束,所定制的茶必须卖给洋行。于是洋行垄断了台湾的茶叶,操纵台茶的价格,最大的利益为洋行所享有(宋光宇:《台湾史》,北京:人民出版社,2007年版,第106页)。

洋行掌控乌龙茶对欧美市场的销售，台湾茶商则负责包种茶对南洋市场的行销[①]。如包种茶就是通过安溪县茶商王安定、张占魁合办的建成号，由淡水运往厦门，再运至南洋诸岛。日据时期，包种茶得到很大发展，是日本向南洋扩张及对中国进行经济侵略的重要内容之一。

1895 年日据之后，为控制台湾之茶业，台湾总督府对台湾农村之茶业现状进行了广泛而深入的调查。大量的调查在 19 世纪末、20 世纪初进行，此时的台湾总督府尚未完全介入台湾经济，台湾农村经济仍保留晚清的状态。除了总督府属下的“台湾旧惯调查会”进行的台湾社会经济调查及台湾私法调查等，许多地方官厅也进行了配套性的社会和经济调查。但统计物件仅为制茶户，没有种茶户。据 1901 年的调查，当时台湾的制茶户有 20 129 户，其中 96%在台北和新竹两地[②]。但从晚清和日据初台茶生产规模来看，不可能存在 2 万多户不种茶的专业制茶户，这些制茶户就是种茶户(茶农)。另外，还存在着一些不制茶的种茶户。实际上，1928 年总督府首次对种茶户和制茶户进行统计时，前者为 21 251 户，后者为 20 844 户[③]。调查显示出台湾茶农大多数均自己制茶。另据总督府调查，当时有少数产茶很少的种茶户或有其他原因的种茶户，将青茶叶(茶菁)卖给或委托其他茶农进行加工，从而发展出一种称为“做茶”的大制茶户，不过，“做茶”的大制茶户都拥有自己的大茶园[④]。日据初期，大稻埕最大的茶商“建祥号”资本额高达 12 万元，为板桥林家所经营，而其正是清代台湾北部最大的地主[⑤]。

总督府对台湾乡村制茶的生产过程的调查极为详尽，如调查员之一的原熙通过观察认为：由于台湾粗茶加工全凭手工操作，炒制过程中翻晒、炒、揉、干燥各个阶段，制茶工的经验、技巧对于茶的质量都有十分重要的作用。制出的茶的好坏主要依靠经验，质量难以保证[⑥]。而此时，台湾茶的主要竞争对手日本茶，已经开始推广采用机器制造了。从 19 世纪后期台湾茶、日本茶在美国市场的竞争情况来看，虽然总体情况还不错，从 1871 年到 1895 年，台湾茶的增长速度超过日本茶，但发展之中已潜藏着危机。1881 年以前，台湾茶发展迅速，日本茶则显

---

① 何保山：《台湾的经济发展(1860—1970)》，上海：上海译文出版社，1981 年版，第 23 页。宋光宇：《台湾史》，北京：人民出版社，2007 年版，第 106 页。

② 临时台湾旧惯调查会第二部编印：《调查经济资料报告》，台北：1905 年，第 60—62 页。

③ 台湾总督府民政局殖产部编印：《台湾茶に關する调查》，台北：台湾总督府，第133 号。

④ 台湾旧惯研究会编印：《台湾旧惯记事》第二卷第一号，台北：第 38 页。

⑤ 根据台湾总督府的调查，当时大稻埕及台北城有 258 家茶商，板桥林家的“建祥号”的资本额就占据调查所得资本金总额 774 528 元的 15.5%(《旧淡水县台北市茶樟糠蓝藻五业明细表》，《台湾总督府公文类纂》乙种永久保存第 25 卷，1895 年)。

⑥ 台湾总督府民政局殖产部编印：《台湾产业调查表》，台北：1896 年 3 月，第 10—14 页。

停滞。但至1881年以后,虽然台湾茶继续扩展,但日本茶的扩展更为迅速①。粗茶制造可以视为晚清台湾北部的一项农村家庭手工业。台湾乡村制茶业的集中是20世纪30年代以后的事,在台湾总督府的推动下,粗茶制造开始专业化,1934年制茶户数减为1 010户,1941年减为373户,机械化制造成为粗茶业的主流。19世纪80年代后,日本茶叶在美国市场迅速扩展的一个原因是它推广机器制茶,质量提高。而台湾茶叶生产则囿于小农经济,难以扩大规模和采用机器②。

台湾茶业之变迁与总督府之茶业改良政策有关。台湾总督府出于掠夺之需要,始终把台茶与它的殖民利益紧密结合在一起。台湾总督府对台湾茶业采取了一系列改良措施,改进技术、加强实验,努力实现茶业现代化。为推进其茶业改良事业之施行,总督府殖产局在台北、新竹等主要产茶区③设置茶业试验场、台湾茶检查所等机构,每年经费达3 000万元以上。总督府之中央农业研究所还设有平镇茶业试验站及分站,在新庄有茶业传习所,从事研究、训练人才。台北茶商公会受总督府指导、监督,从事茶业改良工作。总督府还在新竹州较早设立了茶业试验场,1901年在桃园保龟仓口庄创设"茶树栽培试验所",1903年又在竹北二堡安平镇创办"模范制茶试验场",研究乌龙茶、红茶机械化。大溪区龙潭乡设"栽培试验场",1909年前者归民营,后者废止。1910年又在安平镇创办"茶树栽培试场",同时在三叉设置分场,1914年废止分场,本场改名"中央农业研究所平镇茶业试验支所"④。1936年台湾人郭少山引进"阿萨姆种茶树",在其精心培育下获得成功。随后台湾总督府也在埔里附近鱼塘设置红茶试验所,移植阿萨姆种茶树。三井物产系之制茶会社随后也在那里开设植茶场并制造红茶⑤。

台湾总督府以政策支持日本资本投资并独占茶业,1918年,三井物产在台湾新竹设立面积为2434甲的植茶园;日据后期,台湾拓殖株式会社也开设了面积为1318甲的植茶园,其茶叶均为在直营工厂精制之后,销往岛外⑥。这样,"庞大的制茶产业渐渐形成……台湾茶业进入了高度的发展"。"茶业机械代替了手工,而且普遍地被使用,除非在小型的工厂里,用手工来制茶已

---

①② 周翔鹤:《晚清台湾乡村制茶业》,载《台湾研究集刊》,2001年第2期。

③ 当时台湾茶区主要集中于台北、新竹二州,此外台南也有烧蓝出产。台北州集中于摆接堡、十五分庄、暗坑元、南港庄、基隆、淡水、文山、海山、七星、新庄等地。新竹州以桃园、咸菜、石明庄、三角涌、大料崁、南庄、树圯林、苗桑、竹南、竹东、中坜、大溪等地(吴仁润:《台湾之茶业》,《贸易月刊》1944年6月号,第32页)。

④ 素雪:《新竹的茶业》,《台湾农林月刊》,第2卷第8期,第41页。

⑤ 张我军:《埔里之行》,《台湾茶业》第3期,第14—15页。

⑥ 有关三井财阀与台湾拓殖株式会社在岛内开设茶园,参见陈慈玉:《台北县茶业发展史》,台北:稻乡出版社,2004年版,第26—27页。

难看到了”[①]。现代资本主义茶业生产体系最终形成。值得留意的是,由于日本迫切需要台湾产的稻米及砂糖,所以,日据之后的台湾稻米业和蔗糖业发生很大的变化。但台湾产茶叶与日本产茶叶自19世纪后期在世界市场上就一直是激烈的竞争对手,因此,台湾总督府并无积极性去发展台湾茶叶生产,整个日据时期台湾制茶业增长很小。1900年前后总督府调查的制茶业基本维持着晚清的状况[②]。另外,台湾长期以生产“乌龙茶”和“包种茶”等绿茶为主,为维护日本产绿茶对美出口之地位及适应世界茶叶市场的需求,台湾总督府强迫台湾茶农大量转造红茶,其产量迅速跃居台湾茶叶产量之首,其输出量也随着增高。台湾红茶不仅供给日本本国之所需,并出口到英国、香港和美国。1934年时,红茶的出口量和乌龙茶、包种茶鼎足而立[③]。然后乌龙茶节节败退,包种茶稳步上升,红茶急剧发展。1941年后只存包种茶与红茶二种[④]。台湾红茶不仅回流到日本,而且经由三井物产的努力推销,拓展市场到欧洲和美国,与锡兰(今斯里兰卡)、印度与中国红茶相竞争。至于包种茶,则以东南亚和中国大陆为主要出口地区[⑤]。由此可见,台湾总督府为配合日本本国以绿茶为出口大宗的政策,压制了台湾绿茶的成长。换言之,“作为殖民地的台湾,其茶叶生产与外销必须配合日本的利益,分散市场,争取最大的利润”[⑥]。

有学者将台茶贸易的变迁分为四个阶段:1. 1896—1917年;2. 1918—1937年;3. 1938—1941年;4. 1941—1945年[⑦]。台湾茶叶在台湾对外贸易中占有重

---

① 根据光复后的统计,日据时期,计有7家日本资本制茶业机构,资产约为1 200万元,17家制茶工厂;最兴盛时,年产量在300万磅以上,平常也有百万磅(沙金惠:《台湾茶叶》,《农林通讯》第1卷第6期,第14、17页)。

② 周翔鹤:《晚清台湾乡村制茶业》,载《台湾研究集刊》,2001年第2期。

③ 《台茶输出百年史》,第13—14页附表《台湾茶叶一百年间历年输出数量统计表》。

④ 陈培锴:《台湾乌龙茶之将来》,《台湾省农林月刊》,第3、4期合刊,第9页。陶德臣:《日据时代台湾茶业的经济结构与贸易》,《中国农史》,1995年第14卷第1期。

⑤ 台湾总督府殖产局:《台湾茶业调查书》,台北:1930年,第107—113页。

⑥ 台湾省文献委员会:《台湾近代史》(经济篇),南投:1995年印行,第314页。

⑦ 1. 1896—1917年,台茶贸易处于上升阶段。乌龙茶贸易占绝对优势,占总额的60%以上,但已在下降,包种茶地位不断上升,仍仅处于开始阶段,地位并不重要。台茶主要市场是美国,其次为英国。出口总量稳定在200多万磅,1907年未经焙制的粗茶达21 759 720斤,1917年又增加至28 609 878斤,代表着台湾生茶的最高记录。2. 1918—1937年,此期乌龙茶输出不断下降,包种茶、红茶地位上升。但台茶输出总量下降,其中1920、1929年受经济危机及华人抵制日茶影响输出更小。日本利用印度、锡兰等国对茶限产,加紧改良,发展红茶,输出有所恢复,市场仍以英美为主。3. 1938—1941年,“七七事变”后,中国港口被封锁,台茶乘机侵占中国茶固有市场,1939年台茶输出有所回升。加上日本南进,包种茶几乎完全占有南洋市场,红茶也有发展,成为主要茶种。4. 1941—1945年,太平洋战争爆发后,台茶丧失美英市场,乌龙茶完全断绝销路,红茶也受沉重打击,包种茶仅能保持日本、伪满洲国等市场,还有少量输入德国。日本掀起废茶种粮运动,台茶生产、贸易进入了最黑暗时期,尤其是1944年后,海上运输线被切断,茶叶贸易几乎停止(陶德臣:《日据时代台湾茶业的经济结构与贸易》,《中国农史》,1995年第14卷第1期)。

要地位，一度与米糖并列为三大出口商品。台湾茶叶在最盛时占台湾出口总值的 50%—60%，以后也有近 30%的比例。自第一次世界大战爆发后，占台湾出口总值比重都小于 10%，在 1930 年代的世界经济恐慌期间更降至 3%左右①。1941 年 12 月太平洋战争爆发后，茶叶出口量迅速下降（参考表五十一）。同时，为筹集军粮之急务，总督府还大面积废茶种粮，而且由于海运业受阻，台湾茶业之生产与贸易迅速走向崩溃。

表五十一　日据时期(1925—1943)台茶贸易价值表＊

（单位：万日元）

1925	1926	1927	1928	1929	1930	1931	1932	1933	1934
24%	25%	26%	29%	28%	38%	38%	27%	31%	38%
1 148	1 235	1 165	992	937	869	736	4870	545	1 005
1935	1936	1937	1938	1939	1940	1941	1942	1943	
28%	14%	47%	35%	26%	20%	24%	20%	17%	
9 374	404	1 285	1 274	1 242	2 099	2 802	2 799	3 166	

＊：%为台湾茶叶出口值占台湾出口总值的比重。

资料来源：郭雨新：《近二十年台茶贸易概观》，《台湾茶业》，第 2 期，第 24 页。

三　日据时期之台湾渔业

台湾天然就是渔业发达之地，台湾本岛四面环海，海岸线达 1 600 公里，东部岸陡水深，为南北洄游性鱼类必经的路线。西部陆棚缓和平坦，海底生物丰富，适于鱼类栖息繁殖，具备了发展渔业的优越条件。特别是台湾陆地有限，发展农业，受到很大限制，因此，台湾唯有向海洋谋取生存空间，资源才能取用不竭。台湾捕捞和养殖的鱼群种类甚多，台湾环海，习知的鱼类不下 300 多种，其中主要捕捞对象有 20 多种，各渔场的主要鱼类亦多有不同。例如，台湾北部外海和海峡区，寒流性的赤鯮、鲷、鰆、鲻、大黄鱼、狗母等鱼群大量出现；东台湾的近海，每年均有随暖流洄游的鱼群，其中有鲣、鲔、鲹、鰤、旗鱼、飞鱼等。恒春的大板埒外海常有鲸鱼出现。玳瑁、海龟等珍贵动物也时见于这一带海上。鲨鱼是近海重要鱼产之一，各地近海均有出没，以清鲨、白鲨、双髻鲨等几种为主。根据明朝史料记载，台湾岛的东北境钓鱼岛一带，就是著名的鲨鱼群经常出现的海域。台湾最重要的捕鲨渔场，是在苏澳和彭佳附近，全年皆可捕捞。养殖

① 林钟雄：《台湾经济经验一百年》(增订本)，台北：1998 年作者自刊，第 63 页。

渔业的鱼类中，最大宗的是虱目鱼①。此外还有吴郭鱼、鲢、草鱼、鲤、鲻和鳗鱼等②。

日据之前，台湾渔业已有了一定程度的发展。在荷兰占据时期，为攫取殖民地利润，首先对台湾渔业实施了严酷的赋税。荷兰殖民者实施的渔业赋税有：1. 渔业税，小帆板每月发执照收渔业税，其他可远航之捕捞渔船则收什一税；2. 社港税，这是一种包税制，公开招标，由商人缴纳一定税额，称之为港饷，然后向在港内捕鱼之渔民连本带利收回；3. 澎湖税，人头税等。至明郑时期，多沿用荷兰旧税制，重税政策造成台湾渔业的萎缩。进入清朝时期，予以一定程度的减税，但官厅并未给予任何的扶持，只是任其自行发展，以致发展迟缓③。日据之后，台湾总督府积极推动日本资本对台湾、澎湖列岛海域的水产资源进行掠夺。日据初期，台湾的水产业主要以养殖业为主④。由于捕捞技术落后，台湾渔业依旧徘徊于衰退边缘。小渔船只能在沿岸捕鱼，缺乏动力渔船与先进的捕捞工具和技术，渔业的信息完全被封闭。总督府于1898年派专人考察台湾渔业环境，认定台湾与日本的海洋环境极为相似，很有大力发展之经济价值。于是拟定促进台湾渔业发展的产业政策，总督府首先考量建立渔业之殖民地管理体系，奖励水产事业，"劝诱"日本渔业移民⑤，引进新式渔船与渔具等，以期改良与发展殖民地渔业⑥。

建立渔业行政系统与渔业法规　1898年，总督府民政局殖产局开始对台湾渔业实施水产行政管理，1918年总督府设立独立的水产课，并配置渔业专业技术人员。1929年水产课再增设渔政及两系，分别管理各项渔业行政事宜。后另设置水产试验场及水产江西所，分别负责有关水产试验研究及水产工作人员培训等业务。在渔业法规方面，1910年颁布《渔业法》，规定台湾渔业的基本法，后分别于1933年、1934年、1935年三次进行修改。1912年颁布《台湾渔业规则》(24条)及《台湾渔业规则施行规则》(56条)，详细规定渔业权渔业与许可渔业，同时也注意到资源保护问题。同年又颁布《渔业有关手续》及《台湾渔业取缔规则》等。1921年颁布《水产会法》，1924年颁布了一系列相关的渔业法规或规则：如《渔业法施行规则》、《台湾渔业登录规则》、《台湾渔业组合规则》、《水产

---

① 台湾虱目鱼肉质细嫩，味道鲜美，是台湾的海特产。每年春暖花开季节，虱目鱼便从外洋游到台湾海峡东南部进行产卵繁殖，盛期在5月至6月。此为台湾渔民捕获虱目鱼的季节。养殖方面有苗种培育和成鱼养殖两种方式。

② 应廉耕：《台湾省农业经济》，北京：农业出版社，1983年版，第117—118页。

③ 台湾省文献委员会：《台湾近代史》(经济篇)，南投：1995年印行，第140页。

④ 台湾总督府殖产局水产课：《台湾之水产》，台北：山科商店印刷部，1930年9月，第86—87页。

⑤ 与仪喜宣：《台湾の渔业移民について》，《台湾时报》1936年7月，第11页。

⑥ 日本大藏省管理局：《日本人の海外活动に關する历史的调查》第一册，东京：1947年，第363页。

会法施行规则》及《渔业申请手续》等。为建立台湾殖民地渔业行政体系奠定基础。

奖励水产事业 日据之后，台湾总督府决意扶持台湾渔业，欲将日本渔业经验移植至台湾，于是开始对台湾渔业资源的调查。根据调查结果，总督府决定扶持台湾渔业，1905年制定《水产奖励规则》，编订计划，逐年实施。按照总督府属下各州厅地方的渔业特色及条件，分别办理：(1) 奖励渔法渔具改良及渔船设备改善；(2) 奖励建造动力渔船；(3) 奖励养殖事业；(4) 奖励水产品加工。如台南州以奖励虱目鱼、牡蛎养殖及放养鱼苗为主；高雄州则以辅导训练渔捞轮机技术人员、渔具改良、乌鱼子加工制造等；新竹州则辅导奖励沿岸渔法渔具之改良；台北州以船员训练、渔船通讯、加工讲习等辅导奖励为主；东部台东及花莲则以辅导奖励鱼产加工为重点。各种计划的奖励金额是以计划需要总额的一半以内为准①。在总督府奖励措施之下，台湾渔业得以顺利发展。在总督府水产奖励政策的推动下，先后创立了苏澳水产株式会社(1925)、新港水产株式会社(1934)、东台湾水产株式会社(1939)等渔业企业②。为配合日本对中国大陆水产资源进行掠夺，后来还成立有蓬莱渔业会社，台湾遂成为向中国南海侵渔的基地③。台湾总督府大力扩筑渔港，1923年建成苏澳港。苏澳港为台湾东海岸的首要渔港，位于宜兰平原南侧山地边缘的苏澳湾内，南侧为南方澳，即苏澳渔港所在。自1923年建成之后，可容纳渔船300余艘，设备规模亦较完善。港外近海因受太平洋暖流影响，浮游鱼类丰富，为捕捞鲔、鲣、鳁等的良好渔场。1934年又扩筑基隆渔港。基隆渔港是台湾北部的海洋渔业中心，位于基隆港内的东北部。水深5米，可容纳渔船三四百艘，有码头装卸、制冷、冷藏、船机装修、加油、给水、测绘、无线电通讯等设备④。

奖励日本渔业移民 台湾总督府一方面为加速台湾渔业的发展，另一方面

---

① 台湾省文献委员会：《台湾近代史》(经济篇)，南投：1995年印行，第142页。

② 这些会社从事鱼市代理、制冰冷藏冷冻业，甚至给予渔业移民融资。参见林玉茹：《战时经济体制下台湾东部水产业的统制整合》，《台湾史研究》第6卷第1期，2000年9月。

③ 1922年日本强行租借西沙群岛，并呈广东省长公署备案。随后由日本、台湾运来200多人，在西沙群岛掠夺渔业资源和开采磷矿。1925年日本在香港设立蓬莱渔业分公司，后又创立南华渔业公司，香港也成了它的对华侵渔据点。从1895年侵占台湾起，到1945年第二次世界大战战败投降止，日本帝国主义对华侵渔达半个世纪之久，给中国渔业造成了无法估计的损失。除在经济、贸易方面榨取豪夺之外，对渔业资源更进行了鲸吞式的掠夺。应当指出的是，所有侵渔的日本渔船，均以优质资源为猎取对象，并实行狂渔滥捕。有材料统计，1906年日本在中国海域的掠夺量为1 400吨，1933年上升到50 700吨。期间，黄渤海区的珍贵资源真鲷，完全破坏于日本侵略者之手(丛子明、李挺：《中国渔业史》，北京：中国科学技术出版社，1993年版，第103—104页)。

④ 应廉耕：《台湾省农业经济》，北京：农业出版社，1983年版，第119页。

也为配合解决日本渔民过剩的问题,开始实施推动日本渔民移居台湾的移民政策[①]。于是,总督府提出为发展台湾之渔业,积极引进日本渔民的建议,但其实是引进有经验的日本渔民,配合台湾廉价渔工,以加强对日本国内市场渔产品的供应。为有效推动日本渔业移民政策,台湾总督府制订了极为周详的移民计划。对移居台湾的日本渔业移民予以多项生产及生活方面的财政补助,总督府还大力修筑新渔港,以创造日本渔业移民得以发挥能力的环境。

1908年至1911年,台湾总督府选择全台五厅六港进行第一次官营渔业移民[②]。1926年之后总督府仍陆续在苏澳港、新港以及花莲港进行较前期更大规模的渔业移民[③]。尤其是1923年6月苏澳港建成之后,总督府与台北州决定共同开发台东的渔业,推进日本人渔业移民事业的计划[④]。具体就是让日本渔业移民利用苏澳港,以促进该港的繁荣[⑤]。1928年川村竹治总督巡视新港后,决定修筑港口[⑥]。1933年新港竣工,总督府参照苏澳港模式,自1932年起开始实施五年渔业移民奖励事业[⑦]。1939年花莲港竣工[⑧],极大地促进了台湾渔业的发展[⑨]。随着渔业移民活动的需要,总督府更积极地设立共同运输船、指导管理试验所、设置水产试验场以及水产试验船[⑩]。从1908年至1942年的35年间,移居台湾的日本渔民约为150户。太平洋战争爆发后,台湾总督府的渔业移民

---

① 台湾四面环海,沿海渔场遍布,渔业资源丰富,日本又是渔业发达之国,因此,开发台湾殖民地渔业成为总督府重要殖民地经济政策之一(日本大藏省管理局:《日本人の海外活动に關する历史的调查》第十七册,东京:1947年,第95页)。

② 总督府初期的官营渔业移民事业甚至早于总督府之农业移民事业。但由于多方因素,其渔业移民事业以失败告终(参见佐佐木武治:《台湾之水产》,台北:台湾水产会,1935年9月,第107页)。

③ 这次的官营移民成效显著,而且与筑港事业与近代化水产会社的成立,皆是日治时期东台湾水产事业突破性发展的重要因素(林玉茹:《战时经济体制下台湾东部水产业的统制整合——东台湾水产会社的成立》,《台湾史研究》第6卷第1期,2000年9月)。

④ 《苏澳移民之募集》,《台湾水产杂志》125号,第55页。

⑤ 台北州役所:《台倍州要览》,第135页。

⑥ 台湾总督府交通局高雄筑港出张所:《新港渔港》,台北:台湾日日新报社,1933年9月,第2页。

⑦ 台东厅役所:《台东厅管内概况及事务概要》,1935年,成文本313号,第13页。

⑧ 1931年花莲港开始了为时8年的筑港计划,1939年第一期筑港工程结束;自1940年起,总督府又欲以10年之时间扩建该港(《台湾日日新报》1938年9月30日)。

⑨ 花莲港竣工之后,动力渔船得以顺利停泊,加上渔船、渔具的改良,不但花莲港厅水产业面目一新,花莲港也成为东部渔业根据地(参见花莲港厅:《花莲港厅管内概况及事务概要》13,成文本316号,1938年,第38页。石渡达夫:《花莲港筑港の完成と东部产业の将来》,《台湾地方行政》,1939年10月,第4—10页)。

⑩ 副岛伊三:《苏澳を根据とする渔业》,《台湾水产杂志》226号,1934年1月,第50页。

政策被迫中断①。

加强渔业试验调查 日据伊始,台湾总督府即开始以岛内各地区之水产事业及养殖区域为调查对象,进行对台湾水产资源的全面调查。最初之试验是以委托方式推进的,自1909年始起,总督府增加预算,并设立专职机构直接执行,还将台湾划分为三个海区,依其渔业环境,分别拟定计划:第一海区自淡水绕过东海岸南回到安平海域;第二海区系淡水沿西海岸至安平;第三海区包括澎湖列岛及周边海域。按照各海区及其内陆的渔业特性,办理渔业、制造及养殖试验计划,如渔捞试验、有关制造试验及养殖试验等。

1910年,在台湾总督府督促下,建造出台湾第一艘专用水产试验船"凌海丸"(43吨),从事台湾沿海渔业试验调查。1923年6月苏澳港建成之后,总督府开始发展动力渔船为主的近代渔业②。1929年总督府公布《水产试验场规则》,宣布基隆及台南两个支场直属于总督府水产试验场;其中,由基隆支场负责有关渔捞、制造等试验研究及海洋调查;台南支场负责有关咸水及淡水养殖试验研究。1931年又建造418吨的"昭南丸"试验船,专门从事远洋渔业的试验调查,并指导台湾渔民的远洋捕捞作业。总督府渔业试验调查政策之施行与日本对大陆水产资源掠夺之动向密切关联。早在1898年,日本政府就颁布《远洋渔业奖励法》,对本国远洋渔船及从事远洋作业的人员进行奖励。1906年起,日本新式机轮拖网渔业迅猛发展,在资源问题上与传统渔业发生矛盾。为保护本国渔业资源,日本开始施行禁渔区政策,同时向中国海域进行扩张。1920、1928、1933年日本对中国海域进行了三次大规模的资源调查,其调查范围不仅范围广泛,而且规模巨大。以1933年的调查为例,参与作业的有日本中央水产试验场,冲绳、鹿儿岛、长崎、佐贺、福岗、山口等日本本土各地的水产试验单位,以及台湾、朝鲜、关东厅(大连)等地水产试验机关③。可见台湾总督府属下的渔业试验机构充当了日本掠夺中国大陆水产资源的"帮凶"。1933年基隆支场升格为"水产试验场"本场,1941年改名为"水产试验所"。1940年之后,为扩大对日本本土的水产品供应及配合总督府南进政策等,开始向南洋发展远

---

① 根据林玉茹的研究,从东台湾移民渔业活动的调整与发展来看,日治末期以国家力量与资本为主进行的官营移民事业,企图透过日本移民来改造东部渔业,大体是成功的(有关日本渔业移民之详情,可参见林玉茹:《殖民与产业改造——日治时期东台湾的官营渔业移民》,《台湾史研究》第7卷第2期,2001年6月)。

② 日本大藏省管理局:《日本人の海外活动に關する历史的调查》第一册,东京:1947年,第363页。

③ 通过上述调查,日本政府农林省把中国沿海划分为北、中、南三大海区,分别以大连、青岛、上海、台湾为基地全面对华侵渔(丛子明、李挺:《中国渔业史》,北京:中国科学技术出版社,1993年版,第102页)。

洋渔业[①]。台湾水产试验工作日趋完善[②]。至1941年12月太平洋战争爆发，渔船被征用，有关设备被破坏，台湾水产试验工作陷于停顿[③]。在台湾渔业方面，台湾总督府利用其雄厚资金、捕捞技术、经营管理及行政配合等，建立台湾渔业制度，并且由于总督府奖励水产、渔业移民等措施，使台湾的"人力渔业"转变成"动力渔业"[④]，推动了台湾殖民地渔业的近代化发展。

四　日据时期之台湾蚕丝业及其他农作物

蚕丝业　早在荷兰占据时期，岛内就开始出现零星养蚕业。进入明郑时期，大陆移民由内地携带蚕种入台，养蚕业进一步兴盛。不过，当时岛内养蚕业并不以缫丝织绸为目的，仅以蚕吐丝做成团扇、提灯等。或纺丝作刺绣用，或以僵蚕、蚕砂、桑根和桑叶作为药用[⑤]。在清朝刘铭传时期，讲求蚕棉两途的发展，受官府之鼓励，台湾士绅林维源等人在台北的大龙峒、大稻埕、冷水坑、土城等地种植桑树，教导当地人民栽桑养蚕和缫制蚕丝。至甲午战争前台湾蚕丝业已有一定程度的推广[⑥]。德川中后期(1680—1845)，日本的蚕丝业也很发达，养蚕多集中在关东和东山地区[⑦]。17世纪蚕丝产量增加一倍，到18世纪初已达到国内自给[⑧]。丝织业发展很快，例如京都的西阵、九州的博多、关东的桐生以及丹波、近江、八王子、米泽等地都以生产精美的丝织品著称。随着农业生产力的提高，农工产品的商品化日益使农村卷入商品货币经济的漩涡[⑨]。此为总督府关注台湾蚕丝业之历史起源。

日据之后，台湾总督府在重点发展台湾糖业的同时，对岛内蚕业及棉业也

---

① 1940年5月，新港第一次以大型渔船组成母船式的远洋渔队，尝试进行远洋渔业(参阅《台湾日日新报》1940年5月20日；8月31日)。1940年至1941年，在东台湾水产株式会社的辅导之下，先后两次组成母船式鲔延绳远洋渔队远向南方捕鱼(参见《台湾日日新报》1940年5月5日；1941年1月4日)。

② 如新港设立共同制造处理工场，为当地建立模范工场，改进原先制造技术落后与工场设备简陋的缺点，促使产业合理化(儿玉政治：《东台湾の水产を观察して》，《台湾水产杂志》220号，1933年，第25—27页)。

③ 台湾省文献委员会：《台湾近代史》(经济篇)，南投：1995年印行，第141—142页。

④ 同上，第143页。

⑤ 陆锦标：《台湾蚕业》，《蚕丝杂志》，1947年，第1期，第24—25页。

⑥ 顾国达、王昭荣：《日本侵占台湾时期对蚕丝业的开发与资源掠夺》，《丝绸》，2005年第2期。

⑦ 东山地区包括滋贺、歧阜、长野、福岛、宫城、岩手、山形、青森等县。

⑧ 土屋乔雄：《近世农村经济史论》，第120页。转引自吴廷璆主编：《日本史》，天津：南开大学出版社，1994年版，第250页。

⑨ 吴廷璆主编：《日本史》，天津：南开大学出版社，1994年版，第251页。管宁：《日本近代棉纺织业发展史》，天津：天津人民出版社，1997年版，第112页。

注意开发，以更多地利用台湾优越的自然条件，攫取更多的台湾资源。有学者把日据时期台湾总督府对台湾蚕丝业的开发与资源掠夺分为三个时期：即1896—1911年的试验开发阶段，1912—1921年的奖励开发阶段和1922—1945年的放任阶段①。1896年，在总督府民政局长水野遵的斡旋下，日本养蚕技师冈田真一来到台湾，在总督府内试养家蚕，并获得成功。同年将台湾所产蚕茧送至日本进行缫丝试验。1897年在台北文山堡新店地方开始鼓励栽桑养蚕，并在台中地方进行养蚕试验。同年日本养蚕技师尾泽琢郎在考察江苏、浙江和广东的蚕丝业后，在回国停靠台湾时，顺道考察了台湾的蚕丝业，并向台湾总督府殖产部官员提出了发展蚕丝业的口头建议。回到日本后，即向日本农商务省和台湾总督府提交了发展台湾蚕丝业的书面意见书。依照尾泽琢郎有关发展蚕业的建议，1899年12月，台湾总督府颁布《养蚕教习规则》；翌年招聘长野县蚕业教师加藤茂一郎为教习，招收30名岛民子弟学习蚕业。1902年3月，台湾总督府农事试验场颁布《蚕业传习规程》；1903年新竹县开始奖励蚕业发展。1909年台北农会由大陆采购蚕苗，分发于农民，劝诱发展蚕丝业。1910年台北农会将所产蚕茧和生丝送横滨生丝检查所检验。1911年日本帝国议会议员武藤金吉访问台湾，要求发展蚕丝业，其后大森林顺造对台湾蚕丝业作专门考察②。随后并向日本政府及台湾总督府提出发展台湾蚕丝业的建议。

依照武藤金吉之建议，1912年9月，在佐久间左马太总督的指令下，总督府颁布《台湾蚕业奖励规则》和《蚕丝收买规则》，并聘任安达健三郎为总督府蚕业技师，开始加大对台湾蚕丝业资源开发奖励的投入。根据1947年的调查数据显示，自1912年至1921年的十年间，台湾总督府每年拨款11—17万元不等；各州厅的拨款也由每年的1.1万元增至2.5万元；另外在蚕业相关设施方面，十年间台湾总督府共投入136.9万元，地方投入17.6万元③。台湾蚕丝业有了一定程度的发展。至1922年，受世界生丝市场供过于求及中日生丝竞争激化等的影响，日本生丝产量比上年减少4.4%，为此，日本决意调整对台湾、朝鲜等殖民地蚕丝业的开发奖励政策，自1922年起，台湾总督府对台湾蚕业的奖励预算比上年减少77 096元，减少了53.9%；1923年又比1922年减少62.8%，只有24 539元，且其中大部分改为蚕种检验费。1917—1937年间台湾总督府的蚕业奖励费预算额的变化如表所示，由表五十二可知，在1922—1937年间的16年间，台湾总督府用于蚕种检验及奖励的费用为448 688元。

---

① 顾国达、王昭荣：《日本侵占台湾时期对蚕丝业的开发与资源掠夺》，《丝绸》2005年第2期。

② 参见本多岩次郎：《日本蚕丝业史》第二卷，东京：明文堂，1935年版。

③ 陆锦标：《台湾蚕业》，《蚕丝杂志》1947年第1期，第24—25页。

表五十二　台湾总督府蚕业奖励费预算额(1916—1937)

(单位:元)

年份	蚕业奖励预算额	年份	蚕业奖励预算额	年份	蚕业奖励预算额	年份	蚕业奖励预算额
1916	147866	1922	66029	1928	17651	1934	33539
1917	110000	1923	24539	1929	17651	1935	42692
1918	110000	1924	24539	1930	27579	1936	42932
1919	114611	1925	17651	1931	26129	1937	42932
1920	131880	1926	17651	1932	16884		
1921	143125	1927	17651	1933	12639	合计	120617

资料来源:日本农林省蚕丝局:《蚕丝业要览》,东京:1953年,第318—319页。

在台湾总督府蚕业奖励政策之促使下,岛内蚕业生产得到一定程度的发展。台湾的养蚕户由1913年的244户,增加至1930年的4 969户;桑园面积由1912年的2 910亩,最多增加至1935年的11 596.4亩;饲养蚕种数量由1912年的954张,最多增加至1924年的9 754张;蚕茧生产量由1912年3.2吨,最多增加至1926年的92.3吨①。台湾蚕业主要产区为新竹、高雄、花莲、台北和台中。新竹是最主要的产地,蚕茧生产量约占台湾全岛的一半②。1914年之前,台湾所产之蚕茧多由总督府收购后输往日本本土,极少部分在岛内制作土丝,1914年日本商人杉森兴吉投资5万元,购入日本信州式机器缫丝机20釜,设立台湾蚕丝株式会社。1915年该会社的制丝生产规模增加至59釜,1920年为100釜,1926年达到254釜③。台湾蚕丝株式会社成立后,台湾蚕茧由台湾总督府委托收购后,部分转卖给该会社,部分供应日本。据不完全统计,1912—1937年间,台湾共向日本输出蚕茧达368.6吨、生丝54.1吨④。自1941年太平洋爆发之后,台湾蚕业始趋于萎缩。

其他农作物　台湾平原低地具备热带和亚热带农作物的生长条件,同时,大面积山地也有利于农作物的发展。除甘蔗、稻米以外,岛内农作物还有甘薯、小麦与玉米等,经济作物有香蕉、凤梨等。

甘薯　甘薯属一年生或多年生蔓生草本。又名山芋、红芋、番薯、红薯、白薯、地瓜、红苕等,因地区不同而有不同的名称。块根可作粮食、饲料和工业原料。甘薯被认为最早起源于墨西哥以及从哥伦比亚、厄瓜多尔到秘鲁一带的热带美洲。甘薯传入中国通过多条渠道,时间约在16世纪末叶,明代的《闽书》、

①④　参见日本农林省蚕丝局:《蚕丝业要览》,东京:1953年,第318—319页。

②　参见王庄穆:《民国丝绸史》,北京:中国纺织出版社,1995年版。

③　1929年10月世界经济危机爆发,受此冲击,台湾蚕丝株式会社于1932年关闭(顾国达、王昭荣:《日本侵占台湾时期对蚕丝业的开发与资源掠夺》,《丝绸》,2005年第2期)。

《农政全书》，清代的《闽政全书》、《福州府志》等对此均有记载。清朝陈世元《金薯传习录》中援引《采录闽侯合志》："按番薯种出海外吕宋。明万历年间闽人陈振龙贸易其地，得藤苗及栽种之法入中国。值闽中旱饥。振龙子经纶白于巡抚金学曾令试为种时，大有收获，可充谷食之半。自是硗确之地遍行栽播。"还说："以得自番国故曰番薯。以金公始种之，故又曰金薯。"又据：陈振龙六世孙陈世元及其子陈云，先后以甘薯传种于鄞州（浙江宁波）、胶州、青州（山东省青岛、益都一带）、豫州（河南朱仙镇一带）各地，渐次在浙江各地传播，时为清乾隆二十年前后。以上史实证明甘薯系在16世纪末叶从南洋引入中国福建、广东，而后向长江、黄河流域及台湾省等地传播。日据时期，在总督府施行殖民地农业政策伊始，甘薯就被视为重要的辅助粮食作物和饲料作物。台湾总督府为满足日本国内对台湾稻米之需求，掠夺大量台湾生产的稻米运往日本，而强迫台湾居民增加消费甘薯的比重。例如台南、高雄一带的居民，以甘薯为主粮的百分比高达60%—70%以上。其次，台湾总督府还把甘薯制成干片大量运回日本，充作日本工业原料。因此，台湾总督府大量推广甘薯种植面积，1936年曾高达14万公顷①。

香蕉 香蕉为芭蕉科植物甘蕉的果实。原产亚洲东南部，在中国以台湾、广东两地栽培最多。秋季果实成熟时采收，经处理脱涩后，洗净鲜用。有甘蕉、粉蕉两大品种。甘蕉果形短而稍圆，粉蕉果形小而微弯。其果肉香甜，除供生食外，还可制作多种加工品。台湾香蕉种植面积自1920年代起明显扩大，在1930年代后半期达到高峰，台湾岛内香蕉主要产区分布在大甲溪以南的中部和南部地区，1941年太平洋战争前，台湾香蕉年产量的约三分之二外销至日本，在1920年代出口值约占台湾出口值的3%—4%②。

凤梨 台湾凤梨生产地区以西南部为主，凤梨别名菠萝，生长习性喜高温和充足阳光，对土壤要求不如香蕉严。台湾北部如新竹、宜兰、台北等地，因冬季气温较低，种植凤梨不如南部地区为佳。自大甲溪下游地带迤南，至屏东平原西侧的丘陵坡地，均宜于凤梨种植。据说台湾本地凤梨自闽粤移入，清代即遍及全台。但扮演关键角色的改良种凤梨系1910年代引进菲律宾、夏威夷等地品种陆续改良而成。1920年起，无论种植面积、生产量都开始增加。唯以生凤梨不耐长程运输，须加工制成凤梨罐头才能外销，其出口金额占台湾出口总值比例在1930年代后期最高时在2%上下③。

小麦 一年生，草本，禾本科植物。原产于中美洲，是印地安人培育的主要粮食作物，喜高温，17世纪时传入中国，并随着大陆移民的搬迁而引入台湾。小

① 应廉耕：《台湾省农业经济》，北京：农业出版社，1983年版，第93页。

② 林钟雄：《台湾经济经验一百年》（增订本），台北：1998年作者自刊，第60页。

③ 同上，第62—63页。

麦曾是台湾居民的主要食粮。日据时期的1921年小麦种植面积为5431公顷。其后,因甘蔗面积的增加,小麦种植面积逐年减少,到1941年因小麦栽培技术的改进,种植面积增至1万公顷。小麦种植多分布在台中、彰化等地。

玉米　在台湾,玉米是粮食和饲料兼用之作物,在台湾很早就有栽培,但产量不高。台湾由于优越的自然条件,玉米能在任何时期和大部分地区都能生长,在中部常于二季作水稻后栽培;在南部、东部常与旱地作物甘薯、大豆间作。

大豆　大豆在台湾原为次要作物,但因人口迅速增长,作为食用油的大豆和饲料用的豆饼的需求量亦随之增长,而成为较重要的作物。台湾大豆栽种时期,有春种、夏种和秋种,亦可以在冬季种植早熟品种。在屏东、高雄、彰化等地,大豆大多于10月间秋种于第二季作水稻的行间,或种于水稻收割后。在台南、嘉义、云林,大豆有春种和夏种;在苗栗、新竹、桃园,大豆多为夏中。大豆播种后4个月后收割,但依当地气候略有出入。一般说来,台湾大豆生产采用间作种植,除与水稻行间间作外,大多与蔗作间作。日据时期,为加强台湾与伪满洲国的经济联系,台湾总督府从东北运进一部分大豆,因而大豆种植面积锐减。日据时期,台湾总督府殖产局还引进洋菇、芦笙等作试验性栽培。其后逐渐推广至民间零星栽培,产量并不多。

第六章　日据时期台湾米糖业与对外贸易的发展

台湾在地理位置上，东临太平洋，西濒台湾海峡，与中国大陆相对，孤峙海中，幅员狭小，岛内矿产资源缺乏。幸交通位置优越，东北接琉球、日本，南通南洋诸岛，西与福建一水相连，居亚洲东部大陆边缘之太平洋南北纵列岛弧之中点，地处祖国大陆与大洋相交切之处，为南北交通、东西辐辏之地。台湾位居海道要冲，能争取大宗收入者为对外贸易，为典型之海岛经济，简言之，台湾必须往海洋发展，拓展贸易，实为地理形势使然，此为台湾行郊起源之地理因素①。日据时期台湾对外贸易之发展与米糖产业密切关联，米糖始终是其对外输出之大宗商品。日据初始，台湾总督府就对台湾对外贸易采取了严格之控制，采取关税等一系列措施，遂使台湾对外贸易发展轨迹转入为日本提供农产品及工业原料的单一殖民地贸易形态，以米糖产业为特征的台湾殖民地经济也由此被纳入日本资本主义经济圈中。

第一节　日据初期台湾对外贸易形态的转型

一　日据初期岛内欧美洋行控制台湾外贸的实况

日据之前的台湾对外贸易　台湾早期岛内盛产樟脑、鹿皮等，曾是台湾出口之大宗商品；台湾近代之“行郊”商业体系也具一定规模，因而台湾经济的发展与对外贸易息息相关，台湾由于独特的地理位置和有限的资源，因此只有通过岛外贸易来调节岛内市场所需。台湾的对外贸易有多种形式。自17世纪30年代下半期开始至台南“三郊”出现前（大体从1639年至1755年左右），是台湾商品经济初步发展时期。这时期跨越了荷据时期、明郑时期和清朝三个历史阶段。

荷据时期台湾对外贸易的形式主要为转口贸易，由台湾输至大陆米、糖、鹿肉、藤等，再从大陆运回生丝、犀角、药材、绸缎、黄金、陶器等，其中有的运到日本贩卖，有的运到巴达维亚贩卖。从巴达维亚输入台湾的有香料、胡椒、琥珀、锡、铅、麻布、木棉及鸦片等，再转贩到大陆。也有直接贸易，如直接由台湾运砂

---

① 卓克华：《清代台湾行郊研究》，福州：福建人民出版社，2006年版，第8页。

糖及鹿皮去日本、南洋等。有与岛外合伙的，如 1881 年福建泉州府同安县茶商源隆号店主吴福老，同府商人王安定、张古魁等来台合办商号，拓展茶叶贸易[①]。不过，荷据时期首先有两个值得注意的变化，一是荷兰殖民者经营台湾的重点发生变化，1640 年以前重点放在以大陆货物进行转口贸易方面，1640 年以后经营重点转向岛内农业生产，以此拓展东洋贸易方面。二是转口贸易环境的变化，1635 年以前明朝政府实行海禁，加之福建沿海动乱较多和荷日关系一度紧张，转口贸易困难重重，而 1635 年以后海禁渐开，贸易环境发生较大变化，大陆商船前往台湾贸易日渐增加，到 1640 年达到高峰，此后由于明末农民战争与清兵入关等的影响，造成生丝、瓷器等出口商品供应不足。这两方面的变化对台湾贸易、商业的发展产生明显影响，简单而言，17 世纪 50 年代以后转口贸易渐为衰弱，岛内商业明显发展[②]。

早期台湾是以原住民为主的自给自足经济体系，航海技术发达之后并没有为台湾带来较大的贸易机会，反而因为明朝海禁而限制了台湾更进一步的发展。到了 1620 年之前的大航海时代，台湾与外界的交往非常频繁。从 1860 年至 1895 年间，茶、糖与樟脑成为台湾的三大出口品，出口值占同时期台湾出口总值的 94%。在台湾于 1860 年以后对外开淡水、打狗(高雄)两大通商口岸至 1895 年台湾被日本割占，茶、糖、樟脑取代了原来的米、糖成为台湾的出口大宗，台湾的贸易对象也由之前的以中国大陆为主而拓及全球[③]。1885 年，台湾正式建省，刘铭传成为首任台湾巡抚。他在六年任期内，使台湾成为全中国最进步的一省[④]。台湾贸易的发展与岛内社会经济的发展可谓同步进行。

通商口岸开放以后，外国商业资本纷纷涌入岛内，到日据之前，在台湾开设的洋行共有数十家，其中较有名的有怡记洋行(Jardine Matheson & Co.)、邓特洋行(Dent & Co.)、马克亥尔洋行(Macphoil & Co.)、勒士拉洋行(Lessr & Co.)、柯尔曼阿力洋行(Kielman Aliscn & Co.)、德记洋行(Tait & Co.)、和记洋行(Boyd & Co.)、美利士洋行(Milish & Co.)、宝顺洋行(Dodd & Co.)和旗昌洋行(Russl & Co.)等，其中以英商的势力最大。外商洋行除了拥有雄厚的

---

① 何绵山：《闽台经济与文化论集》，厦门：厦门大学出版社，2002 年版，第 38—39 页。

② 林仁川、黄福才：《台湾社会经济史研究》，厦门：厦门大学出版社，2001 年版，第 150—151 页。

③ 林满红：《茶、糖、樟脑业与台湾之社会经济变迁(1860—1895)》，台北：联经出版事业公司，1997 年版，序言部分。

④ 陈王琨：《台湾地区对外贸易与产业经济的历史发展》，载《广西财政高等专科学校学报》，2004 年第 2 期；美国学者何保山也认为：刘铭传治理的 7 年(1884—1891)，是一位清朝官员为使这个岛屿现代化并为它提供经济发展所需的最低限度基础设施所作的最初和唯一认真的努力(何保山：《台湾的经济发展(1860—1970)》，上海：上海译文出版社，1981 年版，第 26 页)。

资金、先进的交通、通讯工具和管理严密、效率较高的商业组织外，更重要的还拥有自清政府手中夺取的种种特权。凭借着这些优势，他们轻而易举地排挤了华商的势力，将进出口贸易操纵在自己手中①。面对拥有雄厚资金和大型船只的洋行的挑战，台湾商业行会组织——郊商开始衰败。外商在沿岸贸易的竞争中成功地夺取了原来由郊商经营的大部分生意，1871年英商得忌利士公司开辟的香港—汕头—厦门—台湾定期航线通航之后，进一步控制了台湾与大陆间的航运大权。

利用买办，实行贷款预购，控制货源，进而控制整个出口贸易是外商惯用的手法之一。以台糖贸易为例，"台南糖为大宗，糖灶逼近府城，洋商皆预发资本，交华商代办"，糖行和糖商自洋行买办处获得贷款后，即转贷予糖廍，糖廍又转手贷给蔗农。在向洋行承包包购之责的买办与糖行之间，糖行与掮客之间，掮客与糖廍之间以及糖廍与蔗农之间的递层借贷关系中，还依次订立购糖契约，即糖行要向贷方保证交货，若不能按约交货，则糖行须向贷方负担每笼二元的"违约金"，如有货而企图改约不卖，借方要负担二分的"手续费"，否则不得转售他人。这样就保证了贷款者(洋行)在任何情况下都有货可买，有钱可赚②，从而控制了台糖的贸易。海关报告指出："往时，此地的糖可以输到欧洲、美洲及澳洲殖民地，每年所产的糖大部分皆被此港的外国公司或厦门的外国公司代理杉篙，以挂帐或委托的方法买去。"③

另外，随着开港后对外贸易的发展，农产品商品化程度的提高，商业高利贷资本也空前活跃起来。不论是洋行或是华商，其向生产者预发贷款的目的，除了控制货源之外，另一个职能就是进行高利贷盘剥。与制茶业与樟脑业比较，糖业高利贷对蔗农的剥削则更加凶狠和残酷。蔗农在接受贷款时须负担很高的利息，一般为月息1.5%—2.5%，并须以自己尚未收获的甘蔗作为抵押。这是"一种极度苛酷的重利盘剥的利上滚利的制度，开始时50元至100元的借债，其本利急速增加，直到借债人根本无力偿还"④。当时对南部蔗糖的生产和贸易作过专门调查的麦耶斯(W. W. Mayers)在报告书称："台湾南部地区的蔗农受困于对几个资本家的债务，多年来处于悲惨可怜而显然又无法偿还的状态，劳动所得仅能果腹，情况演变到现在，他们实际上比农奴好不了多少。"⑤所以尽管开港后台湾对外贸易发展很快，但岛内广大生产者的生活相对贫困，有的甚至连简单再生产也难以维持。

---

① 陈孔立主编：《台湾历史纲要》，九州出版社，1997年版，第254—255页。

② 根岸佶：《买办制度之研究》，转引自聂宝璋：《中国买办中产阶级之发生》，北京：中国社会科学出版社，199年版，第141页。

③ P. H. S. Montgomery.《1882—1891年台湾台南海关报告书》，《台湾银行季刊》第9卷第1期。

④⑤ Commercial Reportsa，Taiwan，1890，p. 13—25.

总之，到日据之前，台湾对外贸易业已很发达，尤其是米糖的出口贸易最为旺盛。尽管台湾与大陆间的贸易受到洋行的冲击，仍有许多中国式帆船航行于台湾与大陆各港口之间。这时台湾北部还需要从大陆进口大米，而中部则有米出口到大陆。台湾每年运往华中、华北的蔗糖有20—30万担[①]。

据台湾总督府临时旧惯调查会的调查报告显示，在日据之前的1892年，进入台湾港口的各类船舶为237艘，驶出的为238艘；1893年则增为283艘和281艘[②]，而这些船舶多装载米糖等农产品，显示出台湾米糖业的繁荣以及进出口贸易的繁荣景象。

“郊商”——清代台湾民间贸易组织　在台湾开港前，台湾贸易掌握在号称“郊”的商业团体的手中，所谓的“郊商”是清代台湾民间贸易的一种商业组织。其任务是将分散的产品聚集起来，然后再分别卖给各地店家。根据经营地区的不同，岛内共分为北南港三郊：北郊指台湾与宁波、上海、烟台、天津方向的贸易，共20余号营商，以苏万利为首；南郊指台湾与泉州、厦门、金门、漳州、南澳、汕头、香港方向的贸易，共30余号营商，以金永顺为首；港郊经营台湾本岛货运，共50余号营商，以李胜兴为首。也有人认为“三郊指北郊、泉郊、厦郊”。北郊来往于福州、浙江、江苏方向；泉郊来往于泉州一带；厦郊来往于厦门、金门。他们“各拥巨资，以操胜算。南至南洋，北及天津、牛庄、烟台、上海，舳舻相望，络绎于途，皆以安平为往来之港”[③]。“郊商”在明郑时期已经出现在岛内，雍正元年(1723)后日益活跃，不断发展，并出现拥有巨资的大商人。这种商业贸易组织形式，一直维持到光绪末年。

在台欧美洋行　至1858年《天津条约》签订后，台湾被迫实行开港，英美等西方资本开始进入台湾，并逐渐垄断了台湾的贸易与金融，台湾的郊商也迅速没落[④]。日据初期，台湾的砂糖、茶叶、樟脑等商品的出口以及鸦片的进口，仍然由英美等国的大洋行所独占，如德记、东兴、美打、海兴、怡记、庆记等贸易洋行就主要通过台湾的买办，控制着台湾砂糖的生产与输出。买办是日据之前台湾特有的制度，买办直接隶属于洋行。洋行一方面通过买办发放贷款，进行高利贷剥削，另一方面又通过操纵糖价，控制着砂糖的生产与贸易。从而在台湾全岛各处，“造成了一个买办阶级和商业高利贷的剥削网，造成了为帝国主义服务

---

① 林满红：《光复以前台湾对外贸易之演变》，载《台湾文献》第36卷第3—4期，1985年。

② 台湾总督府临时旧惯调查会第二部编印：《调查经济资料》(下卷)。转引自周宪文：《台湾经济史》，台北：开明书店，1980年印行，第315页。

③ 朱景英：《海东札记》卷一。

④ 有关开港后台湾郊商的衰落，参见卓克华：《清代台湾行郊研究》，福州：福建人民出版社，2006年版；台湾省文献委员会：《台湾近代史》(经济篇)，南投：1995年印行，第354—357页。

的买办阶级和商业高利贷阶级”[①]。这些洋行依仗本国政府以及各种不平等条约的保护，肆意在大陆与台湾等地攫取资源。欧美洋行的背后所代表的西方列强，均比刚刚起步的日本强盛得多，在对外扩展中，日本甚至还得依靠这些列强的支持，其中有些洋行还与日本有着密切的贸易关系，台湾总督府对洋行一时无法可施，成为总督府独霸台湾产业和日本资本顺利进入台湾的巨大障碍[②]。同时，长达百余年的两岸贸易活动，使来自大陆的商业资本在岛内也有着很大的影响。

在台大陆华商 如上所述，自1864年起，欧美外商垄断了台湾的外贸出口，但光绪元年(1875)后，来自大陆的华商不断与其抗争，逐渐取得竞争优势。大陆资本与台湾商界传统的“郊商”连手，主宰着两岸贸易的发展。以茶叶、樟脑及砂糖为例进行说明。**茶叶方面** 只有特级茶仍在外商掌握中[③]。1874年，大陆华商出口的茶叶占台湾茶叶出口的五分之二。1875年，则以27 000担之数，超过外商的15 000担。1876年，台湾本地茶行与大陆厦门华商所设茶行出口640万磅，而洋行仅出口160万磅。1881年，八分之七的台茶由华商制运[④]。**樟脑方面** 在1861—1868年专卖期间，除1864—1865年为官厅直营外，其余多为大陆华商承包。他们采取直销香港或转售来台外商的方式经销樟脑。1865年起，大陆华商开始将樟脑直接运至香港销售；1866年，大陆华商雇船由淡水装运樟脑2 000担至香港发售[⑤]。土著资本之板桥林家(林本源家)至少也在1868年包办樟脑专卖[⑥]。**砂糖方面** 在砂糖方面，大陆华商也具有极强的竞争能力，当时的台湾砂糖分为台湾府糖与打狗糖两大类。台湾府糖销往中国大陆的华北、华中地区；打狗糖主要是销往日本，打狗糖的外销完全由大陆华商及岛内土著资本控制，如陈福谦的“顺和行”控制打狗糖区至少一半的砂糖。外商被迫由其协助买糖，因此担心蔗糖贸易完全落入大陆华商之手[⑦]。对于陈福谦“顺和行”对日输糖之经营业绩，连横云：“福谦以日本销糖巨，派人查之，知有利。同治九年，自配至横滨，与日商贸易。十三年，设栈于此，以张贩路。其糖分销东京等处，岁约五万担。台糖之直配日本自福谦始。又已分栈于长崎、神

---

① 《毛泽东选集》1卷本，北京：人民出版社，第592页。

② 日据初期，台湾总督府在实施驱除欧洲列强洋行的政策时，采取了极为慎重的态势(有关日据初期总督府对待洋行的具体策略，参见伊能嘉矩编：《理番志稿》第一编，台北：台湾总督府警察本署，1918年印行，第16页。藤井志津枝：《日治时期台湾总督府理番政策》，台北：文英堂，1997年版，第37页)。

③④ 林满红：《茶、糖、樟脑与晚清台湾》，台湾研究丛刊第115种，台北：台湾银行，1978年版，第51页。

⑤ 黄富三：《清季台湾外商的经营问题——以美利士洋行为例》，载《中国海洋发展论文集》，台北：台湾“中央研究院”中山人文社会科学研究所，1984年版，第264—265页。

⑥ 同上，第265页。

⑦ W. W. Myeys(麦威令)：《清末南部台湾的蔗糖业》，林满红译，载《台湾文献》，28卷12期，1977年6月，第141页。

户。……当是时,通商口岸,轮船尚少,乃自䑩夹板以行,不为外商所牵制。嗣以白糖三万担贩英京。台糖之直配西洋亦自福谦始。”[1]后来还有陈中和的和兴公司,王雪农的德昌号与方庆佐的德记号等土著资本砂糖行销商行,“与洋行均沾砂糖运销利益”[2]。另外,在1867年后,大陆华商也开始从事对台湾纺织品的进口贸易[3]。可见大陆华商在日据之前台湾贸易方面的实力是极为强盛的[4]。

二　台湾总督府与日本企业连手驱除欧美资本及大陆华商

如上所述,1895年日本占据台湾当初,岛内各重要产业经济仍为欧美资本所独占,“岛内存留着欧美商业资本盘踞、大陆富商的支配力量及一地二主的不公平地权制,充分呈现封建性格的政治经济现象”[5]。为尽早实现日本既定之殖民地开发规划,随着台湾总督府统治秩序的渐次确立,驱除在台欧美资本及大陆华商,就成为台湾总督府的当务之急,是该时期台湾总督府经济政策的重要一环。驱除在台欧美资本,欲要垄断台湾的经济资源和市场,简言之,就是要把台湾完全纳入日本资本主义发展的轨道上,使其成为向日本本国提供粮食及工业原料的海外殖民地。台湾总督府为实现其对台湾殖民地经济的全面控制与支配,首先必须控制台湾的对外贸易和金融领域,由此,台湾总督府不惜采取各种强制性手段,驱逐欧美及大陆华商资本,为日本资本之进入与独占创造环境。

糖业方面　进入儿玉·后藤时代的1898年,优先发展糖业成为总督府开发台湾经济的主轴。由此,总督府的殖民意图与欧美资本洋行的经济利益发生严重的对立,日本欲独霸台湾的糖业,就必须从岛内驱除英美洋行等西方资本。秉承日本政府及垄断资本控制台湾糖业的战略意图,台湾总督府与日本财阀遂连手对垄断台湾经济的欧美资本进行了“排挤”。在总督府全力支持下,1898年三井物产就在台北开设支店,1899年开始统购台湾的红砂糖,不惜以重金笼络和收买专为英美洋行服务的台湾人买办,预先贷给资金,以取代其既有的贸易伙伴。1902年起,三井物产开始直接同台湾的制糖企业进行交易,收购砂糖,开始抢占外商和买办的原有地盘。如三井物产以一包高出洋行四五十钱的价格

---

① 连横:《台湾通史》卷三十五,“列传七·货殖列传”,上海:华东师范大学出版社,2006年版,第528页。

② 陈玟瑾:《日据时期台湾糖业与交通运输关系探究(1896—1918)》,台南:成功大学历史语言研究所硕士论文,2000年7月,第17页。

③ 黄富三:《清季台湾外商的经营问题——以美利士洋行为例》,载《中国海洋发展论文集》,台北:台湾“中央研究院”中山人文社会科学研究所,1984年版,第262页。

④ 有关日据之前大陆华商在台之实况,可参见林满红:《茶、糖、樟脑业与台湾之社会经济变迁(1860—1895)》,台北:联经出版事业公司,1997年版,第105—146页。

⑤ 吴聪贤:《台湾农业史》,台北:黎明文化事业出版股份有限公司,1992年版,第199页。

收购砂糖，遂吸引怡记、德记、海兴等洋行的买办，洋行的收购力被极大地削弱①。在砂糖运销方面，台湾土著糖业资本顺和、顺源、德昌及怡记、德记洋行联合以大阪商船运送砂糖，并抵制三井物产加入其行列。然三井物产却能以本社运输船运送，并以雄厚的财力，吸引外商专属的买办，破坏本地糖商与洋行的团结，还获得商船三分之一及三分之二的载运空间②。于是台湾砂糖贸易渐次为三井物产所掌握。1905年创立之横滨增田屋商店（由日本商人增田增藏、安部幸兵卫共同创设）亦于台南设立支店，经营砂糖贸易。横滨增田屋商店打破过去在打狗（今高雄）、安平交货的旧习惯，初改车站交货，后来进而采用产地交货，以谋制造业者的方便。此后，专靠买办制度的外商地盘逐被夺取，三井物产亦废买办制度，而与制造业者直接交易③。

日据初始，台湾糖业界仍保留旧时砂糖买卖方式，有所谓的现买卖、缓糖交关、放账交关及货办四种交易，其中对糖商最具利润者为缓糖交关及放账交关。通常糖商以年利率一分至二分支付制糖者前贷金，间接操纵糖业生产。放款路线为糖商（洋行）—买办及其他糖行—中介者—糖廍④。糖商的放款金额由香港上海银行等金融机构所融资。而这些砂糖金融多半为洋行亲自兼任外国银行的代理店所掌握，如香港上海银行的代理店为怡记洋行、国家银行的代理店为海兴洋行、印度特许银行的代理店为德记洋行⑤。也就是说洋行与糖商一面是砂糖成品的收购者，一面为砂糖融资的最高金融机构⑥。“这种洋行及糖商扮演的砂糖购买者与砂糖融资者的双重身份”，在台湾总督府与台湾银行的共同压制下，渐次没落⑦，日本糖业资本的势力日趋扩张。1907年至1908年，在台南设立分店从事砂糖贸易的日本资本，计有横滨的朝日商会、神户的铃木商店、汤浅商店、大阪糖业会社、台北津阪商行。随着日本资本从事台湾砂糖贸易业者之增加，砂糖买卖竞争激烈，以铃木、三井、增田屋三家日本资本间的竞争最为激烈。其结果使得制糖业者坐收渔人之利，减低日本糖业资本的经营利润⑧。

---

① 杉野嘉助：《台湾糖业年鉴》，台北：台湾通信社，1928年，第164页。

② 杉野嘉助：《台湾商工十年史》，台北：台湾印刷株式会社，1920年版，第40页。

③ 周宪文：《台湾经济史》，台北：开明书店，1980年印行，第408页。

④ 缓糖交关为糖商先付糖价的过半或全部预约买卖制糖业者今后可以出产的糖产，无利息，卖主有供给契约糖的义务，不得偿还价款。放账交关则为先借款再交糖，制糖业者对于向糖商所借之款额须偿还利息，制糖业者乃按时价以其所制之糖供给贷主，以其代价还债务（矢内原忠雄：《帝国主义下の台湾》，东京：岩波书店，1988年版，第102页）。

⑤ 除了洋行兼任金融事务外，本地糖商亦兼任金融事务，如陈中和之顺和号（临时台湾旧惯调查会：《临时台湾旧惯调查会第二部调查资料报告》上卷，1905年，第215—216页）。

⑥ 台湾银行：《台湾银行二十年志》，东京：1919年，第281页。

⑦ 吴季晏：《日据前期台湾砂糖出口市场的转变（1895—1915）》，台南：台湾成功大学历史语言研究所论文，1994年7月，第50页。

⑧ 杉野嘉助：《台湾糖业年鉴》，台北：台湾通信社，1920年版，第165页。

为此，1909年，在台湾总督府主导下，在台日本糖业资本联合组成具有独占性的卡特尔组织——“台湾糖业联合会”，以统一砂糖收购价格的方式，防止因彼此间的恶性竞争而损失巨额利润。日本糖业资本的联合使得土著资本糖商与洋行受到更严重的打击，遂纷纷改变经营方针。如怡记洋行转投入制糖业发展；德记洋行则停止砂糖贸易[①]，转向从事台湾稻谷的输出业务；旧有的买办亦转而从事制米业、中介台湾稻谷之买卖。土著资本糖商如王雪农的德昌号、陈中和的和兴公司等则转向米业发展[②]。这样，日本资本渐次掌握岛内砂糖之运销。但是，原来的外商或外国轮船公司同台湾土著资本的制糖业之间所订立的特约合同，妨碍了增田屋商店和三井物产的加速独占台湾砂糖运销之扩张行动。于是，台湾总督府直接对台湾土著资本的制糖企业施加压力，同时对日本海运会社(如大阪商船株式会社、日本邮船株式会社等)进行运费补助等多方面的刻意扶植，横滨增田屋商店还与安部幸兵卫商店合组合股会社，加入台湾糖业运输的竞争，因而排除了这些障碍。在总督府的保护下，日资制糖企业可直接向岛内甘蔗产地收购原料；同时台湾总督府颁布律令，强行废止台湾的买办人制度，岛内的外国糖业资本逐步被排挤。如此，在台湾总督府与日本糖业资本的共同攻势下，洋行大多被迫选择了退出台湾，但也有例外。如英国怡记洋行(Boyd)、德记洋行(Tait)两家英国糖业资本仍继续留在岛内。如前所述，怡记洋行还于1906年9月建设制糖能力30英吨的分蜜糖制造工厂，1909年，又与其他英国企业合资建设F. S. D. 股份有限公司，制糖能力达850英吨，企图与日本制糖企业分庭抗礼，同时怡记洋行又在同年2月设立凤山制糖厂。这些外国制糖工厂的出现，恰好遇上台湾糖业发展的第一个黄金时期，理应顺利取得发展。但在台湾总督府与日资制糖企业的夹击下，1912年怡记洋行所设立之怡记制糖株式会社为日本资本之台湾制糖株式会社所兼并，英国资本在台湾糖业的投资经营完全瓦解[③]，英国的糖业势力不得不黯然退出台湾市场。在短短不到一年的时间，怡记洋行旗下的制糖工厂悉数被日本资本并吞，显示欧美洋行资本在台湾糖业的扩张彻底失败，而台湾在这场日洋糖业的竞争中，附属性十分明显，就日本资本独占台湾糖业市场来看，具有历史意义。日本资本先后花了16年的时间，才使欧美资本退出台湾市场[④]。“日本资本遂掌握制糖权和贩卖权，控制整个砂糖贸易之经营权”。

---

① 怡记洋行自放弃砂糖生意以后，虽在台南厅属建设改良糖廍，但亦于1912年为日资台湾制糖株式会社所收购；德记洋行则彻底关闭“砂糖部”。结果，有关糖业的外国资本，遂全被驱逐(盐见俊二:《日据时代台湾之经济与警察》,《台湾经济史初集》，台湾研究丛刊第25种，台湾银行，1954年。转引自周宪文:《台湾经济史》，台北:开明书店，1980年印行，第409页)。

② 杉野嘉助:《台湾糖业年鉴》，台北:台湾通信社，1920年版，第167页。

③ 同上，第166—177页。

④ 杨彦骐:《台湾百年糖纪》，台北:猫头鹰出版社，2001年版，第31—32页。

除了“蚕食”台湾砂糖行销外，日本资本还将其势力扩展至砂糖制造业。1899年3月，总督府官员山田熙首先提出《三千万元大型制糖企业意见书》，建议制订总额为3 000万元的制糖业开发规划，以期推动台湾糖业的近代化。其规划内容大致是：先投资3 000万元兴建一家新式制糖工厂，以替代以往的糖廍[①]。1900年台湾总督府公布《台湾糖业改良方案》。同年12月10日，三井物产以100万日元的资金在台湾创办了“台湾制糖株式会社”，这是日本资本在岛内的第一家日资糖业企业。1901年台湾制糖株式会社投资兴办了台湾第一家近代化制糖企业——桥头仔制糖工厂，这是台湾唯一建于1902年总督府颁布《糖业奖励规则》(律令第五号)之前的新式制糖工厂。桥头仔制糖工厂的建成，既是台湾总督府积极推行糖业产业政策的一大成果，也是台湾日资制糖企业进入快速发展的重要标志。随着制糖业的渐次发展，砂糖产量日趋提高，对日本而言，不但可解决每年进口约1 000万元的砂糖需求，防止外汇流失，另一方面，还可每年结余1 000万元的“殖民地经营费”。日本资本之桥头仔制糖工厂拥有650英吨的榨蔗制糖能力，对外商形成了空前的威胁。总之，从总督府糖业政策的设计角度来讲，“桥头仔制糖工厂的诞生，背负着一项重责大任——击退外国糖业在台势力”[②]。以1912年怡记洋行与德记洋行先后撤离台湾为标志，日本资本完全垄断和控制了台湾糖业的生产过程与销售系统。

茶叶方面　茶叶贸易最初占台湾出口总额的50%，近代台湾茶叶生产、加工和出口，均为西方资本所掌握。经营资金则由英国的汇丰银行通过妈振馆[③]提供并进行控制，形成汇丰—洋行—妈振馆—茶馆的资金链条。此外，在台湾岛内茶叶的生产及出口方面，大陆与台湾岛内资本也发挥重要作用。外国资本中较著名的洋行有英国宝顺、德记、怡记、永陆、和记以及美国的旗昌洋行[④]。在台湾总督府之强力支持下，从1907年起，三井物产和野泽组在岛内自设茶园生产，自行加工出口，使外国茶商无法在台湾继续贸易。仅剩下3家英国洋行、一家美国洋行[⑤]。在驱逐外国资本的过程中，以三井物产为首的日本垄断资本，利

---

① 陈明言、杨金华：《台湾近代糖业先驱——武智直道》，台北：台湾武智纪念基金会，2005年版，第105页。

② 杨彦骐：《台湾百年糖纪》，台北：猫头鹰出版社，2001年版，第30—31页。

③ 妈振馆：所谓的妈振馆是来自英语(Merehant：贸易商、批发商人)的谐音。是台湾岛内茶业界的主要金融机构；在制茶业者以及中间批发商，或在茶商与洋行间经营制茶委托，并同时以制茶成品为抵押进行资金的融通(台湾银行：《台湾银行二十年志》，台北：台湾银行，1919年，第9页)。

④ 林满红：《茶、糖、樟脑业与台湾之社会经济变迁》，台北：联经出版事业公司，1997年版，第107页。

⑤ 在台茶贸易上，所以还有这些外国资本的势力，是因为其他物产的贸易路线几乎都已转向日本国内，只有台茶当时仍以输出国外为主(盐见俊二：《日据时代台湾之经济与警察》，《台湾经济史初集》，台北：台湾银行，1954年版。转引自周宪文：《台湾经济史》，台北：开明书店，1980年印行，第409页)。

用台湾总督府无偿提供的土地和台湾半封建的农业制度，采用经营直营茶园的方式，直接控制了台湾茶叶的产、供、销管道，在台茶贸易上日本垄断资本始终占据了绝对优势。

樟脑方面　樟脑是台湾独特的宝贵物产，是制造赛璐珞的主要原料。赛璐珞(Celluloid)是第一种人类发明的合成塑料，可以制造器皿，发明于1869年，在1890年以后，开始大量使用樟脑作为原料。在第二次世界大战之前，赛璐珞在欧、美、苏、日等地的工业中占有极重要的地位，用来制造梳子、纽扣、玩具以及各种日常生活用品。另外，由诺贝尔发明的无烟火药也采用樟脑作为主要原料之一。因此，樟脑成为工业用品，需求量大增[①]。中国台湾地区与日本盛产樟树，是世界上当时最主要的樟脑产地。但日本过度的开采以至资源几近枯竭，由此对盛产樟脑的台湾早就极为关注。清末台湾开港通商，欧美外商到台湾搜购的对象之一就是樟脑。日据之前，清政府曾经在1861—1868年、1886—1890年间两度实施樟脑专卖。特别是1864—1866年间由官府直营，其余包给民间经营。此外的时间段内，1855—1861年、1869—1870年、1876—1877年，为外商占据优势的时期。到了1891年后，外商公泰洋行、鲁鳞洋行、瑞记洋行、Bain & Co. Mannich & Co等，分布于台岛南北，直至日据初期，台湾的樟脑主要为外商所控制[②]。根据1869年台湾道与洋商订立的《樟脑条约》，允许外商可凭通行证深入内山，自由收购樟脑，只是不能直接从事制脑而已。从此以后，台湾的樟脑制造业落入洋行的手中，产量大增，可是价格下降[③]。

在人造樟脑没有出现之前，台湾出产的樟脑占世界总产量的70%—80%。因此，日本据台之后，就刻意要垄断樟脑的国际市场，把樟脑收归总督府“公有”。因此，台湾总督府很快就开始开发台湾樟脑资源的计划。但面对外国商人的强大势力，台湾总督府采取了逐渐实施驱逐的政策。1895年台湾总督府颁布《官有林野及樟脑制造业取缔规则》(日令第二十六号)。第二年又制定了《樟脑税则》，开征课税，直至1899年实施专卖，采用出口商投标的方式进行樟脑输出。樟脑是世界上罕有的特产，经营其有着很高的利润，所以外商的抵制也很强烈。总督府于1899年决定强行实行樟脑专卖制度，并采用出口商投标的方式进行樟脑输出[④]。但又被迫以英国沙密尔商会得标的形式，与外商妥协。1896年4月，台湾总督府设置抚垦署，并将对岛内樟脑制造业的管理纳为其主

---

① 宋光宇：《台湾史》，北京：人民出版社，2007年版，第118页。

② 林满红：《茶、糖、樟脑业与台湾之社会经济变迁》，台北：联经出版事业公司，1997年版，第129页。

③ 宋光宇：《台湾史》，北京：人民出版社，1997年版，第107页。

④ 期间，台湾总督府与外商间因樟脑而发生的纠纷不断，成为日据时期的主要外交交涉事件(参见陈小冲：《日本殖民统治台湾五十年史》，北京：社科文献出版社，2005年版，第24页)。

要业务之一。但由于日本占据台湾当初，日本政府尚需得到欧美列强对其的支持，因此，遵循日本政府的指示，台湾总督府采取了循序渐进的驱除外商对策。当时，为避免在樟脑问题上与欧美商人发生"摩擦"，总督府殖产部长向各抚垦署长发出特别指令称："在樟脑制造地，有外国人进入从事营业者，当处理掉这些外商时，如失其宜遂在外交上引起纠纷关系，要慎重周到毫无错误。故除极普遍之事项外，一概应请示训令。政府虽不承认外国人之樟脑制造权，但从来以中国人之名义，得中国政府之许可，而既已从事制造者，我政府亦期许可之。又外国人进入内地收买樟脑时，目前应将其旨抑请训令，暂依从来的方式给予方便，并将此事通知外国领事。抚垦署此际应特别体谅其意，有关外国人之事项，应逐一报告不可懈怠。"①由此来看，对从事或欲涉足樟脑制造或收购的欧美商人，总督府确实采取了"方便"与"宽容"的对策。但是，虽然台湾总督府对欧美商人如此"方便"与"宽容"，对从事樟脑业的汉族人民则采取了"依法取缔"，"谈不上什么道义或既得利益的保障"②。

日俄战争之后，日本帝国主义势力大增。随着日本帝国主义势力的膨胀，日英、日美矛盾上升，日本与英国的同盟关系也随之"名存实亡"③。在此背景下，台湾总督府驱除外商的进程也趋于加快。1908年，台湾总督府把樟脑销售改为总督府直接经营，剥夺了英国沙密尔商会的樟脑经营权，并委托三井物产株式会社承办。对于台湾总督府将樟脑专卖权直接交付三井物产的行为，日本学者矢内原忠雄指出："台湾的樟脑商权，是外国资本的坚城；这一商权移属日

---

① 台湾总督府史料编纂委员会：《台湾樟脑专卖志》，台北：1924年印行，第24—26页；伊能嘉矩编：《理番志稿》第一编，台北：台湾总督府警察本署，1918年，第29页。

② 参见藤井志津枝：《日治时期台湾总督府理番政策》，台北：文英堂，1997年版，第37—38页。

③ 美英在日俄战争中支持日本，但战争结束后，日本提出"南满仅为日本人所有"的口号。首先阻挠美国铁路资本进入中国东北，限制美国企业与东北地区的贸易。美国政府也随之采取报复性政策，如禁止日本侨民从夏威夷群岛进入美国本土，在美国一些地方甚至还发生迫害日本人的事件。同时，日本与英国的矛盾也由冷淡转为紧张。促成日英关系紧张的主要原因有以下三点：一，日本在东北推行严格的"关门"政策，同样排挤了英国资本向东北的渗透。1907年清政府计划修建新法铁路（新民至法库门），由一家英国铁路建筑公司承建。日本政府闻讯后，以这条铁路将与南满铁路一部分平行为借口向英国提出抗议。英国政府被迫禁止本国铁路公司承建此路。二，1910年日本吞并朝鲜后，取消了英国人在朝鲜的治外法权，解雇了英国在朝鲜的经济顾问。1911年修改日英通商条约后，日本提高了英国对日输出品的关税率。三，日本工商业的飞速发展以及对华贸易的巨大竞争力，使英国大为惊恐。尽管日俄战争后日英关系呈现冷淡和恶化的趋势，但表面上还维持着同盟关系，因当时双方还都需要这个同盟（吴廷璆主编：《日本史》，天津：南开大学出版社，1994年版，第541—542页）。

本资本家，是出于政府特权的直接保护。"[①]从此，樟脑的专卖权完全转移到日本资本的手中。

鸦片方面　此外，原主要由英商占据的鸦片输入，也在实施商品专卖制度后，由总督府指令三井物产株式会社等日本商社专营。鸦片是台湾近代史上进口商品之大宗，1894 年进口值达 233 万海关两。鸦片贸易的控制权一直都掌握在外商尤其是英商手中，在 1888 年经由打狗口岸的鸦片进口额中，英商就占了 66%。日本占据台湾之后，按照后藤新平的建议，台湾总督府对鸦片实行了渐禁政策，同时严厉取缔外商进口鸦片。1896 年 4 月成立台湾总督府制药所，作为鸦片生产机构，原料则委托三井物产及英商 Samuel 洋行办理。1912 年英商退出，由三井及星制药株式会社任之。1926 年后统归三井独占。这样一来，台湾鸦片输入在 1912 年后完全由日资所垄断[②]。

台湾总督府独占台湾海运界、驱除欧美资本之政策手段　为独占台湾海运业，驱除欧美资本及中国大陆资本，台湾总督府首先开始对其实施歧视性的差别关税政策，1898 年 9 月颁布《台湾关税定率法》(敕令第二一三号)、1899 年 7 月颁布《台湾吨税政策》(律令第二十二号)等，对外国货物加征重额关税。同时，台湾总督府被许可在日本发行事业公债，筹集资金，大力修筑基隆、高雄二港，并重金资助日本海运会社，积极增开日台间及两岸间之海运航路，以夺取台湾总督府对台湾海运业的控制权。首先接受总督府航运补助金援助的是成立于 1883 年的"大阪商船株式会社"。台湾总督府命令大阪商船株式会社以日本—台湾—中国南部为航行范围[③]。1896 年台湾总督府命令大阪商船株式会社航行神户至基隆线，为了便利台湾与中国南部的航运交通；1899 年又命令大阪商船株式会社航行淡水香港线、福州香港线、福州三都澳线、福州兴北线、厦门内湾线，并给以巨额补助金[④]。以 1902 年为例，除了航路扩张外，总督府补助大阪商船株式会社基隆至神户线 59 200 元；打狗(今高雄)至横滨线124 800元；淡水香港线 93 937 元；安平香港线 61 028 元；福州香港线 52 353 元；福州三都澳线 17 700 元；福州兴北线 13 942 元；厦门内湾线 10 495 元。同时命令航行台湾沿岸航路，补助 143 825 元，此年度总督府补助大阪商船株式会社的金额达 545 780 元[⑤]。另外，1897 年"日本邮船株式会社"也接受台湾总督府航运补助

---

① 矢内原忠雄：《帝国主义下の台湾》，东京：岩波书店，1988 年版，第 36—37 页。

② 陈小冲：《日本殖民统治台湾五十年史》，北京：社科文献出版社，2005 年版，第 24—25 页。

③ 神田外茂夫：《大阪商船株式会社五十年史》，大阪：大阪商船株式会社，1934 年，第 61 页。

④ 杉野嘉助：《台湾商工十年史》，台北：台湾印刷株式会社，1920 年版，第 37 页。

⑤ 《三十五年度台湾南清航海命令书》，《台湾协会会报》，第 43 号，1902 年 4 月，第 25—27 页。

金，于1899年开设台湾至日本间的基隆神户定期航线。

由此，在总督府巨额航运金之援助下，大阪商船株式会社与英商道格拉斯公司(Douglas)[①]展开了激烈的竞争。1899年大阪商船株式会社拟投资14.6万元增购船只，同时获得了12.5万元的总督府财政补贴。这样，大阪商船株式会社不必顾及经济利益，而以低于道格拉斯公司一半的运费来进行较量。由于总督府与大阪商船的联合对抗，最终使大阪商船株式会社占据优势。至1900年，在出港、入港之载货载客等方面，大阪商船株式会社已凌驾于道格拉斯公司之上(参考表五十)。而垄断台湾海运多年的道格拉斯公司受到排挤，被迫于1905年前后退出了台湾海运界[②]。由此，大阪商船株式会社凭借总督府强大财力之扶助，在与英资"道格拉斯航运公司"之激烈竞争中取胜[③]。至此，总督府扶持之日本资本不仅取得对砂糖生产之控制权，砂糖行销亦被渐次独占，"外国商人在装运砂糖出口上的势力亦被推翻"[④]。总督府并在金融上对三井物产、铃木商店、安部幸商店等日本财阀系商社给予种种援助，使其垄断台湾砂糖的外销。1909年成立"日本糖商俱乐部"，以联合日本糖商对抗外国资本。1912年资助"台湾制糖株式会社"收买英国糖商的商权，终于夺取外商所独占的台湾砂糖贸易[⑤]。

---

① 道格拉斯公司(Douglas)自1871年开辟台海航线以来，逐渐独占了台湾的对外轮船航运业，此一状况直到日据初期仍然如此。这对台湾总督府掌控台海两岸贸易的主动权及将台湾对外交通扭转到与殖民母国日本相联系为主的方向都是个障碍。在大阪商船株式会社"牺牲性努力"下，道格拉斯公司的业务全线溃退，到1904年11月底彻底退出了台海航线，台湾海峡的航运权转由大阪商船株式会社等日资所垄断(陈小冲:《日本殖民统治台湾五十年史》，北京:社科文献出版社，2005年版，第25页)。

② 参见黄得峰:《由台湾总督府档案的复命书谈日治初期的华南海运(1895—1911)》，《第五届台湾总督府档案学术研讨会》，2008年8月；松浦章:《日治时期台湾海运业》，台北:博扬文化事业有限公司，2004年版，第182页。

③ 根据黄得峰的研究:大阪商船株式会社的命令航线虽然在十年之间驱逐了道格拉斯公司，且大肆的夺取了戎克船贸易的势力，完全霸占了台湾华南间的航线，却无法摆脱业绩不佳的命运。尽管总督府达成了开拓华南市场的使命，但至少在大正(1912)之前仍然是属于乏善可陈、甚至是惨淡经营的局面(黄得峰:《由台湾总督府档案的复命书谈日治初期的华南海运(1895—1911)》，《第五届台湾总督府档案学术研讨会》，2008年8月)。

④ 周宪文:《台湾经济史》，台湾开明书店1980年印行，第408页。大陆学者陈小冲则认为:这是一场国策公司与民间公司间的势力悬殊的不平等竞争，大阪会社得以胜出依凭的是日本殖民地国家机器的鼎力支持。作为海岛外向型经济的台湾，海上运输线是其经济发展的生命脉，台湾的对外交通由日本人控制，有力地助成了日资在茶、糖、樟脑等领域优势地位的进一步巩固与发展(陈小冲:《试论日据时期的台海两岸交通》，《台湾研究集刊》2001年第3期)。

⑤ 矢内原忠雄:《帝国主义下の台湾》，东京:岩波书店，1988年版，第221页。

表五十三　大阪商船及道格拉斯两会社台湾厦门航线的载运状况(1901年1月)

	出港		入港	
	客	货物	客	货物
大阪商船株式会社	71人	17 158个	291人	58 487个
道格拉斯公司	65人	1 184个	121人	46 162个

资料来源:《台湾厦门间航路及货客》,《台湾协会会报》,第30号,1901年3月。

作为独占台湾殖民地经济之政策配套措施之一,1899年9月,台湾总督府推动设立"台湾银行",使其打破英资"汇丰银行"等外资银行对台湾的金融支配。史实证明,在驱除欧美及中国资本的过程中,总督府采用了与日本财阀资本连手的方式,即以台湾银行为媒介,使日本民间资本在进入台湾投资时,可获得台湾银行之融资保证。这样,"日本商人与外国商人比,在竞争上具有更强大的资本力。这是因为外国商人只拥有商业资本,而日本商人不仅拥有商业资本,更因在台湾投资设厂关系而拥有产业资本,而且有台湾银行做后盾而拥有银行资本"①。总督府还制定法规,严禁外国人在台湾取得土地等固定资产,1900年1月30日,总督府制定并颁布律令第一号,严限外国人介入土地的交易②。同年颁布律令第二号,规定外国人租佃土地不得超过二十年,其他永久租佃权不得超过一百年③。但在1926年10月,总督府则同意在岛内活动的英国长老教会等天主教组织,可以财团法人之身份购买岛内土地的所有权④。但随着日本发动侵华战争(1937年)与太平洋战争(1941年)之后,总督府对于岛内的天主教组织渐次开始予以严格"规制"⑤。

为尽快实现台湾殖民地之财政独立,总督府同时还实施了专卖制度,并使樟脑、鸦片、烟酒等经营商权皆归三井物产等日本财阀系商社所控制。1900年,在总督府优惠政策之推动下,三井物产设立台湾第一家日资制糖企业——"台湾制糖株式会社",此为日本资本开始进入台湾糖业界之标志。这样,经过大约10余年的激烈角逐,欧美资本以及中国资本几乎被驱除殆尽,在总督府威权的

---

① 钟孝上:《台湾先民奋斗史》,台北:台湾自立晚报社文化出版部,1982年版,第339页。

② 《外国人の土地取得に关する件及土地贷借に关する件》,《台湾总督府公文类纂》第475册,文号15,1900年1月31日。

③ 《外国人か法人を组织し得るや否やに关する回答(英国领事)》,《台湾总督府公文类纂》第475册,文号15,1900年1月31日。

④ 《外国人の土地取得に关する件及土地贷借に关する件》,《台湾总督府公文类纂》第7334册,文号1,1926年1月1日。

⑤ 杨嘉钦:《日治时期台湾总督府对天主教之政策与态度》,《第五届台湾总督府档案学术研讨会论文》,2008年8月。

支持下，日本资本渐次独占台湾的米糖等重要产业与商业领域。当时，以沪尾(八里岔)、安平二港为商埠而往来中国大陆沿海的帆船贸易以及驶往厦门、香港的外国轮船航线日趋衰亡。而连接基隆、高雄与日本神户之间日本航船公司的业务却欣欣向荣。这样，台湾与大陆的经济贸易关系与人员来往被逐渐限制、破坏殆尽。台湾近代之发展也日益被纳入日本资本主义经济圈内①。这就是日据时期台湾对外贸易发展最大之社会背景。

三　砂糖贸易与台湾海运业与港口的发展

砂糖贸易与日据初期台湾海运业的发展　在第一节就论述过，日本占据台湾初始，台湾总督府就非常注意对台湾海运业的控制，因为控制了台湾海运业，就意味着控制了台湾的对外贸易。台湾总督府为“增强日台经贸关系的密切，和企图使台湾成为其通往世界航路的干线，也以保护奖励的方式来发展台湾的海运业。台湾总督府为了配合运输业务的扩大，对于投资修筑港湾、建设铁路、道路、治水等工事均不惜财力”。如总督府认为基隆港是日本联络台湾、华南、南洋地区的重要港口，从1899年起，多次进行扩建、整修，仅基隆港的筑港总投资就高达43 103 000元②。台湾总督府还以每年支付补助金的方式，开办所谓的“命令航线”以满足其统治殖民地的需求。参与命令航线的商船公司，其船只数目、载重量、航行次数与速度均出现了大幅度的成长，“其中尤以基隆为起点或通过点的航线占多数”③。在台湾总督府之强力支持下，无论是海运运输，或者是联络台湾客、货的陆运运输，日本商船公司均“采用低运费政策，以增强其在国际航运市场的竞争力，与活跃本岛的经济活动”④。

如上所述，1896年之前，台湾砂糖出口市场主要以中国大陆和日本为主，至日本占据台湾之后，总督府以开设命令航线及补助金的方式，创设了高雄至日本横滨神户的定期航线。在驱除外国海运资本之同时，也极大地改变着台湾砂糖等物产的运输状况。在获取总督府航运补助金之前提下，大阪商船株式会社和日本邮船会社均经营日台之间的定期航线，而不定期的运输货物则有季节性

① 由此，台湾总督府通过独占台湾海运业、施行专卖制度、驱除欧美外商及华商资本、确立殖民地税收制度等，于1904年日俄战争之前实现了所谓的“财政独立”。由此，台湾总督府特别会计制度得以确立，成为整个日据时期台湾总督府制定经济政策、对台湾进行经济开发与掠夺的财政保障。但在所谓“财政独立”光环之背后，隐含着台湾社会经济的深度扭曲及台湾民众之沉重苦难。

② 曾汪洋:《台湾交通史》，台湾研究丛刊第37种，台北:台湾银行经济研究室，1955年，第24、第39、第40页。

③ 同上，第21—31页。

④ 周宪文:《台湾经济史》，台北:开明书店，1980年印行，第866页；曾汪洋:《台湾交通史》，台湾研究丛刊第37种，台北:台湾银行经济研究室，1955年，第20页。

的物产如稻米、砂糖及煤炭等。在稻米、砂糖、食盐及矿产等盛产季节，还有为数不少的“社外船”参与日台间运输。所谓的“社外船”是指大阪商船株式会社和日本邮船会社两大会社以外的、由日本民间私人自组运送店之船只。日据初始的二三年间，社外船一度兴盛，较有名气的有千叶廻漕店、三上支店以及立川又八郎等运送店，其运送业务以砂糖运送为主。自大阪商船株式会社和日本邮船会社开始接受总督府之航运补助金，开设定期航线后，“社外船”顿时减少，仅存货主自己借入运输货物①。1907 年后还有西泽商店、神户社外船、大家、板古、原由等组织联合公司，与大阪商船株式会社和日本邮船会社展开竞争，制糖株式会社成为这场航运市场争夺战中最大的赢家②。

随着总督府与日本资本渐次对台湾海运业的独占，为砂糖等农产品的大量输日奠定了良好的海运基础。同时，日本资本也开始介入砂糖的运销。至 1903 年台湾砂糖贸易商权仍为洋行与土著资本所掌握。但三井物产则采取与台湾土著资本之顺和、顺源、德昌等糖商合作的方式，以一担 15 钱的低廉运费输运，并购买社船自行运载，颇受台南制糖业主的欢迎，并吸引了洋行专属的买办相偕合作而破坏了洋行与土著资本原来之合作关系。由于三井物产之势力大增，使得大阪商船株式会社和日本邮船会社也不得不与之妥协，将两大会社轮船运输量三分之一乃至三分之二拨与三井物产专用。三井物产遂成为大阪商船和日本邮船两大会社在台南的代理店，主要代理稻米、砂糖的贩卖。其中台湾制糖、大日本制糖、明治制糖三大会社的砂糖运送贩卖皆委托三井物产负责，多使用大阪商船和日本邮船的船只，在船只不足的情况下则三井物产亦购买船只以输运③。

就台湾砂糖运输而言，随着台湾总督府糖业奖励政策的施行，砂糖生产量剧增，对日本的出口也日增。以 1900 年为例，大阪商船株式会社向日本运送了很大数量的台湾砂糖，除本会社拥有之釜山丸、基隆丸、台东丸之外，还雇用爱国丸、千代丸等作为临时船使用。台湾的砂糖运输在 1902 年有日本邮船会社加入，1906 年有三井船舶的加入④。可见此时日台间砂糖运输之盛况。

在台湾砂糖运费之计算方面，根据日据当初总督府临时糖务局之记载，一俵(草袋子)百斤的砂糖的包装费用为 36 钱(1. 包装用草席两张，15 钱；2. 藤，2 钱；3. 打包费用，19 钱)。而由安平高雄运送到横滨的运费为 36 钱 4 厘(1. 轮船起货装载费用，4 钱 4 厘；2. 运费，20 钱；3. 海上保险费，3 钱；4. 卸货费用，9 钱)；由安平高雄运送到神户的运费为 35 钱 4 厘(1. 轮船起货装载费用，4 钱 4

① 吉开右志太：《台湾海运史》，台北：海运贸易新闻社台湾支社，1942 年版，第 408 页。

② 相良捨男：《经济上より见たる台湾の糖业》，东京：作者自刊，1919 年 1 月，第 11 页。

③ 杉野嘉助：《台湾商工十年史》，台北：台湾印刷株式会社，1920 年版，第 39—40 页。

④ 神田外茂夫：《大阪商船株式会社五十年史》，大阪：大阪商船株式会社，1932 年，第 220—221 页。

厘;2. 运费,18钱;3. 海上保险费,3钱;4. 卸货费用,10钱)[①]。至1902年底,在制糖业者的要求下,大阪商船株式会社的运费有所降低,安平、高雄运送到横滨每俵百斤的运费为30钱,神户为28钱,门司为26钱。1910年台湾糖业联合会成立(由台湾制糖、明治制糖、东洋制糖、盐水港制糖、新高制糖五家日资制糖企业组成。后陆续有其他日资制糖会社加入)。鉴于1909年至1910年之际,台湾粗糖产量大增,为确保利益,岛内日资制糖会社均认为有必要联合起来,以增加对日本国内砂糖精制业界的议价能力。同时联合会协调本岛同业间的原料供给分配,并按日本精糖会社需要调剂[②]。台湾糖业联合会遂代表岛内日资制糖会社与大阪商船、日本邮船协定砂糖运费,如1911年到1912年高雄至横滨的砂糖协定运费为一担(100公斤)18钱。第一次世界大战爆发后,海运业费用高涨,在协定期满后,大阪商船、日本邮船忽然将运费提至一担49钱5厘,遂引发制糖业者与大阪商船、日本邮船间的严重对立。为抵抗之,一些制糖会社自行购置船只,如帝国制糖、盐水港制糖及台湾制糖三家日资制糖会社增资筹款购入五六千吨级轮船运送本会社的砂糖。作为会社自用运送并兼营一般海运业,在当时船舶自营实为有利的对策之一。随后船价暴跌,1923年帝国制糖及盐水港制糖废止海运业;1927年台湾制糖将其所有船只转让给明治海运[③]。

日据当初,台湾总督府为顺利将台湾南部之农产品运至日本,对高雄港之扩筑予以很多关注。而随着台湾糖业的发展,砂糖源源不断地大量输至日本,更显高雄港在日台砂糖贸易中的重要地位。日本对台湾砂糖输日采取免除输入关税的政策,也对台湾砂糖大量输日创造了条件。1897年台湾砂糖对日输出仅占其生产总量49%的比例,随后很快改观,在1905年、1907年到1909年,砂糖对日输出甚至高达99%。1910年后,由于砂糖过剩,加之对日输出接近饱和,开始对外寻求市场。台湾砂糖对外销售对象有中国大陆以及加拿大、澳洲、印度、西伯利亚等四地。1911年台湾制糖与盐水港制糖就对加拿大出口少量之原料粗糖;至1914年由于台湾砂糖骤然减产,停止对外输糖。自1916年起至1916年,重新对澳洲、加拿大、俄国输出砂糖。对于印度输出砂糖是由于爪哇糖减产的结果,增加台湾方面的输出以资补充[④]。但台湾砂糖仍以中国大陆为其最大之输出市场。向大陆市场输出之砂糖分为赤糖、白糖、精制糖和冰糖四种。

台湾总督府为鼓励砂糖输出,首先于1910年废除输出税。同时为开拓华北地区销路,并兼而输入米糖所需肥料之便,于1911年开设命令航线,令大阪

---

① 临时台湾糖务局:《糖业记事第二、三次》,台北:1904年,第129—130页。

② 陈玟瑾:《日据时期台湾糖业与交通运输关系探究(1896—1945)》,台南:成功大学历史语言研究所硕士论文,2000年7月,第54页。

③ 平山勋:《台湾糖业论》,台北:台湾通信社,1935年版,第96—97页。

④ 相良捨男:《经济上より见たる台湾の糖业》,东京:著者发行,1919年1月,第212页。

商船会社开通高雄至上海的航线；1912 年延长至经天津到大连，更在 1911 年 4 月由台湾银行在上海设置分店，对砂糖输出提供低利贷款与补助金[①]。通过总督府一系列政策措施的施行，为台湾砂糖之大陆输出提供了极大便利。台南之高雄港日趋成为台糖输出之大港（参考表五十四）。

表五十四　高雄港对中国砂糖主要输出地

（单位：元）

输出地	1915 年	1916 年	1917 年
天津	——	173 948	236 601
上海	64 453	1 268 368	1 465 983
营口	——	15 600	32 285
汉口	——	14 977	26 830
福州	——	16 626	79 276
厦门	——	68 051	201 372
汕头	——	90 865	115 614
广东	——	——	54
青岛	——	22 440	222 268
大连	——	48 389	1 339 449
香港	28 080	737 240	4 591 797

资料来源：《台湾の工业地打狗港》，第 84—85 页。

四　台湾砂糖贸易与高雄港的兴起

在第一章第三节（“整备岛内交通体系，确立殖民地经济开发的投资环境”之二“岛内港湾的兴建”）中，对台湾总督府修筑基隆、高雄二港之历史过程做了初步考察。这里，我们沿着台湾砂糖贸易之发展演进历程，对台湾砂糖贸易与高雄港的互动关系进行深入阐述，以对台湾糖业的发展演进历程更有深刻之了解。

高雄港所在地在明朝后期是一个小渔村，荷兰入侵与郑成功来台时期都有开拓，清初已成为高屏地区商品集散中枢。高雄港位于台湾南部，西、南面濒临台湾海峡，地处嘉南平原与屏东平原之间，面临台湾海峡南口。高雄与台南、北港、嘉义、麻豆等地并称为台湾历史最悠久的地方。这里最早是平埔族原住民

① 参见平山勋：《台湾糖业论》，台北：台湾通信社，1935 年版，第 132 页。井出季和太：《台湾治绩志》，台北：台湾日日新报社，1937 年版，第 536 页。

(马卡道族)竹林社的居住地[①]。高雄原名打狗(又作打鼓)或西港,1920年台湾总督府推行地方制度改革,在岛内施行街庄郡州制,遂将打狗取其日语训读之音而改为高雄,将打狗港改为高雄港[②]。

清康熙二十三年(1684)台湾归入清廷版图后,高雄归福建省台湾府凤山县管辖,开垦范围扩及前镇、大港埔、五块厝、籬仔内及苓雅等地区。1878年至1879年间,台湾道台夏献纶(任期1873—1879年)曾计划在高雄扩筑港口,但未能遂愿[③]。由于当时高雄港设施落后、港湾狭小,难以停泊较大船只。如"轮船到达打狗皆于沙洲以外抛锚停泊,再由当地小船接驳运进来,帆船有时可以进港,但往往因沙洲的水深不足而无法渡过"[④],可知此时的高雄港之实况非常不利于进出口货物装卸,更牵制其对外贸易的顺畅发展。

1858年中英签订《天津条约》,约定安平、淡水二地开港;而打狗、基隆两港作为安平、淡水的附属辅助港口于1863年(清同治二年)开港。高雄港开口通商后,与台湾通商之各国船只出入频繁,对外贸易渐盛。《台湾之过去与现在》一书对高雄开港初期的记载为:

> 与打狗港进行贸易之船只,在驶往该港卸货前,均须先至厦门、福州或淡水三者中之任何一处,将其货物估值;为防止走私起见,乃在打狗置海关水上稽查员(tidewaiter)两名。同样,驶离打狗之船只,亦须先至厦门、福州或淡水三处中任何一地,否则便不准前往其各该目的地,于是打狗于同治二年,即淡水设立海关的隔年,于1864年5月5日亦设立海关,由麦威尔(William Maxwell)氏开办打狗关,并任该关税务司;则上述对航运重大的阻碍才得以废止[⑤]。

1895年在日据之后,高雄港"既据有南部台湾产业开发为资本,又位于日本帝国最南部的港口,与华南、南洋的联系上具有某种特殊意义,因此对于修筑打狗港的提议一直持续"。1898年2月儿玉源太郎陆军中将出任第四任台湾总督;3月前日本内务省卫生局长后藤新平出任总督府民政局长(旋于同年6月改

---

① 高雄因盛产竹子得名"takau"(平埔族语,意为竹林),汉语音译为"打狗","打狗"便是高雄最早的名称。

② 林春三:《历史上より观たる台湾贸易と特殊产业の趋势》,东京:经政春秋社,1934年版,第294页。

③ 陈玟瑾:《日据时期台湾糖业与交通运输关系探究(1896—1945)》,台南:成功大学历史语言研究所硕士论文,2000年7月,第62页。

④ P. H. S. Montgomery:《1882—1891年台湾台南海关报告书》,《台湾经济史六集》,台北:台湾银行经济研究室,1957年版,第108—109页。

⑤ Jame W. Davidson:《台湾之过去与现在》第一册,蔡启恒译,第123页。

任总督府民政长官，其权限也大大提升）。日据时期之“儿玉—后藤”时期（1898—1906），台湾总督府土木局曾两次组织有关专家实施岛内港湾之调查，为推动高雄港之修筑奠定了前提。

1899年后藤新平开始对台湾南部进行考察，并令总督府土木局着手组织专家，进行第一次全面之港湾调查。在第一次港湾调查的报告书中，就提出高雄港优良的地形地势，然而尚存在有内港水浅、泥沙淤积等缺点。而且当时恰为基隆港进行第一主港工程之际，财力上无法兼顾，加上儿玉总督持续寻找台湾南部是否有其他更适合之地点，高雄筑港之计划因而暂予搁置[①]。不过，在台湾总督府推行之殖民地经济基础之政策推动下，对于高雄港之筑港之议，日趋成熟。制订高雄筑港计划的关键人物是台湾总督府土木局技师山形要助、川上浩二郎等人。在1905年总督府第二次港湾调查中，调查人员均认为高雄港湾水浅，港口有礁岩，港外有浅滩，为修筑良港之绝好条件。如总督府技师山形要助在调查报告中，再次提出修筑高雄港之诸多便利条件：

> 中南部产品，则唯有仰赖铁路运输运至基隆、淡水，或运至无港湾设施之鹿港、安平或打狗等海岸，改由帆船载运，或冒风波危险，以驳船接驳至数里外之商船上，除此之外，别无他法。因此在南部建筑港口实为燃眉之急……在台湾南部可资建港之港口，仅有打狗一港，盖台湾海岸缺乏曲折弯曲、自然形成之港湾，如鹿港、安平则远而浅，未具大港之功能，东港、车城、大板辘、卑南等地形位置，亦未具大港之功能，独打狗港，其位置，就商港而言，虽略偏南，但尚具有物资集散中心之地位，就避风港而言，虽略偏西，但气象及其他各方面，尚可控制东部海岸，故适于筑港[②]。

这样，由总督府土木局先后组织的两次港湾调查，均认为高雄之港湾水浅，港口有礁岩，港外有浅滩，为修筑良港之绝好条件。及至1900年，纵贯铁路建设之中，作为纵贯铁路南端终点站的打狗火车站（今高雄港站）需要扩充以供货物进出，必须填充附近海面13万平方公尺以供车站之用，于是便配合了高雄港疏浚工程，将挖出的泥沙作为填补扩张打狗火车站之用。1905—1907年，经过两次疏浚工程，高雄港内可供小型船只航行与停泊的区域扩大，靠岸卸货较以往方便[③]。至1908年4月，基隆至高雄的南北纵贯铁路全线竣工（1899年5月

① 曾燕斐：《日据高雄筑港对高雄地区之影响——以人口与产业为中心》，台北：台湾大学历史研究所硕士论文，1990年，第28页。

② 《高雄筑港志》，台湾总督府土木局高雄筑港出张所刊行，第13—25页。转引自曾燕斐：《日据高雄筑港对高雄地区之影响——以人口与产业为中心》，台北：台湾大学历史研究所硕士论文，1990年，第28页。

③ 台湾总督府交通局道路港湾课：《台湾の港湾》，台北：1935年，第79页。

开工,花费了 9 年时间,全长 400 公里)①。高雄港的重要性日增,但高雄港内仍无法直接停泊轮船,需要小蒸汽船或戎克船接驳进出,并不方便。1908 年 3 月 1 日的《台湾日日新报》刊载一篇题为《打狗の荷扬问题》的文章,谈到装载台南各制糖会社机械的日本及外国轮船由于高雄港设施不足,停泊外海造成船主每日需花费为数不少的滞船费,虽增设小船只接驳,仍嫌不足②。扩筑高雄港口之迫切性渐增。同时又值日俄战争刚刚结束,岛内经济开始好转,米糖以及阿里山木材等大量货物涌至高雄港出口,使得筑港要求更为迫切。在日本人编的《台湾の工业地打狗港》一书中曾指出:

> 日俄战争之后,岛内事业勃兴,台湾岛内生产的两亿斤(13 万吨)的砂糖及阿里山一年运出 8 万吨的木材,及 15 万吨的米及其他约 9 万吨的杂货,皆欲从打狗港移出,因此打狗筑港的必要实为燃眉之急③。

高雄港第一期筑港计划原本预计于 1908 年开工,工期为 6 年。但"由于各种事业勃兴的结果",于高雄港进出的米、砂糖、木材等货物出入急剧增加,筑港计划乃缩减为为期 4 年,总共耗费了 4 913 775 元,筑造了可供轮船停泊的码头,完工当年进出货物总吨达 443 000 多吨,高出原来一年容纳 35 万吨的计划④。1904 年时高雄港的贸易额仅为 500 万元,吞吐货物不超过 5 万吨。随着筑港工程的深入,1910 年 5 月始,内港已可容纳轮船出入。至 1911 年,台湾糖业发展很快,产量急剧增加,其"交易运输的需要量亦大增"。由此,台湾总督府开始策划高雄港第二期筑港计划(1912 年至 1937 年),以达到一年 90 万吨货物吞吐量为标准,开凿由港外至港口水深 36 尺、幅宽 150 间的水道。于港口南侧修筑长达 2 280 尺的防洪堤及北侧 760 尺的防砂堤环绕港口水道,以确保船舶出入安全。陆上设备则于北岸码头筑造 730 间仓库,其中 600 间为米糖杂货专用,130 间供石灰及木材专用⑤。由此可知,台湾总督府在扩筑高雄港之计划中,相当重视米糖产品的出口。

日本占据台湾时期,高雄港一直为台湾联系中国大陆、日本之贸易大港,其重要性仅次于基隆港。但就米糖贸易而言,高雄港则始终高居首位。因高雄港"背后控有南部广大平原区以为腹地,具有便利交通网络的条件,终于成为台湾

---

① 喜安幸夫:《日本统治台湾秘史》,台北:武陵出版有限公司,1995 年版,第 17 页。

② 《打狗の荷扬问题》,《台湾日日新报》,1908 年 3 月 1 日。

③ 田中一二、芝忠一:《台湾の工业地打狗港》,成文复刻 1985 年,第 52 页。该书与《台湾南部打狗港》共同构成《打狗港概况》一书。

④ 陈玟瑾:《日据时期台湾糖业与交通运输关系探究(1896—1945)》,台南:成功大学历史语言研究所硕士论文,2000 年 7 月,第 65 页。

⑤ 福田要:《台湾の资源と其经济的价值》,东京:新高堂,1921 年版,第 803 页。

第一糖米大港”[①]。相对于有旅客港、消费港之称的基隆港，以砂糖、米、香蕉、凤梨罐头为主要出口货物，以肥料为进口货物的高雄港，则或许可称为货物港、生产港。尤其是砂糖更为出口货物的大宗。在日据初期，岛内其他农产品尚未发达之际，唯有糖业一枝独秀。“控有全岛产糖额八成的打狗(今高雄)港，在砂糖的移出期12月至4、5月之际，为打狗港最为繁忙的季节”[②](参考表五十五)。至1939年达到高雄港吞吐量的最高峰，逐渐形成台湾最大的商业港口，被称为台湾的“港都”。

表五十五　高雄港每月主要货物出入吨数(1915年度)

(单位:吨)

	货物	一月	二月	三月	四月	五月	六月	七月	八月	九月	十月	十一月	十二月
输出	砂糖	23 499	33 266	41 769	33 216	20 962	12 175	2 806	252	679	33	115	18 013
	米	7 770	6 070	2 965	3 331	2 799	3 663	6 385	4 738	4 055	3 680	2 216	11 814
	酒精	232	247	531	422	617	527	754	844	699	1 292	1 119	922
	糖蜜	—	—	—	25	37	—	—	23	6	304	3	41
	杂货	—	54	70	81	88	237	118	130	93	67	230	422
	木材	—	29	—	114	115	1 816	35	14	—	738	2 259	54
输入	水泥	1 192	2 603	2 736	1 665	1 155	110	60	120	180	160	440	523
	石炭	6 920	4 256	174	8 440	7 133	1 799	163	11	900	6 854	7 550	4 437
	肥料	2 810	6 245	7 087	2 480	3 954	918	580	331	70	321	3 519	3 562
	豆	5 503	4 025	5 414	1 658	583	1 455	306	—	30	502	4 143	9 579
	包席	1 265	686	1 823	650	439	563	826	863	788	937	1 761	1 014
	木材	504	848	352	105	1 325	1 387	1 793	1 578	977	1 417	628	1 008

资料来源:临时台湾总督府工事部:《打狗港势》,台北:1916年,第12页。

① 陈玟瑾:《日据时期台湾糖业与交通运输关系探究(1896—1945)》,台南:成功大学历史语言研究所硕士论文,2000年7月,第62页。

② 同上,第67页。

第二节　日本在台湾贸易中的独占地位

一　日据前期台湾对外贸易形态与结构之变迁

甲午战争之后，台湾沦为日本的海外殖民地，台湾的对外贸易被从中国分割出去。此后，台湾对外贸易与对外经济联系被台湾总督府与日本资本全面控制，对外贸易迅速殖民地化。台湾总督府一方面垄断台湾稻谷、砂糖、樟脑等主要特产之外销权，另一方面极力排挤岛内的西方势力，独占台湾的对外贸易。因为日据初期台湾的对外贸易仍被西方列强所控制，其中，美、英、法、德诸国商行可谓位居重要位置①。1895 年之后，欧美洋行仍旧利用买办制度，一面向岛内制糖业者放款，一面购买砂糖成品向外输出，虽然自 1886 年洋行台糖行销市场日益缩小，势力退居大陆华商之后，但却仍然掌握轮船利润权，凡砂糖以轮船装载，必须欧美资本同意，主要航路为中国沿岸和日本②。因此，台湾总督府在驱除外国资本，收回洋行对台糖贸易权中，控制航运业，切断欧美资本的营利方向，是首当要务③。在总督府与日本资本的联合攻势下，欧美资本渐渐退出台湾砂糖之生产与行销。独霸台湾制糖业的日本资本，通常将原有之商业资本转化为产业资本，直接掌握砂糖来源，进而从事砂糖的行销输出。日资制糖株式会社的砂糖买卖主要为日本糖业资本所代理或直属会社的财阀系统所经销。日据前期台湾砂糖之贩卖系统如表五十六。

表五十六　日据前期岛内制糖会社的贩卖系统

	日本经销商	海外经销商
台湾制糖株式会社	三井	三井
大日本制糖株式会社	会社直接	会社直接
明治制糖株式会社	增田屋	增田屋
盐水港制糖株式会社	铃木、安部	三井、铃木、安部
东洋制糖株式会社	铃木	铃木

---

① 参见张庸吾:《台湾商业之特征》，载《日据时代台湾经济之特征》，台湾研究丛刊第 53 种，台北:台湾银行经济研究室，1957 年版，第 98—99 页；林满红:《光复以前台湾对外贸易之演变》，载《台湾文献》第 36 卷第 3—4 期，1985 年。

② 1887 年前多以戎克船运台糖至日本，自 1887 年欧美市场关闭后，欧美资本将轮船事业转向发展，开始以轮船载砂糖至日本(Montgomery，R. H. S，《1882—1891 台南海关十年报》，《台湾经济史六集》，台湾研究丛刊第 54 种，台北:台湾银行:1957 年，第 120 页)。

③ 吴季晏:《日据前期台湾砂糖出口市场的转变(1895—1915)》，台南:成功大学历史语言研究所硕士论文，1994 年 7 月，第 47 页。

续表

	日本经销商	海外经销商
新高制糖株式会社	会社直接	会社直接
帝国制糖株式会社	安部	安部
林本源制糖株式会社	铃木	铃木
新兴制糖株式会社	不定	不定
台南制糖株式会社	安部	安部
台东制糖株式会社	不定	不定

资料来源：杉野嘉助：《台湾商工十年史》，台北：台湾印刷株式会社，1920年版，第193页。

由表五十六可知，表中11家制糖会社的砂糖贩卖权，主要集中于三井、增田屋、安部、铃木等日本糖业资本手中。值得注意的是，在台湾设立制糖会社的发起者，通常为该会社砂糖制品的贩卖者，也就是制糖业者与贩卖者互为表里状态。如三井系列之台湾制糖株式会社为三井物产所贩卖；安部、铃木财阀系列之盐水港制糖株式会社为安部、铃木所贩卖。此种产业资本与商业资本紧密联合的结果，不仅提高商业利润，免收中介者的剥削，亦达成资本的独占形态。1912年欧美资本完全退出后，土著资本在制糖业的投资及商权的掌握上，均退居日本资本之后①。日本资本独占台湾糖业界，也奠定了日本资本独占砂糖等台湾物产之行销，进而控制台湾整个对外贸易业界，并渐次确立起台湾殖民地外贸体制的经济基础。

日据时期台湾殖民地外贸体制的建立，是在台湾总督府殖民地经济政策的主导下分期构造定型的。其主要策动力之一就是不断调整关税制度。日据初年，还沿用清朝的旧关税率，但至1896年2月，台湾总督府宣布，台湾改用日本关税制度②。不过当时日本仍被诸多不平等条约所制约，没有独立的关税自主权，与中国一样，被迫执行西方列强指定的"协议税率"，只能值百抽五(5%)③。

① 吴季晏：《日据前期台湾砂糖出口市场的转变(1895—1915)》，台南：成功大学历史语言研究所硕士论文，1994年7月，第53页。

② 1896年2月台湾开始适用日本与各国签订之通商条约，但台湾总督府对外贸易只开放台湾本岛四个条约(淡水、基隆、安平与高雄)与八个特别输出港(苏澳、旧港、后龙、梧栖、鹿港、东石、东港与妈宫)，而对移出入贸易并没有特别限制(台湾总督府：《台湾事情》，第34册，台北：1932年版，第417—418页)。

③ 1868年11月11日，日本与瑞典挪威联邦签订《修好通商航海条约》；1868年11月12日，日本与西班牙签订《通商条约》；1869年2月20日，日本与北德意志联邦签订《修好通商航海条约》；1869年10月18日，日本与奥匈帝国签订《修好通商航海条约》；1873年8月21日，日本与秘鲁签订《和好贸易航海暂定条约》；1874年5月10日，日本与英德两国签订有关铁税的协议；1876年2月8日，日本与美国签订邮政交换条约的追加条约，等等。这些条约均含有不平等的关税规则，日本自1868年明治维新之后，一直致力于修改或废除这些不平等条约。

因此，台湾总督府这一政令仅具有象征性意义。甲午战争后，日本国力渐强，开始摆脱列强的束缚。1899 年日本政府颁布《改正关税协定率法》，提高关税率，提高 3 倍，由 5%提高至 15%[①]。同时废止对日本商品的进口税，这样一方面使输出台湾的日本商品扩大；另一方面，限制了大陆及外国商品进入台湾。

日据初期，台湾的最大贸易伙伴仍为中国大陆[②]，总督府也继续沿用以往之四个港口即基隆、淡水、安平、打狗（今高雄）作为与外界贸易往来之港口，称之为条约港[③]。1896 年以旧港（新竹）、鹿港为特别输出港，准许中国之戎克船进出贸易；1897 年又续开苏澳、旧港、梧棲、鹿港、东石港、东港及妈宫八港为特别输出港，作为台湾与中国大陆之贸易点[④]。台湾总督府没有即刻断绝台湾与大陆间的经济往来，而以设立特别输出港的方式，同意两岸继续贸易活动，部分原因固然是鉴于台湾人民生活必需品之供给与大陆的密切性[⑤]，但主要原因乃是基于台湾总督府"对岸经营"之政策考量。我们在下节继续考察。

因为长期以来大陆就是台湾砂糖外销之主要地区，故日据前十年，台湾输往中国与日本之砂糖数量，大抵能维持一比一或二比一之局面。如 1895 年输至中国大陆之砂糖量为 32 189 800 斤，输至日本的为 24 371 900 斤。1896 年台湾砂糖输至日本增为 37 354 112 斤，增长 16%[⑥]。1897 年也大致维持如此，但自 1898 年起，向日本输出砂糖之数量开始大幅度超越中国大陆（包括香港）；至

---

① 鉴于当时台湾岛内西方列强资本势力仍相当强劲，台湾总督府决定在实施新关税率的同时，继续征收出口税。对于由台湾输往日本的货物，除米、糖外，另加征出港税。

② 日本占领台湾初期，一时难以改变台湾与大陆间长期形成的经济交往关系，加上初期总督府所采取的殖民地化的措施尚未奏效，因此在最初的五六年间，海峡两岸间的贸易关系还基本维持旧有的格局，台湾与大陆间的贸易额仍占台湾对外贸易总额的一半以上，其数额比台湾对日贸易额还高（参见黄福才：《台湾商业史》，南昌：江西人民出版社，1990 年版，第 230 页）。

③ 1896 年日本外务省告示第一号公布：与日本缔结通商及航海条约之各国人民，得以居于淡水、基隆、安平、台南、打狗等地，并经营商业活动，上述诸国之船舶得于淡水、基隆、安平、打狗四港停船或输出商品（井出季和太：《台湾治绩志》，台北：台湾日日新报社，1937 年版，第 228 页）。

④ 1899 年后总督府依府令第九号对特别输出入港进行了调整，即改为旧港、后垅、梧棲、鹿港、北港溪、东石港、东港及妈宫八港。同年 8 月再颁布府令第八十七号，规定上述之八港只限于中国戎克船的进出（临时台湾旧惯调查会第二部：《调查经济资料报告》，下卷，1905 年，第 94—95 页）。以往中国戎克船在台湾的贸易空间极广，可在淡水、八里岔、鹿港、大安港、安平、打狗、东石、万丹港、乌石港、旧港、后垅、梧棲、苯港（北港）、妈宫等港活动，至此两岸贸易往来的空间已受到特别输出入港的限制（吴季晏：《日据前期台湾砂糖出口市场的转变（1895—1915）》，台南：成功大学历史语言研究所硕士论文，1994 年 7 月，第 60 页）。

⑤ 据《调查经济资料报告》称：本岛住民几乎全为中国人种，日常民生所需之供给与对岸关系实属密切，非四港所能应付（临时台湾旧惯调查会第二部：《调查经济资料报告》，下卷，1905 年，第 94 页）。

⑥ 台南县厅调查课：《台南县下糖业调查》，《台湾协会会报》，第 38 号，1901 年 11 月，第 15—16 页。

1899年，台湾砂糖贸易已由两岸贸易转向单一对日贸易为主。以安平及打狗销往日本的砂糖比例而言，1896年对日输出之砂糖量为50.47%，1897年为48.99%，1898年为54.95%，1899年已高达70%以上。至1902年台湾向日本输出砂糖之数量是向中国(香港)输出量的11倍。

进入20世纪以后，随着总督府殖民地统治秩序之确立，两岸贸易额急速下降，而日台贸易的比重则急速上升。1906年前两岸贸易占台湾外贸总额50%以上，1906年以后降为36%左右。日台贸易终于在1905年占台湾外贸总值的50%以上，1906年为67%，此后一直居绝对优势地位，甚至有时高达90%左右。根据台湾学者周宪文的统计，1895年至1910年台湾与大陆的经济关系呈现出绝对消退的趋势。台湾输往大陆的商品价值在1896年为8 676 000元，1910年下降为3 673 000元，占出口比率由76.13%急剧下降为6.13%，大陆输往台湾的商品，占台湾进口比率由1895年的47.43%直线降为11.77%[①]。应当指出，当时"台湾的主要贸易对象已经由大陆转为日本，两岸之间仍有经贸往来"[②]。两岸间的贸易有过四个起伏，其中受第一次世界大战的影响，欧美退出大陆市场，日本以台湾为中继站，对大陆的贸易有所增加；抗日战争发生以后，台湾对大陆沦陷区之间的贸易又有增加。所以，在日据时期，台湾与大陆之间的传统贸易关系受到很大破坏，但并未中断，两岸贸易"仍在台对外贸易中占有一定的地位"，"在台湾对日本以外国家和地区贸易中占的比例更大"，只是因为受到总督府政策的影响，起伏很大。台湾总督府对台湾与大陆间贸易的限制也不是绝对的，在其需要时又为在台的日本商业资本提供一些条件，以协助日本商人开展与大陆各地的贸易。如1910年台湾砂糖生产过剩，台湾总督府曾指令台湾银行上海分行，对经营大陆砂糖贸易的台商在汇兑上给予较低的手续费，以降低成本，提高台产砂糖在大陆市场上的竞争力[③]。表五十七、五十八则显示两岸贸易与日台贸易形态的转变实态。

表五十七　两岸贸易额比率(1895—1915)

(单位：千元)

年　次	大陆贸易额 1	台湾外贸总额 2	百分比 1/2
1895—1900	15 953	24 920	64(%)
1901—1905	12 300	22 667	54

① 周宪文：《台湾经济史》，台北：开明书店，1980年印行，第634—637页(历年地区出口价值表)。

② 林满红：《四百年来的两岸分合》，台北：自立晚报社，1994年版，第53页。

③ 有关日据初期两岸贸易的情况，参见黄福才：《台湾商业史》，南昌：江西人民出版社，1990年版，第230—241页。

续表

年　次	大陆贸易额 1	台湾外贸总额 2	百分比 1/2
1906—1910	8 473	25 194	34
1911—1915	10 833	30 434	36

资源来源：井出季和太：《领台以来の台湾贸易大观》，《台湾时报》1925 年 6 月，第 110 页。

表五十八　台湾对日贸易额比率(1896—1915)

(单位：千元)

年　次	日本贸易额 1	百分比 1/1+2	台湾外贸总额 2	百分比 1/1+2
1896—1900	9 685	28(%)	24 920	72(%)
1901—1905	20 286	47	22 667	53
1906—1910	50 791	67	25 194	33
1911—1915	89 194	75	30 434	25

资源来源：井出季和太：《领台以来の台湾贸易大观》，《台湾时报》1925 年 6 月，第 103—104 页。

两岸贸易与日台贸易形态的转变，最具关键性的对外出口商品就是台湾南部的蔗糖。本书多次论述过，台湾为极适合甘蔗种植的热带地区，自嘉义以南至凤山一带均是甘蔗种植区，蔗糖不仅是台湾南部农产品大宗，亦为台湾对外出口的主要产品。当时，由于欧美洋行仍然独占台湾糖业，对台湾总督府殖民统治乃至经济开发等构成一定之“抗力”。随后，在台湾总督府的财政与威权的扶持下，日本资本与列强资本在岛内进行了约十年的激烈竞争，至 1910 年西方经济势力已逐渐呈现衰退现象，日台贸易则长期高居台湾总贸易额的 60%至 90%左右①。到 1910 年，鉴于岛内各重要产业尽为日本资本所控制的现实，台湾总督府干脆把台湾的出口税和输往日本的出港税完全废除，只对外国的商品保留进口税，使日本与台湾真正融为一体，无任何关税障碍②。至此，台湾外贸体制与日本完全连为一体，成为宗主国主体经济的分支③。在台湾总督府与日本资本的联手操纵下，西方势力最终被逐出岛外，由此，实现了其对台湾社会经济的全面垄断。

① 参见周宪文：《台湾经济史》，台北：开明书店，1980 年印行，第 623—673 页。

② 总督府的如此做法，对于台湾与大陆的传统贸易破坏严重，如对传统的闽台贸易打击极大，导致了这一时期闽台贸易的直接萎缩。1895 年—1910 年，台湾总督府一方面在政治上加强对台湾的统治，限制台湾与大陆的经济联系；另一方面在经济上扶植日本资本在台湾扩张，打击其他经济力量，使 1910 年两岸贸易降到了一个低谷(金泓汎、郑泽清、刘义圣：《闽台经济关系——经济·现状·未来》，厦门：鹭江出版社，1992 年版，第 50 页)。

③ 周宪文：《日据时代台湾经济史》，台湾研究丛刊第 59 种，台北：台湾银行，1958 年印行，第 129—130 页。

就台湾出口商品的结构变化来看，日据之后，日本资本大量进入台湾，台湾的商品结构也随之发生很大变化。在总督府殖民地经济政策的影响下，生产的商品种类呈多样化，产量也比以往有较大提高。就1920年代至1930年代，台湾交易值平均每年在百万元以上的商品约有68种①。如表五十九所示，其中工业产品有39种，占57％，农产品17种，占25％。而工业品中有47％主要是依赖进口，其中纺织品和化肥类是最大宗的进口工业产品。所谓自给者，是指在岛内购买原料后，主要在自家内进行生产加工者。另外，输出品中，除了家庭手工业产品的手工编织帽子以外，其他如砂糖、樟脑、酒精、菠萝罐头等都奠基于台湾农林业的台湾特产。

表五十九　日据时期各产业商品种类表

性质＼种类	工业产品	农产品	水产品	产　品	林产品
台湾自给为主	15	10	6	1	——
以输出为主	6	6	1	1	——
以输入为主	18	1	1	1	1
总　计	39	17	8	3	1

资料来源：台湾总督府殖产局商工课编：《台湾の商工业》，台北：1930年版，第94—95页；1935年版，第160—166页。

在农业产品中，主要为岛内生产的消费用品或工业原料，有剩余者才予以出口。来自大陆东北的大豆则是作为大豆粕的原料；另外也从东南亚进口少量稻米。水产品以岛内消费为主，仅出口鲣鱼干和其他鲜鱼，并进口干咸鱼，而后者则被再输出到大陆和东南亚各地②。

由台湾输往日本的主要商品是米、糖、香蕉等单纯农产品和农产加工品，从日本输入台湾的则为各种工业产品③，充分显示出台湾作为粮食供给地和工业产品销售市场的殖民地经济特征。至于茶和樟脑，则依旧输往美国、英国及东

---

① 1. 台湾总督府殖产局商工课编印：《台湾の商工业》，台北：1930年，第94页；2. 台湾总督府殖产局商工课编印：《台湾の商工业》，1935年，第160—166页；3. 台湾总督府殖产局编印：《台湾の商工业》，台北：1930年，第63—68页。

② 1. 台湾总督府殖民产局编印：《台湾の商工业》，台北：1930年，第68—69页；2. 台湾总督府殖民产局编印：《台湾の商工业》，台北：1935年，第166页。

③ 周宪文：《日据时代台湾之对外贸易》，台湾银行经济研究室编印：《台湾银行季刊》第9卷第1期，1957年，第38页；稻米与砂糖是台湾出口日本的两大主要物产，从价值上看，这两种商品占台湾出口总值的50％—70％。每一年，台湾糖产出的90％以上是出口的，在20世纪30年代，台湾稻米产出的一半左右也是出口的。几乎所有台湾的稻米和砂糖都出口到日本。第二次世界大战以前，稻米和砂糖大约构成日本进口总值的15％，台湾对此贡献是很大的。它是日本的糖的主要供应者；在20世纪30年代，它提供了日本所消费的糖的差不多75％（威廉·W·洛克伍德：《日本的经济发展》，第536页。转引自何保山：《台湾的经济发展（1860—1970）》，上海：上海译文出版社，1981年版，第35页）。

南亚[1]。1917年以后,台湾煤炭也成为外销中国南部、香港及东南亚的主要商品,替代日本煤在这些地区的地位[2]。这三种商品(茶、樟脑、煤炭)可以说补充了日本产品所无法外销(日本绿茶输往美国,故以台湾包种茶销往东南亚)之处,完成它们作为殖民地商品的使命。

日据时期,砂糖成为台湾出口日本的最重要资源。为将台湾变成日本的砂糖供应地,台湾总督府不断加强对台湾糖业生产过程和向日本输出的控制。为此,台湾总督府颁布一系列经济政策,鼓励日本资本进入岛内开办大型制糖企业,并采取多项优惠措施推动在台日本商业资本与工业资本相结合,以增强竞争力。1905年日俄战争之后,日本资本主义发展迅速,资本不断集中,国内资金充裕,金融利率下降,资金急于寻求出路。在这种背景下,台湾制糖业成了日本资本输出的一个重要领域。短短20多年中,台湾总督府先后扶持成立了台湾、大东、大日本、明治、东洋、北港、新高、帝国、中央等一大批日资大型制糖企业。同时,为扶持日资制糖企业的发展,保证其制糖原料甘蔗的供应,还颁布了《制糖场取缔规则》(府令第三十八号),并依据其制定了"原料采取区域制度",迫使台湾蔗农种植规定数量的甘蔗,并按照日资制糖企业规定的低价予以出售[3]。台湾总督府还竭力打压台湾既有的土著制糖资本,采取威逼、限制等卑鄙手法,迫使林本源制糖等土著资本先后被日资制糖企业所兼并。结果是台湾制糖业为日本资本所全面控制[4]。台湾总督府为使台湾变成日本的"米库",还迫使台

---

① 林满红:《茶、糖、樟脑与晚清台湾》,台北:台湾研究丛刊第115种,台湾银行经济研究室,1978年版,第57页。

② 陈慈玉:《日据时期台湾煤矿业的发展》,《日据时期台湾史国际学术研讨会论文集》,台北:台湾大学历史系,1993年,第391页。

③ 根据台湾总督府制定的原料采取区域制度,台湾农民应将甘蔗卖给制糖厂,但农民可以不种甘蔗转种对抗性作物水稻、花生、番薯、旱稻等等。农民在决定种植何种作物之前,要比较一下收益。当时,日资糖厂推行"米价比准法",即甘蔗收购价格决定于米(或其他对抗性作物)的价格。在糖价大幅上涨时,日资糖厂由于生产成本基本不变(蔗价占据了制糖成本的大部分),可以获得高额利润。第一次世界大战时,各制糖厂获利超出上年一倍以上。因蔗价不决定糖价,农民并不分享糖价上涨的利益(陈孔立主编:《台湾历史纲要》,北京:九州出版社,1997年版,第363页)。

④ 对于日资兼并、收购本地人的小型糖厂和改良糖廍,总督府是给予支持的。当时总督府禁止全部由台湾人组织的企业使用"会社"名称,本地资本被迫隶属于日本资本,台湾总督府以强权政策抑制本地资本参与糖业经营。为了避免原料上的冲突,台湾总督府决定撤除改良糖廍,给予一定的赔偿金。后来总督府实行"制糖能力限制政策",许多改良糖廍就被取缔。在日资制糖企业和总督府的两面夹攻下,本地人开办的改良糖廍迅速没落,本地资本受到排挤,台湾制糖业成为日本资本的一统天下(周翔鹤:《日据初期台湾改良糖廍研究》,载《台湾研究集刊》1995年第2期);在总督府的支持下,台湾糖业界历经多次兼并与收购。至30年代后半期和40年代初期,三井、三菱和大日本三大日资制糖企业更彻底地将其他所有制糖厂合并,而形成他们完全瓜分台湾制糖业的局面(涂照彦:《日本帝国主义下の台湾》,东京:东京大学出版会,1975年版,第309—312页);"日本资本对糖业生产的侵入与控制非常彻底,充分反映了资本集中化与密集化的特色"(柯志明:《殖民经济发展与阶级支配结构》,载《台湾社会季刊》1992年第13期)。

湾农民扩大稻米的生产和向日本的输出，到20世纪30年代初，台湾稻米产量的50%被强制出口到日本。随着岛内米糖产业的发展，台湾的对日贸易也有所发展。

扶植日资商社垄断台湾贸易，是台湾总督府既定的殖民地经济政策。在总督府的威权扶持下，台湾物产的进出口贸易多由日本财阀系大商社所垄断。通过总督府殖民地对外贸易政策的实施，台湾主要进出口商品均由一家或几家日资大商社垄断经营，台湾对外贸易完全为总督府及日本资本所控制。如最大出口商品的砂糖，主要由三井物产株式会社垄断；台湾稻米的出口大部分由三井物产、三菱商事、杉原商店、加藤商会四大商社所控制，其中经由三井物产台北分社的台湾稻米输出量占全台米输出量的30%；在台湾的茶叶贸易上，三井物产也占有重要地位，台茶年输出量的四分之一由三井物产进行。三井物产还把持了台湾煤炭70%的输出量和操纵台湾木材的输出。香蕉输出控制在总督府背景下的台湾青果株式会社手中。高雄鱼市株式会社拥有水产品贸易权。三井、三菱、野泽组、安部辛商店（后为铃木商店）控制着台糖输出。由此，在总督府的政策支持下，日本商业资本首先在流通领域进行了渗透，在驱除外资商行和瓦解本地土著资本之后，日本商业资本主宰了流通的过程。台湾输日产品的商品化，有了突破性的进展。“日资的支配将台湾的农业导引至配合日本消费需求的方向，同时也扩大、加深了台湾经济的商品化”[①]。

至于稻谷、砂糖、樟脑和香蕉等岛内农产品，几乎全为日本商社所垄断，其中，自1899年起，总督府对樟脑实施专卖，但实则交由三井物产株式会社独家销售，外商不得染指[②]。糖业方面，自1910年代起，糖业企业多为日本糖商合并或在其控制下重新整编，砂糖的出口也大多由日本商社经营[③]。尤其是在1925年“蓬莱米”试种成功后，日资商社“争相进入米谷贸易，掌控外销”[④]。1924年日资商社仅支配13.37%的台米输日业务，1934年已经有95.73%为四大日资出口商社——三井、三菱、杉原、加藤所垄断[⑤]。但“稻米的栽培、加工、流通过程仍掌握在台湾米商和地主阶层手中”[⑥]。

日据前期1895年至1931年的台湾砂糖贸易，属于典型的殖民地经济形态。台湾总督府不仅将台湾砂糖大量供应日本本土，而且还“操纵强硬的政权主导力量，一面将台湾迅速培植为新兴的蔗糖原料产地，一面推动日本制糖业

---

① 柯志明：《米糖相克——日本殖民主义下台湾的发展与从属》，台北：群学出版有限公司，2003年版，第59页。

② 东嘉生：《台湾经济史研究》，台北：台湾帝国大学经济学研究室，1944年印行，第374页。

③ 涂照彦：《日本帝国主义下の台湾》，东京：东京大学出版会，1975年版，第282页。

④ 根岸勉治：《热带农企业论》，东京：河出书房新社，1962年版，第68页。

⑤ 同上，第68页表25。

⑥ 隅谷三喜男、刘进庆、涂照彦：《台湾の经济——典型》，东京：东京大学出版会，1992年版，第18页。

向中国大陆倾销日炼精糖”。这一时期，台湾、日本、大陆之间的食糖贸易，是以日本为主导的三角贸易，即“由台湾种植甘蔗，生产含蜜糖，将这种粗糖运往日本本土，提炼为车白糖，再将这种精糖销往中国大陆。然而，这种掠夺性种植、提炼、销售的多边经贸机制，是随着国际贸易的曲折变化，逐步形成的”①。

另外，日本商社还控制了台湾煤炭的外销，其中，三井物产株式会社居举足轻重的地位。负责给大阪商船会社、日本邮船会社等会社提供煤炭，并进一步扩大台煤对香港、广东及东南亚的出口。三井物产株式会社同时还提供台湾的纵贯铁路、专卖事业及各大制糖会社所需的燃料煤。1920 年仅三井经手销售的煤炭就占到台湾全岛煤产量的 72%，后来虽有三菱、大仓、铃木商店等大商社的竞争，但三井始终掌握着全岛 70%以上的煤炭。1941 年，在总督府的支持下，三井成立“台湾石炭株式会社”，对台湾煤炭进行统制。在“台湾石炭株式会社”筹组委员会 12 人中，除台阳会社的颜钦贤外，其余皆为在台湾从事实业的日本人。1944 年该会社改组为“台湾石炭统制会社”，统筹办理各煤矿产煤和销售事宜，取消大盘中间商，台煤的出口也陷入停顿②。

总之，日据时期台湾外贸大权基本上都是日本财阀系贸易会社所控制，作为殖民地的台湾，在初期的对日贸易中，仅是将米糖等日本市场急需农产品输出至日本，在供给日本农产品及工业原料之同时，台湾也成为日本输出工业产品的重要消费市场。

二　确立以米糖对日输出为中心的殖民地贸易体系

台湾既是日本帝国主义的殖民地，必然成为日本的经济附庸，反映在贸易关系上，台湾成为日本的原料供给地和商品输出市场③。日本占据时期，台湾对

---

① 习五一：《1895—1931 年台湾食糖贸易研究——台湾、日本、大陆三角贸易考察》，载《近代史研究》，1995 年第 5 期。

② 陈慈玉：《日据时期台湾煤矿业的发展》，载台湾大学历史系《日据时期台湾史国际学术研讨会论文集》，1993 年，第 392、第 401—402 页。

③ 具体从台湾对日贸易的进出口数额看，进口和出口的数量分别从 1897 年的 372 万元与 210 余万元增长到 1943 年的 29 193 万元与 29 271 万元。前后 46 年，进口额增加 78 倍，出口额增加 139 倍。其中出口最多的年度是 1937 年，数额达 50 974 万元，进口额最高的 1940 年达 42 575 万元。进口和出口最高年度的数额同 1897 年对比，分别增加了 114 倍和 242 倍。再看对日贸易的商品结构，由日本输入台湾的商品大部是日本生产的工业品，其种类繁多，主要有面粉、糖果类、乳制品、罐头食品、鱼干、棉织品、绸布、肥皂、火柴、纸类、铁路车辆及其零件、自行车及其零件、汽车及其零件、绝缘电线等。而台湾输至日本的货物中以糖、米为主，其次如茶、香蕉、凤梨罐头、樟脑、煤及酒精等也属重要输出品。以上八种物品合计输出量平均要占总输出的 80%以上，输日货物种类单纯，均为台湾的农产品及农产加工品，这是殖民地出口贸易的特征之一，也是殖民地为宗主国生产原料及工业、生活必需品的反映（台湾省行政长官公署统计室编：《台湾省五十一年来统计提要》表 321，台北：1946 年）。

日贸易严重依赖日本，是典型的殖民地贸易形式[①]。日据之前台湾岛内传统贸易对象一直以中国大陆沿海地区为主；甲午战争之后，为使台湾成为日本的原料供给地、商品和资本的输出市场，台湾总督府采用威权迫使台湾的对外贸易完全转向日本，并彻底切断台湾与日本以外其他地区，尤其是与中国大陆的经济联系。由于台湾总督府的长期严厉管制，台湾岛内传统贸易形式完全解体，代之以严重依赖日本的殖民地型对外贸易结构。

日据当初，日本资本独占砂糖行销过程并非顺利。在台湾总督府之推动下，日本资本渐入台湾砂糖贸易，以大阪石田商会在台南设置支店从事赤糖买卖为嚆矢。1896 年大阪香野商店与横滨糖商合办之台湾贸易会社亦相继于台南创设分店，着手砂糖贸易。虽然此时自清朝起掌握砂糖贸易的郊商，由于资本大量回归大陆，逐渐没落[②]，但由于当时总督府统治力尚未坚固，岛内各地抗日事件频仍，土著资本与洋行仍拥有一定之掌握。土著资本糖商王雪农经营之德昌号、陈中和的和兴与南兴公司、方庆佐的德记号、蔡植南的怡记号，还有洋行之德记、怡记仍掌握砂糖经营权[③]。当时台湾海运业仍为欧美资本所控制，使得这些日本商业资本丧失许多机会，台湾贸易会社也于 1989 年撤回横滨，日本资本在投资初期未能顺利在台生根发展[④]。但在总督府之推动与劝诱下，三井物产、增田屋等日本资本先后设置台湾支店，开始收购台湾砂糖。并且在台湾总督府保护与扶植下，渐次独占台湾砂糖之经销大权。

如上节所述，日据初期，台湾可供出口的主要物产有稻米、砂糖、茶叶、樟脑、香蕉、凤梨罐头等。岛内市场主要为台北市，商人及商行多集中于此，各种商品的交易方式不太一样，形成不同的交易体系。如樟脑由专卖局输出海外；酒和烟草由专卖局经批发商之手转交零售商；甘蔗是由各制糖厂雇佣农民，在其所属之农场地种植，再由制糖工厂进行收购；粗制茶从各农家经过重重中介商人而被贩卖到再制茶馆，精制后输出海外；台湾稻米多经由舂米行或产地中介商，再按照台北市米市场的每日行情进行交易；肥料大致由割地农会分配给

① 台湾成为日本的经济资产，不仅因为它是食品和原料的来源，同样重要的是，还因为日本不必用同等价值的制造品来交换，就能够获得台湾的初级产品（何保山：《台湾的经济发展（1860—1970）》，上海：上海译文出版社，1981 年版，第 35 页）。

② 日据当初，郊商日益没落，以砂糖出口之大宗台南三郊为例，北郊几乎停业，南郊余十之一二，港郊则剩十分之四（《第一次台湾金融事项参考书附录》，东京：台湾银行，1902 年，第 47 页）。1904 年 7 月 21 日之《台湾日日新报》称：1901 年从事糖业买卖者为四十余户，今仅存三十余户；从事台糖贸易的郊商停业者有顺记、怡顺、丰记、泉昌、恒昌、瑞珠、咸通、福兴、南田、唯善、金荣泰、永昌珍、和盛等十余家商行（林满红：《台湾资本与两岸经贸关系（1895—1945）》，台湾中正大学历史研究所论丛，宋光宇主编《台湾经验（一）——历史经济篇》，台北：台湾东大图书公司 1993 年 10 月，第 101—102 页）。

③ 《台湾南部经济界の实情》，《台湾协会会报》，第 33 号，1901 年 6 月，第 27—28 页。

④ 杉野嘉助：《台湾糖业年鉴》，台北：台湾通信社，1928 年，第 164—167 页。

农家;干鱼商或大制造商直接收购柴鱼。而大消费者也直接与煤矿交易,购买煤炭,小消费者自零售商和批发商取得煤炭,由批发商与煤矿交易[①]。换言之,除专卖品、砂糖、茶叶和煤炭以外,大多数商品的交易方式为:生产商→中介商或批发商→零售商→消费者。但也有制造者兼贩卖者的情况,如面粉、酱油、鞋、面类、金银纸等[②]。

在台湾总督府的差别待遇和关税堡垒的影响下,台湾对大陆沿海和香港的传统贸易[③]完全为对日贸易所代替,对日贸易占台湾对外贸易的90%。据总督府的统计资料显示,台湾对大陆出口,1896—1900年占出口总额63%,1926—1930年为7.8%,1937年仅余1.3%;从大陆的进口,1896—1900年占进口总额37.4%,1926—1930年为13.8%,1937年仅余1.9%。但从1937年起,出口却从557万日元增至1939年的3 384万日元,进口也从195万日元增至4 253 000日元,这完全是因为当时大陆沿海已经沦陷,与台湾一样,成为日本的占领地[④]。

日据初期,台湾总督府对外贸易有两个主要目标:一是促进糖和稻米的生产和出口;二是把经济权保持在日本人手中,体现在殖民地贸易政策上,就是使开拓殖民地"有利",即产生不断增加的"出超"[⑤]。总督府通过严格控制台湾对外贸易的走向,使台湾岛内经济彻底沦为日本经济的衍生物,进而形成日台经济的极不平等的"一体化"经济圈。甲午战争之前,台湾与大陆有着长期密切的经济贸易来往。早在荷据时期,台湾就向大陆输出米、糖、鹿肉、藤等,再从祖国大陆运回生丝、犀角、药材、绸缎、黄金、陶器等。其中台湾与福建的贸易联系最为频繁,正如《清实录》中所言:"台湾只一海岛,四面货物俱不能到,本地所产不敷所用,只赖闽省钱粮养赡耳。"[⑥]台湾正是利用福建购买台湾大米的银两,来购进岛内日常的生活必需品。此外,台湾还向福建输出大量的本地产品,如木材纸、麻织物、烟草等[⑦]。

---

① 台湾总督府殖产局编印:《台湾の商工业》,台北:1930年,第72—73页;台湾总督府殖产局编印:《台湾の商工业》,台北:1935年,第169页。

② 台湾总督府殖民产局编印:《台湾の商工业》,1935年,第169—170页。

③ 由于香港是中国对外贸易的中继地,居民绝大多数是中国人,对港贸易的中断在很大程度上也意味着对华贸易的中断(陈碧笙:《台湾地方史》,北京:中国社会科学出版社,1990年版,第241页注释①)。

④ 台湾总督府财务局:《贸易40年表(1896—1935)》,台北:吉村商会,1936年。

⑤ 何保山:《台湾的经济发展(1860—1970)》,上海:上海译文出版社,1981年版,第36页。

⑥ 张本政:《清实录台湾史资料专辑》,福州:福建人民出版社,1993年版,第84页。

⑦ 台湾由于独特的地理位置和有限的资源,只有通过海外贸易才能维持岛内生活所需,因此台湾与其他国家的贸易一度繁荣。以1876年至1891年为例,当时出入台湾的各国船只,汽船有英国、西班牙、丹麦、德国、日本等国的;帆船有英国、美国、德国、法国、丹麦、瑞典、挪威、荷兰等国的(何绵山:《闽台经济与文化论集》,厦门:厦门大学出版社,2002年版,第39页)。

1895 年台湾沦为殖民地后，台湾重要物产的出口仍继续为洋行所控制，洋行结合买办牢牢控制台湾茶及樟脑的出口，本地糖商也仍然掌握着砂糖的外销。台湾总督府随即采取威权手段切断台湾与中国大陆及其他国家的贸易关系，以方便日本资本的渗透。具体措施主要包括：第一，运用关税制度控制台湾外贸。从 1899 年起，台湾总督府颁布《改正关税协定率法》，开始在岛内逐步采用日本税制征收关税。由于税率的明显差别，日台间贸易往来日趋频繁，而台湾与其他地区的贸易趋于消沉。第二，台湾总督府实施专卖制度独占台湾岛内外贸易活动。日本占据台湾后，先后对砂糖、茶叶、樟脑、鸦片等岛内重要物产实施贸易专营权，倾力排除中国大陆及欧美商人。至 1912 年，台湾的贸易体系完全由台湾总督府所控制。第三，实施把台湾纳入日本金融体系的单一金本位制。1904 年台湾银行发行金币兑换券，后来取消了银币的流通，台湾的币制完全纳入日本的体制①。

在总督府的支持下，三井物产、增田屋等财阀商社将本地买办揽为己用，并垄断了台湾主要物产的出口②；日资制糖企业还以低于本地糖商的利息贷款给蔗农③。大阪商船株式会社在总督府以方便日台间的贸易与运输为名的优厚贴补下，于 1905 年将英商道格拉斯汽船公司逐出台湾海运界，垄断了输日砂糖的货运④。在总督府的支持和鼓励下，1910 年，在台日资糖商组成垄断全台糖业的卡特尔组织——“糖业联合会”⑤。这样，日本资本基本上控制了台湾的流通领域。

为控制台湾的对外贸易，台湾总督府首先大力实施控制岛内金融市场的殖民地金融政策。在总督府的推动下，日本金融资本先后进入台湾，“先是 1895 年大阪中立银行于基隆设立办事处，继则台湾银行、彰化银行、台湾商工银行、华南银行、日本劝业银行等诸具规模的银行，都相继在台湾各地开设总行、分行，其中唯独台银拥有发行货币权，故可说是相当于中央银行的地位”⑥。据统计，日据时期日本在岛内金融机构的数目为：1895 年 1 家，1905 年 16 家，1915 年 34 家，1925 年 80 家，1945 年 170 家。其中台湾银行在前期约占岛内银行数量的 20%—66%，台湾商工银行则在后期成长迅速，约占 30%—56%⑦。在总督府的威权扶持与财政援助下，以台湾银行为首的日本金融资本基本独占了岛

---

① 陈孔立主编：《台湾历史纲要》，北京：九州出版社，1997 年版，第 345 页。

② 参见矢内原忠雄：《帝国主义下の台湾》，东京：岩波书店，1988 年版，第 32—37 页。

③ 参见临时台湾旧惯调查会编：《台湾糖业旧惯一斑》附录参考书，神户：1909 年，第 110 页。

④ 参见矢内原忠雄：《帝国主义下の台湾》，东京：岩波书店，1988 年版，第 33 页。

⑤ 台湾总督府：《台湾糖业概观》，台北：1927 年，第 61—64 页；矢内原忠雄：《帝国主义下の台湾》，东京：岩波书店，1988 年版，第 220—221 页。

⑥ 叶理中：《台湾银行业之史的研究》，载《台银季刊》第 1 卷第 2 期，台湾银行金融研究室，1947 年。

⑦ 同上，第 4—9 页。

内的金融市场，台湾对外贸易活动也极大地受到其控制。

为独占台湾的海运业，台湾总督府大力扩建基隆、高雄二港，并修筑机场、铁路、公路等。至 1908 年 4 月，基隆至高雄的南北纵贯铁路全线竣工(1899 年 5 月开工，花费了 9 年时间，全长 400 公里)①。台湾总督府还大力发展岛内之通讯事业，电报的使用极为普遍，1895 年 6 月 6 日，侵台日军即在基隆、七堵设立电信通信所……至同年 12 月 1 日，台北、基隆、淡水的通信所开始收发民间电报，1896 年 2 月 1 日起，新竹、彰化、嘉义、台南、安平、打狗及马公的通信所也开始营业。同年 3 月，电信业务归由总督府民政局接管。此时，电信线路已达 788 公里，通信所计 27 所②。以 1896 年发报 198 581 件，收报 212 448 件，指数为 100 来看，1916 年的指数分别是 466、430，1926 年各为 694、676，1936 年为 944、928，1942 年为 1 629、1 454③。

综上所述，不难发现，从连接日台贸易的金融、交通要素来说，台湾总督府在台湾成立一系列金融分支机构，"为商人提供了便捷的融资和通汇服务，拓宽了贸易商的国际市场圈，加上与之配合的通讯及运输业的发达，故使得日、台节省许多交易成本④。由此，在台湾总督府的威权干预和操纵下，台湾传统贸易方向发生根本性转变，对日贸易成为台湾岛对外贸易的主流。与大陆的贸易也是在台湾总督府的监视与控制下间接进行的，且起伏很大⑤。至日本战败前夕，日台间双边贸易达 10 亿日元规模，其占台湾对外贸易总额的结构比重平均高达

---

① 喜安幸夫:《日本统治台湾秘史》，台北:武陵出版有限公司，1995 年版，第 17 页。

② 周宪文:《台湾经济史》，台北:开明书店，1980 年印行，第 866 页。

③ 周宪文:《台湾经济史》，台北:开明书店，1980 年印行，第 869—870 页"历年收发电信件数"。

④ 朱德兰:《日据时期长崎台北贸易——以长崎华商"泰益号"与三家台商为例》，载吴剑雄主编:《中国海洋发展史论文集》，台北:台湾"中央研究院"中山人文社会科学研究所印行，1991 年，第 223 页。

⑤ 1897 年台湾对外贸易的总出口中，对祖国大陆的出口为 66.49%，输日占 14.17%，输往其他外国占 19.34%；总进口的来源地则为大陆占 44.95%，日本占 22.73%，其他外国占 32.32%。无论进口或出口，大陆均占据首位，显示两岸经济关系最密切。但在台湾总督府的操控下，自 1898 年起，对日本的出口开始超过其他外国；1899 年起，自日进口也开始超过大陆和其他外国；至 1901 年，日本占据台湾不过六年，对日本的出口也开始超过大陆，其后，对日出口的比重持续上升，1937 年为最高，竟占 93.20%；而自日本进口方面，在 1938 年为最高，占 89.44%。在 1939 年的总出口中，砂糖为 200 006 382.7 万元，大米为 1 亿2 850.2 万元，二者合计即占达 66.17%；在 1940 年的总进口中，超过 1 000 万元的依次为:化肥 2 932.7万元；咸、干及墨鱼 2 523.6 万元；棉毛巾 1 995.6 万元；硫酸铔 1 629.4 万元；豆饼 1 550.1万元；麻袋 1 402.8 万元；烟酒 1 380.4 万元及纸张 1 008.2 万元；此八项合计占 29.93%，即为最重要项目(袁颖生:《光复前后的台湾经济》，台北:联经出版事业公司，1998 年版，第 40—41 页)。

80%以上[①]。

在日据50年期间，台湾对日贸易多为出超[②]。除了日据初期由于日本对台湾贸易的垄断措施尚未完全奏效。出现外贸入超的情形外，从1904年至1944年(除1913年)，均有较大数额的出超。1904年对日贸易出超为27.5万日元，1944年出超额增至9 440.6万日元，增加343倍，最多的1939年出超1.521 37亿日元，增加了553倍[③]。扣除入超外，日据时期仍有累积净出超22.685 88亿元；其中，尤其进入自1942年起的后期阶段，就有13.078 97亿元，占57.65%[④]。从贸易货值看，台湾对日贸易由1897年的583万元增至1940年8.85亿元，增长了151倍，平均每年递增率达12.45%；其占台湾外贸的比重从不到20%升至80%以上，最高时一度达90%。在出口方面，台湾输往日本的货值，自1901年超越中国大陆后，呈直线上升趋势，至1939年增至5.1亿元，达到日据时期

---

① 从贸易方向看，日据初期的三四年间，台湾与大陆间的贸易仍占举足轻重的地位。但自1900年起，由于日本帝国主义加紧在台推行殖民地化政策，海峡两岸间的贸易日趋减少，以大陆为主的传统贸易方向发生变化，转变为对日贸易为主。1897年对日贸易额为5 828千元，1943年增至584 640千元，增长10 032%，最高的1939年达867 353千元，比1897年增加了14 883%。1901年台湾对日贸易金额占岛外贸易总值的43.4%，1905年达55.6%，1909年至1929年间，每年对日贸易所占比例均在70%以上，从1930年至1943年，每年所占的比例更高达80%以上，最高的1938年占到90.9%(台湾省行政长官公署统计室：《台湾省五十一年来统计提要》，表321“历年输出入货物价值”，台北：1946年)。

② 除被占领的最初十年外，台湾的出口大大超过进口(何保山：《台湾的经济发展(1860—1970)》，上海：上海译文出版社，1981年版，第35页)。

③ 台湾省行政长官公署统计室：《台湾省五十一年来统计提要》，表321“历年输出入货物价值”，台北：1946年。

④ 由于台湾对外贸易完全在总督府的控制之下，这种“出超”也就是日本对台湾的资源掠夺，亦可称是对日本的“贡纳”或献金(袁颖生：《光复前后的台湾经济》，台北：联经出版事业公司，1998年版，第40页)；周宪文也认为：台湾对日贸易出超的实在性质，是台湾通过贸易的关系，向日本“按年进贡”(周宪文：《台湾经济史》，台北：开明书店，1980年印行，第633页)；陈碧笙认为：这些出超金额都被留在日本国内，成为殖民地台湾对宗主国日本的一种无偿贡赋(陈碧笙：《台湾地方史》，北京：中国社会科学出版社，1982年版，第207)；美国学者何保山则认为：大量出超的出现，不应作为开拓殖民地是日本所能采取的最有利途径的证明。评价开拓殖民地有利可图，必须考虑开发台湾的日本资本、劳动、技术、企业人才的机会成本，以及日本内部因开拓殖民地引起的任何经济脱节的成本等，是不是足以抵消出超金额，值得考虑(何保山：《台湾的经济发展(1860—1970)》，上海：上海译文出版社，1981年版，第35页注2)。由于尚未有充分的资料佐证，何保山的这一观点在学界难成定论。但何保山也承认：因为台湾的贸易大部分和日本来往，出超实质上是对日本有利的。为数很大而又持久不断的出超之所以可能实现，是因为在台湾收入分配的决定权主要在日本人手里。台湾的实际工资是低的，所以消费总额以及消费品的进口也依然是低的。另一方面，利润是高的，一部分利润在台湾再投资，但很多利润移转到日本去了(何保山：《台湾的经济发展(1860—1970)》，上海：上海译文出版社，1981年版，第36页)。

的最高峰；其在出口总值中的结构比重从早期的10%提高到80%以上，其中30年代大部分时间超过90%。在进口方面，日本市场自1899年超越大陆成为台湾商品进口的主要供给地后，自日输入的货值不断攀升，至1940年达到4.26亿元，为日据时期最高记录；其在进口总值中的结构比重从初期的20%提高到日据后期的80%以上，最高点为1938年的89.4%①。由此可见台湾对日贸易的严重依赖性②。

1940年台湾的工农业产值和财政规模与1920年相比增长了3倍左右。台湾长期向日本出口的两大经济作物大米和砂糖的出口额，1938年与甲午战争后的1896年相比，大米从91万日元发展到1.29亿日元，增长了140多倍，砂糖从153万日元发展到1.79亿日元，增长了110多倍③。

表六十　日据时期的日本对台湾贸易

（单位：千日元）

	出口			进口		
	出口至台湾	日本出口总值	比重(%)	由台湾进口	日本进口总额	比重(%)
1902	9 235	267 538	3.45	7 407	279 139	2.65
1912	43 321	611 058	7.09	47 736	682 098	7.00

① 李非：《论殖民地时期台湾经济的基本特征》，载《台湾研究》2003年第3期；另据统计，台湾对日贸易的进口和出口数量分别从1897年的372万元与210余万元增长到1943年的29 193万元与29 271万元。前后46年，进口额增加78倍，出口额增加139倍。其中出口最多的年度是1937年，数额达50 974万元，进口额最高的1940年达42 575万元。进口和出口最高年度的数额同1897年对比，分别增加了114倍和242倍（台湾省行政长官公署统计室：《台湾省五十一年来统计提要》，表321"历年输出入货物价值"，台北：1946年）。

② 台湾进出口贸易的整体对日依存度，1910年后均在60%以上。"台湾经济被全面的卷入了日本市场的漩流中，台湾社会经济彻底地殖民地化了"（陈小冲：《日本殖民统治台湾五十年史》，北京：社科文献出版社，2005年版，第122页）；1905年台湾对日贸易依存度为39.14%，1910年即为60%以上，1935年更达75.02%。换句话说，台湾经济是依附于日本的，台湾社会经济的殖民地性质在此暴露无遗。再与日本及同为殖民地的朝鲜比较，1931年台湾人均贸易额为104元，日本为81元，朝鲜为36元，台湾高过殖民宗主国的日本，且大大高于朝鲜（坂田国助：《台湾经济》。转引自日本亚洲经济研究所：《台湾工业化的发展过程》，载《台湾综合研究》1963年，第7页）。

③ 长冈新吉：《近代日本经济》，东京：ミネラル书屋，1988年版，第261页；以1906年至1940年间累计金额来说，出口总金额的84.7%是出口至日本，尤以1930年至1938年对日出口比例都超过90%，对日本的依赖更为明显。再以1906年至1940年的出口商品结构来说，砂糖累计出口金额占总出口的46.3%；米累计出口金额占总出口的20.4%，两者合计达66.7%。而且，同一期间，砂糖对日累计出口金额占砂糖总出口金额的95.0%，米对日累计出口金额更占米总出口金额的99.2%，更能说明这段期间糖米经济的对日依赖程度（林钟雄：《台湾经验一百年》（增订版），作者自刊，1998年，第110页）。

续表

	出	口		进	口	
	出口至台湾	日本出口总值	比重(%)	由台湾进口	日本进口总额	比重(%)
1925	129 906	2 670 118	4.87	215 248	3 105 193	6.93
1935	218 141	3 276 030	6.66	314 200	3 272 331	9.60

资料来源:行泽健三、前田升三:《日本贸易之统计》,转引自台湾"中华民国"对外贸易发展协会贸易处:《日本经贸资料与中日贸易问题研析》,台北:"中华民国"对外贸易发展协会,1981 年发行,第 104 页。

表六十一　日据时期的台湾对日本贸易

(单位:千日元)

	出	口		进	口	
	出口至日本	台湾出口总值	比重(%)	由日本进口	台湾进口总值	比重(%)
1902	7 408	21 131	35.0	9 235	19 336	47.8
1912	47 832	62 792	76.2	43 325	62 632	69.2
1925	215 249	263 215	81.8	129 906	186 395	69.7
1935	314 200	350 745	89.6	218 141	263 120	82.9

资料来源:台湾银行经济研究室:《日据时代台湾经济史》第 1 册。转引自台湾"中华民国"对外贸易发展协会贸易处:《日本经贸资料与中日贸易问题研析》,台北:"中华民国"对外贸易发展协会,1981 年发行,第 104 页。

从商品结构看,台湾输出的货物主要是大米和砂糖,其中大米输往日本的数量约占生产量的 30%—40%①,而砂糖输往日本的数量则占生产量的 90%以上;台湾输入的货物主要是岛内短缺的工业制成品,不仅农工生产资料依赖日本提供,而且民生消费品也大多自日本进口,其中最突出的是肥料,一半以上靠日本供应,而生活用品如纺织品和纸制品的 70%以上、乳制品的 80%以上、面粉的 90%以上、肥皂和火柴的 100%都是来自日本②。

可见,台湾对日本的经济依赖关系主要表现在产品的流通与交换上,一方面,

① 20 世纪 30 年代,台湾每年的稻米收成约有 45%出口到日本,占日本进口需要的 30%以上(何保山:《台湾的经济发展(1860—1970)》,上海:上海译文出版社,1981 年,第 35 页)。

② 周宪文:《日据时代台湾经济史》第 1 册,台北:台湾银行经济研究室,1958 年印行;在 1930 年代以前,台湾商品对日本出口比例大体上都较自日本进口比例高出不少,这是因为日本是在一次大战结束后才积极加速推动重化工业自足的扩张计划,在这些计划陆续完成前,日本对台湾提供工业产品的能力仍有其上限。当时较重要的进口商品为纺织品、铁及其制品、车辆及其零件、肥料、面粉、水产品、乳制品及罐头食物、纸张、肥皂及火柴、木材及合板(林钟雄:《台湾经验一百年》(增订版),作者自刊,1998 年,第 112 页)。

向日本提供大米、砂糖等农产品(价格由日方控制);另一方面,为日本的剩余工业品提供倾销市场。台湾总督府正是通过台湾农产品与日本工业品的不平等贸易交换,实现其对台湾经济的掠夺①。这是殖民地时期台湾外贸结构的最主要特征。

通过不平等条件下的殖民地贸易活动,台湾为日本资本主义经济发展的"贡献"甚大。甲午战争后日本在获得中国巨额战争赔款的基础上,大力推进"殖产兴业"和产业革命,由此,大量农村劳动力进入工业领域,造成国内粮食供应的严重短缺,而来自台湾的大米、砂糖等食品供应,解救了日本工业化时期的粮食短缺危机。从1896年起台湾砂糖的95%向日本出口,台湾大米在1935—1936年间50%以上出口日本②。仅砂糖一项,在日本销售所课征的消费税,在1910年代初期,每年对日本政府有4 500万日元的税收贡献③。日本因为拥有殖民地台湾来供应廉价米糖,才可以抑低国内的工资和劳动所得,加速资本的积累和较低的国际行销价格,形成外销工业的竞争优势④。台湾输日商品除大米、香蕉和砂糖三大宗农产品以外,后来还有茶叶、凤梨罐头、樟脑、樟脑油、酒精、帽子、纤维素纸类、煤炭、铁矿石、铝、木材等成为对日贸易的大宗出口品⑤。至1937年台湾进入战时体制,遂开始施行以"工业化"为中心的"生产力扩充计

① 李非:《论殖民地时期台湾经济的基本特征》,载《台湾研究》2003年第3期。当年台湾的对外贸易充分表现台湾经济对于日本经济的隶属地位。从台湾输至日本的是种类单纯的农业品;反之,从日本输至台湾的则为"五花八门"的工业品。如属同类商品,则以上等品供给日本,下等品由日本(或外国)进口;例如台湾向日本出售蓬莱米而购买外米、出售桧木而购买松杉(转引自周宪文:《台湾经济史》,台北:开明书店,1980年印行,第632页)。黄福才的记述更为详尽:日据时期台湾水稻的种植面积、总产量逐年增加,输往日本的数量也不断扩大,最高的1934年输日量已占生产量的55.6%。输往日本的大米均为品质较优、为日本人所喜欢的蓬莱米及丸糯米。如在1934年台湾出产蓬莱米428万石,可输往日本的有384万石,输出量占总产量的89.8%;丸糯米该年产量只有74.3万石,可输日数却有80.1万石,包括了往年的积剩;质量较差的米只输出35.1石,占总产量的10%。这说明台湾出产的大米,较好者均被日本掠去,较差者则留给台湾人民。米的大量输出造成了不足消费的局面,只得从日本等国输入质量较差的米以资补充,更多的只能以地瓜充饥腹。据1922年的统计,台湾各地农民以米为主食者,最高的台北地区占25%,最低的台南地区只占3%,以致大部分植稻者竟无粮可食,只能以地瓜为主食或米掺地瓜而食(黄福才:《台湾商业史》,南昌:江西人民出版社,1990年版,第287页)。

② 台湾省政府主计处编印:《台湾贸易五十三年表》,台北:1949年,第198页。

③ 台湾总督府:《台湾糖业大观》第490号,台北:1927年,第254页。

④ 篠原三代平:《经济发展与贸易关系》,载小岛清:《论争经济成长与日本贸易》,东京:弘文堂,1960年版,第27页。

⑤ 1939年,砂糖的对日出口贸易额为2亿2 900万日元,占台湾出口贸易总额的45%;大米为1亿2 500万日元,占25%;由于岛内香蕉的产量有所下降,与酒精均为1 650万日元,各占3%;排在第5位的铁矿石为1 500万日元,占3%。另外,凤梨罐头为1 200万日元、纸类为620万日元、木材为470万日元、煤炭为450万日元、樟脑为400万日元等。同年

划”[①]，总督府全面实施高度之经济统制，以米糖为主的计划生产、配给并减少奢侈消费性商品的制造[②]。使得此阶段的台湾贸易商品以战争相关物资为主，如米、糖、香蕉、凤梨罐头、矿、铜等[③]。

另据台湾总督府统计之《台湾贸易年表》，其将日据时期台湾进出口贸易的商品分为以下 17 类：1. 植物及动物类；2. 谷物、种子及谷粉类；3. 饮食物及烟草类；4. 皮毛、骨角、齿牙、甲壳及其制品；5. 油脂蜡及涂料类；6. 药材、化学及制药之调和类；7. 染料、颜料及涂料类；8. 丝缕及绳索类；9. 布帛类；10. 衣服及其附属品类；11. 纸、纸制品、书籍类；12. 矿物及矿物制品类；13. 陶瓷与玻璃类；14. 矿及金属类；15. 金属制品类；16. 钟表、科学仪器、火器、车辆、船舶及其他机械类；17. 杂品类。若按照国际贸易之划分标准 SRTC 进行分类的话，大致而言，第 1 项至第 4 项被认为是初级产品；第 5 至第 16 项被认为是工业产品[④]。在这项统计中，砂糖被归为第 1 项，稻谷则归为第 2 项，由此窥见砂糖及稻谷在台湾输出入商品中之重要地位。

(1939 年为自日本进口额最高年份）自日本进口化肥的前四类品种为硫酸铵、鱼粉、混合肥料和过磷酸化肥，其进口额占岛内化肥进口总额的近 90%，为 1 400 万日元。化肥进口额为 4 200 万日元，占岛内进口总额的 10%(第一位)；木材为 2 900 万日元，占 7%；第三位的钢铁为 2 200 万日元，占 5%。另外还有盐干鱼为 1 800 万日元，占 4%；丝棉织物为 1 700 万日元，占 4%；粗麻袋为 1 300 万日元，占 3%；铁制品为 200 万日元，占 3%；纸类为 1 000 万日元，占 2%；汽车及配件 750 万日元、电气机械及配件 730 万日元、香烟 630 万日元、罐头食品 620 万日元、味精类 530 万日元、面粉 480 万日元、肥皂 400 万日元等（台湾总督府编印：《台湾统治概要》，台北：1945 年，第 453 页）。

① 潘志奇：《日据时期之台湾社会经济》，《东吴经济商学学报》第 3 期，1998 年 11 月，第 90—91 页。

② 台湾总督府：《台湾年鉴》，台北：台湾通信社，1942 年（台湾成文复刻，第 370 页）版，第 370 页。

③ 游棋竹：《台湾对外贸易与产业发展之研究（1897—1942）》，台北：稻乡出版社，2005 年版，第 18 页。

④ SRTC 是以生产技术来对商品进行分类的，但是在日据时期台湾总督府所统计的贸易商品并非皆能知悉其出口时是否已经过加工处理，且某些商品在制造程序上的加工程度也不尽相同，往往造成商品在归类上的困难。以鱼干或咸鱼为例，当鲜鱼经过粗制的加工程序，成为鱼干或咸鱼时，就成为食品工业的范畴；但是台湾总督府在《台湾之水产》之统计书中，却将其归类为渔业的范畴。还有，凤梨的出口属于农业部门，但凤梨罐头因中间成本投入且经过繁杂的加工过程，而属于第二级产业中的食品工业范畴。根据台湾总督府编印之《台湾事情》与《台湾商工统计》的产业分类，日据时期台湾产业大致可以分为农林渔牧矿等第一级产业，第二级制造业（工业），可以分为纺织、金属品、机械器具、窑业、化学、食品及其他工业等（游棋竹：《台湾对外贸易与产业发展之研究（1897—1942）》，台北：稻乡出版社，2005 年版，第 19—20 页）。

三　单一出口型殖民地贸易结构的渐次形成

如上所述，台湾与大陆很早就有着最重要的贸易关系，即使在日据台湾最初的 1896 至 1900 年期间，台湾对日本的商品输出额还不足对大陆输出额的 1/3，如在 1897 年，台湾对大陆的商品输出额占台湾对外商品输出总额的 63%，而对日本的商品输出额仅为 19%。但从 1899 年开始，日本政府及台湾总督府开始对台湾的贸易关税进行有针对性的政策大调整，但这种调整历时七八年才全部完成。这种调整实际上就是将台湾对日本的关税从降低税率、消减税种，直至全部取消台湾与日本的贸易关税。与此相反，对于台湾地区与大陆之间的贸易关税却多次调高税率，增加税种，实行贸易壁垒政策。由于台湾总督府多次大幅度提高台湾与大陆之间的贸易关税，迫使台湾海外贸易不得不由传统的对大陆输出为主，而转向对日本输出为主。从此以后，台湾岛的米糖等农产品资源就源源不断地流向了日本，使得台湾成为日本资本垄断的农产品及工业资源的供应基地，而且数量也越来越大。

据统计，从 1897 年至 1937 年的 40 年间，台湾对日本的商品输出额及其在当年台湾对外商品输出总额中所占的比重，都实现了大幅度的增长。1897 年台湾输往日本的出口商品仅价值 210.5 万元，占当年台湾对外商品输出总额的 14.17%；1937 年这两项的统计数字则分别增至 41 025.9 万元和 93.2%。台湾对日本商品输出额达到顶峰的是 1939 年 50 974.4 万元①。这个数额比两年前竟然猛增了近 1 亿元。与此形成鲜明对照的是，同年度台湾地区与大陆之间的商品贸易额仅为 6 996.1 万元②，尚不足台日之间商品贸易额的 1/7。不仅如此，在台湾与日本的贸易关系上，主要是大量台湾物产运往日本，而日本运至台湾的商品则少得可怜，迫使台湾对日本贸易处于虚假的巨额“出超”地位。而且这种情况还呈现逐年递增的趋势。

事实上，在台湾与日本的贸易往来中最为恶毒的是，对于这笔数额巨大的台湾对日本的“贸易出超”的收入，日本政府竟然将其全部截留在日本政府的中央财政收入之中，并不返还给台湾。所以台湾的这笔贸易收入，实质上只不过是台湾人民向日本被迫无偿缴纳的巨额“贡献”而已。这种不平等的台日贸易，完全是日本对台湾殖民地进行的经济掠夺。

除此以外，在台湾与日本的商品贸易往来中，双方所交换的商品，完全是根据日本国内经济发展的资源需求来决定的。长期以来，由台湾运往日本的物产，主要是稻米、蔗糖、樟脑、食盐、矿石、木材和煤炭等资源类的初级产品。而由日本运来台湾的则主要是棉纺织品、化肥、干(咸)鱼、清酒、酱油、火柴、药品、五金及陶瓷等日用工业品。由双方在贸易往来中所交换的商品目录可知，凡是

---

①② 周宪文:《台湾经济史》，台北:开明书店，1980 年印行，第 634—635 页。

由台湾运往日本的物产必然是日本国内经济发展所必需而又奇缺的资源。对此，台湾必须无条件地加以满足；而由日本国内强行“输送”至台湾的商品，多是超过日本国内市场基本需求的积压产品，而且是台湾地区也能大量生产的日用品。但总督府一手控制的台湾必须无条件地接受。由此可见，台湾与日本的贸易关系，“完全是殖民国家必须无条件地服从、适应于帝国主义统治者国家的经济发展需要的掠夺性的贸易关系”[①]。台湾总督府正是通过这种畸形的不平等贸易，进一步强化对台湾的经济控制与掠夺。

1901 年，台湾的输出总额为 1 500 万元，输入额为 1 600 万元，总额为 3 100 万(包括对日本的“内地”贸易)，至 1910 年的总额则超过 1 亿元[②]。对日本在台湾贸易中的地位进行如下分析可知：1. 在 1897—1944 年的近 50 年间，台湾的出口总值增加约 20 倍，其中输往日本的金额增加幅度很大，即 1944 年为 1897 年的 102 倍左右。而出口总值最多的是太平洋战争前夕的 1939 年，为 1897 年的 40 倍，对日输出值亦最多，为 1897 年的 242 倍，是 1944 年的 2 倍以上。2. 台湾出口贸易深受世界局势的影响，有三个很明显的转折点。第一个是 1916—1917 年，受第一次世界大战的刺激，第一次世界大战为日本经济带来成长的诱因[③]，在空前之景气刺激下，增加对台湾产品的需求，并强化台湾产品(如煤炭)的输出东南亚。第二个转折点是 1930—1931 年，因为在 1929 年发生世界经济危机和日本昭和恐慌，于该年年底以后日本物价剧跌，产业深受打击。直至 1931 年九一八事变后才开始出现转机，经济开始复苏。所以台湾对外出口值在 1930—1931 年的衰落后再度增加，而于 1939 年达到颠峰期。1940 年以后，随着日本发动太平洋战争，台湾贸易转入下坡。3. 日本在台湾出口贸易上所占的比重，一直持续上升，于 1930—1938 年中高居 90%以上，只有日据初期(1897—1904)不及 50%。4. 同时期台湾对中国大陆的出口值虽也在增加，但其幅度远不及总出口值，在总出口值中的地位也由 1896 年的 76%降至 1930 年代前半期的 3%—4%左右。但自 1938 年起，又明显上升，这主要是由于日本在大陆的占领区(东北、蒙古、华北和华中)的需要骤增的缘故。5. 至于对其他地区(日本和中国大陆之外)的出口值的波动不小，在 1916—1937 年的两次大战期间的金额较大，1938 年以后急剧下降，尤其是 1941—1942 年，恢复到 1910 以前的情况，1943 至 1944 年又倍增，这是日本大东亚共荣圈政策下对东南亚军需出口的影

---

① 赵铁锁：《日本殖民者对台湾的经济掠夺》，载《台湾研究》1999 年第 1 期。

② 喜安幸夫：《日本统治台湾秘史》，台北：武陵出版有限公司，1995 年版，第 10 页。以 1910、1920、1930、1940 年 4 个年度为例，以进出口货物种类价值来说，在 290 种输出品种里，以砂糖、米、茶等项的输出日本居大宗。在 428 种输入货物项目中，以来自日本的肥料、纺织品、铁及其制品、烟、酒、鸦片等货为主(台湾总督府财务局：《贸易 40 年表(1896—1935)》，台北：吉村商会，1936 年，第 489—678 页)。

③ 中村隆英、尾高之助：《二重构造》，东京：岩波书店，1989 年版，第 89—95 页。

响，但也只能维持1916年以前的水平而已。6. 就对大陆地区和其他地区的出口金额而言，在1907年以前，前者超过后者，1907年以后情况逆转。但1938年以后对大陆输出的增加和对其他地区的减少形成强烈的对比。

由以上分析可知，当时台湾的对外出口贸易是配合日本的政经政策而变化。作为殖民地，台湾不仅对其母国提供食物（米、糖、香蕉等），更弥补日本在推行大东亚共荣圈时其本国产品所无法达成经济交流的空隙。至于一般殖民地的原料、资源供给地的性质方面，由于台湾本身资源的限制，并没有此作用。然而不可否认的是，台湾为日本提供了人力资源，包括劳动力与脑力，因为台湾的"优秀人才"往往成为日本资本进出大陆时的先锋或中介[①]。

我们进一步分析可知，台湾之进口贸易也是以日本为主要对象。当时台湾从日本输入纺织品、海产品、纸张、肥皂、火柴、罐头食物、木材、木板和肥料等工业产品，只有大豆是从中国东北进口的，而鸦片也来自大陆，有些化学肥料分别自德、英和美等先进国家输入[②]：1. 在日据50年间，台湾的进口总值增加10倍。最多的是太平洋战争前夕的1940年，为1897年的29倍多。而输至日本的价值则约增加32倍，进口值最多的也是1940年，为1897年的114倍左右。换言之，和出口贸易相似，自日本进口贸易值的增加幅度远超过进口贸易总值的增加幅度，但进口贸易总值的增加幅度不及出口贸易总值，从而产生巨额的顺差。2. 进口贸易与世界局势有关，1932年以后进口贸易持续增长，到1940年达到高峰。但1944年仍高于1925以前的金额。3. 台湾输自日本的价值增加甚多，使日本在台湾进口贸易中的比重持续上升，在1932至1943年高居80%以上，但不及出口贸易地位（90%以上）。但在日据初期（1897—1904）不超过50%。4. 同时期，大陆对台湾的进口贸易虽增加，幅度不大，在总进口值中的比重由1897年的45%左右下跌至1937—1941年的8%上下。由于台湾大量输入的鸦片和大豆均来自大陆地区，所有相比之下，大陆在台湾进口贸易上的地位远远高于其在出口贸易上的地位。5. 至于其他地区的进口值，在1912年以前均维持在20%以上，1901年以前甚至高于30%，1896年的金额也比大陆多。而1912—1930之间的比重均在15%左右，与大陆的比重不相上下，但1930年代初期以后，则大幅度降低，实际金额也减少，显示出日本控制中国东北后，在台湾推行工业化的某种程度的成功及自日本本国产品输入替代的奏效。1941年底珍珠港事变后，更与欧美地区交通断绝，与东南亚的交易亦受阻。6. 就自大陆地区和其他地区的进口值而言，大致来说，1930年以前来自大陆的商

---

① 陈慈玉：《颜国年与中日台煤矿业合作的构想，1924—1930》，《近代中国历史人物论文集》，台北：台湾"中央研究院"近代史研究所1993年，第833—871页。

② 周宪文：《日据时代台湾之对外贸易》，台湾银行经济研究室编印：《台湾银行季刊》第9卷第1期，1957年，第59—60页；林满红：《茶、糖、樟脑与晚清台湾》，台湾研究丛刊第115种，台北：台湾银行，1978年版，第57页。

品价额略少于从其他地区所进口的商品值。1932年以后，前者的增加幅度远超过后者的减少幅度。但由于来自日本进口值扩大的更快，所有两者的比重均多少下跌。1939年以后，自大陆地区的进口明显增加。总之，相对于出口产品较集中于米、糖、香蕉与煤炭等农产品和矿物，进口商品显得多样化，但大多系既成的工业产品，只有鸦片是特殊的输入品，而且来自台湾海峡的彼岸。

在日本向台湾输出的商品中，棉织品及丝织品长期占据着第一位的位置，至1934年之前，始终维持着10%的比例，自1935年起，其比例开始有所下降。以1934年为界，化肥、钢铁、木材等商品的输出率急速增加，其他还有烟草、纸张、面粉、清酒等。在台湾向日本输出的商品中，主要为砂糖及稻米两大类，特别是砂糖始终为台湾输日的最大宗品种，在1896—1932年间，砂糖占台湾输日商品总数的50%以上，1933年之后也长期维持着40%的高比例。砂糖之后为稻米、香蕉、矿石、酒精、凤梨罐头、帽子等。

表六十二　日本对台湾的输出

（单位：10万元）

年度	总额	面粉	干鱼咸鱼	罐头食品	清酒	卷烟	棉织品丝织品	纸张	钢铁	木材	化肥
1929	1 404	31	65	22	22	26	169	36	91	58	52
1930	1 231	24	40	19	21	30	134	33	79	45	58
1931	1 148	20	34	15	20	21	136	32	73	42	43
1932	1 335	27	33	17	22	18	134	35	80	55	77
1933	1 499	27	35	16	25	19	151	40	105	63	112
1934	1 770	34	40	21	31	18	173	45	115	73	166
1935	2 181	45	47	27	31	72	203	51	154	102	228
1936	2 438	55	49	31	40	66	193	54	163	119	285
1937	2 779	51	50	30	40	78	216	63	…	131	377
1938	3 280	63	55	50	60	61	234	72	235	152	449
1939	3 576	76	93	61	69	55	198	75	191	190	373
1940	4 258	49	178	59	37	63	165	100	219	286	420
1941	3 718	91	130	68	26	43	160	78	211	168	226
1942	3 376	37	61	20	22	33	404	58	99	55	210
1943	2 919	41	13	5	30	40	295	44	91	40	198

资料来源：松江清：《近代日本贸易史》第二卷，东京：有斐阁，1963年版，第122页。

表六十三　台湾对日本的输出

（单位：10万元）

年度	总额	米	香蕉	砂糖	菠萝罐头	酒精	帽子	矿石
1929	2 387	493	84	1 426	44	35	62	38
1930	2 186	387	84	1 419	35	26	30	48
1931	2 014	411	83	1 205	42	31	47	46
1932	2 227	631	70	1 217	52	30	22	50
1933	2 307	646	79	1 186	48	55	26	61
1934	2 794	1 018	81	1 223	45	70	39	75
1935	3 142	1 055	95	1 460	73	68	30	98
1936	3 589	1 243	106	1 635	59	56	24	150
1937	4 103	1 262	117	1 890	76	74	33	…
1938	4 201	1 267	129	1 776	85	97	30	173
1939	5 097	1 253	165	2 293	112	165	38	149
1940	4 593	843	256	1 856	104	144	47	182
1941	3 798	707	178	1 565	37	132	33	150
1942	4 196	762	110	1 845	62	147	29	154
1943	2 927	660	54	975	22	160	56	176

资料来源：松江清：《近代日本贸易史》第二卷，东京：有斐阁，1963年版，第122页。

在日据台湾的50余年间，除了1897—1903年是入超外，台湾方面长期维持着巨额的顺差。由于出口贸易增长的幅度大于进口贸易，所以出超的数值增加很快。而出口贸易总额的80%、进口贸易总值的70%以上是对日本贸易（甚至有高达出口的90%和进口总值的80%的时期），因此可以说对日本是一直保持着出超的情形。这是因为，台湾每年向日本输出大量的蔗糖（其数值占出口总值的40%以上）、稻米（占10%以上）、香蕉（占5%左右）等农产品到日本本土，而换取日本工业产品的同时，也从其他地方输入大量大豆、肥料、鸦片的缘故。进口贸易的多地区化，意味着台湾总督府只着重于尽量榨取台湾丰富的农业资源，并配合日本本国的政策，推销其他殖民地的商品到台湾，以增进日本帝国整体的利益。

日据时期总督府对外贸易政策，亦即对中国大陆的高关税与对台湾的自由贸易，我们不难推论台湾的贸易面貌将会呈现几个特征：第一是贸易对象转向殖民宗主国日本，一个普遍出现在所有殖民地贸易的现象。第二个特征是台湾的出口品种类趋于少样化或集中化，而且集中于日本本土所需的米、糖等原料型的经济作物；反之，进口品则相对的多样化。造成此一现象的主因是：台湾被日本作为主要的热带经济作物（尤其是米、糖）的附庸生产地，以补其本土之不足；因此有补贴米糖生产乃至于免除其出口税的措施，这些措施将明显地扭曲台湾经济资源倒向这少数几样的经济作物。第三个特征为台湾对日贸易明显呈现出口米糖等农产品以换取其工业产品的形态。换句话说，台湾与日本间的进出口品的异质性，比较台湾与其他地区的进出口品异质性来得大①。

1930 年代台湾对日本贸易依赖程度极度加重的原因包括：一是日本为摆脱1930 年代初期的世界性经济大恐慌而采取的货币贬值政策，造成物价上涨，从而增加台湾与日本的进口支出；另一个原因是，1931 年“九一八事变”后日本军国主义色彩逐渐转浓，以台湾为其南进基地的目标再度成为其施政的重点，随后开始对台湾进行经济再整编（如军需品为主的工业化），加深了台湾的附属地位②。

这一时期（1931—1944）的台湾经济更加强了对日本资本主义的从属地位，亦即，在这种资金、商品进口激增的反面，也增加了因殖民经济的强化而造成的出口，两者相辅相成，将台湾的市场纳入以日本为中心的集团经济，即成为日本区域经济圈的一环。

对于日据时期台湾的对外贸易，可就其入超或出超情形、贸易地区及主要出、进口货品进行探讨，1930 年代之后，曾有 1 307 897 000 元的入超，大约占57.65%，值得注意的是，由于当时的对外贸易是在日本的掌控之下，因此出超也就代表了日本对台湾经济资源的控制。台湾学者周宪文指出，当年日本资本家之所以能独占台湾的对外贸易，除其本身的力量以外，还有一主要的因素，那就是政治力量的推动。例如商品专卖制度的实施，乃使樟脑、鸦片及烟酒的商权，转入日本商人之手，再如由于关税制度的运用，乃使台湾的主要贸易路线，由大陆转入日本。再者，除了政治力量的推动以外，其与金融资本的发展亦有密切的关系。例如台湾银行对于日本商人的支持，援助台湾所生产的商品输出及台湾所积蓄的资本输出③。

对日据时期出口、进口年度最高的货品进行观察可知，1939 年的总出口中，砂糖为 2 亿 6 382.7 万元，米谷为 1 亿 2 850.2 万元，二者合计即已占达66.17%，此时，台湾的工业已显有扩张，出口货品仍高度的偏重于少数项目；而在 1940 年的总进口中，就其超过 1 000 万元的项目言，依序是化学肥料 1 932.7 万元，咸、干及墨鱼 2 523.6 万元，棉毛布 1 995.6 万元，硫酸铔 1 629.4 万元，豆饼 1 550.1 万元，麻袋 1 402.8 万元，烟酒 1 380.4 万元及纸张 1 008.2 万元，此

① 黄登兴、徐茂炫：《殖民关系与贸易形态在台湾日据时期的验证》，《经济论文丛刊》第 25 卷 3 期，1997 年，第 375—376 页。

② 同上，第 386 页。

③ 周宪文：《日据时代台湾之对外贸易》，《台湾银行季刊》第 9 卷 1 期，1957 年，第 38 页。

八项目合计占29.93%，即为最重要的项目①。

如上所述，日据时期台湾的外贸活动有许多特性，台湾的对外贸易，包括金融、运输等，完全被日本资本所垄断，而少数的土著资本也仅是以买办的身份，替日本收买原料或推销商品，日本资本在贸易上占有绝对优势的地位，台湾在对日贸易上是出超的，贸易总额约占90%以上，也就是相对于大陆及其他地区不及总额的10%，因此可充分看出当时台湾经济与日本之间的隶属关系。

第三节　总督府与日本商社控制下的海峡两岸贸易

一　台湾对日贸易渐次取代海峡两岸贸易

甲午战争前，日本与台湾的贸易微不足道，台湾主要贸易对象是祖国大陆。进入日据时期后，在台湾总督府殖民地经济政策的高压与驱使之下，台湾对外贸易体制发生强制性转轨，即“由在大陆经贸体制下的多边市场机制，转变为隶属于宗主国日本的单一殖民经贸体制”②。进入日据时期的1896—1900年，大陆贸易分别占台湾出口的63.1%和进口的37.4%。同期日本则分别为19.6%和27%。1896年，台湾与大陆的贸易占台湾出口贸易额的76.1%，至1908年，下降至不足10%。同期台湾对日出口则由不及10%，上升至72.4%。到1930年代猛升为90%③。由此，台湾对外贸易的地区构成发生了重大变化，海峡两岸贸易也随之跌宕起伏。台湾对外贸易也渐次为日本商人所把持，台湾“向来从事对中国及香港之贸易者均为本省人，而贸易中心改向日本后，从事贸易者，则殆为日本商人所垄断”④。

这样，自1902年以后，台湾对日贸易渐次取代两岸贸易，日本成为台湾主要贸易对象。1911—1915年间，输往日本的货物占台湾出口值的77.9%，自日本输入的货物占台湾进口值的70.8%，而祖国大陆则分别降为6.2%和13.2%，转换速度十分惊人。1910年之后，台湾输出贸易对日依存度平均在80%以上，进口贸易对日依存度也在60%以上，表现为严重的附属性。尤其是在1937年，台湾对日贸易，分别占出口的93.2%和进口的86.3%。台湾对日出口以米糖为主，进口主要有肥料、纺织品、烟草、酒、铁制品、机器等，连肥皂、牙膏也要从日本输入。出超幅度很大，1939年对日出超达到1.5亿元，“台湾巨额经

---

① 袁颖生：《光复前后的台湾经济》，台北：联经出版事业公司，1998年版，第41页。

② 习五一：《1895—1931年台湾食糖贸易研究——台湾、日本、大陆三角贸易考察》，载《近代史研究》1995年第5期。

③ 周宪文：《台湾经济史》，台北：开明书店，1980年印行，第634—635页表1.6。

④ 叶荣钟：《近代台湾经济金融发展史》，台北：晨星出版有限公司，2002年版，第90页。

济剩余转移到日本，对日贸易成为殖民地向宗主国的一种变相的贡献”[①]。为高度利用台湾这个殖民地的经济资源，日本占据台湾之后，台湾总督府刻意创造了以糖和米为主的经济环境，使台湾由半自足的经济引导至出口经济，也改变了台湾的出口商品结构。在1910年至1940年之间，每年出口金额常占当年的GDP的30％至40％之间，而其中的80％至90％则系对日本出口[②]。

将1902年至1937年间贸易额加以统计可知，日、台的贸易平均为大陆、台湾贸易的16倍，同时期，台湾对日本以外地区的贸易为大陆、台湾贸易的4倍。表面上，日本占据台湾以前的台湾与大陆贸易深受文化关系影响而高度结合，日本占据台湾以后的台湾与大陆贸易则又深受政治因素影响而高度分隔。事实上，无论日本占据以前或是以后，台湾与日本占据以前的大陆，或是日本占据以后的日本都在进行着台湾出口农产品，而由对方进口（手）工业产品的区域分工[③]。在建构贸易关系时，比较利益仍极重要。当然，日本在占据台湾时期，购买成本较爪哇糖为高的台湾糖[④]，“则可见政治考虑之超乎经济考虑，但在建构贸易关系时，也从未见文化关系之凌驾政治经济考虑之上”[⑤]。

日据前期，在台湾输出商品中，米、糖比例逐年上升，其占输出总额的比重由1896年的21.43％，上升到1930年的74.82％，原占有首位的茶则从51.37％下降为3.67％，樟脑从21.485％遂降到0.97％。输出品呈现向少数商品——米糖集中的趋势[⑥]，台湾成为日本的粮仓和糖库。输入商品中居前的是肥料、纺织品、烟酒、铁及其制品，台湾成为日本工业制成品的倾销市场。这种由殖民地提供初级产品而由宗主国提供工业制成品的贸易关系，反映出典型的殖民地贸易性质。

再从贸易平衡状况观察，1897—1908年，除1902年为出超外，其余年份均为入超。这是殖民地开发伊始的体现。而1909年后，除1913年因自然灾害等不可抗因素造成入超外，其余各年均为出超。以出超总金额减去入超总金额，

① 陈孔立：《简明台湾史》，北京：九州出版社，1998年版，第172页。

② 陈王琨：《台湾地区对外贸易与产业经济的历史发展》，载《广西财政高等专科学校学报》2004年第2期。

③ 林满红：《经贸与政治文化认同——日本领台为两岸长程关系投下的变量》，载《中国历史上的分与合学术研讨会论文集》，台北：联经出版事业公司，1995年版，结论部分。

④ 澹庵：《台湾经济与南洋》，载《台湾银行季刊》创刊号，台湾银行经济研究室，1947年6月版，第158页。

⑤ 林满红：《“大中华经济圈”概念之一省思——日治时期台商之岛外经贸经验》，载《台湾“中央研究院”近代史研究所集刊》第29期，1998年6月，第78页。

⑥ 米糖对日出口的逐年增加，尤其是砂糖的出口，显示台湾的产业结构仍是延续清代以来农产品或农产加工品的产业形态（台湾总督府：《台湾贸易年表（1936年—1942年》，转引自游棋竹：《台湾对外贸易与产业发展之研究（1897—1942）》，台北：稻乡出版社，2005年版，第18页）。

台湾净贸易盈余为22.6亿日元。这巨额的出超，一部分返归台湾用于再投资，而更大部分却转移到日本国内。台湾总督府从台湾榨取了大量财富。

1910年之后，日本资本在台湾获得了垄断地位，并渐向各个产业部门渗透。台湾总督府一方面以台湾为跳板，做南侵中国的准备，另一方面以经济势力向对岸侵入，袁世凯统治时期日本提出的“二十一条”，就是具体地反映了这一时期日本的策略①。从台湾对大陆的贸易价值来看，1911年是391.9万元，1937年达1 183.4万元；大陆对台湾的输出价值也同样，1911年为624.0万元，1937年为3 047.4万元，增长显著。1911年台湾对大陆贸易中出口比率占6.05%，但到了1937年只占2.68%，台湾的主要输出对象确实已转移到日本，而1911年台湾从大陆进口占11.71%，1937年降为9.46%，进口也开始转向从日本进口②。

1910年台湾砂糖产量大增，台湾总督府与日本资本共同控制的台湾糖业联合会立即要求增加航线，积极拓展同大陆的贸易。为实现日本资本的这一“愿望”，台湾总督府相继开辟了从高雄到福州、上海、青岛、大连、天津航路，促进两岸贸易往来。1928年，基隆至福州航线又延长到厦门，并改用1 500吨船替代原先的1 000吨船。随着台湾米糖业的发展，台湾的对日贸易也有所发展。出口以米糖为主，进口主要有肥料、纺织品、烟草、酒、铁制品等，出超幅度很大。“这明显地表明日本与台湾工农业垂直分工的贸易结构”、“这充分说明，台湾巨额经济剩余转移到日本去了”③。

在整个日据时期的台湾对外贸易中，台湾总督府及日本资本占据垄断地位。1912—1945年的台湾对外贸易中，进出口的商品主要是以日本为对象，对日本的贸易占台湾对外贸易总额的70%—80%。如1914—1920年台湾对外贸易总额平均每年为23 100余元，其中对日贸易则占72.7%，1922—1945年平均每年为67 000万余元，其中对日贸易占83.4%，1940年为1 047 000 000余元，其中对日贸易占85%④。在所有对日贸易活动中，从出口产品的收购、加工、运输、发售到资金的融通，完全为日本大商社所独占。如台湾的重要农产品稻米的输出和贸易被三井物产会社所控制，茶叶的输出和贸易由三井物产和野泽组联合垄断，糖的输出和贸易掌握在三井物产和横滨增田会社手中，水果和青菜的出口贸易被青果会社垄断。所有保险费、运费、汇总费、事务费、红利、利息等

---

① 金泓汎、郑泽清、刘义圣：《闽台经济关系——经济·现状·未来》，厦门：鹭江出版社，1992年版，第53页。

② 参见周宪文：《台湾经济史》，台北：开明书店，1980年印行，第634—635页“历年地区出口价值表”。

③ 隅谷三喜男、刘进庆、涂照彦：《台湾の经济——典型NIESの光と影》，东京：东京大学出版会1992年版，第20页。

④ 张果为主编：《台湾经济发展》(上册)，台北：正中书局，1967年版，第11页。

贸易收入完全由日本资本单方面决定，以进行不等价的贸易，而台湾商人毫无选择余地和经商自由。“因此，如就当年台湾的人民而言，他们只有岛内商业，而无对外贸易，所谓对外贸易，这只是日本人与日本人之间之事”。台湾与日本的贸易往来，必须完全服从日本帝国主义经济发展的需要。

日据时期，台湾对日输出以米糖等农产品和原料为主，其中砂糖占 40%，米占 25%，还有洋纸、香蕉、凤梨罐头、樟脑、酒精等。而从日本输入台湾的商品，主要是肥料、纺织品、机械、汽车、自行车、各种罐头、香烟、煤油、肥皂、火柴等日本工业品[①]。日本把台湾充当为其工业品的出口市场，并长期控制岛内相关产业的发展。如占进口首位的化肥，在台湾既有广阔的市场，又有充足而低廉的电力和劳动力，但是，为了向日本提供化肥市场，却不让台湾发展化肥工业。从贸易方面，充分体现出“工业日本、农业台湾”的殖民地隶属关系。

台湾的对日贸易，自 1909 年起，到 1945 年日本投降为止，除 1913 年外，年年都是出超，其数字逐年递增，1935 年出超 9 600 余万元，1936 年增至 11 500 余万元，1937 年再增至 13 236 万元，1939 年一跃而为 18 400 余万元，几乎为 1935 年的一倍[②]。这种“出超”实际上是日本对台湾农业和工业生产剩余的一种榨取。台湾总督府及日本垄断资本的目的，是用尽量少的进口来维持或适当扩大台湾当时的工农业生产能力。而贸易出超金额的大部分成了垄断资本的超额利润，被转移到日本本土或其他属地，实际上成为殖民地台湾对日本宗主国的一种无偿贡献。台湾总督府正是凭借上述不平等的贸易关系，进一步强化对台湾人民的经济掠夺。

二 日据时期海峡两岸贸易之实况

如上所述，两岸经济关系虽受到限制，但无法完全切断。以闽台经济关系为例，1896 年 12 月 7 日，日本驻厦门领事上野专一向日本政府及台湾总督府提交《厦门贸易事情》的报告书，其中《厦门、台湾的关系》一节对日据初期闽台两地贸易进行了详尽描述。由福建运至台湾主要是“各种棉布、烟丝、木板、杉板、砖瓦、粗制陶器、砂糖、腌水果、丝线、西洋杂货、竹器等”；由台湾运回福建的是“台湾砂糖、煤炭、米谷、樟脑、白麻、豆类、落花生、樟木板、芋、生蕃布、大甲席、樟木工艺品”等[③]。可见在日据初始台湾米糖产业尚未恢复的前提下，传统的两岸贸易受到限制与削减，但无法断绝。维系一定程度之两岸贸易往来，既是台

① 林履信：《台湾产业之发达》，上海：商务印书馆，1947 年版，第 89—98 页。

② 陈碧笙：《台湾地方史》，北京：中国社会科学出版社，1982 年版，第 207 页。此处记载 1939 年出超数字 18 400 余万元。与第 344 页记载的(1.521 37 亿日元)差异较大，故请读者留意(笔者)。

③ 参见松浦章：《日治时期台湾海运发展史》，卞凤奎译：台北：博扬文化事业有限公司，2004 年版，第 103 页。

湾岛内生活所必须之，也是台湾总督府“对岸经营”之政策考量所致。

所谓台湾总督府“对岸经营”之政策考量，实则就是对中国东南部沿海的经济扩张、政治渗透与军事侵略。在总督府对岸经营的政策概念里，所谓“对岸”是指包括福州、厦门、汕头等在内的台湾海峡西海岸的城市①。在50年日据期间，台湾总督府对“对岸经营”政策的实施倾注了很大力量②。以闽台关系为例，长期以来，台湾与福建省的经济关系极为密切，历来呈互补性。福建人多地少，需要台湾输出的大米。“福建地处海滨，福、兴、泉、漳四府人多地少，皆仰给台湾之米，自严禁奸商贩米出境之后，民食常苦不足。雍正二年奉旨饬发台湾仓谷每年碾米五万石，运赴泉、漳平粜。今请再动正项钱粮运米十万石，存贮边海地方”③。又称“闽省地方，台湾向称三熟，即漳泉二府并内地各府属，皆赖台地收成丰稔，米石流通，方可接济通省。其余各属，山多田少，即使收成较轫，亦仅可自给，岂能沾及他属”④。福建对台湾稻米的依赖程度由此可见，除稻米以外，台湾还向福建省输出茶、布帛、海产、糖及煤炭、火柴、苎麻等。福建能否购买台湾的大米及所输出的产品，对台湾更是至关重要。正如《清实录》所言：“台湾只一海岛，四面货物俱不能到，本地所产不敷所用，只赖闽省钱粮养赡耳。”⑤台湾正是用福建购买台湾稻谷的钱款，购进岛内日常需要的用品。此外，福建省还向台湾大量输出本省产的商品，如木材纸、麻织物、烟草等⑥。总之，日据之前的台湾与福建等对岸省份的经济往来极为密切。日本对福建省一向极为重视，“福建省，自地理形势言之，与我台湾遥对，政治上通商皆有密接关系，犹朝鲜与我九州岛，隔一衣带水，轻重相等，故宜先建一牢固不拔之势力，以为侵略南清

---

① 笔者进一步认为，台湾总督府“对岸”政策实则上涵盖了中国东北部、东南部及中南部等广大地区，不论从其直属之台湾拓殖株式会社的子公司——福大公司的经营活动范围来看，还是从其推动台湾籍民前往大陆各地进行商业、投资、移民等各项活动来看，台湾总督府对岸政策的“胃口”确实很大。总督府同时还推行所谓的“南进政策”，而所谓“南进”的范围就比较广义，日本也并非有确定之。在日本政府与台湾总督府的政策设定过程中，南进政策与对岸政策这两种政策也合称“南支南洋政策”。

② 有日本学者将台湾总督府的对岸政策分为四个时期：即：第一期自1895年日据开始至1914年第一次世界大战爆发。第二次自1916、1917年至1923年日本关东大地震。该时期是台湾总督府进出华南的最高潮，其对华南、南洋的各项设施费和航海补助费，均达到巅峰。第三期自1924年至中日战争爆发前的1936年左右止。此为停滞期。第四期是1938年左右开始至1945年第二次世界大战结束，日本将台湾返还中国为止(参见中村孝志：《日本の南方关于と台湾》，奈良：天理道友社，1982年版，第18—40页)。

③ 张本政主编：《清实录台湾史资料专辑》，福州：福建人民出版社，1993年版，第100页。

④ 同上，第634—635页。

⑤ 同上，第84页。

⑥ 何绵山：《闽台经济与文化论集》，厦门：厦门大学出版社，2002年版，第38页。

之根据地”[①]。

桂太郎的对岸构想　桂太郎作为第二任台湾总督，虽然其任期（1896 年 6 月 2 日—1896 年 10 月 14 日）仅为短短的 4 个多月，但并非任期最短[②]。但桂太郎在台湾实地逗留的时间却是最短的[③]。1896 年 7 月，桂太郎向日本政府提出《关于台湾经营的意见书》，主张致力经营台湾对岸大陆，以为日本推行对岸政策以及南进政策之基地[④]。《意见书》认为：“台湾的设施经营，虽有诸多事端，但要言之，对内应兴建殖产以开发富源，对外应以台、澎地势为据点，以伸张国势而无他途。由此，台湾之设施经营，非仅限于台湾之境内，应该确立更恢宏的对外拓展策略。”[⑤]为能确立这种策略，他进一步提出：“以往仅仅是着重于维持日本海之安全，因而使国威无法抬头，将来应更进一步向大陆发展，和清国华南沿岸密接，和南洋群岛相互联通，利用台、澎之地利之便，采用延伸国势之政策，才不会造成百年的遗憾。”[⑥]为使台湾总督府的势力尽快伸展至大陆华南地区，桂太郎主张，台湾总督府应立即“开始和厦门密切来往，以确保福建一带之势力”[⑦]。桂太郎始终认为台湾总督府对岸政策的核心就是积极经营福建，“台湾之地势不独对华南，且居于伸张势力至南洋群岛之适宜的地位上。现在由厦门至南洋之劳工达十万之多，随之南洋贸易中的米谷，杂货极多，将来以台湾为根据地向南洋伸张政治与商业势力，自非难事”[⑧]。他认为：为治理台湾，使其成为日本的海外殖民地，应在采取措施封堵台海两岸来往的同时，也应实施积极的“对岸经营”策略，以消除福建民众乃至沿海各省对日本的敌意，收揽民心，从而消弭台湾的抗日斗争。桂太郎明确指出：甲午战争后，日本对中国的重点在福建，“如欲扶植，养成此气势，即应开始与厦门密接交通，在福建一带保有潜势”[⑨]。桂太郎认为：“欲确立经略台湾的方针，必须实施南清（指中国华南）经略，欲实行南清经略政策，必须有经略福建及厦门之实，欲得经略福建及厦门之

---

① 白柳秀潮：《中川上彦次郎传》，东京：岩波书店，1940 年版，第 535 页。

② 任期最短的为南弘总督，任期 1932 年 3 月 2 日至 5 月 27 日，仅为两个多月。

③ 1896 年 6 月 12 日，已经出任台湾总督的桂太郎随同日本首相伊藤博文、海军大臣西乡从道以及内务省卫生局长后藤新平等军政要人同赴台湾“南方要地巡视”，并参加 6 月 17 日由总督府举办的“始政一周年”活动，并巡视岛内各处。随后又于 21 日经打狗（高雄）、澎湖抵达厦门，7 月 2 日经长崎回到东京。在途经中国厦门时，伊藤博文、桂太郎等一行借此对福建的“对岸形势”进行了战略考察。在台湾实地停留的时间仅为十天（梁华璜：《台湾总督府与南进政策》，台南：大夏书店，1979 年版，第 9—10 页）

④ 梁华璜：《台湾总督府与南进政策》，台南：大夏书店，1979 年版，第 13 页。

⑤⑥ 鹤见佑辅：《后藤新平》（上），东京：劲草书屋，1965 年版，第 414 页。

⑦ 同上，第 415 页。

⑧ 鹤见佑辅：《后藤新平》二，东京：劲草书屋，1965 年版，第 417 页。

⑨ 宿利重一：《儿玉源太郎》，东京：国际协会，1943 年，第 35 页。

实，则非有经略之实不可。”[①]虽然桂太郎即刻辞去总督一职，但其提出之对岸构想在次任的儿玉源太郎总督和后藤新平民政长官时期，表现“更为明确和具体化”[②]。桂太郎的《意见书》成为整个日据时期台湾总督府施行对岸政策的主导。基于“对岸的安危与台湾岛直接休戚相关，故对岸形势不可一日等闲视之”[③]的战略考量，1898年4月，第四任总督儿玉源太郎发布《有关统治台湾过去及将来之备忘录》。《备忘录》的内容共有14条，其中涉及统治台湾本岛的仅为2款，其余均以对岸经营为重点，其目标系以厦门为主，而儿玉经营厦门的主要动机，则为巩固台湾的殖民地统治[④]。儿玉总督不仅实现了桂太郎华南航路扩张计划补助大阪商船株式会社航行淡水—厦门—汕头—香港，安平—厦门—汕头—香港以及福州香港线、福州兴化线、福州三都澳线，并将对岸构想化为军事行动，导演了1900年的“厦门事件”。为了加强台湾与华南的贸易活动，另编列了华南贸易扩张费[⑤]。这就是日据时期两岸贸易往来得以维系的社会背景。

1937年以前，也即日据前期，两岸仍有贸易往来，台湾所需的福衫、锡箔、纸张、某些食品以及豆饼、麦麸等仍然由大陆输入。台湾和福州、厦门、上海等地

---

① 梁华璜：《台湾总督府与南进政策》，台南：大夏书店，1979年版，第14页。作为日本最高统治集团的一员，桂太郎很清楚地认识到：台湾当前还没有具备经济殖民地的条件，特别是治安尚未获得安宁，哪有工夫谈资源的开发或产业的兴办。他以国防政策为优先，资源的开发置于其次（德富猪一郎编：《桂太郎公爵传》乾卷，东京：故桂公爵纪念事业会，1917年版，第707—713页）。

② 卞凤奎：《日据时期台湾籍民在大陆及东南亚活动之研究》，合肥：黄山书社，2006年版，第19页。

③ 《台湾银行的过去、现在与未来》，《台湾协会会报》第2卷，第9号。

④ 鹤见佑辅：《后藤新平传》二，东京：劲草书屋，1990年版，第415—416页。就台湾与对岸的关系，《备忘录》称：“要达到统治本岛人民之效果，不可仅是对岛内施予镇压或收揽民心为主要途径，必须注意对岸福建，特别是厦门住民的民心，观察其心之归向，以防堵对台湾岛民的反射作用，以达到统治之目的，如此方针才可采用”（鹤见佑辅：《后藤新平》（上），东京：劲草书屋，1965年版，第418页）。

⑤ 吴季晏：《日据前期台湾砂糖出口市场的转变（1895—1915）》，台南：成功大学历史语言研究所硕士论文，1994年7月，第59页。1898年4月18日，日本外务大臣西德二郎向驻北京公使矢野文雄发出训令，令其向清政府提出要求，保证福建省的任何地方不能割让或租于他国，其理由之一居然是欲保全日本新领土之台湾（《日本外交文书》第31卷第一册，第432件）。1899年8月，日军在鼓浪屿登陆，迫使清政府于10月25日签订《厦门日本专管租界条款》，取得了在厦门设立租界的特权。就这样，福建成了日本的“势力范围”，这也为台湾总督府推行对岸政策创造了有利背景。日本人也承认：“从台湾总督府领台之初对华南经营的企图，的确有相当丰硕的成绩，以缔结福建省不割让条约为背景，首先设置台湾银行厦门分店作为经济据点，以此为嚆矢，再依序于1903年在香港、1905年在福州、1910年在广东等华南各地设立分店”（参见名昌喜作编：《台湾银行四十年志》，东京：台湾银行，1939年，第20—22页）。

之间还开设有定期航线①。“九一八事变”以后，日本以武力强占中国东北三省，并拼凑成立了伪满洲国政权。在日本居中斡旋下，台湾总督府鼓励拥有日本国籍之台湾籍民进入东北从事两地间之贸易等。由此，日据后期起，台湾和东北的经济往来较多，还新增了航线，东北主要向台湾输出豆饼、大豆、硫铵等；台湾则向东北输出茶、糖、米和蔬果等。另外，日本资本还通过台湾向大陆投资，台湾银行先后在厦门、上海、九江等地开设分行，支持日商与台商在大陆投资。总之，在日据时期，台湾与大陆之间的传统贸易关系受到很大破坏，在台湾进出口贸易中所占比重已经很低，但两岸贸易关系并未完全中断。

台湾总督府在限制台湾与大陆的经济来往的同时，却积极扶植日本资本开辟与中国大陆的经济关系。如在1899年总督府就扶植大阪商船株式会社开设淡水到厦门、福州的航线，以利于双方往来，后来一度中断，但1905年又重新开设，1909年才又废止②。这一时期台湾向福建输出的商品，大米仍占很大比重。1900年达7 000万斤，当时值200万日元。随着台湾总督府殖民地经济政策的转向，台湾大米逐渐转向日本输出，到1907年向福建的输出急剧下降为13.1万日元。自此之后，台湾大米在向福建输出的商品中已不占主导地位，台湾成了日本的粮仓。茶叶方面，传统的台湾茶叶，是以厦门为集散地，再向欧美输出。日本占据台湾初期，台湾茶叶在福建还很多，最初几年大约有1 000斤以上，值500万日元左右，后来日商逐渐垄断了茶叶的出口，排挤英美商人，并把集散地移到台湾。这样到1907年台湾茶叶输往福建只有113万日元，以后日益减少了。福建对台湾的输出商品，主要是木材③，其次是棉布，1877年福建向台湾输出的棉布约在100万日元以上，1906年降到10万日元，以后则逐渐消失④。

通过台湾总督府的精心经营，台湾对闽贸易值占台湾对中国贸易值的比例，在1902至1912年间，平均为72.72%，1913年以后较为减少，至1931年，平均为51.3%，1932至1937年间平均为50.6%⑤。如以台湾对华南与台湾对东

① 参见松浦章：《日治时期台湾海运发展史》，卞凤奎译：台北：博扬文化事业有限公司，2004年版，第一章、第二章及第三章。

② 参见松浦章：《日治时期台湾海运发展史》第二章《清末及日治初期台湾与福州间的木材贸易》，卞凤奎译：台北：博扬文化事业有限公司，2004年版，第57—124页。

③ 根据记载：供给台湾的木材，是在福建闽江上游流域的木材产地，产出后顺闽江下流及木筏集聚于福州，以泉州商人为中心者即称南帮者之木材贸易商人筹设汽船和轮船，运至台湾作为广泛使用的建筑资材等（有关台湾与福建间的木材贸易，参见松浦章：《日治时期台湾海运发展史》第二章《清末及日治初期台湾与福州间的木材贸易》，卞凤奎译：台北：博扬文化事业有限公司，2004年版，第57—124页）。

④ 金泓汎、郑泽清、刘义圣：《闽台经济关系——经济·现状·未来》，厦门：鹭江出版社，1992年版，第51—52页。

⑤ 林满红：《台湾与东北间的贸易（1932—1941）》，载《台湾“中央研究院“近代史研究所集刊》第24期，1995年6月，第658页。

南亚输出贸易额的趋势互相比较，根据“台湾贸易四十年表”，台湾对华南主要城市的输出额，1922 年为 11 083 000 元，1935 年为 16 687 000 元；对东南亚的输出额，1922 年为 5 034 000 元，1935 年减少为 2 861 000 元①。台湾对华南输出贸易额是台湾对东南亚输出贸易额的二至八倍。

日据时期，通过台湾输出华南的日本商品较由日本直接输入华南的日本商品为多。1925 年时，日本直接输入华南的贸易总值为 506 万元，而经由基隆的间接贸易则有 1 050 万元。1926 年，经由基隆的日本商品转口贸易达 1 467 万元，居台湾对华南贸易的二分之一。之后日本商品转口贸易占台湾对华南贸易的比例有所起伏。1925 至 1929，台湾对华南的贸易较日本对华南的贸易多，5 年的平均额，台湾对华南为 2 320 万元，日本对华南为 1 677 万元，1929 年以后因大阪商船会社开辟日本、华南直接航线，日本商品经台湾转运的贸易曾遭受打击②。

但另据台湾总督府财务局调查结果表明：台湾转口外国货的输出地，经由华南及港澳转口者占的比例最大，其 1930—1934 年所占比例是：1930：96％，1931：91％，1932：95％，1934：96％③。根据同一资料计算，伪满洲国与关东州合计则 1930 年为 0.14％，1931 年为 0.20％，1932 年为 0.77％，1933 年为0.45％，1934 年为 0.38％。台湾向华南、香港、澳门的输出总值中，在 1930、1931、1932、1933、1934 等年度，日本商品的转口贸易占的比例分别为：65％，42％，32％，44％，53％；外国货的转口贸易占的比例分别为：1％，3％，11％，4％，7％；本岛货占的比例分别为：57％，65％，45％，43％，28％④。1932 至 1936 年间由台湾进口到中国的咸鱼、灯油、火柴、棉织品、毛织品、丝织品、干鱼，几乎全是日本货的转口⑤。这些就是台湾总督府借助台湾籍商人发展华南贸易的过程。

三　台湾对外贸易中的重要一环——台港贸易关系

日据时期的台港经济关系是当时台湾对外贸易中的重要一环，晚清台湾与香港就有极为密切的经济贸易关系。1868 至 1895 年之间，香港转口台湾樟脑的数量占台湾樟脑出口数量的 93％，厦门则占 7％。销往欧洲、美国及澳洲的台湾蔗糖，也由香港转口。至于台湾进口的洋货，主要也是由香港或中国各口岸转口而来。在 1884 至 1894 年间，台湾北部进口的洋货，78％由香港进口，

---

① 田宫良策：《南支那と台湾》，《台湾时报》1938 年 3 月号，第 10 页。

② 井出季和太：《时局と支那贸易概况》，《台湾时报》1934 年 1 月号。

③ 枝吉英树：《台湾の仲继贸易》，《台湾时报》1935 年 5 月号，台湾时报发行所，第 70 页。

④ 同上，第 71—72 页。

⑤ 岩满重：《台湾物产の满洲进出状况》，《台湾殖产年鉴》，台湾と海外社，1938 年版，第 401 页。

18%由中国大陆各口岸进口，只有 1.4%由英国直接进口；台湾南部进口的洋货，86%由香港进口，13%由中国各口岸进口，只有 0.27%及 1.4%分由日本和英国直接进口①。在日据之前的 1871 至 1895 年间，台港贸易呈现显著增加的趋势，但 1895 年之后，开始呈现递减现象。1899 年，台港贸易占台湾对外总贸易额的 42%。1934 年台港贸易不及台湾对外贸易额的 10%②。1911—1924 年间，台湾首富林熊征、辜显荣合办振南社，并在香港设立分店，由张舜征担任店长③。1940 年除张舜征等日籍台商外，另有经营输出入的同富号、经营药品的恒丰泰、经营砂糖的锦昌行、经营矿石的思义洋行、经营米和砂糖的福和兴④。锦昌行由日籍印度尼西亚华侨郭春秧出资在香港成立⑤。1941 年有林鸿儒的广合洋行、林硕夫的林洋行、林垂拱的通孚行、林辉春的协元顺、黄铭钟的协裕泰、陈芳源的金义合、卓松江的裕兴行等⑥。

除以上以香港为进行贸易活动的台湾商社外，还有以台湾、日本为定点从事台港贸易的台商。以台湾为定点者如：1898 年台北大稻埕的义合行也从事台港贸易⑦。经营稻米的陈邦记（台南），经营煤炭的苏先致煤炭（五堵）⑧，及大兴商行（台北），行主为张聪明⑨，还有活跃于厦门、上海、香港实业界的李仲义商行，经营朝日兴业株式会社和台北市日新路，行主为李昆玉⑩。充任台湾青果株式会社监事的林益兴，在 1933 年成立朝阳公司，并向上海、厦门、香港、台北、基隆等地发展，为台中州青果同业组合制定买卖人，从事香蕉输出⑪。

以日本为据点者，高雄陈中和家为最早，1895 年以前即在横滨成立顺和栈的高雄陈家，1909 年仍为由横滨输出米、糖到香港的重要华商⑫。1901 年台湾高雄陈家及王雪昌的德昌号，以砂糖为主要业务，还从事棉布、杂货贸易。德昌号资本 5 万元以上，运转资金 16 万元，交易地为香港、厦门、横滨，交易银行为

---

① 林满红：《清末台湾与我国大陆的贸易形态比较，1860—1894》，载《台湾师范大学历史学报》第 6 期，1978 年 5 月，第 215—217 页。

② 台湾总督府财务局编印：《台湾の贸易》，1935 年，第 31 页。

③ 《振南会社开办》，《台湾日日新报》1919 年 10 月 3 日。

④ 汤地幸平：《南支视察报告书》，南支那及南洋调查第 29 号，台湾总督府 1919 年编印，第 22、38 页。

⑤ 铃木辰三：《台湾官民职员录》，台北：台湾商工社，1923 年版，第 46 页。

⑥ 林献堂：《林氏族谱》，台湾东振商会 1936 年版，第 41a 页；香港日本商业会议所：《香港年鉴》，第 132 页；兴南新闻社：《台湾人士鉴》，台北：1943 年，第 416 页。

⑦ 《飞龙入港》，《台湾日日新报》1898 年 7 月 20 日。

⑧ 三井物产株式会社台北石炭支部编印：《台湾煤矿志》，（无出版地、时间），第 337 页。

⑨⑩ 兴南新闻社编印：《台湾人士鉴》，台北：1943 年，第 251 页。

⑪ 中西利八：《新日本人物大系》，东方经济学会出版部，1936 年版，第 495 页。

⑫ 小川邦孝：《香港通过商业调查报告书》，东京：东京商业高等学校，1909 年编印，第 31 页。

横滨七十四银行、三十四银行及汇丰银行[①]。

香港原为华南对外贸易的重要集散地，各种外国物品集散于香港，再经过广东、厦门、福州销往中国内部。在日本占据台湾之前，华南需求日货量大，这些日货大抵经神户、横滨的华商之手销往香港，再分散中国各地[②]。"历来日本与华南间的贸易，由香港独占转口的地位"[③]。日本占据台湾之后，台湾直接进口日本商品，逐渐取代香港转销日货至台湾或华南的功能，虽然有些大陆或香港商人转移至台湾，但台商亦趁机崛起，经营日货直销台湾或转口华南的生意[④]。大约自 1903 年起，已不再有日货由香港转口输入香港[⑤]。

台湾对华南的贸易，一大部分是自日本输入台湾再出口的转口贸易[⑥]。日本商品经过台湾转口华南的销售地，以厦门为第一，福州、汕头次之，香港、广州比例较少。在台湾的转口港以基隆为第一，淡水、打狗次之，日货的转口输出占台湾总输出额的比例，1914 年不超过 13%，1917 年增为 25.5%[⑦]。

1907 至 1916 年间，台湾对中国大陆、香港贸易量中，转口贸易占的比重在一次大战中显著增加[⑧]。一次大战结束前后，日本的海产、火柴、面粉、棉布及棉织品等日货，以基隆、打狗(今高雄)为转口港，向华南输出的数量激增[⑨]。1915 年约 550 万元，至 1917 年增为 1 020 万余元，几乎增加一倍[⑩]。总之，在日本扩展其在华经济势力过程中，台湾籍民之商人充当了"急先锋"。

对于香港，台湾总督府有两大目标，一是以台湾为日本在东亚及东南亚发展的中途站；二是考虑利用香港作为转运站[⑪]。1919 年，台湾总督府期待台湾能成为日本与南洋的转运站，借此台湾煤可向南洋输出[⑫]。在 1922 年的领事会

---

① 《南部经济界的实情(三)：砂糖と商业家——三郊会　本岛人经济界の概况》，《台湾日日新报》，1901 年 6 月 4 日。

② 《在台内地商人に望む》，《台湾日日新报》1901 年 12 月 1 日。

③ 浅春贞次郎、吉开右志太：《台湾海运史》，台北：台湾海务协会，1941 年版，第 311 页。

④ 林满红：《日本殖民时期台湾与香港经济关系的变化——亚洲与世界关系调动中之一发展》，《台湾"中央研究院"近代史研究所集刊》第 36 期，2001 年 12 月，第 63 页。

⑤ 《本岛人间商况》，《台湾日日新报》1903 年 12 月 10 日。

⑥ 台湾总督府官房外事课编印：《台湾と南支那》，1935 年，第 42 页。

⑦ 杉野嘉助：《台湾商工十年史》，台北：台湾印刷株式会社，1920 年版，第 108 页。

⑧ 林满红：《日本殖民时期台湾与香港经济关系的变化——亚洲与世界关系调动中之一发展》，《台湾"中央研究院"近代史研究所集刊》第 36 期，2001 年 12 月，第 64 页。

⑨⑩ 《台湾と南支南洋关系》，吉川浩：《南支那研究志》，大阪：大阪经济新闻社，1920 年，第 399 页。

⑪ 林满红：《日本殖民时期台湾与香港经济关系的变化——亚洲与世界关系调动中之一发展》，《台湾"中央研究院"近代史研究所集刊》第 36 期，2001 年 12 月，第 82 页。

⑫ 台湾总督府殖产局商工课编印：《南洋おに於ける日本船舶の概况》，南支及南洋调查第 39 号，1919 年 12 月，第 34 页。

议上，曼谷领事松宫称："有必要以台湾为转运站。"新加坡领事浮田也建议"台湾总督府应将航线起点由香港移至基隆"①。至1938年，来往于日本与台湾之间的船舶数量远远高于日本与朝鲜或日本与伪满洲国间的数量。

1934年6月11日，厦门领事冢本毅致函台湾总督府总务长官平冢广义，建议简化外国人及中国人的入台程序鼓励其入台，以便繁荣台湾而取代香港②。1926年台湾总督府也指出：台湾总督府坚持复建日月潭发电厂，扩张产业计划，这是扩张外国贸易的最有效手段，再求降低铁路运费及其他生产费。在这样的基础上，努力发展台湾的转口贸易，台湾将逐渐取代香港。这是台湾的使命之一，也是国家百年发展之一长远打算③。

1930年有日本人指出要以台湾为日本南洋发展的中途站，不仅要考虑台湾特有的地理位置，还须考虑到族群因素："南洋各地多为美国、荷兰，或英国的殖民地。居于南洋的中坚分子为华侨，大部分的华侨来自广东或福建，此两种人与台湾本岛居民有着相同的语言及习俗，而台湾籍民也是南洋的成功者。"④日本占据台湾之后，除了大量给予日本商人津贴外，即利用关税、专卖、银行、货币、航运种种制度安排，影响台港贸易。

在关税方面，至1911年，日本完全废除以往与欧洲列强的不平等关税条约，提高了进口税率。如此，日本以外国家或地区的商品进口到台湾时，要比日本商品承受较高的税率。台湾的米、糖和茶等大宗出口品，出口到日本以外地区，要课征出口到日本所毋须支付的输出税⑤。在鸦片、樟脑、烟草、酒类的专卖中，对进口大量鸦片到台湾或转口大量台湾樟脑到欧、美的香港，均影响重大。台湾银行的成立，也取代很多原以香港为基地的洋行在台湾的贷款、汇兑业务。日本采用金本位，也使台湾对银本位的国家贸易不振，如对中国及香港，更加助长台湾的对日贸易⑥。航运方面，打击以香港为根据地的英商德忌利公司最为明显。德忌利公司自1871年以后，几乎垄断港台、两岸间的运输三十年。由于1897年起，台湾总督府资助大阪商船会社以低价与德忌利公司竞争，最终在1905年迫使德忌利公司退出港台、两岸船运业⑦。

---

① 日本外交史料馆藏：《日本外务省纪录》，日本领事会议议事摘录，1922年6月，第809、811—812、838页。

② 日本外交史料馆藏：《日本外务省纪录》，南支领事会议议事摘录，1922年6月，第596页。

③ 台湾总督府官房调查课编印：《支那最近の时局と贸易关系》，南支那及南洋调查第170辑，1928年，第95页。

④ 神田正雄：《働き行く台湾》，东京：海外社，1930年版，第282页。

⑤ 周宪文：《台湾经济史》，台北：开明书店1980年印行，第624页。

⑥ 台湾总督府民政部财务局编印：《明治三十九年台湾贸易概览》，第315页。

⑦ 东嘉生：《清代台湾的贸易与外国商业资本》，《台湾经济史初集》，周学谱译，台湾研究丛刊第25种，台北：台湾银行，1954年，第126页。

日本占据台湾之后，因为对鸦片开始实行专卖制度，台湾砂糖也由出口到别的国家要课征输出税，多转而输出日本，其他杂货亦多改由日本输入；原来以厦门、香港为基地的洋行便失去作用。台湾银行的设立，取代洋行的贷款、汇兑等业务，因此台湾南部的洋行纷纷倒闭①。1902 年之后，仍继续维持营业的洋行有德记、美时、海门、和记、龙兴、怡和、三美路、怡记、怡文等②。之后，鸦片贸易被台湾总督府控制，台湾砂糖开始主要输出日本，台湾其他杂货产品也逐渐销往日本。大多数的洋行或倒闭或改行，能够保持实力的，只有从事砂糖、石油和其他杂货贸易的和记洋行与德记洋行③。

台湾总督府出台的关税政策，使洋行的贸易量大为减少，逐渐陷入绝境。如怡和洋行原来经营的砂糖、水泥、石油、煤、麻等生意，大多萎缩，最后只剩下茶叶贸易，洋行后来被迫与三井、高田、大仓等商社合作④。其他洋行在关税政策、盐、鸦片买卖，台湾银行取代其贷款功能的情况下，也都日趋衰微⑤。

关税政策也使透过香港转口的台湾对外国贸易大减。1898 年外国贸易占台湾整体对外贸易的 80%。1899 年台湾总督府实施新关税法，以往由香港市场转运至台湾的日本物资，全部由日本直接输入台湾，外国贸易占台湾对外贸易急速下降至 69%。1903 年外国贸易占 51%，对日贸易占 49%，两者接近。随后，受日俄战争的影响，军用米临时输出与课征战时附加税，1904 年制糖业的发达，其他产业、交通设施的扩张，制糖机械、铁轨、建筑材料等自日本大量输入，除 1908 年以外，外国贸易逐渐衰退。1908 年外国贸易占 29%，对日贸易占 71%。1910 至 1927 年间，以 1915、1921、1923 外国贸易占 22%为最低，1919 年占 30%为最高，1928 年因受日本与华南直航的影响，外国贸易由 1927 年的 26%降为 1929 年的 12%⑥。

以往台湾茶均经过香港向美国等国输出，新关税颁布后，1899 年起，由台湾经中国各港或香港销往美国或欧洲的制茶，台湾总督府予以课税，每担一元 60 钱。台湾与日本之间则不上税，香港商业会议所向日本驻英公使抗议，但日本政府以不违反条约而执意执行⑦。

在欧美洋行被迫退出香港市场后，仍企图继续经营日台之间的贸易，其方式依旧是依靠当地买办，但台湾总督府与日本商社继续对其进行排挤，日本商社对当地买办采取了拒绝的态势。如三井物产以丰富的资金直接采卖台湾的砂糖，比欧美洋行依赖买办购糖方便，致使依赖买办的欧美商人逐渐丧失势力⑧。日本商

---

①②③ 台湾银行总务部计算课编印：《第一次台湾金融事项参考书附录》，第 137 页。

④ 《台湾日日新报》，1905 年 3 月 24 日。

⑤ "大稻埕外国商行(二)"，《台湾日日新报》1905 年 3 月 24 日。

⑥ 台湾总督府财务局：《台湾の贸易》，1935 年，第 3 页。

⑦⑧ 《台湾茶税と海外商业会议所》，《台湾日日新报》1999 年 6 月 3 日；浅春贞次郎、吉开右志太：《台湾海运史》，台北：台湾海务协会，1941 年版，第 386—388 页。

社也不通过买办在中国的糖市场中与香港的太古洋行竞争；日本商社之中，也包括台湾的制糖会社[①]。

在台湾总督府的对外贸易政策中，不仅含有以台湾与香港进行竞争的战略构想，还隐含着日本与英国等列强争夺经济势力圈的企图。如《台南新报》记者川上苍村在所撰写的《支那巡游记》一文中指出："英国得到香港的目的是以香港为根据地，号令中国。在中国贸易年报中，英国商品常居首位。日本则以台湾基隆为转运站，对华销售日货。销往厦门、汕头方面的日货均以基隆作为吞吐口。"[②]台湾银行于1903年成立香港分行，也是台湾总督府在香港所设与台湾相关的商务机构[③]。台银香港分行的金融实力，仅次于拥有货币发行权的汇丰银行及渣打银行[④]。但台湾总督府却拒绝汇丰银行在台湾、大连等地开设分行的要求[⑤]。

煤炭为台湾输港的最主要货物，台湾对外输出的煤，以香港为最大市场，1924年基隆常年产煤约120万吨，其中约40万吨供应各制糖会社、铁路以及台湾全岛之消费，其余约50万吨运至香港市场，约20万吨销售于日本内地[⑥]。在台湾总督府对外贸易政策的影响下，台湾的对外贸易功能发生转变，台湾除取代部分香港的中转站功能外，也局部取代上海转口日货到华南的地位。例如，1919年时，上海、汕头间的日货贸易逐渐减少，有转为经基隆转口的倾向[⑦]。而在台湾与伪满洲国发展贸易的过程中，也有大连港取代营口港的发展[⑧]。1922年，神户高等商业学校的一份海外旅行调查报告，也建议以基隆取代香港、上海转口日货到华南的地位，以神户取代香港的转口地位[⑨]。1919年三井物产的秘

---

① 转引自林满红：《日本殖民时期台湾与香港经济关系的变化——亚洲与世界关系调动中之一发展》，载台湾《台湾"中央研究院"近代史研究所集刊》第36期，2001年12月，第86页。

② 川上苍村：《支那巡游记》，吉川浩：《南支那研究志》，大阪：大阪经济新闻社，1920年，第122页。

③ 台湾银行调查课编印：《南支南洋に於ける邦人狀況》，第284页。

④ 川上苍村：《支那巡游记》，吉川浩：《南支那研究志》，大阪：大阪经济新闻社，1920年，第123页。

⑤ 滨下武治：《香港大视野——亚洲网络中心》，马宋芝译，香港：商务印书馆，1997年版，第113页。

⑥ 《日华新报》1924年6月20日；台湾总督府财务局编印：《台湾贸易概览（大正元年至五年）》，1919年，第150—151页；《台湾贸易概览（大正六年）》，第97页。

⑦ 台湾总督府殖民产局：《战后南支に于ける列国贸易の消长及其趋势》，第23页。

⑧ 林满红：《台湾与东北间的贸易，1932—1941》，载《台湾"中央研究院"近代史研究所集刊》第24期。

⑨ 榎本政一：《台湾を仲继とする我が对南支输出贸易》，神户高等商业学校海外旅行调查报告，1922年夏期。

密报告也指出:“日本占据台湾之后,东亚地区的樟脑中心市场由香港转移到神户。”①

纵观日据前期,台湾对外贸易由日据前期的贸易形式自由化转为单一贸易形式,即主要对宗主国日本输出以米糖为主要的商品,日本是台湾最大的贸易伙伴,这也是“身为殖民地的台湾所无法避免的选择”②。为配合日本本国经济发展与对外扩展的战略,台湾米糖等物产的出口成为总督府攫取殖民地利益的“重要工具”。

① 田中守一编:《日本产樟脑参考资料》,第11页。

② 台湾省文献委员会:《台湾近代史》(经济篇),南投:1995年印行,第369页。

第七章 日据时期台湾总督府之官营农业移民政策

日本占据台湾初始，台湾总督府即以“同化政策”为指导原则对台湾进行殖民地统治。由台湾总督府主导的“内地人移民”①到台湾，被视为是其殖民地政策的重要一环。

台湾总督府主导下的日本移民分为官营移民和私营移民，所谓“官营农业移民”即指由总督府直接经营和统辖、在总督府指导的区域进行农林业的开垦等移民事业。由台湾总督府主导的官营农业移民移住和开垦的主要地方位于当时的花莲港厅、台东厅、台中州、台南州、高雄州等地，其中以东部花莲港厅的日本移民村最早建立，中部日本移民村人数最多，南部为烟草的专营耕作区。但实际上不论官营与私营移民，均得到台湾总督府移民奖励政策的支持，二者只有经营主体上的差异，即总督府经营的称官营移民，私人企业经营的称私营移民。按职业区别，总督府经营的官营移民又分为农业移民、矿业移民和渔业移民三种。但矿业移民和渔业移民的人数相当有限，经营时间亦短，总督府的官营移民事业重点始终在“农业移民”上。本章主要以台湾总督府主导下的“官营农业移民”为中心线索和研究对象，拟对台湾总督府移民政策的制定过程、背景，以及利用日本移民实施殖民统治的经济战略意图等进行探析。同时，也对台湾总督府实施的台湾籍民向东南亚以及中国大陆等地的移民予以一定的关注。

第一节 台湾总督府推行官营农业移民政策的背景

一 台湾总督府农业移民政策产生的原因与背景

有关“移民”与“殖民”的界定，一般认为所谓“移民”，就是离开本国移居外地，不论是殖民地或外国②。从台湾总督府实施移民政策的过程来看，台湾总督

---

① 这里的内地人指日本人，日本一向将日本本土四岛视为内地，而将台湾视为外地。

② 东京人口协会编纂的《人口事典》的界定是：移民系人口迁移的一种形式，即指一定数量的人口出于各种目的和动机，离开原居住地，而到另外一个距离较远的地方定居和谋生（引自东京人口协会编：《人口事典》，东京：东洋经济新报社，1986年版，第140页）。

府主导下的日本官营移民与日本到其他国家的海外移民有本质上的差异，它是以威权强行推行、并以台湾民众付出巨大代价而实现的。我们看一下日本学者的界定。

新渡户稻造认为移居本国以外领土的即为"移民"，移居殖民地的则为"殖民"。"移民"与"殖民"的本质区别是，移居的土地与母国有无"政治的关系"①。浅见登郎也认为移居殖民地是"殖民"，移居外国是"移民"，二者不可混淆②。泉哲更直接指出，日本人移居台湾是"殖民"而非"移民"。泉哲的定义是：以生活居住为目的举家离开本国移住他地，其永住之地并非他国领土，而是无所属或本国的领土。以永住为目的举家远渡台湾、朝鲜、桦太（今俄罗斯所属之库页岛）等地便是殖民。移民则是有期限的移居海外，将来仍归还本国，家族成员不一定共同移居③。稻田周之助也持相同观点。他认为移居到本国统治所及之处便是"殖民"，"移民"则是指移居至不受本国统治的海外或外国的殖民地谋生，且移居行为属私人事务非国家政策④。

从大多数日本学者的观点来看，日本移民台湾的真实含义和性质接近"殖民"。但长期以来，不论是台湾总督府公文资料还是民间说法，大多称日本人移居台湾为"移民"，日本人也将到台湾的移民称为"内地人"。对移民与殖民的概念区分，是日据时期台湾总督府移民政策研究上值得关注的课题，也是本章的重要关注点之一。

日本早期海外移民 我们不妨回顾日本早期移民的历史过程。在幕府统治下，日本长期实行闭关自守的锁国政策。后在欧美列强的压力下，被迫解除锁国政策。1853年幕府德川庆喜将军宣布废除《海外渡航禁令》，1866年送出第一批"官约移民"到夏威夷；1894年依敕令第四十二条制订《移民保护规则》，将移民政策列为国策⑤。据统计，1868至1945年日本海外移民超过100万。其中，到北美的移民为411 409人、到中南美洲的移民为244 536人、到台湾的官私营移民共约9 000余人⑥。一般认为，明治维新前期日本的海外移民，主要有以下几方面的原因：即农村问题与人口压力，为了解决经济、社会问题，但1895年后向台湾的农业移民则带有显著的"帝国主义支配殖民地的性质"⑦。

---

① 新渡户稻造全集编辑委员会：《新渡户稻造全集》第四卷，第87页。

② 浅见登郎：《日本殖民地统治论》，东京：严松堂书店，1929年版，第64页。

③ 张素玢：《台湾的日本农业移民（1905—1945）——以官营移民为中心》，台北：台湾"国史馆"，2001年版，第6页。

④ 稻田周之助：《殖民政策通解》，东京：严松堂书店，1924年版，第27页。

⑤ 岸本实：《人口移民论》，东京：二宫书局，1978年版，第39—41页。

⑥ 日本外务省国际协力事业团编：《海外移住の意义を求めて》(1979年)，第326—332页。

⑦ 张素玢：《台湾的日本农业移民（1905—1945）——以官营移民为中心》，台北：台湾"国史馆"2001年版，第24页。

日本是个山地偏多而耕地极少的岛国，长期为耕地不足所困扰，由此日本认为向海外移民是解决问题的唯一选择。1868 年明治维新不久，150 名日本农民移民定居夏威夷，揭开了近代日本移民的序幕。1869 年 3 月 15 日，日本天皇发布“朕安抚尔等亿兆，终欲开拓万里波涛，布国威于四方，置天下于富岳”①的诏书，号召日本国民向海外移民。为鼓励日本移民海外，日本政府进一步制定了《移民保护规则》，并将移民事业列为日本的国策。

但日本日趋增多的海外移民也面临着国际社会的抵制与制约。1895 年日本通过甲午战争夺得台湾，1905 年日俄战争后又取得桦太(今俄罗斯库页岛)及中国东北地区的巨大权益，并效仿荷英东印度公司设立满洲铁路株式会社。1910 年日本强行合并朝鲜后，在继续实施北进政策之同时，又开始推进南进政策，以攫取南洋(东南亚)地区丰富的战略资源。日本版图除原有之四岛外，又添加台湾、朝鲜半岛以及中国东北等殖民地，经过殖产兴业与产业革命的日本国力大增，一跃为可与欧美列强争夺势力范围的新兴帝国主义国家。由此，欧美列强及南洋各国对日本产生戒心。1897 年美国合并夏威夷，美国移民法开始适用于夏威夷，1899 年美国取消日本的契约移民，日本移民又转赴中美、南美和东南亚②。1907 年美日政府签订“绅士协议”，对日益增多的日本自由移民也予以禁止③。另外，加拿大、澳洲等地都发生排日移民浪潮，造成日本移民事业的停滞。

如上所述，夏威夷及巴西等南美地区曾经是日本早期海外移民的主要迁居地，但由于文化及风土人情等差异较大，又加之路途遥远，当地政府对日本移民多采取歧视态度和不公平待遇，移民效果并不理想。因而，1895 年日本占据台湾后，自然成为日本移民的最佳选择之地。

日本政府将流动性最低的日本农民移民到台湾，不但可减轻日本耕地少的现实困难，缓解日本社会的矛盾，更重要的是大量移植日本农民到台湾，既可对台湾民众起到“同化”的作用，也在对台湾实现经济殖民的过程中增加日本人的比例，以确保日本的殖民地统治，同时为日本向南洋热带地区的扩张作准备。日本学者也直言：日本并不以取得台湾为满足，应将帝国主义国家的力量更进一步延伸，到时日本移民便可成为日本向南发展的先驱④。

台湾总督府移植日本农民至台湾定居，从事生产，是将台湾视为移住殖民地的具体体现。它的殖民政策视移植日本农民到台湾是经营殖民地的一种必要，属“殖民”性质；农业移民除了经济目的外，更重要的是日本人大量移居台湾以后，消

---

① 《明治文化全集》第 2 卷《历史篇》，东京：评论社，1928 年版，第 33—34 页。

② 入江寅一：《邦人海外发展史》上卷，第 143—165 页。

③ 日本拓务大臣官房文书课编印：《拓务要务》，东京：财团法人日本拓植协会，1937 年，第 560—561 页。

④ 东乡实：《台湾农业殖民论》，东京：富山房，1914 年版，第 338—339 页。

除种族隔阂，达到同化之目的。再者日本农民在亚热带台湾垦殖的经验，也有助于日本产业向南洋发展[①]。不过，台湾总督府首任民政局长水野遵所冀望的"内地移民"，主要是能"投资经营企业"的资本家。为配合此一政策，他也积极推动移植"内地农民"，以便开拓热带性工艺植物的殖产[②]。台湾学者张素玢指出：日本经营台湾的目的是获取台湾丰富的资源，欲将台湾开发成本国经济的支持力量，作为南进根据地。在这种前提下，日本政府在台湾投入巨额资本，从事有计划的全面开发，并移居日本农民到台湾永住。综合以上所述，日本帝国主义下的台湾，并非单一的殖民地性质，除了有根据殖民地、投资殖民地之性质外，也具有移住殖民地的性质[③]。但台湾学者黄静嘉则持相左见解，他认为：就日据时期台湾的殖民地经济性质来讲，日本对台湾的殖民策略，主要是将其视为产业资源根据地与军事根据地，就殖民地的性质而言，台湾不是日本的"移住殖民地"[④]。

日本自甲午战争和日俄战争获胜后，其向海外扩张的欲望更加膨胀。自1900年起，日本向中国台湾、东北地区及朝鲜、桦太等殖民地，以及东南亚地区大量移民。日本陆军提出"北进论"，以攫取中国全部疆域和前苏联远东地区为目标。而海军则提出"南进论"，以占领南洋广大地区为目标。第一次世界大战时，日本借机夺取德国在南洋群岛[⑤]的殖民地，由此获得在南洋的据点。为兼顾陆海军的主张，1936年日本政府（广田弘毅内阁）决定南北并进的政策[⑥]。之后，台湾的战略地位日益重要。

台湾总督府移民事业的分期 有关台湾总督府的移民事业分期，台湾学者张素玢根据台湾总督府移民政策的实施过程分为四期。第一期为初期私营移民时期，从占据台湾初期至1908年；第二期为花莲港厅官营移民时期，1909年至1917年；第三期为台东厅私营移民时期，1917年台湾总督府颁布《移民奖励要领》至1931年；第四期为后期官营移民时期，1932年至1945年[⑦]。

另外，日本学者东乡实、佐藤四郎在合著的《台湾殖民发达史》一书中，则以

---

① 陈锦荣编译：《日本据台初期重要档案》，台中：台湾省文献委员会，1978年，第143页。

② 同上，第150页。

③ 张素玢：《台湾的日本农业移民（1905—1945）——以官营移民为中心》，台北：台湾"国史馆"，2001年版，第31页。

④ 黄静嘉：《春帆楼下晚涛急——日本对台湾的殖民统治及其影响》，北京：商务印书馆，2003年版，第46—49页。

⑤ 德领南洋群岛系指德国在赤道以北所占领的南洋各岛。

⑥ 1936年8月7日，广田弘毅内阁的"五相会议"制定了"国策基准"。规定日本的"根本国策在于国防与外交相配合，一方面确保帝国在东亚大陆地位之同时；另一方面向南洋方面发展"、"以确定帝国在名义上、实质上都成为东亚安定势力之地位"（参见日本外务省编：《日本外交年表与主要文书》下卷，东京：原书房，1978年，第344页）。

⑦ 张素玢：《台湾的日本农业移民（1905—1945）——以官营移民为中心》，台北：台湾"国史馆"，2001年版，第10页。

日本政府及台湾总督府移民政策为依据，将日本移民事业分为三期。第一期是1895—1905年的放任时期；第二期是1906—1908年的奖励私营移民时期；第三期是1909—1916年的官营移民时期。①

二　农业移民政策的理论依据——"移民殖产论"以及台湾籍民的产生

福泽谕吉的"移民殖产论"　随着甲午战争、日俄战争的取胜、强行合并朝鲜等一系列武力行为，日本海外殖民地的面积不断扩大。与此同时，日本也出现一批鼓吹向海外移民的殖民学者。日本启蒙思想家福泽谕吉②鼓吹日本移民台湾最为有力。早在1887年福泽谕吉就积极倡导"台湾领有论"、"脱亚入欧论"，成为日本政府制定对外侵略扩张政策的主要理论依据。1895年日本占据台湾之后，福泽谕吉立即提出所谓"移民殖产论"。他认为台湾地处热带，自然资源丰富，一定会有大批日本人移住，因此应规划成一个"新日本国"，对台湾的统治应采取干涉方针，以台湾之日本化为目的来施行一切处置。福泽谕吉还特别强调：位于热带地区的人民，空有优良之天然条件却愚昧无知，所以应该由文明人来开发富源。③ 福泽谕吉在《台湾永远之方针》一文中提出："（台湾）现在既然归入我国版图，便不容许照旧交付蛮民手中，应自内地大举移民开发富源，这样才符合文明之本意。政府的方针一定，谅不催也有多数内地人希望移居。自蛮民手中褫夺开辟以来的野蛮事业，加以文明方式的新创意，无疑可获惊人的发展。"④

福泽谕吉之所以主张日本人应大量移民台湾，除了体会到台湾为"殖产无上便利之地"以外，也意识到明治维新以后日本人口不断膨胀的问题。他估计台湾一地便可容纳三五百万的日本移民，而且台湾与九州岛最为接近，九州岛是日本人口密度最高的地区，台湾正可吸收九州岛的过剩人口。为了吸引日本

---

① 由于《台湾殖民发达史》（晃文馆1916年版）成书于1916年，故无法涵盖整个日据台湾时期的移民政策。

② 福泽谕吉（1835—1901）：1835年1月11日出生于大阪。福泽谕吉年轻时，曾到欧洲学习。归国后倡导开港论。同时开办了江户（东京）唯一的英文学塾，后改设为学生的"修养所"。1867年福泽谕吉随从幕府的军舰采购委员再度赴美，考察了美国东部各州的都市。多次的海外经历，使福泽谕吉深切体认到日本在国际社会上所处的地位，1868年4月，福泽谕吉将其学塾迁到东京，同时取当时的年号，定名为庆应义塾。1871年又迁到三田（今东京都港区三田），他仿效西方私立学校的常例，订定塾则，规定学费，确立课程内容，锐意革新塾务，终使庆应义塾成为与早稻田大学并列的日本著名私立大学。福泽谕吉一生的著述很多，其代表作是《劝学论》，这部书开宗明义宣称："天未在人之上造人，亦未在人之下造人。"福泽谕吉对于日本文化有不可磨灭的贡献。但是，福泽谕吉晚年的思想日趋带有民族扩张主义的色彩，他鼓吹"脱亚入欧论"，提倡日本应及早占据中国大陆及朝鲜半岛。甲午战争时，大力煽动日本政府占据台湾，1901年2月3日，福泽谕吉因脑溢血去世。

③ 吴密察：《台湾近代史研究》，台北：稻乡出版社，1990年版，第83—84页。

④ 福泽谕吉：《台湾永远的方针》，载《时事新报》1895年8月11日社论。

人移住台湾，政府应该先改善环境，从事交通、卫生等公共事业。交通建设包括修筑铁路、港湾，畅通岛内外交通；卫生改良方面应消灭风土病、建设自来水、疏通下水道、种树育林、改良房屋模式，使台湾成为适合日本人居住的新天地[①]。福泽谕吉"移民殖产论"的一个核心内容就是要以日本人取代台湾人，使台湾社会成为日本人为主体的新领土。在军国主义对外扩展论的影响下，当时大多数的日本国民也普遍认为，日本既然占领台湾，便应该积极地将日本内地过剩人口迁移至台湾从事开发。台湾应是容纳大量日本人的"日本帝国之一地方或一州"，为日本基地之延长，使日本人成为台湾的主体，台湾也成为新的日本社会[②]。

日据初始的1895年，总督府第一任民政局长水野遵向桦山资纪总督提出《台湾行政一斑》的建议书。其中特别强调开发番地[③]与移民的关系，相关的内容有：第一，内地人之移住：台湾土地肥沃，物产丰富……拟定办法，移住内地人，以兴未开之力，此为经营台湾之急务；第二，矿业：……樟脑之制造，山林之经营，林野之开垦，农产之增殖，矿山之开发，对于内地人之移住，无不与番地有关。将来台湾之事业要看番地，首先要使番民服从我政府……要使番民服从者，除用威力外，同时要施与安抚政策。第三，樟脑业：樟脑是番地自生，为番民所有，对于伐木地，先付番民生活费……其他土地酌情准备樟苗继续造林，并设法移日本内地人来开垦永住为宜；第四，农产之改良：……为谋改良增殖者，必先以设置农事试验场，实地就植物之乡镇、气候、土壤是否合适耕作，研究调查得失，依其成绩发表劝诱奖励，一般实行改良为急务……移内地农民散住各地方先作示范，使土著农民耳濡目染，最为得策[④]。

这里，水野遵虽然确认开发台湾必须移植日本内地人，但日本人之移住，应待政府调查工作完毕以后行之[⑤]。1895年总督府颁布法令开始进行调查，为经营台湾奠定基础。如前所述，日据初期，台湾总督府为确立对台湾统治的基础工程，实施了一系列的调查事业。如1898年的"土地调查"、1905年10月1日的"第一次临时台湾户口调查"，1910年的"林野调查"等。在开展调查之前，台湾总督府发布了一系列法令，如1895年的《官有林野及樟脑制造业取缔规则》（律令第二十六号），1896年的《台湾官有原野及产物特别处分令》（敕令第三十一号），《台湾官有森林原野预约卖渡规则》（府令第四十五号），《台湾官有森林

---

① 吴密察：《台湾近代史研究》，台北：稻乡出版社1990年版，第85页。

② 小林胜民：《台湾经营论》，第3—5页。转引自吴密察：《台湾近代史研究》，台北：稻乡出版社，1990年版，第121页。

③ 番地：特指台湾山区少数民族居住的区域，他们的部落生活组织称为番社。台湾山区的少数民族一般以土地、民族为别，自然划分村社，社与社之间各自为政，互不统属。

④ 水野遵：《台湾行政一斑》，陈锦荣编译：《日本据台初期重要档案》，台湾省文献委员会编印，1978年，第143—150页。

⑤ 陈锦荣编译：《日本据台初期重要档案》，南投：台湾省文献委员会，1978年，第162页。

原野贷渡规则》(府令第四十七号)等。这些法律的发布为总督府"无偿"占有大量的土地提供了所谓的法律"依据",同时也为日本资本进入台湾及日本移民进入台湾创造了条件。

对于日本移民尤其是农业移民来讲,土地自然是必不可少的条件。日据初期,日本对台湾的农业移民未能取得效果,除政策层面的因素外,缺少土地也是一个重要的理由。日据伊始,台湾已有约300万人口,而且"本岛西部之土壤已大为开发,今后已无余地移住我内地人"①。因此,要想实现日本农民的大规模移民台湾,必须首先解决好如何处理台湾现有居民的问题。

日本占据台湾之后,针对如何处理台湾现有居民,当时的日本政界出现不同的主张和论调。其中,福泽谕吉"移民殖产论"的一个核心要点是:台湾应该是一座可供日本人任意处置、设计开发的"无人岛"②。日本政府外务大臣陆奥宗光也建议应将台湾民众全部迁出岛外。他认为日本占据台湾的目的是:(1)作为日本帝国向大陆及南洋群岛发展的根据地;(2)开辟台湾资源,移植日本工业并垄断通商利益。为了达到以上目的,应以严厉措施镇压台湾人,并奖励日本人移住③。但陆奥宗光也深感"将数百万本岛居民悉数放逐,而以自国内移民代替时,徒酿岛内纠纷而已,实难于一朝一夕之间移入足可与现住居民相匹敌之内地人"④。另外,第三任台湾总督乃木希典和民政长官曾根静夫也倾向于将台湾居民悉数赶走⑤。

从台湾居民到台湾籍民。根据《马关条约》第五条规定,准许台湾现有居民行使国籍选择权,亦即条约批准日起两年内,到1897年5月8日止,台湾现有居民可以自由变卖所有不动产,搬离台湾。但未离开者,即自动成为拥有日本国籍的居民。1895年11月18日,台湾总督府发布《台湾及澎湖列岛住民退去条规》(府令第三十五号)。其规定如下:

第一条,凡台湾及澎湖列岛居民不欲迁往他处者,无论是世代家族或

①④　台湾文献委员会编:《台湾总督府档案中译本》(第三辑),1994年编印,第217页。

②　吴密察:《台湾近代史研究》,台湾稻乡出版社,1990年版,第101页。

③　山边健太郎解说:《台湾1》,《现代史资料21》解说部分。

⑤　为论证日本移民政策的可行性与合理性,还先后出现一批日本殖民学者撰写的有关移民政策的论著。如东乡实的《日本殖民论》(日本富山房1912年版)、《台湾农业殖民论》(富山房1914年版),东乡实、佐藤四郎的《台湾殖民发达史》(台湾晃文馆1916年版),持地六三郎的《台湾殖民政策》(富山房1912年版),矢内原忠雄的《殖民与殖民政策》(日本有斐阁1926年版)。其中,东乡实的《台湾农业殖民论》是研究台湾总督府农业移民政策的有代表性的重要著作,该书分析了日本政府移植本国农民到台湾的必要性和目的、台湾作为农民移植地的价值、移植农民的方法等。东乡实在这本书中提倡日本有永住热带地区的必要,台湾应实行移住的殖民政策。

是一时居留之住民，均得在1897年5月8日前，向台湾总督府的地方11府所在，登记其全家族的籍贯、姓名、年龄、现住址、不动产等事项；

第二条，户长年幼或外出旅行者，可由监护人或管理人、代理人，代提出退去证明；

第三条，协助土匪暴动、扰乱治安、并抵抗日本军者，倘若愿意投降归顺，并缴纳兵器者，准许离开本岛；

第四条，凡退出者，所携带之家财，均可免除关税①。

基于解决台湾现有居民的国籍归属问题，台湾总督府随即设立了“归化法调查委员会”，以制订相关法案。由于清朝所制订的户籍皆以税收为目的，岛内人口数量相对混乱。于是，为确保台湾现有居民数量的准确性，在1896年8月，台湾总督府制订出《台湾住民户籍调查规则》(训令第八十五号)。台湾总督府于同年9月起至12月31日止，开始对岛内既有户籍状况进行调查，并根据台湾总督府的规则编制新的户籍②。

1897年3月19日，台湾总督府发布《台湾住民身份处理办法》，其主要内容为：

第一条，1895年5月8日前，在台湾岛及澎湖列岛内有一定住所者，为台湾住民；

第二条，住民1897年5月8日前未退出台湾总督府所管辖之外者，视为日本帝国臣民；

第三条，因一时旅居而未住在台湾总督府所管辖区域内，于1897年5月8日后欲成为日本臣民者，也同样视为日本臣民；

第四条，户长为日本国臣民时，其家族亦是日本国臣民。户长非日本国臣民者，其家族亦不可为日本国臣民。但1897年5月8日以前分家另立门户者，则不在此限；

第五条，非日本国臣民之台湾住民得除去户籍簿之登录；

第六条，非日本国臣民之台湾住民其不动产之处分应依别项训示③。

---

① 台湾总督府警务局编：《台湾总督府警察沿革志》第二篇上卷，1938，第647—650页。

② 台湾总督府还经常指派各街庄庄长及地保巡回视察，提醒民众提出户籍移动的申告，同时告示此户籍的编成，是台湾总督府作为确认当地居民的资格证明，希望居民了解，并要求住民遇检时，得充分合作，详实申告，不得遗漏(转引自台湾总督府警务局编：《台湾总督府警察沿革志》第二篇上卷，1938，第661—663页)。

③ 台湾总督府警务局编：《台湾总督府警察沿革志》第二篇上卷，台北：1938，第653—654页。

截至1897年5月8日，最终选择离开台湾的为5 460人，在当时台湾总人口280万中仅占0.195%[①]。虽然离开的理由各有不同[②]，迁出的人数量也少，但多为富裕者，他们的离去对台湾总督府的统治政策产生一定的影响[③]。其后，台湾总督府于7月在岛内各地召集当地居民，举行所谓的“定籍”典礼。台湾总督府原期待实施国籍选择的方式或能驱赶走一大批台湾居民，但主要基于经济状况等，当年大多数的台湾居民仍选择了留居，自动成为所谓的“台湾籍民”[④]。面对这种事实，台湾总督府被迫重新调整其原有之移民规划及政策。

为确保日本移民事业的开拓，1895年9月，台湾总督府颁布法令，禁止大陆民众进入台湾；1896年开设厦门日本领事馆[⑤]，对进入大陆的台湾籍民与大陆民众的来往开始进行限制与监督。1897年1月，台湾总督府公布《居民护照管理规则》(府令第二号)，对台湾籍民进入大陆采取严格的审查制度[⑥]。

第二节　台湾总督府前期官营农业移民的实施过程

在清朝末期，随着大陆移民的迁入，台湾的土地大致已经开发，日本占据台湾岛内可开垦的空间相当有限，但日本政府及台湾总督府却将移民计划列为统

---

① 但若对总督府的统计数字加以计算，实则仅有4 456人(台北县1 874人；台中县301人；台南县2 200人；澎湖县8人)。参见台湾总督府警务局编：《台湾总督府警察沿革志》第二篇上卷，台北：1938，第667—668页；也有不同记载，即迁出者为4500人，迁出比例为0.16%(黄昭堂：《台湾总督府》，东京：日本教育社，1981年版，第66—67页)。

② 迁出台湾岛外的理由大致有三：1. 在大陆内地有财产者；2. 有科举功名者；3. 居所不定之季节性劳工，受谣言流言迷惑而逃避黑死病者(转引自台湾总督府警务局编：《台湾总督府警察沿革志》第二篇上卷，台北：1938，第668页)。

③ “这是日后台湾总督府及对岸领事馆积极奖励给予有财势之台湾籍者，为日本效力，而导致籍民问题复杂化的要因之一”(转引自中村孝志：《台湾籍民をめぐる诸问题》，载《东南アジア研究》第18卷第3号，1980年2月，第69页)。

④ 即拥有日本国籍的台湾籍民，一般称台湾籍民。这是台湾近代史过程中的一个特殊时期。随着1945年8月日本的战败投降，全体台湾民众摆脱了所谓台湾籍民的身份。

⑤ 1899年厦门领事馆福州分馆改为福州领事馆，独立办理领事业务(角山荣编：《日本领事报告》，东京：同文馆，1986年版，第483页)。

⑥ 1900年1月，日本驻厦门领事开始兼任台湾总督府事务官，其后，日本驻福州、汕头等地的领事也相继兼任。台湾总督府的对外交涉权限明显增大。为控制台湾籍民在大陆的活动，日本驻厦门领事馆强行规定：台湾籍民进入厦门后，需将护照交予领事馆，不得随身携带，只有在台日本人可免办护照。台湾籍民到大陆，必须办理护照，这是台湾总督府为配合其警察制度与保甲制度，严格管制与限制台湾籍民进入大陆而特设的。特别是对知识分子申请赴大陆，严加刁难。台湾文化协会以及台湾民众党虽提倡废除护照运动，但台湾总督府当局不予理会(梁华璜：《台湾总督府[对岸]政策研究》，台北：稻乡出版社，1996年版，第142—182页)。

治台湾的重要社会经济政策。大批日本移民进入台湾后,本应台湾民众可开垦的地方尽为日本移民所强占,不断压缩和挤压着台湾民众的生存与发展空间①。

一　早期私营农业移民的成败

台湾总督府初期的移民政策是鼓励日本私人资本从事移民事业。但由于台湾岛内局势尚未"平稳",申请来台湾至1912年底获得总督府批准的私营移民开垦申请为38件,获准开垦的土地面积为38 147甲,而实际招募日本移民的仅为8件②。

其中,较有代表性的私营移民事例有:

(1) 贺田组(成立于1899年),贺田金三郎经营,最早在台湾东部(属花莲港厅)从事甘蔗、稻米及樟脑等农作物的种植。1906年,共计385名来自日本福岛县与爱媛县的日本移民迁入贺田组,为贺田组最盛期③,按照总督府糖业奖励规则的规定,贺田组的日本移民全部种植甘蔗,后因粮食不足,又增种稻米等。

(2) 源成农场(成立于1909年),由爱久泽直哉经营,位于台中厅深耕堡及二林下堡,开垦面积为2 026甲。农场成立后即开始直接招募日本农民,最早由岐阜县迁入移民82人,后来又陆续由新泻、熊本、福冈县等地迁来共127户移民④。由于气候及耕作等条件的恶劣,到1911年大部分移民相继离开,至1918年仅留下12户。其中一部分移民先后转到为三五会社所有、位于阿缑厅下的南隆农场⑤。

(3) 南隆农场(成立于1910年),位于阿缑厅港西上里(今高雄县旗山镇),该农场也由爱久泽直哉经营。1910年收容源成农场的日本移民,共34户157人。但由于条件未见起色,移民逐渐撤离,至1917年只剩下2户⑥。

(4) 大日本制糖株式会社台湾工厂(成立于1907年),位于嘉义厅布屿堡一带,共计开垦蔗园1 957甲。1910年由日本爱媛县等地迁来日本移民168名,一半供应农场,一半供应工厂所需。到后来因为贷款利息等问题,移民陆续逃亡,到1919年只剩下2户⑦。

另外还有8家在台日资企业招募日本移民,也无一成功。总之,由于多种

---

① 即使日本移民的土地并非直接夺取自台湾民众,但台湾总督府依据其专制威权,先后强行推行了"私营移民"和"官营农业移民",对台湾民众造成了莫大的生存威胁。引起台湾民众对台湾总督府移民政策的反抗。

② 台湾总督府殖产局移民课编印:《台湾总督府官营移民事业报告书》,台北:1919年,第3—8页。

③ 同上,第10页。

④ 台中厅庶务课编印:《台中厅行政事务并管内概括报告书》,1918年,台北:第66—67页。

⑤ 同上,第67页。

⑥ 台湾总督府殖产局移民课编印:《台湾总督府官营移民事业报告书》,台北:1919年,第13页。

⑦ 同上,第12—13页。

原因，早期私营移民均告失败。导致早期私营移民失败的原因很多，台湾学者张素玢认为主要原因有：私营移民事业与殖民事业的部门不一致。要建立完善的移民村，必须兼顾文化、经济、卫生因素，这样巨额的投资，不是以经济利益为重的私人企业愿意负担的[①]。同时她还认为有移民的土地问题：期待移住台湾能成为自耕农的移民，来台之后却发现自己沦为佃农或雇佣，耕作土地都归企业家或会社所有，导致开垦意愿低落，也不容易产生永住的决心[②]。

台湾总督府官员鹿子木小五郎经过调查，得出的结论是水土不服和卫生太差，造成移民相当高的死亡率：日本移民由温带地区来到亚热带，难以适应环境，加上卫生不良、传染病盛行，成为移民的一大威胁。偏高的死亡率，使移民望之却步或迁移他处。如贺田组移民的死亡率高达95.81%，其中日本籍移民为95.50%，华籍移民为95.55%[③]。同为总督府官员的吉武昌男则认为私人企业以经济作物为经营要项，尤其是总督府所奖励的糖业，导致大部分的移民移住区粮食作物不足；经济作物的价格受资本企业的采算所支配，移民不但无法维持基本生计，偏高的粮价更加重经济负担[④]。矢内原忠雄则认为主要是日本移民素质参差不齐[⑤]。以上种种原因，导致以蔗作为中心的早期私营移民严重受挫[⑥]。

二　总督府前期官营农业移民的实施过程

虽然私营移民屡遭失败，但台湾总督府决定继续推进农业移民的方向不变，但改由总督府直接经营。奉儿玉源太郎总督和后藤新平民政长官的命令，总督府殖产局长宫尾舜治开始拟定官营移民计划。他主张不应以功利主义的

---

① 张素玢：《台湾的日本农业移民（1905—1945）——以官营移民为中心》，台北：台湾"国史馆"，2001年版，第43页。

② 同上，第44页。

③ 鹿子木小五郎：《台东厅管内视察复命书》，台北：成文出版社，1985年版（据1911年石印稿本影印），第133页。

④ 吉武昌男：《台湾における母国人农业移民》，《台湾经济年报》（1942年）第547页；台中厅庶务课编：《台中厅管内概要》（1920年），第155页。

⑤ 私营企业必须移植日本农民才符合总督府奖励的条件，才能承领土地。移民只是私人企业取得利益的工具，在数量上符合官方的名额，对移民的素质并不重视，移民中搀杂下层劳工，不少移民抱着一掷千金的心理，无法刻苦耐劳，一旦发觉移居情况、待遇都与当初预期不符，便喧哗鼓噪谋求他去（矢内原忠雄：《帝国主义下の台湾》，岩波书店，1988年版，第67页）。

⑥ 在早期私营移民事业中，除了源成农场招募日本人、客家人、福建移民外，花莲港厅贺田组农场也招募台湾岛外的华籍移民，包括8家企业也是如此。这些早期私营移民与后来官营移民的不同之处就在于移民并非清一色日本人。

经济理论看待移民事业，移民有其国家社会使命①。而宫尾舜治所称的"国家社会使命"则就是台湾总督府移民政策的所谓四大殖民目标：(1) 巩固台湾的统治；(2) 为日本民族往热带地区发展预作准备；(3) 调节母国过剩人口及弥补母国农民土地过少之弊病；(4) 国防及同化上的必要②。

针对总督府的四大殖民目标，负责编制官营移民计划的东乡实进一步分析到：农业移民有其经济上与政治上的目的。经济目的为：(1) 建设纯日本民族的农村；(2) 扶植发展日本民族的民族性格；(3) 增进民族的势力；(4) 防备台湾岛民民族自觉，而与资本化的殖民地政策对抗；(5) 为配合将来开拓热带殖民地进行农业试验。政治目的为：(1) 用最适合的方法统治台湾，以便永远领有此一殖民地；(2) 为了解帝国主义殖民政策所将面对的大问题③。从东乡实列举的经济目的和政治目的来看，其经济目的的政治性也是极为浓厚的，实际上，东乡实本人也承认农业移民的政治目的本来就高于经济目的。他还反对将"同化"视为殖民的最重要目标，他认为，加强统治能力比"同化"更为重要，他所说的"帝国主义殖民政策所将面对的大问题"，便是指日本对台湾的有效统治④。

1906 年 4 月，佐久间左马太出任第五任台湾总督，在他的大力推动下，总督府开始计划将日本国内贫穷的农民迁移至台湾，并透过移民来进行台湾岛民的同化⑤。为落实佐久间左马太之移民策略，总督府殖产局长宫尾舜治令东乡实赴德国考察移民事业。东乡实归国后，坚决主张应该由总督府直接经营移民事业，而且农民必须是自耕的中小农。他坚持认为：早期私营移民的佃农式移民，绝对无法达成殖民的目标。另外，农民从日本国内移植到新殖民地，经营者需投入巨额费用，各种先期措施耗费庞大，既然移民事业的终极目标不在营利，当然不适合以追求利润为目的的私人企业；移植移民乃国家百年大计，一定要由政府筹划经营⑥。1908 年 6 月，东乡实到台东考察贺田组农场的移民事业时，发现情况非常严峻，他提出建议：(1) 土地归还总督府；(2) 增加资本，变更组织，将一部分土地转移给移民。两者又以前者为上策⑦。

在东乡实的建议下，1909 年总督府开始实施官营移民，首期投入预算为 3

---

① 黑谷了太郎编：《宫尾舜治传》，宫尾舜治氏传记编纂委员会，1939 年，第 266—267 页。

② 台湾总督府殖产局移民课编印：《台湾总督府官营移民事业报告书》，台北：1919 年，第 18—20 页。

③ 东乡实：《台湾农业殖民论》，东京：富山房，1914 年版，第 520—521 页。

④ 同上，第 366 页。

⑤ 杨彦骐：《台湾百年糖纪》，台北：猫头鹰出版社，2001 年版，第 79 页。

⑥ 东乡实：《台湾农业殖民论》，东京：富山房，1914 年版，第 500—504 页。

⑦ 张素玢：《台湾的日本农业移民（1905—1945）——以官营移民为中心》，台北：台湾"国史馆"，2001 年版，第 48 页。

万元[①]。1909年至1910年之间，主管移民事务的总督府民政部殖产局林务课开始在岛内调查适合官营移民的开垦和居住地区，林务课以北部的三貂角经中央山脉到南部的鹅銮鼻连成一线，将台湾分为东、西两部分进行调查。

林务课的调查结果显示，台湾西部适合移民的土地面积有92 235甲，东部为32 971甲(见表六十四)，西部土地面积显然多于东部，而且有交通便利、接近市场、工商业较为发达等优点，而东部完全相反[②]。但是，东乡实提出四条反对意见：(1) 西部土地的面积数量虽然远高于东部，但是大片土质肥沃的耕地已被资本家和当地农民占有，没有建设日本移民村的余地，即使有，也是土质极差又经常发生水灾的地区，经营成本太高；(2) 如果日本移民移住西部，数十户的日本移民竟被分散在300万当地人当中，不但难起同化作用，反而有被当地人同化之担忧；(3) 西部缺乏对移民子弟教育的环境；(4) 行政管理上的不便等[③]。

表六十四　台湾西部适合移民开垦土地面积

(单位：甲)

类　别	耕　地	未垦地	建　地	鱼　池	总面积
调查结果总面积	12 488	157 277	98	1 500	171 360
买卖交换增加之面积	23 156	—	8	—	23 164
买卖交换减少之面积	—	101 015	—	1 273	102 288
收容移民适地面积	25 643	56 261	103	277	92 235

资料来源：东乡实：《台湾农业殖民论》，东京：富山房，1914年版，第722页。

除此以外，1908年，总督府通信局长鹿子木小五郎到台东视察后，在其向总督提出的"台东厅管内视察复命书"中称："台湾西部已经为汉族拓垦殆尽，唯东部仍有移植内地人的余地。如果日本人村落逐一建立，番人将渐次被同化；番人不像汉族文化一般深厚，所以要同化番人要远比汉民族容易。目前东部平地住民约5万人左右，如移民10万内地人，数十年后番人必然混为大和民族，则东部数十万人皆是内地人。移民事业关乎日本统治权之巩固以及大和民族的消长，不能从商人利益考虑，所以应由国家执行移民事业。"[④]鹿子木小五郎对贺田组农场等移民失败的案例进行分析后认为：贺田组农场居住环境缺乏日本农

① 自1908年至1911年，总督府选择全台五厅六港进行第一次官营渔业移民，随后还进行多次(有关日本渔业移民之详情，可参见林玉茹：《殖民与产业改造—日治时期东台湾的官营渔业移民》，《台湾史研究》第7卷第2期，2001年6月)。

② 台湾总督府移民课编印：《台湾总督府官营移民事业报告书》，台北：1919年，第54页。

③ 东乡实：《台湾农业殖民论》，东京：富山房，1914年版，第451—459页。

④ 鹿子木小五郎：《台东厅管内视察复命书》，台北：成文出版社，1985年版(据1911年石印稿本影印)，第57—59页。

村特色，是内地人不能定居的原因之一[①]。

另外，台湾总督府在对北海道移民事业考察时发现，日本在北海道推行移民事业采用“大农主义”，由于村落规划主要为散村，已产生不良后果。鉴于此，台湾总督府在台湾的农业移民事业采用“中农规模”，北海道的前车之鉴使总督府不再规划移民村为散村，而是采取散村、集村优点的“折中式集村”[②]。

相对于西部存在的缺点，东部显然比西部更适合日本移民的开垦和移住。仅花莲港厅、台东厅两地就有适合移民的土地面积约为164平方公里。另据总督府1896年进行的人口调查显示，台湾东部人口一共为36 171人，汉人只有3 303人，不足1/10，其余为原住民，包括阿眉族、卑南族、平埔族、加礼宛族[③]。实际上，早在1895年，总督府第一任民政局长水野遵在其向桦山资纪总督提出《台湾行政一斑》的建议书中就建议：“台湾土地肥沃，物产丰富，既开发之土地仅为几分而已，遗利尚多，尤其东部番地为然。”[④]

台湾总督府经过对东、西部的综合评估，认为台湾东部比西部更适合日本移民的开垦和居住。同时接受鹿子木小五郎和东乡实的意见，确定日本移民最适当的方式就是集体居住在特别规划的日本式农村，其中有独自的行政单位和移民子弟学校[⑤]。台湾总督府实施官营农业移民的另一个目的，就是通过日本农民的示范来同化台湾人民。总督府民政局长水野遵《台湾行政一斑》的报告就提出：“移住内地人之计，非独为开发山地资源之必需，而且为使中国人种或原住民均能浸浴日本文化，应尽量移住多数我内地良民，让彼我相互接近，逐渐改变其风俗习惯。”[⑥]

虽然负责实施移民事业的总督府官员东乡实一再声称：农业移民并非以同

---

① 鹿子木小五郎建议未来总督府应建设日本式农村，以减少日本农民的乡愁（鹿子木小五郎：《台东厅管内视察复命书》，台北：成文出版社1985年版（据1911年石印稿本影印），第61页）。

② 所谓“折中式集村”，就是在适合移民的地区，划出一大片土地为一村落，中心地区建设移民指导所、学校、医院、传教所、神社及其他公共设施，周围安置数个聚落，一个聚落户数从十户到百户不等（转引自台湾总督府移民课编印：《台湾总督府官营移民事业报告书》，台北：1919年，第66—67页）。

③ 台湾总督府民政部殖产课编印：《台东殖民地豫察报文》，台北：1900年，第245—247页。

④ 水野遵：《台湾行政一斑》，陈锦荣编译：《日本据台初期重要档案》，南投：1978年，第143页。

⑤ 台湾总督府规划建设日本式农村，既要保持日本农村的优点，以日本精耕细作的农耕方式作为台湾农民的示范；更要避免日本农村的缺点，排除日本内地农家宅地、耕地过于狭小的弊病（张素玢：《台湾的日本农业移民（1905—1945）——以官营移民为中心》，台北：台湾“国史馆”，2001年版，第68页）。

⑥ 台湾文献委员会编印：《台湾总督府档案中译本》（第三辑），南投：1994年，第688页。

化为目的，但台湾总督府却一直以同化作为移民事业的目的之一[①]。台湾总督府在岛内建设日本式移民村，其目的就是为了在台湾建立起纯粹的日本人移民示范村，以所谓日本文化和日本耕作方式等来“感化”台湾农民，防止台湾人民的民族自觉。对台湾总督府来说，进入台湾东部地区进行开垦的日本移民，将是总督府推行“番地开发”殖民地政策的主力，同时通过日本移民对山区原住民进行“招抚教化”。

经过调查、评估之后，开始正式实施官营移民。台湾总督府决定选择面积较为宽敞、又没有当地人居住的地带建设日本式移民村。其规划的理念是：既要保有日本农村的优点，以日本精耕细作的农耕方式作为台湾农民的示范；更要避免日本农村的缺点，排除日本内地农家宅地、耕地过于狭小的弊病。台湾总督府对移民村的村落形态、每户移民土地分配面积、土地区划、土性调查等，都做过细密周详的考虑，公共设施也力求完善[②]。

台湾总督府当时预定规划为日本式移民村的有花莲港厅的 9 处和台东厅的 6 处。1910 年 2 月，总督府正式拨调 79755 元的移民费用；同年 5 月又发布有关设立移民事务管理机构的规定（敕令第二百三十号）。随即在总督府殖产局内，设立了“审议内地移民实施计划及内地移民适地整理”的移民事务委员会、移民课、移民指导所等办事机构。同年 6 月 16 日总督府殖产局通过《关于台东花莲厅管内土地整理案》[③]，同年在全岛开始的林野调查也开始在台东地区实施。因为总督府 1898 年开始的台湾土地调查并不及于东部，因此总督府决定在东部先进行林野调查，东部也就等于进行第一次土地调查。台湾总督府在其“移民方针”中明确规定：“除了现住本岛人和生番人生存必要之区域以外，其他全部作为内地人之移民地，依特别处分，渐次施行土地整理收容移民。”[④]

1910 年 10 月，佐久间左马太总督下令颁布《移民实行案》，确立经营事业的根本方针为移植内地农民，建设健全的日本人农村，以达到同化上、国防上、拓殖上之目的。所有涉及移民用地、移民类别、设备、土木工程、土地整理、移民补助费和贷款、土地使用及所有权、贷款之偿还等，在“移民实行案”中均有所规定[⑤]。

为保护日本移民的利益，维持总督府的移民政策的实施，在开发东部地区之前的 1896 年，台湾总督府颁布《设置台东抚垦署令》（敕令第九十三号），成立了“台东抚垦署”，专门负责东部山区的移民开发事务。1898 年又增设花莲港出张所。第二任台东抚垦署署长相良常纲拟定一项 20 年计划，预定分三阶段进

① 矢内原忠雄：《帝国主义下の台湾》，东京：岩波书店，1988 年版，第 131 页。

② 张素玢：《台湾的日本农业移民（1905—1945）——以官营移民为中心》，台北：台湾“国史馆”，2001 年版，第 69 页。

③ 台湾总督府民政部殖产局编印：《台湾林野调查事业报告》，台北：1914 年，第 75 页。

④⑤ 《总督府移民方针》，《台湾日日新报》1911 年 5 月 11 日。

行，希望以教育、安抚或教导种植技术，达到统治原住民，开发经济的目的。至儿玉·后藤时代（1898—1906年间），在台东厅长森尾茂住的计划下，山地业务由警察负责，并在山地增设派出所，此后警察成为管理山地事务的主体，对原住民的政策改以武力镇压手段。佐久间左马太总督的“五年理番计划”继续以高压手段对付原住民①。

台湾第一个日本移民村吉野村宫前聚落的61户移民，最初每户分配耕地三町步（一町步＝99.173 55公亩，约一甲，以下称一甲），三甲为一耕区。土地集中耕作方便，但是土质有好有坏，以抽签方式决定各类耕地的分配。1911年以后，耕地区间配合土质的不同改以一甲为一耕区，一耕区长60间（一间＝1.818 18公尺，60间约1 080公尺），宽50间（900公尺），两边或三边留有一间到五间宽的道路或水道②。

为保证对土地评估的准确性，1911年总督府对吉野村、丰田村、林田村三个日本移民村进行土质调查，并根据调查结果对土地进行等级评定③。日本移民村的土地除总督府无偿划拨的所谓“官有地”以外，剥夺台湾原住民土地也是移民土地的主要来源之一。1907年台湾总督佐久间左马太制订“番地经营方针”五年计划，强行推进隘勇线④，受到台湾原住民山地同胞的抵抗⑤。由于不堪忍受台湾总督府的残暴统治，1908年12月13日，发生反抗日本殖民者的原住民“七脚川社事变”⑥。而七脚川社被强制没收的土地，便是日本移民村——吉野村

① 有关佐久间左马太总督的“五年理番计划”的情况，参阅藤井志津枝：《日本据台初期台湾总督府的理番政策》，台北：文英堂，1997年版，第209—269页。

② 张素玢：《台湾的日本农业移民（1905—1945）——以官营移民为中心》，台北：台湾“国史馆”，2001年版，第71—72页。

③ 同上，第73页。

④ 日据时期台湾总督府为切断山地同胞与汉族人民联系而设置的警戒隘勇线。最长时达400多公里，多建于山地与平地之间。线路内侧数百米内的草木要砍除，隘路要口建隘寮，由木石构成，围以木栅、掩体或通高压电铁丝网，附近埋有地雷，还配有一至数门火炮。隘勇由征集来的原住民山地同胞或平埔族同胞充任。一日里（四公里）隘路设隘寮8至12座，最多时达1898座。隘寮与隘寮之间有电话联系。隘勇线是总督府对原住民山地同胞的一种侮辱性措施，是“以华制华”的阴险手段，因而经常遭到原住民山地同胞的袭击和破坏。

⑤ 佐久间左马太推行的“理番”政策，分为前后两期，前期始于1906年止于1910年。在这期间将山地同胞一步一步赶入内山去，美其名曰开垦抚“番”，因此也叫做隘勇线的前进发展时期。后期始于1910年止于1915年，前后五年讨伐全岛山地同胞，故亦叫做五年讨伐时代（钟孝上：《台湾先民奋斗史》（下），台北：台湾自立报社，1982年版，第304—305页）。

⑥ 七脚川社被总督府用来作为防堵太鲁阁族的基地，由于原住民同胞不堪忍受日本警察的欺凌，奋起反抗。七脚川社原住民同胞联合木瓜溪一带的太鲁阁族同胞，袭击了木瓜溪NI卓兰隘勇线和警察派出所，总督府闻讯立即派384名警察及步炮兵前往镇压。警察本署署长兼番务课长大津麟平决定对七脚川社实施“灭族”的血腥镇压手段。之后，对残存的291名山地同胞强制迁移他处。

的土地来源。由此可知，一部日本移民台湾的历史，便是台湾原住民的血泪史[①]。

在完成移民村规划、移民住宅和主要设施等之后，总督府开始正式实施官营移民的计划。前期官营移民主要局限在花莲港厅，厅内共有吉野村、丰田村(1913年设立)、林田村(1914年设立)等三个移民村，由此，花莲港厅的移民成为总督府官营移民事业的最早试验地。

为顺利推行移民事业，总督府还专门成立了移民指导所。移民指导所是总督府直接与日本移民联系的办事机构，日本移民到达台湾后，首先即在移民指导所官员的带领下，在指导所内进行分配土地的抽签，并依据《台湾官有原野贷渡规则》(府令第四十七号)，申请预约土地，一般以三年为开垦成功期限[②]。移民指导所还指导移民农耕技术，示范热带、亚热带作物栽培，并解决移民生活中的各种问题，相当于移民村的行政中心和移民庇护所。

台湾总督府首先成立花莲港厅莲乡豆兰移民指导所，来自日本德岛的第一批农业移民计9户20人落脚七脚川，称“模范移民”，此为官营移民之肇始。6月28日，又颁布《移民指导所附属于民政部殖产局的规定》(训令第一百三十五号)，同日以告示第八十三号在台东厅马兰社新设卑南移民指导所。不久，又移入52户275人至七脚川，渐现日本式移民村之雏形，共计61户295人，也即“吉野村”的前身[③]。同时，台湾总督府也开始筹划建设旭村移民村，收入移民120户。1911年由于旭村圈占原住民土地，引发台东厅成广澳原住民的抗争，总督府不得不推迟台东厅移民村的建设。1913年丰田村成立[④]，1914年

① 矢内原忠雄认为台湾不像其他国家的殖民地，并无极端的对于原住民的土地没收或共有地的强制分割(参见矢内原忠雄:《帝国主义下の台湾》，东京:岩波书店，1988年版，第25页)。但事实上，台湾总督府在推行日本移民进入台湾东部进行开发的过程中，不论是官营移民村或私营移民村等都有大量圈占原住民土地的现象。其中，吉野村更是总督府强制原住民搬迁所无偿得到的土地。

② 台湾总督府殖产局移民课编印:《台湾总督府官营移民事业报告书》，第69—80页。

③ 吉野村:旧名七脚川，1911年正式改名为吉野村，因为日本移民大多来自德岛县吉野川沿岸，由此命名之。吉野村有宫前、清水、草分三个聚落，面积为1 260余甲。

④ 丰田村:建设于1913年，旧名鲤鱼尾，因水田多土地肥沃而得名。原为贺田金三郎的事业地，后来因经营不善，1910年改由台东拓殖合资会社(1910年，贺田组与盐水港株式会社社长荒井泰治合作，以300万资金创立台东拓殖合资会社，1912年又改组为台东拓殖制糖株式会社)承继。来年台东拓殖合资会社在日本熊本、宫城县招募移民，1912年台东拓殖制糖株式会社与盐水港株式会社合并，归还总督府许可地而充当官营移民村的建设。丰田村有大平、中里、森本和山下四个聚落，到1917年移民户数为180户，人口912人。1912年，总督府对丰田村进行土地调查，当年调查完成后，规划土地，开始在日本国内招募移民，但9月丰田村遭受飓风袭击，全村的建筑物几乎全部倒塌，为了丰田村的复旧工作，丰田村的建设延迟，直到1913年移民才开始进住。同年4月到达丰田村的日本移民共139户，674人(《台湾日日新报》第4529号，1913年1月12日)。

林田村成立①。

在台湾总督府的特意设计和苦心安排下，在吉野村、丰田村和林田村三个日本移民村之间，建有铁路相互连接，其他还有轻便铁路（台车）互通。轻便铁路从距离各村最近的车站开始铺设，延伸到耕地之间以载运甘蔗。一般道路联络车站、市街、指导所及各居住点到指导所。三个移民村的行政组织为村落与聚落（参照表六十五）。

表六十五　花莲港厅移民村一览表

	村落别	户数（户）	今日所在位置	建设年代	面积（甲）
吉野村	宫前	135	花莲县吉安乡	1909年	1 260
			太昌、庆丰、北安		
	清水	125	花莲县吉安乡福兴村、稻香村		
	草分	67	花莲县吉安乡永兴村		
丰田村	森本	65	花莲县寿丰乡丰里村	1913年	610
	大平	73	花莲县寿丰乡丰坪村		
	山下	42	花莲县寿丰乡丰山村		
林田村	南岗	52	花莲县凤林乡大荣一村	1914年	546
	中野	55	花莲县凤林乡大荣二村		
	北林	70	花莲县凤林乡大荣村北林里		

注：吉野村户数为1916年的统计数字，丰田村和林田村为1917年的统计数字。

资料来源：张素玢：《台湾的日本农业移民（1905—1945）——以官营移民为中心》，台北：台湾“国史馆”，2001年版，第80页。

从日本移民的来源来看，进入台湾的日本移民以日本南部出身的较多，其中，吉野村移民主要以德岛县籍为多，有74人，约占1/4，这是由于台湾总督府特意在德岛县招募所谓“模范移民”的结果；其次为广岛籍，有50人；丰田村以来自福冈籍的移民最多，有42人，占1/5强，其次为熊本籍移民30人；林田村也以福冈籍的移民最多，有56人，其次为熊本籍移民30人。三个移民村中，以福冈籍的移民最多，为141人，德岛籍移民为92人，熊本籍移民为90人，广岛籍移民80人。移民本籍超过60人以上的地区都在本州、四国、九州岛地方；当

① 林田村：原为盐水港制糖株式会社的预约许可地，后归还总督府充当官营移民村建设地，因附近林木茂盛，可辟为水田之地极多而得名，1913年丰田移民村的建设完成后，总督府开始着手林田村的土地调查，确定村落范围，同年11月，移民村公共设施陆续动工，移民住宅已有50户竣工。林田村有南岗、中野、北林三个聚落，至1917年林田村移民共为177户，767人，耕地住宅面积为546甲（《本年度移民》，转引自《台湾日日新报》1914年1月11日）。

初总督府招募移民的地域，也是德岛、香川、广岛、山口、佐贺、熊本和福冈等县[①]。以上各县多为人口密度高、农民耕地过少的地区。

根据日本政府方面的统计，1899 至 1932 年，日本外移人口最多的县依次是广岛、熊本、冲绳、福冈、山口，与台湾的日本移民本籍情形相吻合。德岛县在日本并非移民人口前二十位的地方，在台湾的德岛籍移民却高居第二位，究其原因乃德岛移民北海道的拓殖成效最好，台湾总督府刻意挑选的结果。

虽然台湾总督府在实施移民政策时采取了一系列优惠条件和保护措施，但最初时期的情况并不理想[②]。为推行其移民政策，鼓励日本移民长期定居台湾，总督府参考日本国内的农村自治制度，在日本移民村先后推动设立了一系列组织，以贯彻总督府移民政策的设计意图。在三个移民村中，以吉野村的各类团体为最多，计有“吉野村居住民会”、“水车组合”、“殖产组合”、“青年会”、“保德会”、“吉野禁酒会”等六个。“吉野村居住民会”成立最早，吉野村村民当然都是会员，居住民会主要工作在维护吉野村的公共设施及消防卫生。“水车组合”的组合员人数有 236 名（1919 年），共同出资制造日式水车，利用吉野圳分水路落差带动水车磨坊，碾制白米面粉。“殖产组合”通过共同合作，处理农作物栽培、农产销售、肥料种苗共同购买等事务，并计划经营牧场等。1917 年丰田灌溉水渠完工后，丰田村民成立了“丰田村水利组合”，分配灌溉用水及修缮维护水渠。林田村也有“恒心会储金”、“水利组合”、“青年会”三种。1918 年 3 月 31 日以后，移民村由总督府殖产局转交地方厅管辖，各村组织民团以求自卫[③]。日本移民村的“居住民会”属自治性质的社会团体，“青年会”负责提供社会教育，“殖产组合”推广农事、供销农产，“水产组合”负责农产品的初级加工，还有类似农民保险的“保德会”等。

移民村分配到的土地大多是未开垦的荒野，又加上恶劣气候的影响等，最初几年移民土地开垦的速度相当缓慢，如吉野村到 1912 年开垦面积才超过分配面积的一半，甚至到 1916 年，分配的耕地尚未全部开垦。丰田村的情况较好一些。林田村的开垦也很艰难，1917 年飓风袭击，造成 20 多甲的土地流失，使每户平均分配土地面积由 1916 年的 3.207 7 甲降为 1917 年的 3.087 1 甲。总督府为补偿日本移民的损失，陆续给其增配土地。

---

① 台湾总督府殖产局移民课编印：《台湾总督府官营移民事业报告书》，台北：台湾总督府，1919 年，第 130、219、298 页。

② 自然灾害成为影响日本移民最大的因素，1913 年台湾连续飓风的来袭，使日本移民村遭受到巨大损失。日本移民纷纷逃离。如丰田村日本移民户在 1914 年锐减至最低的 7 户。转引自台湾总督府殖产局移民课编印：《台湾总督府官营移民事业报告书》，台北：1919 年，第 102—103 页。

③ 台湾总督府殖产局移民课编印：《台湾总督府官营移民事业报告书》，台北：1919 年，第 163—166、270—284、324 页。

随着移民事业的进展，总督府认为移民事业已步入正轨，移民村的经济基础也日趋牢固，各项设备基本完善，移民村应脱离总督府殖产局的管理，归属地方行政管辖。1916 年起，总督府开始将移民事务的管辖权，逐渐转至花莲港厅①。同时总督府宣布停止官营移民事业的运作，改为奖励私营移民②。也标志着前期官营移民事业的结束。

台湾总督府结束官营移民的第一个步骤，就是开始废除移民指导所。1917 年 3 月 31 日，总督府以告示第三十九号废止吉野移民指导所③。同时进行移民指导所归属事务的交接。预计移民村归属花莲港厅管辖后，将依照日本的行政体制实施町村自治制度④。

由于丰田村和林田村的灌溉排水及其他水利工程正在建设中，所以，总督府到 1918 年才以告示第十八号宣布于同年 3 月 31 日废止丰田村和林田村的移民指导所⑤。

官营移民事业停止后，总督府决定将移民事业委托民间经营。1917 年 6 月 8 日，总督府颁布《移住奖励要领》（府令第 1308 号），开始推行以私营移民奖励方针，规定凡以开垦为目的，得到森林原野贷买转让许可，并直接经营农业的日本企业开创者，在符合总督府规定的各种条件下，移植日本农民到台湾，总督府将予以优惠奖励⑥。诸如补助移民所需交通费用的一半、补助移民住宅建筑费的一半、每家 30 元开垦费、开垦后 5 年医药费的一半，3 年全免移民子弟小学费用等⑦。

第一次世界大战爆发后，世界糖价大涨，秉承总督府的旨意，兼营移民事业的台东制糖株式会社为扩大甘蔗种植面积和生产规模，先后设立鹿野移民村（1915 年设立）、旭移民村（1916 年设立）、鹿寮移民村（1917 年设立）以及池上移民村（1919 年设立），此为后期私营移民，即台东厅私营移民时代。台东制糖株式会社最初主要由日本新泻县招募短期移民。新泻地区因冬季多雪寒冷，农民无法从事

---

① 《移民村之经过》，《奖励移民》，《台湾日日新报》1916 年 10 月 1 日。

② 台湾总督府殖产局移民课编印：《台湾总督府官营移民事业报告书》，台北：1919 年，第 356 页。

③ 成立于 1910 年，是最早的移民指导所，废止后改为花莲港出张所，仅保留两名职员。

④ 《移民地吉野村近况》，《台湾日日新报》1917 年 3 月 31 日。

⑤ 台湾总督府移民课编印：《台湾总督府官营移民事业报告书》，第 347—354 页。台湾总督府同时通报移民本籍最多的福冈、佐贺、熊本、山口、广岛、德岛、香川及爱媛七县，“台湾总督府历次募集移民，承蒙贵县协助进行劝募及调查身家，历次募集成效良好，移植经常确立，已达预定目标，今后官营移民招募停止，改行奖励私营移民”（转引自台湾总督府移民课编印：《台湾总督府官营移民事业报告书》，台北：1919 年，第 356 页）。

⑥ 台湾总督府殖产局移民课编印：《台湾总督府官营移民事业报告书》，台北：1919 年，第 356—357 页。

⑦ 井出季和太：《台湾治绩志》，台北：台湾日日新报社，1937 年版，第 577—588 页。

户外农作，早有外出谋生的传统。台东制糖株式会社以提供往返旅费、超过日本工资等优厚条件吸引新泻籍日本农民来台从事短期蔗作。两年间约有 2 000 多名短期移民前来，以后又在短期移民中募集长期移民①。在台湾总督府移民政策的财力支持下，台东制糖株式会社还投入巨资，为日本移民建造了日式住宅、医疗所、小学校、神社、青年会馆、公共浴室等设施，对日本农民颇具吸引力。

1921 年台东制糖株式会社经营发生严重亏损，难以继续兼营移民事业，遂由新成立的台东拓殖株式会社接管移民事业。除了继续招募日本移民外，也开始招募台湾本岛居民。但经营也未见起色②。至 1926 年底，日本农业移民的总数仅 677 户，3 300 余人③，苏粤渔业移民也仅有 4 200 余人④。

1922 年起，台湾总督府调整其移民政策，开始将"官有地"大量放领给台湾总督府各级退职官员，使其在岛内从事农林业开发并永久居住⑤。此时的私营移民趋于低潮，而放领土地给日籍退职官员，"多少希望能弥补官私营移民未达成的目标，也可说是变相的奖励移民"⑥。同时，总督府也渐次将台湾居民作为移民政策的对象，至 1924 年 9 月 1 日伊泽多喜二就任总督以来，积极推进以"启发台湾人，促进内台融合，进而开发未垦荒野以兴隆产业为目的"⑦的移民事业。实际上，是驱使更多的台湾农民充当日本移民的雇工，出卖其劳动力。

---

① 井出季和太：《台湾治绩志》，台北：台湾日日新报社，1937 年版，第 615 页。

② 台东厅编印：《台东厅要揽》，台东：台东厅，1931 年，第 77—79 页。

③ 日本学者根岸勉治称："次等条件的自耕农移民，既获得了土地所有权，又可以把汉人变为佃农或雇农"（根岸勉治：《日据时代台湾之农产企业与米糖相剋关系》，《台湾经济史七集》，台北：台湾银行经济研究室，1959 年，第 53—76 页）。

④ 不论日本殖民者下了多大的决心，想尽了多少的办法，都无法挽救其在台移民计划的失败（陈碧笙：《台湾地方史》，北京：中国社会科学出版社，1990 年版，第 243—244 页）。

⑤ 台湾总督府之所以放领"官有地"给日籍退职官员，是因为：1. 退职官员久居台湾已适应环境，对台湾认识较深，总督府又给予土地所有权，所以在台定居的可能性极大；2. 放领给退职官员的土地分散全岛，可真正深入农村，不像官私营移民，局限某处；3. 退职官员承领土地以后必须自耕，成为劳动阶级，可使日人与土地结合，并与台湾人打成一片，缓冲日本统治阶级与被统治阶级的对立（转引自刘淑玲：《台湾总督府的土地放领政策——以日籍退职官员事件为例》，台南：成功大学历史语言研究所硕士论文，1989 年，第 34—36 页）。而且，台湾总督府大量放领"官有地"，严重侵害了广大台湾农民的权益。失去土地的农民组织起来，与台湾总督府进行了不懈的抗争（参见台湾总督府警务局编印：《台湾总督府警察沿革志》第二篇《领台以后的治安状况》中卷，第 1034—1035 页）。

⑥ 张素玢：《台湾的日本农业移民（1905—1945）——以官营移民为中心》，台北：台湾"国史馆"，2001 年版，第 156—157 页。

⑦ 刘淑玲：《台湾总督府的土地放领政策——以日籍退职官员事件为例》，台南：成功大学历史语言研究所硕士论文，1989 年，第 27—30 页。

表六十六　在台各行业的日本人就业数字

（单位：人（%））

	1920 年	1930 年
农　业	7 461(4.5)	9 789(8.4)
水产业	2 360(1.6)	2 912(1.4)
矿　业	3 153(1.9)	2 020(1.0)
工　业	41 670(25.4)	36 425(17.1)
商　业	29 689(18.1)	44 181(21.2)
交通业	18 175(11.1)	21 031(9.9)
公务·自由业	57 677(35.0)	85 812(40.0)
家庭雇工	575(0.4)	283(0.0)
无业者	97(0.1)	425(0.0)
合　计	3 139(1.9)	10 436(4.9)
	164 266*(100.0)	213 314(100.0)

*：此数字疑有谬误，读者留意。

资料来源：金子文夫：《第一次世界大战后の对殖民地投资》，表 5。转引自山本有造：《日本殖民地经济史研究》，名古屋：名古屋大学出版会，1992 年版，第 169 页。

由表六十六可知 1920 年与 1930 年在岛内各行业的日本人就业状况。其中，除各级官厅的日本人官吏外，从事工业、商业的占据主要地位，日本农业移民的进展并不显著，1920 年至仅占有 4.5%，1930 年有所增幅，也只有 8.4%。进入日据台湾后期的 1932 年，随着日本对外侵略扩张步伐的加快，台湾总督府再次实施所谓的官营移民政策。

第三节　台湾总督府后期官营农业移民事业的实施

一　官营农业移民事业的再度实施

1931 年日本关东军发动“九一八事变”后，日本提出“北满移民”的口号；1937 年日本再发动欲独霸全中国的“七七事变”，台湾总督府则在岛内积极开展“皇民化运动”。同时，为加速“同化”台湾人民，为台湾人民树立“示范”，加紧推进台湾的“南进基地化”，积累热带作物的栽种技术经验以服务于对南洋地区的“扩张”，台湾总督府决定再次推动官营移民事业。这就是再度实施官营移民事业的背景。

此次官营移民主要集中于台湾西部，初期仅在台东设立了一个敷岛移民村。用于日本农业移民的土地，大多是西部治水工程完工后出现的河滩浮复地和保安林解除地。自1932年开始，台湾总督府在台中州陆续设立了秋津村、丰里村、香取村、鹿岛村、八洲村、利国村等6个官营移民村。此外，台南、高雄等地也出现了若干日本移民村。此次台中州农业移民，鉴于以前官营、私营移民的成败经验，对移民的选择颇为严格：要求应募者应是年满20岁以上的、55岁以下的男子或退役军人，需有农耕经验，并须持有200元以上现金或邮政存款[①]。

此次官营农业移民相较于东部移民略为改善，移民的生活也相对宽裕，特别是移民实行多种经营，不再仅限于蔗作，也种植水稻，有的移民村还种植利润甚高的烟草，经济效益也日趋好转，为日本移民事业带来了新的转机，但日本移民之数量仍未有大的提升，台湾本岛人移民也渐次成为总督府移民政策中的重要角色[②]。

为扩大对南洋地区以及中国大陆的经济侵略，并同时强化对台湾的经济统制，1936年11月总督府设立台湾拓殖株式会社。同年末，总督府决定开发台湾东部，台拓"顺理成章地担负东部开发开发重任"[③]。但东部开发先决问题，莫过于劳力不足[④]。1937年"七七事变"爆发后，总督府响应日本对外扩张之国策，进一步强化其移民政策的实施力度，台拓接受总督府之委托，开始执行向台湾东部输送日本移民的事业。但鉴于日本移民之数量远远不能满足开发所需，遂自台湾西部移入台湾本岛人以补充劳动力，同时配合总督府的特殊有用作物增产计划，进行棉花和苎麻栽培[⑤]。总督府"根据实物经验，似乎已经认知在东部移入内地人农业移民不可行的事实"。根据林玉茹的研究，促使台拓在东部施行本岛人移民计划的更大推力，是战时东部军需产业开发的需要。总督府在东部有广大的未垦地，在战时资源开发之需下，乃怂恿台拓到东部进行开垦与栽培事业，初期规划更以母国纺织工业和军需资源的棉花和苎麻栽培为主。但是，东部开发最大的问题是劳力不足，台拓衡诸先前内地人移民失利和经费考量，决定自西部引入具有热带作物栽培经验的本岛人，以达成战时东部军需产

① 井出季和太：《台湾治绩志》，台北：台湾日日新报社，1937年版，第1093页。另有不同记载：必须为纯农业户，且携带家属同去，须携带250日元以上现金等（参见矢内原忠雄：《帝国主义下の台湾》，东京：岩波书店，1988年版，第137页）。

② 林玉茹指出，因战时内地人农业移民潮转移到满洲以及战争兵力的逐渐匮乏，在台湾进行大革规模的内地人移民已经不可能（林玉茹：《军需产业与边区政策：台拓在东台湾移民的转向》，《台湾史研究》第15卷第1期，2008年3月）。

③ 林玉茹：《国策会社的边区开发机制：战时台湾拓殖株式会社在东台湾的经营系统》，《台湾史研究》第9卷第1期，2002年6月。

④ 畠中正行：《台湾殖产年鉴》，台北：台湾海外社，1938年版，第365页。

⑤ 《台拓文书》第132册，第37页；第194册，第108页；第753册，第27页。

业开发之目的[①]。

这样，1930年代中期进入台湾东部的日资企业，“乃主要自西部移入本岛人进行各种热带作物的栽培。本岛人移民成为此时热带企业的主要劳力”[②]，花东纵谷的里垅支厅甚至不再移入日本内地农业移民[③]。台拓的移民事业以岛内开发为主，并未包含海外事业地移民。移民事业最初以东部本岛人移民为重心[④]，之后扩及西部的日本移民以及中国大陆劳工招揽事业[⑤]。

事实上，总督府移民政策与其他殖民地统治政策一样，并非一开始就是“成熟”的，而是经过反复的实施与实验才渐次确立的。“帝国主义的殖民政策，几乎没有不经修正而能依照原始构想贯彻到底”[⑥]。但无论如何修正，其殖民地政策之本质是“万变不离其宗”的。

二　对台湾总督府官营农业移民事业的评析

台湾学者林玉茹指出：台湾是日本的第一个殖民地，没有殖民统治经验的日本帝国中央，基于母国人移民符合母国政治利益的殖民想象，始终主张日本人农业移民。台湾总督府的角色则具有执行母国意志和殖民者理性的双重性[⑦]。日本农业移民不但是台湾开垦史上相当特殊的移民形态，在日本移民史上亦有其独特的地位。台湾学者张素玢做出以下评述：第一，在台湾实施的移民事业为日本第一次殖民地移民的尝试。第二，台湾的移民事业为日本其他殖民地移民的基础。第三，为南进政策作准备。第四，日本跻身为帝国主义国家的具体表现。第五，日俄战争后日本移民海外受挫，台湾提供新的移住空间。第六，农业移民有移民实边、同化殖民地人民的意味[⑧]。

---

①⑦　林玉茹：《军需产业与边区政策：台拓在东台湾移民的转向》，《台湾史研究》第15卷第1期，2008年3月。

②　例如，东台湾咖啡产业会社在雷公火的咖啡栽培，完全依赖移民；1938年东台湾振兴会社在关山进行柳花甘蔗栽培，主要自新竹客家部落引入移民（钟石若：《跃进东台湾》，第96页。转引自林玉茹：《军需产业与边区政策：台拓在东台湾移民的转向》，《台湾史研究》第15卷第1期，2008年3月）。

③　江美瑶：《日治时代以来台湾农业移民与族群关系：以关山、鹿野地区为例》，台北：台湾师范大学地理研究所硕士论文，1997年，第38页。

④　台拓：《第二回营业报告书》，台北：台湾拓殖株式会社，1938年，第5页。

⑤　至1943年起，因岛内劳动力的严重缺乏，延迟多年的大陆劳工赴台才开始得以试行（台拓：《昭和十七年(1942)事业概况书》：《台拓文书》第815册、第829册）。

⑥　并木真人：《朝鲜的“殖民地近代性”、“殖民地公共性”和对日协力：殖民地政治史、社会史研究之前置性考察》，若林正丈、吴密查主编：《跨界的台湾史研究：与东亚史的交错》，台北：播种者文化有限公司，2004年版，第77页。

⑧　张素玢：《台湾的日本农业移民（1905—1945）——以官营移民为中心》，台北：台湾“国史馆”，2001年版，第1页。

大陆学者吴本荣认为台湾总督府移民政策的目标是多重的，其中，出于对国防的考虑而推进日本农民移民台湾，也是不能忽视的。日本政府希望把台湾建成“南进”的跳板，从日本要求农业移民一般为退役军人也可略见一斑。日本发动甲午战争的首要目的在于夺取对朝鲜的独占性控制，并以此为跳板和基地进一步向中国扩张。因此《马关条约》中，日本提出了割占辽东半岛和台湾的要求，其中辽东半岛主要是为了保障对朝鲜的控制，而台湾则被视为可藉以突入南海，直至菲律宾和荷属东印度的基地，只是后来因“三国干涉还辽”而只得到了台湾。移民台湾既可改变台湾的人口比例，从而达到永久占据台湾、巩固“南进”基地的目的，同时又可借助日本人在台湾垦殖的经验，实现日本产业向南洋的扩张①。

日本学者矢内原忠雄对日本移民台湾有以下精辟的总结性论述：“日本资本随国家势力而入台湾，再随国家及资本的活动而有商品贸易的进行；同时，人口的移住亦随国家及资本的活动而进行。即官吏、资本家及其附属者的移住，是台湾在住日本人的基础、根本。盖在新附的殖民地组织政府或树立资本家的企业时，不但在政治上，即在经济上，也得有本国官吏、公司职员及劳动者的移住。这是因为：殖民地原住者，尚未习惯担负近代政府及资本家企业的使用人、劳动者的职务。所以，台湾的警察也由日本募集而来，警察兼做泥水木匠；又，日本资本家兴办煤矿企业，日本人的煤坑夫就来台湾；水产企业兴，则有日本的渔民来台；制糖企业兴，日本的职工及农民随以移住。不过，移民问题的重心，则为农业移民。”②

矢内原忠雄也同时认为，台湾总督府移民政策的成效并不显著，在岛内治安趋于“平定”时，台湾总督府即“以日本农民的移殖为条件，拨给预约开垦土地；这种土地，至 1912 年止，计 31 件，凡 38 000 甲；但其中真有日本农民前来垦殖者，则为 8 件，且都失败，移民终在穷困之中离散”③。1909 年官营移民事业启动，台湾总督府原计划移民 11 905 户，59 525 人④，但至 1918 年前期官营移民结束时，花莲港厅的三个移民村一共 684 户，3 126 人，与计划目标差距极大。至 1926 年末，日本移民只有 90 户，442 人⑤。1931 年以后，官营移民事业再兴，移住地域更广，移民村数更多，共计 15 个移民村落。前后期移民户数人数，连总督府奖励的私营移民计算在内，1937 年有 1 506 户，7 630 人，1941 年 1 607 户，8 359 人，每户人数 5.2 人。1944 年人数约 9 000 人⑥。其中，台中州移民人

① 吴本荣：《试析日本据台时期对台农业移民及其危害》，载《中国社会经济史》2005 年 3 期。

②③ 矢内原忠雄：《帝国主义下の台湾》，东京：岩波书店，1988 年版，第 136 页。

④ 东乡实、佐藤四郎：《台湾殖民发达史》，台北：晃文馆，1916 年版，第 173 页。

⑤ 矢内原忠雄：《帝国主义下の台湾》，东京：岩波书店，1988 年版，第 138 页。

⑥ 有关移民人数户数的各项数据数字均有出入，台湾总督府编纂的《台湾事情》中缺少瑞穗村、新高村、昭和村的户数人口统计。在《台湾统治概要》中则不见台南州荣村、春日村的户数人口统计等。有关总督府奖励私营移民的记载有：“1917 年，官营移民停顿，总督府乃定私营移民奖励规则；自 1917 年度至 1920 年度，补助台东制糖会社 151 050 元。”（转引自矢内原忠雄：《帝国主义下の台湾》，东京：岩波书店，1988 年版，第 139 页）

数 3 550 人，为人数最多的村落。

移民经典理论告诉我们：影响移民行为的主要因素有两个方面，除了移民目的地对移民吸引力(即拉力)外，另一个就是移民原住地对移民的推动力(即推力)，此种推拉之合力最终导致移民行为的发生。台湾总督府原期待通过大量日本移民，以加强在殖民统治上、国防上以及在“同化”当地居民的力量，但日本人移民台湾的增长速度始终很低。以日本人比例较高的花莲港厅为例，1920 年花莲港厅总人口 49 764 人，日本籍有 11 264 人，占 23%，1930 年日本人增为 12 686 人，总人口增加到 75 300 人，日本人所占比率反而降为 17%，1940 年继续下降为 14%。至于人口密度较高的西部，日本人比率几乎都不超过 5%。1940 年花莲港厅的日本人为 20 117 人，其中移民仅为 3 146 人，占 15%。同年，台中州的日本人为 44 330 人，占总人口 3%，移民为 2 533 人，所占比率极低。台北州的日本人最多，但与移民事业并无关系，而是因为总督府等行政枢纽在台北，公职人员占相当比率[①]。

由此可见，台湾总督府的移民政策并不十分奏效。日据时期，台湾的人口密度虽不比日本本土高，但人口压力也相当严重。1905 年，台湾总督府举行第一次临时户口调查，人口密度为 84.5；1925 年举行的第二次国势调查，人口密度增加为 111；1940 年举行的第五次国势调查，更提高至 163[②]。再将日本与其殖民地的相对数字比较，1940 年日本人口密度为 191，朝鲜 110，库叶岛(桦太) 11，满洲(关东洲)395，南洋群岛 61(参考表六十七)[③]。

表六十七　日本与各殖民地人口密度比较(1940)

(单位：户/平方公里)

日　本	朝　鲜	台　湾	库叶岛(桦太)	关东洲	南洋群岛
191	110	163	11	395	61

资料来源：日本外务省条约局编印：《外地法制志》第 13 卷，东京：文生书院，1990 年版，第 7 页。

据资料显示，台湾的人口密度始终很高，1910 年每平方公里人口数为 1 332 人、1911 年为 1 356 人、1912 年为 1 378 人(参照表六十八)。

① 张素玢：《台湾的日本农业移民(1905—1945)——以官营移民为中心》，台北：台湾“国史馆”，2001 年版，第 416—417 页。

② 参见台湾省行政长官公署统计室编印：《台湾省五十一年统计提要》，台北：1946 年。

③ 由此可知，1932 年至 1940 年，日本对关东洲(中国东北)进行 20 年 500 万人移民计划取得较明显的效果，人口密度和日本人所占比率均增加甚多(参见张素玢：《台湾的日本农业移民(1905—1945)——以官营移民为中心》，台北：台湾“国史馆”，2001 年版，第 417 页)。

表六十八　日本、台湾、桦太、朝鲜人口比较表

地区	日本		台湾		库叶岛桦太		朝鲜	
年度	人口总数	一平方公里人口数	人口总数	一平方公里人口数	人口总数	一平方公里人口数	人口总数	一平方公里人口数
1910	50 984 844	2 056	3 106 223	1 332	2 103	95	13 128 780	930
1911	51 753 934	2 087	3 162 787	1 356	2 114	96	13 823 376	979
1912	52 522 753	2 118	3 213 221	1 378	2 150	97	14 566 783	1 031

资料来源：本庄荣治朗：《人口及人口问题》，东京：日本评论社，1930 年版，第 192—193、250—252 页。

台湾全岛由于人口密度较高，可供日本移民开拓的空间有限，因此到 1940 年，在台日本人总数为 312 386 人，占台湾总人口 5 872 083 人的比率不过 5.3%①；而日本农业移民总数为 8 123 人，在全台湾总人口中更是微乎其微②。因此，从解决日本国内过剩人口的角度来看，台湾总督府大力推行的移民政策意义不大③。此外，台湾较高的人口密度实况，也阻止了更多日本农业移民的进入；1931 年“九一八事变”之后，中国东北地区成为日本面积最大、资源最丰富的殖民地，并由于地理接近，东北地区成为日本大规模移民的新目标，也减缓了日本向台湾移民的步伐。

日本占据台湾之初，为确立殖民地的统治基础，台湾总督府曾多次做过精确的人口（国势调查）与土地调查，对台湾的土地数量以及人口分布状况等已充分掌握，为何在土地面积狭小、人口密度也相当高的台湾仍要进行大规模的农业移民？被列为最适合日本移民的台湾东部人口较稀少，日本移民人数比率高于其他地区。如上所述，台湾总督府曾于 1912 年在东海岸拨出耕地 38 000 甲，鼓励日本农民移殖，不久日本移民即因过不惯台湾农村的艰苦生活而星散。至 1918 年总督府实施的前期官营移民事业终止以后，移民人数并无明显增加，距离台湾总督府预定计划中的移民数量仍非常遥远。事实上，日本移民从 1905 年的 59 000 余人增至 1931 年的 243 000 余人，26 年间共增 184 000 余人，每年增加（暂且不扣除自然增殖部分）仅 7 700 余人，对解决日本过剩人口问题作用

① 台湾总督府 1940 年国势调查，引自日本外务省条约局编印：《外地法制志》第 13 卷，《日本统治下的桦太》，东京：文生书院，1990 年版。

② 据统计，到 1945 年台湾光复时，在台日侨总数为 308 232 人（引自陈鸣钟、陈兴唐主编：《台湾光复和光复后五年省情》（上），南京：南京出版社，1989 年版，第 245 页）。

③ 在日据台湾的 50 年中，并未出现过大规模的日本移民潮，一般认为原因有三：1. 台湾的气候为日本所不习惯；2. 安土重迁，不喜欢离开本土，为日本的民族性；3. 如无国家的特殊保护，就不能独立与其他民族做经济的竞争，此为日本民族的习性（参见伊大知良太郎：《日据时代台湾经济与日本》，周宪文译：《稻粱集》（下），台北：中华书局，1972 年版，第 1064 页）。

不大①。事实证明，台湾总督府虽鼓励日本人移民台湾，但是成效确实不彰②。连负责移民计划的总督府官员东乡实也承认，以移民台湾作为解决日本国内过剩人口的对策，价值是不大的③。因而，对日本移民台湾问题研究颇深的台湾学者张素玢认为，就移民的目标而言调节日本过剩人口的功能极其有限，倒是作为殖民母国领有殖民地的象征意义来得多些④。

随着日本侵华战争的扩大，台湾总督府也加强了其移民政策的实施力度。据林献堂日记记载，1936 年日本"殖民振兴会"⑤干事氏家美涛来台湾，在与林献堂会面时，告知他此行的目的是调查台湾岛内日本移民的状况，并告知其台湾总督府计划再动员 50 万日本人到台湾的移民计划。为筹措移民费用，台湾总督府已决定将台湾售至日本的大米每石加税 3 元到 5 元。林献堂认为台湾总督府若继续大量移民到台湾的话，台湾人将无立足之地⑥。1940 年起，台湾总督府大力推动台湾籍民向东南亚以及中国海南岛等地移民，使其充当日本侵略扩张的经济先锋。即将台湾人大量迁居台湾岛外，给日本移民提供更多的开拓与生存空间。1943 年台湾总督府殖民产局继续在日本招募农业移民到台湾，计划在 1944 年 2 月移住台湾中南部⑦。台湾总督府这种鼓励台湾人移居南洋，

---

① 陈碧笙：《台湾地方史》，北京：中国社会科学出版社，1990 年版，第 243 页。

② 台湾总督府拓殖局：《殖民地要揽目录》，东京：帝国地方行政学会，1920 年版，第 5 页。

③ 矢内原忠雄：《帝国主义下の台湾》，东京：岩波书店，1988 年版，第 141 页。

④ 张素玢：《台湾的日本农业移民（1905—1945）——以官营移民为中心》，台北：台湾"国史馆"，2001 年版，第 418 页。笔者则认为：张素玢的观点代表了台湾史学界一般的看法，有其合理性，但是，这种观点并没有认清和把握台湾总督府移民政策的实质。仅从人口密度和土地面积上来看，的确，在台湾适合日本移民的空间极为有限，但这正是台湾总督府秉承日本政府的移民战略意图所借用的理由，随着太平洋战争的进程，台湾总督府开始实施日本人→台湾"移民"与台湾人→南洋"移民"的移民模式。同时台湾总督府还与日本海军合作，鼓励日籍台民向海南岛移民，开发海南岛的经济等。即将台湾人大量迁居台湾岛外，给日本移民提供更多的开拓与生存空间。太平洋战争爆发后，岛内移民村的日本青壮年全被征调前线，移民村几近空虚，但台湾总督府却欲进一步加强移民事业。将台湾逐渐改造为以日本人为岛内社会主体的战略性移民政策一直是日本政府与台湾总督府移民政策的核心所在。

⑤ 日本政府的御用殖民机构，主要为日本政府的海外移民政策提供咨询，以及移民政策、规划的制定等。

⑥ 林献堂：《灌园先生日记》1936 年 3 月 7 日。

⑦ 《台湾への农业移民》，《台湾农会报》第五卷，1943 年 9 月，第 100—101 页。后由于在太平洋战争中，日军节节败退，台湾岛内也遭受重大冲击，随即台湾总督府此项移民计划被迫停止。对于台湾总督府如此殖民地移民规划，台北实践大学校长谢孟雄指出："……台湾自《马关条约》割让给日本，除了压榨台湾的资源，并进行皇民化运动，彻底消灭中华文化使汉民族同化于日本大和民族的计划中，台湾各地普设神社供奉'大和天皇'神位，同时大量自日本移民于今之台东县及屏东县，改良台湾稻米品种以适合日人口味，其最终的目的把不能同化的台湾同胞全部驱出本岛，移往菲律宾南洋等地，幸二次大战日本战败而没有成功，否则台湾同胞真是有家归不得，永远沦为日寇军国主义侵略的牺牲品"（见谢孟雄：《日本殖民台湾的例证——一页台湾忽略的历史》，载《联合报》第 15 版"民意论坛"，2001 年 4 月 17 日）。

又继续招募日本农业移民台湾的做法,引起台湾民众的疑虑[①]。总之,总督府通过对台湾实施农业移民,加快了对台湾资源的掠夺,便利其对台湾的殖民地统治[②]。

① 台湾学者张素玢在研究中发现:许多台湾人认为日本移民台湾,又将台湾人移至南洋,其目的在使台湾成为日本的天下(引自张素玢:《台湾的日本农业移民(1905—1945)——以官营移民为中心》,台北:台湾"国史馆"2001年版,第454页注释62)。其实,日本当时在朝鲜与中国东北均推行了相同的殖民地移民政策,如东洋拓殖会社"以进行大量日本移民拓殖计划和平征服韩国,并发行社债支付移民费用用为其营业目的(黑濑郁二:《东洋拓殖株式会社:日本帝国主义とアジア太平洋》,东京:日本经济评论社,2003年版,第1、第7页)。满洲拓殖会社则与台拓几乎同时成立,是为了将日本人移入满洲实边,进行20年100万户农业移民计划而成立(铃木隆史:《日本帝国主义与满洲》,台北:金禾出版社,1998年版,第603页)。台拓移民事业的整体规划和规模远不如东拓和满拓,但该社扮演着日本南进"杀进队长"的角色(后藤乾一:《昭和期日本とインドネシア》,东京:劲草书屋,1986年版,第51页),因此势必进行华北和南洋移民,尤其是本岛人的海外扩张则为其特色(拓务大臣官房调查课:《拓务要览》,东京:杉田屋,1939年,第569—570页)。

② 吴本荣指出:台湾总督府推行之农业移民政策,对台湾农业造成一系列危害,首先是总督府侵占了台湾的大片土地;其次是加重了对台湾农民的剥削;再次是加剧了台湾经济的畸形发展;最后,日本移民高高在上,以统治者自居,对台湾民众心理造成伤害(吴本荣:《试析日本据台时期对台农业移民及其危害》,《中国社会经济史》,2005年第3期)。

第八章　工业化与战时经济统制下的台湾米糖业

从1930年代起，日本对外扩张战争的步伐加快，为配合日本占领南洋地区的战争需要和扩大对外经济掠夺，台湾总督府开始推行所谓“工业台湾、农业南洋”的殖民新战略，为使台湾在未来战争中，充分发挥政治、军事及经济等“南进基地”的作用，总督府开始大力发展军需产业。以1931年“九一八事变”为契机，台湾总督府开始修正其长期推行的以米糖单一经济结构为特征的经济政策，开始制定促进和推动台湾“工业化”的产业政策，以使台湾作为军需工业的生产基地和南进的补给基地。1934年在中川健藏总督及平塚广义总务长官的主持下，台湾总督府开始实施“台湾产业开发十年计划”[①]，积极推进工业化。1941年10月，总督府召开“临时台湾经济审议会”，确立了台湾工业化的基本构想。所谓的“工业化”，基本上是军国主义所要求的军需现代化[②]。1941年12月太平洋战争之后，台湾总督府愈加推动军需工业、重化工业的发展；在加速扩建铁路、公路、港口和机场的同时，还创建了飞机制造、燃料和钢铁工业等。这一期间，除食品加工业继续发展外，化学、金属、机械工业等有了显著发展，重化工业逐渐取代轻工业成为台湾经济的主体，台湾社会经济开始转为半农半工社会。本章以日据后期台湾总督府推行之“工业化”以及战时经济统制为背景，对这段期间台湾米糖产业的艰辛发展与内涵进行考察。

---

① “台湾产业开发十年计划”的内容为：1. 工业振兴：① 工业之基本调查，② 燃料工业之兴办，③ 纤维工业之发展，2. 特殊农产物之奖励：① 棉作奖励，② 黄麻奖励，③ 苎麻奖励，④ 蓖麻奖励，⑤ 油桐奖励，⑥ 烟叶奖励，⑦ 香料及药用植物之奖励，⑧ 其他农业之奖励；3. 水产业之奖励；4. 矿产资源开发之调查；5. 山地开发；6. 交通设施：① 台湾环岛公路之完成，② 中部横断公路之开筑，③ 港湾设施之整备，④ 铁道之改善，⑤ 航路之改善，⑥ 航空之改善，⑦ 通信设施之改善；7. 贸易振兴：① 拓殖机构效能之发挥，② 拓殖企业之促进，③ 南洋渔场之开拓，④ 华南及南洋文化设施之扩充。

② 陈孔立主编：《台湾历史纲要》，北京：九州出版社，1996年版，第407页。

第一节　日据前期台湾殖民地工业实况

一　日据前期台湾的产业结构

日据之前台湾的产业结构　为深刻了解日据初期台湾总督府的米糖经济政策以及台湾产业概貌，我们有必要回顾一下日据之前（晚清时期）的台湾产业结构。众所周知，由于台湾岛内地理气候等特征有利于农业的发展，“平地适于种植甘蔗；坡地适于种茶；山地有林木，其中以樟脑树最有名”。而且，从经济的观点来看，“农业相对于工业具有比较利益”[①]。因此，至日据前夕的晚清时期，台湾仍以农业为主要生产部门，工业生产只限于糖、茶及樟脑的农产品加工业。而且“一般农家并不积极从事副业性质的家庭手工业，而是以所生产的农业加工品交换进口的各种消费品。工业无论在产品结构、生产技术及生产组织上都相当落后”[②]。以糖业为例，由于甘蔗的栽种相当耗费地力，但台湾蔗农很少施肥[③]，也不灌溉，因此蔗叶细小，含糖量极低，长期以来，每甲甘蔗园的产量基本维持在 64 000 斤左右[④]。岛内榨蔗以及制糖技术也很落后，生产形式多属于小作坊式的糖廍。按照甘蔗的收获季节，每年 10 月，岛内大量搭建临时糖廍，劳工也为临时雇募。制糖技术也落后，压蔗主要用石磨，石磨以牛力拉动，生产效率很低；制糖技术多以土法制造，糖蜜成分高，质量粗杂。一直到咸丰十年（1860），台湾的产业结构仍以米、糖为主。1860 年之后，淡水、鸡笼（今基隆）、安平（今台南）、打狗（今高雄）陆续开港，贸易市场扩大，才加速了糖业的发展，并促成茶叶及樟脑业的发展。糖、茶及樟脑的出口值占了台湾总出口值的 90%以上[⑤]。

---

① 台湾省文献委员会：《台湾近代史》（经济篇），南投：1995 年印行，第 200 页。

② 同上，第 201 页。

③ 《领事报告》，vol. 17，p. 150；《海关报告》，1878，打狗部分，p. 23。转引自林满红：《茶、糖、樟脑业与台湾之社会变迁（1860—1895）》，台北：联经出版事业公司，1997 年版，第 72 页。

④ 台湾省文献委员会：《台湾近代史》（经济篇），南投：1995 年印行，第 203 页。另据计载，当时每甲约可收 850 至 1 020 担的甘蔗，甘蔗制糖率约为 7.5%，故每甲每年产糖量约为 60 至 70 担；若制白糖，则比率更少，仅约 20 至 30 担（参见《临时台湾旧惯调查会调查经济资料报告第二部》上卷，东京：三秀舍，1905 年版，第 150 页；卢守耕：《台湾之糖业及其研究》，《台湾之糖》，台北：台湾全民行，1949 年，第 1—23 页）。

⑤ 在 1871—1875、1881—1885 及 1891—1896 年中，各年平均比率分别是 90.6%、96.7%及 93.1%（转引自台湾省文献委员会：《台湾近代史》（经济篇），南投：1995 年印行，第 283 页注释 6）。1868—1895 年间，茶、糖、樟脑的出口总值占当时台湾出口总值的 94%（林满红：《茶、糖、樟脑业与台湾之社会变迁（1860—1895）》，台北：联经出版事业公司，1997 年版，第 153 页）。

以1868年的币值计算，三种物品的出口值从1868年的679 903海关两，增至1894年的4 074 371海关两，增长了将近5倍，平均每年增长率超过19%[①]。直到日据前夕，台湾主要的工业大致只有碾米、制糖、制茶、樟脑等。也有一些闻名的特产，如“云锦织造绸缎，既闻京邑”。还有“大甲席之名闻远近”[②]等等，这些物品皆为小区域性的特产。从产量上来看，这些特产的重要性不及米、茶、糖及樟脑；四种主要工业品中，碾米业的附加价值相当低，约只有总产值的10%左右。从附加价值来看，茶、糖及樟脑在工业上的重要性超过碾米业。

简言之，日据之前台湾工业发展的特性有三：第一，台湾农家副业式的家庭手工业不如一般传统经济重要；第二就是制造业偏重于少数农产加工品；第三，贸易刺激生产，从而带动某些技术的改良，使工业得以更快速发展。但在缺乏有效的技术开发制度以及政府推动不足的情况下，技术的改良有限且推广缓慢，同时生产组织停留在作坊式的生产，也缺乏电力或蒸汽力等现代化动力推动之机器设备[③]。一直到甲午战争以前，仅有富商李春生以新法焙茶，及沈鸿杰以德制机器制茶[④]。总之，直到1895年日据前夕，台湾的工业结构仍偏重于少数的农产加工品[⑤]。

随着1895年日本殖民统治的建立和台湾殖民地经济的缓慢发展，台湾社会结构与日据之前相比，发生了质的变化：台湾总督府殖民地官僚体系取代了清朝官员的统治地位；在清代后期占有主要地位的西方外国资本，受到日本的排挤，不得不陆续退出台湾；原有的银行—妈振馆—茶行的经营模式也逐渐衰颓，直至被完全淘汰；当年垄断两岸贸易的郊商，在日据前期严重衰落，大陆资本势力日益式微[⑥]。台湾经济进入日据下的殖民地经济发展时期。台湾总督府在岛内首先推动殖民地基础工程的构筑，当时总督府经济政策的最大目标是取代英、美等国在台湾的经济优势，确立日本资本对台湾经济的绝对控制。

日据前期台湾的产业结构　进入日据时期，台湾的产业结构渐次发生变化。自1898年起，在儿玉源太郎总督、后藤新平民政长官等台湾总督府头面人物的推动下，台湾制糖业渐次发展起来。1900年三井财阀牵头成立了台湾制糖株式会社，并在台南府桥头仔成立了第一家拥有现代化制糖设备的大型制糖工

---

① 台湾省文献委员会：《台湾近代史》(经济篇)，南投：1995年印行，第202页。

② 连横：《台湾通史》卷二十六，“工艺志”，上海：华东师范大学出版社，2006年版，第343页。

③ 台湾省文献委员会：《台湾近代史》(经济篇)，南投：1995年印行，第204页。

④ 台湾省文献委员会：《台湾省通志稿》卷七，《人物志》第二册，南投：1962年印行，第99、100页。

⑤ 台湾省文献委员会：《台湾近代史》(经济篇)，南投：1995年印行，第201页。

⑥ 陈孔立主编：《台湾历史纲要》，北京：九州出版社，1996年版，第367页。

厂，随后以日资为主的新式制糖工厂不断出现①。随着新式糖厂的增设以及生产力的提高，为日本资本独占的台湾制糖业开始步入近代化②。这样，台湾产业结构长期以制糖业为主。同时，台湾产业结构的变迁受日本经济发展的严重制约。日据初期，日本资本主义仍然处于低级水平，其国内的产业结构也仅以轻工业为主，重工业并不发达。甲午战争以后，由于从中国掠取到巨额战争赔款，相当于3.65亿日元，约等于日本1895年国家财政收入的4倍以上③。这不仅大大改变了日本的财政状况，而且进一步促进了日本资本主义工业的发展。以造船业为例，1894年造船公司为4家，纳税资本约为27万日元；1896年虽只增设1家，但纳税资本激增至227万日元④。同样，1894年有9家煤炭公司，纳税资本为97万日元，而1896年则增为17家，纳税资本也增至950万日元。机器制造业，1894年有5家公司，纳税资本21万日元；1896年增至16家公司，纳税资本210万日元⑤。日本的纺织、造纸等轻工业发展迅速；与此同时，日本的重工业也进入新的发展时期。1897年，以中国战争赔款创建了日本八幡制铁所⑥，该制铁所以掠自中国大冶的铁矿石为原料，1901年第一座高炉正式投产，当年生铁产量为3万吨，占日本全国生铁的53%；钢材产量为3 000吨(加上副产品5 000吨)，占日本钢材产量的82%。1892年日本煤炭产量为317余万吨；1897年增至518万吨以上；1902年又增至954万余吨，大体相当于甲午战争前的3倍⑦。对外贸易也取得较大发展，1892年至1897年间，日本主要出口物资的输出总额，从9 110万日元上升为16 313万日元以上；同期内，主要进口物资的输

---

① 1900年台湾制糖株式会社创立时，当时台湾传统旧式糖廍有1 000多家，以后有些传统旧式糖廍加装小型机器成为改良糖廍，更有越来越多的新式糖厂兴建。1907—1908年期间新式糖厂已有7家，所出产糖量只占24.24%，而传统旧式糖廍仍产有54.03%的糖，可是1912—1913年新式糖厂骤增至26家，产糖量占总量之比率也达到88.17%，糖业的生产力因而大幅提高(张汉裕：《日据时代台湾经济之“演变”》，《台湾经济史二集》，台北：台湾银行经济研究室，1955年，第81页)。

② 1910—1911年期之际，新式糖厂有21所，一日的原料压榨能力达18 509吨。反观改良糖廍74间的压榨能力只有6 130吨，旧式糖廍则数量大减至499所。到1910年8月(总督府对旧式糖廍的)制糖能力限制之后，新式糖厂的数量及作业能力更为扩大，反观改良糖廍及旧式糖廍激减了200多所。到1917年制糖能力限制撤废后，新式制糖厂能力扩张，改良糖廍又重新开始新设，在1917—1918年期，新式糖厂已达37间，具有31 654吨的制糖能力，改良糖廍33所，年产量共2 810吨，旧式糖廍再减至311所(陈玟瑾：《日据时期台湾糖业与交通运输关系探究(1896—1945)》，台南：成功大学历史语言研究所硕士论文，2000年7月，第10—11页)。

③ 守屋典郎：《日本经济史》，周锡卿译，北京：三联书店，1963年版，第123页。

④⑤ 同上，第126页。

⑥ 今日本最大钢铁企业——新日本制铁所前身。

⑦ 守屋典郎：《日本经济史》，周锡卿译，北京：三联书店，1963年版，第143页。

入总额也从7 132万余元增至21 930万日元①。普通银行也由1893年的545家增至1895年的792家，1896年超过1 000家；至1900年则扩展至1 802家。此期间，四大财阀系（三井、三菱、安田、住友）银行也先后建立，加上第一银行、第十五银行、鸿池银行和正金银行，八大银行在日本金融界占据了支配地位②。

尽管日本资本主义工业迅速发展，但正如列宁所说："资本主义的生产，只能跳跃式的发展，即进两步退一步，有时甚至两步都退回来。"③1896年末至1897年初，日本发生经济危机，致使其产业经济出现停止或倒退。日本政府虽然采取一些紧急措施，度过了危机，但只能应急一时。1900年日本又陷入了经济危机，这不仅对台湾殖民地经济的运行产生直接影响，同时也使台湾产业结构长期维持既有状态。在1920年以前，台湾的食品加工业产值占全岛工业产值比率的80%以上，一直到1942年仍然为58%④。如此高的比重使糖业的发展左右了整体工业的发展趋势。工业结构过度集中于单一产业，全体工业的成长形态容易受到该产业的影响。在1912/15至1931/35年间工业产值的扩张有50.26%得自于砂糖产值的扩张⑤。故当砂糖的成长速度在1912/20，1920/30，及1930/36年间持续下降时，全体工业也有相同的成长形态⑥。糖业属于农产品加工业，其发展与农业原料（甘蔗）的供给关系至大。但蔗作生产受自然条件之影响，很不稳定。而且其收获量决定于土地的条件及种植面积，超过一定限度以后，收获量不易扩张。因此农产品加工业的成长较不稳定而且较容易达

① 下中邦彦：《日本史料集成》，东京：平凡社，1963年版，第543页。

② 吴廷璆主编：《日本史》，天津：南开大学出版社，1994年版，第495页。

③ 《列宁全集》第5卷，北京：人民出版社，1959年版，第72页。

④ 台湾总督府殖产局商工课：《台湾商工统计》，台北：1925年，第51—59页。食品业之所以居如此重要的地位，一方面由于承继清治时代的经济体系，农产加工业具有比较利益，故米、糖、茶加工业乃继续发展；另一方面日本对台湾砂糖的需求，导致总督府致力于糖业技术及生产组织的现代化，糖业因而从19世纪下半叶的长期停滞状态转入蓬勃发展的阶段，砂糖的产量乃急剧扩增。砂糖之年平均产量在1902/1905年只有5 000万公斤，1931/1935年时提高到8亿3 000万公斤（参见台湾总督府殖产局特产课：《台湾糖业统计第二十六》，台北：1938年，第76页；《台湾之糖》，台湾特产丛刊第一种，台北：台湾银行，1949年，第72—73页）。糖业的发展因而遥遥领先于其他工业，成为工业中的一枝独秀。砂糖产值占工业总产值的比重一直到1936年仍有54.92%。其中，砂糖产值占工业总产值的比率在1912—1920年为28%至80%之间，1921—1936年降至50%至60%之间（砂糖及工业总产值引自台湾总督府殖产局商工课：《台湾商工统计》，台北：1940年版）。

⑤ 砂糖产值（sq）的成长率（rs）为174.99%，而其占份在1 912/15为66.67%；其他产品产值的成长率（rm）为350.05%，占份为33.33%。以上两部门对制造业产值成长率（232.11%之贡献分别为（1.749 9 * 0.666 7）及（3.500 5 * 0.333 3）（转引自台湾省文献委员会：《台湾近代史》（经济篇），南投：1995年印行，第285页注释25）。

⑥ 有关1912—1942年间岛内各类工业年平均成长率之实况，可参见台湾省文献委员会：《台湾近代史》（经济篇），南投：1995年印行，第209页表2。

到饱和。1912 至 1936 年间食品业或其中的砂糖业成长率远较重化工业及其他轻工业不稳定。而且食品及砂糖业的年平均成长率在 1912/1920 年时虽高于重化工业及轻工业，但是持续快速下降，至 1930/1936 年已分别降至 0.66%及 0.19%，远低于重化工业的 5.8%及轻工业的 4.24%，致使全体工业的成长率降到 1930/1936 年的 1.62%。因此工业结构过度集中于少数农产品加工业，容易造成全体工业成长不稳定及无法持续扩张[①]。由此，日据前期，以制糖业为特征的台湾产业结构始终占据台湾工业经济的首要位置。不过，制糖业虽是当时台湾最重要的产业，但其重要性逐年下跌[②]。

综上所述，由于日据前期日本仍处于资本主义发展的初级阶段，其经济结构仍以轻工业中的食品业及纺织业为主，但日本严重缺乏工业原料，工业发展也带来粮食不足的问题。因而台湾在日本所设计的帝国经济圈内区域分工的形态为“工业日本、农业台湾”，这种形态一直维持到 1930 年代。这一期间，制糖业成为台湾总督府发展台湾经济的主轴产业，台湾产业结构也呈现为以制糖业为核心的特征。台湾总督府经济政策的基本方针在于，一方面要为日本市场提供廉价的粮食与原料，以提高日本工业的生产力；另一方面要成为日本工业品之销纳市场，以促进日本工业之发展。此为“工业日本、农业台湾”之殖民地实质，也是米糖经济得以发展的社会背景。进入 20 世纪 30 年代，日本资本主义经济以及军事实力发展迅速，向南洋（东南亚）扩张已是既定之策。另一方面，经过 30 余年的发展与积累，台湾的经济程度高于南洋，并由于地理位置之便利，开始充当日本向南洋扩展的“南进基地”；由此，在日本殖民地利益及南进政策的驱动下，台湾在日本资本主义经济区域内的分工形态跃变为“工业台湾、农业南洋”。台湾总督府的工业发展政策也随之调整，由 1930 年以前的糖业政

① 台湾省文献委员会：《台湾近代史》（经济篇），南投：1995 年印行，第 209 页。

② 相对于制糖业重要性的下降，反之，重化工业的比重渐次提高，1912 年时只有 7.6%，1942 年已达 28%。重化工业的比重并非持续上升，1917 年以前大约维持在 6%，1918 年才骤然升至 12.58%，但是此后直到 1933 年为止都在 15%上下波动，1933 年以后才从 15%持续增加到 1942 年的 28%（台湾总督府殖产局商工课：《台湾商工统计》，台北：1925 年，第 51—59 页）。可见在 1910 年代末及 1930 年代以后的两段期间里重化工业的成长速度超过全体工业。以 1937 年币值计算，全体工业的产值在 1914—1918 年提高了67.96%。重化工业的成长更加急速，四五年中增加了 175.25%，平均每年成长 43.81%，几为全体工业的三倍。1919 年以后成长速度就缓慢下来。1933 年以后由于（总督府）产业政策改弦更张，工业奖励的对象由糖业转为重化工业为主轴的整体工业，重化工业的成长速度才有提高（台湾总督府殖产局商工课：《台湾商工统计》，台北：1925 年，第 51—59 页；吴聪敏、高樱芬：《台湾货币与物价长期关系之研究：1907 至 1986》，《经济论文丛刊》第 19 辑第 1 期，1991 年，第 61—63 页；台湾省行政长官公署统计室编：《台湾省五十一年来统计提要》，台北：1946 年，第 778—787 页）。

策转为1930年代后的整体性工业政策[①]。

日据前期台湾产业结构虽发生一定的变化，但"台湾工业发展的方向决定于日本本国政策上的需求及台湾本身的经济条件，工业政策并非完全以台湾本身的利益为依归"[②]。如上所述，在1895年至1930年代之前，台湾总督府执行"工业日本、农业台湾"之既定经济殖民政策，至1931年"九一八事变"之前，台湾的主要工业仅为食品加工业，也即制糖业。有台湾学者认为，随着日本资本主义经济的发展，其"强大的经济力量及较先进的工业促成台湾现代化工业的兴起，工业的发展使工业的产值终于在1930年代末超过农业的产值。不过，台湾既为日本之殖民地，其经济发展在于满足日本本国的需要，故工业的结构呈现一些独特之处"[③]。这一论述虽然并不准确，也无客观依据，但其所指之"独特之处"，应视为是指区别于日本的台湾产业结构的殖民地特性。

二　以食品加工业为主要特征的岛内工业发展轨迹

1895年日本占据台湾，开启以政府力量结合民间资本推动产业发展的时代。日据前期，经过总督府的强力运作，台湾的产业组织已初具现代化雏形，特别是官营企业与民间企业更有长足之进展。台湾工业发展大致可以1930年分为前后两个阶段，1930年代之前以糖业政策为中心，厚植日本大资本家之糖业独占势力，1930年代以后则为战略需要推动整体性的工业发展[④]。也即日据前期台湾总督府奉行"工业日本、农业台湾"的殖民地政策，台湾被迫从事米、糖的单一耕作(monoculture)农产品[⑤]。主要建设重点在于交通运输及水利等方面，当时的工业也以食品加工业及其附属工业为主。这种情形到了1930年代有相当重大的转变，台湾工业化与日本帝国的战时体制同时推进[⑥]。"工业台湾、农业南洋"成为此时期总督府奉行的目标，向来为日本提供米糖的总督府经济政策开始被修正，转向以军需产业为重点的"工业化"。这个工业化给殖民地经济结构带来了某些变化[⑦]。

日据之后建立强有力的总督府，完成保障投资安全的基础工作，驱逐外资，引进日本资本，并劝诱本地资本投入糖业生产，得到极为丰硕的成果。台湾总督府为促进台湾企业投资所做的努力，包括：(1) 巩固治安安定，进行土地调查事业，改革币值与度量衡等；(2) 经营国家资本事业，如建设铁路、港口与官营专

---

①②④　台湾省文献委员会：《台湾近代史》(经济篇)，南投：1995年印行，第223页。

③　同上，第199页。

⑤　隅谷三喜男、刘进庆、涂照彦：《台湾の经济——典型NIESの光と影》，东京：东京大学出版会，1992年版，第13—20页。

⑥　许介鳞：《日本留给台湾的工业化遗产》，台湾：日本综合研究所网 www.japanresearch.drg.tw/twhistory.01.acp。

⑦　陈孔立主编：《台湾历史纲要》，北京：九州出版社，1996年版，第406—407页。

卖社业等;(3) 总督府在行政、财政上直接援助企业,如糖业奖励与保护,设立台湾银行与台湾电力株式会社,修筑嘉南大圳;(4) 总督府人力支持企业经营,以退职官吏出任企业经营者,但也因此出现流弊;(5) 劝诱台湾人资本应募入股,使日本资本家获利,如林本源制糖会社等[①]。其中总督府直接经营的独占企业包括以下三大类:(1) 依据特别法创立的独占企业,如台湾银行与台湾电力株式会社,分别独占台湾的金融与发电业;(2) 官营及专卖事业,如官营独占台湾的林业与铁路,及盐、樟脑、烟草、酒的制造与专卖;(3) 总督府特别监督的企业,如台湾青果株式会社,独占香蕉的销售与运输,及嘉南大圳的官营独占[②]。

台湾总督府一方面积极建设岛内的基础事业,以期实现吸引日本资本的目的;一方面以总督府威权专制强力排挤外商与华商在茶、糖、樟脑、米贸易与海运的势力,将商权转移到日本人之手。至 1907 年前后,除少数茶贸易外,外资几乎被驱逐一空,理由如下:(1) 日本商人以强大资本与外商和华商进行市场竞争;(2) 日资在台湾设立企业,以产业资本和商业资本结合,胜于外商的商业资本活动;(3) 日资在台湾成立银行金融资本予日商融资,较外商之自有资金与汇丰银行厦门分行融资便利;(4) 实施樟脑、鸦片、烟草等国家专卖制度,输出入之权转入日商之手;(5) 总督府在行政与财政上直接且差别保护日资,如航路补助金;(6) 关税政策提高除日本以外之台湾对外关税,使贸易由大陆、香港转向日本[③]。日本资本在战争中迅速累积,由于台湾之热带、亚热带气候与自然环境,加之劳动力价格低廉,台湾总督府力求提高台湾企业的利润率,吸引日资来台。在总督府扶植之下,日本资本首先与外商资本竞争取得商权,并由商业资本结合产业资本与金融资本,进行糖业和其他产业的独占,进而以台湾为基础向海外推广投资事业,其中以制糖会社对日本、琉球、朝鲜、满洲、上海、南洋的糖业投资,及台湾银行在对外贸易与对中国、南洋的投资活动最为显著[④]。

总督府工业政策的首选仍是糖业,1902 年,在总督府民政长官后藤新平的主持下,台湾总督府设立“临时台湾糖务局”,由农政专家新渡户稻造负责主持,专门负责制定总督府的糖业奖励政策及配套措施,并监督岛内糖业的改良与奖励工作。简言之,我们所论述的糖业包含甘蔗种植业及制糖加工业,总督府糖业政策亦涵盖之。据台湾省文献委员会编印之《台湾近代史》(经济篇)一书的记载,总督府糖业改良政策的内容可分成农务之改良、工务之改良及市场销售三方面。农务上的改良包括品种的改良、水利之改进、施肥之增进、耕作方法之改良及病虫害之防除。工务之改良在于淘汰旧式糖廍,建立新式糖厂,以增加

---

① 矢内原忠雄:《帝国主义下の台湾》,东京:岩波书店,1988 年版,第 44—47 页。
② 同上,第 57—61 页。
③ 同上,第 38 页。
④ 同上,第 32—65 页。

产量并提高质量。而销售方面的政策包括稳定供应糖厂甘蔗原料，且使甘农之生产不致滞销；及排除外国砂糖之输入日本，以确保台糖之日本市场[①]。为达成以上各项改良，总督府所用的政策工具可以归纳为研究发展之直接参与、财政补贴、关税及原料采取区之划定。具体内容如下：

1. 研究发展之直接参与：1903 年在大目设甘蔗试作场，又相继于台北、台中、台南、麻豆及台东设置苗圃；更于 1906 年设立糖业试验场，以集中统辖糖业的一切试验。又利用新蔗苗配给制度及民营模范园之示范，积极推广试验成功的新品种。从 1903 至 1925 年，总计无偿配给蔗苗 2 亿 4 千 6 百万株[②]。台湾总督府积极研究发展及有效的推广系统，迅速的促进了品种的更迭。从 1902 年的四、五十年中，总共完成四次品种的更换。其间玫瑰竹蔗、爪哇细茎种、爪哇大茎种及糖业试验所育成的实生种相继取代旧品种，成为最普及栽种的品种。每当旧品种暴露缺点，收获量骤降之际，新品种便能适时推出。而且在短短数年之内，便几乎完全取代旧的品种[③]。

2. 财政补贴：补贴措施主要行之于农务及工务的改良。农务上的补贴有灌溉排水设备补助费及肥料补助金，总共支出 600 万元。历年受补助所施行之灌溉排水面积从 1902 年的 217 甲，增加到 1930 年的 138 517 甲。施用商品肥料的面积占总施肥面积的比率提高至 1936—37 年的 75.30%[④]。工务上的补贴政策，在于促成新式制糖厂的建立。补贴的对象包括使用原料达一定数量的砂糖制造者、输入的制糖机械及改良糖廍，总计补助 112 万元[⑤]。这些奖励措施使新式制糖厂勃兴，在 1901—02 年期只有 1 家，至 1941—42 年已增加到 50 家。同一期间，新式制糖厂所产糖量占总产量的百分比从 2.04%激增至 98.39%。

3. 关税：关税保护政策目的在于防止外糖输入日本。当时一般物品进口税率为 10%，而砂糖税率却为 40%，以后逐渐提高至 100%。台湾与日本在关税领域上属同一国境，两地之贸易品称为移出入，无需课纳关税，故高关税有效杜绝了外国糖之输入日本，确保了台糖之日本市场[⑥]。高关税使绝大部分台湾糖得以出口到日本，销售日本之糖占台湾糖总产量之比率

---

① 台湾省文献委员会：《台湾近代史》（经济篇），南投：1995 年印行，第 224 页。

② 持地六三郎：《台湾殖民政策》，东京：富山房，1912 年版，第 188 页。

③ 关于甘蔗品种的更新换代，可参见卢守耕：《台湾之糖业及其研究》，《台湾之糖》，台北：台湾银行，1949 年，第 4 页附表。

④ 台湾总督府殖产局特产课：《台湾糖业统计》第二十六册，台北：1928 年，第 128、65 页。

⑤ 矢内原忠雄：《帝国主义下の台湾》，东京：岩波书店，1988 年版，第 105 页。

⑥ 叶淑贞：《日据台湾租税结构之分析》，载《经济论文丛刊》，21：2，1993 年 6 月，第 179—221 页。

在1906—07年时已达95%，1930—31年则更提高到97%。

4. 原料采取区域之划定：此一制度在于确保各糖厂，尤其是新式制糖厂原料充裕之供应，并免除甘蔗之滞销。台湾总督府于1905年发布制糖厂取缔规则，凡欲设立糖厂需政府许可，并经总督府划给原料采取区域。各糖厂只能于划定区域内采买甘蔗，而且必须负责收购划定区内之全部甘蔗。此一制度主要目的在使新式糖厂容易设立扩充[①]。

因此，直到1930年代以前，台湾总督府在工业方面的经济政策，几乎只有对制糖业的奖励政策；茶业虽也为总督府所注意，但奖励的程度及范围与糖业相差甚远[②]。台湾总督府秉承日本政府"工业日本、农业台湾"的经济殖民政策，大力拓展台湾的糖业，1898年，儿玉总督与后藤新平民政长官就任之初，将糖业的开发置于产业政策的首位。以糖业开发为首要任务之工业政策。而儿玉—后藤时期总督府糖业奖励政策的拟定，乃是依照新渡户稻造的《糖业改良意见书》的建议，而糖业政策的执行则归功于祝辰巳(1906年11月13日，后藤新平调任满铁总裁，由总督府财务局长祝辰巳继任总督府民政长官，其任职期间为1906年11月13日至1908年5月25日)[③]。儿玉源太郎总督与后藤新平民政长官共同确立了发展岛内糖业产业的基本框架，以后历任总督大体承继了这一既定政策。

我们多次论述过，日据初期的台湾糖业极为萧条，1898—1900年间的糖产量甚至仅及日据前夕1894—1895年间的48.4%，十年后才恢复到日据前1894—1895年的水平[④]。1900年代时，日本在台湾投资规模较大的工业，大多是以制糖为主，例如台湾制糖(1900年)、明治制糖(1906年)、盐水港制糖(1907年)、新兴制糖(1908年)、帝国制糖与台湾肥料(1910年)、台东制糖(1913年)等日资制糖会社，另外还有台湾制砖株式会社(1913年)等[⑤]。为实现总督府财政独立的目标，台湾总督府大力施行其殖民地糖业政策。在其政策的大力援助下，日资糖业会社挟其雄厚的资金以及新式制糖技术，迅速垄断了台湾制糖产业，取得压倒性的优势[⑥]。此时期台湾的产业结构中即是以糖业为主体，在1912—1913年之间，日资为主的新式糖厂产糖量为6.3万公吨，高居全台产量

---

① 参见台湾省文献委员会：《台湾近代史》(经济篇)，南投：1995年印行，第225—226页。

② 对茶业的奖励大都只限于参加国际博览会，以期扩张国外市场(参见井出季和太：《台湾治绩志》，台北：台湾日日新报社，1937年版)。

③ 持地六三郎：《台湾殖民政策》，东京：富山房，1912年版，第185页。

④ 周宪文：《日据时代台湾经济史》第一册，台湾研究丛刊第59种，台北：台湾银行，1958年，第79—80页。

⑤ 周宪文：《台湾经济史》，台北：开明书店，1980年印行，第1027—1048页。

⑥ 矢内原忠雄：《帝国主义下の台湾》，东京：岩波书店，1988年版，第168页。

的 88.2%[①]。1914 年第一次世界大战爆发，此时期食品工业生产值占工业生产总值的 86.3%，砂糖产值占食品工业产值的 79.2%。1914 年至第一次世界大战爆发时，台湾工业依然以制糖工业为主，当时台湾商品工业生产价值占全台工业生产总值的 86.3%，其中砂糖产值又占食品工业产值的 79.2%，而化学工业、窑业、机械器具工业、金属食品工业和纺织工业等产值，全部加起来仅占工业生产总值的 8.2%[②]。1914 至 1918 年，台湾工业的生产总值由 1914 年的 5 264 万元，增至 1917 年的 16 681 万元，4 年间增加 3.2 倍。一次大战后台湾工业持续增长，1920 年工业的生产总值增至 21 401 万元，较 1917 年增加 28.3%。1914—1920 年间，工厂数亦由 1 309 间增至 2 695 间[③]。

一次大战期间，日本经济迅速增长，国内资本大量累积增加，日本国力也因此强盛，台湾也逐渐成为日本资本输出的区域。但在 1920 年代，台湾工业出现大幅的衰退，1922 年工业生产总值降至 13 393 万元，较 1920 年降低 37.5%，至 1929 年时恢复至 24 675 万元，但 1931 年又跌至 19 275 万元。1914—1931 年间，台湾工业没有明显的成长，1931 年以前，台湾工业仍是以食品加工业为主，其余各项工业也是环绕着食品加工业。例如机械工业产值中 64.4%是制糖通用各种机械；金属工业产值中 28%是凤梨制罐附属的锌铁皮；化学工业产值中 30.9%是以砂糖副产品糖蜜制造的酒精[④]。糖蜜作为酒精原料，自 1908 年起由台湾制糖会社开始制造[⑤]。酒精与造纸同时被列入总督府军需工业化政策实施项目中[⑥]。另外，自 1930 年代以来，日资糖业会社的实力大增，特别是其本身的

① 川野重任：《日据时代台湾米谷经济论》，林英彦译，台湾研究丛刊第 102 种，台北：台湾银行经济研究室，1969 年版，第 87 页。根岸勉治：《台湾之农业企业与米糖相剋关系》，《社会政策时报》第 178 号、第 179 号，1935 年 8 月，第 63 页。

② 张宗汉：《光复前台湾之工业化》，台北：联经出版事业公司，1980 年版，第 28 页。

③ 张宗汉：《光复前台湾之工业化》，台北：联经出版事业公司，1980 年版，第 24—27 页；周宪文：《日据时代台湾经济史》第一册，台北：台湾研究丛刊第 59 种，台湾银行，1958 年版，第 63 页。

④ 张宗汉：《光复前台湾之工业化》，台北：联经出版事业公司，1980 年版，第 106 页。

⑤ 同上，第 130 页。

⑥ 张宗汉：《光复前台湾之工业化》，台北：联经出版事业公司，1980 年版，第 24—27 页。酒精与造纸的原料来源均为制糖业的副产物——糖蜜与蔗渣。各制糖会社陆续设立酒精工厂，至 1937 年增至 15 所之多（台湾糖业公司：《台湾糖业概观》，台北：台糖公司，1947 年版，第 21 页）。至 1943 年酒精工厂的数量达到顶点。而蔗渣亦在本阶段开始移作蔗板及纸浆原料，产量亦突飞猛进。是故以往糖业在生产价值中由于偏重制糖有“属于工业加工所加之价值占 35%，而 65%乃农业生产价值，其属于工业的尚不若属于农业”（张宗汉：《光复前台湾之工业化》，台北：联经出版事业公司，1980 年版，第 107 页）的说法，现在由于副产品的加以利用，工业加工价值增加，已及糖产品价值的半数，达到农工各占半数的局面。这种因应军需工业的转变，使得日资制糖会社的经营产生明显的质变（陈兆伟：《国家经营下的台湾糖业（1945—1953）》，台北：稻乡出版社，2003 年版，第 29 页）。

金融能力大幅提高，也有向传统糖业部门以外其他产业伸出触角的能力[①]。台湾总督府则积极推动日资糖业会社投资酒精与造纸业更扩及其他有关产业，甚至于官营拓殖会社。后来事实证明日资糖业财团的投资占1940年台湾工业投资的60%[②]。1930年代以前的糖业发展，台湾现代化的产业资本与企业组织，是以总督府的力量结合日本资本的推动之下发展起来的。

至1930年为止，在总督府糖业奖励政策之推动下，台湾引进日本资本与新式制糖业，将台湾人本地资本从商业与土地经营导引至产业投资上，实有显著贡献。虽造成糖业与各产业的大资本独占，但仍保有民间中小企业的市场竞争机能[③]，并一直维持至第十一任总督上山满之进时代（1925年7月—1928年6月）。随着日本资本主义经济的强盛，对台湾的经济需求也在不断改变着。在台湾总督府糖业政策的强有力推动之下，糖业成为台湾岛内唯一较具规模的现代化产业，砂糖产量因而迅速增长，至1930年代日本所需的砂糖有很大部分由台湾供应，显示总督府糖业政策的目的已基本达到[④]。台湾糖业的出口贸易对于岛内工业的贡献率也是逐年上升的，台湾砂糖绝大部分供出口，而出口的绝大部分又是运销日本。以1931/1935年为例，平均年砂糖出口量占了砂糖总产量的94.36%，而出口量的97.18%是运往日本[⑤]。因此砂糖生产的增加有相当大一部分是出口扩张的贡献。若以1937年的币值计算，砂糖的产值在1912/15至1931/35年间总共涨了约175%，其中115.96%源自出口的扩张，也就是说出口扩张对产值增加的贡献率高达三分之一[⑥]。同一期间，台湾制造业总产值增长了232.11%，其中有116.67%来自于砂糖一项产品的扩张，也就是说制造业产值的增加率有一半来自于糖业，而糖业以外所有其他产业对全体制造业的贡献率只与砂糖一项相当而已。综合糖业对制造业增加率的贡献及出口扩张对砂糖产值成长率的贡献，可知砂糖出口扩张对制造业产值成长率的贡献率为33.31%[⑦]。以上数据显示，在1930年代以前，仅砂糖一个产业的出口贸易就对全体制造业产值的增加提供了三分之一的贡献，可见糖业在台湾产业结构中的地位与重要性。

另外，为配合总督府工业化政策以及企业利益的考量，自1930年代末期

---

① 涂照彦：《日本帝国主义下の台湾》，东京：东京大学出版会，1975年版，第326—327页。

② 同上，第331页。

③ 台湾省文献委员会：《台湾近代史》（经济篇），南投：1995年印行，第263—264页。

④ 同上，第226页。

⑤ 台湾总督府殖产局特产课：《台湾糖业统计》第二十六册，台北：1938年，第76页。《台湾之糖》，台湾特产丛刊第1种，台北：台湾银行，1949年，第72—73页。

⑥ 参见台湾省文献委员会：《台湾近代史》（经济篇），南投：1995年印行，第292页注释124部分。

⑦ 同上，第292页注释125部分。

起，日资制糖会社开始对糖业以外及岛外事业的投资，其走向大致有三点：1. 其投资项目不只包括酒精、纸浆等有关副产品投资，更拓展橡胶等行业；2. 岛外（以南洋为主，尤其1940年以后日本占领南洋及中国海南岛后，日资制糖会社对南洋的投资更为紧凑）的投资倾向甚至高于岛内；3. 投资国策会社的台湾拓殖会社①。如此，加快了岛内产业结构的变迁。1937年“七七事变”之后，台湾总督府的工业化政策是积极扩充生产力，力求使台湾全岛有限的资源尽可能发挥最大的效果，以满足侵略战争的需要。在战时体制下，以制糖业为特征的台湾产业结构加快调整，特别是在台湾总督府扶持日本资本、挤压当地资本的政策促使下，台湾土著资本日趋萎缩。1927年台湾首富板桥林家的林本源制糖会社为日资盐水港制糖会社所兼并；1937年林献堂、林熊征、颜国年被迫向日本资本出让其经营多年的“南洋仓库”；1936年台湾银行派日本人职员出任基隆颜家（颜国年）台阳株式会社的总务部长和商务部长，实际控制了颜国年家族属下的所有产业；1941年三井财阀系的台湾制糖株式会社也兼并了高雄陈家（陈中和）的新兴制糖会社②。曾经为日本积极“奉献”而得到总督府赏赐、进而在资本积累上有所发展的五大台湾特权家族也遭遇如此“待遇”，其他岛内中小土著资本的命运就可想而知了。至1941年，在台湾总督府的威权推动下，台湾糖业界最终合并为日本制糖、台湾制糖、明治制糖、盐水港制糖四大日资制糖会社。台湾制糖业至此完全为日本资本所控制，台湾总督府推动日本资本独占糖业之政策目标完全实现。台湾糖业地位稳定后，总督府的农业调整方针必然朝向稻作方面。对总督府来说，米价上升造成农民生活条件的提高，却成为其发展工业的阻碍，也就是其不利于工业劳力的取得且增加工业成本的负担③。于是压抑稻作及控制米价成为总督府调整农业以便振兴工业的主要手段。在日本政府颁布战时统制米谷管理输出令之后，台湾总督府亦于1939年颁布《台湾米谷输出管理令》，即台湾对日输出的蓬莱米全由总督府以统一价格收购④。总督府实施米价管制，必然对稻作的生产产生很大的冲击。在此需考量的是总督府的收购米价，其价格比日本内地市场便宜23%到25%，而仅略高于岛内在来米⑤。如此导致稻作面积下降，使得农业结构有了变动，甘蔗、稻谷以外的经济作物发展

---

① 涂照彦：《日本帝国主义下の台湾》，东京：东京大学出版会，1975年版，第331—332页。

② 许介鳞：《日本留给台湾的工业化遗产》，台湾：日本综合研究所网 www.japanresearch.drg.tw/twhistory.01.acp。

③ 高桥龟吉：《现代台湾经济论》，东京：千仓书房，1937年版，第73—86页。

④ 川野重任：《日据时代台湾米谷经济论》，林英彦译，台湾研究丛刊第102种，台北：台湾银行经济研究室，1969年版，第171—172页。

⑤ 涂照彦：《日本帝国主义下の台湾》，东京：东京大学出版会，1975年版，第133页。

迅速，为工业化的发展提供工业原料[①]。

在1930年代以前，台湾总督府扶植日本糖业资本在台湾的发展，使台湾人本地资本分化为日本资本之从属者与对立者两大部分。从属于日本资本者多源自于台湾原有之豪族头家大中地主所拥有之土地资本，经过土地调查大租权的改革，或听从总督府与有力者的劝说，或受新式企业资本家兴起的刺激，而转变为企业资本家，如彰化银行、林本源制糖、新兴制糖等。亦或经由专卖制度等与总督府权利相关的投资企业，如台湾制盐。其中有多数是通过股票制度动员游资，提供资本供日本人经营，自己无经营实权，这与1923年之前台湾总督府禁止台湾人单独成立株式会社有关。至于与日本资本竞争对立者，首先是从事对外之华商大陆资本深受打击而告退出，与其相关的本地台湾人中小资本所经营的旧式糖廍与改良糖廍则因新式制糖工厂的竞争而没落[②]，或改投入新式糖业生产，或转向岛内市场的米贸易。但至台湾蓬莱米输日累增之1927年以后，米业亦归日商掌握[③]，糖业更因日本资本之独占无法匹敌。然而台湾社会中存在有力的中产地主阶级，兼为中小资本的企业者，与日本人中小商工业者竞争。由于台湾人生活费用与经营成本较日本人低，且总督府在行政技术上无法给予日本人如同独占性大资本家的差别保护，所以台湾人之中小地主与商工业者成为日本中小商工业者压倒性的竞争对立者[④]。

台湾总督府制定殖民地经济政策的原则是站在殖民统治者的立场，并不谋求台湾工业的全面发展，最初，台湾工业只是配合发展农产品加工和手工业而已。1914年第一次世界大战爆发，工业产品需求量骤增，台湾工业急剧发展，进入所谓“战时繁荣期”。台湾工业增长的主要动力是食品加工业，1920年，食品加工业工厂数为1 462家，1937年增加到5 368家，同期职工人数从28 079人增为48 669人。食品加工业的主干是制糖业，1914年砂糖产值占食品加工业产值的79%，1920年为89%，1929年为83%。1929年糖产值占整个工业产值的比例高达61%。到1923年为止，台湾虽然已成为日本的粮仓，米糖加工业也有显著之提升，但岛内工业仍处于家庭工厂的小规模工业阶段。据统计，1934年，不满30人的小工厂有6 704座，占工厂总数的95.3%。日本资本在台湾工业中占据绝对优势，居于垄断地位。三井、三菱、住友、安田等大财阀等，除投资台湾的制糖业外，还在樟脑、制茶、矿山、金属、化工、制麻等产业领域进行广泛的渗透，直接掌握台湾的经济命脉。

随着台湾总督府殖民地经济政策的渐变，1930年代后的台湾殖民地经济呈

---

① 有关日据后期台湾农作物构成种类之变化，可参见涂照彦：《日本帝国主义下の台湾》，东京：东京大学出版会，1975年版，第129页。

② 矢内原忠雄：《帝国主义下の台湾》，东京：岩波书店，1988年版，第89—92页。

③ 同上，第33—35页。

④ 同上，第97页。

现三大特征:一是与战争有关的军需工业,二是自给自足的民生消费工业,三是资本与企业组织趋向集中分散的两极化[①]。一方面以日资为主且有发展基础的糖业资本,在台湾总督府一贯的政策主导与资本主义的市场竞争之下,一再进行合并,成为资本集中独占的大企业。例如台湾原有许多制糖会社,此时合并成为日本制糖、台湾制糖、明治制糖、盐水港制糖四大会社。到1941年,台湾的工业化基础大体上已经奠定完成[②]。另一方面,由于战争关系,鼓励军需与民生工业的发展,促成中小企业林立,其中多有台湾人资本的投入与企业经营经验的取得。企业组织中较具规模者为会社,从1899年的3家迅速成长为1926年至1929年的818家,再跌为1934年的331家、1938年的435家、1942年的688家、1945的695家。其成长速度远不及工厂总数从1929年的5 870家,增至1940年的8 940家,可见1930年后个人工厂的大量兴起。这也可从1935年以工人数统计之工厂规模得到佐证,工人5人以下者占工厂总数的59.2%。5—29人只占36.1%,30—99人者占3.2%,100人以上者占1.5%。再根据业别分类统计,其中以工人在5人以下之小型食品加工厂占总数的52.4%[③]。说明直到1935年台湾工业的发展仍以具有历史传统与农业基础的食品加工业为主,也可由此推知,台湾人的企业投资方向。1929年合计株式会社、合资会社、合名会社所占资本比例分别为92.2%、5.3%、2.5%。其中株式会社资本中,日本人与台湾人资本分别占90.7%和8.4%。至1940年前后,已缴资本额为20至500万元的小株式会社,在台日人资本占35%左右,而台湾人资本比例从38.5%降为25.5%,减少部分由在日日人资本递补,从25.5%增至36.4%。已缴资本额在500万元以上的大型株式会社,在日日人资本维持76%左右,台湾人资本比例由3.6%跌至2.8%,在台日人资本由18.5%增至20.4%[④]。

综上所述,日据前期,台湾总督府工业产业政策仅是发展以米糖加工业为中心的食品产业,且发展缓慢。在"工业日本、农业台湾"殖民经济模式下,台湾产业结构长期以甘蔗、凤梨、茶叶等农产品加工业为重心。就工业产值来看,从事农产品加工的食品加工业比重高居不下,1914年占86%,1920年占81%,1931年仍占77%。其他工业也多为农产品加工业的附属产业,仅砂糖、凤梨罐头以及相关产业在1920年已占工业总产值的80%,1931年仍占70%。可见这两种农产品加工业地位的重要性。进入日据后期,随着日本对外扩张战争的步伐,以"军需化"为特征的工业化成为台湾总督府战时统制经济政策的核心目

---

① 台湾省文献委员会:《台湾近代史》(经济篇),南投:1995年印行,第264页。

② 许介麟:《战后台湾史记》,台北:文英堂,1996年版,第4—5页。

③ 根据《台湾商工统计》第15册。引自周宪文:《日据时代台湾经济史》(第一册),台湾研究丛刊第59种,台北:台湾银行经济研究室,1958年,第69页。

④ 周宪文:《日据时代台湾经济史》第一册,台湾研究丛刊第59种,台北:台湾银行经济研究室,1958年,第75—76页。

标，台湾产业结构亦渐次改观。

三　“工业化”——战时体制下台湾总督府殖民地经济政策的重大调整

台湾虽然具有开发工业的诸多良好条件，但是，日据前期台湾总督府经济政策的原则是全面贯彻“工业日本、农业台湾”的方针，其战略基点主要是把台湾视为日本的原料供应地和产品销售市场，由此，台湾长期维持着米糖产业为特征的殖民地农业经济结构。随着日本军国主义对外扩张战争的进行，服从于日本本国的台湾总督府也开始急速调整其殖民地经济政策，即开始注重对工业（主要是军需工业）的投入。进入日据后期，台湾工业化成为总督府日趋关注的产业目标。工业化的出台，一是日本确定南洋为其侵略目标，需要将作为南进跳板的台湾发展为军事基地；二是日本内地在工业发展的推动下则有劳力及资源等的不足现象发生，也不得不往台湾寻找出路，对台湾工业化的形成亦产生推波助澜的效用①。另外，对日本而言，台湾以米糖为基轴的经济结构亦到了必须调整的时候，即台湾可开发而适合耕作的土地几已全部被利用，垦殖亦接近顶点，而人口迅速增加，农业事实上已不能容纳②。同时在农业发展过程中，基于殖民者的立场，由于根深蒂固的传统地主制的存在，长久以来农业剩余（包括因地价昂贵导致的剩余）大多为本地地主所得，自然不为殖民统治者所接受③。因而总督府遂有改变现阶段台湾农业体系使其走向工业化的打算。

1930 年前后，为配合日本军国主义战争需要，配合日本政府以华南、南洋为侵略目标的南进政策，台湾总督府开始渐次启动所谓的“工业化”产业政策，发展以军需工业为主要内容的重工业，使台湾成为军需品的生产供应基地和南进的补给基地，以承担日本日趋扩大的战争需求。1930 年 11 月，石塚英藏总督主持召开“临时产业调查会”，讨论并制定出台湾产业设施及经营改善的一系列方针。在此次会议中，针对战时体制下岛内糖业发展的规划是：除供应台湾本岛市场外，应确保日本内地的制糖业得以自给自足；随着人口增加力图增产；降低生产费；降低关税；对抗外国砂糖，谋糖业独立；进而实行糖业输出；试验机构统一并扩充；制糖业整顿合并；海外糖业调查，扩展销路；糖业税法修正改善。其中，利用蔗渣的造纸业和酒精业被列为主要新兴行业。总督府推动军需工业化的意图，可由台湾电力株式会社（1931 年设立）的指导书中看出，“今后电气事业之目的在供给廉价电力，振兴大工业，历来仅以农业为中心的台湾产业界划一

---

① 高桥龟吉：《现代台湾经济论》，东京：千仓书房，1937 年版，第 8—9 页。

② 由农业成长率看出，1880 年至 1900 年台湾农业成长率是 1.5，1900 年至 1920 年是 4.1，但到了 1920 年以降则下降至 0.8（转引自陈兆伟：《国家经营下的台湾糖业（1945—1953）》，台北：稻乡出版社，2003 年版，第 21—22 页）。

③ 高桥龟吉：《现代台湾经济论》，东京：千仓书房，1937 年版，第 41—43 页。

革新时代，以增进其实力，使其成为南进基地”[①]。1935年5月，总督府召开“热带产业调查会”，会议认为“今后除了输入岛外各种工业原料到本岛以促进新式工业以外，更需要运用岛内各种原料发展各类产业，以补充日本之需求。更要将销路拓展到华南、南洋等市场”[②]。从“热带产业调查会”的构想来说，乃基于日本国内经济形势的变化，而必须“振兴工业”，调整殖民地经济结构。这就是30年代中期台湾总督府推动“工业化”的主导思想，其构想在一定程度上得到了实施。另在1941年10月台湾总督府临时经济审议会议上，长谷川清总督亦指出：“台湾成为南进政策上经济与国防重要基地，而台湾工业化实为南方政策之必要条件。”[③]由此可知，工业化是为应军事上的需求，故当时所创建的工业自始至终均带有浓厚的军事色彩。

自1931年台湾进入战时体制时期，总督府实施的四项重要产业政策为：(1) 1933年制定米谷统制法限制台湾米输日，鼓励农业发展，以自给自足或对外贸易之作物取代米的地位。(2) 1934年日月潭水利发电厂完工，推动台湾自给自足工业与军需工业之建立。前者包括新兴工业部门，如轻金属制造、制铁、机器制造、石油及天然瓦斯、纸浆、制碱、肥料、无水酒精、油脂等工业。后者则以重工业及化学工业为主。(3) 1937年“七七事变”后，台湾产业政策以生产力扩充5年计划为中心，推动新创工业与既有工业之扩充发展，主要集中于军需工业之金属、化学、机械制造等部门。一方面促进资本与生产的集中，如1940年大日本制糖与帝国制糖的合并，一方面加强经济统制，压抑物价与工资。(4) 1941年太平洋战争爆发，台湾成为日本南进的基地。糖业大资本更加集中，并向南洋外移，工业仍偏重金属、化学、机械制造等军需工业及自给自足之轻工业，如纺织业、造纸等。然而由于战争期间海运阻断、通货膨胀、战时统制、物资匮乏、资本及劳动力不足等因素，生产不敷战争需要，设备遭战争破坏，终至停顿破产[④]。

1931年日本军国主义发动“九一八事变”，强占中国东北全境，并开始策划向东南亚扩张的南进政策。1937年中日战争全面爆发，战争风云席卷整个东亚地区，台湾在日本南洋战略中的地位发生巨大变化和提升，急速成为日本侵扰南太平洋地区的“南进基地”。调整台湾的战略位置，使其充当日本南进的军需基地及工业补充基地，成为日本政府及台湾总督府紧迫的施政课题。由此，总督府开始施行台湾经济结构的重大变革，总督府称其“经济再编成”。除了适应

---

① 张宗汉：《光复前台湾之工业化》，台北：联经出版事业公司，1980年版，第75页。

② 台湾总督府：《热带产业调查答申书》，1935年。

③ 台湾经济年报刊行会：《台湾经济年报》，东京：国际日本协会，1942年版，第124—125页。

④ 潘志奇：《台湾之社会经济》，《日据时代台湾经济之特征》，台湾研究丛刊第53种，台北：台湾银行经济研究室，1957年，第20—43页。

未来战时的体制，经济渐有统制之必要，再编成尚包括工业化及农业改编①。1931年后，工业化成为台湾总督府大力推进的核心产业政策；所谓农业改编乃是要降低农作结构中稻蔗的比重，加重工业原料作物的比重，其终极目标也在于促进工业化。台湾总督府此时采取的产业政策与行政措施主要有：对基本设施之投资、培训从事发展研究与人才及生产资源之配给，此外尚有设立工业区、推广补助金制度及企业之合并等。具体内容如下：

1. 基本设施之投资：主要有电力及交通两方面之建设。1934年日月潭水利发电工程完工后，整个西部电力输送设备乃告完成，得以廉价供应电力，促成了铝、合金铁及肥料等重化工业的兴起与发展。台湾的工业化既然依赖日本、南洋及华南的原料及市场，为促进工业化达成日本之南进政策并建立大东亚共荣圈，便捷的交通及通讯建设成为必要条件。总督府除了编列庞大预算、扩充岛内铁路、港湾及公路系统外，又开辟了台湾与菲律宾、广东、曼谷、东京、横滨、朝鲜及满洲国等之间的新航路或航空线。有四条扩建的铁道线：(Ⅰ)纵贯铁道延至潮州；(Ⅱ)高雄州附近溪州枋寮线；(Ⅲ)溪州东港线；(Ⅳ)新高港及花莲港线。港口方面有基隆及高雄港的扩建；花莲港及新高港的建设，及马公、安平、苏澳港的修筑及改良。公路方面预计新建600公里。从1937年至1941年所列该些方面之预算高达一亿元以上②。

2. 研究发展与人才的培育：研究发展方面主要在整顿旧的研究机构，使之负起工业研究与工业发展的任务。内容包括将中央研究所从综合性的研究机构改为四组专业研究机关，特别着重工业研究所，并创设天然瓦斯研究所。又整顿原有的工业研究机构，如糖业试验所。人才培育则透过工业学校之教育。设立台北帝大工业部、各种工业学校及简易工业学校。至1941年共有学生13 000人以上，对中级技术人员之培育有相当贡献。从1937年至1941年在研究发展及人才培育等方面所投入的预算达1 000万元以上③。

3. 资源的配给：工业化所需的资源，无论资金、劳力及原料都不足。为使资源流入既定的产业上，总督府决定实行资源的配给制度。在资金的筹措上，除利用强迫储蓄办法筹措资金外，并请求日本金融业协助，以充裕资

① 楠井隆三：《战时台湾经济论》，台北：南方人文研究所，1944年版，第17、34页。

② 张宗汉：《光复前台湾之工业化》，台北：联经出版事业公司，1980年版，第103—104页。有关台湾与各国间的航线或航路，可参见楠井隆三：《战时台湾经济论》，台北：南方人文研究所，1944年版，第254—257页。

③ 参见台湾总督府官房文书课编：《台湾总督府统计书》，1927年至1932年(第39统计书至第43统计书)中财政篇内的有关部分。

金之供给。再依"临时资金调整法"及"银行业资金运用令"将长短期资金导入特定产业。经由此一制度流入军需相关工业的资金比例逐年上升，在金融机构所贷出的设备资金中，指定工业所得到的比率，从 1937 年的 16.1% 增加至 1940 年的 42.8%。劳力统制之目的，一方面在规定工资，另一方面在限制劳工及技术人员受雇用及转业之自由，以防止有用劳力流入非急要之事业。经由劳工的统制，1937—1941 年各业雇用工人数之增加率，在金属、机械及化学工业为 63.47%，而食品工业只有 37.71%。另外，由于工业原料多依赖进口，但时值战争，各国输出有限，进口不敷所需，故举凡普通钢材、机械、钢铁制品、废铁、铅、纸张、火药、煤炭等皆采取配给制度[1]。

为推行其蓄谋已久之南进政策，台湾总督府早在 20 世纪 30 年代期间就开始构建与南洋、华南的经济关系，台湾岛恰处于南洋及华南的中心位置，遂成为日本势力南进的跳板。除成立台湾拓殖株式会社，对该地区进行投资外，还企图利用该地区原料，建立台湾的工业，再以工业产品销售至该地区，因而"工业台湾、农业南洋"的新分工形态乃产生。原有农产品加工业经营之合理化及销路之扩张也为此一阶段工业化目标之一。而且，发展台湾工业可支持日本重化学工业，至 1930 年代，日本的工业结构已经逐渐由轻工业转为重化工业[2]。运用廉价的电力及进口原料，台湾可供应日本重工业的原料及燃料，如铝、铁及高纯度酒精等。更重要的是，侵略并掠夺南洋及华南的战略资源，已是日本军国主义的既定目标，战争的扩大是不可避免的。台湾既为日本的南进基地，为加强殖民地经济，供给日军战争需求，自需建立一些军需工业以满足这种需求。由此，自 1931 年起，台湾进入整体工业化时代，不过时值战争时代，乃特别偏重与军需有关的重化学工业。

1930 年，台湾总督府设立临时产业调查会，昭示着总督府制定并施行"工业化"政策的起步；1935 年台湾总督府又设立热带产业调查会。总督府成立这两个调查会的主要目的，就在于对南洋地区的经济进行全盘的调查与研究，并提出具体的施政方针。综合两个调查会的调查结果，可归纳为二点：第一，利用南洋及华南的原料，发展台湾的工业，并以制成品销往该地区。第二，对蔗渣、天然瓦斯、酒精、肥料、制盐等新兴工业进行试验与研究；对窑业、麻织、帽子、竹木

---

① 张宗汉：《光复前台湾之工业化》，台北：联经出版事业公司，1980 年版，第 87—96 页。

② 在 1896/1900 年时，轻工业（食品及纺织业产值之和）及重化工业（化学、钢铁及机械产值之和）占总制造业产值之比率分别为 74.67%及 10.97%；但 1936/1940 年分别变成 38.53%及 47.55%（参见筱原三代平：《矿工业》，载大川一司、筱原三代平、梅村又次编：《长期经济统计》（第十册），东京：东洋经济出版社，1972 年版，第 144—147 页）。

等既有工业予以奖励与扶助[①]。调查会虽确立了台湾工业发展的方向，但一直到1938年总督府第一次生产力扩充计划提出以前，台湾总督府对工业的发展只停留在准备阶段。除了日月潭水电发电工程的完工，以带动铝、合金铁及化学肥料等工业的发展；青果、凤梨及制糖会社等的统制或合并，以促进经营之合理及出口之扩张；及交通与通信事业的扩充，以配合大东亚共荣圈的建立外，并无具体工业措施。直至1938年，在日本生产力扩充计划下，台湾方能与日本的工业发展进行区域性的分工，台湾总督府才开始全力支持台湾工业的发展。这便是台湾工业化得以实施的背景。

在中川健藏总督与平塚广义总务长官的主持下，台湾总督府于1935年召开"热带产业调查会"，确定"保持台湾与南支南洋地区更紧密的经济关系"为未来台湾经济的发展方向。总督府随后开始重新调整农业政策，强化对农业经济的统制力度，计划将以米糖经济为主的台湾农业经济整合以配合日本的战争需要方面。此时，日本海军的南进战略与陆军的北进战略同时成为日本的国策。在日本海军的推动下，日本政府取消文官总督制，恢复台湾总督武官制，以适应日本政府及军部将台湾建为"南进基地"的战略设计。1936年9月2日，最后一任文官总督中川健藏下台，由预备役海军大将小林跻造出任第十七任台湾总督。此后，台湾进入到后期武官总督时代，同时也意味着在日本对外战争的过程中，在日本海军及台湾总督府共同推动的南进政策中，台湾的战略位置开始上升，并渐次占有最重要的位置。1939年5月19日，在日本拓务省举行的记者招待会上，尚未上任的小林跻造将日本对台湾的统治政策归纳为"工业化、皇民化和南进基地化"的三大方针[②]。

关于实施工业化的目的，小林跻造强调，台湾的产业向来是以农业为中心，然而帝国今后一旦向南支、南洋扩张，自然必须将占地利之便的台湾予以工业化，扶植以热带农产品为原料的加工工业，因此电力的开发成为当务之急[③]。"因为日本战时须扩充生产力，以增加军需品的供应，于是农业发达已近顶点的台湾，必须使其工业化，而台湾本身亦有工业化的优良条件，如廉价的电与煤作动力等；另一方面，作为日本南进目标的南洋及中国南部，均属经济落后地区，销纳工业制品而供给原料，逐渐达到'农业南洋'与'工业台湾'的境域"[④]。关于"南进基地化"，小林跻造总督认为必须把它作为对台湾统治的大出发点，他说："台湾乃南方发展及对南支、南洋方面经济南进之据点，必须从此一点来考虑台湾统治。"小林跻造多次强调："台湾终将工业化、日本化，帝国也将从此巩固其

① 台湾省文献委员会：《台湾近代史》(经济篇)，南投：1995年印行，第227页。

②③ 《台湾日日新报》1939年5月20日。

④ 黄通等：《日据时代之台湾财政》，台北：联经出版事业公司，1987年版，第68页。

南方政策的基础。”[①]可见，总督府欲推行之工业化政策，完全是为了实现其既定之“南进基地化”的战略目标，并为台湾最终实现“日本化”（皇民化）夯实其经济基础。1936 年台湾总督府专门成立国策公司——台湾拓殖株式会社[②]，使其全面主导台湾纺织、炼铁、铝、水泥、电力等工业的开发。工业化政策的施行，标志着总督府“工业台湾、农业南洋”新殖民地政策的开启。

1937 年随着“七七事变”的爆发，台湾工业化全面启动。1938 年依照日本政府的“生产力扩充计划”，总督府颁布“第一次生产力扩充五年计划”，以为台湾工业化的蓝图[③]。为达到其工业化的目标，总督府基本上是利用现有农业资源将其转化在工业发展上。其政策大致归纳为以下两项：一是将迄今以米糖为中心的农业生产架构，转换为诸如油料作物及纤维作物等所谓时局作物的农业调整政策；另一是加速军需性产业移植的工业化政策[④]。至 1939 年，台湾工业生产额为 5.70 亿日元，占 45.94%，农业为 5.52 亿日元，占 44.49%，工业生产超过了农业生产。1941 年 10 月，台湾总督府又制定“第二次生产力扩充五年计划”（1942 年 4 月开始实施）。相对于“第一次生产力扩充五年计划”是以轻工业为中心的工业化计划，“第二次生产力扩充五年计划”则是将重点置于重化学工业的工业化计划。例如在该计划中有总工程预算为 3 亿 6 千万日元，最大出力约 46 万千瓦，平时出力约 34 万 5 000 千瓦的大甲溪发电厂[⑤]。该发电厂的建设，意味着“第二次生产力扩充五年计划”是“划时代的重工业开发计划”。在总督府全力的推动之下，台湾的产业结构迅速转变，除了与军需相关之重化工业

---

① 《台湾日日新报》1939 年 5 月 20 日。所谓皇民化政策，就是欲将殖民地的台湾，变为日本帝国本土的一部。南进基地化则要利用台湾优越的地理因素，使其成为侵略南洋，及中国南部的基地。而此三者实则一贯的，其目的在于占据南洋广大地区。

② 按照台湾拓殖株式会社之设立规则，该会社社长的任用须得到日本政府拓务大臣的认可，并由台湾总督直接任命。台湾拓殖株式会社设立当初的资本金为 3 000 万元，随着战争局势的扩大而不断增资。至 1941 年时，成为拥有超过 1 亿元的资本金、三个子公司的大企业。其经营范围除台湾外，还涵盖日军占领下的中国南方地区、东南亚各地。其投资对象涉足开拓、殖民、工业、商业、矿业、运输业、娱乐业、证券业等多领域。从经济面来讲，台湾拓殖株式会社可说是专门捞取“战争成果”而设立的机构（伊藤洁：《台湾》，东京：中央公论社，1993 年版，第 128 页）。

③ 1938 年，日本政府依据战时总动员法，制定“第一次生产力扩充计划”，全面扩充日本本土、中国东北、台湾等地的生产力。依此计划，台湾应扩充工业、农业、矿业三个部门的生产规模。工业部门包括钢铁、轻金属、硫酸铔、铝、苎麻布、黄麻布、琼麻制品、硝酸钙、碱、火柴、洋纸、机械等项目，其中大多为新设立的工业。农业部门应扩充生产棉花、黄麻、苎麻、甘薯、砂糖等项目。矿业则应扩充生产煤炭及人造石油原料等项目（详见张宗汉：《光复前台湾之工业化》，台北：联经出版事业公司，1980 年版，第 84 页）。

④ 涂照彦：《日本帝国主义下の台湾》，东京：东京大学出版会，1975 年版，第 130 页。

⑤ 日本外务省条约局：《日本统治下五十年の台湾》，东京：1954 年，第 32 页。

呈快速增长外，民生工业中新兴的纺织、香料油脂及淀粉工业也有相当的成长[①]。

1940年11月继任的长谷川清总督(海军大将)强调，若是让台湾担负南方政策基地的重任，高度的工业化是绝对必要的[②]。随着日本侵华战争扩大至华南，台湾总督府亦给予军事上的协助，并以过去40年的南方研究成果为基础，积极扩充华南、南洋设施费。1938年台湾总督府曾构想"南方外地统治组织扩充强化法"，即梦想在台湾成立所谓"南方总督"之机关[③]。随着太平洋战争的爆发，日本更加快了台湾军需工业化的步伐。在长谷川清总督及斋藤树总务长官的督促下，1942年2月，台湾总督府制定了一项秘密计划，即作为东亚共荣圈要冲的"台湾工业化计划方案"。很显然，台湾总督府要大力推行的工业化，是要使米糖产业为主的农业台湾，转变为军需产业为主的工业台湾。因为日本战时须扩充生产力，以增加军需品的供应，于是农业发达已近顶点的台湾，必须使其工业化，而台湾本身亦有工业化的优良条件，如廉价的电与煤作动力等；另一方面，作为日本南进目标的南洋及中国南部，均属经济落后地区，销纳工业制品而供给原料，逐渐达到"农业南洋"与"工业台湾"的境域[④]。至1937年日本发动全面侵华战争，台湾全岛开始实施战争动员体制，此后，台湾总督府推行的工业化政策均体现为战争服务的性质。

总督府在这个时期以后的政治、经济政策目标，是要把台湾建成对中国大陆的"对岸经营基地"和对东南亚的"南进基地"。为此，在总督府殖民地经济政策的推进下，以台湾拓殖株式会社为主体，开始在纺织、炼铁、铝、水泥、电力等产业领域推进工业开发。1937年，台湾的农业生产总额4.03亿日元，占生产总值的47.9%；工业生产总值3.64亿日元，占43.25%；1939年，农业5.52亿日元，占44.49%，工业生产中仍然是食品工业占大半，而食品工业中80%以上是制糖业。重工业和化工业虽然也有相当的发展，但是规模都不大。以机械工业为例，战争中，台湾的机械工厂发展到315个，规模都没有超出日本街道工厂的程度。这些小厂负担武器、飞机和汽车零件、小型船舶机械的制造，以及有关机器的装配和修理[⑤]。这种工业化，是随着实际工资下降和加强掠夺而进行的。

---

① 台湾省文献委员会:《台湾近代史》(经济篇)，南投:1995年印行，第229页。

② 后藤乾一:《近代日本と东南アジア南进——"冲击"と"遗产"》，东京:岩波书店，1997年版，第130页。

③ 卞凤奎:《日据时期台湾籍民在大陆及东南亚活动之研究》，合肥:黄山书社，2006年版，第36页。

④ 黄通等:《日据时代之台湾财政》，台北:联经出版事业公司，1987年版，第68页。

⑤ 工业化问题离不开机械工业的发展，但其实日本本国机械工业相对落后，高级精密机器及制造技术主要从德国、欧美进口，二战爆发后，进口中断，日本本国的机械工业都陷入困境，遑论殖民地台湾。虽然台湾总督府有开展机械工业的设想，但日据时期仅有一家综合机器制造企业——台湾船渠株式会社，机械工业在工业化中微不足道(参见韩清海:《中国企业史》(台湾卷)，北京:企业管理出版社，2003年版，第90页)。

从日台工人工资的比较看，在制糖业，台湾工人的工资相当于日本工人工资的一半或2/3；在新式工厂中，日本工人每天的工资为2.12日元至2.69日元，台湾工人只不过是0.85日元至1.49日元。

总督府所采取的工业化措施有三大特点：1. 发展电力为中心；2. 依赖日本工业之资本与技术；3. 利用海外资源建立重化工业及国防工业①。1910年开工的日月潭水力发电厂最终于1934年7月正式竣工，总装机容量高达10万千瓦②。日月潭水力发电厂当时拥有5台水轮发电机，每台2万千瓦。工程总计耗资6 297万元，历时15年③。至1936年时，台湾发电量为5亿度，是1932年2.08亿度的2.4倍④。紧接着，台湾总督府还于1937年9月完成日月潭第二水力发电厂（总装机容量4.3万千瓦），以及1939年6月完成北部火力发电厂（总装机容量3.5万千瓦）两大发电工程。1943年6月，在花莲县建成总装机容量为2.4万千瓦的铜门发电厂⑤。台湾总督府还推动成立了高雄铝业会社（资本额为1 000万元）及基隆电气化学会社（资本额200万元），高雄铝业会社年产量最高可达1.2万公斤，相当于日本需要量的半数，且质量优良，纯度达99.7%，耗电2.7万千瓦；基隆电气化学会社采用先进的电炉炼钢，矿石采自中国大连，耗电1.1万千瓦⑥。1931年起，台湾电力事业发展迅速，1931—1949年的十年间，台湾总装机容量增至194 215千瓦，比1930年增加6.2倍。1940年时高达225 758千瓦，1944年再增至321 300千瓦⑦；1944年，全岛拥有发电厂为34家，其中水力发电267 100千瓦、火力发电54 200千瓦，其比例分别为83.2%与6.2%⑧。台湾的电力、日本的技术加上海外资源相结合，构成了台湾战时工业化的主要生态构架⑨。

1932—1936年间，台湾工业生产总值从1932年的2.28亿元，增至1936年的3.13亿元，增加37.2%，平均每年增加7.4%。这一期间，发展最为迅速的分别是金属、化学、纺织、机械及器具工业，其中金属工业增加85.5%、化学工业增加80.9%、纺织工业增加80.2%、机械及器具工业增加76.3%。就绝对值而言，1936年仍以食品工业的2.2亿元为最高，占当年全岛工业产值的68.0%，

① 张宗汉：《光复前台湾之工业化》，台北：联经出版事业公司，1980年版，第250页。

② 同上，第74—75页。

③ 吴政宪：《日据时期台湾的电力建设》，载《台湾风物》第46卷第3期，第237页。

④ 周宪文：《日据时代台湾经济史》第一册，台湾研究丛刊第59种，台北：台湾银行经济研究室，1958年版，第102页。

⑤ 台湾省行政长官公署统计室：《台湾省五十一年来统计概要》，台北：1946年，第817页。

⑥ 张宗汉：《光复前台湾之工业化》，台北：联经出版事业公司，1980年版，第80页。

⑦ 台湾省行政长官公署统计室：《台湾省五十一年来统计概要》，台北：1946年，第817页。

⑧ 吴政宪：《日据时期台湾的电力建设》，载《台湾风物》第46卷第3期，第242页。

⑨ 陈小冲：《日本殖民统治台湾五十年史》，北京：社科文献出版社，2005年版，第263页。

其次为化学工业的0.28%，占当年全岛工业产值的9.1%。依次为金属工业、制材及木制品工业、窑业及土石业、机械及器具工业、印刷及制本工业与纺织工业(参考表六十九)。

表六十九　1932—1936年台湾生产总值

(单位:万元)

类　别	生产总值		指　数	
	1932年	1936年	1932年	1936年
纺织工业	245	441	100.0	180.2
金属工业	588	1 091	100.0	185.5
机械及器具工业	435	766	100.0	176.3
窑业及土石业	697	950	100.0	136.3
化学工业	1 578	2 854	100.0	180.9
制材及木制品工业	708	1 072	100.0	151.3
印刷及制本工业	322	490	100.0	147.7
食料品工业	17 252	22 152	100.0	128.4
其他工业	951	1 445	100.0	151.9
工业生产总值	22 786	31 261	100.0	137.2

资料来源:台湾省行政长官公署统计室:《台湾省五十一年来统计概要》,台北:1946年,第778—787页。

1937年"七七事变"爆发,11月日军攻占上海,12月占领南京。战争日趋扩大,同时战争军费的需求也骤增。为顺应战争之需要,日本本土完全进入战时经济体制,台湾也不例外。1938年4月日本公布《国家总动员法》,制定生产力扩充计划与物资动员计划,全面扩增日本及台湾等地的生产力,以满足战时日军所需[①]。如上所述,自1938年至1945年,台湾总督府共施行两次生产力扩充计划(1938年、1942年)。总督府确立之生产力扩充计划,确立了以满足军需为主要目标的工业化方向。为应付战争乃着重军需工业之发展,但由于缺乏资本及原料,故工业之推展拟由日本供应资金与设备,而由南洋及华南供给原料。更进而拟定各项工业每年应达成之产量[②]。所拟工业项目以金属、化学、机械、车辆等为主,大

① 张宗汉:《光复前台湾之工业化》,台北:联经出版事业公司,1980年版,第84页。

② 实际上,由日本投资台湾之企业,多为日本国内将予以停休或陈旧的设备,经整修后运台安装使用,故所生产的多属半制品或粗制品,精制仍在日本,以是在台湾新设的工业,即为日本工业的附庸,唯较先前系以厚利为重已有转变(袁颖生:《光复前后的台湾经济》,台北:联经出版事业公司,1998年版,第31页)。

都是与军需产业有关的工业[①]。如1935年三井、三菱、古河财阀与台湾电力株式会社共同出资创立的日本铝业会社；1938年以日本古河财阀为首创立的东邦金属精炼株式会社[②]等。在总督府实施的战时经济下，由于日资企业享受到资金取得及物资使用上的特权，台湾土著资本的企业根本难以与其竞争，所以进入"工业化"阶段，台湾所形成的是一种"以新兴财阀为主导的大型军需性产业和其他经营规模极小的中下型企业并存的二元结构"[③]。就台湾的工矿事业来看，1936年时拥有100万元以上资本的大型企业只有37家[④]。到了1941年也不过增至49家[⑤]。但这些少量的大型企业却控制了全台湾将近90%以上的资金[⑥]。这些大型企业全部为日本资本所控制，即使是资本额在20万元以上的中型企业，总缴纳资本也有91.1%属于日资[⑦]。不过1941年太平洋战争后，日本物资不足且海运困难，为使台湾经济能独立，工业之自给自足也为总督府经济政策目标之一，许多民生消费品均提倡自行制造并向南洋输出，促使消费品工业朝多样化发展。提倡自行制造的民生日用品有纺织、酱油、醋、味噌、食用油、酪制品、渍菜、药品、家具、墨水、铅笔、陶瓷器、漆器、皮革、玻璃、钉、农具、电池、电灯泡及无线电收报机[⑧]等。

1941年，台湾工业生产总值由1937年的3.6亿元，增至6.6亿元，增加83.3%，则比1932—1936年间的37.2%的增长率高出2.2倍。在台湾总督府强力控制与集中全力发展军需工业的前提下，1937—1941年间的金属、机械及器具、化学等工业快速增长，例如金属工业生产总值增加4.1倍之多，其次为机械及器具工业增加3.5倍，化学工业亦增加2.7倍，而成长最慢的食料品工业，

---

① 台湾生产力扩充五年计划(1938年)中列举出1938至1941年每年煤炭、铝、金、银、铜、石油、合成挥发油、无水酒精、工业盐、硫酸、电力及棉花等产品应达的生产额、需要量及所需的各种因素的投入量(参见台湾总督府官房调查课:《台湾生产力扩充五年计划调查书》)。

② 设立于1935年的日本铝业会社，最初自荷属东印度购买铝矾土，后来从大陆华北进口矾土页岩为原料，在高雄生产铝制品，多用于军需产业。1938年的东邦金属精炼株式会社，是由古河财阀与在台日本商人赤司初太郎、后宫信太郎、藤山爱一郎等人出资1 000万元设立的。其目的是自荷属东印度和缅甸购进砷化镍矿石，在台湾精炼成镍，以为合金之用。古河财阀出资32%，赤司初太郎出任董事长(《台湾经济年报》1943年版，第377页。疋田康行:《"南方共荣圈"——战时日本ノ东南アジア经济支配》，第464—466页。转引自陈慈玉:《台湾矿业史上的第一家族——基隆颜家研究》，基隆市立文化中心，1999年6月，第102页)。

③ 林继文:《日本据台末期(1930—1945)战争动员体系之研究》，台北:稻乡出版社，1996年版，第171页。

④ 台湾总督府:《台湾商工统计》，台北:1936年，第122—123页。

⑤ 台湾总督府:《台湾商工统计》，台北:1941年B，第6—7页。

⑥ HO, Samuel P. S., 1984, "Colonialism and Development" In Myers & Peattie eds. "The Japanese Colonial Empire"—P38(转引自林继文:《日本据台末期(1930—1945)战争动员体系之研究》，台北:稻乡出版社，1996年版，第171页)。

⑦ 小林英夫:《大东亚共荣圈の形成と崩坏》，东京:御茶水书房，1975年版，第327页。

⑧ 参见张宗汉:《光复前台湾之工业化》，台北:联经出版事业公司，1980年版，第132页。

仅增加51.2%(参考表七十)。在“第一次生产力扩充五年计划”实施期间的1939年,台湾工业生产总值已凌驾于农业生产总值①之上,1940年后,工业生产为农业生产的1.14倍②。此为1938年成功实施“第一次生产力扩充五年计划”的结果。到1944年3月,工业生产额达到最高纪录的7亿元。另据统计,1941年时台湾共有工厂8 895家③,且多为“临时性质”的军需产业。

表七十　1937—1941年台湾生产总值

(单位:万元)

类　别	生产总值		指　数	
	1937年	1941年	1937年	1941年
纺织工业	505	1 142	100.0	226.3
金属工业	1 436	5 919	100.0	411.5
机械及器具工业	859	3 002	100.0	349.4
窑业及土石业	883	1 975	100.0	223.8
化学工业	2 854	7 627	100.0	260.2
制材及木制品工业	554	1 162	100.0	210.0
印刷及制本工业	500	1 252	100.0	250.7
食品工业	26 127	22 152	100.0	151.2
其他工业	951	39 505	100.0	205.5
工业生产总值	36 381	65 908	100.0	181.4

资料来源:台湾省行政长官公署统计室:《台湾省五十一年来统计概要》,台北:1946年印行,第778—787页。

---

① 民主主义研究会:《台湾における日本统治と战后内外情势》,1963年,第58页(本书为总督府参与制定台湾重要产业政策的一些官员于战后的回忆记录。转引自刘明修(伊藤洁):《台湾统治与鸦片问题》,台北:前卫出版社,2008年版,第253页)。

② 但若仔细推敲“工业生产”的内涵,则可以发现1939年台湾的气候风调雨顺,甘蔗生产大增,以至砂糖生产量从1938年的1 650万担跃升为1939年的2 365万担,暴增了44%(台湾总督府:《台湾统治概要》,台北:1945年,第290页)。加上砂糖的市场价格上升,使得台湾制糖业创下大幅增加生产的记录(涂照彦:《日本帝国主义下の台湾》,东京:东京大学出版会,1975年版,第153页)。台湾学者许介鳞对此指出,1939年工业生产总值超过农业生产总值,“这只是说明台湾宝岛的农产丰收,农产加工业的一时盛况而已”(许介鳞:《日本殖民地统治赞美论总批判》,台北:文英堂,2006年版,第40页)。

③ 在8 895家工厂中,从1894年前延续下来的只有24家;此外的8 871家都是以后的47年间所创立的。但这8 871家工厂,有15年以上历史的(即1926年以前创办的),只有1 328家。其余的7 543家,都未满15年;其中半数(3 720家)的历史,都还在5年以内。这些新兴的工业,绝大部分自属“临时”的,规模很小(周宪文:《台湾经济史》,台北:开明书店,1980年印行,第524—525页)。

"工业化"期间，食品工业及农产品加工业始终居台湾工业之首，1940年以前占工业总产值的60%—70%，至1942年仍高达55%。而台湾食品加工业也基本上等同于制糖业[①]。在其他发展最为迅速的新兴产业中，化学工业的增长尤为显著，1931年至1942年间，其产值比率由6.1%增为12.1%，由于专卖的樟脑、食盐均属化学工业，所以，其产值实际上更大。同期，金属业的产值由2%增为6.4%，机械产业的产值由2.3%增为4.3%；化学、金属、机械工业三者产值合计由10.4%增为22.8%。总之，至日据末年台湾工业结构是，食品工业占5%、重工业占20%、民生工业占15%[②]。就工业产品结构变动来看，工业化的结果，轻工业由1921年的86.5%降至1942年的73.9%。同一时期，重化工业则由13.5%升为26.1%。显然工业产品结构已逐渐由轻工业转向重化工业。就各产业产值来看，1931年至1942年间，工业生产虽有增长，但其他领域也有增加；工业产值占总产值的42%—49%，平均约占45%；矿业产值约占3%—5%。二者合计，1938年以前接近50%，1939年以后则超过50%，说明日据后期的台湾社会已非以农业为重心之经济，而是一个"半农半工社会"[③]。张宗汉

---

① 实际上，在工业结构上，食品工业（制糖业）始终是日据时期台湾工业的主干，1940年前占全部工业产值的60%—70%，1942年也占50%以上。在工业化时期得到重视的化学、金属、机械三类工业产值占总产值最高仅为22%，各类工业投资中，重化工业的比重随着工业化的展开而有了大的提升，但亦始终是食品工业占首位。换句话说，台湾的工业化虽然改变原先一面倒的注重食品工业——实则制糖业的状况，优化了工业经济结构，但台湾工业的总的态势并没有（或者说还未及）发生根本性的转变（陈小冲：《日本殖民统治台湾五十年史》，北京：社科文献出版社，2005年版，第265页）。略有不同的记载是：食品加工业在1940年以前占全体产值的70%，到了1940年以后则保持在60%。所谓的食品加工是以糖业为主，因其在1940年前后占食品类工业的70%（孙铁斋：《台湾之糖》，《台银季刊》，第2卷第2期，1947年，第45页）。台湾学者周宪文则干脆认为："台湾在日据时代，严格说来，除了制糖业以外，是没有什么工业可谈的（周宪文：《台湾经济史》，台北：开明书店，1980年印行，第524页）。台湾学者刘进庆亦认为："日本军国主义下的军需工业化在台湾近代化进程上是非常的、一时的，好比昙花一现而消失，又如盆载扎根不落地，基本上没有改变台湾社会经济的低度开发状态"（洪宜勇主编：《台湾殖民地史学术研讨会论文集》，台北：台湾海峡学术出版社，2004年版，第13页）。

② 张胜彦：《台湾开发史》，台北：空中大学，1996年版，第237页。

③ 张胜彦：《台湾开发史》，台北：空中大学，1996年版，第237—238页。针对"半农半工社会"这一论调，大陆学者韩清海进行了批判。他以经济学之赫夫曼比率对台湾战时经济做了分析。指出仅根据1940—1942年军需工业发展高峰期的统计数字，似难以保证"1930年代起重化工业显著地成长，台湾转型为半农业半工业社会"的结论得以成立（参见韩清海：《中国企业史》（台湾卷），北京：企业管理出版社，2003年版，第105—108页）。有关台湾工业化的发展，可参见张宗汉：《光复前台湾之工业化》，台北：联经出版事业公司，1980年版；台湾省文献委员会：《台湾近代史》（经济篇），第五章《工业的发展》，南投：1995年印行，第199—310页。

认为台湾在日据末期已达工业化的第二阶段，亦即进入了初级工业化社会[①]。

日据后期的台湾工业化确实有所进展，故台湾学者翁嘉禧认为，经过工业化的台湾经济，"虽受到战争的破坏，但台湾的工业化程度仍高于大陆，也是亚洲除了日本以外，工业化程度最高的地区，此为后来台湾的经济起飞打下了良好的基础"[②]。美国学者何保山也持同样观点，他从经济学的角度出发，认为台湾在殖民地后期已经开始了工业化的进程，不过他认为"虽然发生了工业化，但它的步伐是相当缓慢的……到殖民地时期结束时，台湾建立了一个小的但并非不重要的工业基地"[③]。受此影响，也有大陆学者认为"整个殖民地时期的台湾工业确实得到了发展，虽然这种发展一直是畸形的，只是到后来才有所改善，但台湾的工业基础毕竟在基本上得到了奠定，并成为台湾日后工业化的一个坚实基础"[④]。还进一步认为：日本强加给台湾的经济发展模式和资本经营方式"在客观上推动了战前台湾经济从传统形态向现代形态过渡"[⑤]；"整个殖民地时期的台湾工业确实得到了发展"[⑥]，等等。其实，这类观点与逻辑未必符合台湾经济发展的史实，也未必符合占据台湾之后的日本资本主义经济发展的内在逻辑。一般认为，殖民主义有两重性，一方面通过商品输出和资本输出，破坏殖民地的社会结构，另一方面也带来了新的生产力和新的生产要素；一方面进行破坏和掠夺，另一方面进行开发和建设。其动机是卑鄙的，一切都是从殖民母国的利益出发，但却充当了历史的不自觉的角色，不得不为殖民地留下一些"遗产"[⑦]。确实，以军需工业为特征的工业化在极大地冲击台湾既有经济结构之同时，也在一定程度上加强了总督府对台湾殖民地经济发展进程的控制，尤其是对广大农村经济的控制[⑧]。工业化一定程度上推进了岛内社会经济的"现代化"步伐，但台湾民众主要是农民为之付出了巨大的牺牲与代价，社会的发展也日

---

① 张宗汉：《光复前台湾之工业化》，台北：联经出版事业公司，1980 年版，第 240 页。

② 翁嘉禧、谢惠怿：《日据末期台湾的工业化及其影响》，《台湾光复 60 周年暨两岸关系学术学术研讨会论文集》，北京：台海出版社，2008 年版，第 117 页。

③ 何保山：《台湾经济发展（1860—1970）》，上海：译文出版社，1982 年版，第 79—80 页。

④⑥ 陈小冲：《日本殖民统治台湾五十年史》，北京：社科文献出版社，2005 年版，第 61 页。

⑤ 李非：《论殖民地时期台湾经济的基本特征》，载《台湾研究》2003 年第 3 期。

⑦ 陈孔立：《台湾历史与两岸关系》，北京：台海出版社，1999 年版，第 82 页。

⑧ 日据以来，鉴于台湾农村经济的特殊性，主要是日本资本实力不够，总督府与日本资本并未深入对农村地区的经济渗透。但自工业化时起，渐次加强了对农村地区的经济渗透与政治控制。林继文指出，所谓的工业化正是由总督府透过行政的力量（各级农会组合的最高首长都是由官吏兼任）汲取农村社会的资源而达成的。更重要的是，地主阶级也在此一过程中逐渐失去了自主性，使得（总督府）行政力量的社会基础更为稳固（参见林继文：《日本据台末期（1930—1945）战争动员体系之研究》，台北：稻乡出版社，1996 年版，第 142 页）。

趋畸形①。

在台湾总督府统治下,"整个台湾地区的经济体系就犹如一架被驱动着而飞速运转的机器,日夜不停地为日本的对外扩张侵略政策服务"②。毋须赘言,总督府在台湾实施的工业化全是为了日本的利益,为了日本发展本国资本主义经济的需要。如日本资源缺乏,则对台湾的矿产极力加以开采。因此,日本在台湾的一切产业建设,都是畸形发展的。例如,轻工业方面同民生关系最密切的纺织工业也很少。更为突出的是,台湾为农业地区,而所需化肥的100%依赖日本进口供应。这是日本在殖民地推行工业化政策的必然结果。

第二节　战时经济统制与台湾米糖业的发展

一　《国家总动员法》——日本战时经济统制的确立

台湾作为日本的殖民地,其经济发展亦与其紧密相连。日本不仅是世界资本主义体系中的后起之秀,更是经济资源极度缺乏的岛国,其经济发展必须依赖海外市场。1895 年依靠武力从清政府索取了巨额的战争赔款,成为日本近代工业发展的重要资本来源,台湾殖民地的割取,使其成为对日本市场米糖的主要供应地;1910 年强行兼并朝鲜,更获巨大的殖民权益。台湾、朝鲜及南洋群岛等殖民地的获得,形成日本"近代军国主义"型资本主义经济体系。在第一次世界大战期间,由于欧洲资本主义国家无暇顾及亚洲,日本便借机向东南亚扩展其势力范围,同时日本大力发展轻纺工业,对欧洲市场提供大批轻纺产品,获取了巨大的外贸利益。1912 年日本的对外贸易尚有 9 200 万日元的入超,到了 1917 年却有高达 5 亿 6 000 余万日元的出超;日本的正币持有量(以黄金为主)也由 1912 年的 3 亿 5 千万日元成为 1919 年的 20 亿 4 500 万日元。日本全国企业的资本额从 1914 年到 1918 年成长了 16.2 倍,其中又以纺织和重化学工

---

① 总督府推行之工业化政策对台湾社会的破坏是深重的,是对"现代化"破坏性极为明显的超经济行为。针对某些人不断鼓吹日本带给台湾"现代化"的论调,大陆学者指出,所谓日本给台湾的"现代化",一是政治法律层面,宣称日本当局通过其法律、政令的实施,使台湾从一个近乎"无政府"的混乱社会,变成一个秩序良好的法制社会;二是经济建设层面,宣称日本殖民者在台湾进行大规模的基础建设和工农业建设,使得台湾社会急剧发展,走上了经济现代化之途;三是民俗文化方面,日本殖民当局推行"皇民化"运动,要求台湾人民说"国语"、改姓氏,以新式的茶话会、电影会等取代演剧、祭祀等台湾人固有的民俗活动,使落后的台湾人转换为先进、文明的"日本人"。实际情况则是:法律苛严和贪赃枉法使台湾民众饱受欺凌;殖民经济导致台湾农民破产;"皇民化运动"则难以更改台湾人民固守的中华传统文化和民族身份认同(朱双一、程晓飞:《日据下台湾"现代化"的文学伪证》,载《南京大学学报》2003 年第 5 期)。

② 赵铁锁:《日本殖民者对台湾的经济掠夺》,载《台湾研究》1999 年第 1 期。

业扩张的速度最快①。但一战的结束，欧洲列强的势力重返亚洲，欧洲市场也对日本轻纺产品需求大幅下跌。由此，日本的对外贸易顿陷困境，岛国经济发展模式的脆弱性暴露无遗。1919 年日本对外贸易又出现 7 400 多万日元的入超，日本国内经济出现全国性的经济危机。而经济危机进一步加深日本社会走向军国主义，即日本军国主义分子及民间右翼势力认为，唯有对外发动战争才能挽救处于动荡破碎的日本。经济危机还促使财阀资本加强与政府的勾结，快速增强其垄断力，更引起日本社会的动乱。1927 年日本爆发金融危机，大批中小企业破产，由于权益勾结乱放贷款而造成银行的巨额不良债务，到 1930 年初世界经济危机影响到日本国内经济，出现了大衰退，对日本经济给予了毁灭性的打击。1930 年夏天，各欧洲国家都陷入银行破产、货币制度崩溃的危机。1931 年 9 月英国宣布放弃金本位制度，更无异宣告了资本主义国际经济秩序的结束。因此，1930 年可称为一个国际"霸权转移"(Hegemonic Transtion)的时代②。在这种形势下，资本主义国家开始重新划分经济势力范围或扩展殖民地，以维护本国经济利益和社会秩序。日本经济也受到很大冲击，其经济发展模式被迫转向并对台湾经济产生很大的影响。

1930 年 4 月，鉴于日本经济的困境，日本滨口内阁(民政党)排除日本军方的反对，与美、英、法、意签署了对美英妥协的"伦敦五国海军军备裁军协议"，欲对日本的海军舰艇数量进行适当的裁减。对此，刻意夺权的日本法西斯势力在日本国内发动一系列恐怖事件，1930 年 11 月 14 日，滨口首相被极端右翼分子暗杀。1931 年日本关东军更是发动了"九一八事变"，远远超过日本领土面积的中国东北三省被日本法西斯军队强行霸占。1931 年 12 月犬养毅内阁成立，高桥是清出任大藏大臣，立即宣布实施禁止黄金输出、扩大财政支出、降低利率及汇率等一系列措施③。1931 年度日本的军费开支为 8 700 万日元，"九一八事变"后骤增为 2 亿 5 000 万日元，日本军部势力全面介入政府决策层，其发言权不断增强。

1932 年日本发生"五一五事件"，日本极端法西斯军人枪杀了犬养毅首相，日本的政党政治就此打上休止符。由于日本陆军军部是日本军国主义的核心所在，它操纵着日本社会，后任的斋藤实④内阁与冈田启介⑤内阁两届海军主导

① 安藤良雄：《近代日本经济史要览》，东京：东京大学出版会，1983 年版，第 9、100—101 页。

② 林继文：《日本据台末期(1930—1945)战争动员体系之研究》，台北：稻乡出版社，1996 年版，第 25 页。

③ 中村隆英：《昭和恐慌と经济政策》，东京：日本经济新闻社，1982 年版，第 13 页。

④ 斋藤实(1858—1936)：海军大将，历任海军次官、朝鲜总督，1932 年 5 月出任日本首相。1936 年"二二六事件"中被刺杀，时任内大臣。

⑤ 冈田启介(1868—1952)：海军大将，历任联合舰队司令官、海军次官、海军大臣，1934 年 7 月出任日本首相。1936 年"二二六事件"后被迫辞职。

的内阁也无法掌控日本社会的法西斯化步伐。终于又在1936年2月爆发了震惊世界的“二二六事件”①，之后，日本军部的“统制派”彻底排挤和清除了“皇道派”的势力，并选出与“统制派”政见完全一致的广田弘毅②组阁，恢复了日本陆海军大臣的现役武官制，现役军人得以正式进入内阁参与决策。受其影响，台湾总督武官制也得以恢复③，至此，以军部主导的日本军国主义法西斯体制基本形成。

1931年日本政府实施“禁止黄金输出”的经济政策后，日元的大幅贬值造成对输入的抑制，日本国内的重化学工业开始得到发展的机会，对海外资源的需求逐渐增大，日本财阀也积极与日本政府相呼应，对日本政府的武力对外扩张倾力支持，开始进入台湾，进行各种新兴产业的投资。1934年日本政府(冈田启介内阁)成立了负责经济事务的“内阁审议会”，负责经济产业政策的制定等，后改称“内阁调查局”。1936年“二二六事件”后，军部全面掌控日本政府，很快，内阁调查局和以设计军事战略为主的“资源局”合并成为“企划院”，负责日本经济政策包括殖民地经济政策的审议与制定。在“企划院”的主导下，在日本本土及台湾、朝鲜等地开始全面推进经济统制政策，台湾总督府也制定出一系列相关法规，开始在岛内实施经济统制。为推进战时经济体制的建立，日本政府相继制定出《国家总动员法》及《贸易统制法》，借此动员日本国内一切人力及资源，以为战争体制之支柱④。在日本的总体战略体制中，台湾的战略位置也随之发生重大转向，由后勤基地逐渐转变为前进之据点，台湾总督长谷川清公开宣称：“本岛已经由补给基地一跃成为第一线之防卫、战斗基地。”⑤

为保证侵略战争的需要，维持其战争经济，日本采取了一系列统制经济的措施，早在近卫第一次内阁时期(1937年6月4日—1939年1月4日)，就提出扩充生产、平衡国际开支、调整物资供应等加强战时经济三项经济原则，并设置企划院作为国家总动员的中枢机关。1937年日本开始施行“外汇许可制”，垄断

---

① “二二六事件”：1936年2月26日，以日本陆军“皇道派”青年军官为主导的一批法西斯军人，对日本政府头面人物实施了武力讨伐，内大臣斋藤实、大藏大臣高桥是清、陆军教育总监渡边锭太郎等内阁成员被枪杀，首相冈田启介幸免于难，同时，日本的一些政界重臣也险遭杀戮，日本社会完全成为法西斯军人的暴政世界。

② 广田弘毅(1878—1948)：历任日本驻苏公使、外相，“二二六事件”后出任第32届(1936年3月至1937年2月)日本首相。他是日本战前文官法西斯势力的典型代表，对日本建立法西斯专政，全面侵华和发动太平洋战争负有不可推卸的责任。1948年12月23日，在巢鸭监狱被处以绞刑。是战后被远东国际军事法庭定为甲级战犯并判处绞刑的唯一日本文职官僚。

③ 1930年9月，海军预备役大将小林跻造取代文官总督中川健藏，出任第17任总督，成为日据后期之首任武官总督；其任期至1940年10月。

④ 山本义彦编：《近代日本经济史——国家と经济》，第126页。

⑤ 台湾总督府：《台湾警察》，台北：1944年3月，第2页。

黄金出口。同年9月又施行有关物资的《进出口临时措施法》和《临时资金调整法》。这样,初步建立起了战时经济统制的体制①。在1938年1月22日的第77届帝国议会上,通过作为推行战时体制根本措施的《国家总动员法》②,4月1日开始施行。

《国家总动员法》与《进出口临时措施法》和《临时资金调整法》被并称为"战时三法"。《国家总动员法》第一条规定,"为了达成国防目的,应统制和应用能最有效地发挥国力的人力、物力资源",将国民的经济和生活全部置于国家统制之下,将议会的统制权限委任给政府。它完全否定了明治宪法的议会主义。1938年军需工业动员法的统制对象仅限于军事产业,而该法将所有产业都纳入了统制对象。《国家总动员法》的主要内容是对劳动力、生产手段以及金融的统制。在劳动力统制上,有征用国民从事总动员运动,自由雇佣、解雇和制定劳动条件的权利。在生产手段的统制上,作为对物资需给的统制,有使用和征用事业设备、土地、矿业的权利。在金融统制上,作为对资金的需给统制,有变更资金、募集社债、处理利益金和投资的权利。另外,《国家总动员法》又限制、禁止劳动争议,对言论进行统制。根据《国家总动员法》制定的法令,包括1939年的《国民征用令》、《从业者雇佣限制令》、《赁金统制令》、《临时赁金措置令》等主要的劳动力统制法;1941年的物资统制令、重要产业团体令等生产手段统制法。特别是《重要产业团体令》在重要的产业部门设置统制会,政府和大企业共同对生产手段进行统制。金融统制法令包括1939年的《公司利益分配及资金通融令》、1940年的《公司经理统制令》、《银行等资金运用令》,1942年又提出了《金融统制团体令》。至此,形成了国家对人、物、财力进行全面支配的体制,即以国家总动员法为基础的总力战体制③。

1938年7月,日本政府又颁布了《国民征用法》,建立了全国性义务劳动体

---

① 《岩波讲座·日本历史》第20卷,东京:岩波书店,1976年版,第226—227页。

② 1938年4月1日,日本政府正式颁布《国家总动员法》,历经多次修订,共50条。该法规定:国家总动员的物质是指,所必需的武器、舰艇、弹药及其他军用物质;被服、粮食、医药品、医疗机械器具、车辆、马匹、通信、土木建筑物资;照明、燃料及电力;及上述物质的生产、修理、配给、保存等所需的原料、材料、机械器具、装置及其他资产。国家总动员业务是指,总动员物质的生产、保管等业务;所必需的运输及通信业务;金融、卫生、救护业务;教育训练业务;试验研究、情报及宣传业务;警备业务等。政府在战时,在国家总动员上,遇有必要时,得依法征用帝国臣民,使其从事总动员业务;令帝国臣民、法人及其他团体,协助实行总动员业务;使用或征用总动员物资;政府征用之物,如不需要用时,自征用起10年内得以标售,或使其原所有人或旧权利者,或其一般继承人优先承购之;限制或禁止事业设备的新设,扩充,或改良;命令帝国臣民及使用或雇用帝国臣民者,申报有关帝国臣民之职业能力事项,并得检查帝国臣民的职业能力。

③ 森武:《日本的历史20·亚洲和太平洋战争》,东京:集英社,1993年版,第199页。

制。这样，奠定了日本式法西斯独裁统治体制的基础[①]。同年，日本政府还颁布《军需工业动员法》，其内容涉及劳务、物资、物价、资金、出版、技工培养和物资保存等所有经济问题[②]。为扩充军费，日本政府还颁布多项增税法规，大征苛捐杂税，如按照《临时赋税增征法》，征收了"临时赋税"2.9亿日元，"华北事变特别税"1亿日元，以及"中国事变特别税"3亿日元[③]。同时增发公债，如1937年发行公债15亿日元，1938年43亿日元，1939年53亿日元，1940年68亿日元，1941年达91亿日元[④]。

随着日本对外侵略战争的扩大，1940年12月，日本政府公布《确立经济新体制纲要》，以确立经济统制的新体制。首先，日本政府在各重要工业部门成立了统制会，进一步加强垄断资本，使大垄断资本获得更大利润。其次，1941年7月，公布了《财政金融基本措施纲要》，8月颁布《重要产业团体会》，进一步合并金融机构，削减大众的消费基金，增加税收，加强政府对财政金融的统制。1940年11月，日本政府公布《建立勤劳新体制纲要》，使战时劳动力统制体制逐步建立。最后又公布了《国民劳务手册法》和《新工资统制法》，并制定了农业生产和粮食分配的统制制度[⑤]。为了限制利益分配，防止投机和独占利润，实现利润的正确分配，日本政府实行了价格设定和中小企业的统一整理，强化了对企业的统制。在军国主义介入并得到增强的经济统制体制下，垄断资本的势力迅速扩大，垄断程度愈益增强。特别是三井、三菱、住友等大财阀在经济统制的体制下确保了巨额利润。日本政府和财阀资本合为一体，通过严密的经济统制措施，直接操纵企业经营，使一切经济活动都以战争为中心运行，为继续侵略战争奠定了物资基础。

1938年，为了镇压和统治各界人民群众，内阁下属之"协调会时局对策委员会"提出了《劳资关系调整方案》，并在协调会的主导下开始了产业报国运动，各地均设置产业报国会[⑥]。道府县警察本部——警察署成为组织化的中心，大多数财阀系企业的工厂委员会成为单位产业报国会。1939年，产业报国运动的指导权移至厚生省和内务省，各道府县按照地域分别成立产业报国联合会。运动

---

① 加藤佑治:《日本帝国主义下的劳动政策——全国性义务劳动制的历史分析》，东京：御茶水书房，1970年版。

② 《岩波讲座·日本历史》第20卷，东京:岩波书店，1976年版，第226—227页。

③ 《所得税发展的记录》，《昭和十年以来税制改正概要》，东京：日本大藏省主税局，1950年。

④ 吴廷璆主编:《日本史》，天津:南开大学出版社，1994年版，第713页。

⑤ 同上，第722页。

⑥ 到1939年时，建立产业报国会的企业有26 963个，占企业总数的43%，会员2 989 976人。1940年建立报国会的企业增为102 799个，人数为480万。1941年建立报国会的企业达164 300个，人数为540多万(吴廷璆主编:《日本史》，天津:南开大学出版社，1994年版，第726—725页注释61)。

主导权的转换，说明防止劳动争议、实现产业和平的劳资调整以及熟练工的不足、劳动力流失、赁金高涨等劳务需给的混乱，作为劳务统制的课题已经得到重视。1940 年 7 月 22 日，近卫文麿第二次内阁成立，随即效仿德国法西斯体制，开始建设所谓新体制运动①。1940 年随着新体制的成立，各地劳动组合解散，创立以大日本产业报国会作为核心的产业报国体制②。产业报国体制于 1941 年实施重组，以"确立勤劳秩序"、"勤劳总动员"、"增强生产力"为纲领，按照职制机构的纵向系列将产业报国会作为部队组织，设立五人组制。强化劳资一体和国家对军事进行的官僚支配，设立劳动者共同体集团五人组常委会，之前的工厂委员会改组为工厂恳谈会，成为上意下达的机关。此时的产业报国会已从改善待遇的劳务调整组织完全转变成为增强生产力的组织。1942 年开展了"职场规律确立运动"、"全勤实行运动"、"生产力增强总进军运动"等一系列精神主义运动。在日本农村，也建立了"农业报国联盟"、"农业实行协会"等组织，强迫农民加入和交纳粮税。此外，在文化界组成"言论报国会"，在青年中组成"大日本联合青年团"，在妇女中组成"国防妇人会"和"爱国妇人会"。未入伍的义务兵适龄者也被强令编入"复员军人会"，接受定期训练。通过这些组织，日本法西斯将各阶层民众彻底地军事组织化，建立起高效率的战争体制③。

二　从属于日本的台湾战时经济统制

台湾战时经济统制的确立　自 1931 年"九一八事变"爆发后，日本国家垄断资本主义的发展进入成熟期，日本本土及附属殖民地经济陆续进入战时体制。台湾总督府也随即调整殖民地经济政策，即逐渐强化对台湾产业界的经济统制。1937 年"七七事变"后，日本对华发动的侵略战争日趋扩大，为使所有的经济产业为战争服务，1938 年 4 月，日本政府颁布《国家总动员法》，加强了对经济领域的全面控制。1940 年 9 月，日本与德国、意大利结为法西斯军事同盟④，日本更加紧了

---

① 所谓近卫新体制，就是典型的日本式法西斯统治体制。新体制运动的出现，标志着日本式的法西斯独裁体制的建立（吴廷璆主编：《日本史》，天津：南开大学出版社，1994 年版，第 722 页）。

② 大日本产业报国会拥有 8.4 万多个工厂和 450 万工人，它是日本内务省办的、控制全国产业工人组织的最大法西斯团体（吴廷璆主编：《日本史》，天津：南开大学出版社，1994 年版，第 726 页注释 62）。

③ 吴廷璆主编：《日本史》，天津：南开大学出版社，1994 年版，第 722 页。

④ 1940 年初，德意日三国重开三国同盟的谈判，9 月 27 日，《德意日三国条约》在柏林签字。条约规定：日本和德意相互承认对方在建立欧洲新秩序和大东亚新秩序中的领导地位；缔约国同未加入欧洲战争和中日战争的国家发生战争时，相互提供一切援助；条约不涉及缔约国与苏联的关系。这个条约的主要矛头是对着美国的。日本签订这个条约是为南进作准备，并要求德国出面斡旋，调整日苏关系（赵建民、刘予苇主编：《上海通史》，上海：复旦大学出版社，1989 年版，第 293 页）。

对台湾、朝鲜等殖民地的经济榨取与资源掠夺。1941年12月8日，日本悍然发动"珍珠港事变"，重创美国海军太平洋舰队，由此揭开太平洋战争的序幕。随即，日本本土及朝鲜、台湾等殖民地开始实施严格的统制经济。为保证提供对日本的军需供应、充当日本南侵中国东南沿海地区东南亚地区之"南进基地"，台湾总督府以其威权专制，对台湾实施了较日本国内更为严厉的战时经济统制。

如果说军需工业化是一种扩大资源生产力的手段，而统制经济就是对于既有资源在最大限度内的强制征用。可以看出，军需工业化与统制经济是相辅相成的，它们共同构成总督府战时统制经济政策的两翼。为确保工业化，确保攫取台湾资源的"效应最大化"，台湾总督府颁布一系列统制法令，对包括物资、劳务、交通、交易、对外贸易、金融等各方面进行了严格的规制。为强化经济统制，总督府于1938年7月设立"经济保安挂"，分派225名警察至各州、厅，负责统制经济任务的推行。1940年又在总督府警务局下设立经济警察课，统合管理各州、厅的经济警察。此外，太平洋战争爆发后，总督府更设立了"名誉警察制度"和"义勇警察队"等制度，积极动员民间人员协助经济警察业务的推行[①]。1940年2月设立物价课，以"掌握重要物资的物价"。至1941年1月，扩大总督府企划部，至此可以说确立了战时统制经济的指导官厅系统[②]。

如上所述，统制是战时经济的特点，但统制并非是仅在战争爆发之后才采取的特殊手段，在台湾殖民地经济的发展过程中，台湾总督府始终扮演着十分重要的角色，不论是经济产业政策的制定、对日资企业的扶植或是大型基础设施的建设等，均由总督府以威权进行了政策干预。如上所述，从1931年"九一八事变"起，日本国内渐次实施经济统制，其影响也涉及台湾等。实际上，早在1924年，台湾总督府就设立了第一家统制经济机构——台湾青果株式会社，负责统合水果的出口。在其之下还设有"青果同业组合"及"联合会"等组织，从生产、金融到输出，完成一元化的控制[③]。自1937年台湾工业化实施以来，台湾所有产业均由总督府(国策会社)与日本资本以独占形态组成[④]。可以说，"受日资大企业所操纵的台湾产业除了国策会社(如官营、国营、金库或金融等)及统制会社(如台湾石灰)的特殊经济部门外，可说是一切重要产业均被网罗殆尽"[⑤]。

---

① 台湾总督府:《台湾警察》,1944年1月,第67—68页。

② 楠井隆三:《战时台湾经济论》,台北:南方人文研究所,1944年版,第85页。

③ 此外,虽然总督府对于台湾的重要产业(如制糖业)一向是采取许可制,但30年代之前仍是小工厂林立的局面。直到30年代,整个殖民地经济才逐渐被置于一元化的统制之下(参见林继文:《日本据台末期(1930—1945)战争动员体系之研究》,台北;稻乡出版社,1996年版,第100页注释9)。

④ 有关总督府(国策会社)与日本资本独占台湾各产业的实际形态与进程,可参阅涂照彦:《日本帝国主义下の台湾》,东京:东京大学出版会,1975年版,第337—355页。

⑤ 惜遗:《日本财阀之台湾投资》,《台湾银行季刊》,第5卷第4期,1952年,第290页。

物资等七大战时统制政策的施行　根据当时的《经济统制实体法》，统制项目有九类：一般性统制、物资统制、物价统制、劳务统制、事业统制、团体统制、资金统制、贸易统制、运输统制。而在九大类统制项目下，与台湾工业方面较有关的主要措施，将概分为下列七个方面，即物资统制、物价统制、资金统制、劳力统制、工业统制、交通统制、对外贸易统制来进行论述与考察。

1. 战时物资统制政策　随着日本国内战时经济体制以及物资统制的实施，及太平洋战争爆发后英、美等国实施海上封锁，导致物资运输困难，对于工业物资的管制乃成为总督府统制经济政策的首要重点①。从总督府的一系列统制法令来看，物资统制的范围包括钢铁、非铁金属、纤维、皮革、木材、燃料、橡胶、肥料、饲料、米谷、食品、药品及化学品、奢侈品等项目，此外，对于电力、水利、土地的限制使用及物资回收等事项，亦以命令规范之。在各项统制物资中，钢铁原料及制品由于是各产业所共同需要，也是美国对日禁运的主要项目，尤列为统制的重点②。台湾总督府的物资统制，最重要的一环，就是对粮食的控制。1939年台湾总督府发布《台湾米谷移出管理令》与《米谷配给统制令》，限定台湾岛民的口粮，加强台湾米谷对日本的移出，规定出口到日本的米谷，全部由总督府强制收购，然后卖给日本米商，总督府压低收购价格，低于市价的23%—25%，谋取差价。仅自1939年到1944年，就从台湾农民身上宰割3亿4千万元的暴利。另外又以减少甘蔗栽培，节约米粮，增加米谷输出日本。其他《台湾糖业令》、《地租统制令》等，对农业经济和资源，进行全面性的统制③。台湾殖民地经济，向来以农林业为主体。由此，对于物资的统制，总督府改采重点配给制度，限制新设民用事业，旧存事业也减少产量，限制在国民生活的最低限度内，因此战时之物资供应，仅有米、糖、煤、木炭及生鲜食品等少数物资，其他各种重要工业原料器材以及生活必需品，就几乎必须仰赖海外的进口来供应了。1937年中日战争爆发后，对外贸易受阻，物资来源减少，以致物资供应更加匮乏，日本为了充裕战略物资的来源，乃控制台湾一般工资物价之上涨，并限制民间消费，加强战时经济统制，统制进出口贸易，限制非急需物资之进口，改而大量进口战时重要战略物资，同时推行主要物资之配给制度。因此，人民生活遭受极大的限制，与国防军需无关之农工企业生产，亦由于原料的不足而开始供应不继。

2. 战时物价统制政策　物价统制是一种控制市场机能的作法，必然造成价格上的混乱。而工资物价之统制，总督府于1937年8月颁布《暴利取缔规则》(府令第六十五号)，指定26种重要物资，扩大取缔范围，以抑制物价之上涨，总

① 张宗汉：《光复前台湾之工业化》，台北：联经出版事业公司，1980年版，第87—95页。

② 安井常义：《生产力扩充と经济统制》，台北：商工会议所，1943年，第9—10页；林继文：《日本据台末期(1930—1945)战争动员体系之研究》，台北：稻乡出版社，1996年版，第184页。

③ 许介鳞：《台湾殖民地的物资统制》，台北：台湾日本综合研究所 Japan Research Institute in Taiwan(2008年6月23日)。

督府也规定了各业工资及物价，使各种物资价格维持在所谓的公定价格水平。

然而原有货物价格受到抑制，而且在需求不变甚至于更大的情况下，反而造成二元价格或黑市买卖，整个市场混乱，不仅影响农工企业之生产，使物资供应更加缺乏，优良产品被迫流入黑市交易，粗制滥造之低劣产品充斥市面，为了应付这种局面，总督府采取了相对应的价格统制措施，于1939年10月颁布《物价停止上涨令》。

价格统制的目的主要在于防止因为物资供应不足而造成通货膨胀，所以采取公定价格的制度，然而导致了"二元价格"的问题，不但不能制止商品市场之投机活动及黑市交易之横行，反而使台湾岛内的供需不平衡，而且由于台湾实施价格管制，造成同样的货品在日、台两地价格不同，进而形成投机的空间，广大农村所生产的农产品，强制以低廉的公定价格被收购，整个商品市场的交易也变得徒具形式而已。总之，战时物资供不应求，尤其在"军事第一"之要求下，不论其推行物资统制或工资物价统制，皆影响了民生经济及工业，因此只得更进一步地采取其他的经济统制。

3. 战时资金统制政策　统制资金，即是将其优先用于工业，1937—1939年间台湾各类企业设备资金约有75%用于工业，而为了迅速积累资金，便以行政力量支配金融机关之放款，并且以强制的方式征集民间财力，并厉行节约消费，汲取的民间资金，其中又以储蓄奖励及发行公债为主，将台湾人民的存款，充作工业化所需资金。由于日本国内资金不足，而且基于战略的考虑而逐渐走向"殖民地自给"政策，故对于台湾岛内资金的依赖度更为强烈。为了在短期间内筹措足够的资金，日本乃开始施行统制资金之政策。日本政府于1937年9月颁布《临时资金调整法》(敕令第五二七号)，规定在台湾、朝鲜等殖民地同时施行。总督府于同年10月15日以敕令第五九五号公布实施[1]。日本政府于1939年4月颁布《资金融通令》，台湾同时施行。1940年10月颁布《银行等资金运用令》，台湾总督府于同年11月5日以敕令第六八一号公布实施。1941年8月，总督府推动创立以台湾银行为主导之"台湾金融协议会"，"以加强台湾银行的支配力"[2]。1941年12月太平洋战争爆发后，金融统制愈加强化[3]。加强监视

① 台湾总督府财务金融课:《台湾之金融》，台北:总督府，1930年，第70页。

② 台湾银行史编纂室:《台湾银行史》，台北:台湾通信社，1943年，第125页。

③ 日本政府于1941年7月颁布《财政金融基本方策要纲》;1942年2月颁布《日本银行法》、《战时金融金库》与《南方开发金库法》;4月颁布《金融统制团体令》;5月颁布《金融事业整备令》等。1943年后又陆续颁布一批统制法令，如1943年6月颁布《企业整备资金措施法》;10月颁布《军需会社法》;1944年1月颁布《军需融资指定金融机构制度》;1945年2月颁布《军需金融等特别措施法》。1945年还设立欲统合运用地方银行所保存之游资的"共同融资银行"和"资本统合银行"(李为桢:《战时体制下台湾金融统制体制之初探》，《第五届台湾总督府档案学术研讨会论文》，2008年8月)。

银行机关在资金运用上是否符合国策，规定金融机关的贷款，必须依照政府指示投资用途，优先贷款给直接与军需工业有关的事业。特别是为了推行工业化政策，对时局产业优先确保资金，并扩大对化学、水泥、金属、电力等新兴产业的融资。金融统制也波及到庶民金融，1941 年 9 月 30 日，总督府以敕令第七号全面修正《台湾产业合作社章程》，最后于 1942 年组织了台湾产业组合联合会，信用组合的资金运用也全面置于总督府的统制之下①。

表七十一　台湾邮局卖出日本公债数额

（单位：日元）

年　份	卖出公债	年　份	卖出公债
1937 年	750 000	1941 年	9 750 000
1938 年	3 544 000	1942 年	14 500 000
1939 年	7 391 000	1943 年	17 993 800
1940 年	8 254 250	合　计	62 183 050

资料来源：中国第二历史档案馆编：《中华民国史档案资料汇编》第 5 辑第 3 编《财政经济》(三)，第 995 页。

自 1937 年起，台湾总督府加大了发行公债的力度，公债发行量不断增攀，总督府多通过邮局与银行发行(表七十一)。通过邮局发行的公债多出售给个人，至 1945 年 2 月底时，台湾总督府通过邮局和银行出售日本公债数额 1.684 67 亿元②。但台湾总督府在台湾岛内推销的日本公债，更多的是让银行承受，特别是台湾银行承受，从而使其成为变相的纸币，对台湾人民进行隐性的剥夺③。台湾总督府采取的是以强收租税为主，而以发行并强制人民购买公债为辅的政策。为配合日本公债在岛内的发行，总督府还在台湾实施强制储蓄，迫使台湾人民购买日本公债。1939 年发行台湾地方公债为 6 245 241 元；1941 年为 5 396 996 元；1949 年为 17 063 429 元④。台湾总督府自 1938 年起推行"奖励储蓄运动"，并将之并入"国民精神总动员运动"的一环，据统计，1938 年总督府的储蓄目标是 5 000 万元，实际完成储蓄数额为 1 亿元；1939 年储蓄目标是 1

① 台湾经济年报刊行会：《台湾经济年报》，东京：国际日本协会，1942 年，第 290—293 页；隅谷三喜男、刘进庆、涂照彦：《台湾の经济——典型 NIESの光と影》，东京：东京大学出版会，1992 年版，第 24 页。

② 中国第二历史档案馆编：《中华民国史档案资料汇编》第 5 辑第 1 编《财政经济》(三)，南京：江苏古籍出版社，1994 年版，第 960 页。

③ 台湾省工业研究所技术室编：《台湾省经济调查初稿》，台北：1946 年 5 月印行。

④ 其 1935 年至 1938 年没有公债发行统计数字(参见周宪文：《台湾经济史》，台北：开明书店，1980 年印行，第 904 页)。

亿元，实际完成 1.5 亿元。1940 年实际完成 2 亿元；1941 年增至 2.5 亿元[①]。事实上，国民储蓄运动乃是一种强制性的运动，也就是一种由上而下的资金动员运动，“实则租税之另一形式而已”[②]。总督府根据各地区的课税标准，定出各州、厅、市、街、庄的储蓄标准，对于公司内的储蓄组合，还采取共同责任制。因此，到了 1941 年底，台湾全岛已有 5 308 个储蓄组合，组合员 789 521 人，储蓄额6 280万元，1944 年 6 月，储蓄组合更增加至 2 253 个，组合员 1 024 802 人，储蓄金额 1 亿 8 400 万元。并且，台湾总督府于 1941 开始推行金融机关的统制化。无论是何种形式的储蓄，最终都是流向总督府指定的用途，即用来购买公债及工业化资金的运用，为了提高银行购买公债的能力，就必须依靠储蓄率的提高。因为台湾资金市场的利率高于日本，而总督府发行的公债利率却和日本相同，因此购买公债对台湾人而言并无利可图[③]。

另外，在战时经济体制下，台湾总督府庞大的财政收人主要来自专卖收入等[④]。如前所述，总督府把食盐、烟叶、火柴、煤油等人民生活必需品划归总督府专卖。鸦片、樟脑、酒等也由总督府专卖。在专卖制的名义下，总督府随意控制产量，提高售价攫取厚利。自 1943 年起，总督府又开始实施石油专卖[⑤]。整个

---

① 台湾经济年报刊行会:《台湾经济年报》，东京:国际日本协会，1942 年，第 286 页。另，1938 年至 1944 年台湾历年储蓄数额，可参见黄通等:《日据时代之台湾财政》，台北:联经出版事业公司，1987 年版，第 85 页表四十六。

② 黄通等:《日据时代之台湾财政》，台北:联经出版事业公司，1987 年版，第 84 页。

③ 在公债政策上，由于日本国民所得平均为 600 元，而台湾仅为 247 元，两者相差很远。日本政府很难像在日本本土那样强制人民储蓄，消化公债。所以，日本在台湾财政上采取的是以强收租税为主，而以发行并强制人民购买公债为辅的政策。日本在台湾采取的强制储蓄，迫使台湾人民购买日本公债。其所谓的“国民储蓄”实际上等于强迫人民购买公债，储蓄的钱由银行和信用社转购公债，而不能提取。可见台湾人民的大部分储蓄已被冻结为日本国债(参见戴建兵、王晓岚:《罪恶的战争之债——抗战时期日伪公债研究》，第五章《台湾的公债》，北京:社科文献出版社，2005 年版，第 163、第 174 页)。

④ 从 1897 年至 1943 年间，总督府岁入来源在前 40 年间以专卖收入及公营事业及公有财产收入为主，租税收入所占比重并不高，租税除了在 1907 年至 1921 年间因砂糖消费税增加，而占岁入来源比重超过 20%外，均在 20%以下。但从 1939 年开始，租税收入所占比重已有逐渐增加的趋势，至 1943 年增加为 31.5%。这是因为当时台湾以农业经济为主体，税源缺乏，因而财政收入只得仰赖专卖收入、公营事业收入等(参见台湾省文献委员会:《台湾近代史》(经济篇)，南投:1995 年印行，第 444—446 页；黄通等:《日据时代之台湾财政》，台北:联经出版事业公司，1987 年版，第 5、72—73 页)。

⑤ 1937 年 8 月总督府修正石油关税，废除重油免税优惠。同年 11 月，总督府施行第一次石油消费规制。1938 年 3 月 7 日，公布《实施挥发油及重油贩卖取缔规则》，4 月 25 日施行《挥发油及酒精混用法》，提出使用掺入酒精之汽油(即所谓的生化石油)，1938 年 5 月总督府施行第二次石油消费规制，配发购买券，也是台湾首次实施石油配给制。1943 年总督府颁布《台湾石油专卖令》，开始实行石油专卖(《台湾石油专卖令》律令第十四号，1943 年 5 月 2 日。《台湾总督府公文类纂》第 11372 册第 2 件，“国史馆”台湾文献馆典藏)。与其他专卖商品同样，石油专卖仍主要由总督府指定之日本商人承担(参见颜义芳:《战时物资统制下台湾石油专卖过程之探讨》，《第五届台湾总督府档案学术研讨会论文》，2008 年 8 月)。

日据时期，专卖收入始终列为总督府财政收入的首位，而且逐年增加，到抗日战争即将结束的1945年，已增加到总收入的近50%[①]。专卖收入长期是总督府财政收入的重要来源（参照表七十二表及表七十三）[②]。

表七十二　总督府专卖事业在财政收入中所占比率

年　份	专卖收入（千元）	与财政总收入对比（%）	与财政经常收入对比（%）
1932年	40 648	33.7	42.3
1940年	90 294	25.5	36.8
1941年	101 348	24.4	39.1
1942年	117 575	23.5	38.4
1943年	157 901	23.2	40.4
1944年	231 154	32.4	48.3
1945年	270 628	32.6	49.3

资料来源：日本大藏省：《台湾总督府统计》，《昭和财政史》xv，东京：1960年，第114页。

表七十三　总督府专卖事业所得利润

年　份	专卖收入/千元	专卖支出/千元	利润/千元	利润率/%
1942年	117 575	69 466	48 109	69
1943年	157 901	73 282	84 619	115
1944年	231 154	91 269	139 885	153
1945年	270 628	90 280	180 348	190

资料来源：日本大藏省：《昭和财政史》XV，东京：1960年，第114页。

4. 战时劳力统制政策　所谓劳力统制，就是运用行政的力量控制工资及劳工的流动，以使军需产业降低其生产成本。台湾总督府规定：16岁以上，50岁以下，凡有过学习特定技术的人员，均须向总督府及地方官厅申请登记，由官方制定劳工手册统筹管理，防止劳力任意流动。若再从更广的角度来看，总督府进行劳力统制的目的，原本就是在于将台湾有限的劳力投入各种形式的"战场"，所谓的"军需产业"只是其中一种。因此，在资源有限的情况下，技术劳工的培养并非首要任务。1938年颁布《学校毕业者雇用限制令》，规定工业学校毕

① 陈鸣钟、陈兴唐：《台湾光复与光复后五年省情》，南京：南京出版社，1989年版，第161—162页。

② 表七十二、表七十三所列数字，与黄通等《日据时代台湾之财政》（台北：联经出版事业公司1987年版）第十二表、第十三表、第十四表中所列数字差异较大，请读者留意。

业生的录用皆由总督府统筹分配，以确保特定行业能获得高级技术人才。总督府所采取的分配政策，是先接受学校毕业生的申请，经过审查后将名额报给日本企划院，再由企划院根据整个日本统治地区的劳力供需状况决定分配标准[①]。从《学校毕业者雇用限制令》实施后的情形来看，分配的人数虽然逐年增加，但对于业界需求的满足率却逐渐地降低[②]。而技术劳工的总数虽有增长，但在所有劳工中所占的比例却逐渐在下降[③]。其原因之一，乃在于战时农业统制的结果，使农民所拥有的平均土地面积逐渐减少，导致农村劳力逐渐流出，以非技术工的身份投入劳动市场[④]。1939 年至 1941 年间，台湾工矿业所需技术人才与熟练劳力严重不足[⑤]。

为保障军需及生产扩充部门所需技术人员及熟练技工等劳动力的充分供应，台湾总督府于 1939 年开始颁布一系列劳动关系法令，如 1939 年有《国民职业能力申报令》（敕令第五号）、《从业者雇佣限制令》（敕令第一二六号）、《工厂就业时间限制令》（敕令第一二七号）、《工资统制令》（敕令第一二八号）、《学校技能养成令》（敕令第一三零号）、《工业技能者养成令》（敕令第一三一号）。在 1940 年有《雇佣青少年限制令》（敕令第一二六号）、《防止从业者移动令》（1940 年 11 月至 1941 年 11 月）以及代而出台的《劳动调整令》（敕令第一零六三号）[⑥]等。因此，随着统制经济政策的推行，劳动力需求的增大，总督府劳力统制的范围逐渐由确保技术劳工，变为征用所有具有劳动力者，对于劳工的训练，也由“技术养成”，转而强调“日本性格的培养”等精神教育[⑦]。

5. 战时工业统制政策 1937 年起，台湾总督府根据日本本土之《临时资金调整法》，规定台湾岛内金融机构的贷款必须依照总督府指示投资用途，有限贷款给直接与军需产业有关的事业[⑧]。1938 年日本政府依据战时总动员法，制定《生产力扩充计划》，全面扩充日本本土、中国东北、台湾等地的生产力，并藉由

---

① 台湾经济年报刊行会：《台湾经济年报》，台北：1942 年，第 146—147 页。

② 同上，第 147 页。

③ 台湾省行政长官公署统计室：《台湾省五十一年来统计》，台北：1946 年，第 829—837 页。

④ 林继文：《日本据台末期（1930—1945）战争动员体系之研究》，台北：稻乡出版社，1996 年版，第 197—198 页。

⑤ 台湾经济年报刊行会：《台湾经济年报》，台北：日本国际协会，1941 年，第 143—147 页。

⑥ 根据《劳动调整令》，总督府设立劳务调整会，全盘统筹劳力供应事宜，并对指定工厂从业者、指定从业者、技术工人及壮年人之离职、解雇、新雇等事项加以行政统制。以上劳务统制法令均适用于日本及其殖民地（台湾经济年报刊行会：《台湾经济年报》，台北：日本国际协会，1941 年，第 147—160 页）。

⑦ 《台湾时报》，1943 年 2 月，第 101 页。

⑧ 台湾经济年报刊行会：《台湾经济年报》，台北：日本国际协会，1941 年，第 23 页。

提高生产力来提高物资的供给能力。依此计划，台湾首先应扩充工业、农业和矿业三大产业部门。其中，工业部门是生产力扩充的中心，工业的扩充包括钢铁、非铁金属、轻金属以及硫酸铵、铝、苎麻布、黄麻布、琼麻制品、香蕉纸浆、天然香料、棉子油、米糠油、蓖麻子油、猪皮、牛皮、火柴、洋纸、火石、硝酸钙、苦汁、碱和机械等项目。工业项目中50%以上为新建产业，要求生产力必须扩充2—3倍以上，之后又将水泥业列入其中。农业部门包括扩充生产棉花、黄麻、苎麻、甘薯、砂糖等项目；矿业部门主要为扩充生产煤炭及人造石油原料等项目。1938年8月总督府颁布《台湾重要矿物增产令》(律令第九号)，鼓励金、银、铜、铅、水银、煤炭、铁、硫磺、硫化铁等矿石的增产，期限为5年①。1941年8月设立"台湾石炭株式会社"②。1944年4月，总督府又颁布《台湾石炭配给统制令》(律令第十六号)和《台湾石炭配给统制令施行规则》(府令第一六二号)，并将台湾石炭株式会社改组为"台湾石炭统制株式会社"，对全岛煤炭业施行统制经营③。

在大力推进战时工业统制政策的过程中，新设立的工业企业获得超速发展；岛内的农业、畜业、林业、矿业等部门，也为工业化供给原料、为整备交通设施的需要而存在，在战争阶段中，台湾工业不但数量激增，在质的方面也有很大的变革。

台湾总督府为扩大其军事侵略，全力扩增生产，台湾工业生产总值从1937年的3.6亿元至1941年6.6亿元，增加81.4%，较战前(1931—1936)37.2%的增长率高出2.2倍。在台湾总督府强力控制、与集中力量发展军需工业之下，1937—1941年间的金属、机械及器具、化学等工业快速增加，例如：金属工业生产总值增加4.1倍之多，其次为机械及器具工业增加3.5倍，化学工业亦增加2.7倍，而增长最慢的食品工业，仅增加51.2%。又根据统计，1941年时台湾共有工厂8 895家，其中3 720家(41.8%)之成立历史在5年以内。这一现象，固然一方面可以说明，日据时代的台湾工业在最后的几年间大为发展；但同时也说明台湾工业发展的变动性。因此这些新兴的工业，绝大部分属"临时"的，且规模很小④。由此可知，台湾产业的重点，渐由农业方面转移到工业方面。在质的方面，各种工业中，从前是食品工业占最大部门，但后来食料部门逐渐降低，而机械工业、金属工业、化学工业的比重，因为扩充生产力计划的施行而日益的

① 《台湾重要矿物增产令》,《台湾矿业会报》第193号，台北：台湾矿业会，1938年8月，第73—75页。

② 台湾经济年报刊行会：《台湾经济年报》第一辑，东京：日本国际协会，1941年，第229、491页。台湾石炭株式会社创立委员会有台拓社长加藤恭平等12位日本大企业代表(参见《台湾石炭株式会社设立经过》,《台湾矿业会报》第203号，台北：台湾矿业会，1941年4月30日，第106页)。

③ 《台湾矿业会报》第193号，台北：台湾矿业会，1938年8月，第492页。

④ 周宪文：《台湾经济史》，台北：开明书店，1980年印行，第524—525页。

增加[①]。

6. 战时交通统制政策 在战时统制经济体制下，台湾总督府对岛内铁路、公路等进行了很大规模的整备和扩充，以为“南进基地”的基础建设。至1945年日本战败为止，在台湾总督府交通统制政策的推动下，台湾岛内公营铁路共计约900公里，公交汽车也延伸至农村地区，港湾的整备也有较大的提高。先看铁路的状况，日据时期的台湾铁路分为公营与私营两种，私营铁路多由日资制糖公司所修建，主要为运输甘蔗之用。此外，尚有由林业、矿业等产业所修筑的小火车，可运载各产业的原料、器材及生产物品。在公营铁路方面，至1945年日本战败时总计共完成了八条路线，分别为纵贯线、集集线、平溪线、淡水线、东部线、屏东线、宜兰线、台中线。日据后期公营铁路的营业里程即达900公里，而私营铁路在1942年的全盛时期总长计有3 010公里，超过公营铁路里程的3倍之多，因此，台湾在日据后期即有较为发达的铁路网络。1940年，台湾公营铁路的里程达900多公里(其本线722.3公里的轨宽为1 067公尺，台东县174.8公里的轨宽为0.762公尺)[②]。再看公路的状况。日本占领台湾后，先是为镇压岛内民众的反抗，继为便于其对殖民地的严密控管，遂积极而深入地兴修道路。至1945年台湾光复时，公路干线及支线有3 375.2公里，乡村道路且有13 717.1公里之多，合计17 092.3公里[③]。迄1942年止，全岛公路长达17 408公里。除了既有道路扩充外，还完成了环岛的公路网(参照表七十四)。

表七十四 日据后期台湾公、(私)营铁路及公路里程

(单位:公里)

年 度	公营铁路里程总计	私营铁路里程总计	公路里程总计
1931	883.4	2 225.4	14 854.5
1932	883.4	2 281.6	15 040.0
1933	881.7	2 296.3	15 703.5
1934	881.7	2 341.4	15 905.7
1935	881.7	2 371.4	16 501.0
1936	881.7	2 441.2	16 979.6
1937	881.1	2 515.4	16 962.9
1938	881.1	2 619.4	17 674.1
1939	885.1	2 651.2	17 523.4
1940	902.1	2 691.9	18 035.6
1941	910.7	2 713.8	18 660.0

① 庄嘉农(苏新):《愤怒的台湾》,台北:前卫出版社,1990年版,第83页。

② 台湾省行政长官公署统计室:《台湾省五十一年来统计》,台北:1946年,第1147页。

③ 袁颖生:《光复前后的台湾经济》,台北:联经出版事业公司,1998年版,第35页。

续表

年　度	公营铁路里程总计	私营铁路里程总计	公路里程总计
1942	910.7	3 010.7	17 408.7
1943	910.7	—	—
1944	898.3	—	—
1945	898.3	—	—

资料来源：王开节：《台湾之交通》，载《台银季刊》第9卷3期，1957年，第6—7页。

7. 战时体制下对外贸易统制政策　日本占领台湾，便积极开展台湾与日本之间的贸易关系，以加强台湾对日本贸易的依存度。总督府以各种手段使日本商社得以独占台湾的对外贸易，诸如提供资金融通、优惠或减免出口税及关税等，而对于台湾与大陆及其他外国的贸易，则以公权力进行抑制或阻碍。

在贸易统制方面，1931年"九一八事变"后，为建立所谓国防国家体制，日本实施输入许可证制度，规定：1. 优先许可军需关系品的输入；2. 限制非急需品；3. 禁止不必要品。《台湾外币兑换管理规则》则扩大了总督对外币兑换及进出台湾的管理权限，并禁止输出以金为材料的物品。1937年"七七事变"爆发，随着台湾战时体制的确立，贸易统制朝向以牺牲民生工业优先照顾军需产业的方向推进。随后实施的《临时输出入许可规则》更规定了除军需品外所有民生品均纳入统制的范畴。总督府还在1937年制定了《外国贸易管理法》，1939年又制定了《贸易统制令》，包括三井物产、三菱商事等在内的财阀大商社都被统一到特定的统制机关内①。战时体制下，台湾与关东洲、伪满洲国及祖国大陆的贸易也在总督府的控制之下，还为此成立了台湾东亚贸易联合组合，规定台湾与上述地区的贸易活动一律归该组合运作，其他机构不得擅自进行。对第三国贸易则由台湾总督指定台湾贸易振兴株式会社为统制机构，实施"一元化"指导。1941年太平洋战争爆发后，加强了台湾与东南亚日本占领区的贸易关系，着重保障日本军需工业所需原料的输入，以构建所谓的"大东亚共荣圈"②。

就贸易结构来看：1931年至1934年间，台湾工业品输出入总额占总输出入的75%—80%，其中，工业产品进口历年变化最大的为机械工业制品，由7.5%增为18.2%；而金属工业制品则维持在11%—17%。输出方面，蔗糖除外，以化学、金属工业产品输出较多，前者由5.6%增为10.9%，后者由2.5%增为13.8%。至后期二者合计已占20%以上③。

① 隅谷三喜男、刘进庆、涂照彦：《台湾の经济—典型NIESの光と影》，东京：东京大学出版会，1992年版，第23—24页。

② 台湾经济年报刊行会：《台湾经济年报》，东京：国际日本协会，1943年，第256页。

③ 张胜彦：《台湾开发史》，台北：空中大学，1996年版，第237页。

由表七十五可看出，对日本出口比重的持续增加，1934 年竟高达 97.33%，而在由日本进口方面，在 1938 年最高，占 89.44%，在此情形下，虽然日本并未拥有全台湾的出、进口，而台湾对祖国大陆及其他外国的贸易，即使无法全然由日本所取代，但在贸易上的重要性却也大幅下降了。

表七十五　台湾贸易地区分布(1931—1945)

(单位:%)

年度	贸易总值			出口值			进口值		
	日本	大陆	其他	日本	大陆	其他	日本	大陆	其他
1931	86.27	6.99	6.74	91.19	3.86	4.94	78.81	11.73	9.46
1932	87.89	7.18	4.94	92.50	3.54	3.95	81.13	12.49	6.38
1933	87.75	7.14	5.11	92.89	2.71	4.40	80.86	13.07	6.07
1934	87.61	6.99	5.40	97.33	3.83	4.84	82.31	11.50	6.19
1935	86.72	7.83	5.45	89.58	5.00	5.42	82.91	11.60	5.50
1936	88.55	7.03	4.42	92.51	3.28	4.21	83.31	12.00	4.69
1937	90.27	5.55	4.18	93.20	2.69	4.11	86.27	9.46	4.27
1938	90.88	6.68	2.44	92.04	5.98	1.98	89.44	7.54	3.01
1939	86.60	10.64	2.76	85.97	11.80	2.23	87.51	8.96	3.53
1940	98.19	1.49	0.32	81.14	16.63	2.23	88.36	8.29	3.35
1941	81.84	15.95	2.21	76.90	22.26	0.84	87.59	8.60	3.81
1942	83.43	15.44	1.13	81.08	18.80	0.12	87.80	11.16	1.04
1943	79.04	18.05	2.91	73.01	23.10	3.89	86.18	12.07	1.75
1944	70.80	26.08	3.12	69.31	26.94	3.76	73.63	24.45	1.92
1945	66.83	30.65	2.52	59.41	39.16	1.43	74.84	21.46	3.70

资料来源：黄登兴、徐茂炫：《殖民关系与贸易形态在台湾日据时期的验证》，载《经济论文丛刊》第 25 卷 3 期，台北：1997 年。

上表呈现了 1931 年至 1945 年战时经济时期，台湾对日本、祖国大陆及其他三个区域双边贸易的消长。日据之后，虽然台湾总督府采取种种限制性政策措施，以图隔绝两岸贸易的正常运行，最终希望彻底割断台湾与大陆之间的纽带，以完全将台湾纳入日本资本主义经济贸易圈。但从表中的贸易总值来看，1931 年以后台湾与大陆的进出口贸易总值比重却有不断增加的现象，此一现象间接反映了台湾总督府贸易政策的失败，换句话说，台湾与祖国大陆的贸易往来，以及贸易依存度，无法完全被日本的产品所取代。

三　战时经济统制下台湾米糖业发展的维谷困境

在战时经济统制体制下，台湾米糖业的发展起伏跌宕，为配合日本政府的"南进战略"，1930 年 11 月，在石塚英藏总督及人见次郎总务长官的主导下，台湾总督府召开"临时产业调查会"，讨论并制定出台湾产业设施及经营改善的一系列方针。在此次会议中，针对战时体制下岛内糖业发展的规划是：除供应台湾本岛市场外，应确保日本内地的制糖业得以自给自足；随着人口增加力图增产；降低生产费；降低关税；对抗外国砂糖，谋糖业独立；进而实行糖业输出；试验机构统一并扩充；制糖业整顿合并；海外糖业调查，扩展销路；糖业税法修正改善。在中川健藏总督与平塚广义总务长官的主持下，台湾总督府又于 1935 年召开"热带产业调查会"，确定"保持台湾与南支南洋地区更紧密的经济关系"为未来台湾经济的发展方向。总督府随后开始重新调整农业政策，强化对农业经济的统制力度，计划将以米糖经济为主的台湾农业经济整合至配合日本的战争需要方面。多年来以稻谷和甘蔗为主的单一作物种植体制开始有所转变。这一时期农业经济统制的特点是台湾拓殖株式会社和农业组合等组织在执行统制措施中发挥了很大的作用，台湾总督府同时还强化了水利统制及米谷统制[①]。

自 1930 年代初起，由于日本米谷产量大量过剩，故日本政府于 1933 年 11 月颁布《米谷统制法》，开始在日本国内及台湾、朝鲜等地同时实施米谷统制政策。同时为了保护日本国内农民的利益，限制台湾稻米的对日输出，台湾总督府也随之采取限制台米输出日本本土的政策。随着台米的限制输出，台湾农业经济面临着重大调整，由于总督府压抑稻作，导致稻米产量大减，蔗作因稻作缩减而扩充，产糖量激增。总督府基于《米谷输出管理令》，使米价价格标准化，"但却导致有利于与米处于相对关系的糖的结果"，因而最后也不得不对糖进行统制。1939 年总督府颁布《台湾糖业令》(律令第六号)，将甘蔗的收购也列入认可范围内[②]。事实上，总督府并未严格施行这一法令，甘蔗生产依然居高不下，甚至在 1938 年至 1939 年达到空前的高峰[③]。长期以来，"为发展日本经济，以输出工业品的代价，就是必须由海外输入尽可能多的农产品。由此，以往台湾农产品独占优先出口日本的优势地位，将直接间接地受到了限制，面临调整的局面。尤其是为了向日本工业品重要销售地区的南支南洋发展，由这些国家进

---

① 林继文：《日本据台末期(1930—1945)战争动员体系之研究》，台北：稻乡出版社，1996 年版，第 114—123 页。

② 川野重任：《日据时代台湾米谷经济论》，林英彦译，台湾研究丛刊第 102 种，台北：台湾银行经济研究室，1969 年版，第 177 页。

③ 有关 1938 年至 1944 年日资制糖会社的甘蔗收获以及产糖状况，可参阅台湾省政府农林处：《台湾糖业统计》第二号，1948 年，第 129 页。

口更多的农产原料就成为必然"①。这样，为顺应日本政府的战略调整，台湾总督府忽视台湾农民的根本利益，对稻谷输日实施严厉之限制，遂引起台湾民众的强烈不满。如前所述，林献堂等台湾开明士绅带头发起反对限制台米输日的运动，并赴日请愿②。

在战时统制经济体制下，日本财阀资本独占台湾糖业的趋势加快，自1930年代起，在台湾总督府糖业政策之推动下，三井、三菱、藤山三大财阀的糖业资本进一步集中，全岛所有制糖企业及制糖厂陆续被合并于"台湾制糖"、"日糖兴业"(旧大日本制糖)、"明治制糖"(包括盐水港制糖)三大直系制糖会社。为进一步扩大垄断范围，三大财阀系糖业资本还结成所谓的"康采恩"——糖业联合会。三大财阀同时兼营土地开拓、水利灌溉、铁路运输、海上运输、酒精制造、纸浆制造、食品加工、制盐、乳业、化学工业等，以实现更为广泛的企业垄断③。如表七十六所示，至1943年，三大财阀独占着台湾糖业，支配着广大的台湾农民，并通过制糖业，主宰整个的台湾产业，被称为"民间总督"而肆意支配、剥削台湾人民④。

表七十六　日本糖业资本的集中与独占(1943)

财阀系统		资本金		产　糖	工厂数(1943年)			
		登记/1943年 千元	授权/1942年 千元	1939年 10万斤	甘蔗 糖所	甜菜 糖所	精制 糖所	酒精 所
三井系—台湾制糖		64 200	44 280	5 479	14	——	1	4
三菱系	明治制糖	61 200	45 200	5 137	8	2	2	7
	盐水港制糖	60 000	36 937	2 893	8	——	1	2
藤山系—日糖兴业 (旧大日本制糖)		96 170	85 083	5 300	23	——	2	6
计		281 370	211 500	18 709	53	26	2	6

资料来源：东洋经济新报社：《昭和产业史》第二编，东京：1950年，第406页。

1939年为日据时期台湾糖业发展史上最旺盛的一年：1. 蔗作面积16万7千余亩，占耕地面积的19%；2. 蔗农14万6千余户，占全农家户数的30%，等于台湾总户口的5%；3. 新式制糖厂共有49所；4. 产糖量达23亿6千余万斤(140万公吨)，等于日本占据台湾当初产量的50倍；5. 产糖总值1亿9千余万

① 高桥龟吉：《现代台湾经济论》，东京：千仓书房，1937年版，第28—29页。

② 有关林献堂赴日请愿过程等，可参见林继文：《日本据台末期(1930—1945)战争动员体系之研究》，台北：稻乡出版社，1996年版，第58页。李力庸《1930年代米谷统制运动与台湾的反对运动——(1932—1939)》，中国社会科学院台湾史研究中心《林献堂、蒋渭水——台湾历史人物及其时代学术研讨会论文》，开封：2008年。

③ 史明：《台湾人四百年史》，台北：蓬岛文化公司，1980年版，第361—362页。

④ 同上，第363页。

元，占工业总生产的48％；6．砂糖输出达2亿6千余万元，占总输出的43％，运回日本本国的竟达120万公吨[①]。于是有学者据此推断，1939年台湾的工业生产已经超过农业生产，就所谓“工业生产”的增值内涵进行分析便可知，1939年台湾甘蔗产量大增，以至砂糖产量从1938年的1 650万担增至1939年的2 365万担，猛增了44％[②]。加上砂糖的市场价格上升，使得台湾制糖业创下大幅生产的纪录[③]。这只是说明台湾农产丰收，农产加工业的一时盛衰而已，很快，自1939年起，台湾制糖业就开始逐步走向下坡，其产量及工业生产值逐渐下降。

1935年10月，是日本占据台湾40年的“始政纪念年”，台湾总督府为应对战争准备阶段的产业政策，由当时的中川健藏总督主持召开“热带产业调查会”，目的在于与南洋地区维持更密切的经济关系，将台湾发展为南洋、华南等地原料的加工基地，并依此目的来改善台湾各种设施，以达到“工业台湾、农业南洋”的战略目标。会议认为有两个重点，对糖业有重大影响：其一，是砂糖列为可能输出南洋、华南的商品重点之一，对于增产、质量改善、输出补偿制度之扩充、销路的开辟等都有热烈讨论，然而军方却希望减产砂糖，并增产米粮以应付即将爆发的支那战争。其二，是酒精工业和蔗渣工业依旧列为振兴工业的主要项目，其中就有无水酒精工业的开发，鉴于日本燃料之缺乏，利用华南、南洋及台湾蜜糖及甘蔗等原料，从事无水酒精工业，以确保日本燃料国策[④]。

在战时体制下对台湾糖业有重大影响的还有两项重大工程，即嘉南大圳与日月潭发电厂的建成。嘉南大圳的完工虽然在一定程度上缓解了“米糖相剋”的危机，限制了制糖业的发展，同时也成为推动台湾糖业多元化发展的契机，日资制糖会社开始涉足不同产业，以求发展。另外，建设嘉南大圳的重要目的之一即在增加浊水溪水量，配合日月潭发电厂的兴建，而日月潭发电厂的电力提供，乃是台湾战时经济和南进政策的重要基础。如表七十七所示，1935年台湾糖业在台湾殖民地经济中的地位。

表七十七　台湾糖业在台湾殖民地经济中的地位(1935)

项　别	金额①	项　别	金额②	①/②％
耕地面积(甲)	856 755	蔗作面积	121 605	14.2
农家户口(户)	411 981	蔗作户数(新式制糖)	126 808	30.8

① 参见台湾总督府殖产局:《台湾糖业统计第26次》，1938年，第12、76页。高桥龟吉:《现代台湾经济论》，东京:千仓书房，1937年版，第202页。涂照彦:《日本帝国主义下の台湾》，东京:东京大学出版会，1975年版，第169页。日本大藏省编印:《昭和财政史》XV，东京:1960年，第32页。

② 台湾总督府编印:《台湾统治概要》，台北:1945年，第290页。

③ 涂照彦:《日本帝国主义下の台湾》，东京:东京大学出版会，1975年版，第153页。

④ 杨彦骐:《台湾百年糖纪》，台北:猫头鹰出版社，2001年版，第81页。

续表

项别	金额①	项别	金额②	①/②%
农业生产额(千元)	361 046	甘蔗生产额	55 223	15.3
工业生产额(千元)	269 494	砂糖生产额	164 068	60.9
会社授权资本额(千元)	230 935	制糖会社九家授擢资本额	185 550	56.1
工业会社授擢资本额(千元)	200 192	制糖会社九家授擢资本额	185 550	92.6
输出额(千元)	350 745	砂糖输出额	151 533	43.2

资料来源:高桥龟吉:《现代台湾经济论》,东京:千仓书房,1937年版,第202页。

为长期战争作物资准备,1935年台湾总督府开始推行计划性的统制农业政策,有直接与间接两大目标:直接目标为提供战时粮食;间接目标是供应军需工业部门人口所需粮食①。为确保实现以上两大目标,总督府开始推行"组合经济",以此引进资金与技术,并借此以行政权力强制性地要求农民必须缴纳一定的稻谷量,来提高农业产量。台湾的农业组合,可分为农会与产业组合,前者以改良农业技术为目的,后者则掌控农村的金融活动与农产物生产销售。产业组合在外贸上虽然是民间自治机关,但台湾总督府却透过行政、人事及财务等管道来间接支配。二战末期,台湾总督府则采取"计划供出制"与"生产责任制",在稻米种植之前先规定一定的供出量,在事后则对于"优良供出者"进行奖励②。

1936年9月小林跻造总督上任后,标榜"工业化、皇民化、南进基地化"为台湾总督府战时体制下实施的三大核心政策,即将台湾作为军需品的生产基地和南进的补给基地。同年11月,为统一控制台湾、南洋、华南等地的经济事务,成立了国策公司性质③的台湾拓殖株式会社。台湾总督府以14 000余甲的"官有"土地为其投资资本,其余为日本糖业联合会、三井、三菱等财阀,台拓的人事权及运营权均为总督府严厉控制,台湾拓殖株式会社成为总督府支配经济活动

①② 邱士荧:《"嘉南大圳"与台米的剥削:评八田与一》,台湾:日本综合研究所网站,2005年12月5日。

③ 台湾拓殖株式会社是日本政府与台湾总督府为使台湾"充裕日本国防资源,以补充日本的经济力,得强大的伸展"(《中国近代工业史资料》第2辑,第537页)而设立的国策公司。所谓的国策公司,"称作经营准国营事业的准国家机关也并不过分"(野田经济研究所:《战时下の国策公司》,东京:野田经济研究所出版部,1940年版,第41页),它是国家直接参与干涉经济的具体表现形式。国策公司不允许像一般民间公司那样只追求利润、不顾及国家全局。国策公司必须顺应日本的国家政策,对所属产业实行指导统制,具体实施国家政策。给予特别的保护,比如给予事业统制权、资金援助、公司债券特别发行权、减免租税、优先供应资材等,给予支持,必要时,还借助外交手段、动用军事力量给予特别的保护(参见日本野田经济研究所:《战时下の国策公司》,东京:该所出版部,1940年版,第43页)。

的工具①。

1937年"七七事变"后,台湾总督府采用指定方式,分配各制糖会社生产总督府指定的军需产品。1939年台湾总督府颁布《台湾糖业令》(律令第六号),规定台湾制糖业采取许可制,制糖会社的业务及财产受总督府的直接监督,台湾糖业至此成为总督府直接掌控的产业,也成为向日本军国主义提供战争军费的"财源产业"。至此,战时体制下台湾总督府对于米糖产业之经济统制开始全面施行。

上面论述过,台湾米糖业在20年代中期至30年代前期出现了蔗谷争田的"米糖相剋"现象,首先对日资制糖会社造成一定冲击。为确保其利益,台湾总督府采取了限制台湾稻米生产及米谷出口等措施,以缓解"米糖相剋"的危机。但很快就因为日本不断扩大对外战争、对粮食的需求骤然提高而重新调整限制

① 1936年7月30日,日本政府下令成立"台湾拓殖株式会社"设立委员会,委员长由日本拓殖务大臣儿玉秀雄(首任台湾总督儿玉源太郎的长子,历任日本拓务大臣、递信大臣等职)兼任,副委员长为台湾总督府总务长官平塚广义及三菱财阀董事加藤恭平,有81名官方委员及民间委员,官方委员有内阁书记长官,法制局长官;外务、大藏、拓务、陆军及海军各省次官;台湾总督府内务、殖产及财务各局长、事务官等。1936年8月24、25日,台湾总督府召开了有关台湾拓殖株式会社的设立会议,决定了设立宗旨、公司章程、事业计划书、招股方法等。设立当初的资本额为3 000万日元,每股50日元,合计60万股。在招股方法中规定:在60万的总股份中,台湾总督府以"官有地"出资,拥有30万股的"官股"(1936年11月16日,中川健藏总督对台湾拓殖株式会社设立委员长儿玉秀雄发布《命令书》(总内第980号)。总督府将价值1 500万元之官租地(15 042甲)折价30万股,投入至台湾拓殖株式会社的创立(参见《台拓档案影本》V89,第170页)。总督府之所以将官租地投资于台拓之原因,一来为摆脱征收官租之地主的立场;二来为基于土地政策上,不愿意将官租地放领予台湾人。而由国策会社台拓保有官租地,不过是由原来的大地主台湾总督府,转移予另一大地主台拓会社而已(王世庆:《台湾拓殖株式会社之土地投资——以总督府出资之社有地为中心》,《台湾资本主义发展学术研讨会论文》,2001年12月)。另外,10万由日资制糖企业认购(大日本制糖株式会社、明治制糖株式会社、台湾制糖株式会社等日资大制糖企业;10万由生命保险团体、银行团体及各财阀认购(三井财阀、三菱财阀、住友财阀以及台湾银行、安田银行等),10万分配于民间各阶层。糖业资本占民间股份的三分之一。开始认购后,分配于民间的10万股,日本内地占85 000股、台湾仅有15 000股(《台湾拓殖株式会社文书》第23号,《股份分配表》1936年,第7—9页、第140—145页;《台湾拓殖株式会社文书》第16号,《股东名单》,1937年,第295页;樱井三郎编纂:《台湾拓殖株式会社事业概观》,台湾拓殖株式会社,1940年6月5日,第143页;井出季和太:《台湾治绩志》,台湾日日新报社,1937年版,第1215—1218页)。日本股东占据绝大多数。1936年9月,小林跻造海军大将(预备役)出任台湾总督;同年11月小林跻造总督任命前三菱财阀(合资会社)理事加藤恭平为台湾拓殖株式会社首任社长兼台湾总督府评议会会员,前昭和制糖株式会社专务董事久宗董为副社长。同月25日,小林跻造总督主持了台湾拓殖株式会社的成立大会;12月5日,台湾拓殖株式会社正式开始营业(日本野田经济研究所:《战时下の国策会社》,东京:野田经济研究所出版部,1940年,第294页)。

政策。随着日本国内实施战时体制及对米谷产销控制的强化,台湾总督府也制定实施了一系列控制米谷产业的政策措施,1933 年 7 月,在总督府殖产局内设立"米谷统制系";1933 年 11 月 1 日,台湾与朝鲜两个海外殖民地连同日本本土全面实施《米谷统制法》(敕令第二七九号);1934 年 3 月又实行《临时米谷移入调节法》[①];1936 年 10 月总督府设立米谷课,统制全岛米谷的生产、运销等。由于总督府与日本农林省争夺利益,1938 年 8 月,日本农林省设立农林大臣直接管辖的"米谷事务所",欲绕过台湾总督府,由其直接控制台湾输日米谷的买卖[②]。同年总督府颁布并实施《台湾重要农作物增产十年计划》,使台湾的农业生产可以有计划地统制[③]。这样,台湾总督府为适应日本的国家利益,开始鼓励米谷增产,台湾总督府统制取代了市场机制[④]。

1938 年 4 月,日本政府颁布《国家总动员法》,成为其施行有关统制经济及全面动员的根本大法[⑤],该法同时适用于台湾,总督府依据该法制定一系列经济统制法规。作为日本内地米价统制的一环,1939 年总督府公布《战时总动员法》,开始实施全方位的经济统制。首先施行的是战时米谷统制政策。1939 年 5 月,台湾总督府发布《台湾米谷出口管理令》(律令第五号)。《台湾米谷出口管理令》规定:台湾总督府将按公定价格强制收购出口稻米,根据与日本农林省达成的协议,由台湾总督府在岛内负责强行征购台湾稻米,再转手贩卖米谷的日本贸易商社。可以说,在《台湾米谷出口管理令》颁布实施之后,台湾总督府才完全掌握"米谷出口的流程与数量"[⑥]。与此同时,台湾总督府又制定出《米谷配

① 黄静嘉:《春帆楼下晚涛急——日本对台湾的殖民统治及其影响》,北京:商务印书馆,2003 年版,第 397 页。

② 对于限制台湾米谷输日的问题,日本农林省与拓务省、台湾总督府间的立场并不一致。台湾总督府的立场是欲以低于市价的价格收购米谷,再以市价在日本市场卖出。农林省的立场则是维持价格的一元化。总督府之所以坚持差别价格,乃是因为企图利用差价扩大财政收入,及担心提高对米谷的收购价格将会导致其他农产品价格的连带上涨(参见林继文:《日本据台末期(1930—1945)战争动员体系之研究》,台北:稻乡出版社,1996 年版,第 100 页注释 7)。

③ 台湾省文献委员会:《台湾近代史》(经济篇),南投:1995 年印行,第 135 页。

④ 黄绍桓:《书评:柯志明〈米糖相剋〉(群学出版 2003 年)》,载《台湾史研究》第 10 卷第 2 期,2001 年 12 月,第 135 页。

⑤ 1938 年 3 月 24 日,日本帝国议会相继通过《国家总动员法》和《电力国家管理法》。《国家总动员法》包括政治、经济、军事、文化教育、言论出版以及工农运动等方面的内容。其根本目的是把全国的国民经济、政治生活一切领域都置于法西斯政府控制之下,把全国纳入战争轨道,建立法西斯天皇制国家(吴廷璆主编:《日本史》,天津:南开大学出版社,1994 年版,第 713 页)。

⑥ 李力庸:《1930 年代米谷统制与台湾的反对运动(1932—1939)》,中国社会科学院台湾史研究中心《林献堂、蒋渭水——台湾历史人物及其时代学术研讨会论文》,开封:2008 年。

给统制令》，在岛内实施米粮配给制度，强化对台湾米谷的流通统制和实行米价公定价格制。同年 7 月，米谷课升格为米谷局。

1939 年总督府颁布《米谷移出管理令及实施输出入管制》（律令第一号），规定由台湾总督府直属的“米谷纳入组合”与“米谷配给组合”来统筹米谷的收购与分配。透过米谷的“价格统制”，台湾总督府借此抑制在来米的（台湾本地人食用）生产及鼓励蓬莱米（销往日本）的生产，以扩大对日米谷的输出与岛内消费米的减产。“配给制度”则将物资交由官方统筹运销，并“配给于消费者”，如此既可免除中间者囤积居奇，又可收平抑物价之效，唯殖民地人民中之本岛人之受配给量，低于台之日本内地人①。对于与米谷有密切关系的糖业，也在同年 10 月公布了《台湾糖业令》（律令第六号），同时废止 1905 年颁布之《制糖厂取缔规则》（府令第三十八号），对各制糖会社甘蔗种植面积及收购价格均实施严厉之许可制②。此外，还颁布了一系列有关农业关系的法令，如 1939 年颁布《地租统制令》、1941 年颁布《临时田地价格统制令》和《台湾农林水利临时调整令》等，对岛内农业经济进行更全面和直接的支配。结果，米谷出口的垄断资本和糖业资本的积累活动受到了很大的限制，但其中受到最大影响的是本地资本的地主和米商间，其积累基础被大大地缩小了③。

1939 年 10 月，台湾总督府颁布《台湾米谷移出管理法》（律令第五号）。按照该法规定，台湾须每年向日本提供 500 万石稻米以接济日本的米荒。台湾总督府依据该法制定《米谷配给统制令》。按其规定：配给的数量为每人一日一合七勺（等于 0.17 升），在日本则为每人一日二合四勺（等于 0.24 升）④。1941 年颁布《台湾米谷业应急措施令》，1941 年 12 月实施食米配给制度，1943 年颁布《台湾粮食管理令》，成立台湾“粮食营团”，以统筹办理粮食的储藏、配给。素有“米仓”之称的台湾，此时竟出现粮食严重短缺的险情⑤。

自 1936 年起，总督府统制米谷之管理机构先后为：总督府殖产局（1936 年

---

① 黄静嘉：《春帆楼下晚涛急——日本对台湾的殖民统治及其影响》，北京：商务印书馆，2003 年版，第 412—424 页。

② 有台湾学者认为，总督府颁布《台湾糖业令》，其实质内容是继承早先公布的《制糖厂取缔规则》，不过其将过去的备案主义变为许可主义，对各种业务广泛的加以命令监督（陈兆伟：《国家经营下的台湾糖业（1945—1953）》，台北：稻乡出版社，2003 年版，第 33 页）。

③ 翁嘉禧、谢惠怡：《日据末期台湾的工业化及其影响》，《纪念台湾光复 60 周年暨两岸关系学术研讨会论文集》，北京：台海出版社，2008 年版，第 111 页。

④ 这一合七勺对于日本人及富有的台湾人而言是量太少不足以填饱肚子的，但大多数台湾民众一直在挨饿的边缘生存着，终年很少吃到白米饭。在实施配给制后，富者当然苦不堪言，但贫苦大众无不笑逐颜开，真是令人啼笑皆非的一大悲喜剧（钟孝上：《台湾先民奋斗史》（下），台北：自立晚报社，1982 年版，第 324 页）。

⑤ 黄静嘉：《春帆楼下晚涛急——日本对台湾的殖民统治及其影响》，北京：商务印书馆，2003 年版，第 427 页。

10月—1939年7月)、米谷局(1939年7月—1942年3月)、粮食局(1942年11月—1943年11月)与农商局粮食部(1943年12月—1945年)等[①]。总督府还强化米谷检查制度,台湾之米谷检查制度始于1904年,初由总督府殖产局执行,后由各州管理,最后由检查局统一经办。根据1941年的报告,检查计分基隆、新竹、台中、嘉义、高雄、花莲6家事务所,其下各有支所;基隆、高雄两处,专事出口米的检查[②]。

如此,随着日本对外侵略战争的无限扩大及军需稻米需求的骤增,台湾总督府更加注重台湾稻米增产,其稻米产业政策又由鼓励转作的措施改为加紧增产的措施。随着日本国内农业的复苏,为保护日本农民的利益,台湾总督府又转为限制台米的输出。1939年台湾总督府颁布《台湾米谷输出管理令》(律令第五号),同时设立米谷局,对以往民间经营的台湾米谷输出业务,实施米谷局直辖下的严格统制。1941年台湾总督府颁布《台湾米谷等应急措施令》(律令第十一号),同年12月太平洋战争爆发;1942年总督府又以敕令第五九九号将日本《食粮管理法》(法律第四十号)施行于台湾;1943年总督府颁布《台湾粮食生产管理令》(律令第二十五号),进一步限制台湾稻米的输出[③]。同时总督府公布《米谷生产奖励规则》,而原转作作物则当工业原料继续奖励生产。由于各种经济作物都在奖励之下,及造成台湾农业的大量增产,根据农业年报的记载:台湾农业生产指数以1902年为基期当100,则1935年为642,1939年为982,1944年为1 392[④]。不过,台湾稻米产量却逐年下降,因为台湾总督府在岛内施行粮食配给制,强迫征购农民所产之稻米,对稻米之生产、仓储、碾米、运销等,均由总督府指定之日本财阀商社严格控制。农民只能自留适量种子,余均交总督府控制下的台湾各级农会,再由农会碾米后转交日本商社。因日本商社以极低价格收购稻米,台湾农民更无意于增加稻米生产,以致产量大减,台湾稻米输日之数量亦逐年减少[⑤]。

---

① 黄登忠、朝元照雄:《台湾农业经济论》,东京:税务经理协会,2006年版,第22—24页。

② 周宪文:《台湾经济史》,台北:开明书店,1980年印行,第487页。

③ 台湾总督府颁布《台湾粮食生产管理令》(律令第二十五号),对台米输出日本进行严格限制,因而对台湾殖民地经济发生严重影响。该法制定的背景是防止日本国内米价的下落,为维护本国生产者的利益,而将恐慌之损失最后转嫁于殖民地农民(黄静嘉:《春帆楼下晚涛急——日本对台湾的殖民统治及其影响》,北京:商务印书馆,2003年版,第302页)。

④ 台湾省文献委员会:《台湾近代史》(经济篇),南投:1995年印行,第135页。

⑤ 应廉耕:《台湾省农业经济》,北京:农业出版社,1983年版,第7页。

表七十八　台湾历年稻米生产及对日输出状况

年次	生产面积		生产数量		每公顷平均产量		输往日本数量		对日输出占生产量之百分比
	实数千公顷	指数	实数千公吨	指数	实数公斤	指数	实数千公吨	指数	
1900	326	100	307	100	943	100	1.4	100	0.46
1901	353	109	438	143	1 239	131	14	1 000	3.20
1902	345	106	403	131	1 168	124	23	1 643	5.71
1903	395	121	525	171	1 330	141	69	4 929	13.14
1904	435	134	594	193	1 366	145	58	4 143	9.76
1905	447	137	622	203	1 390	147	90	6 429	14.17
1906	459	141	567	185	1 236	131	114	8 143	20.11
1907	472	145	645	210	1 367	145	85	6 071	13.18
1908	479	147	665	217	1 389	147	155	11 071	23.31
1909	479	147	661	215	1 381	146	151	10 786	22.84
1910	456	140	598	195	1 311	139	104	7 429	17.39
1911	479	147	642	209	1 340	142	93	6 643	14.49
1912	481	148	573	188	1 201	127	93	6 643	16.09
1913	494	152	732	233	1 482	157	161	11 500	21.09
1914	500	153	653	214	1 317	140	86	6 143	13.07
1915	491	151	684	223	1 392	143	122	8 714	17.84
1916	472	145	664	216	1 403	149	95	6 786	14.31
1917	466	143	691	225	1 481	157	114	8 143	16.50
1918	433	148	662	215	1 369	145	155	11 071	23.41
1919	497	153	703	229	1 415	150	169	12 071	24.04
1920	500	154	692	225	1 383	147	103	7 357	14.88
1921	495	152	711	231	1 435	152	146	10 429	20.53
1922	511	157	773	253	1 521	161	103	7 357	13.24
1923	503	156	695	226	1 369	145	178	12 714	25.61
1924	531	183	363	283	1 633	173	262	18 714	30.18
1925	551	169	920	300	1 671	177	355	25 357	38.59
1926	567	174	833	289	1 565	166	311	22 214	35.02

续表

年次	生产面积		生产数量		每公顷平均产量		输往日本数量		对日输出占生产量之百分比
	实数千公顷	指数	实数千公吨	指数	实数公斤	指数	实数千公吨	指数	
1927	587	180	986	321	1 685	179	372	26 571	37.73
1928	585	180	971	316	1 660	176	338	24 143	34.81
1929	568	174	926	301	1 630	173	330	23 571	35.64
1930	614	189	1 053	343	1 714	182	317	22 643	30.10
1931	634	195	1 069	348	1 686	179	379	27 071	35.45
1932	664	204	1 278	416	1 924	204	477	34 071	37.32
1933	675	207	1 195	389	1 763	187	588	42 000	49.21
1934	667	205	1 293	423	1 947	206	721	51 500	55.55
1935	679	208	1 303	424	1 920	204	642	45 857	49.27
1936	682	209	1 365	445	2 004	213	684	45 857	50.11
1937	658	202	1 319	429	2 006	213	692	49 429	52.46
1938	625	192	1 402	457	2 242	238	686	49 000	48.93
1939	626	192	1 307	426	2 088	221	573	40 929	43.84
1940	639	196	1 129	368	1 768	187	408	29 142	36.14
1941	647	199	1 199	390	1 853	197	280	20 000	23.35
1942	617	189	1 171	381	1 900	201	271	19 357	23.14
1943	610	187	1 126	367	1 845	196	258	18 429	22.91
1944	601	184	1 068	348	1 778	189	166	11 857	15.54

资料来源：周宪文：《台湾经济史》，台北：开明书店，1980 年印行，第 488 页。

由表七十八可得出以下几点结论：1. 1900 年至 1944 年的 45 年间以来，台湾稻米的生产面积由 326 000 公顷增为 601 000 公顷，即增为 184%。生产面积最广的一年为 1936 年，计 682 000 公顷，为 1900 年的 209%。2. 45 年来，台湾稻米的生产数量由 307 000 公吨增为 1 068 000 公吨，即增为 348%。生产量最多的一年为 1938 年，计 1 402 000 公吨，为 1900 年 457%。3. 45 年来，单位面积(每公顷)的平均产量由 943 公斤增为 1 778 公斤，即增为 189%。平均产量最高的一年为 1938 年，计 2 242 公斤，为 1900 年的 238%[①]。台湾学者周宪文指出，45 年来，由台湾输往日本的稻米为由 1 400 吨增为 166 000 吨，即

① 周宪文：《台湾经济史》，台北：开明书店，1980 年印行，第 488—489 页。

11 857%;以1937年为例,生产面积增加为202%,生产数量增加为429%,每公顷的平均产量增加为213%,而输往日本的数量则增加为49 429%,竟占同年总生产量的5 246%。换言之,同年半数以上的稻米是输到日本去了。而就在台湾稻米大量输往日本的同时,台湾人民的生活水平日益下降,台湾农民"一方面以其辛苦所得的蓬莱米供给日本人消费,而同时自己则改以甘薯果腹,并由海外输入品质较差的米粮以资充饥"。据1927年《台湾年鉴》记载:1925年台湾消费的甘薯要比上年增加9 000万斤①。也就是说,台湾总督府推行稻谷产业政策的目的,完全是为了日本的利益,完全是为了其国内所需。

综上所述,在总督府殖民地经济政策的推动下,台湾殖民地经济渐次演进为日本资本主义经济圈的一环,同时也成为日本资本主义经济发展的一大推进力。台湾学者柯志明认为,殖民经济的基本特征是外来资本与本地生产模式并存。随着外销农产品生产的扩展与出口的增长,日据下的台湾逐渐被纳入日本资本主义经济大体系内②。由此可见,日据时期台湾米糖经济是在台湾总督府统治下进行的殖民地经济,其发展的根本意义是对日本资本主义的贡献,亦是台湾米糖经济殖民地性质的体现。

---

① 周宪文:《台湾经济史》,台北:开明书店,1980年印行,第489页。

② 柯志明:《米糖相剋——日本殖民主义下台湾的发展与从属》,台北:群学出版有限公司,2003年版,第15页。

参考文献(按出版地):

中国大陆地区版:

连　横:《台湾通史》,上海:华东师范大学出版社,2006 年版。

李震明:《台湾史》,上海:中华书局,1948 年版。

陈碧笙:《台湾地方史》,北京:中国社会科学出版社,1990 年版。

陈孔立:《台湾历史纲要》,九州出版社,1997 年版。

田　珏:《台湾史纲要》,福州:福建人民出版社,2000 年版。

杨彦杰:《荷据时代台湾史》,南昌:江西人民出版社,1992 年版。

黄福才:《台湾商业史》,南昌:江西人民出版社,1990 年版。

应廉耕:《台湾省农业经济》,北京:农业出版社,1983 年版。

黄静嘉:《春帆楼下晚涛急——日本对台湾的殖民统治及其影响》,北京:商务印书馆,2003 年版。

吴壮达:《台湾的开发》,北京:科学出版社,1958 年版。

陈小冲:《日本殖民统治台湾五十年史》,北京:社会科学文献出版社,2005 年版。

陈在正:《台湾海疆史》,厦门:厦门大学出版社,2001 年版。

林仁川、黄福才:《台湾社会经济史研究》,厦门:厦门大学出版社,2001 年版。

陈支平:《民间文书与台湾社会经济史》,长沙:岳麓书社,2004 年版。

卓克华:《清代台湾行郊研究》,福州:福建人民出版社,2006 年版。

唐凌:《自开商埠与中国近代经济变迁》,南宁:广西人民出版社,2002 年版。

陈艳云:《日本"南进"东南亚与台湾总督府的关系(1895—1945)》,北京:中国言实出版社,2007 年版。

姚贤镐:《中国近代对外贸易史资料》第 2 卷,北京:中华书局,1962 年版。

贾植芳:《近代中国经济社会》,沈阳:辽宁教育出版社,2003 年版。

丛子明、李挺:《中国渔业史》,北京:中国科学技术出版社,1993 年版。

孙玉琴:《中国对外贸易史》,北京:对外经济贸易大学出版社,2004 年版。

林履信:《台湾产业之发达》,上海:商务印书馆,1947 年版。

周启乾:《日本近现代经济简史》,北京:昆仑出版社,2006 年版。

万　峰:《日本近代史》,北京:中国社会科学出版社,1981 年版。

吴廷璆:《日本史》,天津:南开大学出版社,1994 年版。

赵德馨:《中国近现代经济史(1842—1949)》,郑州:河南人民出版社,2003 年版。

赵德馨:《中国近代国民经济史教程》,北京:高等教育出版社,1988 年版。

李家泉:《台湾省经济地理》,北京:新华出版社,1991 年版。

陈鸣钟、陈兴唐:《台湾光复与光复后五年省情》,南京:南京出版社,1989 年版。

于宗先:《两岸农地利用比较》,北京:社会科学文献出版社,2004 年版。

陈光良:《海南经济史研究》,广州:中山大学出版社,2004 年版。

中国台湾地区版:

台湾总督府殖产局:《台湾の米》,台北:台湾总督府,1938 年。

台湾总督府殖产局:《台湾の糖业》,台北:台湾总督府,1930 年。

台湾总督府殖产局:《台湾の糖业》,台北:台湾总督府,1935 年。

台湾总督府殖产局:《台湾の糖业》,台北:台湾总督府,1939 年。

台湾总督府殖产局特产课:《糖业统计》,台北:台湾总督府,1913—1943 年。

台湾总督府殖产局特产课:《糖业概观》,台北:台湾总督府,1927 年。

台湾总督府殖产局:《糖务关系例规集》,台北:台湾总督府,1919 年。

台湾总督府殖产局:《台湾总督府糖务年报(1913—1920)》,台北:台湾总督府,1921 年。

稻田昌植:《台湾糖业政策》,台北:台湾总督府,1921 年。

平山勋:《台湾糖业论》,台北:台湾通信社,1935 年版。

田中重雄:《明日の台湾糖业》,台北:德利印刷株式会社,1936 年版。

上野幸佐:《台湾糖米年鉴》,台北:台湾日日新报社台南支局,1923 年版。

临时台湾糖务局:《糖业记事第二三次》,台北:台湾日日新报社,1904 年版。

杉野嘉助:《台湾糖业年鉴》,台北:台湾通信社,1920 年版。

杉野嘉助:《台湾商工十年史》,台北:台湾印刷株式会社,1920 年版。

台湾总督府:《台湾总督府公文类纂》,台北:台湾总督府,1895—1945 年。

台湾总督府民政部文书课、官房调查课:《台湾总督府统计书》,台北:台湾总督府,1899—1945 年。

台湾总督府:《台湾统治概要》,台北:台湾总督府,1945 年。

台湾总督府官房文书课:《台湾统治综览》,台北:台湾总督府,1908 年。

台湾总督府:《台湾总督府临时产业调查会会议录》,台北:台湾总督府,1931 年。

台湾总督府:《台湾热带产业调查会答申书》,台北:台湾总督府,1935 年。

台湾总督府:《台湾事情》,台北:台湾总督府,各年版。

台湾总督府警察局:《台湾总督府警察沿革志·第一编:警察机关の构成》,台北:台湾总督府,1933 年。

台湾总督府警察局:《台湾总督府警察沿革志·第二编:领台以后の治安状况》,台北:台湾总督府,1942 年。

临时台湾旧惯调查会:《台湾私法》第一卷(中),台北:台湾总督府,1911 年。

临时台湾旧惯调查会:《台湾旧惯调查事业报告》,台北:临时台湾旧惯调查会,1917 年。

台湾总督府专卖局:《台湾总督府专卖局事业第 5 年报》,台北:1928 年。

伊能嘉矩编:《台湾文化志》(上)(中)(下),南投:台湾省文献委员会,1997 年印行。

盐见俊二:《台湾战时财政金融论》,台北:台湾出版文化株式会社,1943 年版。

高滨三郎:《台湾统治概史》,台北:新行社,1936 年版。

高北四郎:《台湾的金融》,台北:春秋社,1927 年版。

井出季和太:《台湾治绩志》,台北:台湾日日新报社,1937 年版。

大园市藏:《现代台湾史》,台北:日本殖民地批判社,1934 年版。

楠井隆三:《战时台湾经济论》,台北:南方人文研究所,1944 年版。

大园市藏:《台湾始政四十史》,台北:日本殖民地批判社,1935 年版。

台湾通信社:《台湾年鉴》(1941—1944),台北:台湾通信社,1941—1944 年。

末光欣也:《日本统治时代の台湾(1895—1945/46 年五十年の轨迹》,台北:致良出版社,2000 年版。

藤井志津枝:《日本据台初期台湾总督府的理番政策》,台北:文英堂,1997 年版。

古川胜三:《嘉南大圳之父——八田与一传》,陈荣周译,台北:前卫出版社,2005 年版。

林满红:《茶、糖、樟脑业与台湾之社会经济变迁(1860—1895)》,台北:联经出版公司,1997 年版。

林满红:《茶、糖、樟脑业与晚清台湾》,台北:台湾研究丛刊第 115 种,台湾银行,1978 年版。

柯志明:《米糖相克——日本殖民主义下台湾的发展与从属》,台北:群学出版有限公司,2003 年版。

吴田泉:《台湾农业史》,台北:自立晚报社,1993 年版。

华松年:《台湾粮政史》,台北:商务印书馆,1984 年版。

张季熙:《台湾糖业复兴史》,彰化:台湾糖业公司,1958 年版。

杨彦骐:《台湾百年糖纪》,台北:猫头鹰出版社,2001 年版。

吴聪贤:《农业史》,台北:黎明文化事业出版股份有限公司,1992 年版。

周宪文:《台湾经济史》,台北:开明书店,1980 年印行。

周宪文:《日据时代台湾经济史》,台北:台湾研究丛刊第 59 种,台湾银行经济研究室,1958 年印行。

东嘉生:《台湾经济史概说》,台北:海峡学术出版社,2000 年版。

东乡实、佐藤四郎:《台湾殖民发达史》,台北:晃文馆,1916 年版。

陈明言、杨金华:《台湾近代糖业先驱——武智直道》,台湾武智纪念基金会,2005 年版。

郑维中:《荷据时代台湾社会》,台北:前卫出版社,2004 年版。

台湾省行政长官公署统计室编:《台湾省五十一年统计》,台北:1946 年。

台湾省文献委员会:《台湾近代史・经济篇》,南投:1995 年印行。

台湾省文献委员会:《台湾总督府档案中译本》(第一辑),台北:1994 年印行。

台湾省文献委员会:《台湾总督府档案中译本》(第二辑),台北:1994 年印行。

台湾省文献委员会:《台湾总督府档案中译本》(第三辑),台北:1994 年印行。

台湾银行:《台湾之金融史料》,台北:台湾银行经济研究室,1953 年。

台湾银行:《台湾之金融》,台北:台湾银行经济研究室,1966 年。

《台湾经济史初集》,台湾研究丛刊第 25 种,台北:台湾银行经济研究室,1954 年版。

《台湾经济史二集》,台湾研究丛刊第 32 种,台北:台湾银行经济研究室,1955 年印行。

《台湾经济史五集》,台湾研究丛刊第 44 种,台北:台湾银行经济研究室,1957 年印行。

《台湾经济史七集》,台湾研究丛刊第 68 种,台北:台湾银行经济研究室,1959 年印行。

《台湾经济史八集》,台湾研究丛刊第 71 种,台北:台湾银行经济研究室,1959 年印行。

戚嘉林:《台湾史》(增订本),台北:海峡学术出版社,2008 年版。

黄秀政:《台湾史》,台北:五南图书出版公司,2002 年版。

林道蘅:《台湾史》,台北:众文图书公司,1980 年版。

马锐筹:《台湾史》,台北:文史哲出版社,1949 年版。

高明士:《台湾史》,台北:五南图书出版公司,2006 年版。

汤子炳:《台湾史纲》,台北:海峡学术出版社,2002 年版。

黄大受:《台湾史纲》,台北:三民书局,1982 年版。

林进发:《台湾发达史》,台北:民众公社,1936 年版。

史　明:《台湾人四百年史》,台北:蓬岛文化公司,1980 年版。

陈浩洋:《台湾四百年庶民史》,台北:自立晚报社,1992 年版。

张胜彦:《台湾开发史》,台北:空中大学,1996 年版。

程大学:《台湾开发史》,台北:众文图书股份有限公司,2000 年印行。

林再复:《台湾开发史》(修订版),台北:作者自刊,1990 年版。

吴密察:《台湾近代史研究》,台北:稻乡出版社,1990 年版。

廖庆洲:《日本过台湾》,台北:上砚出版社,1993 年版。

许极燉:《台湾近代发展史》,台北:前卫出版社,1996 年版,

种村保三郎:《台湾小史》,台北:武岭出版有限公司,2000 年版。

山崎繁树、野上娇介:《1600—1930 台湾史》,台北:武岭出版有限公司,2001 年版。

台湾总督府财务局:《贸易 40 年表(1897—1935)》,台北:吉村商会,1936 年版。

松浦章:《日治时期台湾海运发展史》,卞凤奎译,台北:博扬文化事业有限公司,2004 年版。

张宗汉:《光复前台湾之工业化》,台北:联经出版事业公司,1980 年版。

林继文:《日本据台末期(1930—1945)战争动员体系之研究》,台北:稻乡出版社,1996 年版。

黄通、张宗汉、李昌槿:《日据时代之台湾财政》,台北:联经出版事业公司,1987 年版。

黄静嘉:《日据时期台湾殖民地之法制与殖民统治》,台北:海天书局,1960 年版。

吴剑雄:《中国海洋发展史论文集》第四辑,台北:台湾“中央研究院”中山人文社科研究所,1991 年版。

黄富三、翁佳音:《台湾商业传统论文集》,台北:台湾“中央研究院”台湾史研究所,1999 年版。

江庆林:《台湾铁路史》(上下卷),南投:台湾省文献委员会,1990 年印行。

许雪姬:《现藏台湾总督府档案目录》,台湾“中央研究院”近代史研究所,1988 年版。

洪敏麟:《日本据台初期重要档案》,南投:台湾省文献委员会,1978 年印行。

王世庆:《清代台湾社会经济》,台北:联经出版事业公司,1994 年版。

陈秋坤:《清代台湾土著地权——官僚、汉佃与岸里社人的土地变迁(1700—1895)》,台北:台湾“中央研究院”近代史研究所专刊,1994 年版。

郑政诚:《台湾大调查——临时台湾旧惯调查会之研究》,台北:博扬文化事业有限公司,2005 年版。

林钟雄:《台湾经济经验一百年》(增订本),台北:1998 年作者自刊。

戴国辉:《台湾史对话录》,台北:南天书局有限公司,2002 年版。

蔡锦堂:《战争体制下的台湾》,台北:日创社,2006 年版。

叶荣钟:《台湾人物群像》,台北:晨星出版有限公司,2000 年版。

叶荣钟:《近代台湾金融经济发展史》,台北:晨星出版有限公司,2002 年版。

陈逢源:《新台湾经济论》,台北:新民报社,1937 年版。

陈逢源:《台湾经济と农业问题》,台北:万出版社 1944 年版。

袁颖生:《光复前后的台湾经济》,台北:联经出版事业公司,1998 年版。

赖青松:《台湾总督——明石元二郎传奇》,台北:一桥出版社,1999 年版。

许介鳞:《台湾史记——日本统治篇》1—3,台北:文英堂,2007 年版。

许介鳞:《日本殖民统治赞美论总批判》,台北:文英堂,2006 年版。

许介鳞:《后藤新平:一个殖民地统治者的记录》,台北:文英堂,2008 年版。

林　立:《台湾史话》,香港:七十年代杂志社,1976 年版。

洪宜勇主编:《台湾殖民地史学术研讨会论文集》,台北:台湾海峡学术出版社,2004 年版。

台湾史研究会主编:《台湾史学术研究会论文集》第一集,台北:台湾史研究会,1988 年版。

台湾史研究会主编:《台湾史学术研究会论文集》第二集,台北:台湾史研究会,1990 年版。

《台湾文献史料整理研究学术研讨会》,南投:台湾省文献史料委员会文献史料馆,2000 年版。

《第四届台湾总督府档案学术研讨会论文集》,南投:“国史馆”台湾文献馆,2006 年 12 月版。

《第五届台湾总督府档案学术研讨会论文集》,南投:“国史馆”台湾文献馆,2008 年 8 月版。

《台湾总督府档案之认识与利用入门》,台北:“国史馆”台湾文献馆,2002 年 8 月版。

《日本帝国殖民地之比较研究国际学术研讨会论文集》,台北:台湾“中央研究院”台湾史研究所,2008 年 10 月版。

《殖民与近代化——台湾学研究国际学术研讨会论文集》,台北:台湾图书馆,2008 年 11 月版。

蔡龙保:《殖民统治之基础工程——日治时期台湾道路事业之研究》,台北:台湾师范大学历史系,2008 年 1 月印行。

陈存良:《日据时代台湾农业发展之研究——以米、糖为中心》,台北:“中国文化大学”日本研究所硕士论文,1988 年 6 月。

陈玟瑾:《日据时期台湾糖业与交通运输关系探究(1896—1918)》,台南:成功大学历史研究所硕士论文,2000 年 7 月。

吴季晏:《日据前期台湾砂糖出口市场的转变(1895—1915)》,台南:成功大学历史语言研究所硕士论文,1994年7月。

余国瑞:《日据时期台湾的新式制糖工业》,台北:台湾大学经济研究所硕士论文,1991年。

黄秀梅:《日治期间台湾糖业的产业结构分析——台湾糖业合并的再探讨》,台北:台湾大学经济研究所硕士论文,1996年。

何凤娇:《日据时期台湾的糖业经营与农民争议》,台北:台湾政治大学历史研究所硕士论文,1991年2月。

罗文国:《日本殖民政策与台湾农民运动的形成(1895—1931)》,台北:台湾政治大学历史研究所硕士论文,1993年6月。

郭云萍:《国家与社会之间的嘉南大圳——以日据时期为中心》,台北:中正大学历史研究所硕士论文,1994年7月。

张静宜:《台湾拓殖株式会社之研究》,台北:"中央大学"历史研究所硕士论文,1997年。

郑丽玲:《战时体制下的台湾社会(1937—1945)——治安、社会教化、军事动员》,台北:清华大学历史研究所硕士论文,1994年6月。

黄琼瑶:《日据时期的台湾银行(1899—1945)》,台北:台湾师范大学历史研究所硕士论文,1991年6月。

李淑芳:《日本南进政策下的高雄建设》,台南:成功大学历史语言研究所硕士论文,1995年6月。

杨志坚:《"土砻间"——台湾地方经济与人际网络的探讨》,台北:"中国文化大学"史学研究所硕士论文,1999年。

叶金惠:《日本殖民经济体系下台蕉问题研究》,台北:台湾师范大学历史研究所硕士论文,1991年。

日本版:

和野信治:《日本糖业发达史》,神户:日本糖业发达史编纂所,1931年版。

临时台湾旧惯调查会编:《台湾糖业旧惯一斑》,神户:1909年版。

日本农林省米谷局编:《台湾米关系资料》,东京:农林省,1936年版。

江丙坤:《台湾地租改正の研究》,东京:东京大学出版会,1974年版。

川野重任:《台湾米谷经济论》,东京:有斐阁,1941年版。

石川悌次郎:《台湾に于ける米谷专卖论》,东京:经济情报社出版部,1936年版。

刘明电:《台湾米谷政策の检讨》,东京:岩波书店,1940年版。

宫川次郎:《台湾糖业の批判》,东京:糖业研究会,1913年版。

宫川次郎:《砂糖讲话》,东京:拓殖通信社,1926 年版。

宫川次郎:《非常时の台湾糖业》,台北:台湾糖业研究会,1936 年版。

河野信次:《台湾糖业观》,神户:日华新报社,1915 年版。

藤井乡川:《台湾糖业の实际》,东京:新闻合同通信台湾支社,1932 年版。

根岸勉治:《热带农业企业论》,东京:河出书房新社,1962 年版。

东乡实:《台湾农业殖民论》,东京:富山房,1914 年版。

台湾总督府民政局殖产部编:《台湾产业调查表》,东京:金城书院,1896 年版。

台湾经济年报刊行会编:《台湾经济年报》(1—4 辑),东京:国际日本协会,1941—1944 年。

高桥龟吉:《现代台湾经济论》,东京:千仓书房,1937 年版。

高桥龟吉:《战时经济统制の现阶段と其前途》,东京:千仓书房,1938 年版。

后藤靖编:《日本帝国主义の经济政策》,东京:柏书房,1991 年版。

持地六三郎:《台湾殖民政策》,东京:富山房,1912 年版。

矢内原忠雄:《帝国主义下の台湾》,东京:岩波书店,1988 年版。

泉　哲:《殖民地统治论》,东京:有斐阁,1921 年版。

大江志乃夫等编著:《近代日本と殖民地》(1—8 卷),东京:岩波书店,1992—1993 年版。

每日新闻社编印:《日本殖民地史·台湾》,东京:1978 年版。

持地六三郎:《台湾殖民政策》,东京:富山房,1912 年版。

波形昭一:《日本殖民地金融政策史の研究》,东京:早稻田大学出版部,1985 年版。

山本有造:《日本殖民地经济史研究》,名古屋:名古屋大学出版会,1992 年版。

平井广一:《日本殖民地财政史研究》,东京:ミネルヴア书房,1997 年版。

浅见登郎:《日本殖民地统治论》,东京:严松堂书店,1929 年版。

浅田乔二:《日本帝国主义と旧殖民地地主制》,东京:御茶の水书房,1968 年版。

浅田乔二:《日本殖民地研究史论》,东京:未来社,1990 年版。

又吉盛清:《台湾支配と日本人》,东京:同时代社,1994 年版。

竹越与三郎:《台湾统治志》,东京:博文馆,1905 年版。

涂照彦:《日本帝国主义下の台湾》,东京:东京大学出版会,1975 年版。

冈乐三:《殖民地银行论》,东京:隆文馆,1912 年版。

后藤新平:《台湾经营上旧惯制度の调查を必要とする意见》,东京:日本东亚研究所,1940 年版。

后藤新平:《日本殖民政策一斑:日本膨胀论》,东京:日本评论社,1944 年版。

北冈伸一:《后藤新平》,东京:中央公论社,1988 年版。

鹤见祐辅:《后藤新平》1—4 卷,东京:后藤新平传记编纂会,1937—1938

年版。

山本美越乃:《殖民政策研究》,东京:弘文堂,1920 年版。

曾山毅:《殖民地台湾と近代ツーリズム》,东京:青弓社,2003 年版。

上沼八郎编:《台湾协会会报》,东京:ゆまに书房,1987—1998 年版。

根岸勉治:《南方农业问题》,东京:日本评论社,1942 年版。

沟口敏行、梅村又次:《旧日本植民地经济统计—推计と分析》,东京:东洋经济新报社,1988 年版。

许世楷:《日本统治下の台湾》,东京:东京大学出版会,1972 年版。

刘进庆、涂照彦、隅谷三喜男:《台湾の经济——典型 NIESの光と影》,东京:东京大学出版会,1992 年版。

台湾制糖株式会社:《台湾制糖株式会社事业沿革の概要》,东京:台湾制糖株式会社,1921 年版。

伊藤重郎:《台湾制糖株式会社史》,东京:台湾制糖株式会社,1939 年版。

相良舍男:《经济上より见たる台湾の糖业》,东京:著者发行,1919 年 1 月。

村上直次郎译注,中村孝志校注:《巴达维亚城日记》第三册,东京:平凡社,1974 年版。

期刊论文:

周翔鹤:《1896—1902 年台湾农产品商品化计量研究》,《中国社会经济史研究》,1996 年第 4 期。

周翔鹤:《日据初期台湾改良糖廍研究》,《台湾研究》,1995 年第 2 期。

周翔鹤:《日据时期(1922 年以前)台湾农家经济与"米糖相剋"问题》,《台湾研究》,1995 年第 2 期。

田志馥:《殖民时期台湾甘蔗种植业的发展与借鉴》,《台湾农业探索》,2007 年第 3 期。

习五一:《1895—1931 年台湾食糖贸易研究——台湾、日本、大陆三角贸易考察》,《近代史研究》,1995 年第 5 期。

范小芳:《日据时期台湾农业研究》,《台湾研究》,2002 年第 4 期。

刘丽君:《日据时期台湾农业经济研究》,《漳州师范学院学报》,2002 年第 3 期。

李　非:《论殖民地时期台湾经济的基本特征》,《台湾研究》,2003 年第 3 期。

曹润梅:《日据时期台湾经济发展刍议》,《台湾研究》,2000 年第 4 期。

吴本荣:《试析日本据台时期对台农业移民及其危害》,《中国社会经济史》,2005 年第 3 期。

李祖基:《近代台湾对外贸易对地方社会经济之影响》,《福建论坛》,1989 年第 3 期。

李祖基:《论外国商业资本对台湾贸易的控制(1860—1894)》,《台湾研究集刊》,1985 年第 3 期。

陈泽尧:《台湾殖民地经济概论》,《河南师范大学学报》,1997 年第 1 期。

陈美蓉:《台湾总督府的对岸经营(1896—1906)——以经济面为中心的探讨》,1995 年 6 月。

陈小冲:《日据时期的台海两岸交通》,《台湾研究集刊》,2001 年第 2 期。

陶德臣:《日据时代台湾茶业的经济结构与贸易》,《中国农史》,1995 年第 14 卷第 1 期。

顾国达、王昭荣:《日本侵占台湾时期对蚕丝业的开发与资源掠夺》,《丝绸》,2005 年第 2 期。

姜　铎:《略论台湾 50 年殖民地经济》,《江海学刊》,1991 年第 4 期。

李艾丽:《日据时期日本对台湾的殖民统治》,《学术论坛》,2004 年第 2 期。

祝曙光:《日本帝国主义与台湾铁路》,《广西师范大学学报》,2004 年第 10 期。

邓利娟:《十九世纪下半期台湾海关税收分析》,《台湾研究集刊》,1985 年第 4 期。

林满红:《日据时代台湾经济史研究之综合评述》,《史学评论》,1979 年第 1 期。

林满红:《有关日据时期台湾经济史的四种误解》,《台湾社会研究季刊》第 23 期,1996 年 7 月。

林满红:《中国传统经济的特征》,台湾"教育部"人文社会科学指导委员会编印:《人文社会科学通讯》1992 年 2 月。

林满红:《台湾资本与两岸经贸关系(1895—1945)》,宋光宇主编:《台湾经验(一)——历史经济篇》,台湾东大图书公司,1993 年版。

张汉裕:《日据时代台湾经济之演变》,《台湾经济史二集》,台北:台湾银行,1955 年版。

黄绍恒:《从对糖业之投资看日俄战争前后台湾人资本的动向》,《台湾社会研究季刊》第 23 期,1996 年 7 月。

张广裕、马若孟:《台湾在日据初期(1895—1906)之殖民地发展政策——以官资本家企业之一例》,《台湾文献》第 16 卷 3 期,1975 年。

柯志明:《殖民经济发展与阶级支配结构》,中正大学历史研究所论丛,宋光宇主编:《台湾经验(一)——历史经济篇》,台湾东大图书公司,1993 年版。

柯志明:《"米糖相剋"问题与台湾农民》,中正大学历史研究所论丛,宋光宇主编:《台湾经验(一)——历史经济篇》,台湾东大图书公司,1993 年版。

古慧雯、吴聪敏:《论"米糖相剋"》,《经济论文丛刊》24:2,1996 年 6 月。

何凤娇:《日据时期台湾糖业的发展》,《台湾"国史馆"馆刊》第 20 期。

颜义芳:《日据时期糖业奖励政策下的台湾糖业发展》,《台湾总督府公文类纂专题研究成果研讨会论文》,台湾省文献委员会,1998 年 11 月。

黄登兴、徐茂炫:《殖民关系与贸易形态在台湾日据时期的验证》,《经济论文丛刊》25:3,1997 年 9 月。

刘素芬:《日治初期台湾的海运政策与对外贸易(1895—1914)》,《中国海洋发展史论文集》第 7 辑,1999 年。

杨肇嘉:《台湾移出米管理案は战时食粮政策を胁威す》,作者自刊,1938 年 8 月。

森久男:《台湾总督府の糖业保护政策の展开》,《台湾近现代史研究》第 1 期,1978 年 4 月。

盐见俊二:《日据时代台湾之经济与警察》,《台湾经济史初集》,台北:台湾银行,1954 年版。

北山富久二郎:《日据时代台湾之财政》,《台湾经济史八集》,台北:台湾银行,1959 年版。

黑谷了太郎:《台湾糖业界の企业主体の变迁》,台北:《台湾时报》,1935 年 1 月号,1935 年 a。

高桥泰隆:《台湾における制糖业の展开と日本帝国主义》,《早稻田大学商学研究纪要》8,1979 年。

井出季和太:《惊异に值する台湾糖业の发展》,《台湾时报》1925 年 6 月号。

井出季和太:《领台以来の台湾贸易大观》,《台湾时报》1925 年 6 月号。

中岛航一:《台湾总督府の政策评价——米のサプラチェーンを中心に—》,《日本台湾学会会报》第 8 号,2006 年 5 月。

松田吉郎:《台湾の产业组合について》,《日本台湾学会会报》第 14 号,1997 年 10 月 31 日。

依田熹家:《日本の植民地支配——其の形成と作用》,《社会科学研究》第 124 号,1997 年 3 月。

小林英夫:《1930 年代后半期以降の台湾"工业化"政策について》,《土地制度史学》第 61 号,1973 年 10 月。

若林正丈:《总督政治台湾土著地主资产阶级——公立台中中学校设立问题 1912—1915》,《アジア研究》第 24 卷第 4 号,1983 年。

石井宽治:《涂照彦"日本帝国主义下の台湾"》,《经济学论集》41:4,1976 年 1 月。

堀内义隆:《日本植民地期台湾の米谷产业と工业化》,《社会经济史学》67:1,2001 年 5 月。

楠井隆三:《台湾经济半世纪史概观》,日本大藏省管理局:《日本人の海外活动に关する历史的调查》通卷第十二册,《台湾篇》第一分册。